全本全注全译丛书

中华经典名著

檀作文　万　希◎译注

幼学琼林

中华书局

图书在版编目(CIP)数据

幼学琼林/檀作文,万希译注. —北京:中华书局,2023.4
(中华经典名著全本全注全译丛书)
ISBN 978-7-101-16177-9

Ⅰ.幼… Ⅱ.①檀…②万… Ⅲ.①古汉语–启蒙读物②《幼
学琼林》–译文③《幼学琼林》–注释 Ⅳ.H194.1

中国国家版本馆 CIP 数据核字(2023)第 055369 号

书　　名	幼学琼林
译　　注	檀作文　万　希
丛 书 名	中华经典名著全本全注全译丛书
责任编辑	刘胜利　张　敏
责任印制	陈丽娜
出版发行	中华书局
	(北京市丰台区太平桥西里 38 号　100073)
	http://www.zhbc.com.cn
	E-mail:zhbc@zhbc.com.cn
印　　刷	北京中科印刷有限公司
版　　次	2023 年 4 月第 1 版
	2023 年 4 月第 1 次印刷
规　　格	开本/880×1230 毫米　1/32
	印张 26⅛　字数 620 千字
印　　数	1–10000 册
国际书号	ISBN 978-7-101-16177-9
定　　价	68.00 元

目录

前言

　　中国文化重传承，修辞追求凝练。古人写文章，注重成语典故的应用，往往将其视为学问及修辞能力的重要衡量标准。与此相应，传统蒙学重视成语典故的系统学习，《幼学琼林》便是满足这一教育功能的一部书。

　　《幼学琼林》，全名《幼学故事琼林》，一名《幼学须知》，或名《成语考》。"幼学"，界定它的受众是儿童，性质是蒙书。"琼林"，是比喻性说法，意为精华荟萃。"故事"，是从内容角度描述，说明该书所讲，是古时候的事情。"成语"，指习用的古语，是从语言修辞角度界定该书性质。

　　《幼学琼林》成书于明末，在清代极为流行。乾隆四十四年（1779）湖南巡抚李湖《奏审办陈希圣挟嫌诬首邓谦收藏禁书案折》（见《清代文字狱档》），详列在邓谦寓所搜查所得诸书，即有"《新增故事琼林》即《幼学须知》二本"。邓谦以训蒙为业，可见该书在当时为塾师训蒙所必备。鲁迅回忆幼年时期在三味书屋所读课文，里头有一句"笑人齿缺曰狗窦大开"，便出自该书，可见直到清末，该书仍是训蒙课本，上私塾的儿童人人诵读。

　　《幼学琼林》传世版本众多，在文本形态上存在各种差异，主要体现在书名不同、著者署名不同、篇目卷次不同、正文有无增补、有注无注这几个方面。

该书版本虽然复杂，但考镜源流，最有代表性的约为三系：(1)丘濬、卢元昌《成语考》本（简称"丘卢本"或"丘本"）；(2)钱元龙《幼学须知句解》本（简称"钱本"）；(3)程登吉、邹圣脉《幼学故事琼林》本（简称"程邹本"或"邹本"）。三者之中，以程邹本最为通行。

程邹本《幼学故事琼林》凡三十三篇，分四卷。篇目卷次如下：卷一：天文、地舆、岁时、朝廷、文臣、武职；卷二：祖孙父子、兄弟、夫妇、叔侄、师生、朋友宾主、婚姻、女子、外戚、老寿幼诞、身体、衣服；卷三：人事、饮食、宫室、器用、珍宝、贫富、疾病死丧；卷四：文事、科第、制作、技艺、讼狱、释道鬼神、鸟兽、花木。从篇目看，沿袭的是类书传统。

程邹本书名，一般题作《新增幼学故事琼林》，有些本子，尚有"寄傲山房塾课"前缀。著者署名："西昌程允升先生原本，雾阁邹圣脉梧冈氏增补；清溪谢梅林砚佣氏、男邹可庭涉园氏全参订。"程邹本卷首大抵收有邹圣脉自序，兹录如下：

> 欣逢至治，擢取鸿才。制艺之科，并征考据（此二句，一作"时艺之外，兼命赋诗"）。使非典籍先悉于胸中，未有挥毫不窘于腕下者。然华子之《类赋》、姚氏之《类林》，卷帙浩繁，难（一作"艰"）于记忆。惟程允升先生《幼学》一书，诚多士馈贫之粮，而制科渡津之筏也。但碎金积玉，原属无多，则摘艳熏香，应增未备，庶几文人足供驱使。奈坊刻所补，殊不雅驯。在老成能知去取，固诮续貂；若初学未识从违，反云全璧。一经习染，俗不可医，即用针砭，难瘳痼疾矣。爰采汇书，各（一作"为"）增篇末。文必绝佳，片笺片玉。语期可诵，一字一缣。并汰旧注之支离，易新诠之确当。详所当详，而不厌其烦。略所当略，而不嫌其简。务归明晰，一阅了然。如蓝田之琬琰，元圃之琳琅。能令见者宝之，各欲私为枕秘。因颜之曰"琼林"。览是书者，其以余言为不谬否。时乾隆二十五年岁在庚辰仲春上浣雾阁邹圣脉梧冈氏书于寄傲山房。

据序文可知，邹圣脉《新增幼学故事琼林》一书，是在程登吉（字允升)《幼学须知》的基础上增补而成。在邹圣脉之前,坊间就有《幼学须知》增补本和注释本,但邹圣脉对旧补和旧注皆不满意,故对原文另作增补,并另行作注,且将书名改成《幼学故事琼林》,于乾隆二十五年(1760)付梓。"幼学琼林"的"琼林"二字,始于邹圣脉。程邹本《幼学故事琼林》正文各篇,于程登吉原文(简称"程文")之后,列邹圣脉增补文(简称"邹增"),一般另起一行,且有很醒目的"增"字标识。

邹序时间题署,亦有作"嘉庆元年岁在丙辰"者。但据邹氏家谱,邹圣脉生于康熙三十年(1691),卒于乾隆二十七年(1762)。嘉庆元年(1796)作序,与其生平不合。且乾隆四十四年(1779)湖南邓谦家中搜出的《新增故事琼林》一书,明显是程邹本。该书初刊之年,不可能晚到嘉庆时期。

钱元龙《幼学须知句解》,卷首一般题写"京江钱元龙学山甫校梓",并附乾隆廿二年丁丑(1757)钱元龙所作序言。序云:

> 《幼学》一书,西昌程允升先生作也。门分类别,比事属辞。经史子集,纷披腕下。如入五都之市,百货充物。挟所求而来者,无弗如其意以去。重以锡山黄君为之笺注。句索其解,字求其故。不啻溯方流以穷玉水,沿员折而讨璇源也。余垂髫时受而读之,越今周甲。偶于家塾检孙辈课本,如遇故人。独惜焉马(馬)陶阴(陰),袭讹承谬。……因不揣简陋,猥加厘定。间亦略为补缀。分三十四部,汇成四卷。……乾隆岁在丁丑七月既望恕斋钱元龙自题于碍眉书屋。

该书卷首另有范承宣序,云:"是书编自西昌程氏允升,黄氏汪若注之,行于世久。"序末云:"乾隆岁在彊圉赤奋若之相月雄皋范承宣拜撰于维扬学署。"钱元龙生平难以详考。范承宣是乾隆七年壬戌(1742)科进士,曾任江苏扬州府教授、浙江德清知县。据范、钱二序,《幼学须知》原作者为程登吉,黄汪若曾为之作注,钱元龙《幼学须知句解》是在程书黄注基础上修订增补。"猥加厘定",钱元龙实则对程氏各篇原文皆有改动。"略为补缀",钱元龙实则增补了《统系》《相猷》《将略》三篇。钱本篇目,将"叔侄类"附入《兄弟》、"宾主类"附入《师友》,故共为34部(篇),目次与程邹本亦有异。

钱本略早于邹本,但也说《幼学须知》原作者为西昌程允升。同治本《新建县志》云:"程登吉,字允升,崇祯时人。内行修治,性淡泊,嗜读古奇书。兄弟三人,伯季名在庠序。登吉甘心韦素,不为应举之学。教授乡里,自署其斋曰'退庵'。卒后,子文在以疾逃为释。通韵学,工字体,摹仿《圣教序》,尤劲特。初,登吉名不著。康熙间巡抚宋荦刻其所撰《幼学须知集》,流布逾万数。人咸知所谓程先生者。"《新建县志》根据的是《程氏家乘》和《南州旧闻》。据程氏族谱,程登吉,名伯祀,字允升,号退斋,明末西昌(今江西新建)人,生于明万历二十九年(1601),卒于清顺治五年(1648)。《新建县志》提到的康熙年间宋荦所刻程登吉《幼学须知集》,笔者未见有传世者。

和刻本倒是有不晚于康熙年间的,但书名不叫《幼学须知》,而叫《成语考》;作者署名不是程登吉,而是丘濬。和刻本《新镌详解丘琼山故事成语必读成语考》(上下卷),前有天和辛酉(1681)荒川秀序,后有天和壬戌(1682)中岛义方跋,一般认为刊于天和二年,即康熙二十一年(1682)。该书凡33篇,篇目与程邹本同,但次第有异;正文与程邹本之"程文"相同。从文本内容看,和刻本丘濬《成语考》与程登吉《幼学须知》,是同一部书。但和刻本《成语考》在书名中嵌入"丘琼山"三字,毫无疑问认定其作者为丘濬。该本内页又题"云间卢元昌文子补著",则对该书著作权认定为:丘濬原著,卢元昌增补。

丘濬(1421？—1495),字仲深,号琼台,明琼州琼山(今海南海口琼山区)人。景泰五年(1454)进士,历仕景泰、天顺、成化、弘治四朝,官至户部尚书,兼武英殿大学士。卒赠太傅,谥文庄。丘濬位居宰辅,所著《大学衍义补》乃明代理学代表作,可谓名声显赫。丘濬著《成语考》一事,不见载于其生平传记,明清公私书目亦未言及。《宣统东莞县志》

云："相传濬未达时，馆于邑之马坑，著《成语考》一书，以训初学。"此亦猜测之语，只能姑妄信之。和刻本另有《新刻丘琼山故事雕龙》二卷，刊于雍正三年（1725）。日本学者长泽规矩也认为和刻本《成语考》《故事雕龙》二书作者署名丘濬，"殆为假托"（《和刻本类书集成（第四辑）·解题》）。

卢元昌，字文子，生于明万历四十四年（1616），卒于康熙三十四年（1695），是明清之际江苏华亭（今上海松江区）人。为明末著名诗社几社成员，《清诗别裁集》录其诗8篇。卢元昌名位远不及丘濬，《成语考》作者托名丘濬，尚可理解，托名卢元昌补著，似无必要。《成语考》一书在日本流行颇广，另有宽政三年（1791）刊三宅元信（德则）集注本，内页题名《新镌详解丘琼山故事成语必读成语考集注》。清季日人似以丘濬作《成语考》为共识。

从内容看，《幼学琼林·地舆》篇反映的行政区划是明代两京十三布政使司制（北京、南京、山东、山西、河南、陕西、四川、江西、湖广、浙江、福建、广东、广西、云南、贵州），该书成书年代应早于清人入关。丘濬、卢元昌的时代，与此相符。程登吉的时代，亦与此相符。该书的语典出处，大略言之：一是正经正史，二是名家名篇，三是野史小说。该书语典出处，有深刻的朱子学烙印。有很多语典，出自朱子所撰《四书章句集注》《诗集传》《小学》及所编《近思录》《八朝名臣言行录》（《五朝名臣言行录》《三朝名臣言行录》之合称。后李幼武增续集、别集、外集，以朱熹所撰为前集、后集合称《宋名臣言行录》）等书，说明该书作者有深厚的朱子学修养。从这个角度讲，该书出自丘濬这样的理学大家之手，有一定的合理性。但该书出自野史小说的典故，又颇荒诞不经，恐非儒者所宜道，不太可能出自丘濬之手；但若理解成文士卢元昌所补，则似亦说得过去。

《幼学》原书究竟为程登吉所作，还是为丘濬、卢元昌所作，在没有更有力的直接证据之前，只能是传闻异辞，不妨两存其说。

　　尽管书名不同，作者署名也不同，但丘濬《成语考》和程登吉《幼学须知》，本质上是同一个东西，它们的文本内容是一致的。邹圣脉《新增幼学故事琼林》"程文"部分，文本内容也与之相一致。也就是说，存在一个同源性的《幼学》原文。清代《幼学琼林》虽然版本众多，存在有注无注、有无增补的差别，但绝大多数，正文的原文部分（非增补）相一致。成书于乾隆时期的杨应象《增补幼学故事寻源》本、周达用《亦陶书室新增幼学故事群芳》本，莫不如此。钱元龙《幼学须知句解》正文虽有所改动，但亦是在这一同源性的《幼学》原文基础上加以修订。

　　我们这个整理本，以清末李光明庄精刻本《幼学故事琼林》（即状元阁印《幼学琼林》本，海南出版社1992年影印）为工作底本，但仅取"程文"，不取"邹增"。选李光明庄本做底本，是因为其清晰且易得；仅取"程文"，是为了在《幼学琼林》传世各版本中求一个最大公约数。

　　整理本正文，严格遵从李光明本原文（下文简称"原本"），原则上不妄改。但对很明显的错字，还是加以改正，并在注中说明。原本错字，有因音近而误者，有因形近而误者，大抵可据上下文文义判断，我们在整理的时候，便据文义及他本，加以改正。譬如：《文臣》篇"朱轓皂盖，仰郡守之威仪"句之"郡守"，原本作"郡首"；《身体》篇"百体惟血肉之躯"句之"惟"，原本作"非"；《人事》篇"下强上弱，曰尾大不掉"句之"下强上弱"，原本作"上强下弱"；《释道鬼神》篇"鹫岭祇园，皆属佛国"句之"祇园"，原本作"祗园"。有些错字，可据语典文献出处判断，我们便据相关文献及他本改正，并在注中加以说明。譬如：《女子》篇"戴女之练裳竹笥"句之"练"字，原本误作"练"；《身体》篇"伤胸扪足，计安众士之心"句之"胸"字，原本误作"心"；《器用》篇"忘归，矢之别名"句之"忘"字，原本误作"亡"。有一些历史人名，因有正史依据，我们也对原本的错字，加以改正。譬如：《文臣》篇"郭伋为并州守，童儿有竹马之迎"句之"郭伋"，原本作"郭汲"；《叔侄》篇"吾家龙文，杨昱比美侄儿"

句之"杨昱",原本误作"杨素";《人事》篇"李义府阴柔害物,人谓之笑里藏刀"之"李义府",原本误作"李义甫"。

对于各版本中存在的一些重要异文,我们详列于注中,而不径改原本。譬如:《天文》篇"月着蟾蜍,是皓魄之精光"句,他本多作"月里蟾蜍,是月魄之精光。"《老寿幼诞》篇"梦兰叶吉,郑文公之妾生穆公之奇;英物称奇,温峤闻声知桓温之异"联,他本或作"梦兰叶吉兆,郑燕姞生穆公之奇;英物试啼声,晋温峤知桓公之异"。这些地方,我们不改原本,但在注中详列异文。

原本有些语词相对生僻,但我们不因此而改字。譬如《祖孙父子》篇"宁馨、英畏,皆是羡人之儿"句之"英畏",《鸟兽》篇"家豹、乌圆,乃猫之誉"句之"家豹","事多,曰猬务"句之"猬务",皆相对生僻,他本或改作"英物""家狸""猬集",我们并不据他本而改原本。至如《文事》篇"高仁裕多诗,时人谓之诗窖"之"高仁裕",他本或作"王仁裕"。"王仁裕"名列正史,自是优于"高仁裕"。但考虑到其他历史文献亦有作"高仁裕"者,我们在注释中详加辨析,但并不径改原本,亦是持传闻异辞、两存其说之态度。再如《女子》篇"齐女致祆庙之毁"句,可考文献只说蜀公主,不说齐公主。我们的处理方法,也是注中详辨,而不改原文。

据相关文献考证,原本有些字词表述实际上并不准确。譬如和历史人物相关的,譬如《婚姻》篇"蓝田种玉,雍伯之缘"及《珍宝》篇"雍伯多缘,种玉于蓝田而得美妇"之"雍伯",当为"伯雍"之倒文;《婚姻》篇"汉武对景帝论妇,欲将金屋贮娇",当事人是馆陶长公主,而非汉景帝;《衣服》篇"孟尝君珠履三千客",当事人是春申君,而非孟尝君;《制作》篇"武王作象棋,以象战斗",当事人是周武帝,而非周武王;《鸟兽》篇"楚王式怒蛙",当事人是越王,而非楚王;《人事》篇"一统之世,真是胡越一家,唐高祖之时",时代应是唐太宗之时,而非唐高祖之时;《技艺》篇"孔明造木牛,辅刘备运粮之计",诸葛亮造木牛运粮,在刘禅为帝时,而非刘备在世之时。对于原文的表述错误,我们在注释里加以辨析,但并不径改原文。至如《衣服》篇"锦帐四十里,富羡石崇"句,"锦帐"当作"锦障","四十里"当为"五十里";《鸟兽》篇"豕名刚鬣,又曰乌喙将军"句,"乌喙将军"似应作"长喙参军",我们的处理办法也是注释辨析,而不改原文。

《幼学琼林》是一部讲成语典故的书。《幼学琼林》在清代出现过很多注释本,这些注本都很注重成语典故的文献出处考查。我们在注释时,自不得不遵从这一传统。凡是作为成词出现的语典,皆详列文献出处,且尽可能列最早出处,同时兼顾文献出处的影响力。譬如,《幼学琼林》中有很多语典出自《世说新语》一书,但亦可能同时见于《晋书》(一般是某个人物的本传),我们的处理方法是,详列《世说新语》某篇引文作为文献出处,只在《晋书》所载有较大异文参考价值时,附列《晋书》引文于后;若《晋书》所载大抵与《世说新语》雷同,则不引《晋书》,而仅加一句:"《晋书》(某篇)亦载。"这是因为《世说新语》成书年代早于《晋书》,且是文人必读书,实际影响力亦在《晋书》之上。宋代的语典,往往可以在众多文献中找到出处,有一些难以判断其原始出处,我们的处理方式是详列相对明白晓畅的文献出处,但同时说明亦见于哪些文献。若同时见于《宋史》,往往提一句,但不将《宋史》作为原始出处。若同时见于朱熹、李幼武《宋名臣言行录》,也会专门提一句,因为该书实际影响力可能远超其他文献。

《幼学琼林》在性质上亦是一部类书,编写之时想必参考过历代重要类书。有一些文献出处,仅见于某部类书,我们便列该类书某篇作为文献出处。有一些文献出处,类书说出自某书,但并不见载于今传本该书,我们也会专门说明。

《幼学琼林》的某些语典或故事,我们实在找不到文献出处,便只好引用旧注。譬如《人事》篇"破麦、破梨,见夫见子之奇梦"句之"破麦""破梨",出处不详,然旧注言之凿凿,似有所据,故详录旧注。

程邹本旧注考查语典出处,不可谓不详尽,但旧注最大的问题是,列文献出处，往往只列书名而不及篇名，且引文大抵节录，甚至妄改原文。我们在注释时，凡文献出处，书名之外，一例具体到篇名或卷次，引文尽可能引全，能不节录则不节录，绝不妄改原文。语典类文献出处，相对容易解决。故事类，则根据具体情况，区别对待。若篇幅过长，则亦可能节录。若篇幅太长，且是小说传记性质，则亦采用檃括原文的方式。

《幼学琼林》一书中的语典，有相当大的一部分出自正经正史。我们在注释时，对相关文献的古注也格外关注。凡是出自"四书""五经"的语典，在语词释义时，我们一般会引用汉注唐疏及宋代朱子注。"四书""五经"之外的经典，凡是有古注的，在对语典做语词释义时，我们亦大量引用，譬如《国语》韦昭注、《史记》三家注、《汉书》颜师古注、《庄子》郭象注及成玄英疏、《楚辞》王逸注、《文选》六臣注等。因为这些古注极具权威性，对历代文人影响极大。

《幼学琼林》一书成语典故出处所涉文献过广，而鄙人腹笥太简、萧斋藏书不丰，故不得不借助于网络及数据库，所据以搜韵网"古籍检索"为主，而该数据库以"四库"全书本为尤多。

本书注释部分文献出处，坊间凡有整理本可参考者，多以为据。若无整理本，则多据数据库，而以有影印件者为优先。所据文献，多照录，一般不另作校勘。

本书初稿工作，由万希女史承担。全部修订工作，由笔者一力承担。才疏学浅，事非暇豫，错漏之处，自知不免，还望大德君子不吝赐教。

檀作文

壬寅暮秋于京西雒诵堂

卷一

天文

【题解】

唐代类书《艺文类聚》《初学记》，皆首列《天部》，《幼学琼林》仿其体例，首列《天文》。

本篇共32联，皆和天象有关，内容涉及天地的起源、日月星辰的别名以及相关成语典故。本篇所据文献出处，颇有一些采自道教典籍；亦广采《艺文类聚》《初学记》《太平御览》等类书。

混沌初开，乾坤始奠。

气之轻清上浮者为天，气之重浊下凝者为地①。

日月五星，谓之七政②；天、地与人，谓之三才③。

【注释】

① "混沌初开"四句：语本《淮南子·天文训》："宇宙生气，气有涯垠。清阳者薄靡而为天，重浊者凝滞而为地。"暨《初学记（卷一）·天部上·天》引《河图括地象》云："易有太极，是生两仪。两仪未分，其气混沌；清浊既分，伏者为天，偃者为地。"又，《艺

文类聚（卷一）·天部上·天》引三国吴·徐整《三五历纪》曰：
"天地混沌如鸡子，盘古生其中，万八千岁，天地开辟，阳清为天，
阴浊为地。"《太平御览（卷二）·天部二·天部下》亦引之。《河
图括地象》乃汉代谶纬之书，东汉·郑玄曾为之作注，影响极大，
唐·孔颖达《礼记正义》曾引之。唐末《无能子·圣过》："天地
未分，混沌一气。一气充溢，分为二仪，有清浊焉，有轻重焉。轻
清者上为阳，为天；重浊者下为阴，为地矣。"可视为古代中国天
地形成观之总结。混沌，亦作"浑沌"。古代传说中指天地开
辟前元气未分、模糊一团的状态。宋·张君房《云笈七签（卷
二）·混元混洞开辟劫运部·混沌》："《太始经》云：'昔二仪未
分之时，号曰"洪源"。溟涬濛鸿，如鸡子状，名曰"混沌"。'"乾
坤，指天地。《周易·说卦》："乾为天，……坤为地。"奠，定。《周
易·系辞上》："天尊地卑，乾坤定矣。"气，指元气，即天地未分之
前的混沌之气。凝，凝结，凝固，积聚。

②日月五星，谓之七政：语本《尚书·舜典》："舜让于德，弗嗣。正
月上日，受终于文祖。在璇玑玉衡，以齐七政。"西汉·孔安国
传："七政，日月五星各异政。"唐·孔颖达疏："七政，其政有七，
于玑衡察之，必在天者，知'七政'谓日月与五星也。木曰'岁
星'，火曰'荧惑星'，土曰'镇星'，金曰'太白星'，水曰'辰星'。
《易·系辞》云：'天垂象，见吉凶，圣人象之。'此日月五星有吉凶
之象，因其变动为占。七者各自异政，故为'七政'。得失由政，
故称'政'也。舜既受终，乃察玑衡，是舜察天文，齐七政，以审己
之受禅当天心与否也。"五星，指金、木、水、火、土五大行星。七
政，指日、月和金、木、水、火、土五星。古人认为日月与五星有异
象，是人间政事有得失的征兆。

③天、地与人，谓之三才：语本《周易·系辞下》："《易》之为书也，广
大悉备。有天道焉，有人道焉，有地道焉。兼三才而两之，故六。

六者非它也，三才之道也。道有变动，故曰爻；爻有等，故曰物；物相杂，故曰文；文不当，故吉凶生焉。"暨《周易·说卦》："昔者圣人之作《易》也，将以顺性命之理。是以立天之道，曰阴与阳；立地之道，曰柔与刚；立人之道，曰仁与义。兼三才而两之，故《易》六画而成卦。分阴分阳，迭用柔刚，故《易》六位而成章。"三才，指天、地、人。天能覆物，地能载物，人能成物。中国古代世界观，认为人为万物之灵，能参天地造化，故与天地并称"三才"。

【译文】

混沌的宇宙才刚刚开辟，天和地便分别成形并各有定名。

那些轻盈而清净的阳气，向上浮升，便形成了天；那些厚重而浑浊的阴气，向下沉降，便形成了地。

太阳、月亮和金、木、水、火、土五星，并称"七政"；天、地和人，并称"三才"。

日为众阳之宗，月乃太阴之象①。

虹名螮蝀，乃天地之淫气②；月着蟾蜍，是皓魄之精光③。

风欲起而石燕飞④，天将雨而商羊舞⑤。

旋风名为羊角⑥，闪电号曰雷鞭⑦。

青女乃霜之神⑧，素娥即月之号⑨。

【注释】

①日为众阳之宗，月乃太阴之象：语本《后汉书·天文志上》"言其时星辰之变"，南朝梁·刘昭注引东汉·张衡《灵宪》："日者，阳精之宗；月者，阴精之宗。"暨《晋书·天文志》："日为太阳之精，主生恩德，人君之象也。……月为太阴之精，以之配日，女主之象。以之比德，刑罚之义；列之朝廷，诸侯大臣之类。"可与《淮南

子·天文训》"积阳之热气生火,火气之精者为日;积阴之寒气为水,水气之精者为月"参看。又,《汉书·孔光传》:"日者,众阳之宗,人君之表,至尊之象。"《汉书·李寻传》:"夫日者,众阳之长,辉光所烛,万里同暑,人君之表也。"众阳,宇宙间各种使万物萌动生长的阳气。宗,宗主,领袖。太阴,纯阴,至阴。象,具象。

②虹名蝃蝀(dì dōng),乃天地之淫气:语本宋·朱熹《诗集传》(《鄘风·蝃蝀》篇"蝃蝀在东,莫之敢指"):"蝃蝀,虹也。日与雨交,倏然成质,似有血气之类,乃阴阳之气不当交而交者,盖天地之淫气也。"中国古人以虹为不祥之兆。蝃蝀,虹的别名。淫气,淫邪妄行之气。

③月着蟾蜍(chán chú),是皓魄之精光:语本《淮南子·精神训》:"日中有踆乌,而月中有蟾蜍。"暨《史记·龟策列传》:"孔子闻之曰:'神龟知吉凶,而骨直空枯。日为德而君于天下,辱于三足之乌。月为刑而相佐,见食于虾蟆。'"又,东汉·张衡《灵宪》:"羿请不死之药于西王母,姮娥窃之以奔月。将往,枚筮之于有黄。有黄占之曰:'吉。翩翩归妹,独将西行。逢天晦芒,毋惊毋恐,后其大昌。'姮娥遂托身于月,是为蟾蜍。"《搜神记》卷十四亦载之。中国自古就有月中有蟾蜍之传说。一说,蟾蜍乃后羿妻嫦娥所化。着,附着。蟾蜍,古书亦作"蟾蠩",俗称"癞蛤蟆"。皓魄,指月魄。旧注:"月之光为魂,月之质为魄。"当本之于《朱子语类》卷三:"又问:'月魄之魄,岂只指其光而言之,而其轮则体耶?'曰:'月不可以体言,只有魂魄耳。月魄即其全体,而光处乃其魂之发也。'"又,道教术语,有"阳神日魂""阴神月魄"之说。东汉·魏伯阳《周易参同契·养性立命章》:"人所禀躯,体本一无。元精云布,因气托初。阴阳为度,魂魄所居。阳神日魂,阴神月魄。魂之与魄,互为室宅。"宋·陈显微《周易参同契解》曰:"魂为阳神,魄为阴神。魂以昼为室,魄以夜为宅。"宋·张君

房《云笈七签（卷六十三）·金丹部·旨教五行内用诀》曰:"阴之精,月魄也。"则月魄指阴精、阴神。月为阴之极,故亦称月为"月魄"。精光,耀眼的光辉。此句"皓魄",他本多作"月魄"。此句,他本多作"月里蟾蜍,是月魄之精光"。

④风欲起而石燕飞:语本《艺文类聚（卷九十二）·鸟部下·燕》:"《湘中记》曰:'零陵有石燕,形似燕,得雷风则飞,颉颃如真燕。'"《初学记（卷一）·天部上·风》:"庚仲雍《湘州记》曰:'零陵山有石燕,遇雨则飞,雨止还化为石也。'"该书卷二《天部下·雨》复引之。该书卷五《地理上·石》:"顾凯之《启蒙记》曰:'零陵郡有石燕,得风雨则飞,如真燕。'"《太平御览》卷九《天部九·风》、卷十《天部十·雨》、卷四十九《地部十四·石燕山》、卷五十二《地部十七·石下》、卷一百七十一《州郡部十七·永州》、卷九百二十二《羽族部九·燕》皆载零陵山石燕之说,而所据出处不一,有出自庚仲雍《湘州记》、甄烈《湘州记》、罗含《湘中记》、顾凯之《启蒙记》等各种说法。顾凯之、庚穆之（字仲雍）、甄烈、罗含（字君章）,皆为东晋或晋宋之际人。又,北魏·郦道元《水经注·湘水》:"流径石燕山东,其山有石,绀而状燕,因以名山。其石或大或小,若母子焉。及其雷风相薄,则石燕群飞,颉颃如真燕矣。罗君章云'今燕不必复飞也'。"石燕,似燕之石。湘水流域零陵郡（今湖南永州宁远）有石燕山,风雨之时,山石群飞而似燕,故名。

⑤天将雨而商羊舞:语本《孔子家语·辩政》:"齐有一足之鸟,飞集于宫（公）朝下,止于殿前,舒翅而跳。齐侯大怪之,使使聘鲁问孔子。孔子曰:'此鸟名曰商羊,水祥也。昔童儿有屈其一脚,振讯两眉而跳。且谣曰:"天将大雨,商羊鼓舞。"今齐有之,其应至矣。急告民趋治沟渠,修堤防,将有大水为灾。'顷之大霖,雨水溢泛。诸国伤害民人,唯齐有备不败。"《说苑·辨物》亦载。商

羊,传说中的一种鸟,大雨前,常屈一足起舞。

⑥旋风名为羊角:语本《庄子·逍遥游》:"有鸟焉,其名为鹏,背若太山,翼若垂天之云,抟扶摇羊角而上者九万里,绝云气,负青天,然后图南,且适南冥也。"唐·成玄英疏:"旋风曲戾,犹如羊角。"羊角,羊的角,亦指旋风。旋风盘旋,状如羊角,故名之。

⑦闪电号曰雷鞭:旧注:"《淮南子》:雷电为鞭。电光照处,谓之'列缺'。"今按,传本《淮南子》无此语。旧注或本于《淮南子·原道训》:"令雨师洒道,使风伯扫尘;电以为鞭策,雷以为车轮。"《梁书·梁元帝本纪》载王僧辩奉《劝进表》:"臣闻星回日薄,击雷鞭电者之谓天。"

⑧青女乃霜之神:语本《淮南子·天文训》:"至秋三月,地气不藏,乃收其杀,百虫蛰伏,静居闭户,青女乃出,以降霜雪。"东汉·高诱注:"青女,天神青霄玉女主霜雪也。"青女,传说中掌管霜雪的女神。

⑨素娥即月之号:南朝宋·谢庄《月赋》:"引玄兔于帝台,集素娥于后庭。"唐·李周翰注:"嫦娥窃药奔月,因以为名。月色白,故云'素娥'。"素娥,嫦娥的别称。亦用作"月"的代称。

【译文】

太阳是天地间所有阳气的领袖,月亮是至阴的具象。

彩虹又称"螮蝀",由天地间的淫邪妄行之气交汇而成;月宫里有蟾蜍,月光是太阴精华的凝聚显现。

要刮风的时候,零陵石燕山上的石头燕子就会飞起来;天将下雨的时候,商羊鸟就会乱舞。

旋风叫作"羊角",闪电称为"雷鞭"。

"青女"原是主管降霜的神灵,"素娥"就是嫦娥,也是月亮的别名。

雷部至捷之鬼,曰律令①;雷部推车之女,曰阿香②。

云师系是丰隆③，雪神乃是滕六④。

焱火、谢仙，俱掌雷火⑤；飞廉、箕伯，悉是风神⑥。

列缺乃电之神⑦，望舒是月之御⑧。

甘霖、甘澍，俱指时雨⑨；玄穹、彼苍，悉称上天⑩。

【注释】

①雷部至捷之鬼，曰律令：语本唐·李匡义《资暇集》卷中："符祝之类末句'急急如律令'者，人皆以为如饮酒之律令，速去不得滞也。一说，汉朝每行下文书，皆云'如律令'，言非律非令之文书，行下当亦如律令。故符祝之类末句有'如律令'之言。并非也。案：'律令'之'令'字，宜平声读为'零'。（音若毛诗"卢重令"之"令"，若人姓"令狐"氏之"令"也。）律令是雷边捷鬼，学者岂不知之？此鬼善走，与雷相疾速，故云如此鬼之疾走也。"律令，道教鬼神名。以迅速善走著称，隶属于雷部。清·纪昀《阅微草堂笔记·滦阳消夏录五》："雷部鬼律令行最疾，何不遣取？"旧注："《搜神记》：'律令，周穆王时人，善走，死为雷部小鬼。'"今按，传本《搜神记》无此语，不知旧注何据。

②雷部推车之女，曰阿香：语本（旧题）晋·陶潜《续搜神记》卷五："永和中，义兴人姓周，出都，乘马，从两人行。未至村，日暮。道边有一新草小屋，一女子出门，年可十六七，姿容端正，衣服鲜洁。望见周过，谓曰：'日已向暮，前村尚远，临贺讵得至？'周便求寄宿。此女为燃火作食。向一更中，闻外有小儿唤'阿香'声，女应诺。寻云：'官唤汝推雷车。'女乃辞行，云：'今有事当去。'夜遂大雷雨。向晓，女还。周既上马，看昨所宿处，止见一新冢，冢口有马尿及余草。周甚惊惋。后五年，果作临贺太守。"《续搜神记》一书，或系托伪陶潜所作，且唐后已不存，传本或经后人增益。然唐代类书，《艺文类聚（卷二）·天部下·雷》《初学记（卷

一）•天部上•雷》皆引之，并云出自《续搜神记》，当为可靠。《太平御览（卷十三）•天部十三•雷》引之，云出自《搜神记》。《太平广记（卷三百十九）•鬼四•周临贺》引之，云出自《法苑珠林》。阿香，神话传说中推雷车的女鬼。

③云师系是丰隆：语本《楚辞•离骚》"吾令丰隆乘云兮，求宓妃之所在"东汉•王逸注曰："丰隆，云师。"云师，即云神。丰隆，云神名。一说为雷神名。《淮南子•天文训》："季春三月，丰隆乃出，以将其雨。"东汉•高诱注："丰隆，雷也。"

④雪神乃是滕六：据唐•牛僧孺《玄怪录•萧志忠》与《太平广记（卷四百四十一）•畜兽八•杂兽•萧志忠》记载，萧至忠景云元年（710）为晋州刺史，依惯例，将在腊日畋猎。头天，山中群兽求被贬谪的仙人黄冠严四兄帮忙，以美女贿赂雪神滕六，以美酒贿赂风神巽二，令风雪大作，萧至忠为之罢猎。滕六，传说中的雪神名。

⑤欻（xū）火、谢仙，俱掌雷火：语本明•阙名《法海遗珠（卷十一）•飞罡交乾布斗诀》："雷霆电光，乃阴阳激抟之气。有神人谢仙火，即七十二部风火之总领也。又有欻火大神邓伯温，发施号令之威，焚妖伐庙，致雨作晴，即雷部律令之元帅也。"又，"谢仙火"在宋代极有名，不独为道教徒所知。宋•欧阳修《集古录跋尾•谢仙火》："右'谢仙火'字，在今岳州华容县废玉真宫柱上，倒书而刻之，不知何人书也。传云：大中祥符中，玉真宫为天火所焚，惟留一柱有此字。好事者遂模于石。庆历中，衡山女子号何仙姑者，绝粒轻身，人皆以为仙也。有以此字问之者，辄曰：'谢仙者，雷部中鬼也。夫妇皆长三尺，其色如玉，掌行火于世间。'后有闻其说者，于道藏中检之，云实有'谢仙'名字，主行火，而余说则无之。"宋•张耒《明道杂志》："世传谢仙火字云，谢仙是雷部中神名，主行火。"欻火，古人认为雷火本来是因风而起的，所以

道教称雷部之鬼为"欻火"。欻火大神邓伯温之名,屡见于道教典籍。欻,迅疾的样子。谢仙,雷部中神名。主行火。

⑥飞廉、箕伯,悉是风神:飞廉,风神名。一说能致风的神禽名。《楚辞·离骚》:"前望舒使先驱兮,后飞廉使奔属。"东汉·王逸注:"飞廉,风伯也。"宋·洪兴祖补注:"《吕氏春秋》曰:'风师曰"飞廉"。'东汉·应劭曰:'飞廉,神禽,能致风气。'"箕伯,风神名。《文选·张衡〈思玄赋〉》:"属箕伯以函风兮,惩淟涊而为清。"唐·李善注引《风俗通义》:"风师者,箕星也,主簸物,能致风气也。"

⑦列缺:闪电名。西汉·司马相如《大人赋》:"贯列缺之倒景兮,涉丰隆之滂沛。"《史记·司马相如列传》南朝宋·裴骃集解引《汉书音义》:"列缺,天闪也。"又,《艺文类聚(卷二)·天部下·电》:"《山海经》曰:列缺,电名。"

⑧望舒:神话中为月驾车之神名。《楚辞·离骚》:"前望舒使先驱兮,后飞廉使奔属。"东汉·王逸注:"望舒,月御也。"又,《初学记(卷一)·天部上·月》:"《淮南子》云:月,一名'夜光'。月御曰'望舒',亦曰'纤阿'。"

⑨甘霖、甘澍(shù),俱指时雨:甘霖、甘澍,皆指利于植物生长的及时好雨。霖,特指连下三日以上的雨。《尚书·说命上》:"若岁大旱,用汝作霖雨。"西汉·孔安国传:"霖,三日雨。霖以救旱。"《尔雅·释天》:"淫,谓之'霖'。"晋·郭璞注:"雨自三日已上为霖。"澍,《说文解字》:"时雨也。所以树生万物者也。"时雨,应时的雨水。《尚书·洪范》:"曰肃,时雨若。"唐·孔颖达疏:"人君行敬,则雨以时而顺之。"《孟子·尽心上》:"君子之所以教者五:有如时雨化之者。……"朱子集注:"时雨,及时之雨也。草木之生,播种封植,人力已至而未能自化,所少者,雨露之滋耳。及此时而雨之,则其化速矣。"

⑩玄穹(qióng)、彼苍,悉称上天:语本《尔雅·释天》:"穹苍,苍天

也。"晋·郭璞注："天形穹隆，其色苍苍，因名云。"因天似穹庐，
呈苍（青）色，故古人称之为"玄穹""彼苍"。玄穹，天空，天幕。
玄，天。晋·张华《壮士篇》："长剑横九野，高冠拂玄穹。"彼苍，
上天。《诗经·秦风·黄鸟》："彼苍者天，歼我良人。"唐·孔颖达
疏："彼苍苍者，是在上之天。"后因以代称"天"。

【译文】

雷部迅捷善走的鬼，叫作"律令"；负责推雷车的女子，名唤"阿
香"。

云师就是"丰隆"，雪神就是"滕六"。

"欻火"和"谢仙"，都掌管雷火；"飞廉"和"箕伯"，都是风神。

"列缺"是主管闪电的神灵，"望舒"是为月驾车的神灵。

"甘霖"和"甘澍"，都是指及时雨；"玄穹"和"彼苍"，都是对上天的
称呼。

雪花飞六出，先兆丰年①；日上已三竿②，乃云时晏③。

蜀犬吠日，比人所见甚稀④；吴牛喘月，笑人畏惧过甚⑤。

望切者，若云霓之望⑥；恩深者，如雨露之恩⑦。

参、商二星，其出没不相见⑧；牛、女两宿，惟七夕一相逢⑨。

后羿妻，奔月宫而为嫦娥⑩；傅说死，其精神托于箕、尾⑪。

【注释】

①雪花飞六出，先兆丰年：语本《文选·谢惠连〈雪赋〉》："盈尺则
　呈瑞于丰年，袤丈则表沴于阴德。"唐·李善注引西汉·毛苌《诗
　传》曰："丰年之冬，必有积雪。"《诗经·小雅·信南山》："上天同
　云，雨雪雰雰，益之以霡霂。既优既渥，既沾既足，生我百谷。"毛
　传："雰雰，雪貌。丰年之冬，必有积雪。"孔疏："谓明年将丰，今

冬积雪为宿泽也。"冬雪多被视为丰年的预兆，自古有瑞雪兆丰年之说。六出，花分瓣叫"出"，雪花六角，因以为雪的别名。《艺文类聚（卷二）·天部下·雪》引《韩诗外传》："凡草木花多五出，雪花独六出。"《初学记（卷二）·天部下·雪》《太平御览（卷十二）·天部十二·雪》亦引。

②日上已三竿：太阳升起来离地已有三根竹竿那么高。多用以形容天已大亮，时间不早。《南齐书·天文志上》："永明五年十一月丁亥，日出高三竿，朱色赤黄。"

③时晏：时候不早了。晏，晚，迟。

④蜀犬吠日，比人所见甚稀：语本唐·柳宗元《答韦中立论师道书》："屈子赋曰：'邑犬群吠，吠所怪也。'仆往闻庸蜀之南，恒雨少日，日出则犬吠。"蜀地多雾，常年见不到太阳，每逢日出，狗都惊叫。后以"蜀犬吠日"比喻少见多怪。

⑤吴牛喘月，笑人畏惧过甚：语本《太平御览（卷四）·天部四·月》引东汉·应劭《风俗通义》："吴牛望见月则喘；使之苦于日，见月怖，喘矣！"南朝宋·刘义庆《世说新语·言语》："满奋畏风。在晋武帝坐，北窗作琉璃屏，实密似疏，奋有难色。帝笑之，奋答曰：'臣犹吴牛，见月而喘。'"南朝梁·刘孝标注："今之水牛，唯生江淮间，故谓之'吴牛'也。南土多暑，而此牛畏热，见月疑是日，所以见月则喘。"水牛怕热，夏天见到月亮以为是太阳，气急而喘，比喻因疑似而惧怕。吴牛，即水牛，因生在吴地而称"吴牛"。

⑥望切者，若云霓之望：语本《孟子·梁惠王下》："《书》曰：'汤一征，自葛始。'天下信之。东面而征，西夷怨；南面而征，北狄怨。曰：'奚为后我？'民望之，若大旱之望云霓也。"东汉·赵岐注："霓，虹也。雨则虹见，故大旱而思见之。"云霓，即雨后出现的彩虹。大旱时若彩虹出现，则表示下了雨。因此，久旱不雨时，人们渴望见到彩虹。后用"云霓之望"比喻十分迫切地期盼。

⑦恩深者,如雨露之恩:受到的恩情有如万物受到雨露的滋润。雨露,比喻恩泽、恩情。唐·刘禹锡《苏州谢上表》:"江海远地,孤危小臣。虽雨露之恩,幽遐必被;而犬马之恋,亲近为荣。"

⑧参、商二星,其出没不相见:语本《左传·昭公元年》:"昔高辛氏有二子,伯曰'阏伯',季曰'实沈',居于旷林,不相能也。日寻干戈,以相征讨。后帝不臧,迁阏伯于商丘,主辰。商人是因,故辰为商星。迁实沈于大夏,主参。唐人是因,以服事夏、商。"相传高辛氏有两个儿子,长子阏伯,次子实沈,两人争斗不休,于是高辛氏只好将阏伯迁往东方商丘,主商,将实沈迁往西方大夏,主参。从此两人永不得相见。参商,参星和商星。参星在西,商星在东,此出彼没,永不相见。

⑨牛、女两宿,惟七夕一相逢:语本《文选·曹植〈洛神赋〉》:"叹匏瓜之无匹兮,咏牵牛之独处。"唐·李善注引三国魏·曹植《九咏注》曰:"牵牛为夫,织女为妇。织女、牵牛之星,各处河鼓之旁。七月七日,乃得一会。"《文选·曹丕〈燕歌行〉》:"牵牛织女遥相望,尔独何辜限河梁。"李善注亦引曹植《九咏注》。又,《初学记(卷四)·岁时部下·七月七日》引晋·周处《风土记》曰:"七月七日,其夜洒扫于庭,露施几筵,设酒脯时果,散香粉于河鼓、织女,言此二星神当会。"《太平御览(卷三十一)·时序部十六·七月七日》亦引之。又,南朝梁·吴均《续齐谐记》:"桂阳成武丁有仙道,常在人间,忽谓其弟曰:'七月七日,织女当渡河,诸仙悉还宫。吾向已被召,不得停,与尔别矣。'弟问曰:'织女何事渡河?去当何还?'答曰:'织女暂诣牵牛。吾复三年当还。'明日,失武丁。至今云'织女嫁牵牛'。"《艺文类聚(卷四)·岁时部中·七月七》《初学记(卷四)·岁时部下·七月七日》《太平御览(卷三十一)·时序部十六·七月七日》皆引之。牛、女两宿,指牛郎星和织女星。两星隔银河相对。神话传说织女是天帝孙女,长年织

造云锦，自嫁河西牛郎后，就不再织。天帝责令两人分离，每年只准于七月七日在天河上相会一次，俗称"七夕"。相会时，喜鹊为他们搭桥，谓之"鹊桥"。古俗在这天晚上，妇女们要穿针乞巧。《史记·天官书》："南斗为庙，其北建星。建星者，旗也。牵牛为牺牲。其北河鼓。河鼓大星，上将；左右，左右将。婺女，其北织女。织女，天女孙也。"唐·司马贞索隐："织女，天孙也。"《太平御览·天部六·星》："河鼓三星，在牵牛北，主军鼓。盖天子三将军也，中央大将军也，其南左星，左将军也，其北右星，右将军也，所以备关梁而拒难也。昔传牵牛织女七月七日相见者，则此是也，故《尔雅》云：河鼓谓之'牵牛'。"

⑩ 后羿妻，奔月宫而为嫦娥：语本《后汉书·天文志上》"言其时星辰之变"，南朝梁·刘昭注引东汉·张衡《灵宪》："羿请不死之药于西王母，姮娥窃之以奔月。将往，枚筮之于有黄。有黄占之曰：'吉。翩翩归妹，独将西行。逢天晦芒，毋惊毋恐，后其大昌。'姮娥遂托身于月，是为蟾蜍。"《搜神记》卷十四亦载之。后羿，神话传说中的上古英雄。相传尧时十日并出，植物枯死，封豕长蛇为害，羿射去九日，射杀封豕长蛇，民赖以安。见《淮南子·本经训》《淮南子·览冥训》。又或为上古夷族的首领，善射。相传夏太康沉湎于游乐，羿推翻其统治，自立为君，号有穷氏。不久因喜狩猎，不理民事，为其臣寒浞所杀。见《尚书·五子之歌》《左传·襄公四年》《楚辞·离骚》《史记·吴太伯世家》。嫦娥，神话传说中的月中仙子。相传是后羿之妻。嫦娥，本作"姮娥"，或作"恒娥"，后因避汉文帝刘恒讳，改作"常娥""嫦娥"。

⑪ 傅说（yuè）死，其精神托于箕、尾：语本《庄子·大宗师》："傅说得之，以相武丁，奄有天下，乘东维，骑箕、尾，而比于列星。"唐·陆德明释文："司马云：'傅说，殷相也。武丁，殷王高宗也。东维，箕斗之间，天汉津之东维也。《星经》曰：傅说一星在尾上，

言其乘东维,骑箕、尾之间也。'崔云:'傅说死,其精神乘东维,托龙尾,乃列宿。今尾上有傅说星。'"傅说,商王武丁的大臣。精神,此处指魂魄。箕、尾,箕星和尾星。传说傅说死后精神寄托在箕、尾两个星宿之间,成为傅说星。

【译文】

六个瓣的雪花飘落,是丰收年成的好兆头;太阳已升到三竿的高度,表示时候已经不早了。

"蜀犬吠日",比喻人见识太少;"吴牛喘月",用来嘲笑人过分恐惧。

期盼殷切,好比"云霓之望";恩泽深厚,有如"雨露之恩"。

参星与商星二星,此出彼没,永不相见;牛郎和织女二宿,隔着银河,每年只有七夕才能见上一面。

后羿的妻子成仙,飞到月宫里成为嫦娥;傅说死后,他的灵魂寄托在箕、尾二星之间。

披星戴月,谓早夜之奔驰①;沐雨栉风,谓风尘之劳苦②。

事非有意,譬如云出无心③;恩可遍施,乃曰阳春有脚④。

馈物致敬⑤,曰敢效献曝之忱⑥;托人转移⑦,曰全赖回天之力⑧。

感救死之恩,曰再造⑨;诵再生之德,曰二天⑩。

【注释】

①披星戴月,谓早夜之奔驰:语本《吕氏春秋·开春论·察贤》:"宓子贱治单父,弹鸣琴,身不下堂,而单父治。巫马期以星出,以星入,日夜不居,以身亲之,而单父亦治。"《说苑·政理》亦载之。后因以"戴星"为称扬吏治或能吏之典。元明时期,衍为"披星戴月",为诗文习用语。披星戴月,顶着星月奔走,形容早出晚归

或夜行。奔驰,奔波,奔走。

②沐雨栉(zhì)风,谓风尘之劳苦:语本《庄子·天下》:"昔禹之湮洪水,决江河而通四夷九州也。名山三百,支川三千,小者无数。禹亲自操橐耜而九杂天下之川;腓无胈,胫无毛,沐甚雨,栉疾风,置万国。禹大圣也,而形劳天下也如此。"唐·成玄英疏:"赖骤雨而洒发,假疾风而梳头,勤苦执劳,形容毁悴。遂使腓股无肉,膝胫无毛。"沐雨栉风,雨洗头,风梳发,形容人经常在外面不避风雨地辛苦奔波。栉,梳理头发。

③事非有意,譬如云出无心:语本晋·陶渊明《归去来辞》:"云无心以出岫,鸟倦飞而知还。"云出无心,比喻事情并非有意为之。

④恩可遍施,乃曰阳春有脚:语本五代·王仁裕《开元天宝遗事·有脚阳春》:"宋璟爱民恤物,朝野归美,时人咸谓璟为有脚阳春,言所至之处,如阳春煦物也。"唐代贤臣宋璟爱护百姓,人们称他为"有脚阳春",意思是他走到哪里,就把春天带到哪里。后便以"阳春有脚"称誉有德政的贤明官员。

⑤馈物:赠送礼品。致敬:表达敬意。

⑥献曝:典出《列子·杨朱》:"昔者宋国有田夫,常衣缊黂,仅以过冬。暨春东作,自曝于日,不知天下之有广厦隩室,绵纩狐貉。顾谓其妻曰:'负日之暄,人莫知者,以献吾君,将有重赏。'"春秋时期宋国有位农民发现冬天晒太阳十分舒服,就想将此法献给君主请赏。后来"献曝"一词便作为所献菲薄、浅陋,但态度至诚的谦辞。曝,晒。忱(chén):心意,情意。

⑦转移:改变(不利的局面)。

⑧回天之力:比喻能挽回形势的巨大力量。唐·吴兢《贞观政要·纳谏》:"贞观四年,诏发卒修洛阳宫之乾元殿以备巡狩。给事中张玄素上书谏曰:……太宗谓玄素曰:'卿以我不如炀帝,何如桀、纣?'对曰:'若此殿卒兴,所谓同归于乱。'太宗叹曰:'我不思量,

遂至于此。'顾谓房玄龄曰:'今玄素上表,洛阳实亦未宜修造,后
必事理须行,露坐亦复何苦? 所有作役,宜即停之。然以卑干尊,
古来不易,非其忠直,安能如此? 且众人之唯唯,不如一士之谔
谔。可赐绢二百匹。'魏徵叹曰:'张公遂有回天之力,可谓仁人
之言,其利博哉!'"唐·刘肃《大唐新语》卷二亦载。两《唐书》
张玄素本传,皆详载其事。唐贞观年间,给事中张玄素曾上书谏
阻唐太宗大修洛阳官乾元殿,魏徵赞叹张玄素有回天之力。又,
《北齐书·帝纪》《北史·齐本纪下》卷末皆载:"郑文贞公魏徵总
而论之曰:'……佞阉处当轴之权,婢媪擅回天之力。……'"则
"回天之力",似为魏徵习用语。

⑨感救死之恩,曰再造:救死,将人从垂死的境地拯救过来。《孟
子·梁惠王上》:"此惟救死而恐不赡,奚暇治礼义哉?"再造,重
新给予生命。多用于表示对重大恩惠的感激。《宋书·王僧达
传》:"再造之恩,不可妄属。"《资治通鉴·唐纪·唐肃宗至德二
年》:"十一月,广平王俶、郭子仪来自东京,上劳子仪曰:'吾之
家国,由卿再造。'"《旧唐书·郭子仪传》:"是时,河东、河西、河
南贼所盗郡邑皆平,以功加司徒,封代国公,食邑千户。寻入朝,
天子遣兵仗戎容迎于灞上,肃宗劳之曰:'虽吾之家国,实由卿再
造。'子仪顿首感谢。"

⑩诵再生之德,曰二天:再生,再次给予生命。义同"再造"。二天,
恩人。对庇护者的感恩之辞。语典出自《后汉书·苏章传》:"顺
帝时,迁冀州刺史。故人为清河太守,章行部案其奸藏。乃请太
守,为设酒肴,陈平生之好甚欢。太守喜曰:'人皆有一天,我独有
二天。'章曰:'今夕苏孺文与故人饮者,私恩也;明日冀州刺史案
事者,公法也。'遂举正其罪。州境知章无私,望风威肃。"

【译文】

"披星戴月",是说不分早晚,昼夜奔波;"沐雨栉风",是说奔波在

外，风尘劳苦。

"云出无心"，是用来比喻事情并非有意为之；"阳春有脚"，用来形容恩泽广施。

送礼表达敬意，要自谦说"敢效献曝之忱"；托人出面斡旋，要说"全赖回天之力"。

感谢他人极大的恩惠，要说"恩同再造"；称颂对自己有大恩的人，要用"犹如二天"。

　　势易尽者若冰山①，事相悬者如天壤②。

　　晨星谓贤人寥落③，雷同谓言语相符④。

　　心多过虑，何异杞人忧天⑤；事不量力，不殊夸父追日⑥。

　　如夏日之可畏，是谓赵盾；如冬日之可爱，是谓赵衰⑦。

　　齐妇含冤，三年不雨⑧；邹衍下狱，六月飞霜⑨。

　　父仇不共戴天⑩，子道须当爱日⑪。

【注释】

①势易尽者若冰山：语本五代·王仁裕《开元天宝遗事·依冰山》："杨国忠权倾天下，四方之士争诣其门。进士张彖者，陕州人也，方学有文名，志气高大，未尝干谒权贵。或有劝彖，令修谒国忠，可图显荣。彖曰：'尔辈以谓右相之势，倚靠如泰山。以吾所见，乃冰山也。或皎日大明之际，则此山当误人尔。'后果如其言。"唐玄宗时期，杨国忠贵为右相，权倾天下，士子争相巴结，进士张彖说：你们以为杨丞相是泰山一般的靠山，依我看，只不过是冰山而已，阳光强烈的时候，就会融化。唐·冯贽《云仙杂记》卷十亦载之。势，权势。冰山，因冰冻而形成的山，遇上天气转暖即消融，比喻不可长久依赖的靠山。

②悬：悬殊，差别大。天壤：天和地。比喻相隔悬殊，差别极大。晋·葛洪《抱朴子内篇·论仙》："趋舍所尚，耳目所欲，其为不同，已有天壤之觉，冰炭之乖矣。"又，《世说新语·贤媛》："王凝之谢夫人既往王氏，大薄凝之。既还谢家，意大不说。太傅慰释之曰：'王郎，逸少之子，人材亦不恶，汝何以恨乃尔？'答曰：'一门叔父，则有阿大、中郎。群从兄弟，则有封、胡、遏、末。不意天壤之中，乃有王郎！'"东晋时，才女谢道韫嫁给王凝之为妻，很看不起王凝之，说：我家的叔叔和兄弟们都这样优秀，没想到天地间，还有王郎这样的废物！又，南齐·陆厥《与沈约书》（载《南齐书·文学列传》）："《长门》《上林》，殆非一家之赋；《洛神》《池雁》，便成二体之作。孟坚精正，《咏史》无亏于东主；平子恢富，《羽猎》不累于凭虚。王粲《初征》，他文未能称是；杨修敏捷，《暑赋》弥日不献。率意寡尤，则事促乎一日；翳翳愈伏，而理赊于七步。一人之思，迟速天悬；一家之文，工拙壤隔。"

③晨星谓贤人寥落：语本唐·刘禹锡《送张盥赴举（并引）》："吾不幸，向所谓同年友，当其盛时，联袂（一作"辔"）举镳，亘绝九衢，若屏风然。今来落落，如曙（一作"晨"）星之相望。"后遂以"如晨星之相望"形容人才凋零。宋人为胜。宋·苏轼《钱君倚哀词》："岂存者之举无其人兮，辽辽如晨星之相望。"宋·袁甫《番江书堂记》："余自为童子拱立侍旁，每见师友过从，考德问业熟矣。曾未十数年，次第凋零。及余兄弟游宦四方，同志者亦往往间见。未十数年，又皆寥落，如晨星之相望。每为之慨然。"宋·陆九渊《与杨守》："某自省事以来，五十年矣。不知几易太守，其贤而可称者，惟张安国、赵景明、陈时中、钱伯同四人。殆如晨星之相望，可谓难得矣。"宋·陈亮《上孝宗皇帝第一书》："荆、襄之地，在春秋时，楚用以虎视齐、晋，而齐、晋不能屈也。……本朝二百年之间，降为荒落之邦，北连许、汝，民居稀少，土产卑薄，

人才之能通姓名于上国者,如晨星之相望。"晨星,指清晨天空中稀疏的星星。常用以比喻人或物十分稀少。宋·苏轼《祭范蜀公文》:"仁宗在位,四十二年。畦而种之,有得皆贤。既历三世,悉为名臣。今如晨星,存者几人。"寥落,形容星星稀疏的样子。《文选·谢朓〈京路夜发〉》:"晓星正寥落,晨光复泱漭。"唐·李善注:"寥落,星稀之貌也。"唐·韩愈《华山女》:"黄衣道士亦讲说,座下寥落如明星。"

④雷同谓言语相符:语本《礼记·曲礼上》:"毋剿说,毋雷同。"东汉·郑玄注:"雷之发声,物无不同时应者;人之言当各由己,不当然也。"又,《后汉书·桓谭传》:"略雷同之俗语,详通人之雅谋。"唐·李贤注:"雷之发声,众物同应,俗人无是非之心,出言同者谓之'雷同'。"雷同,随声附和。亦泛指相同。《楚辞·九辩》:"世雷同而炫曜兮,何毁誉之昧昧!"东汉·王逸注:"俗人群党,相称举也。论善与恶,不分析也。"东汉·刘歆《移书让太常博士》:"或怀疾妒,不考情实,雷同相从,随声是非。"

⑤心多过虑,何异杞人忧天:语本《列子·天瑞》:"杞国有人,忧天地崩坠,身亡所寄,废寝食者。"古代杞国有个人担心天会塌下来,愁得寝食难安。后遂以"杞人忧天"比喻不必要的忧虑。

⑥事不量力,不殊夸父追日:语本《列子·汤问》:"夸父不量力,欲追日影,逐之于隅谷之际。渴欲得饮,赴饮河、渭。河、渭不足,将走北饮大泽。未至,道渴而死。弃其杖,尸膏肉所浸,生邓林。邓林弥广数千里焉。"又,《山海经·大荒北经》:"大荒之中有山,名曰'成都载天'。有人珥两黄蛇,把两黄蛇,名曰'夸父'。后土生信,信生夸父。夸父不量力,欲追日景,逮之于禺谷,将饮河,而不足也。将走大泽,未至,死于此。"量力,即量力而行,估计自己力量的大小去做事。《左传·昭公十五年》:"力能则进,否则退,量力而行。"不殊,没有区别,一样。夸父,古代神话中的人物,相

传他不自量力,拼命追赶太阳,最后渴死在路上。

⑦"如夏日之可畏"四句:语本《左传·文公七年》:"狄侵我西鄙,公使告于晋。赵宣子使因贾季问酆舒,且让之。酆舒问于贾季曰:'赵衰、赵盾孰贤?'对曰:'赵衰,冬日之日也。赵盾,夏日之日也。'"春秋时期晋国赵衰和赵盾父子俩先后为执政大臣,可两人的性格却截然不同,赵衰待人亲切和蔼,令人喜欢,因此被称为"冬日之日";赵盾待人急躁酷厉,使人畏惧,因此被称为"夏日之日"。赵盾,亦称"赵宣子""宣孟",春秋时晋国名臣。赵衰之子。晋襄公七年(前621),任中军元帅,遂执国政。襄公卒,灵公即位,荒淫暴虐,盾屡谏不听,灵公反欲杀之。赵盾惧祸出走,未出境,其族弟赵穿杀灵公。赵盾归,迎立晋襄公弟黑臀为晋成公,仍执国政。卒谥宣。赵衰(?—前622),字子馀,一称"孟子馀"。谥成,又称"赵成子""成季"。从公子重耳流亡在外十九年,历尽险阻艰难。助重耳回国即位为晋文公。以大功论赏,为原大夫。旋为卿,任上军之将。先后举荐先轸、栾枝等人,佐晋文公创立霸业。

⑧齐妇含冤,三年不雨:语本《汉书·于定国传》:"东海有孝妇,少寡,亡子,养姑甚谨,姑欲嫁之,终不肯。姑谓邻人曰:'孝妇事我勤苦,哀其亡子守寡。我老,久累丁壮,奈何?'其后姑自经死,姑女告吏:'妇杀我母。'吏捕孝妇,孝妇辞不杀姑。吏验治,孝妇自诬服。具狱上府,于公以为此妇养姑十余年,以孝闻,必不杀也。太守不听,于公争之,弗能得,乃抱其具狱,哭于府上,因辞疾去。太守竟论杀孝妇。郡中枯旱三年。后太守至,卜筮其故,于公曰:'孝妇不当死,前太守强断之,咎党在是乎?'于是太守杀牛自祭孝妇冢,因表其墓,天立大雨,岁孰。郡中以此大敬重于公。"东海郡的孝妇被人诬陷谋杀婆婆,太守将她处死,结果东海郡大旱三年,滴雨未落。于定国之父于公引导继任的太守为之平反,才

又下雨。汉代东海郡，属于战国时的齐地，故称"齐"。

⑨邹衍下狱，六月飞霜：语本《文选》唐·李善注引《淮南子》："邹衍尽忠于燕惠王，惠王信谮而系之。邹子仰天而哭，正夏而天为之降霜。"（见《文选·曹植〈求通亲表〉》"臣伏以为犬马之诚，不能动人，譬人之诚，不能动天。崩城陨霜，臣初信之。以臣心况，徒虚语耳"暨《文选·江淹〈诣建平王上书〉》"昔者贱臣叩心，飞霜击于燕地"。两引）今按，传本《淮南子》无此文。然，《艺文类聚（卷三）·岁时部上·夏》《初学记（卷二）·天部下·霜》《太平御览（卷十四）·天部十四·霜》暨卷二十三《时序部八·夏下》皆引之，出处皆据《淮南子》。又，东汉·王充《论衡·感虚》："传书言：邹衍无罪，见拘于燕，当夏五月，仰天而叹，天为陨霜。"邹衍被燕王听信谗言抓进了监狱，因不能证明自己的清白，只有仰面朝天发出长叹，时当盛夏五月竟突然下起了霜。后多传为"六月飞霜"。邹衍（约前305—前240），一作"驺衍"，战国时齐国人。居稷下，曾历游魏、燕、赵等国，见尊于诸侯。燕昭王为筑碣石宫，亲往师之。好谈天文，时人称为"谈天衍"。提出五德终始说，认为每个朝代受土、木、金、火、水五行中一行支配，依五行相克顺序而循环，而兴亡又必有先兆。又提出大九州说，以天下为八十一州，中国仅为其中之一即赤县神州，每九州为一单元，有小海绕之，大九州另有大海绕之，此外即为天地之边际。

⑩父仇不共戴天：语本《礼记·曲礼上》："父之仇，弗与共戴天。"东汉·郑玄注："父者，子之天。杀己之天，与共戴天，非孝子也。行求杀之，乃止。"唐·孔颖达疏："天在上，故曰'戴'。又《檀弓》云，父母之仇，'寝苦枕干，不仕，弗与共天下也。遇诸市朝，不反兵而斗'，并是不共天下也。"不共戴天，不在同一片天空下共存。比喻仇恨极深。

⑪子道须当爱日：语本西汉·扬雄《法言·孝至》："事父母自知不足

者，其舜乎！不可得而久者，事亲之谓也，孝子爱日。"晋·李轨注：
"无须臾懈于心。"子道，子女待父母应遵循的道德规范。爱日，指
父母健在的时日有限，子女应当珍惜，敬心奉侍。

【译文】

看似坚固，实则容易消亡的权势，就像"冰山"一样；事物之间，彼此
相差悬殊，可喻为"天壤"之别。

"晨星"，是形容贤德之人稀少罕见，好比破晓时的星辰；"雷同"，是
指人云亦云，说的话都一个样。

心有太多忧虑，与"杞人忧天"何来两样；做事不自量力，和"夸父
追日"全无区别。

"如夏日之可畏"，说的是赵盾严酷；"如冬日之可爱"，指的是赵衰
温和。

汉朝齐地有位孝妇含冤而死，上天因而震怒，三年都不下雨；战国时
候邹衍被诬陷下狱，六月盛暑天气，忽然飞起霜来。

杀父的仇人，不能和他活在同一片蓝天之下；做子女的应努力尽孝，
珍惜父母在的日子。

盛世黎民，嬉游于光天化日之下①；太平天子，上召夫
景星、庆云之祥②。

夏时大禹在位，上天雨金③；《春秋》《孝经》既成，赤虹
化玉④。

箕好风，毕好雨，比庶人愿欲不同⑤；风从虎，云从龙，
比君臣会合不偶⑥。

雨旸时若，系是休征⑦；天地交泰⑧，斯称盛世⑨。

【注释】

①盛世黎民，嬉游于光天化日之下：语本东汉·王符《潜夫论·爱日》："国之所以为国者，以有民也。民之所以为民者，以有谷也。谷之所以丰殖者，以有人功也。功之所以能建者，以日力也。治国之日舒以长，故其民闲暇而力有余；乱国之日促以短，故其民困务而力不足。舒长者，非谓羲和安行，乃君明民静而力有余也。促短者，非谓分度损减，乃上暗下乱，力不足也。所谓治国之日舒以长者，非谒羲和而令安行也，又非能增分度而益漏刻也。乃君明察而百官治，下循正而得其所，则民安静而力有余，故视日长也。所谓乱国之日促以短者，非谒羲和而令疾驱也，又非能减分度而损漏刻也。乃君不明，则百官乱而奸宄兴，法令隳而役赋繁，则庶民困于吏政，仕者穷于典礼，冤民就狱乃得直，烈士交私乃得保。奸臣肆心于上，乱化流行于下。君子载质而车驰，细民怀财而趋走，故视日短也。《诗》云：'王事靡盬，不遑将父。'言在古闲暇而得行孝，今迫促不得养也。孔子称'庶，则富之。既富，则教之'。是礼义生于富足，盗贼起于贫穷。富足生于宽暇，贫穷起于无日。"《后汉书·王符传》载之，而作"化国之日舒以长"。黎民，民众，百姓。《尚书·尧典》："黎民于变时雍。"西汉·孔安国传："黎，众。"《尔雅》亦云："黎，众也。"光天化日，指太平盛世。光天，语典出自《尚书·益稷》："俞哉！帝光天之下，至于海隅苍生，万邦黎献，共惟帝臣，惟帝时举。"化日，作为"化国之日"之省，语典出自《后汉书》载东汉·王符《潜夫论·爱日》。"光天"指天空晴朗。亦用以形容时局晴明。"化日"指阳光普照，明亮耀眼。亦形容上有圣君，天下皆被其德政感化。"光天""化日"二词，早期单用；四字连用，以明清俗文学为常见。

②太平天子，上召夫景星、庆云之祥：太平天子，指能治国平天下的皇帝。唐·郑棨《天开传信记》："上为皇孙时，风表瑰异，神彩

英迈，尝于朝堂叱武攸暨曰：'朝堂我家朝堂，汝得恣蜂虿而狼顾耶！'则天闻而惊异之，再三顾曰：'此儿气概，终当为吾家太平天子也。'"景星，德星，瑞星。传说现于有道之国。西汉·董仲舒《春秋繁露·王道》："王者，人之始也。王正，则元气和顺，风雨时，景星见，黄龙下；王不正，则上变天，贼气并见。"《史记·天官书》："天精而见景星。景星者，德星也。其状无常，常出于有道之国。"唐·张守节正义："景星状如半月，生于晦朔，助月为明。见则人君有德，明圣之庆也。"庆云，五色云。古人以为喜庆、吉祥之气。《列子·汤问》："庆云浮，甘露降。"《汉书·天文志》："若烟非烟，若云非云，郁郁纷纷，萧索轮囷，是谓'庆云'。庆云见，喜气也。"

③ 夏时大禹在位，上天雨金：语本南朝梁·任昉《述异记》卷下："先儒说，禹时天下雨金三日。"《太平御览（卷八百十一）·珍宝部十·金》引之。夏，朝代名。中国历史上第一个世袭制王朝，由禹的儿子启在公元前二十一世纪建立，建都安邑（今山西夏县北）；传十四代，历十七君，公元前十六世纪，夏桀在位时为商汤所灭。大禹，即夏禹，是夏代开国君主。据《史记·夏本纪》，禹名文命，是黄帝之玄孙、帝颛顼之孙。因治理洪水有功，受舜帝禅让而为天子。世称为"大禹"。雨金，天上像雨似的落下金子。

④ 《春秋》《孝经》既成，赤虹化玉：语本晋·干宝《搜神记》卷八："孔子修《春秋》，制《孝经》，既成，斋戒，向北辰而拜，告备于天。天乃洪郁起白雾，摩地，赤虹自上而下，化为黄玉，长三尺，上有刻文。孔子跪受而读之，曰：'宝文出，刘季握。卯金刀，在轸北。字禾子，天下服。'"《春秋》，儒家经典，编年体史书名。相传孔子据鲁史修订而成。所记起于鲁隐公元年（前722），止于鲁哀公十四年（前481），凡二百四十二年。叙事极简，用字寓褒贬。为其作传者，以《左氏》《公羊》《穀梁》最著，并称"《春秋》三传"。《孝

经》，儒家经典名。相传为孔子弟子曾子所作。赤虹化玉，孔子完成《春秋》和《孝经》后，赤虹从天而降，化作黄玉。

⑤"箕好风"三句：语本《尚书·洪范》："庶民惟星，星有好风，星有好雨。"西汉·孔安国传："星，民象，故众民惟若星。箕星好风，毕星好雨，亦民所好。"以箕星好风、毕星好雨，比喻百姓的愿望各不相同。箕，星宿名。二十八宿之一。是东方苍龙七宿的第七宿，有四颗星，分布似箕。毕，星宿名。二十八宿之一。是西方白虎七宿的第五宿，有八颗星，分布的形状像古代田猎用的毕网，古人认为此星主兵、主雨。庶人，平民，百姓。

⑥"风从虎"三句：语本《周易·文言上》："云从龙，风从虎，圣人作而万物睹。"会合，相遇。

⑦雨旸（yáng）时若，系是休征：语本《尚书·洪范》："八，庶征：曰雨，曰旸，曰燠，曰寒，曰风。曰时五者来备，各以其叙，庶草蕃庑。一极备，凶；一极无，凶。曰休征：曰肃，时雨若；曰乂，时旸若；曰晢，时燠若；曰谋，时寒若；曰圣，时风若。曰咎征：曰狂，恒雨若；曰僭，恒旸若；曰豫，恒燠若；曰急，恒寒若；曰蒙，恒风若。"雨，下雨。旸，日出。时若，即若是，像这个样子。后用"雨旸时若"谓晴雨适时，气候调和。休征，吉祥的征兆。《尚书·洪范》："曰休征。"西汉·孔安国传："叙美行之验。"休，喜庆，美善。

⑧交泰：语本《周易·泰卦》："天地交，泰。"三国魏·王弼注："泰者，物大通之时也。"言天地之气融通，则万物各遂其生，故谓之"泰"。后以"交泰"指天地之气和祥，万物通泰。

⑨斯：指示代词，此。

【译文】

太平盛世，百姓安居乐业，在光天化日之下快乐地嬉游；能为天下带来太平的有德之君，可以感召上天，而出现景星、庆云等祥瑞景象。

夏朝的大禹在位时期，上天接连下了三天黄金雨；孔子编纂完《春秋》和《孝经》这两部书,赤虹从天而降化为黄玉。

箕星喜风,毕星好雨,比喻百姓的愿望各有不同;虎啸生风、龙腾生云,比喻君臣的会合相辅并非偶然。

晴雨适宜,应时而至,这是吉祥的征兆;天地祥和,万物安泰,便称得上太平盛世。

地舆

【题解】

地舆,即地理。《淮南子·原道训》:“以地为舆,则无不载也。”地载万物,故比之以车舆,后因称大地为“地舆”,也用“地舆”指地理之学。

本篇共37联,皆与地理有关。内容涉及全国行政区划、名山大川的一些专门说法,以及和地理相关的成语典故。

本篇所反映的是明代的行政区划。明代行政区划为两京十三布政使司制,俗称“十五省”。“两京”为北京(京师)、南京,又称“北直隶”“南直隶”。因明太祖建都南京,明成祖迁都北京。十三个布政使司,分别为:山东、山西、河南、陕西、四川、江西、湖广、浙江、福建、广东、广西、云南、贵州。本篇所列行政区恰是这十五个,与明代两京十三布政使司一一对应。清初改北直隶为直隶,南直隶为江南承宣布政使司。康熙初改布政使司为省,分江南省为江苏、安徽两省,分湖广省为湖南、湖北两省,分陕西省为陕西、甘肃两省。清代分出来的江苏、安徽、湖南、湖北、甘肃这五个省的名字,在本篇都未出现。明代两京十三布政使司虽对元代十一行省(岭北、辽阳、河南、陕西、四川、甘肃、云南、浙江、江西、湖广、征东)有所承袭,但损益为多,即便省份同名,但辖境范围颇不相同。清代内地十八省(直隶、河南、山东、山西、陕西、甘肃、江苏、浙江、安徽、江西、湖北、湖南、四川、福建、广东、广西、云南、贵州),基本沿袭明代两京十三布政使司,只是分南京(南直隶)为安徽、江苏,分湖广为湖南、湖北,从陕西多分出一个甘肃而已。明代两京十三布政使司,为现代省市区域划分奠定了基础。故本篇之注,于这些行政区划名,重点交代明清时期情况,而不牵涉此前沿革。

黄帝画野,始分都邑[①];夏禹治水,初奠山川[②]。

宇宙之江山不改[③],古今之称谓各殊[④]。

北京原属幽燕,金台是其异号[⑤];南京原是建业,金陵又是别名[⑥]。

浙江是武林之区,原为越国[⑦];江西是豫章之郡,又曰吴皋[⑧]。

福建省属闽中[⑨],湖广地名三楚[⑩]。

东鲁、西鲁,即山东、山西之分[⑪];东粤、西粤,乃广东、广西之域[⑫]。

河南在华夏之中,故曰中州[⑬];陕西即长安之地,原为秦境[⑭]。

四川为西蜀[⑮],云南为古滇[⑯]。

贵州省近蛮方,自古名为黔地[⑰]。

【注释】

①黄帝画野,始分都邑:语本《汉书·地理志》:"昔在黄帝,作舟车以济不通,旁行天下,方制万里,画野分州,得百里之国万区。"唐·颜师古注:"方制,制为方域也。画,谓为之界也。"黄帝,传说中的上古帝王。号有熊氏,又号轩辕氏,姬姓,一说姓公孙,是有熊国君少典之子。《史记·五帝本纪》记载:"黄帝者,少典之子,姓公孙,名曰'轩辕'。"画野,划分区域界限。画,划分。野,

分野,指与星次相对应的地域。古以十二星次的位置划分地面上州、国的位置与之相对应。就天文说,称作"分星";就地面说,称作"分野"。如以鹑首对应秦、鹑火对应周等。相传古代中国画野分州,始于黄帝时期。都邑,城市。此处泛指地方区域。古称邦国都城曰"都",称侯国曰"邑"。

②夏禹治水,初奠山川:语本《尚书·禹贡》:"禹敷土,随山刊木,奠高山大川。"宋·蔡沈注:"敷,分也,分别土地以为九州也。奠,定也,定高山大川以别州境也。若兖之济河、青之海岱是也。"

③宇宙之江山不改:语本宋·文天祥《赣州》诗:"江山不改人心在,宇宙方来事会长。"宇宙,天地。《淮南子·原道训》:"横四维而含阴阳,纮宇宙而章三光。"东汉·高诱注:"四方上下曰'宇',古往今来曰'宙',以喻天地。"

④各殊:互有差异,互不相同。

⑤北京原属幽燕,金台是其异号:北京,明代(明成祖之后)首都,又称"北直隶"。地理范围比今北京市大,包括今北京、天津两市,河北长城南部地区和河南、山东的小部地区。明永乐元年(1403),明成祖朱棣将他做燕王时的封地北平府改为顺天府,建北京。永乐十九年(1421),自应天(今江苏南京)迁都顺天,改北京为京师。洪熙元年(1425),拟还都应天,复改京师为北京。正统六年(1441),定北京为国都,又改称京师。旧注:"《附职方纪略》:北京,古辽东地,号三韩,今日北直,别号金台,古燕冀域。领九府、二十州、一百二十县。首府顺天,别号'燕山'。乃《禹贡》冀州之域。周曰'幽州',汉曰'燕国'。"幽燕,指今河北北部及辽宁一带。战国时属于燕国,唐以前属于幽州,因此称"幽燕"。金台,战国时燕昭王听取谋士郭隗的建议,为招纳天下的贤士而修建的黄金台。明·蒋一葵《长安客话》:"都城黄金台出朝阳门循濠而南,至东南角,岿然一土阜是也。日薄崦嵫,茫茫

落落,吊古之士,登斯台者,辄低回眷顾,有千秋灵气之想。京师八景有曰'金台夕照',即此。"后亦代指古燕都北京。明·沈榜《宛署杂记·铺行》:"当成祖建都金台时,即因居民疏密,编为保甲。"

⑥南京原是建业,金陵又是别名:南京,明代行政区划名,又称"南直隶",地当今江苏、安徽两省全境。明洪武元年(1368)建都于江南应天府,永乐间迁都北京,改应天府为行在,正统间建为南京。清初改为江南承宣布政使司,康熙初改布政使司为省,分江南省为江苏、安徽两省。旧注:"(《附职方纪略》):南京,今曰'江南',别号'金陵',古徐、扬地。领十四府、十七州,九十六县。首府江宁,别号'建业'。乃《禹贡》扬州之域。楚威王以其地有王气,埋金以镇之,故名'金陵'。厥后至吴,自京口徙都于此,曰'建业'。"建业,古都名。即今江苏南京。东汉建安十七年(212),孙权在南京筑石头城,称"建业"。吴、东晋及南朝宋、齐、梁、陈,皆建都于此。金陵,南京的别称。战国楚威王七年(前333)灭越后在今南京清凉山设金陵邑。

⑦浙江是武林之区,原为越国:浙江,明清以来的省级行政区划名。以境内钱塘江旧称"浙江"得名。明置浙江布政使司,清设浙江省,沿袭至今。武林,旧时杭州的别称,以武林山得名。"武林"又称"虎林",据传唐朝为避李虎之讳而改"虎林"为"武林"。越国,古国名。也称"於越",姒姓,相传始祖为夏少康庶子无余。封于会稽。春秋末越王勾践卧薪尝胆,终灭吴称霸,战国时为楚所灭。

⑧江西是豫章之郡,又曰吴皋:江西,明清以来的省级行政区划名。明置江西布政使司,清设江西省,沿袭至今。豫章,江西南昌之别称。本为古代行政区划名。西汉设豫章郡(治今江西南昌)。汉至南朝,豫章郡、豫章国的范围大致相当于今江西北部地区。吴

皋,本为古代县级行政区划名,即今江西丰城。因为春秋战国时期曾为吴、楚两国的交界,故名。亦代指江西。三国时期东吴析南昌县南境置富城县。晋时改名丰城县。唐天祐二年(905),梁王朱全忠因其父名诚,改丰城为吴皋。五代后唐同光元年(923),复改吴皋为丰城。

⑨福建省属闽中:福建,明清以来的省级行政区划名。明代置福建布政使司,清设福建省,沿袭至今。闽中,秦所设的郡县名。辖境相当于今福建省和浙江省宁海及其以南的灵江、瓯江、飞云江流域。后以"闽中"指福建一带。南朝宋·谢灵运《还旧园作见颜范二中书》诗:"闽中安可处,日夜念归旋。"

⑩湖广地名三楚:湖广,明代省级行政区划名。明代置湖广布政使司,清代分湖广为湖南、湖北二省。三楚,即楚地。战国楚地疆域广阔,秦汉时分为西楚、东楚、南楚,合称"三楚"。《史记·货殖列传》:"夫自淮北沛、陈、汝南、南郡,此西楚也。……彭城以东,东海、吴、广陵,此东楚也。……衡山、九江、江南、豫章、长沙,是南楚也。"古时,楚地不限于湖南、湖北,但宋元以来,尤其明清时期,人们习惯于用楚地指称湖南、湖北地区。

⑪东鲁、西鲁,即山东、山西之分:东鲁,原指春秋时期的鲁国,后以指鲁地(相当于今山东省)。《文选·孔稚珪〈北山移文〉》:"世有周子,隽俗之士,既文且博,亦玄亦史。然而学遁东鲁,习隐南郭。"西鲁,山西省的别称。因山东别名东鲁,与之相对,称山西为"西鲁"。此一用法,实为罕见。旧注:"(《附职方纪略》:)山西,别号'西鲁',《禹贡》冀州之域。领五府、十九州、七十八县。首府太原,别号'晋阳'。"山东,明清以来的省级行政区划名。因在太行山以东,故称。明置山东布政使司,清设山东省,沿袭至今。山西,明清以来的省级行政区划名。自古称太行山以西、黄河以东地区为"山西"。明置山西布政使司,清设山西省,沿

袭至今。

⑫东粤、西粤，乃广东、广西之域：东粤、西粤，亦称"粤东""粤西"，分指广东、广西。"粤"为古地名，亦为古族名。《汉书·高帝纪》："故衡山王吴芮与子二人、兄子一人，从百粤之兵，以佐诸侯，诛暴秦，有大功，诸侯立以为王。"广东，明清以来的省级行政区划名。明置广东布政使司，清设广东省，沿袭至今。广西，明清以来的省级行政区划名。明设广西布政使司，清设广西省，今为广西壮族自治区。

⑬河南在华夏之中，故曰中州：河南，明清以来的省级行政区划名。因地在黄河之南而得名。明置河南布政使司，清设河南省，沿袭至今。华夏，最初指中原地区，后来代指中国。《周书·武成》："华夏蛮貊，罔不率俾。"中州，古豫州（今河南省一带）地处九州之中，称为"中州"。

⑭陕西即长安之地，原为秦境：陕西，明清以来的省级行政区划名。明置陕西布政使司，清代分为陕西、甘肃两省。长安，古地名。汉高祖七年（前200）定都于此。此后东汉献帝初、西晋愍帝、前赵、前秦、后秦、西魏、北周、隋、唐皆于此定都。故城有二：汉城筑于汉惠帝时，在今西安市西北。隋城筑于隋文帝时，号大兴城，故址包有今西安城和城东、南、西一带。唐末就旧城北部改筑新城，即今西安城。秦，朝代名。亦为周代古国名。秦襄公始立国，秦孝公时，成为战国七雄之一，定都咸阳。前221年，秦始皇统一天下，建立中国历史上第一个中央集权的王朝——秦朝。

⑮四川为西蜀：四川，明清以来的省级行政区划名。明设四川布政使司，清设四川省，沿袭至今。西蜀，今四川省。古为蜀地，因在西方，故称"西蜀"。

⑯云南为古滇（diān）：云南，明清以来的省级行政区划名。明设云南布政使司，清设云南省，沿袭至今。滇，古地名。亦为古族、古

国名。西南夷的一支。战国至秦汉时，分布在今云南滇池附近。

⑰贵州省近蛮方，自古名为黔地：贵州，明清以来的省级行政区划
　名。明置贵州布政使司，清设贵州省，沿袭至今。蛮方，蛮夷居住
　的地方。《诗经·大雅·抑》："用戒戎作，用逷蛮方。"东汉·郑玄
　笺："蛮方，蛮徼之外也。"黔，贵州省简称。

【译文】

黄帝划分中国的区域，才有后来州县区划的界限；夏禹治理洪水，开
始定高山大川以别州境。

天地间的江河山川不会改变，但古往今来的称呼却各有不同。

北京原属于古幽燕地区，"金台"是它的别名；南京原本叫"建业"，
"金陵"是它的别名。

浙江省位于古时武林所在区域，原为古越国；江西省位于古代豫章
郡境内，又称为"吴皋"。

福建省在古代属于闽中地区，湖广省在旧时称为"三楚"。

东鲁、西鲁，分别指山东省和山西省；东粤、西粤，对应于广东省和广
西省辖境。

河南省因位于华夏大地的中心位置，所以称为"中州"；陕西省就是
古代长安所在之地，原是古秦国领地。

四川省便是所谓西蜀，云南省在古代是滇国。

贵州省离南方蛮夷之地很近，自古以来称为黔地。

　东岳泰山，西岳华山，南岳衡山，北岳恒山，中岳嵩山，
此为天下之五岳①；饶州之鄱阳，岳州之青草，润州之丹阳，
鄂州之洞庭，苏州之太湖，此为天下之五湖②。

【注释】

①"东岳泰山"六句：语本《尚书·舜典》："岁二月，东巡守，至于岱

宗，柴。望秩于山川，肆觐东后。协时月正日，同律度量衡。修五礼、五玉、三帛、二生一死贽。如五器，卒乃复。五月南巡守，至于南岳，如岱礼。八月西巡守，至于西岳，如初。十有一月朔巡守，至于北岳，如西礼。归，格于艺祖，用特。五载一巡守，群后四朝。"暨《史记·封禅书》："《尚书》曰：……岁二月，东巡狩，至于岱宗。岱宗，泰山也。柴，望秩于山川。遂觐东后。东后者，诸侯也。合时月正日，同律度量衡，修五礼，五玉三帛二生一死贽。五月，巡狩至南岳。南岳，衡山也。八月，巡狩至西岳。西岳，华山也。十一月，巡狩至北岳。北岳，恒山也。皆如岱宗之礼。中岳，嵩高也。五载一巡狩。"《尚书·舜典》提及"岱宗""南岳""西岳""北岳"之名；《史记·封禅书》添"中岳"之名，且具体指出"南岳""西岳""北岳""中岳"是衡山、华山、恒山、嵩高（山）。《汉书·郊祀志》与《史记·封禅书》同。《尚书·舜典》西汉·孔安国传："南岳，衡山。""西岳，华山。""北岳，恒山。"《周礼·春官·大宗伯》："以血祭祭社稷、五祀、五岳。"东汉·郑玄注："五岳，东曰岱宗、南曰衡山、西曰华山、北曰恒山、中曰嵩高山。"与《史记·封禅书》《汉书·郊祀志》同。泰山，位于山东中部，为五岳中的东岳，也称"岱宗""岱山""岱岳""泰岱"。古代帝王常在泰山举行封禅大典。华山，位于陕西华阴南，为五岳中的西岳，北临渭河平原，属秦岭东段。又称"太华山"。衡山，位于湖南中部，为五岳中的南岳。相传舜帝南巡和大禹治水都到过这里。历代帝王南岳祀典，除汉武帝祀安徽潜山外，均在此山。恒山，主峰位于今河北曲阳西北，为五岳中的北岳。《尚书·夏书·禹贡》："太行恒山，至于碣石，入于海。"北魏·郦道元《水经注·禹贡山水泽地所在》："恒山为北岳，在中山上，曲阳县西北。"嵩山，位于河南登封北，为五岳中的中岳。古称"外方""太室"，又名"崇高""嵩高"。五岳，我国五大名山的总称。古书中记述略有不同。一般指东岳泰山、南岳衡山、西岳华山、北岳恒山、中岳嵩山。亦有以霍山为南岳者。《尔雅·释山》:"泰山为东岳,华山为西岳,霍山为南岳,恒山为北岳,嵩高为中岳。"晋·郭璞注:"(霍山)即天柱山,灊水所出。"《史记·封禅书》载汉武帝元丰五年(前106)"登礼灊(qián)之天柱山,号曰'南岳'"。按,天柱山在今安徽霍山西北。

② "饶州之鄱(pó)阳"六句:语本明·阙名《道法会元(卷三)·清微帝师官分品》:"五湖(并称"龙潭"):青草湖大神,丹阳湖大神,太湖大神,彭蠡湖大神,洞庭湖大神。"又,宋·吕元素《道门定制(卷三)·黄箓罗天一千二百分圣位·第八十五状(十七分)》"太湖众神门下"条,明·金体辑《灵宝文检(卷七)·黄箓罗天大醮圣号分位·第八十五状·十七分》"太湖众神"条,皆以太湖神、洞庭湖神、丹阳湖神、鄱阳湖神、彭蠡湖神五者并列。宋·蒋叔舆《无上黄箓大斋立成仪》卷五十六则以太湖水神、青草湖水神、洞庭湖水神、丹阳湖水神、彭蠡湖水神、西湖水神六者并列。以太湖神、洞庭湖神、丹阳湖神、鄱阳湖神、彭蠡湖(即鄱阳湖)神为五大湖神,当为道教流行说法。道教亦有以青草湖神、彭蠡湖神、丹阳湖神、谢阳湖神、太湖神并列者。两种"五大湖神"的列法,都有丹阳湖,差别只在以"洞庭湖神"和"谢阳湖神"互换。饶州,古州府名。明清沿之,地处今江西省东北部,因"山有林麓之利,泽有蒲鱼之饶"而得州名。春秋时期为楚国番邑,秦置番县,西汉改番阳县,东汉改鄱阳县,隋平陈后置饶州,州治为今江西鄱阳。明清时期饶州府,下辖鄱阳(府治)、余干、万年、德兴、浮梁、乐平、余江七县。鄱阳,湖名。古称"彭蠡"。位于江西北部,长江南岸,是今日中国第一大淡水湖。岳州,古州府名。明清沿之,地当今湖南岳阳。隋开皇九年(589)改巴州为岳州,治巴陵(今湖南岳阳)。唐辖今湖南洞庭湖东、南、北沿岸各

县地,后略小。青草,即青草湖,又名"巴丘湖",在今湖南岳阳西南,和洞庭湖相连。因青草山而得名。一说湖中多青草,冬春水涸,青草弥望,故名。唐宋时湖周二百六十五里,北有沙洲与洞庭湖相隔,水涨时则北通洞庭,南连湘水。唐·张志和《渔父歌》:"青草湖中月正圆,巴陵渔父棹歌连。钓车子,掘头船,乐在风波不用仙。"润州,中国古代行政区划名。地当今江苏镇江。隋开皇十五年(595)置,治延陵县(唐改丹徒县,今江苏镇江)。因州东有润浦得名。大业初废。唐武德三年(620)复置。辖境相当于今江苏南京、镇江、丹阳、句容、金坛、江宁等地。天宝元年(742)改为丹阳郡,乾元元年(758)复名润州。北宋政和三年(1113)升为镇江府。镇江之名,沿袭至今。本篇是以隋唐时期的旧名润州指代当时的镇江府。丹阳,即丹阳湖。旧注:"丹阳湖又曰'练塘',在镇江,周三百余里,自应天溧阳县,接太平当涂县界。"古丹阳湖,位于今安徽省和江苏省交界处,包括丹阳、石臼、固城、南漪四湖以及当涂、宣城、芜湖、溧水、高淳等地沿湖圩区。鄂州,古州府名。隋开皇九年(589)改郢州为鄂州,治江夏县(今湖北武汉武昌区)。取鄂渚为名。唐初为鄂州,又改江夏郡,又升武昌军。宋为鄂州,属荆湖北路。元置鄂州路,后改武昌路。明设武昌府,清沿之。辖境相当于今湖北武汉长江以南地区和鄂州、黄石、咸宁等地。本篇以"鄂州"故名代指当时的武昌府。明代武昌府和岳州府接壤,其南即洞庭湖。洞庭,即洞庭湖,位于今湖南省北部,长江荆江河段以南,是当代中国第二大淡水湖,原为古云梦大泽的一部分,洞庭湖南纳湘、资、沅、澧四水汇入,北与长江相连,湖水由东面的城陵矶附近注入长江,为长江最重要的调蓄湖泊。苏州,明清州府名。隋文帝开皇九年(589)始定名为苏州,因城西南的姑苏山而得名。唐为苏州,宋为平江府,元为平江路,明清为苏州府。明代苏州府下辖吴县、长洲县、常熟县、吴江县、昆山县、嘉定县、崇明县和太仓州，辖区范围大致相当于今日苏州市及上海市苏州河以北各区。太湖，古称"震泽""具区"，又称"五湖""笠泽"。地跨江苏、浙江二省，为当代中国第三大淡水湖。五湖，五大湖泊的并称。具体所指，说法不一。通行说法有二：《史记·三王世家》："大江之南，五湖之间，其人轻心。"唐·司马贞索隐："五湖者，具区、洮滆、彭蠡、青草、洞庭是也。"明·杨慎《丹铅总录·地理》："王勃文'襟三江而带五湖'，则总言南方之湖。洞庭一也，青草二也，鄱阳三也，彭蠡四也，太湖五也。"具区，即太湖。彭蠡，即鄱阳湖。洮滆，即今江苏长荡湖、西滆湖。这两种说法都不含"丹阳湖"。本篇以丹阳湖为五湖之一，源于道教五大湖神之说。

【译文】

东岳泰山，西岳华山，南岳衡山，北岳恒山，中岳嵩山，这五座山并称"五岳"，名闻天下；饶州的鄱阳湖，岳州的青草湖，润州的丹阳湖，鄂州的洞庭湖，苏州的太湖，这五个湖并称"五湖"，名闻天下。

金城汤池，谓城池之巩固①；砺山带河，乃封建之誓盟②。
帝都曰京师③，故乡曰梓里④。
蓬莱、弱水，惟飞仙可渡⑤；方壶、员峤，乃仙子所居⑥。
沧海桑田，谓世事之多变⑦；河清海晏，兆天下之升平⑧。

【注释】

①金城汤池，谓城池之巩固：语本《汉书·蒯通传》："必将婴城固守，皆为金城汤池，不可攻也。"唐·颜师古注："金以喻坚，汤喻沸热不可近。"金城汤池，金属造的城，沸水流淌的护城河，形容城池险固。亦省作"金汤"。《后汉书·光武帝纪赞》："金汤失

险,车书共道。"唐·李贤注:"金以喻坚,汤取其热。"

②砺山带河,乃封建之誓盟:语本《史记·高祖功臣侯者年表》:"封爵之誓曰:'使河如带,泰山若厉,国以永宁,爰及苗裔。'"南朝宋·裴骃集解引东汉·应劭曰:"封爵之誓,国家欲使功臣传祚无穷。带,衣带也;厉,砥石也。河当何时如衣带,山当何时如厉石,言如带厉,国乃绝耳。"砺山带河,泰山小成磨刀石,黄河细成衣带,这种情况绝不可能出现,故用以比喻即使时间久远,出现任何动荡,也决不改变。砺,磨刀石。山,泰山。带,衣带。河,黄河。封建,封邦建国。古代帝王把爵位、土地分赐亲戚或功臣,让他们在各自辖区内建立邦国。西周初年,曾大规模封建诸侯。誓盟,立誓订盟。

③帝都:京城,京都。京师:泛称国都。《公羊传·桓公九年》:"京师者何? 天子之居也。京者何? 大也。师者何? 众也。天子之居,必以众大之辞言之。"

④梓(zǐ)里:古代人们喜欢在住宅周围栽植桑树和梓树,后遂以"桑梓""梓里"代称故乡。《诗经·小雅·小弁》:"维桑与梓,必恭敬止。"朱子集传:"桑、梓二木,古者五亩之宅,树之墙下,以遗子孙给蚕食、具器用者也。"

⑤蓬莱、弱水,惟飞仙可渡:语本《太平广记(卷二十一)·神仙二十一·司马承祯》引《续仙传》:"又蜀女真谢自然泛海将诣蓬莱求师,船为风飘,到一山,见道人指言:'天台山司马承祯,名在丹台,身居赤城,此真良师也。蓬莱隔弱水三十万里,非舟楫可行,非飞仙无以到。'自然乃回,求承祯受度,后白日上升而去。"宋·张君房《云笈七签》卷一百十三下亦载。又,旧题西汉·东方朔《海内十洲记·凤麟洲》:"凤麟洲在西海之中央,地方一千五百里,洲四面有弱水绕之,鸿毛不浮,不可越也。"蓬莱,蓬莱山,古代传说中的神山名。弱水,古代神话传说中称险恶难渡的

河海。由于不通舟楫，古人往往认为是水弱不能载舟，因称"弱水"。

⑥方壶、员峤（jiào），乃仙子所居：语本《列子·汤问》："渤海之东，不知几亿万里，有大壑焉。……其中有五山焉：一曰岱舆，二曰员峤，三曰方壶，四曰瀛洲，五曰蓬莱。"方壶，传说中神山名。一名"方丈"。员峤，神话中的仙山名。《尔雅·释山》："山锐而高，峤。"现代词典多将"员峤"之"峤"注音为 qiáo，读作平声；然而，唐诗用例，"峤"字读仄声，无一例外。

⑦沧海桑田，谓世事之多变：语本晋·葛洪《神仙传·王远》："麻姑自说云：'接侍以来，已见东海三为桑田。向到蓬莱，水又浅于往者（一作"昔"）会时略半也。岂将复还为陵陆乎？'"大海变成农田，农田变成大海，比喻世事变化巨大。

⑧河清海晏，兆天下之升平：旧注："秦庄襄王三年甲寅，黄河清，是年生汉高祖于丰沛。"河清海晏，黄河水清，沧海波平，旧时用来形容国内安定，天下太平。唐·郑锡《日中有王字赋》："当是时也，河清海晏，时和岁丰，车书混合，华夷会同。"河清，语本晋·王嘉《拾遗记》卷一："又有丹邱千年一烧，黄河千年一清，至圣之君以为大瑞。"河，指黄河。海晏，同"海不扬波"（"海不扬波"，详参本篇后注）。旧时以为祥瑞。晏，平静，安逸。升平，太平。

【译文】

"金城汤池"，是说城墙像金属一样牢不可破，护城河里的水像烧开了一样无法逾越，形容城池牢固；"砺山带河"，是说即便泰山小成磨刀石，黄河细成衣带，也坚决不改，是天子封建诸侯时的盟誓。

帝都又叫"京师"，故乡称作"梓里"。

"蓬莱"和"弱水"，只有仙人才可以飞渡；"方壶"和"员峤"，是神仙住的地方。

"沧海桑田"，比喻世事变迁太大；"河清海晏"，是天下太平的征兆。

水神曰冯夷①，又曰阳侯②；火神曰祝融③，又曰回禄④。

海神曰海若⑤，海眼曰尾闾⑥。

望人包容，曰海涵⑦；谢人恩泽，曰河润⑧。

【注释】

①冯夷：传说中的黄河之神，即河伯。亦泛指水神。《楚辞·远游》"使湘灵鼓瑟兮，令海若舞冯夷。"东汉·王逸注："冯夷，河伯字也，水仙人也。《淮南》言：'冯夷得道以潜大川。'"《庄子·大宗师》："冯夷得之，以游大川。"唐·成玄英疏："姓冯名夷，弘农华阴潼乡堤首里人也。服八石，得山仙。大川，黄河也。天帝锡冯夷为河伯，故游处盟津大川之中也。"

②阳侯：古代传说中的波涛之神。《淮南子·览冥训》："武王伐纣，渡于孟津，阳侯之波，逆流而击，疾风晦冥，人马不相见。"东汉·高诱注："阳侯，阳国侯也。其国近水，溺水而死。其神能为大波，有所伤害，因谓之'阳侯之波'。"《战国策·韩策二》："塞漏舟而轻阳侯之波，则舟覆矣。"宋·鲍彪注："说阳侯多矣。今按《四八目》，伏羲六佐，一曰'阳侯'，为江海。盖因此为波神欤？"

③祝融：神名。帝喾时的火官，后尊为火神。亦为火或火灾的代称。《国语·郑语》："夫黎为高辛氏火正，以淳耀敦大，天明地德，光照四海，故命之曰'祝融'，其功大矣。"《吕氏春秋·孟夏纪》："孟夏之月：日在毕，昏翼中，旦婺女中。其日丙丁。其帝炎帝。其神祝融。"东汉·高诱注："祝融，颛顼氏后，老童之子吴回也，为高辛氏火正，死为火官之神。"

④回禄：传说中的火神名。后用来指火灾。一说是火神吴回、陆终的并称，"陆""禄"音相近而通用。《左传·昭公十八年》："郑人助祝史除于国北，禳火于玄冥、回禄，祈于四鄘。"晋·杜预注："回禄，火神。"

⑤海若：传说中的海神。《楚辞·远游》："使湘灵鼓瑟兮,令海若舞
冯夷。"东汉·王逸注："海若,海神名也。"宋·洪兴祖补注："海
若,庄子所称'北海若'（北海若,见《庄子·秋水》）也。"

⑥海眼：传说中海底泄水的洞穴。尾闾：古代传说中泄海水之处。
《庄子·秋水》："天下之水,莫大于海,万川归之,不知何时止而
不盈；尾闾泄之,不知何时已而不虚。"唐·成玄英疏："尾闾者,
泄海水之所也,在碧海之东,其处有石,阔四万里,厚四万里,居百
川之下尾而为闾族,故曰'尾闾'。"

⑦海涵：像大海一样包容。多用作为请人原谅之辞。

⑧河润：语出《庄子·列御寇》："河润九里,泽及三族。"指恩泽施予
人,如河水滋润土地。

【译文】

水神名叫"冯夷",又叫"阳侯"；火神名叫"祝融",又叫"回禄"。

海神名叫"海若",海眼称作"尾闾"。

希望别人包容自己,要说"海涵"；感谢他人施恩,就说"河润"。

无系累者①,曰江湖散人②；负豪气者,曰湖海之士③。
问舍求田,原无大志④；掀天揭地⑤,方是奇才⑥。

【注释】

①无系累者：《朱子语类》卷二十九："今人有一毫系累,便脱洒不
得,而文子有马十乘,乃弃之如敝屣然,此亦岂是易事,常人岂能
做得！"系累,束缚,牵累。

②江湖散人：闲散自在的人。唐代诗人陆龟蒙自号"江湖散人",并
作《江湖散人传》《江湖散人歌》,其传曰："散人者,散诞之人也。
心散、意散、形散、神散,既无羁限,为时之怪民,束于礼乐者外
之,曰：'此散人也。'"

③负豪气者，曰湖海之士：语本《三国志·魏书·陈登传》：“陈登者，字元龙，在广陵有威名。又掎角吕布有功，加伏波将军，年三十九卒。后许汜与刘备并在荆州牧刘表坐，表与备共论天下人，汜曰：‘陈元龙湖海之士，豪气不除。’备谓表曰：‘许君论是非？’表曰：‘欲言非，此君为善士，不宜虚言；欲言是，元龙名重天下。’备问汜：‘君言豪，宁有事邪？’汜曰：‘昔遭乱过下邳，见元龙。元龙无客主之意，久不相与语，自上大床卧，使客卧下床。’备曰：‘君有国士之名，今天下大乱，帝主失所，望君忧国忘家，有救世之意，而君求田问舍，言无可采，是元龙所讳也，何缘当与君语？如小人，欲卧百尺楼上，卧君于地，何但上下床之间邪？’表大笑。备因言曰：‘若元龙文武胆志，当求之于古耳，造次难得比也。’”三国时，许汜诋毁陈登不遵礼节，刘备指责许汜只晓得买田置物，远不如陈登胸怀天下。负，具有。豪气，指气概豪放，不拘小节。湖海之士，形容为人不拘礼法。

④问舍求田，原无大志：此二句出处详见上注。问舍求田，置屋买田，形容只求个人小利，没有远大志向。

⑤掀天揭地：可以撼动天地，形容声势非常浩大。亦用以比喻本领高强。宋·辛敩《〈寇忠愍诗集〉后序》：“莱公两朝大臣，勋业之盛，掀天揭地。”

⑥奇才：亦作“奇材”。指才能非常之人，才能出众之人。《淮南子·主术训》：“夫释职事而听非誉，弃公劳而用朋党，则奇材佻长而干次。”东汉·高诱注：“奇材，非常之材。”

【译文】

没有牵绊束缚，自由自在，这样的人可称为“江湖散人”；负有豪放气概，不拘小节，这样的人被叫作“湖海之士”。

只晓得置屋买田，是典型的胸无大志；一心要撼天动地，才称得上盖世奇才。

平空起事,谓之平地风波①;独立不移②,谓之中流砥柱③。

黑子、弹丸④,极言至小之邑;咽喉、右臂⑤,皆言要害之区。

独立难持⑥,曰一木焉能支大厦⑦;英雄自恃,曰丸泥亦可封函关⑧。

事先败而后成,曰失之东隅,收之桑榆⑨;事将成而终止,曰为山九仞,功亏一篑⑩。

【注释】

①平空起事,谓之平地风波:平空,平白无故地(突然发生)。他本多作"凭空"。平地风波,平地不应有风波,竟然有之,比喻事情(纠纷或事故)出乎意料地突然发生。唐·刘禹锡《竹枝词》:"常恨人心不如水,等闲平地起波澜。"

②独立:超凡拔俗,与众不同。《周易·大过卦》:"君子以独立不惧,遁世无闷。"唐·孔颖达疏:"君子于衰难之时,卓尔独立,不有畏惧。"《淮南子·修务训》:"超然独立,卓然离世。"东汉·高诱注:"不群于俗。"不移:不改变(志向和操守)。《孟子·滕文公下》"贫贱不能移",朱子集注:"移,变其节也。"

③中流砥柱:在滔滔洪流中屹立不倒的砥柱山,用以比喻坚强而能起支柱作用的人。宋·朱熹《与陈侍郎书》:"而二公在朝,天下望之,屹立若中流之底柱,有所恃而不恐。"砥柱,山名。在河南三门峡东,在黄河激流中屹立如柱,故名。《尚书·禹贡》:"导岍及岐,至于荆山,逾于河;壶口、雷首至于太岳;底柱、析城至于王屋;太行、恒山至于碣石,入于海。"西汉·孔安国传:"底柱,山名。在河水中。"《史记·夏本纪》引之,作"砥柱"。唐·张守节正义引《括地志》云:"底柱山,俗名'三门山',在陕州硖石县东

北五十里黄河之中。孔安国云'厎柱,山名。河水分流,包山而
过,山见水中,若柱然也'。"另,《晏子春秋·谏下》:"古冶子曰:
'吾尝从君济于河,鼋衔左骖以入砥柱之中流。'"

④黑子:黑痣。比喻很小的一块儿地方。《新语·益壤》:"今淮阳之
比大诸侯,仅过黑子之比于面耳,岂足以为楚御哉?"弹丸:弹弓
用的泥丸。指很小的地方。《战国策·赵策三》:"楼缓曰:'虞卿
能尽知秦力之所至乎? 诚知秦力之不至此,弹丸之地犹不予也,
令秦来年复攻王,得无割其内而媾乎?'"

⑤咽喉:咽与喉的并称。喻指扼要之处或关键部门。《战国策·秦
策四》:"韩,天下之咽喉;魏,天下之胸腹。"《史记·滑稽列传》:
"洛阳有武库、敖仓,当关口,天下咽喉。"右臂:人大多惯于用右手
做事,因此用右臂比喻事物的要害部分。《战国策·赵策二》:"今
楚与秦为昆弟之国,而韩、魏称为东藩之臣,齐献鱼盐之地,此断
赵之右臂也。"《后汉书·虞诩传》:"贼不知开仓招众,劫库兵,守
城皋,断天下右臂,此不足忧也。"唐·李贤注:"右臂,喻要便也。"

⑥独立:孤立无所依傍。《管子·明法解》:"人主孤特而独立,人臣
群党而成朋。"难持:难以坚持。

⑦一木焉能支大厦:南朝宋·刘义庆《世说新语·任诞》:"(和峤)
曰:'元裒如北厦门,拉捋自欲坏,非一木所能支。'"隋·王通《中
说·事君》:"大厦将颠,非一木所支也。"后以"一木难支"谓崩
溃的形势非一人所能挽救。亦喻艰巨的事业非一人所能胜任。

⑧英雄自恃,曰丸泥亦可封函关:语本《后汉书·隗嚣传》:"初,嚣
与来歙、马援相善,故帝数使歙、援奉使往来,劝令入朝,许以重
爵。嚣不欲东,连遣使深持谦辞,言无功德,须四方平定,退伏间
里。五年,复遣来歙说嚣遣子入侍,嚣闻刘永、彭宠皆已破灭,乃
遣长子恂随歙诣阙。以为胡骑校尉,封镌羌侯。而嚣将王元、王
捷常以为天下成败未可知,不愿专心内事。元遂说嚣曰:'昔更

始西都，四方响应，天下喁喁，谓之太平。一旦败坏，大王几无所
厝。今南有子阳，北有文伯，江湖海岱，王公十数，而欲牵儒生之
说，弃千乘之基，羁旅危国，以求万全，此循覆车之轨，计之不可者
也。今天水完富，士马最强，北收西河、上郡，东收三辅之地，案秦
旧迹，表里河山。元请以一丸泥为大王东封函谷关，此万世一时
也。若计不及此，且畜养士马，据隘自守，旷日持久，以待四方之
变，图王不成，其弊犹足以霸。要之，鱼不可脱于渊，神龙失势，即
还与蚯蚓同。'"新汉之际，王元游说隗嚣，只要以极少的兵力守
住函谷关，就可以东拒刘秀。后遂以"一丸泥"为勇士守险拒敌
的典实，形容地势险要，只要少量兵力就可以把守。自恃，自负。
丸泥，一粒泥丸。比喻微不足道的事务或力量。封，封锁。函关，
函谷关的省称。

⑨"事先败而后成"三句：语本《后汉书·冯异传》："异与赤眉遇于
华阴，相拒六十余日，战数十合，降其将刘始、王宣等五千余人。
三年春，遣使者即拜异为征西大将军。会邓禹率车骑将军邓弘等
引归，与异相遇，禹、弘要异共攻赤眉。异曰：'异与贼相拒且数十
日，虽屡获雄将，余众尚多，可稍以恩信倾诱，难卒用兵破也。上
今使诸将屯黾池要其东，而异击其西，一举取之，此万成计也。'
禹、弘不从。弘遂大战移日，赤眉阳败，弃辎重走。车皆载土，以
豆覆其上，兵士饥，争取之。赤眉引还击弘，弘军溃乱。异与禹合
兵救之，赤眉小却。异以士卒饥倦，可且休，禹不听，复战，大为所
败，死伤者三千余人。禹得脱归宜阳。异弃马步走上回谿阪，与
麾下数人归营。复坚壁，收其散卒，招集诸营保数万人，与贼约期
会战。使壮士变服与赤眉同，伏于道侧。旦日，赤眉使万人攻异
前部，异裁出兵以救之。贼见势弱，遂悉众攻异，异乃纵兵大战。
日昃，贼气衰，伏兵卒起，衣服相乱，赤眉不复识别，众遂惊溃。追
击，大破于崤底，降男女八万人。余众尚十余万，东走宜阳降。玺

书劳异曰：'赤眉破平，士吏劳苦，始虽垂翅回谿，终能奋翼黾池，可谓失之东隅，收之桑榆。方论功赏，以答大勋。'"东汉开国功臣冯异与赤眉军作战，先败逃回谿，后在黾池大胜。光武帝刘秀派使者慰劳，说冯异"可谓失之东隅，收之桑榆"。后遂以"失之东隅，收之桑榆"，比喻初虽有失而终得补偿。或喻在某一方面失败了，但在另一方面有所成就。东隅，东方。因日出东方，故以"东隅"指早晨。喻指初始阶段。桑榆，日落时光照桑榆树端，因以指日暮。喻指事之后阶段，亦喻晚年。《淮南子·说林训》："圣人之处乱世，若夏暴而待暮，桑榆之间，逾易忍也。"又，《初学记（卷一）·天部上·日》引《淮南子》："日西垂，景在树端，谓之'桑榆'。"《太平御览（卷三）·天部三·日》亦引。

⑩"事将成而终止"三句：语本《尚书·旅獒》："不矜细行，终累大德。为山九仞，功亏一篑（kuì）。"西汉·孔安国传："八尺曰仞，喻向成也。未成一篑，犹不为山，故曰'功亏一篑'。是以圣人乾乾日昃，慎终如始。"要建造九仞高的山，连土带石往上堆积，若最后一筐土石不倒在山顶上，那么山的高度就达不到九仞，造山便失败。比喻做事情不能坚持到底，最后前功尽弃。九仞，极言其高。"九"为阳数之极。篑，盛土的竹筐。

【译文】

事端无缘无故地突然发生，叫作"平地风波"；超凡拔俗，不改初心，这样的人堪称"中流砥柱"。

"黑子"和"弹丸"，都是极力形容小得不能再小的地域；"咽喉"和"右臂"，都是比喻利害攸关的军事要地。

孤立无援，难以坚持，就好比一根木头怎么可能支撑起大厦；英雄自负其勇，就好比用一块泥巴就能封住函谷关，意思是用极少的兵力就可以守住函谷关，遏制故军。

事情起先失败，而后成功，称为"失之东隅，收之桑榆"；事情将要做成时,却忽然终止,叫作"为山九仞,功亏一篑"。

以蠡测海①,喻人之小见;精卫衔石②,比人之徒劳。

跋涉③,谓行路艰难;康庄④,谓道途平坦。

硗地,曰不毛之地⑤;美田,曰膏腴之田⑥。

得物无所用,曰如获石田⑦;为学已大成⑧,曰已登道岸⑨。

淄渑之滋味可辨⑩,泾渭之清浊当分⑪。

【注释】

①以蠡（lí）测海:语本《文选·东方朔〈答客难〉》:"语曰:'以管窥天,以蠡测海,以莛撞钟。'岂能通其条贯,考其文理,发其音声哉!"唐·李善注引三国魏·张晏曰:"蠡,瓠瓢也。"用瓢测量海水,比喻用浅陋的见识揣度事物。蠡,葫芦瓢。

②精卫衔石:语本《山海经·北山经》:"又北二百里,曰'发鸠之山',其上多柘木。有鸟焉,其状如乌,文首、白喙、赤足,名曰'精卫',其鸣自詨。是炎帝之少女,名曰'女娃'。女娃游于东海,溺而不返,故为精卫。常衔西山之木石,以堙于东海。"传说上古时期炎帝最疼爱的小女儿女娃在东海被水淹死,她的灵魂化作一只精卫鸟,总是飞到西山去叼石头和树枝扔进东海,发誓要填平东海为自己报仇。后遂以"精卫衔石"比喻意志坚决,不畏艰难。也比喻徒劳,不自量力。

③跋涉:登山涉水,谓旅途艰苦。《诗经·鄘风·载驰》:"大夫跋涉,我心则忧。"毛传:"草行曰'跋',水行曰'涉'。"

④康庄:指大路宽阔平坦。《史记·孟子荀卿列传》:"自如淳于髡以下,皆命曰'列大夫',为开第,康庄之衢,高门大屋,尊宠之。"南朝宋·裴骃集解引《尔雅》曰:"四达谓之'衢',五达谓之'康',

六达谓之'庄'。"

⑤硗(qiāo)地,曰不毛之地:语本《公羊传·宣公十二年》:"君如矜此丧人,锡之不毛之地,使帅一二耋老而绥焉,请唯君王之命。"东汉·何休注:"硗埆不生五谷曰'不毛'。"暨(《汉书·贾山传》载)贾山《至言》:"地之硗者,虽有善种,不能生焉;江皋河濒,虽有恶种,无不猥大。"唐·颜师古注:"硗埆,瘠薄也。"硗地,"硗埆(què)之地"的省称。指坚硬瘠薄的土地。不毛之地,不生长草木庄稼的荒地,形容荒凉、贫瘠。三国蜀·诸葛亮《前出师表》:"故五月渡泸,深入不毛。"

⑥膏腴:形容上地肥沃。《战国策·赵策四》:"今媪尊长安君之位,而封之以膏腴之地。"

⑦石田:语本《左传·哀公十一年》:"吴将伐齐,越子率其众以朝焉,王及列士,皆有馈赂。吴人皆喜,惟子胥惧,曰:'是豢吴也夫!'谏曰:'越在我,心腹之疾也。壤地同,而有欲于我。夫其柔服,求济其欲也,不如早从事焉。得志于齐,犹获石田也,无所用之。越不为沼,吴其泯矣。……'"晋·杜预注:"石田,不可耕。"

⑧大成:指学问上已取得大成就。《礼记·学记》:"九年知类通达,强立而不反,谓之'大成'。"

⑨已登道岸:他本作"诞登道岸"。语本《诗经·大雅·皇矣》:"帝谓文王:无然畔援,无然歆羡,诞先登于岸。"毛传:"岸,高位也。"朱子集传:"岸,道之极至处也。"后遂以"登道岸"指学问达到极高境界。

⑩淄渑(zī miǎn)之滋味可辨:语本《吕氏春秋·审应览·精谕》:"白公问于孔子曰:'人可与微言乎?'孔子不应。白公曰:'若以石投水,奚若?'孔子曰:'没人能取之。'白公曰:'若以水投水,奚若?'孔子曰:'淄渑之合者,易牙尝而知之。'"《列子·说符》《淮南子·道应训》亦载。又,《列子·仲尼》:"目将眇者,先睹秋毫;

耳将聋者，先闻蚋飞；口将爽者，先辨淄渑；鼻将窒者，先觉焦朽；体将僵者，先亟奔佚；心将迷者，先识是非：故物不至者则不反。"淄渑，淄水和渑水的并称。皆在今山东。相传二水味道不同，混合之则难以辨别，但易牙却能分辨出来。

⑪泾渭之清浊当分：语本《诗经·邶风·谷风》："泾以渭浊，湜湜其沚。"毛传："泾渭相入而清浊异。"泾渭，指泾水和渭水。一清一浊，因常用"泾渭"喻人品的优劣清浊，事物的真伪是非。

【译文】

"以蠡测海"，比喻人见识浅薄；"精卫衔石"，比喻人做事徒劳无功。

"跋涉"，是说行路非常艰难；"康庄"，是指道路极为平坦。

不长庄稼的贫瘠土地，叫作"不毛之地"；利于庄稼生长的良田，称作"膏腴之田"。

得到某个东西，却一点儿用处也没有，叫作"如获石田"；做学问已取得大成就，可称为"已登道岸"。

"淄水"和"渑水"的滋味差异虽小，但味觉敏感的人可以辨别；"泾水"和"渭水"的清浊差异极大，不应混淆。

泌水乐饥，隐居不仕①；东山高卧，谢职求安②。

圣人出则黄河清③，太守廉则越石见④。

淳俗曰仁里⑤，恶俗曰互乡⑥。

里名胜母，曾子不入；邑号朝歌，墨翟回车⑦。

【注释】

①泌（bì）水乐饥，隐居不仕：语本《诗经·陈风·衡门》："衡门之下，可以栖迟。泌之洋洋，可以乐饥。"朱子集传："此隐居自乐而无求者之辞。言衡门虽浅陋，然亦可以游息。泌水虽不可饱，然亦可以玩乐而忘饥也。"泌水，泉水名。毛传："泌，泉水也。"乐

饥,古有二解。毛传:"乐饥,可以乐道忘饥。"郑笺:"饥者,不足于食也。泌水之流洋洋然,饥者见之,可饮以癳饥。"毛传认为"乐饥"是乐道忘饥之意,宋·朱熹从之。东汉·郑玄认为"乐"通"癳"("癳"与"疗"是异体字),"乐饥"即"癳饥",是疗饥、充饥之意。本篇从朱熹之说。

② 东山高卧,谢职求安:语本《世说新语·排调》:"谢公在东山,朝命屡降而不动。后出为桓宣武司马,将发新亭,朝士咸出瞻送。高灵时为中丞,亦往相祖。先时,多少饮酒,因倚如醉,戏曰:'卿屡违朝旨,高卧东山,诸人每相与言:"安石不肯出,将如苍生何?"今亦苍生将如卿何?'谢笑而不答。"《晋书·谢安传》亦载。谢安曾辞官隐居会稽东山,经朝廷屡次征聘,方从东山复出,官至司徒要职,成为东晋重臣。另临安、金陵亦有东山,也曾是谢安的游憩之地。后遂以"东山高卧"代指隐居。高卧,安卧,悠闲地躺着。谢职,辞去官职。

③ 圣人出则黄河清:语本三国魏·李康《运命论》:"夫黄河清而圣人生,里社鸣而圣人出,群龙见而圣人用。"圣人,指能为天下带来太平的有道明君,如尧帝、舜帝。

④ 太守廉则越石见(xiàn):语本《南齐书·虞愿传》:"海边有越王石,常隐云雾。相传云'清廉太守乃得见',愿往观视,清彻无隐蔽。"传说福州城东海边有越王石,平常隐没在云雾里,贪婪的太守见不到它,只有清廉的太守来了,越王石才出现。太守,官名。秦置郡守,汉景帝时改名太守,为一郡最高的行政长官。隋初以州刺史为郡长官。宋以后改郡为府或州,太守已非正式官名,只用作知府、知州的别称。明清时专指知府。越石,即越王石。见,同"现",出现,显现。

⑤ 淳俗:淳朴的民风。仁里:语本《论语·里仁》:"里仁为美。"朱子集注:"里有仁厚之俗为美。"又,三国魏·何晏集解引东汉·郑

玄曰："里者，民之所居，居于仁者之里，是为美。"后泛称风俗淳美的乡里为"仁里"。里，古代一种居民组织，大抵相当于现在的小区或村。

⑥互乡：语本《论语·述而》："互乡难与言。"朱子集注："互乡，乡名。其人习于不善，难与言善。"三国魏·何晏集解引东汉·郑玄曰："互乡，乡名也。其乡人言语自专，不达时宜。"古地名。据说在今河南周口商水县，此地风俗落后，人人刚愎自用，很难交流。

⑦"里名胜母"四句：语本《汉书·邹阳传》载邹阳《狱中上（梁孝王）书》："臣闻盛饰入朝者不以私污义，底厉名号者不以利伤行。故里名胜母，曾子不入；邑号朝歌，墨子回车。"唐·颜师古注："曾子至孝，以胜母之名不顺，故不入也。""朝歌，殷之邑名也。《淮南子》云：'墨子非乐，不入朝歌。'"《史记·鲁仲连邹阳列传》亦载邹阳狱中上书，作："臣闻盛饰入朝者不以利污义，砥厉名号者不以欲伤行，故县名胜母而曾子不入，邑号朝歌而墨子回车。"又，《淮南子·说山训》："曾子立孝，不过胜母之闾；墨子非乐，不入朝歌之邑；曾子立廉，不饮盗泉；所谓养志者也。"曾子弘扬孝道，听见"胜母里"的名字，不肯进去。墨子主张非乐，厌恶"朝歌"这个名字，行路看到前方是朝歌城，让车夫调转马头。曾子（前505—前432），名参，字子舆，春秋末年鲁国南武城（今山东嘉祥）人。孔子弟子。是先秦儒家代表人物之一。以孝闻名，据传是《孝经》和《大学》的作者。朝（zhāo）歌，古地名。位于今河南鹤壁淇县。殷商末期纣王在此建行都，称"朝歌"。墨翟（约前468—前376），即墨子，墨家学派的创始人。战国初鲁国人，一说宋国人。曾任宋国大夫。阻止鲁阳文君攻郑。又说服公输般，阻止楚攻宋。主张兼爱、非攻、尚贤、尚同，反对儒家繁礼厚葬，提倡薄葬非乐，反对世卿世禄制度，提出三表法，以检验言论是非。有《墨子》，为墨子及其后学著作之总集。

【译文】

"泌水乐饥",是说泉水能让人消除饥饿,比喻隐士自得其乐,不愿外出做官;"东山高卧",是指辞去官职,隐居山林,以求安逸。

圣人降临世间,黄河水会变得清澈;太守清廉爱民,越王石会从雾中显现。

风俗淳朴和美的乡里,称为"仁里";风俗粗鄙恶劣的地方,叫作"互乡"。

行到名为"胜母"的地方,弘扬孝道的曾子不肯入境;走近名叫"朝歌"的都邑,主张非乐的墨翟调转车头。

击壤而歌,尧帝黎民之自得[①];让畔而耕,文王百姓之相推[②]。

费长房有缩地之方[③],秦始皇有鞭石之法[④]。

尧有九年之水患,汤有七年之旱灾[⑤]。

商鞅不仁而阡陌开[⑥],夏桀无道而伊洛竭[⑦]。

道不拾遗,由在上有善政[⑧];海不扬波,知中国有圣人[⑨]。

【注释】

① 击壤而歌,尧帝黎民之自得:语本东汉·王充《论衡·艺增》:"《论语》曰:'大哉!尧之为君也,荡荡乎民无能名焉。'传曰:'有年五十击壤于路者,观者曰:"大哉!尧之德乎!"击壤者曰:"吾日出而作,日入而息,凿井而饮,耕田而食,尧何等力?"'此言荡荡无能名之效也。"《论衡》之《感虚》《艺增》《自然》《须颂》诸篇皆引《击壤歌》,故唐·李善注《文选》引《论衡》释"击壤"。然而王充既言"传曰",说明已见于古籍,不始于王充。又,《艺文类聚(卷十一)·帝王部一·帝尧陶唐氏》《太平御览(卷八

十）•皇王部五•帝尧陶唐氏》据《帝王世纪》引《击壤歌》。后遂以"击壤而歌"喻太平盛世，人人丰衣足食而自乐。击壤，古代的一种游戏。《太平御览（卷七百五十五）•工艺部十二•击壤》引《艺经》曰："壤以木为之，前广后锐，长尺四，阔三寸，其形如履。将戏，先侧一壤于地，遥于三四十步，以手中壤敲之，中者为上。"今按，"壤"为土块，初始阶段，击壤或当为：置一土块（或石块）于地，在一定距离外，用另一土块（或石块）投掷，击中者为胜。

②让畔而耕，文王百姓之相推：语本《史记•周本纪》："西伯阴行善，诸侯皆来决平。于是虞、芮之人有狱不能决，乃如周。入界，耕者皆让畔，民俗皆让长。虞、芮之人未见西伯，皆惭，相谓曰：'吾所争，周人所耻。何往为，只取辱耳。'遂还，俱让而去。诸侯闻之，曰'西伯盖受命之君'。"畔，田界。周文王治理的区域，种田人都互相谦让，把田界所占的地面让给对方耕种。文王，此指周文王。姬姓，名昌。古公亶父孙。周武王父。商末周族领袖。商纣时为西伯。为崇侯虎所谮，被囚于羑里。周臣太颠、闳夭、散宜生等献美女名马于纣，因得释。解决虞、芮两国争端，两国归附之。后又攻灭黎、邘、崇等国。自周原迁都于丰。招贤纳士，至者有东海吕尚、楚人鬻熊、殷臣辛甲等。在位五十年。相推，相互推让。

③费长房有缩地之方：语本晋•葛洪《抱朴子内篇•辨问》："长房缩地脉。"又，《艺文类聚（卷七十二）•食物部•鲊》《太平御览（卷八百六十二）•饮食部二十•鲊》皆引旧体曹丕《列异传》曰："费长房又能缩地脉，坐客在家，至市买鲊，一日之间，人见之千里外者数处。"相传费长房会缩地的法术，能在一天之内在千里以外的多处现身。费长房，传说中的法术之士，曾向壶公学习道术。

④秦始皇有鞭石之法：语本《初学记（卷七）•地部下》引晋•晏谟《齐地记》："秦始皇作石桥，欲渡海观日出处。旧说始皇以术召石，石自行。至今皆东首，隐轸似鞭挞瘢，势似驰逐。"《太平御览

（卷七十三）·地部三十八·桥》亦引之。又，《艺文类聚（卷七十九）·灵异部下·神》引晋·伏琛《三齐略记》："始皇作石桥，欲过海观日出处。于时有神人，能驱石下海，城阳一山，石尽起立。巍巍东倾，状似相随而去。云石去不速，神人辄鞭之，尽流血，石莫不悉赤，至今犹尔。"《初学记（卷五）·地理上·石》《太平御览（卷四）·天部四·日下》及《（卷八百八十二）·神鬼部二·神下》引之。传说秦始皇想要渡海观日出，曾鞭石作桥，石头行动不迅速，便用鞭子抽打。秦始皇，秦王朝的建立者嬴政（前259—前210），前246—前210年在位。十三岁继承王位，二十二岁时开始亲政。任用李斯，并派王翦等大将进行统一战争。灭六国后，建立中国历史上第一个统一的中央集权的封建国家——秦朝，自称为"始皇帝"。在地方上推行郡县制；统一法律、度量衡、货币和文字；筑长城，修驰道，同时焚书坑儒，实行文化专制主义。但由于严刑酷法，赋役沉重，广大人民痛苦不堪，他病死不久，即爆发了大规模的农民起义。

⑤尧有九年之水患，汤有七年之旱灾：语本北齐·刘昼《刘子·贵农》："尧、汤之时，有十年之蓄；及遭九年洪水，七载大旱，不闻饥馑相望，捐弃沟壑者，蓄积多故也。"刘子之语，或本于《荀子·富国》："禹十年水，汤七年旱，而天下无菜色者，十年之后，年谷复熟而陈积有余。"暨东汉·袁康《越绝书·越绝计倪内经》："故圣人早知天地之反，为之预备。故汤之时，比七年旱而民不饥；禹之时，比九年水而民不流。其主能通习源流，以任贤使能，则转毂乎千里，外货可来也。"大禹治水，即是帝尧时期。又，《尚书·尧典》记载帝尧命鲧治水，"九载，绩用弗成"。或即"尧有九年之水患"之所本。又，《淮南子·主术》："汤之时，七年旱，以身祷于桑林之际，而四海之云凑，千里之雨至。"汤，商朝的开国君王，又称"成汤"，灭夏建商，与尧、舜、禹并称上古圣君。

⑥商鞅不仁而阡陌（qiān mò）开：语本《史记·秦本纪》："（商鞅）为田开阡陌。"《朱子语类》卷五十六："'辟草莱,任土地者次之','如李悝尽地力,商鞅开阡陌',他欲致富强而已,无教化仁爱之本,所以为可罪也。"商鞅（前395—前338）,战国时期法家代表人物。卫国国君的后裔,姬姓,故称为"卫鞅",又称"公孙鞅",入秦后封于商,后人称之"商鞅"。在秦国执政十九年,推行变法,史称"商鞅变法"。阡陌,田界。

⑦夏桀（jié）无道而伊洛竭：语本《国语·周语上》："幽王二年,西周三川皆震。伯阳父曰:'周将亡矣! 夫天地之气,不失其序,若过其序,民乱之也,阳伏而不能出,阴迫而不能烝,于是有地震,今三川实震,是阳失其所而镇阴也。阳失而在阴,川源必塞;源塞,国必亡。夫水土演而民用也。土无所演,民乏财用,不亡何待? 昔伊洛竭而夏亡,河竭而商亡。今周德若二代之季矣,其川源又塞,塞必竭。夫国必依山川,山崩川竭,亡之征也。川竭,山必崩。若国亡不过十年,数之纪也。夫天之所弃,不过其纪。'是岁也,三川竭,岐山崩。十一年,幽王乃灭,周乃东迁。"《史记·周本纪》亦载伯阳父之言。相传,夏朝灭亡时,伊水和洛水曾经干涸断流;商朝灭亡时,黄河曾经干涸断流。夏桀,夏朝第十七任君主,也是最后一任君主,名履癸。无道暴虐,为商汤所灭。

⑧道不拾遗,由上有善政：《韩非子·外储说左上》："子产退而为政,五年,国无盗贼,道不拾遗。"《孔子家语·相鲁》："三月,则鬻牛马者不储价,卖羊豚者不加饰,男女行者别其途,道不拾遗,男尚忠信,女尚贞顺,四方客至于邑,不求有司,皆如归焉。"道不拾遗,道路上有东西遗落,却没有人拾起来,占为己有,形容社会风气淳朴。在上,指身居高位的施政者。善政,清明的政治。《虞书·大禹谟》："德惟善政,政在养民。"

⑨海不扬波,知中国有圣人：语本宋·田锡《论军国机要朝廷大体》：

"臣尝读《韩诗外传》,言成王之时越裳来贡,九驿而至。周公问其所来,其人曰:'天无迅风疾雨,海不扬波三年矣。意者中国殆有圣人,合往朝之。'"海不扬波,海上不起波浪,比喻太平无事。中国,上古时期,我国华夏族建国于黄河流域一带,以为居天下之中,故称"中国",而把周围其他地区称为"四方"。后泛指中原地区。《诗经·小雅·六月序》:"《小雅》尽废,则四夷交侵,中国微矣。"

【译文】

一边击壤,一边歌唱,尧帝时的人民何等怡然自得;耕种时互相将田畔让给对方,周文王时的百姓多么谦让有礼。

费长房有缩短两地距离的奇方,秦始皇有挥鞭驱赶石头造桥的法术。

尧帝时期,发生过长达九年的洪水灾害;商汤时期,发生过长达七年的大旱灾。

商鞅没有仁德之心,废井田,开阡陌;夏桀暴虐无道,伊水和洛水便同时枯竭。

"道不拾遗",是因为统治者治理有方;"海不扬波",可知中国境内有圣人为君。

岁时

【题解】

"岁时",指时令节气。传统中国,是农业文明国家。农业周期,与时令节气关系密切。古代中国,很早就确定了"二至"(夏至、冬至)、"二分"(春分、秋分),将一年划分为四季,并确立二十四节气。古代中国人在特定的时令节气日,进行与之相配套的祭祀庆祝等仪式性活动,形成了特有的节日传统。

本篇39联,讲的都是和时令节气相关的成语典故。古代中国,集中讲时令节气的文献,主要有《逸周书·时训》《礼记·月令》《吕氏春秋·十二纪》《淮南子·天文训》等。集中讲节日习俗的文献,主要有南朝梁·宗懔《荆楚岁时记》、宋·吴自牧《梦粱录》等。

爆竹一声除旧,桃符万户更新①。

履端是初一元旦②,人日是初七灵辰③。

元日献君以椒花颂,为祝遐龄④;元日饮人以屠苏酒,可除厉疫⑤。

新岁曰王春⑥,去年曰客岁⑦。

火树银花合,指元宵灯火之辉煌;星桥铁锁开,谓元夕金吾之不禁⑧。

【注释】

①爆竹一声除旧,桃符万户更新:语本宋·王安石《元日》(一作《除日》)诗:"爆竹声中一岁除,春风(一作"东风")送暖入屠苏。千门万户曈曈日,总把新桃换旧符。"又,南朝梁·宗懔《荆楚岁时记》云:"(正月一日)鸡鸣而起,先于庭前爆竹,以辟山臊恶鬼。"(按,《神异经》云:"西方山中有人焉,其长尺余,一足,性不畏人,犯之,则令人寒热,名曰'山臊'。人以竹着火中,烨烨有声,而山臊惊惮远去。"《玄黄经》所谓山猓鬼也。俗人以为爆竹燃草起于庭燎,家国不应滥于王者。)又云:"造桃板着户,谓之'仙木'。绘二神贴户左右。左神荼,右郁垒,俗谓之'门神'。"(按,庄周云:"有挂鸡于户,悬苇索于其上,插桃符于旁,百鬼畏之。"又魏时人问议郎董勋云:"今正、腊旦,门前作烟火、桃神,绞索松柏,杀鸡着门户,逐疫,礼欤?"勋答曰:"礼,十二月索室逐

疫,衅门户,磔鸡燎火行,故作助行气。桃,鬼所恶。画作人首,可以有所收缚不死之祥。又桃者,五行之精,能制百鬼,谓之'仙木'。《括地图》曰:"桃都山有大桃树,盘屈三千里。上有金鸡,日照则鸣。下有二神,一名郁,一名垒,并执苇索,以伺不祥之鬼,则杀之。"即无神荼之名。东汉·应劭《风俗通义》曰:"黄帝书称上古之时,有神荼、郁垒兄弟二人,住度朔山上桃树下,简百鬼。鬼妄捎人,援以苇索,执以食虎。于是县官以腊除夕,饰桃人,垂苇索,画虎于门,效前事也。")今按,南朝梁·宗懔《荆楚岁时记》早佚,传本系明人从类书辑录。书中按语,相传出自隋代杜公瞻。爆竹,古时在节日或喜庆日,用火烧竹,毕剥发声,以驱除山鬼瘟神,谓之"爆竹"。火药发明后以多层纸密卷火药,接以引线,燃之使爆炸发声,亦称为"爆竹"。也叫"爆仗""炮仗"。除旧,此指告别去年。桃符,古代挂在大门上的两块画着神荼、郁垒二神的桃木板,古人以为能镇邪。《论衡·订鬼》引《山海经》:"沧海之中,有度朔之山,上有大桃木,其屈蟠三千里,其枝间东北曰'鬼门',万鬼所出入也。上有二神人,一曰神荼,一曰郁垒,主阅领万鬼。恶害之鬼,执以苇索,而以食虎。于是黄帝乃作礼以时驱之,立大桃人,门户画神荼、郁垒与虎,悬苇索以御凶魅。"即其俗缘起。后指春联。五代时在桃木板上书写联语,后来便书写在纸上,称为"春联"。宋·孟元老《东京梦华录·十二月》:"近岁节,市井皆印卖门神、钟馗、桃板、桃符,及财门钝驴,回头鹿马,天行帖子。"清·富察敦崇《燕京岁时记·春联》:"春联者,即桃符也。自入腊以后,即有文人墨客,在市肆檐下,书写春联,以图润笔。"清·俞正燮《癸巳存稿·门对》:"桃符板,即今门对,古当有之,其事始于五代见记载耳。"

②履(lǚ)端是初一元旦:语本《左传·文公元年》:"先王之正时也,履端于始,举正于中,归余于终。"晋·杜预注:"步历之始,以为

术之端首。"唐·孔颖达疏:"履,步也。谓推步历之初始,以为术历之端首。……历之上元,必以日月全数为始,于前更无余分,以此日为术之端首,故言'履端于始'也。"暨宋·吴自牧《梦粱录·正月》:"正月朔日,谓之'元旦',俗呼为'新年'。一年节序,此为之首。"履端,年历的推算始于正月朔日,称为"履端"。后指正月初一。元旦,新年第一天。旧指夏历正月初一日,今指公历一月一日。南朝梁·萧子云《介雅》诗:"四气新元旦,万寿初今朝。"

③人日是初七灵辰:语本《魏书·自序》:"帝宴百僚,问何故名人日,皆莫能知。收对曰:'晋议郎董勋《答问》,称俗云正月一日为鸡,二日为狗,三日为猪,四日为羊,五日为牛,六日为马,七日为人。'"暨唐·李峤《奉和人日清晖阁宴群臣遇雪应制》诗:"三阳偏胜节,七日最灵辰。"人日,旧俗以农历正月初七为人日。南朝梁·宗懔《荆楚岁时记》:"正月七日为人日,以七种菜为羹,剪彩为人,或镂金箔为人,以贴屏风,亦戴之头鬓。又造华胜以相遗,登高赋诗。(按,董勋《问礼俗》云:'正月一日为鸡,二日为狗,三日为羊,四日为猪,五日为牛,六日为马,七日为人,以阴晴占丰耗。正旦画鸡于门,七日贴人于帐。'今一日不杀鸡,二日不杀狗,三日不杀羊,四日不杀猪,五日不杀牛,六日不杀马,七日不行刑,亦此义也。)"《艺文类聚(卷四)·岁时部中·人日》《初学记(卷四)·岁时部下·人日》《太平御览(卷三十)·时序部十五·人日》皆引《荆楚岁时记》,后二者并引按语。又,宋·高承《事物纪原·正朔历数部·人日》:"东方朔《占书》曰:岁正月一日占鸡,二日占狗,三日占羊,四日占猪,五日占牛,六日占马,七日占人,八日占谷。皆晴明温和,为蕃息安泰之候,阴寒惨烈,为疾病衰耗。"前人多疑《占书》系伪托之作。清·富察敦崇《燕京岁时记·人日》:"初七日谓之'人日'。是日天气清明者则人生

繁衍。"灵辰,吉祥的时刻。旧时谓正月初七日为人日,亦称"灵辰"。

④元日献君以椒花颂,为祝遐龄:语本《晋书·列女传》:"刘臻妻陈氏者,亦聪辨能属文,尝正旦献《椒花颂》。其词曰:'旋穹周回,三朝肇建。青阳散辉,澄景载焕,标美灵葩,爰采爰献,圣容映之,永寿于万。'"晋代刘臻的妻子陈氏曾在正月初一献《椒花颂》给皇帝,内有"圣容映之,永寿于万"等语,后世遂称新年祝词为"椒花颂"。遐龄,高龄,长寿。

⑤元日饮人以屠苏酒,可除厉疫:语本南朝梁·宗懔《荆楚岁时记》:"(正月一日)长幼悉正衣冠,以次拜贺,进椒柏酒,饮桃汤,进屠苏酒、胶牙饧。下五辛盘。进敷于散,服却鬼丸。各进一鸡子。凡饮酒,次第从小起。"饮人,让他人喝。《晋书·裴楷传》:"长水校尉孙季舒尝与崇(石崇)酣燕,慢傲过度,崇欲表免之。楷闻之,谓崇曰:'足下饮人狂药,责人正礼,不亦乖乎?'"屠苏酒,一种药酒。古代有元日饮屠苏酒的习俗,从年少的人开始喝。据说可以预防瘟疫。厉疫,即疠疫,指瘟疫、急性传染病。《左传·昭公元年》:"山川之神,则水旱疫疠之灾,于是乎禜之。"唐·孔颖达疏:"疠疫谓害气流行,岁多疾病。"《后汉书·马融传》:"驱厉疫,走蜮祥。"

⑥新岁曰王春:语本《公羊传·隐公元年》:"元年春王正月……春者何?岁之始也。王者孰谓?谓文王也。"春秋时,礼崩乐坏,周天子式微,孔子作《春秋》,书"春王正月",以尊周天子。王春,指阴历新春。

⑦客岁:去年。来而复去者为"客",故称去年为"客岁"。

⑧"火树银花合"四句:语本唐·苏味道《正月十五夜》诗:"火树银花合,星桥铁锁开。暗尘随马去,明月逐人来。游伎皆秾李,行歌尽落梅。金吾不禁夜,玉漏莫相催。"暨唐·韦述《西都杂记》:

"西都京城街衢，有金吾晓暝传呼，以禁夜行；惟正月十五日夜，敕许金吾弛禁，前后各一日。"火树银花，形容张灯结彩或大放焰火的灿烂夜景。元宵，农历正月十五日叫"上元节"。这天晚上叫"元宵"。亦称"元夜""元夕"。唐以来有观灯的习俗，所以又叫"灯节"。星桥，指都城灯影月光照耀下的桥。"星桥铁锁开"，指都城平时禁止夜行，桥梁如同被锁一样；元宵取消了夜禁，"锁"仿佛一下子被打开。金吾之不禁，古代由掌管京城警卫的金吾禁止夜行，唯于正月十五日开放夜禁，称"金吾不禁"。金吾，古官名。负责皇帝大臣警卫、仪仗以及徼循京师、掌管治安的武职官员。其名称、体制、权限历代多有不同。汉有执金吾，唐宋以后有金吾卫、金吾将军、金吾校尉等。《汉书·百官公卿表上》："中尉，秦官，掌徼循京师，有两丞、候、司马、千人。武帝太初元年更名'执金吾'。"唐·颜师古注："应劭曰：'吾者，御也，掌执金革以御非常。'金吾，鸟名也，主辟不祥。天子出行，职主先导，以御非常。故执此鸟之象，因以名官。"晋·崔豹《古今注·舆服》："车辐，棒也。汉朝'执金吾'，'金吾'亦棒也。以铜为之，黄金涂两末，谓为'金吾'。"

【译文】

"爆竹声中一岁除"，耳边响起爆竹，意味着辞别旧岁；"总把新桃换旧符"，门上贴好春联，意味着迎接新年。

"履端"，指正月初一，亦称"元旦"；"人日"，指正月初七，称作"灵辰"。

元旦为君王献上"椒花颂"，祝他千秋万岁；元旦请人喝屠苏酒，能驱瘟疫，除百病。

新年伊始，称"王春"；旧年已去，称"客岁"。

"火树银花合"，是形容元宵夜灯火灿烂辉煌；"星桥铁锁开"，是说元宵节取消夜禁，放下吊桥，听任城内外游人自由往来观赏灯火。

二月朔为中和节^①，三月三为上巳辰^②。

冬至百六是清明^③，立春五戊为春社^④。

寒食节是清明前一日^⑤，初伏日是夏至第三庚^⑥。

四月乃是麦秋^⑦，端午却为蒲节^⑧。

六月六日，节名天贶^⑨；五月五日，节号天中^⑩。

【注释】

① 二月朔为中和节：语本《旧唐书·德宗纪下》："五年春正月壬辰朔。乙卯，诏：'四序嘉辰，历代增置，汉崇上巳，晋纪重阳，或说禊除，虽因旧俗，与众共乐，咸合当时。朕以春方发生，候及仲月，勾萌毕达，天地和同，俾其昭苏，宜助畅茂。自今宜以二月一日为中和节，以代正月晦日，备三令节数，内外官司休假一日。'宰臣李泌请中和节日令百官进农书，司农献稬穄之种，王公戚里上春服，士庶以刀尺相问遗，村社作中和酒，祭勾芒以祈年谷，从之。"暨《新唐书·李泌传》："帝以'前世上巳、九日，皆大宴集，而寒食多与上巳同时，欲以二月名节，自我为古，若何而可？'泌请：'废正月晦，以二月朔为中和节，因赐大臣戚里尺，谓之"裁度"。民间以青囊盛百谷瓜果种相问遗，号为"献生子"。里闾酿宜春酒，以祭勾芒神，祈丰年。百官进农书，以示务本。'帝悦，乃著令，与上巳、九日为三令节，中外皆赐缗钱燕会。"唐贞元五年（789），在李泌的建议下，唐德宗将每年的二月初一定为中和节，以祭祀勾芒神，祈求丰收。朔，指旧历每月初一。《说文解字》："朔，月一日始苏也。"中和节，农历二月初一为中和节。

② 上巳：农历三月初三为上巳节。汉代以前，上巳节为三月上旬的巳日，魏晋以后固定为三月初三。上巳这天，人们到水边举行祓禊，洗去病患，祓除不祥。《后汉书·礼仪志上》："是月上巳，官

民皆絜于东流水上,曰洗濯被除去宿垢疢为大絜。"《宋书·礼志二》引《韩诗》:"郑国之俗,三月上巳,之溱、洧两水之上,招魂续魄。秉兰草,拂不祥。"南朝梁·宗懔《荆楚岁时记》:"三月三日,四民并出江渚池沼间,临清流,为流觞曲水之饮。"唐·席元明《三月三日宴王明府山亭》诗:"日惟上巳,时亨有巢。"宋·吴自牧《梦粱录·三月》:"三月三日上巳之辰,曲水流觞故事,起于晋时。唐朝赐宴曲江,倾都禊饮踏青,亦是此意。"

③冬至:二十四节气之一,在十二月二十二日前后。这一天太阳经过冬至点,北半球白天最短,夜间最长。传统中国很重视冬至。《吕氏春秋·有始览》:"冬至日行远道,周行四极,命曰'玄明'。"宋·孟元老《东京梦华录·冬至》:"十一月冬至,京师最重此节,虽至贫者,一年之间,积累假借,至此日更易新衣,备办饮食,享祀先祖。官放关扑,庆贺往来,一如年节。"百六:指冬至后的第一百零六天。清明:公历四月四、五或六日,二十四节气之一,又是中国的传统节日。清明有踏青、扫墓的习俗。

④五戊:"戊"是天干的第五位,"五戊"是立春、立秋后的第五个戊日。古时以此为春社、秋社之日。春社:古时于春耕前(周代用甲日,后多为立春后第五个戊日)祭祀土神,以祈丰收,称为"春社"。《礼记·明堂位》:"是故,夏礿、秋尝、冬烝、春社、秋省,而遂大蜡,天子之祭也。"东汉·郑玄注:"春田祭社。"唐·王驾《社日》诗:"桑柘影斜春社散,家家扶得醉人归。"

⑤寒食节:中国传统节日,在清明前一日。相传春秋时晋文公有负于功臣介之推,介之推愤而隐于绵山。晋文公放火烧山,想逼他出仕,介之推却最终抱树焚死。为了纪念介之推,晋文公命令百姓每年在这一天禁火,吃冷食,故名"寒食"。按,《周礼·秋官·司烜氏》"中春以木铎修火禁于国中",则禁火为周之旧制。西汉·刘向《别录》有"寒食蹴蹋"的记述,与介之推死事无关;

晋·陆翙《邺中记》《后汉书·周举传》等始附会为介之推事。寒食日有在春、在冬、在夏诸说，惟在春之说为后世所沿袭。南朝梁·宗懔《荆楚岁时记》："去冬节一百五日，即有疾风甚雨，谓之'寒食'。禁火三日，造饧大麦粥。"

⑥初伏日：即头伏。伏日，俗称"伏天"，指夏至后第三个庚日起至立秋后第二个庚日前一天止的一段时间，分为初伏、中伏、末伏，统称"三伏"，相当于阳历七月中旬至八月下旬。初伏，指夏至后的第三个庚日，或指从夏至后第三个庚日到第四个庚日之间的十天时间。《史记·秦本纪》："二年，初伏，以狗御蛊。"南朝宋·裴骃集解引北朝周·孟康曰："六月伏日初也。周时无，至此乃有之。"《汉书·东方朔传》："伏日，诏赐从官肉。"唐·颜师古注："三伏之日也。"《汉书·郊祀志》："于鄜畤，作伏祠。"唐·颜师古注："伏者，谓阴气将起，迫于残阳而未得升，故为藏伏，因名'伏日'也。立秋之后，以金代火。金畏于火，故至庚日必伏。庚，金也。"夏至：二十四节气之一。在公历六月二十一日或二十二日。这天北半球昼最长，夜最短；南半球则相反。《周礼·春官·冯相氏》"冬夏致日"，东汉·郑玄注："夏至，日在东井，景尺五寸。"《逸周书·时训》："夏至之日，鹿角解；又五日，蜩始鸣。"三庚：夏至后第三庚，为初伏之始。唐·曹松《夏日东斋》诗："三庚到秋伏，偶来松槛立。"

⑦麦秋：指初夏（农历四月），因为这时正是麦子成熟的季节，故名"麦秋"。《礼记·月令》："（孟夏之月）靡草死，麦秋至。"陈澔集说："秋者，百谷成熟之期。此于时虽夏，于麦则秋，故云'麦秋'。"唐·戴叔伦《酬袁太祝长卿小湖村山居书怀见寄》诗："麦秋桑叶大，梅雨稻田新。"宋·寇准《夏日》诗云："离心杳杳思迟迟，深院无人柳自垂。日暮长廊闻燕语，轻寒微雨麦秋时。"

⑧端午：我国传统的民间节日。原在农历五月第一个午日，后固定

在五月初五日。清·赵翼《陔馀丛考·端午》："古时端午亦用五月内第一午日,《后汉书·郎颛传》以五月丙午遣太尉,又《论衡》曰'五月丙午日日中之时铸阳燧',是午节宜用午日或丙日,后世专用五日,亦误。按《周官·壶涿氏》'午贯象齿',郑注:'午故书为五。'然则'午''五'本通用。……后世以五月五日为午节,盖'午''五'相通之误。"蒲节:旧时端午节有悬菖蒲叶于门首或用菖蒲浸制药酒饮用以辟邪的习俗,因此端午节称为"蒲节"。亦称"菖蒲节""绿蒲节"。菖蒲五月成熟,五月又称"浦月"。南朝梁·宗懔《荆楚岁时记》:"(五月五日)以菖蒲,或镂或屑,以泛酒。"宋人诗文,习惯称端午为"菖蒲节"。宋·周密《齐东野语·子固类元章》:"庚申岁,客辇下,会菖蒲节,余偕一时好事者邀子固,各携所藏,买舟湖上,相与评赏。"宋·杨万里《初夏即事十二解》诗:"藏却柿红樱扫子,菖蒲节里放风光。"

⑨天贶(kuàng):上天的赏赐。农历六月初六又叫"天贶节",源于宋真宗赵恒声称大中祥符四年(1011)六月初六得到上天赐予的一部天书,于是将这一天定为天贶节,并在泰山脚下的岱庙建造了一座天贶殿。宋·王偁《东都事略》卷四:"(大中祥符)四年春正月丙申,以六月六日天书再降日为天贶节。"《宋史·真宗本纪》:"(大中祥符四年春正月)丙申,诏以六月六日天书再降日为天贶节。"

⑩天中:即天中节,端午节的别称,即农历五月五日。宋·吴自牧《梦粱录·五月(附重午)》:"士宦等家以生朱于午时书:'五月五日天中节,赤口白舌尽消灭'之句。"宋·陈元靓《岁时广记·趁天中》:"《提要录》:'五月五日,乃符天数也,午时为天中节。'"按,《周易·系辞上》曰:"天数五,地数五,五位相得而各有合。天数二十有五,地数三十,凡天地之数五十有五,此所以成变化而行鬼神也。"中国古代术数文化,以一、三、五、七、九诸奇数为天

数。此五数相加为二十五。以二、四、六、八、十诸偶数为地数。此五数相加为三十。

【译文】

二月初一是中和节，三月初三是上巳节。

冬至过后第一百零六天是清明，立春后的第五个戊日是春社。

寒食节在清明前一天，初伏日指夏至后第三个庚日。

四月麦熟，所以称为"麦秋"；端午日饮菖蒲酒，所以又称"蒲节"。

六月初六，是天贶节；五月初五，号称"天中节"。

端阳竞渡，吊屈原之溺水[1]；重九登高，效桓景之避灾[2]。

五戊鸡豚宴社[3]，处处饮治聋之酒[4]；七夕牛女渡河，家家穿乞巧之针[5]。

中秋月朗，明皇亲游于月殿[6]；九日风高，孟嘉帽落于龙山[7]。

秦人岁终祭神曰腊，故至今以十二月为腊[8]；始皇当年御讳曰政，故至今读正月为征[9]。

【注释】

①端阳竞渡，吊屈原之溺水：语本南朝梁·宗懔《荆楚岁时记》："是日竞渡，采杂药。按，五月五日竞渡，俗为屈原投汨罗日，伤其死所，故并命舟楫以拯之。"端阳，即端午，农历五月初五。明·冯应京《月令广义·岁令一·礼节》："五月初一至初五日名'女儿节'，初三日扇市，初五日端阳节，十三日龙节。"清·富察敦崇《燕京岁时记·端阳》："京师谓端阳为'五月节'，初五日为五月单五，盖'端'字之转音也。"竞渡，赛龙舟。相传这一习俗起源于拯救自沉汨罗江的屈原。《隋书·地理志》："屈原以五月望日

赴汨罗，土人追到洞庭不见，湖大船小，莫得济者，乃歌曰：'何由得渡湖！'因尔鼓棹争归，竞会亭上，习以相传，为竞渡之戏。其迅楫齐驰，棹歌乱响，喧振水陆，观者如云，诸郡率然，而南郡、襄阳尤甚。"屈原（前339？—前278），名平，字原，战国时楚国丹阳（今湖北秭归）人。楚公族。曾任左徒、三闾大夫等职。政治上主张举贤授能，外交方面主张联齐抗秦。初期深得楚怀王信任，后为令尹子兰、上官大夫所谗，被楚怀王疏远。流放沅、湘流域，投汨罗江自杀。著有《离骚》《九章》《九歌》等，开楚辞之体。是我国第一位大诗人。

②重九登高，效桓景之避灾：语本南朝梁·吴均《续齐谐记·重阳登高》："汝南桓景随费长房游学累年。长房谓曰：'九月九日汝家当有灾，宜急去，令家人各作绛囊，盛茱萸以系臂，登高饮菊花酒，此祸可除。'景如言，齐家登山。夕还，见鸡犬牛羊一时暴死。长房闻之，曰：'此可以代矣。'今世人每至九月九日登高饮酒，妇人带茱萸囊，因此也。"相传东汉时期，有一个叫桓景的人，跟费长房学习道术。一天，费长房对他说，九月九日，你家中有难，只有全家人插着茱萸登山饮菊花酒，才能避祸，桓景听从了他的话。晚上回家一看，家中的鸡犬牛羊都死了。以后重九登高成为风俗。重九，农历九月初九日，又称"重阳"，古以"九"为阳数之极，九月九日故称"重九"或"重阳"。这一天要登高、饮菊花酒、佩戴茱萸，以除灾求寿。桓景，东汉汝南（治今河南平舆）人。曾随费长房学道术。重九登高饮酒佩茱萸之俗，相传与他有关。

③鸡豚：鸡和猪。古时农家所养禽畜。宴社：社日这一天大家聚在一起喝酒吃肉，宴饮玩乐。唐·王驾《社日》诗："鹅湖山下稻粱肥，豚栅鸡栖半掩扉。桑柘影斜春社散，家家扶得醉人归。"

④治聋之酒：据说社日饮酒能治疗耳聋。宋·陆游《社日》诗："幼学已忘那用忌，微聋自乐不须医。"注云："古谓社酒治聋。"

宋·叶梦得《石林诗话》卷上:"世言社日饮酒治聋,不知其何据。五代李涛有《春社从李昉求酒诗》云:'社公今日没心情,为乞治聋酒一瓶。恼乱玉堂将欲遍,依稀巡到第三厅。'昉时为翰林学士,有日给内库酒,故涛从乞之,则其传亦已久矣。"

⑤七夕牛女渡河,家家穿乞巧之针:语本南朝梁·宗懔《荆楚岁时记》:"七月七日为牵牛、织女聚会之夜。是夕,人家妇女结彩缕,穿七孔针,或以金银锑石为针,陈瓜果于庭中以乞巧,有喜子网于瓜上,则以为符应。"七夕,农历七月初七。牛女,牛郎和织女。民间传说,牛郎、织女每年农历七月初七之夕在天河相会。乞巧,旧时风俗,农历七月七日夜,妇女在庭院向织女星乞求智巧,称为"乞巧"。

⑥中秋月朗,明皇亲游于月殿:语本(旧题)唐·柳宗元《龙城录·明皇梦游广寒宫》:"开元六年,上皇与申天师道士鸿都客,八月望日夜,因天师作术,三人同在云上游月中,过一大门在玉光中飞浮,宫殿往来无定,寒气逼人,露濡衣袖皆湿,顷见一大宫府,榜曰'广寒清虚之府',其守门兵卫甚严,白刃粲然,望之如凝雪。时三人皆止其下不得入,天师引上皇起跃,身如在烟雾中,下视王城崔峨,但闻清香霭郁,下若万里琉璃之田,其间见有仙人道人乘云驾鹤,往来若游戏。少焉步向前,觉翠色冷光相射目眩,极寒不可进,下见有素娥十余人,皆皓衣乘白鸾,往来笑舞于广陵大桂树之下,又听乐音嘈杂,亦甚清丽。上皇素解音律,熟览而意已传。顷天师亟欲归,三人下若旋风,忽悟,若醉中梦回尔。次夜上皇欲再求往,天师但笑谢不允,上皇因想素娥风中飞舞袖被,编律成音,制《霓裳羽衣舞曲》。自古洎今,清丽无复加于是矣。"后人多疑《龙城录》乃伪托柳宗元所作。《龙城录》虽未必出自柳宗元之手,但不影响其性质为唐传奇。明皇,唐玄宗(李隆基)谥至道大圣大明孝皇帝,后世诗文多称为"明皇"。相传唐明皇曾游月

宫,听闻仙乐,回来后凭记忆谱成《霓裳羽衣曲》。月殿,指传说中唐明皇所游历的广寒宫。

⑦九日风高,孟嘉帽落于龙山:语本晋·陶潜《晋故征西大将军长史孟府君传》:"君讳嘉,字万年,江夏鄂人也。……举秀才,又为安西将军庾翼府功曹,再为江州别驾、巴丘令,征西大将军谯国桓温参军。君色和而正,温甚重之。九月九日,温游龙山,参佐毕集,四弟二甥咸在坐。时佐吏并着戎服,有风吹君帽堕落。温目左右及宾客勿言,以观其举止。君初不自觉,良久如厕。温命取以还之。廷尉太原孙盛为谘议参军,时在坐。温命纸笔,令嘲之。文成示温。温以着坐处。君归见嘲,笑而请笔作答。了不容思,文辞超卓,四坐叹之。"《世说新语·识鉴》"武昌孟嘉作庾太尉州从事"条南朝梁·刘孝标注引《孟嘉别传》,《晋书·孟嘉传》亦载。某年重九,桓温在龙山宴客,孟嘉的帽子被一阵风吹落,却没有察觉,桓温叫人不要做声,并命孙盛作文嘲笑他,孟嘉看到后,提笔作答,文辞华美,大家纷纷称叹。九日,农历九月初九,即重阳日。孟嘉,字万年,东晋江夏鄳县(今河南罗山)人。是陶渊明的外祖父。少知名。太尉庾亮领江州,辟部庐陵从事,转劝学从事。后为桓温参军,为桓温所重。转从事中郎,迁长史。后以疾卒于家,时年五十一,一作"五十三"。

⑧秦人岁终祭神曰腊,故至今以十二月为腊:腊,祭名。古代称祭百神为"蜡",祭祖先为"腊",秦汉以后统称"腊"。《左传·僖公五年》:"宫之奇以其族行,曰:'虞不腊矣,在此行也,晋不更举矣。'"晋·杜预注:"腊,岁终祭众神之名。"唐·孔颖达疏:"《月令》:'孟冬腊门闾及先祖五祀。'腊之见于传记者,唯《月令》与此二文而已。《秦本纪》:'(惠王)十二年初腊。'始皇三十一年更改腊曰'嘉平'。蔡邕《独断》云:'腊者,岁终大祭,纵吏民宴饮,非迎气,故但送不迎。'应劭《风俗通》云:'案礼,夏曰'嘉平',

殷曰'清祀',周曰'大蜡',汉改曰'腊'。腊者,猎也,田猎取兽祭先祖也。'此言'虞不腊矣',明当时有腊祭。周时猎与大蜡各为一祭,秦汉改曰'腊',不蜡而为腊矣。"

⑨始皇当年御讳曰政,故至今读正月为征:秦始皇名政,因"正"与"政"同音,为避其讳,改读"正月"之"正(zhèng)"为"征(zhēng)"。宋·王楙《野客丛书·古人避讳》:"古今书籍,其间字文率多换易,莫知所自,往往出于当时避讳而然。仆不暇一一深考,姑著大略于兹,自可类推也。秦始皇讳政,呼'正月'为'征月'。《史记·年表》又曰'端月',卢生曰'不敢端言其过',秦颂曰'端平法度',曰'端直厚忠',皆避'正'字也。"宋·周密《齐东野语·避讳》、宋·孙奕《履斋示儿编·名讳》、宋·魏泰《东轩笔录(卷十五)》诸书皆提及避秦始皇名讳,呼"正月"为"征月"。始皇,即秦始皇。见前《地舆》篇"秦始皇有鞭石之法"条注。御讳,皇帝的名字。正月,夏历一年的第一个月。

【译文】

端午节划龙舟竞渡,是悼念自沉汨罗江的屈原;重阳节插茱萸登高,是效法桓景避灾。

立春后第五个戊日是春社,户户杀猪宰鸡,祭祀土地神,人们争相饮酒,以期医治耳聋;七月初七是七夕,牛郎织女渡河相会,家家在庭院祭拜,妇女们穿针乞求,以期提高女红技术。

八月十五中秋夜,月光分外清朗,唐明皇在梦境中游览广寒宫;九月初九重阳节山风很大,将孟嘉的帽子吹落在龙山。

秦朝人每年岁末祭神,称为"腊"祭,因此至今皆称十二月为腊月;秦始皇名嬴政,秦人避其讳,读"正"为"征",因此至今沿用此例,读"正月"为"征月"。

东方之神曰太皞,乘震而司春,甲乙属木,木则旺于春,其色青，故春帝曰青帝①。

南方之神曰祝融，居离而司夏，丙丁属火，火则旺于夏，其色赤，故夏帝曰赤帝②。

西方之神曰蓐收，当兑而司秋，庚辛属金，金则旺于秋，其色白，故秋帝曰白帝③。

北方之神曰玄冥，乘坎而司冬，壬癸属水，水则旺于冬，其色黑，故冬帝曰黑帝④。

中央戊己属土，其色黄，故中央帝曰黄帝⑤。

【注释】

① "东方之神曰太皞（hào）"六句：语本《淮南子·天文训》："何谓五星？东方，木也，其帝太皞，其佐句芒，执规而治春；其神为岁星，其兽苍龙，其音角，其日甲乙。南方，火也，其帝炎帝，其佐朱明，执衡而治夏；其神为荧惑，其兽朱鸟，其音徵，其日丙丁。中央，土也，其帝黄帝，其佐后土，执绳而制四方；其神为镇星，其兽黄龙，其音宫，其日戊己。西方，金也，其帝少昊，其佐蓐收，执矩而治秋；其神为太白，其兽白虎，其音商，其日庚辛。北方，水也，其帝颛顼，其佐玄冥，执权而治冬；其神为辰星，其兽玄武，其音羽，其日壬癸。"暨东汉·班固《白虎通·京师》："少阳见于寅。寅者，演也。律中太蔟。律之言率，所以率气令生也。盛于卯。卯者，茂也。律中夹钟。衰于辰。辰者，震也。律中姑洗。其日甲乙。甲者，万物孚甲也。乙者，物蕃屈有节欲出。时为春。春之为言偆。偆，动也。位在东方。其色青。其音角者，气动耀也。其帝太皞。太皞者，大起万物扰也。其神勾芒。勾芒者，物之始生。芒之为言萌也。其精青龙，阴中阳故。太阳见于巳。巳者，物必起。律中中吕。壮盛于午。午，物满长。律中蕤宾。衰于

未。未,味也。律中林钟。其日丙丁。丙者,其物炳明。丁者,强也。时为夏。夏之言大也。位在南方。其色赤。其音徵。徵,止也。阳度极也。其帝炎帝。炎帝者,太阳也。其神祝融。属续也。其精朱鸟,离为鸾故。少阴见于申。申者,身也。律中夷则。壮于酉。酉者,老也。物收敛。律中南吕。衰于戌。戌者,灭也。律中无射。无射者,无声也。其日庚辛。庚者,物更也。辛者,阴始成。时为秋。秋之(为)言愁(亡)也。其位西方。其色白。其音商。商者,强也。其帝少暤。少暤者,少敛也。其神蓐收。蓐收者,缩也。其精白虎。虎之为言搏讨也故。太阴见于亥。亥者,侅也。律中应钟。壮于子。子者,孳也。律中黄钟。衰于丑。丑者,纽也。律中大吕。其日壬癸。壬者,阴始任。癸者,揆度也。时为冬。冬之为言终也。其位在北方。其音羽。羽之为言舒,言万物始孳。其帝颛顼。颛顼者,寒缩也。其神玄冥。玄冥者,入冥也。其精玄武。掩起离体泉,龟蚑珠蛤。土为中宫。其日戊己。戊者,茂也。己者,抑屈起。其音宫。宫者,中也。其帝黄帝。其神后土。"又,《礼记·月令》:"孟春之月,日在营室,昏参中,旦尾中。其日甲乙。其帝大暤,其神句芒。其虫鳞。其音角,律中大簇,其数八。其味酸,其臭膻,其祀户,祭先脾。……孟夏之月,日在毕,昏翼中,旦婺女中。其日丙丁。其帝炎帝,其神祝融。其虫羽。其音徵,律中中吕。其数七。其味苦,其臭焦。其祀灶,祭先肺。……中央土,其日戊己。其帝黄帝,其神后土。其虫倮。其音宫,律中黄钟之宫。其数五。其味甘,其臭香。其祀中霤,祭先心。……孟秋之月,日在翼,昏建星中,旦毕中。其日庚辛。其帝少暤,其神蓐收。其虫毛。其音商,律中夷则。其数九。其味辛,其臭腥。其祀门,祭先肝。……孟冬之月,日在尾,昏危中,旦七星中。其日壬癸。其帝颛顼,其神玄冥。其虫介。其音羽,律中应钟。其数六,其味咸,其臭朽。其祀行,祭先肾。"

《吕氏春秋》亦有相关论述,而散在诸篇。又,《左传·昭公二十九年》:"故有五行之官,是谓五官。实列受氏姓,封为上公,祀为贵神。社稷五祀,是尊是奉。木正曰'句芒',火正曰'祝融',金正曰'蓐收',水正曰'玄冥',土正曰'后土'。……少皞氏有四叔,曰重、曰该、曰脩、曰熙,实能金、木及水。使重为句芒,该为蓐收,脩及熙为玄冥,世不失职,遂济穷桑,此其三祀也。颛顼氏有子曰犁,为祝融;共工氏有子曰句龙,为后土,此其二祀也。后土为社。稷,田正也。有烈山氏之子曰柱为稷,自夏以上祀之。周弃亦为稷,自商以来祀之。"太皞,亦作"大(tài)皞"。传说中的古帝名,即伏羲氏。亦为神名。秦汉阴阳家用五帝来配四时五方,认为太皞以木德王天下,因此配东方,为司春之神。《礼记·月令》"其帝大皞"东汉·郑玄注:"大皞,宓戏氏。"《吕氏春秋·孟春纪》"其帝太皞"东汉·高诱注:"太皞,伏羲氏,以木德王天下之号。死,祀于东方,为木德之帝。"《荀子·正论》:"自太皞、燧人莫不有也。"唐·杨倞注:"太皞,伏羲也。燧人,太皞前帝王。"唐·司马贞补《史记·三皇本纪》:"太皞庖牺氏,风姓,代燧人氏继天而王。"震,《周易》卦名。八卦之一,象雷,又为六十四卦之一,震下震上。震指东方。《周易·说卦》:"万物出乎震。震,东方也。"司春,掌管春令。甲乙属木,甲、乙为十天干之首二位。木为五行之一,配东,配春。古代以十干配五行,甲乙属木,主生养。《吕氏春秋·孟春纪》"其日甲乙"东汉·高诱注:"甲乙,木日也。"《礼记·月令》:"其日甲乙"东汉·郑玄注:"乙之言轧也。日之行,春东从青道,发生万物,月为之佐,时万物皆解孚甲。自抽轧而出,因以为日名焉。"唐·孔颖达疏:"其当孟春、仲春、季春之时,日之生养之功,谓为甲乙。"《汉书·五行志》:"木,东方也。"《南齐书·五行志》:"木者,春生气之始,农之本也。"青,五色之一。古代认为青、赤、白、黑、黄这五种颜色是正色。《尚书·益稷》:"以五采彰施于五色,作服,汝明。"清·孙星衍疏:"五色,东方谓之'青',南方谓之'赤',西方谓之'白',北方谓之'黑',天谓之'玄',地谓之'黄'。玄出于黑,故六者有黄无玄为五也。"春帝,即春神,司春之神。唐·陈陶《冬夜吟》诗:"八埏蝼蚁厌寒栖,早晚青旗引春帝。"青帝,我国古代神话中的五天帝之一,是位于东方的司春之神,又称"苍帝""木帝"。《史记·封禅书》:"秦宣公作密畤于渭南,祭青帝。"

② "南方之神曰祝融"六句:祝融,传说中帝喾时的火官,后被尊为火神,号赤帝。亦为南方之神,南海之神。《国语·郑语》:"夫黎为高辛氏火正,以淳耀敦大,天明地德,光照四海,故命之曰'祝融',其功大矣。"《左传·昭公二十九年》:"颛顼氏有子曰'犁',为祝融。"《礼记·月令》"其神祝融"东汉·郑玄注:"祝融,颛顼氏之子曰'黎',为火官。"《吕氏春秋·孟夏纪》"其神祝融"东汉·高诱注:"祝融,颛顼氏后老童之子吴回也。为高辛氏火正,死为火官之神。"《汉书·扬雄传》:"丽钩芒与骖蓐收兮,服玄冥及祝融。"唐·颜师古注:"祝融,南方神。"唐·韩愈《南海神庙碑》:"考于传记,而南海神次最贵,在北、东、西三神河伯之上,号为祝融。"离,《周易》卦名。八卦之一,代表火,又为六十四卦之一,离下离上。离指南方。《周易·说卦》:"离也者,明也,万物皆相见,南方之卦也。"丙丁属火,丙、丁是十天干的三、四两位。火为五行之一。古代以十干配五行,丙丁属火,配南,配夏。《吕氏春秋·孟夏纪》"其日丙丁"东汉·高诱注:"丙丁,火日也。"《礼记·月令》"其日丙丁"东汉·郑玄注:"丙之言炳也。日之行,夏南从赤道,长育万物,月为之佐。时万物皆炳然著见而强大,又因以为日名焉。"《汉书·五行志》:"火,南方,扬光辉为明者也。其于王者,南面乡明而治。"赤帝,即祝融。《淮南子·时则训》:"南方之极,……赤帝祝融之所司者,万二千里。"《后汉书·祭祀志

中》：“立夏之日，迎夏于南郊，祭赤帝祝融。”

③“西方之神曰蓐（rù）收”六句：蓐收，古代传说中的西方神名。司秋，是白帝少昊的辅佐神。《礼记·月令》“其神蓐收”东汉·郑玄注：“蓐收，少皞氏之子曰‘该’，为金官。”《左传·昭公二十九年》：“金正曰‘蓐收’，……该为蓐收。”《吕氏春秋·孟秋纪》“其神蓐收”东汉·高诱注：“少皞氏裔子曰‘该’，皆有金德，死托祀为金神。”《国语·晋语二》：“虢公梦在庙，有神，人面白毛虎爪，执钺立于西阿。……觉，召史嚚占之，对曰：‘如君之言，则蓐收也，天之刑神也。’”三国吴·韦昭注：“蓐收，西方白虎金正之官也。《传》曰：‘少皞氏有子该，为蓐收。’”兑，《周易》卦名。八卦之一，又为六十四卦之一。象征沼泽。庚辛属金，庚、辛是十天干的五、六两位。金为五行之一，配西，配秋。古代以十干配五行，庚辛属金。《吕氏春秋·孟秋纪》“其日庚辛”东汉·高诱注：“庚辛金日也。”《礼记·月令》“其日庚辛”东汉·郑玄注：“庚之言更也。辛之言新也。日之行，秋西从白道，成熟万物，月为之佐。万物皆肃然改更，秀实新成，又因以为日名焉。”《汉书·五行志》：“金，西方，万物既成，杀气之始也。”白帝，古神话中五天帝之一，主西方之神。《周礼·天官·大宰》“祀五帝”唐·贾公彦疏：“五帝者，东方青帝灵威仰，南方赤帝赤熛怒，中央黄帝含枢纽，西方白帝白招拒，北方黑帝汁光纪。”

④“北方之神曰玄冥”六句：玄冥，传说中的水神，一说为雨师，又为冬神，北方之神。《礼记·月令》“其神玄冥”东汉·郑玄注：“玄冥，少皞氏之子曰‘脩’曰‘熙’，为水官。”《吕氏春秋·孟冬纪》“其神玄冥”东汉·高诱注：“玄冥，官也。少皞氏之子曰‘脩’为玄冥师，死祀为水神。”《汉书·扬雄传》：“帝将惟田于灵之囿，开北垠，受不周之制，以终始颛顼、玄冥之统。”唐·颜师古注引东汉·应劭曰：“颛顼、玄冥，皆北方之神，主杀戮也。”坎，《周易》

卦名。八卦之一。坎象征险难，代表水，为北方之卦。《周易·说卦》："坎者，水也。正北方之卦也，劳卦也，万物之所归也。"壬癸属水，壬、癸是十天干的七、八两位。水为五行之一，配北，配冬。古代以十干配五行，壬癸属水。《吕氏春秋·孟冬纪》"其日壬癸"东汉·高诱注："壬癸，水日。"《礼记·月令》"其日壬癸"东汉·郑玄注："壬之言任也。癸之言揆也。日之行，冬，北从黑道，闭藏万物，月为之佐。时万物怀任于下，揆然萌牙，又因以为日名焉。"《汉书·五行志》："水，北方，终藏万物者也。"黑帝，我国古代神话中的五天帝之一，古指北方之神。

⑤"中央戊己属土"三句：戊己属土，戊、己是十天干的九、十两位。土为五行之一，配中央。古以十干配五方，戊己属土。《礼记·月令》："中央土，其日戊己。其帝黄帝，其神后土。"东汉·郑玄注："戊之言茂也，己之言起也。日之行四时之间，从黄道，月为之佐。至此万物皆枝叶茂盛。其含秀者，抑屈而起，故因以为日名焉。此黄精之君，土官之神，自古以来，著德立功者也。黄帝，轩辕氏也。后土，亦颛顼氏之子曰'黎'，兼为土官。"《吕氏春秋·季夏纪》："中央土，其日戊己。其帝黄帝，其神后土。"东汉·高诱注："戊己，土日。土，王中央也。黄帝，少典之子，以土德王天下，号轩辕氏，死托祀为中央之帝。后土，官。共工氏子句龙能平九土，死托祀为后土之神。"《汉书·五行志》："土，中央，生万物者也。"西汉·董仲舒《春秋繁露·五行相生》："中央者土，君官也。"黄帝，我国古代神话中的五天帝之一，指中央之神。亦即轩辕氏。

【译文】

东方大神名太皞，居八卦之震位，执掌春季，对应天干中的甲、乙，五行属木，木德春天最旺，配青色，所以春帝又称为"青帝"。

南方大神名祝融，居八卦之离位，执掌夏季，对应天干中的丙、丁，五行属火，火德夏天最旺，配赤色，所以夏帝又称为"赤帝"。

西方大神名蓐收，居八卦之兑位，执掌秋季，对应天干中的庚、辛，五行属金，金德秋天最旺，配白色，所以秋帝又称为"白帝"。

北方大神名玄冥，居八卦之坎位，执掌冬季，对应天干中的壬、癸，五行属水，水德冬天最旺，配黑色，所以冬帝又称为"黑帝"。

四方之中央，对应天干中的戊、己，五行属土，配黄色，所以中央帝又称"黄帝"。

夏至一阴生，是以天时渐短；冬至一阳生，是以日晷初长①。

冬至到而葭灰飞②，立秋至而梧叶落③。

上弦谓月圆其半，系初八九；下弦谓月缺其半，系廿二三④。

月光都尽谓之晦，三十日之名；月光复苏谓之朔，初一日之号；月与日对谓之望，十五日之称⑤。

初一是死魄，初二旁死魄，初三哉生明，十六始生魄⑥。

【注释】

①"夏至一阴生"四句：语本《周易·复卦》"《象》曰：雷在地中，复。先王以至日闭关，商旅不行，后不省方。"三国魏·王弼注："冬至，阴之复也。夏至，阳之复也。"唐·孔颖达疏："冬至一阳生，是阳动用而阴复于静也。夏至一阴生，是阴动用而阳复于静也。"冬至后白天渐长，古代认为是阳气初动，故冬至又称"一阳生"。夏至后白天渐短，古代认为是阴气初动，所以夏至又称"一阴生"。唐以后言《易》者喜说"夏至一阴生""冬至一阳生"，亦为唐人诗文习用语。唐·杜牧《冬至日遇京使发寄舍弟》诗："远信初逢（一作"凭"）双鲤去，他乡正遇一阳生。"唐·李郢《冬至后西湖泛舟看断冰偶成长句》："一阳生后阴飙竭，湖上层冰看折时。"唐·白居易《思归》诗："夏至一阴生，稍稍夕漏迟。"唐·权德舆《夏

至日作》诗:"寄言赫羲景,今日一阴生。"又,东汉•班固《白虎通•诛伐》:"冬至,所以休兵,不举事,闭关,商旅不行,何? 此日阳气微弱,王者承天理物,故率天下静,不复行役,扶助微气,成万物也。故《孝经谶》曰:'夏至阴气始动,冬至阳气始萌。'《易》曰:'先王以至日闭关,商旅不行。'夏至,阴始起,反大热何? 阴气始起,阳气推而上,故大热也。冬至,阳始起,阴气推而上,故大寒也。"则《孝经谶》早有"夏至阴气始动,冬至阳气始萌"之说。夏至,二十四节气之一。在公历六月二十一日或二十二日。这天北半球昼最长,夜最短;南半球则相反。此日太阳最近北回归线,(中国)阳气盛极而始衰,阴气始至,故曰"夏至"。冬至,二十四节气之一。在公历十二月二十二日前后。这天北半球昼最短,夜最长;南半球则相反。此日太阳最近南回归线,(中国)阴气盛极而始衰,阳气始至,故曰"冬至"。日晷(guǐ),古代测日影定时刻的仪器。由晷盘和晷针组成。此指白昼时间。

②葭(jiā)灰:葭莩之灰,古人烧苇膜成灰,置于律管中,放密室内,以占气候。某一节候到,某律管中葭灰即飞出,表示该节候已到。《后汉书•律历志上》:"夫五音生于阴阳,分为十二律,转生六十,皆所以纪斗气,效物类也。天效以景,地效以响,即律也。阴阳和则景至,律气应则灰除。是故天子常以日冬夏至御前殿,合八能之士,陈八音,听乐均,度晷景,候钟律,权土炭,效阴阳。冬至阳气应,则乐均清,景长极,黄钟通,土炭轻而衡仰。夏至阴气应,则乐均浊,景短极,蕤宾通,土炭重而衡低。进退于先后五日之中,八能各以候状闻,太史封上。郊则和,否则占。候气之法,为室三重,户闭,涂衅必周,密布缇缦。室中以木为案,每律各一,内庳外高,从其方位,加律其上,以葭莩灰抑其内端,案历而候之。气至者灰动。其为气所动者其灰散,人及风所动者其灰聚。"

③立秋至而梧叶落:语本宋•吴自牧《梦粱录•七月(立秋附)》:

"立秋日，太史局委官吏于禁廷内，以梧桐树植于殿下，俟交立秋时，太史官穿秉奏曰：'秋来。'其时梧叶应声飞落一二片，以寓报秋意。都城内外，侵晨满街叫卖楸叶，妇人女子及儿童辈争买之，剪如花样，插于鬓边，以应时序。"梧桐树落叶偏早，立秋时节，便开始落了，是以古人以梧叶落占秋。清·汪灏《广群芳谱（卷七十三）·木谱六·桐》："立秋之日，如某时立秋，至期一叶先坠，故云：'梧桐一叶落，天下尽知秋。'"立秋，二十四节气之一，在阳历八月七、八或九日，农历七月初。《逸周书·时训》："立秋之日，凉风至；又五日，白露降；又五日，寒蝉鸣。"《礼记·月令》："（孟秋之月）是月也，以立秋。先立秋三日，大史谒之天子曰：'某日立秋，盛德在金。'天子乃齐。立秋之日，天子亲帅三公九卿诸侯大夫，以迎秋于西郊。还反，赏军帅武人于朝。天子乃命将帅，选士厉兵，简练桀俊，专任有功，以征不义，诘诛暴慢，以明好恶，顺彼远方。"

④"上弦谓月圆其半"四句：语本唐·孔颖达疏《毛诗正义》。《诗经·小雅·天保》："如月之恒，如日之升。"毛传："恒，弦。升，出也。言俱进也。"郑笺："月上弦而就盈，日始出而就明。"孔疏："弦有上下，知上弦者，以对如日之升，是益进之义，故知上弦矣。日月在朔交会，俱右行于天，日迟月疾。从朔而分，至三日，月去日已当二次，始死魄而出，渐渐远日，而月光稍长。八日、九日，大率月体正半，昏而中，似弓之张而弦直，谓上弦也。后渐进，至十五、十六日，月体满，与日正相当，谓之'望'，云体满而相望也。从此后渐亏，至二十三日、二十四日，亦正半在，谓之'下弦'。于后亦渐亏，至晦而尽也。以取渐进之义，故言'上弦'，不云'望'。"《毛诗正义》云"至二十三日、二十四日，亦正半在，谓之'下弦'"，而本篇云"下弦谓月缺其半，系廿二三"，盖因《幼学琼林》以联语形式写成，联语讲究对仗，本联上句尾字"九"为仄

声,下句尾字当用平声,故变换《毛诗正义》"二十三日、二十四日"为"廿二三"。上弦,月相之一。农历每月初八或初九,太阳跟地球的连线和地球跟月亮的连线成直角时,在地球上看到的月相呈"D"字形,像张弓施弦的样子,称"上弦"。下弦,月相之一。农历每月二十二日或二十三日,太阳跟地球的连线和地球跟月亮的连线成直角时,在地球上看到月亮呈反"D"字形,像张弓施弦的样子,称"下弦"。又此二句及下三句,亦本《释名·释天》:"晦,灰也。火死为灰,月光尽,似之也。朔,苏也。月死复苏生也。弦,月半之名也。其形一旁曲一旁直,若张弓施弦也。望,月满之名也。月大十六日,小十五日。日在东,月在西,遥相望也。"暨东汉·王充《论衡·四讳》:"世俗防禁,竟无经也。月之晦也,日月合宿,纪为一月。犹八日,日月中分谓之'弦';十五日,日月相望谓之'望';三十日,日月合宿谓之'晦'。'晦'与'弦''望'一实也,非月晦日月光气与月朔异也,何故逾月谓之吉乎?如实凶,逾月未可谓吉;如实吉,虽未逾月,犹为可也。"《朱子语类》卷二:"月之望,正是日在地中,月在天中,所以日光到月,四伴更无亏欠;唯中心有少压翳处,是地有影蔽者尔。及日月各在东西,则日光到月者止及其半,故为上弦;又减其半,则为下弦。逐夜增减,皆以此推。"又,《后汉书·律历志》:"推弦、望日,因其月朔大小余之数,皆加大余七,小余三百五十九四分三,小余满蔀月得一,加大余,大余命如法,得上弦。又加得望,次下弦,又后月朔。其弦、望小余二百六十以下,每以百刻乘之,满蔀月得一刻,不满其所近节气夜漏之半者,以算上为日。"《后汉书·律历志》所载以月相纪日推算方法,为历代正史志书沿袭。

⑤ "月光都尽谓之晦"六句:语本宋·朱熹《诗集传·小雅·十月之交》首章"十月之交,朔月辛卯。日有食之,亦孔之丑。彼月而微,此日而微。今此下民,亦孔之哀"注:"交,日月交会,谓晦朔

之间也。历法，周天三百六十五度四分度之一。左旋于地，一昼一夜，则其行一周而又过一度。日月皆右行于天，一昼一夜，则日行一度，月行十三度十九分度之七。故日一岁而一周天，月二十九日有奇而一周天，又逐及于日而与之会。一岁凡十二会。方会，则月光都尽而为晦。已会，则月光复苏而为朔。朔后、晦前，各十五日，日月相对，则月光正满而为望。晦朔而日月之合，东西同度，南北同道，则月掩日而日为之食。望而日月之对，同度同道，则月亢日而月为之食。是皆有常度矣。"晦、朔、望，皆为月相。晦，指阴历每月的最后一日（通常是三十日）。这一天看不到月亮。《说文解字》："晦，月尽也。"朔，指阴历每月初一，这天月球运行到地球和太阳之间，和太阳同时出没，地球上看不到月光。《说文解字》："朔，月一日始苏也。"望，指阴历每月十五日，地球运行到太阳与月亮之间，当月亮和太阳的黄经相差一百八十度，太阳从西方落下，月亮正好从东方升起之时，地球上看见的月亮最圆满，这种月相叫"望"。

⑥"初一是死魄"四句：语本《尚书·武成》："惟一月壬辰，旁死魄。越翼日，癸巳，王朝步自周，于征伐商。厥四月，哉生明，王来自商，至于丰。乃偃武修文，归马于华山之阳，放牛于桃林之野，示天下弗服。丁未，祀于周庙，邦甸、侯、卫，骏奔走，执豆、笾。越三日，庚戌，柴、望，大告武成。既生魄，庶邦冢君暨百工，受命于周。"西汉·孔安国传："（旁死魄）旁，近也。月二日，近死魄。""（哉生明）哉，始也。始生明，月三日，与死魄互言。""（既生魄）魄生明死，十五日之后。"唐·孔颖达疏："（旁死魄）魄者，形也，谓月之轮郭无光之处名魄也。朔后明生而魄死，望后明死而魄生。《律历志》云：'死魄，朔也。生魄，望也。'《顾命》云：'惟四月哉生魄。'传云：'始生魄，月十六日也。'月十六日为始生魄，是一日为始死魄，二日近死魄也。""（哉生明）《顾命》传以'哉生魄'

为十六日,则'哉生明'为月初矣。以三日月光见,故传言'始生明,月三日'也。此经无日,未必非二日也。生明、死魄俱是月初。上云'死魄',此云'生明',而魄死明生互言耳。"暨《尚书·康诰》:"惟三月哉生魄,周公初基,作新大邑于东国洛。"西汉·孔安国传:"始生魄,月十六日,明消而魄生。"唐·孔颖达疏:"魄与明反,故云'明消而魄生'。"暨《尚书·顾命》:"惟四月哉生魄,王不怿。"西汉·孔安国传:"始生魄,月十六日。""死魄""生魄""生明"为上古月相名,见于《尚书》。旧谓月亮的有光部分为"明",无光部分为"魄"。朔(初一)后月明渐增,月魄渐减,故谓之"死魄"。反之,望(十五)后月明渐减,月魄渐生,即谓之"生魄"。死魄,指阴历每月初一。此日见不到月亮。《逸周书·世俘解》:"越若来,二月既死魄。"晋·孔晁注:"朔后为死魄。"旁死魄,指阴历每月初二。《汉书·律历志下》引《尚书·武成》作"旁死霸",唐·颜师古注:"孟康曰:'月二日以往,月生魄死,故言死魄。魄,月质也。'霸,古'魄'字同。"哉生明,指阴历每月初三日。此日,月亮开始有光。始生魄,指阴历每月十六日。此日,月始缺,即始生月魄。

【译文】

夏至日阳气盛极而始衰,阴气开始萌动,是以此后白昼一天比一天短;冬至日阴气盛极而始衰,阳气开始萌动,是以此后白昼一天比一天长。

一到冬至,阳气萌动,候气律管中的葭莩灰就会飞起来;一到立秋,梧桐树上的叶子就纷纷飘落。

上弦月,指月亮圆了半边,是阴历每月初八、初九;下弦月,指月亮缺了半边,是阴历每月二十二、二十三。

完全没有了月光叫作"晦",指阴历每月三十;月光从无到有叫作"朔",指阴历每月初一;月亮和太阳遥遥相对,彼此都能看得见对方,叫作"望",指阴历每月十五。

初一的月亮像死灰一样，叫"死魄"；初二的月亮稍微有一点儿微光，叫"旁死魄"；初三的月亮才生出光来，叫"哉生明"；十六的月亮开始有残缺，叫"始生魄"。

翌日、诘朝①，皆言明日；谷旦、吉旦②，悉是良辰。

片晌③，即谓片时；日曛④，乃云日暮。

畴昔、曩者⑤，俱前日之谓；黎明、昧爽⑥，皆将曙之时⑦。

月有三浣：初旬十日为上浣，中旬十日为中浣，下旬十日为下浣⑧；学足三余：夜者日之余，冬者岁之余，雨者晴之余⑨。

【注释】

①翌（yì）日：明天。《汉书·武帝纪》："翌日亲登嵩高，御史乘属，在庙旁吏卒咸闻呼万岁者三。"诘（jié）朝：明天一早。《左传·僖公二十八年》："戒尔车乘，敬尔君事，诘朝将见。"晋·杜预注："诘朝，平旦。"

②谷旦：良辰，晴朗美好的日子。旧时常用为吉日的代称。《诗经·陈风·东门之枌》："谷旦于差，南方之原。"毛传："谷，善也。"郑笺："旦，明。"孔疏："见朝日善明，无阴云风雨，则日可以相择而行乐矣。"吉旦：泛指吉祥美好的日子。

③片晌：片刻。

④日曛：日色昏黄。指天色已晚。唐·杜甫《信行远修水筒》诗："日曛惊未餐，貌赤愧相对。"

⑤畴（chóu）昔：往日，从前。《礼记·檀弓上》："予畴昔之夜，梦坐奠于两楹之间。"东汉·郑玄注："畴，发声也。昔，犹前也。"曩（nǎng）者：昔时，从前。《左传·襄公二十四年》："曩者志入而已，今则怯也。"唐·孔颖达疏："曩，犹向也。"《礼记·檀弓下》："曩

者尔心或开予,是以不与尔言。"东汉·郑玄注:"曩,向也,谓始来入时。"《说文解字》:"曩,向也。"

⑥黎明:天将明未明的时候。《史记·高祖本纪》:"黎明围宛城三帀。"唐·司马贞索隐:"黎,犹比也,谓比至天明。"昧爽:拂晓,黎明。《尚书·牧誓》:"时甲子昧爽,王朝至于商郊牧野。"西汉·孔安国传:"昧,冥;爽,明,早旦。"

⑦曙:天亮,破晓。《楚辞·九章·悲回风》:"涕泣交而凄凄兮,思不眠以至曙。"

⑧"月有三浣"四句:三浣,唐制,官吏每十日休息一次,洗衣洗澡。后称一个月上旬、中旬、下旬为"上浣""中浣""下浣",合称"三浣"。明·杨慎《丹铅总录·时序·三浣》:"俗以上浣、中浣、下浣为上旬、中旬、下旬,盖本唐制十日一休沐。故韦应物诗曰'九日驰驱一日闲',白乐天诗曰'公假月三旬'。"

⑨"夜者日之余"三句:语本《三国志·魏书·王肃传》:"明帝时大司农弘农董遇等,亦历注经传,颇传于世。"南朝宋·裴松之注引三国魏·鱼豢《魏略》:"遇言:'读书当以三余。'或问三余之意。遇言'冬者岁之余,夜者日之余,阴雨者时之余也'。"三余,三国时期的董遇勤奋好学,充分利用冬天、夜里、阴雨天三个空闲时段读书,称为"三余"。后以"三余"指空闲时间。

【译文】

"翌日""诘朝",都是明天的别称;"谷旦""吉旦",都指吉祥的好日子。

"片晌",是说片刻;"日曛",是说日将落、天色渐晚的样子。

"畴昔""曩者",都是前日的别称;"黎明""昧爽",都指天将破晓的时候。

一个月分为"三浣":初旬十天称"上浣",中旬十天称"中浣",下旬十天称"下浣";做好学问要充分利用"三余"时间:夜晚是白昼之余,冬季是一年之余,雨天是晴天之余。

以术愚人,曰朝三暮四①;为学求益,曰日就月将②。

焚膏继晷,日夜辛勤③;俾昼作夜,晨昏颠倒④。

自愧无成⑤,曰虚延岁月⑥;与人共话,曰少叙寒暄⑦。

可憎者,人情冷暖⑧;可厌者,世态炎凉⑨。

周末无寒年,因东周之懦弱;秦亡无燠岁,由嬴氏之凶残⑩。

【注释】

①以术愚人,曰朝三暮四:语本《庄子·齐物论》:"狙公赋芧,曰:
'朝三而暮四。'众狙皆怒。曰:'然则朝四而暮三。'众狙皆悦。"
狙(jū),猿猴。芧(xù),橡子也,似栗而小。养猴人给群猴分橡
子,说早上三个晚上四个,群猴都发怒,说早上四个晚上三个,群
猴都很高兴。"朝三暮四",原指变换名目,不变实质行欺骗,后用
来比喻变化多端或反复无常。

②为学求益,曰日就月将:语本《诗经·周颂·敬之》:"日就月将,
学有缉熙于光明。"毛传:"将,行也。"郑笺:"日就月行,言当习
之以积渐也。"孔疏:"日就,谓学之使每日有成就;月将,谓至于
一月则有可行。言当习之以积渐也。"朱子集传:"将,进也。……
日有所就,月有所进,续而明之,以至于光明。"日就月将,求学每
天有成就,每月有进步。就,成就。将,大。喻进步。

③焚膏继晷,日夜辛勤:语本唐·韩愈《进学解》:"焚膏油以继晷,
恒兀兀以穷年。"后以"焚膏继晷"形容夜以继日地勤奋学习、工
作等。膏,油脂之属。指灯烛。晷,日光。

④俾(bǐ)昼作夜,晨昏颠倒:语出《诗经·大雅·荡》:"文王曰咨,
咨女殷商。天不湎尔以酒,不义从式。既愆尔止,靡明靡晦。式
号式呼,俾昼作夜。"毛传:"使昼为夜也。"郑笺:"醉则号呼相
效,用昼日作夜,不视政事。"把白昼当作夜晚,指不分昼夜地寻

欢作乐。

⑤无成：没有成就。唐·杜甫《客居》："儒生老无成，臣子忧四藩。"

⑥虚延岁月：白白地拖延（浪费）时间。

⑦少叙寒暄（xuān）：指与人交谈不多。寒暄，即问寒问暖，指见面时谈天气冷暖之类的应酬话。暄，温暖。

⑧人情冷暖：指在别人得势时就奉承巴结，失势时就不理不睬。比喻世态炎凉，人情变化。人情，指应酬，交际往来。冷暖，寒冷和温暖。唐·刘得仁《送车涛罢举归山》诗："朝是暮还非，人情冷暖移。"

⑨世态炎凉：指趋炎附势、人走茶凉的人情世故。世态，世俗的情态，多指人情淡薄而言。炎凉，比喻人情势利，反复无常。宋·文天祥《杜架阁》诗之二："世态炎凉甚，交情贵贱分。"

⑩"周末无寒年"四句：语本《汉书·五行志》："周失之舒，秦失之急，故周衰亡寒岁，秦灭亡奥年。"东周，周朝都城于前770年自镐京（今陕西西安）东迁至雒邑（今河南洛阳），历史上称东迁以后的周王朝为"东周"（前770—前256），之前国都在镐京的时期则称为"西周"。东周又分为春秋和战国两个时期。其间战国时期，作为中央政权的东周王朝，已名存实亡。奥（yù），热。嬴氏，指秦始皇。

【译文】

用诈术愚弄欺骗他人，称"朝三暮四"；好好学习，日求增益，称"日就月将"。

"焚膏继晷"，是形容一个人挑灯夜战，日夜辛劳；"俾昼作夜"，是说把白天和夜晚的作息弄颠倒了。

一事无成而自觉惭愧，可以自谦说"虚延岁月"；与人交谈讲几句客套话，可称"少叙寒暄"。

"人情冷暖"，羡富嫌贫，面目可憎；"世态炎凉"，趋炎附势，十分讨厌。

　　周朝末年没有寒冷的年份,是因为东周王室太过懦弱;秦朝灭亡之际没有暖年,是因为秦始皇的统治过于残暴。

　　泰阶星平,曰泰平①;时序调和,曰玉烛②。

　　岁歉③,曰饥馑之岁④;年丰,曰大有之年⑤。

　　唐德宗之饥年,醉人为瑞⑥;梁惠王之凶岁,野莩堪怜⑦。

　　丰年玉,荒年谷,言人品之可珍⑧;薪如桂,食如玉,言薪米之腾贵⑨。

　　春祈秋报⑩,农夫之常规;夜寐夙兴⑪,吾人之勤事。

　　韶华不再⑫,吾辈须当惜阴;日月其除⑬,志士正宜待旦⑭。

【注释】

①泰阶星平,曰泰平:语本《黄帝泰阶六符经》。《黄帝泰阶六符经》早佚,唐·颜师古注《汉书》引东汉·应劭语,有《黄帝泰阶六符经》云云。《汉书·东方朔传》:"愿陈《泰阶六符》以观天变。"唐·颜师古注:"孟康曰:'泰阶,三台也。每台二星,凡六星。符,六星之符验也。'应劭曰:'《黄帝泰阶六符经》曰:泰阶者,天之三阶也。上阶为天子,中阶为诸侯、公卿、大夫,下阶为士庶人。上阶上星为男主,下星为女主。中阶上星为诸侯、三公,下星为卿大夫。下阶上星为元士,下星为庶人。三阶平则阴阳和,风雨时,社稷神祇咸获其宜,天下大安,是为太平。三阶不平,则五神乏祀,日有食之,水润不浸,稼穑不成,冬雷夏霜,百姓不宁。故治道倾,天子行暴令,好兴甲兵,修宫榭,广苑囿,则上阶为之奄奄疏阔也。'"又,《晋书·天文志上·中宫》:"三台六星,两两而居,起文昌,列抵太微。一曰天柱,三公之位也。在人曰三公,在天曰三台,主开德宣符也。西近文昌二星曰上台,为司命,主寿。次二星

曰中台，为司中，主宗室。东二星曰下台，为司禄，主兵，所以昭德
塞违也。又曰三台为天阶，太一蹑以上下。一曰泰阶。上阶，上
星为天子，下星为女主；中阶，上星为诸侯、三公，下星为卿大夫；
下阶，上星为士，下星为庶人：所以和阴阳而理万物也。君臣和
集，如其常度，有变则占其人。"泰阶，古星座名，即三台。上台、
中台、下台共六星，两两并排而斜上，如阶梯，故名。泰阶星由六
颗星组成，古时认为这些星分别代表天子、诸侯、卿大夫和士庶
人。泰阶星平正，天下就大治，称"泰平"，后来写作"太平"；泰
阶星斜则天下大乱。泰平，即太平，时世安宁和平。

② 时序调和，曰玉烛：语本《尔雅·释天》："四气和谓之'玉烛'。"
晋·郭璞注："道光照。"宋·邢昺疏："'道光照'者：道，言也。言
四时和气，温润明照，故曰'玉烛'。"又，《尸子·仁意》："四气
和，正光照，此之谓'玉烛'。"时序，时间的先后，季节的次序。
《文选·陆机〈赠尚书郎顾彦先〉》："凄风迫时序，苦雨遂成霖。"
唐·李善注："《庄子》曰：阴阳四时运行，各得其序。"调和，使和
顺。玉烛，指四时之气和畅，形容太平盛世。古人认为烛龙之神
主宰四季和白天黑夜，龙衔玉烛则时序调和。烛龙是中国古代神
话中的神兽，人面龙身，口中衔烛。

③ 岁歉：歉收，年成不好。

④ 饥馑（jǐn）：灾荒，庄稼没有收成。《尔雅·释天》："谷不熟为饥，
蔬不熟为馑。"

⑤ 年丰，曰大有之年：语本《公羊传·桓公三年》："有年。有年何
以书？以喜书也。大有年何以书？亦以喜书也。此其曰'有年
何'？仅有年也。彼其曰'大有年何'？大丰年也。仅有年，亦足
以当喜乎？恃有年也。"暨《穀梁传·宣公十六年》："五谷大熟，
为大有年。"年丰，谓年成丰收。《左传·桓公六年》："奉盛以告
曰：'洁粢丰盛，谓其三时不害而民和年丰也。'"大有，《易》卦名。

乾下离上，象征大、多。《周易·序卦》曰："与人同者，物必归焉，故受之以大有。"古称五谷大熟为"大有之年"。《春秋·宣公十六年》："冬，大有年。"

⑥唐德宗之饥年，醉人为瑞：语本《资治通鉴·唐纪·唐德宗贞元二年》："关中仓廪竭，禁军或自脱巾呼于道曰：'拘吾于军而不给粮，吾罪人也！'上忧之甚，会韩滉运米三万斛至陕，李泌即奏之。上喜，遽至东宫，谓太子曰：'米已至陕，吾父子得生矣！'时禁中不酿，命于坊市取酒为乐。又遣中使谕神策六军，军士皆呼万岁。时比岁饥馑，兵民率皆瘦黑，至是麦始熟，市有醉人，当时以为嘉瑞。人乍饱食，死者复伍之一。数月，有肤色乃复故。"唐德宗，李适（742—805），唐朝皇帝。唐代宗长子。唐玄宗天宝元年（742）封奉节郡王。唐代宗宝应元年（762）为天下兵马元帅，改封鲁王，八月改封雍王。广德二年（764）封为皇太子。大历十四年（779）五月即位。嗣位后，初政清明，以强明自任，用杨炎为相，废租庸调制，改行"两税法"。后用卢杞等，因为乱阶。建中四年（783），泾原兵变，犯京师，逃奔奉天。兴元元年（784），李晟率军收复长安，乃还。自此政惟姑息，方镇日强。贞元二十一年（805）正月卒。庙号德宗。在位二十六年，卒谥神武孝文皇帝。生平事迹见新、旧《唐书》本纪。醉人为瑞，饥荒之年，无粮酿酒。如果偶尔有人喝醉，大家都认为是祥瑞之兆。

⑦梁惠王之凶岁，野莩（piǎo）堪怜：语本《孟子·梁惠王上》："庖有肥肉，厩有肥马，民有饥色，野有饿莩。"梁惠王，即魏惠王魏罃，战国时期魏国的第三代君主，魏武侯之子，前370年即位。即位后迁都大梁。与赵、韩构恶，被齐军大败于马陵。又屡败于秦。召集逢泽之会，改侯称王。卑礼厚币以招贤者，邹衍、孟轲等至大梁。轲尝劝王行仁义而不能用。国势渐衰。在位三十六年（一说五十二年）。凶岁，凶年，荒年。野莩，指饿死在野外的人。

莩，通"殍（piǎo）"，饿死的人。

⑧"丰年玉"三句：语本南朝宋·刘义庆《世说新语·赏誉》："世称庾文康为丰年玉，稚恭为荒年谷。"南朝梁·刘孝标注："谓亮有廊庙之器，翼有匡世之才，各有用也。"世人称颂庾亮（字文康）像丰年的美玉，称颂庾翼（字稚恭）像灾荒年头的粮食。后多用以比喻可贵的人才。

⑨"薪如桂"三句：语本《战国策·楚策三》："苏秦之楚，三日乃得见乎王。谈卒，辞而行。楚王曰：'寡人闻先生，若闻古人。今先生乃不远千里而临寡人，曾不肯留，愿闻其说。'对曰：'楚国之食贵于玉，薪贵于桂，谒者难得见如鬼，王难得见如天帝。今令臣食玉炊桂，因鬼见帝。'"苏秦说楚国的柴薪贵得和桂一样，粮食贵得和玉一样。后用"食玉炊桂"比喻物价昂贵，生活艰难。腾贵，物价上涨，昂贵。

⑩春祈秋报：语本《毛诗序》："《载芟》，春籍田而祈社稷也。《良耜》，秋报社稷也。"暨东汉·郑玄《诗谱·周颂谱》："既谋事求助，致敬民神，春祈秋报，故次《载芟》《良耜》也。"又，《周礼·小宗伯》："社之日，莅卜来岁之稼。"唐·贾公彦疏："言'莅卜来岁之稼'者，祭社有二时，谓春祈秋报。报者，报其成熟之功。"又，东汉·班固《白虎通·社稷》："岁再祭之何？春求秋报之义也。"春祈秋报，古人在春、秋两季祭祀土神，春耕时祈祷风调雨顺，秋收报答神功。

⑪夜寐夙兴：语本《诗经·卫风·氓》："夙兴夜寐，靡有朝矣。"郑笺："无有朝者，常早起夜卧，非一朝然。言已亦不解惰。"孔疏："早起夜卧，无有一朝一夕而自解惰。"朱子集传："靡，不。夙，早。兴，起也。……早起夜卧，无有朝旦之暇。"意为晚睡早起，形容勤奋。寐，睡。夙，早。兴，起。

⑫韶华：美好的年华。指青春年少。为唐宋诗文习用语。唐·李贺

《嘲少年》诗："莫道韶华镇长在，发白面皱专相待。"宋·秦观《江城子》："韶华不为少年留。恨悠悠，几时休。"明·刘嵩《秋兴四首·其二》："韶华不再返，春去夏亦徂。"

⑬日月其除：语本《诗经·唐风·蟋蟀》："蟋蟀在堂，岁聿其莫。今我不乐，日月其除。"郑笺："蟀在堂，岁时之候，是时农功毕，君可以自乐矣。今不自乐，日月且过去，不复暇为之。"朱子集传："除，去也。"指时光将过去，光阴不待人。除，离去，不存在。

⑭待旦："坐以待旦"的省称，坐着等待天亮。常用以表示勤谨。《尚书·太甲上》："先王昧爽丕显，坐以待旦，旁求俊彦，启迪后人，无越厥命以自覆。"《孟子·离娄下》："周公思兼三王，以施四事；其有不合者，仰而思之，夜以继日；幸而得之，坐以待旦。"唐·柳宗元《与杨诲之第二书》："惟此文王，小心翼翼，日昃不暇食，坐以待旦。"

【译文】

泰阶的六颗星宿平正，象征国泰民安，称为"泰平"；一年四季风调雨顺，是因为烛龙神口中烛火长明，称为"玉烛"。

年成不好，农业歉收，粮食和蔬菜不够吃，叫作"饥馑之岁"；年成好，农业大丰收，粮仓堆得满满的，叫作"大有之年"。

唐德宗时期某年闹饥荒，粮食不够吃，更不用说拿粮食酿酒，路上看见一个醉汉，人们便认为是吉祥的征兆；梁惠王时某年闹饥荒，城郊野外到处都是饿死的人，实在很可怜。

"丰年玉""荒年谷"，都是用来形容一个人品德的珍贵；"薪如桂"，"食如玉"，则用来比喻物价上涨得很高。

"春祈秋报"，是农民传统习俗；"夜寐夙兴"，是说我们应当勤勉做事。

"韶华不再"，是说青春年少好时光一去不再有，所以我们须珍惜光阴；"日月其除"，是说日月流逝，像流水一样不回头，所以有志之士应当抓紧时间，努力拼搏。

朝廷

【题解】

朝廷,本指君王接受朝见和处理政务的地方;后指以君王为首的中央政府。亦借指帝王。《文选·朱浮〈为幽州牧与彭宠书〉》:"朝廷之于伯通,恩亦厚矣。"唐·李善注:"蔡邕《独断》云:'朝廷者,不敢指斥君,故言朝廷。'"本篇"朝廷"指帝王,故通篇所言,皆帝王及后妃、太子、宗藩之事。

本篇16联,讲的都是和帝王皇室有关的成语典故。

三皇为皇①,五帝为帝②。

以德行仁者,王;以力假仁者,霸③。

天子,天下之主④;诸侯,一国之君⑤。

官天下,乃以位让贤;家天下,是以位传子⑥。

陛下,尊称天子⑦;殿下,尊重宗藩⑨。

【注释】

①三皇:传说中的上古三位帝王。所指说法不一。一说指伏羲、神农、黄帝。《周礼·春官·外史》:"(外史)掌三皇五帝之书。"东汉·郑玄注:"楚灵王所谓《三坟》《五典》。"唐·孔颖达疏:"《三坟》,三皇时书。"西汉·孔安国《尚书序》云:"伏牺、神农、黄帝之书谓之《三坟》。"《庄子·天运》:"余语汝三皇五帝之治天下。"唐·成玄英疏:"三皇者,伏羲、神农、黄帝也。"一说指伏羲、神农、女娲。《吕氏春秋·孟夏纪·用众》:"此三皇五帝之所以大立功名也。"东汉·高诱注:"三皇,伏羲、神农、女娲也。"一说指伏羲、神农、燧人。东汉·班固《白虎通·号》:"三皇者,何谓

也？谓伏羲、神农、燧人也。"一说指伏羲、神农、祝融。东汉·班固《白虎通·号》："《礼》曰：伏羲、神农、祝融，三皇也。"一说指天皇、地皇、泰皇。《史记·秦始皇本纪》："古有天皇、有地皇、有泰皇。泰皇最贵。"一说指天皇、地皇、人皇。《艺文类聚》卷十一引《春秋纬》："天皇、地皇、人皇，兄弟九人，分九州，长天下也。"本书译文，取天皇、地皇、人皇为"三皇"之说。皇，最早的君王称号。《说文解字》："皇，大也。从自王。自，始也。始王者，三皇，大君也。"

② 五帝：传说中的上古五位帝王。所指说法不一。一说指黄帝（轩辕）、颛顼（高阳）、帝喾（高辛）、唐尧、虞舜。《大戴礼记·五帝德》："孔子曰：'五帝用记，三王用度。'"《史记·五帝本纪》唐·张守节正义："太史公依《世本》《大戴礼》，以黄帝、颛顼、帝喾、唐尧、虞舜为五帝。谯周、应劭、宋均皆同。"东汉·班固《白虎通·号》："五帝者，何谓也？《礼》曰：'黄帝、颛顼、帝喾、帝尧、帝舜也。'"一说指太昊（伏羲）、炎帝（神农）、黄帝、少昊（挚）、颛顼。见《礼记·月令》（详参《岁时》篇注）。一说指少昊、颛顼、高辛、唐尧、虞舜。《尚书序》："少昊、颛顼、高辛、唐、虞之书，谓之'五典'，言常道也。"唐·孔颖达疏："言五帝之道，可以百代常行。"晋·皇甫谧《帝王世纪》："伏羲、神农、黄帝为三皇，少昊、高阳、高辛、唐、虞为五帝。"一说指伏羲、神农、黄帝、唐尧、虞舜。《周易·系辞下》："古者包牺氏之王天下也，……包牺氏没，神农氏作，……神农氏没，黄帝、尧、舜氏作。"帝，君王的称号。《说文解字》："帝，谛也。王天下之号。"

③ "以德行仁者"四句：语本《孟子·公孙丑上》："以力假仁者霸，霸必有大国。以德行仁者王，王不待大。汤以七十里，文王以百里。以力服人者，非心服也，力不赡也。以德服人者，中心悦而诚服也。如七十子之服孔子也。《诗》云：'自西自东，自南自北，无

思不服。'此之谓也。"朱子集注："力,谓土地甲兵之力。假仁者,本无是心,而借其事以为功者也。霸,若齐桓、晋文是也。以德行仁,则自吾之得于心者推之,无适而非仁也。"以德行仁,依靠道德,施行仁政。王,此指能行王道仁政的君主,如尧、舜、禹、汤、周文王。以力假仁,依靠武力,假借仁义名义。霸,古代诸侯之长。此指依靠武力称霸诸侯的君主,如齐桓公、晋文公。

④天子,天下之主:语本唐·孔颖达《尚书正义·微子》:"天子,天下之主,所以治正四方。"天子,上天之子。古人认为君王的权柄是上天授予,所以称帝王为"天子"。《礼记·曲礼》:"君天下,曰'天子'。"唐·孔颖达疏:"以父天母地,是上天之子,又为天所命,子养下民,此尊名也。"

⑤诸侯,一国之君:语本唐·孔颖达《尚书正义·吕刑》:"诸侯,一国之君,施教命于民者也。"诸侯,是古代中央政权所分封的各国国君的统称。在其统辖区域内,世代掌握军政大权,但按礼要服从王命,定期向帝王朝贡述职,并有出军赋和服役的义务。《周易·比卦》:"先王以建万国,亲诸侯。"《史记·五帝本纪》:"于是轩辕乃习用干戈,以征不享,诸侯咸来宾从。"君,古代大夫以上、据有土地的各级统治者的通称。常用来专称帝王。《仪礼·丧服》:"君,至尊也。"东汉·郑玄注:"天子、诸侯及卿大夫有地者,皆曰'君'。"

⑥"官天下"四句:语本《汉书·盖宽饶传》:"又引《韩氏易传》言:'五帝官天下,三王家天下,家以传子,官以传贤,若四时之运,功成者去,不得其人则不居其位。'"官天下,禅让制时代(尧舜时期)实行禅让制度,君主挑选贤良之人继承君位,称为"官天下"。家天下,世袭制时代(夏禹之后),君位传给儿子,称为"家天下"。

⑦陛下,尊称天子:陛下,原指帝王宫殿的台阶之下,后表示对帝王

的尊称。东汉·蔡邕《独断》卷上："汉天子正号曰'皇帝'，自称曰'朕'，臣民称之曰'陛下'。陛下者，陛，阶也，所由升堂也。天子必有近臣执兵陈于阶侧，以戒不虞。谓之'陛下'者，群臣与天子言，不敢指斥天子，故呼在陛下者而告之，因卑达尊之意也。上书亦如之，及群臣庶士相与言殿下、阁下、足下、侍者、执事之属，皆此类也。"

⑧殿下：原指殿阶之下，汉魏以后成为对诸侯王、太子、诸王的尊称。

⑨宗藩：又作"宗蕃"。指受天子分封的宗室诸侯。因为他们拱卫王室，犹如藩篱，所以这样称呼。《史记·太史公自序》："汉既谲谋，禽信于陈；越荆剽轻，乃封弟交为楚王，爰都彭城，以强淮泗，为汉宗藩。"

【译文】

远古时期的天皇、地皇、人皇号称"三皇"，上古时期的黄帝、颛顼、帝喾、尧、舜号称"五帝"。

凭借道德推行仁政的君主，成就的是王道；假借仁义之名而实际倚仗武力的君主，成就的是霸业。

天子，是天下的共主；诸侯，是各国的君主。

"官天下"，天下为公，指禅让制时期将天子之位让给贤人；"家天下"，天下为私，指世袭制时代将天子之位传给儿子。

"陛下"，是对天子的尊称；"殿下"，是对皇族亲王的尊称。

皇帝即位，曰龙飞①；人臣觐君②，曰虎拜③。
皇帝之言，谓之纶音④；皇后之命，乃称懿旨⑤。
椒房⑥，是皇后所居；枫宸⑦，乃人君所莅⑧。
天子尊崇，故称元首；臣邻辅翼，故曰股肱⑨。
龙之种⑩，麟之角⑪，俱誉宗藩；君之储⑫，国之贰⑬，皆称太子⑭。

【注释】

① 龙飞：旧时比喻登上皇位。《周易·乾卦》："九五,飞龙在天,利见大人。"唐·孔颖达疏："言九五阳气盛至于天,故云'飞龙在天'。此自然之象,犹若圣人有龙德,飞腾而居天位,德备天下,为万物所瞻睹,故天下利见此居王位之大人。"后遂以"龙飞"为帝王的兴起或即位。

② 觐：原指诸侯秋季朝见天子,后泛称朝见帝王。《周礼·春官·大宗伯》："春见曰'朝',夏见曰'宗',秋见曰'觐',冬见曰'遇',时见曰'会',殷见曰'同'。"

③ 虎拜：语本《诗经·大雅·江汉》："厘尔圭瓒,秬鬯一卣。告于文人,锡山土田。于周受命,自召祖命。虎拜稽首,天子万年。"召穆公名虎,是周宣王时期人。因为立下战功,周王赐给他山川土田,召穆公叩头拜谢。后来便将大臣朝拜天子称为"虎拜"。

④ 皇帝之言,谓之纶(lún)音：语本《礼记·缁衣》："王言如丝,其出如纶。王言如纶,其出如綍。"东汉·郑玄注："言出弥大也。纶,今有秩啬夫所佩也。綍,引棺素也。"唐·孔颖达疏："'王言如丝,其出如纶'者,王言初出,微细如丝,及其出行于外,言更渐大,如似纶也。言纶粗于丝。'王言如纶,其出如綍'者,亦言渐大出如綍也。綍,又大于纶。"纶音,原义是说君王之言传达于外,影响越来越大,后世则以"纶音"指代圣旨或皇帝说的话。

⑤ 懿(yì)旨：古代用来称谓皇后、皇太后或皇妃、公主等的命令。懿,本义是美好,多用来赞扬妇女的美德,所以称后妃的命令为"懿旨"。

⑥ 椒房：即"椒房殿",是汉代皇后所居的宫殿。殿内以花椒子和泥涂壁,取温暖、芬芳、多子之义。后泛指后妃居住的宫室。《汉

书•车千秋传》:"江充先治甘泉宫人,转至未央椒房。"唐•颜师古注:"椒房,殿名。皇后所居也。以椒和泥涂壁,取其温而芳也。"

⑦枫宸(chén):皇宫。宸,北极星所在的位置,指帝王的殿庭。汉代宫廷多植枫树,所以称"枫宸"。《文选•何晏〈景福殿赋〉》:"坐高门之侧堂,彰圣主之威神。芸若充庭,槐枫被宸。"唐•李善注:"槐、枫,二木名。《说文》曰:'宸,屋宇也。'"

⑧莅(lì):到,去。

⑨"天子尊崇"四句:语本《尚书•益稷》:"帝曰:'吁!臣哉邻哉!邻哉臣哉!'禹曰:'俞。'帝曰:'臣作朕股肱耳目。予欲左右有民,汝翼。'……乃歌曰:'股肱喜哉,元首起哉,百工熙哉。'"西汉•孔安国传:"邻,近也。言君臣道近,相须而成。言大体若身。左右,助也。助我所有之民,富而教之,汝翼成我。……元首,君也。股肱之臣喜乐尽忠,君之治功乃起,百官之业乃广。"唐•孔颖达疏:"君为元首,臣为股肱耳目,大体如一身也。足行手取,耳听目视,身虽百体,四者为大,故举以为言。……《释诂》云:'元、良,首也。'僖三十三年《左传》称狄人归先轸之元,则'元'与'首'各为头之别名,此以'元首'共为头也。君臣大体犹如一身,故'元首,君也'。"宋•蔡沈集传:"此言臣所以为邻之义也。君,元首也。君资臣以为助,犹元首须股肱耳目以为用也。下文翼为明听,即作股肱耳目之义。左右者,辅翼也。犹《孟子》所谓'辅之翼之,使自得之也'。"元首,原指人的头颅。后成为君主和国家最高领导人的代称。臣邻,本谓君臣应当相互亲近,后来泛指臣僚。辅翼,辅佐,辅助。《礼记•文王世子》:"保也者,慎其身以辅翼之,而归诸道者也。"唐•孔颖达疏:"辅,相也;翼,助也。谓护慎世子之身,辅相翼助,使世子而归于道。"股肱(gōng),本指大腿(股)和胳膊(肱),后来常用于比喻皇帝左右的辅佐之

臣。《尚书·说命下》："股肱惟人，良臣惟圣。"西汉·孔安国传："手足具乃成人，有良臣乃成圣。"

⑩龙之种：指帝王子孙。《史记·外戚世家》："汉王入织室，见薄姬有色，诏内后宫，岁余不得幸。始姬少时，与管夫人、赵子儿相爱，约曰：'先贵，无相忘。'已而管夫人、赵子儿先幸汉王。汉王坐河南宫成皋台，此两美人相与笑薄姬初时约。汉王闻之，问其故，两人具以实告汉王。汉王心惨然，怜薄姬，是日召而幸之。薄姬曰：'昨暮夜妾梦苍龙据吾腹。'高帝曰：'此贵征也，吾为女遂成之。'一幸生男，是为代王。"薄姬夜梦苍龙据腹，次日得汉高祖宠幸，生代王（后为汉文帝），后遂以"龙种"指帝王子孙。唐·张说《赠陈州刺史义阳王神道碑》："王讳琮字某，文帝之孙，纪王之子，龙种异品，凤毛秀色。"唐·李商隐《鄠杜马上念汉书》（一云《五陵怀古》）诗："世上苍龙种，人间武帝孙。"

⑪麟之角：语本《诗经·周南·麟之趾》："麟之角，振振公族。"指麒麟的角，后因以"麟角"指宗藩之盛。

⑫君之储：即储君，被指定的君位继承者。《公羊传·僖公五年》："储君，副主也。"东汉·班固《白虎通·京师》："储君，嗣主也。"

⑬国之贰：即储贰，指太子，与储君近义。晋·葛洪《抱朴子内篇·释滞》："昔子晋舍视膳之役，弃储贰之重，而灵王不责之以不孝。"

⑭太子：封建时期君主的儿子中被预指继承君位的人，一般是嫡长子。

【译文】

皇帝登基，称为"龙飞"；大臣觐见国君，叫作"虎拜"。

皇帝的言谈，叫作"纶音"；皇后的命令，则称为"懿旨"。

"椒房"，是皇后生活起居的地方；"枫宸"，是皇帝莅临居住的场所。

皇帝至高无上，如同人体的头部，所以称为"元首"；大臣辅佐皇帝，好像人体的大腿和胳膊，所以称为"股肱"。

"龙种""麟角",都是对王室后裔的美称;"储君""储贰",都是太子的专称。

    帝子爰立青宫①,帝印乃是玉玺②。

    宗室之派③,演于天潢④;帝胄之谱⑤,名为玉牒⑥。

    前星耀彩⑦,共祝太子以千秋⑧;嵩岳效灵,三呼天子以万岁⑨。

    神器、大宝⑩,皆言帝位;妃、嫔、媵、嫱⑪,总是宫娥⑫。

    姜后脱簪而待罪,世称哲后⑬;马后练服以鸣俭,共仰贤妃⑭。

    唐放勋德配昊天,遂动华封之三祝⑮;汉太子恩覃少海,乃兴乐府之四歌⑯。

【注释】

①帝子爰(yuán)立青宫:语本(旧题)西汉·东方朔《神异经·中荒经》:"东方有宫,青石为墙,高三仞,左右阙高百丈,画以五色,门有银榜,以青石碧镂,题曰'天地长男之宫'。"帝子,帝王之子。爰,乃,于是。青宫,古时太子居住在东宫。因为东方属木,木色为青,所以称太子的住处为"青宫"。青宫,亦借指太子。

②帝印乃是玉玺(xǐ):语本东汉·蔡邕《独断》卷上:"天子玺以玉螭虎纽,古者尊卑共之。……秦以来,天子独以印称'玺',又独以玉,群臣莫敢用也。"玉玺,专指皇帝的玉印,始于秦。《史记·秦始皇本纪》:"令子婴斋,当庙见,受玉玺。"玺,印。

③宗室:同宗族之人。此处特指与君主同宗族的人,即皇族。《国语·鲁语下》:"宗室之谋,不过宗人。"派:河水的支流。代指后代、后裔。

④演：繁衍。天潢（huáng）：即天河。此处指帝王后裔、皇族。北周·庾信《为杞公让宗师骠骑表》："凭天潢之派水，附若木之分枝。"《周大将军义兴公萧公墓志铭》："公讳太，字世怡，兰陵人也，太祖文皇帝之孙、鄱阳忠烈王之子。派别天潢，支分若木，直干自高，澄源已远。"宋·曹勋《赵希远真赞》："天潢流派，濯秀玉渊。"

⑤帝胄（zhòu）：皇族。《三国志·蜀书·诸葛亮传》："将军既帝室之胄。"谱：家谱，族谱，记载家族世袭的谱表。

⑥玉牒（dié）：记载帝王谱系、历数及政令因革的书。至宋代，每十年一修。《新唐书·百官志三》："（宗正寺）知图谱官一人，修玉牒官一人。"宋·罗大经《鹤林玉露》卷三："玉牒修书始于大中祥符，至于政宣而极备。考定世次，枝分派别而归于本统者，为仙源积庆图。推其所出，至于子孙而列其名位者，为宗藩庆系录。具其官爵功罪生死，及若男若女者，为类纪。同姓之亲而序其五服之戚疏者，为属籍。编年以纪帝系，而载其历数及朝廷政令之因革者，为玉牒。"

⑦前星：星宿名。《汉书·五行志》："心，大星，天王也。其前星，太子；后星，庶子也。"后因以"前星"指太子。耀彩：指星月闪烁光辉。

⑧千秋：千年，形容岁月长久。旧时贺寿的敬辞。《战国策·齐策二》："犀首跪行，为仪（张仪）千秋之祝。"清·幻敏《竺峰敏禅师语录》卷二《住四川忠州敕建振宗禅寺》："康熙丁卯佛成道日，阖郡文武、官绅、四众等请师复住治平禅寺，结制上堂拈疏云：'……。'遂升拈香云：'此瓣香，光昭日月，焰覆乾坤，爇向炉中，奉祝当今皇帝万岁万万岁！皇后齐年！太子千秋！伏愿紫极凝禧，日祝圣朝长有道；前星耀彩，同归觉海永无疆。'"

⑨嵩岳效灵，三呼天子以万岁：语本《汉书·武帝纪》："翌日，亲登嵩高，御史乘属，在庙旁吏卒咸闻呼万岁者三。"相传汉武帝登嵩

山，随行人员亲耳听见山神喊了三句"万岁"。嵩岳，即嵩山。效灵，显灵。此指山神显示神奇吉祥的灵异行为。

⑩ 神器：神物。借指代表国家政权的实物，如玉玺、宝鼎之类。又代指帝位、政权。《汉书·叙传上》："世俗见高祖兴于布衣，不达其故，以为适遭暴乱，得奋其剑，游说之士至比天下于逐鹿，幸捷而得之，不知神器有命，不可以智力求也。"唐·颜师古注引西汉·刘德曰："神器，玺也。"《文选·左思〈魏都赋〉》："刘宗委驭，巽其神器。"唐·吕延济注："神器，帝位。"大宝：代指皇位。《周易·系辞下》："圣人之大宝曰'位'。"三国魏·王弼注："夫无用则无所宝，有用则有所宝也。无用而常足者，莫妙乎道，有用而弘道者，莫大乎位，故曰'圣人之大宝曰位'。"唐·孔颖达疏："言圣人大可宝爱者在于位耳。'位'是有用之地，'宝'是有用之物。若以居盛位，能广用无疆，故称'大宝'也。"《宋史·岳飞传》："陛下已登大宝，社稷有主。"

⑪ 妃：皇帝的姬妾，位次于后。太子和王侯的配偶，亦可称"妃"。嫔：天子诸侯的姬妾，位次于妃。《礼记·昏义》："古者天子后立六宫、三夫人、九嫔、二十七世妇、八十一御妻，以听天下之内治，以明章妇顺，故天下内和而家理。"媵（yìng）：古代诸侯的女儿出嫁，陪嫁的侄女或妹妹称为"媵"。《左传·成公八年》："卫人来媵共姬，礼也。凡诸侯嫁女，同姓媵之，异姓则否。"嫱（qiáng）：古代宫内女官名。《左传·哀公元年》："今闻夫差，次有台榭陂池焉，宿有妃嫱嫔御焉。"

⑫ 宫娥：宫女。唐·颜师古《隋遗录》卷下："帝尝幸昭明文选楼，车驾未至，先命宫娥数千人升楼迎侍。"娥，美女。

⑬ 姜后脱簪而待罪，世称哲后：语本西汉·刘向《列女传·周宣姜后》："周宣姜后者，齐侯之女也。贤而有德，事非礼不言，行非礼不动。宣王常早卧晏起，后夫人不出房，姜后脱簪珥，待罪于永

巷，使其傅母通言于王曰：'妾不才，妾之淫心见矣，至使君王失礼而晏朝，以见君王乐色而忘德也。……敢请婢子之罪。'王曰：'寡人不德，实自有过，非夫人之罪也。'遂复姜后，而勤于政事。"后用为后妃辅主以礼的典实。东汉·崔琦《外戚箴》："宣王晏起，姜后脱簪。"姜后，西周时人。周宣王后，齐侯女。贤明有德行。王尝早卧迟起，后即脱簪珥待罪永巷，以为君王乐色而忘德，乃后之罪。王由是勤于政事，周得中兴。脱簪，指取下簪珥等首饰，表示自责请罪。哲后，有智慧贤德的皇后。

⑭马后练服以鸣俭，共仰贤妃：语本《后汉书·皇后纪》："明德马皇后讳某，伏波将军援之小女也。……既正位宫闱，愈自谦肃。……常衣大练，裙不加缘。朔望诸姬主朝请，望见后袍衣疏粗，反以为绮縠，就视，乃笑。后辞曰：'此缯特宜染色，故用之耳。'六宫莫不叹息。……及帝崩，肃宗即位，尊后曰皇太后。……太后诏曰：'……吾为天下母，而身服大练，食不求甘，左右但着帛布，无香薰之饰者，欲身率下也。'"唐·李贤注："大练，大帛也。杜预注《左传》曰：'大帛，厚缯也。'"马后，汉明帝刘庄的皇后，姓马，谥号明德皇后。以节俭闻名，贵为皇后，而穿粗帛衣服。练服，生丝制作的素衣。鸣俭，倡导节俭。仰，景仰，仰慕。

⑮唐放勋德配昊天，遂动华（huà）封之三祝：语本《庄子·天地》："尧观乎华，华封人曰：'嘻，圣人。请祝圣人，使圣人寿。'尧曰：'辞。''使圣人富。'尧曰：'辞。''使圣人多男子。'尧曰：'辞。'封人曰：'寿、富、多男子，人之所欲也，女独不欲，何邪？'尧曰：'多男子则多惧，富则多事，寿则多辱。是三者非所以养德也，故辞。'"唐·成玄英疏："华，地名也。今华州也。封人者，谓华地守封疆之人也。"华州守封疆的人祝愿尧帝多寿、多富、多男子，后因以"华封三祝"为祝颂之辞。唐放勋，指上古帝王陶唐放勋，也就是尧。"放勋"是他的号。昊天，苍天。《尚书·尧典》："乃命

羲和，钦若昊天，历象日月星辰，敬授人时。"华封，华地守封疆之人。相传尧巡行至华，封人祝尧寿、富且多男子。华，古代行政区划名。地当今陕西渭南华州区一带，因境内有华山而得名。封，疆界，范围。

⑯**汉太子恩覃（tán）少海，乃兴乐府之四歌**：语本晋·崔豹《古今注·日重光月重轮》："《日重光》《月重轮》，群臣为汉明帝所作也。明帝为太子，乐人以歌诗四首，以赞太子之德。其一曰《日重光》，其二曰《月重轮》，其三曰《星重耀》，其四曰《海重润》。汉末丧乱，后二章亡。旧说云，天子之德，光明如日，规轮如月，众耀如星，占润如海，光明皆比太子德贤，故曰'重'耳。"《乐府诗集》卷四十引之。汉太子，此处指汉明帝刘庄（28—75）。公元57年即皇帝位。覃，延及，远达。少海，本指渤海。也称"幼海"。《山海经·东山经》"南望幼海"晋·郭璞注："即少海也。"《韩非子·外储说左上》："齐景公游少海。"《淮南子·地形训》："东方曰'大渚'，曰'少海'。"东汉·高诱注："东方多水，故曰'少海'，亦泽名也。"亦代称太子（或亦因东方代表太子之故）。宋·叶廷珪《海录碎事·帝王部·储嗣门》："天子比大海，太子比少海。"宋·阙名《翰苑新书（后集上卷五）·诞皇太子》："恩覃少海之波，象着前星之曜。"乐府，汉朝建立的管理音乐的宫廷官署。乐府最初始于秦代，汉代沿用秦时的名称。汉武帝时正式设立乐府，其任务是收集编纂各地民间音乐、整理改编与创作音乐、进行演唱及演奏等。四歌，此指乐府职员为歌颂汉明帝而谱写的四首乐章。其一曰《日重光》，其二曰《月重轮》，其三曰《星重耀》，其四曰《海重润》。

【译文】

太子居住的地方，称作"青宫"；皇帝的印章，就是"玉玺"。

皇室后裔有很多支派，就像"天潢"分出众多支流；皇帝的家谱，称为"玉牒"。

天上的前星发出耀眼光芒,齐声祝祷太子"千秋";嵩山的神灵显示神迹奇事,连声三呼天子"万岁"。

"神器""大宝",都指皇位;"妃""嫔""媵""嫱",都是皇帝后宫美人。

姜王后因周宣王早睡晚起脱下发簪首饰,请求责罚,借此规劝夫君,后世称她为睿哲的皇后;东汉马皇后倡导节俭,穿粗帛衣服,人们都景仰这位贤德的后妃。

尧帝的大德,符合上天的意旨,华地守卫封疆之人大受感动,一连向他致以三个美好的祝愿;汉明帝做太子时,恩德远达东方少海,乐府的音乐家专门创作四首乐歌歌颂他。

文臣

【题解】

本篇39联,讲的都是和文官相关的成语典故。其中一部分是讲各级文官的别称雅号,另一部分则讲历代优秀文官的轶事。本篇反映的是明代的文官制度。本篇所讲历代优秀文官轶事,多出自《汉书·循吏传》《后汉书·循吏传》及朱熹《宋名臣言行录》前集。

帝王有出震向离之象①,大臣有补天浴日之功②。

三公上应三台③,郎官上应列宿④。

宰相位居台铉⑤,吏部职掌铨衡⑥。

吏部,天官大冢宰⑦;户部⑧,地官大司徒⑨。

礼部⑩,春官大宗伯⑪;兵部⑫,夏官大司马⑬。

刑部⑭,秋官大司寇⑮;工部⑯,冬官大司空⑰。

都宪、中丞[18]，都御史之号[19]；内翰、学士[20]，翰林院之称[21]。

天使[22]，称誉行人[23]；司成[24]，尊称祭酒[25]。

称都堂曰大抚台[26]，称巡按曰大柱史[27]。

方伯、藩侯[28]，左右布政之号[29]；宪台、廉宪[30]，提刑按察之称[31]。

宗师[32]，称为大文衡[33]；副使[34]，称为大宪副[35]。

【注释】

①帝王有出震向离之象：语本《周易·说卦》："帝出乎震，齐乎巽，相见乎离，致役乎坤，说言乎兑，战乎乾，劳乎坎，成言乎艮。万物出乎震，震，东方也。齐乎巽，巽，东南也；齐也者，言万物之絜齐也。离也者，明也，万物皆相见，南方之卦也，圣人南面而听天下，向明而治，盖取诸此也。……""震""离"，为八卦之二。震，指东方，亦指太子。离，指南方，亦指帝王。出震向离，正是太子成为帝王之象，好比太阳从东方升起，在南方照耀天下。

②大臣有补天浴日之功：语本宋·赵鼎《除宣抚处置使朝辞疏》："向者陛下当建炎图治之初，遣张浚出使川陕，国势事力百倍于今。浚于陛下，有补天浴日之功；陛下待浚，有砺山带河之固。君臣相信，内外相资，委任之笃，今古无有。而终致物议，以就窜逐。"赵鼎疏极有名，有宋一代文献，徐自明《宋宰辅编年录》卷十五、李心传《建炎以来系年要录》卷八十、熊克《中兴小纪》卷十六、刘时举《续宋编年资治通鉴》卷三等皆载之。宋·朱熹《宋名臣言行录》别集下卷三、明·杨士奇《历代名臣奏议》卷一百五十六亦载之。《宋史·赵鼎传》亦引载。补天浴日，古代神话传说女娲补天与羲和浴日的并称。女娲补天，见《淮南子·览冥训》："往古之时，四极废，九州裂，天不兼覆，地不周载，……于是

女娲炼五色石以补苍天，断鳌足以立四极。"后遂用作典故。亦常以喻挽回世运。羲和浴日，见《山海经·大荒南经》："东南海之外，甘水之间，有羲和之国。有女子名曰羲和，方浴日于甘渊。羲和者，帝俊之妻，生十日。"后用以比喻力挽世运功勋卓著或挽回危局。

③三公上应三台：语本《晋书·天文志上》："三台六星，两两而居。……在人曰'三公'，在天曰'三台'，主开德宣符也。西近文昌二星曰'上台'，为司命，主寿。次二星曰'中台'，为司中，主宗室。东二星曰'下台'，为司禄，主兵，所以昭德塞违也。"三公，古代中央三种最高官衔的合称。周朝的"三公"指太师、太傅、太保三种官职。《尚书·周官》："立太师、太傅、太保，兹惟三公，论道经邦，燮理阴阳。"一说"三公"指司马、司徒、司空。见《汉书·百官公卿表序》。西汉以丞相（大司徒）、太尉（大司马）、御史大夫（大司空）为"三公"，东汉以太尉、司徒、司空为"三公"，见《通典·职官一》。唐宋沿东汉之制，以太尉、司徒、司空为"三公"，但已非实职。明清沿周制，以太师、太傅、太保为"三公"，只用作大臣的最高荣衔。见《明史·职官志一》《清史稿·职官志一》。三台，星名。喻指"三公"。

④郎官上应列宿：语本《后汉书·明帝纪》："馆陶公主为子求郎，不许，而赐钱千万。谓群臣曰：'郎官上应列宿，出宰百里，苟非其人，则民受其殃，是以难之。'"古人认为郎官与天上的星宿对应。郎官，指侍郎、郎中等官职。秦代置郎中令，为皇帝左右亲近的高级官员。西汉沿袭秦朝制度。东汉的行政中枢尚书台的负责人称为"尚书郎官"。其分曹任事者为尚书郎，职权范围扩大。魏晋南北朝时期，尚书郎官之制，略同于汉。隋分郎官为侍郎与郎。唐六部郎官，郎中之外，更置员外郎。唐以后郎官的设置，基本上无大变革。其职权范围在历史上变革不多。《史记·袁盎晁错列

传》：“且陛下从代来，每朝，郎官上书疏，未尝不止辇受其言。”列宿，众星宿。特指二十八宿。《楚辞·九叹·远逝》：“指列宿以白情兮，诉五帝以置词。”东汉·王逸注：“言己愿后指语二十八宿，以列己清白之情。”

⑤宰相：本为掌握政权的大官的泛称，后来指历代辅助皇帝、统领各级官员并总揽政务的最高行政长官。如秦汉时期的丞相、相国、三公，唐宋时期的中书、门下、尚书三省长官及同平章事，明清的大学士等。《汉书·王陵传》：“宰相者，上佐天子理阴阳，顺四时，下遂万物之宜，外填抚四夷诸侯，内亲附百姓，使卿大夫各得任其职也。”台铉（xuàn）：即台鼎。古代称“三公”为“台鼎”。因为鼎是象征国家和君权的重器，有三足，如同“三公”支撑。东汉·蔡邕《太尉汝南李公碑》：“天垂三台，地建五岳，降生我哲，应鼎之足。”《宋书·臧质传》载臧质上表，有云：“丞相臣义宣，育哲台铉。”铉，鼎耳，以代鼎。

⑥吏部：古代朝廷六个部门中主管官吏任免、考核、升降、调动等事务的官署。汉代尚书有常侍曹，主管丞相御史公卿事务。东汉改为“吏曹”，后又改称“选部”。魏晋以后称“吏部”，大致相当于现在的人事部。职掌：职务上掌管。铨（quán）衡：本为衡量轻重的器具，后世代指考核、选拔人才。《三国志·魏书·夏侯玄传》：“夫官才用人，国之柄也，故铨衡专于台阁，上之分也。”

⑦天官：官署名。《周礼》分设六官，以天官冢宰职权最大，位居六官首位，统领百官。《周礼·天官·冢宰》：“乃立天官冢宰，使帅其属而掌邦治，以佐王均邦国。治官之属：……”东汉·郑玄注：“掌，主也。邦治，王所以治邦国也。佐，犹助也。……《尔雅》曰：‘冢，大也。’冢宰，大宰也。”又该篇唐·贾公彦疏引东汉·郑玄《目录》云：“象天所立之官。冢，大也。宰者，官也。天者统理万物，天子立冢宰使掌邦治，亦所以总御众官，使不失职。不

言司者，大宰总御众官，不主一官之事也。"武则天曾一度改吏部为天官，所以后世也称吏部为天官。大冢宰：《周礼》官职名。为天官之首，亦称"太宰"。天官冢宰有大宰、小宰之分。小宰是大宰的副职。《周礼·天官·冢宰》："大宰，卿一人。小宰，中大夫二人。"后世称"吏部尚书"为"冢宰"。《明史·职官志一》："（吏部）尚书掌天下官吏选授、封勋、考课之政令，以甄别人才，赞天子治。盖古冢宰之职，视五部为特重。"此以下六句言中国古代官制。中国古代官制职能划分，以《周礼》六官及隋唐六部最为典型。《周礼》以天官冢宰、地官司徒、春官宗伯、夏官司马、秋官司寇、冬官司空分掌邦国之政，总称"六官"或"六卿"。隋唐至清，中央行政机构分吏、户、礼、兵、刑、工六部。"六官"与"六部"，基本对应。《尚书·周官》："冢宰掌邦治，统百官，均四海。司徒掌邦教，敷五典，扰兆民。宗伯掌邦礼，治神人，和上下。司马掌邦政，统六师，平邦国。司寇掌邦禁，诘奸慝，刑暴乱。司空掌邦土，居四民，时地利。六卿分职，各率其属，以倡九牧，阜成兆民。"

⑧户部：古代朝廷六个部门中掌管全国土地、户籍、赋税、财政收支等事务的官署，长官为户部尚书。兼具现代民政部、财政部职能。

⑨地官：《周礼》六官之一。掌管国家的土地和人民的教化。《周礼·地官·司徒》："乃立地官司徒，使帅其属而掌邦教，以佐王安扰邦国。教官之属：……"该篇唐·贾公彦疏引东汉·郑玄《目录》云："象地所立之官。司徒主众徒。地者载养万物，天子立司徒掌邦教，亦所以安扰万民。"唐朝武则天曾一度改户部为地官，因此也称地官为户部长官。大司徒：《周礼》官职名。为地官之首。地官司徒有大、小之分。小司徒是大司徒的副职。《周礼·地官·司徒》："大司徒，卿一人。小司徒，中大夫二人。"汉哀帝时曾将"丞相"改称"大司徒"，与大司马、大司空并列"三

公"。东汉时改称"司徒"。后来成为"户部尚书"的别称。

⑩礼部：古代朝廷六个部门中掌管礼乐、祭祀、封建、宴乐、文学等事务的官署。大致相当于现在的文化部。

⑪春官：官署名。《周礼》六官之一，掌邦国祭祀、典礼等事。《周礼·春官·宗伯》："大宗伯之职，掌建邦之天神、人鬼、地祇之礼，以佐王建保邦国。礼官之属：……"该篇唐·贾公彦疏引东汉·郑玄《目录》云："象春所立之官也。宗，尊也。伯，长也。春者生万物，天子立宗伯，使掌邦礼，典礼以事神为上，亦所以使天下报本反始。不言司者，鬼神示人之所尊，不敢主之故也。"后成为礼部官员的别称。大宗伯：《周礼》官职名。为春官之首。春官宗伯有大、小之分。小宗伯是大宗伯的副职。《周礼·春官·宗伯》："大宗伯，卿一人。小宗伯，中大夫二人。"明清时期也称"礼部尚书"为"大宗伯"。

⑫兵部：古代朝廷六个部门中主管全国武官的选用和兵籍、军械、军令等事宜的官署。魏时设置五兵尚书，隋朝改称兵部尚书。清末改称陆军部，后又增设海军部。大致相当于现在的国防部。

⑬夏官：官署名。周代设置六官，其中"司马"被称作"夏官"，主管军政和军赋事务。《周礼·夏官·司马》："乃立夏官司马，使帅其属而掌邦政，以佐王平邦国。政官之属：……"该篇唐·贾公彦疏引东汉·郑玄云："象夏所立之官。马者，武也，言为武者也。夏整齐万物，天子立司马，共掌邦政，政可以平诸侯，正天下，故曰统六师平邦国。"唐朝武则天时曾一度改兵部尚书为夏官。后来夏官便成为兵部长官的别称。大司马：《周礼》官职名。为夏官之首。夏官司马有大、小之分。小司马是大司马的副职。《周礼·夏官·司马》："大司马，卿一人。小司马，中大夫二人。"《周礼》大司马掌邦政。汉承秦制，置丞相、御史大夫、太尉。汉武帝罢太尉置大司马。西汉一朝，常以授掌权的外戚，多与大将军、骠

骑将军、车骑将军等联称,也有不兼将军号的。东汉初为"三公"之一,旋改"太尉",末年又别置大司马。魏晋为上公之一,位在"三公"之上。南北朝或置或不置,陈但为赠官。明清时用作"兵部尚书"的别称。

⑭刑部:古代朝廷六个部门中掌管刑法、狱讼等事务的官署。大致相当于现在的司法部。

⑮秋官:官署名。《周礼》六官之一,掌管刑狱事务。《周礼·秋官·司寇》:"乃立秋官司寇,使帅其属而掌邦禁,以佐王刑邦国。刑官之属……"该篇唐·贾公彦疏引东汉·郑玄《目录》云:"象秋所立之官。寇,害也。秋者,遒也,如秋义杀害收聚敛藏于万物也。天子立司寇使掌邦刑。刑者,所以驱耻恶,纳人于善道也。"所司与后代刑部相当,故唐朝武则天曾一度改刑部为秋官。后世常以秋官为掌司刑法官员的通称。大司寇:《周礼》官职名。为秋官之首。秋官司寇有大、小之分。小司寇是大司寇的副职。《周礼·秋官·司寇》:"大司寇,卿一人。小司寇,中大夫二人。"《周礼》大司寇掌刑狱。清代用作"刑部尚书"的别名。

⑯工部:古代朝廷六个部门中掌管工程、工匠、屯田、水利、交通等事务的官署。汉代有民曹,魏晋有左民、起部,隋唐因北周工部旧名总设工部,为六部之一,长官为工部尚书。历代相沿不改。清末改为农工商部。

⑰冬官:官署名。《周礼》六官之一。掌管工程制作。后世用为工部的通称。《周礼》之《冬官·司空》篇原文已逸,后人以《考工记》足之。该篇唐·贾公彦疏引东汉·郑玄《目录》云:"象冬所立官也。是官名司空者,冬闭藏万物,天子立司空,使掌邦事,亦所以富立家,使民无空者也。"大司空:《周礼》官职名。为冬官之首。冬官司空有大、小之分。小司空是大司空的副职。(《周礼·冬官·司空》虽已亡逸,据前五篇可推。)春秋时晋有大司空,主司

土木。汉成帝时,改御史大夫为大司空,哀帝时曾复旧称,后再改
为大司空,与大司徒、大司马并称"三公",成为共同负责最高国
务的长官。东汉以后但称司空。明清用作"工部尚书"的别称。

⑱都宪:明代"都察院""都御史"的别称。都察院是明朝洪武年间
设置的官署名,监察弹劾官吏,参与审理重大案件。清代沿袭了
明朝的这一制度。清·梁章钜《称谓录·都察院》:"都察院之
称,盖始于明,然唐代御史台三院已有'察院'之称,其僚曰'监
察御史',而明又增一'都'字者,盖合都御史、监察御史为一院而
称之耳。"中丞:官职名。"御史中丞"的简称,最早设置于汉代。
主要职能包括监督弹劾文武百官和朝廷礼仪等。汉代御史大夫
下设两丞,一称"御史丞",一称"中丞"。中丞居殿中,故以为
名。东汉以后,以"中丞"为御史台长官。明清时用作对巡抚的
称呼。《汉书·百官公卿表上》:"御史大夫……有两丞,秩千石。
一曰中丞,在殿中兰台,掌图籍秘书,外督部刺史,内领侍御史员
十五人,受公卿奏事,举劾按章。"清·梁章钜《称谓录·巡抚》:
"明正统十四年,命都察院右佥都御史邹来学巡抚顺天、永平二
府。……今巡抚之称'中丞',盖沿于此。"

⑲都御史:官职名。古代朝廷设有专门行使监督职权的机构都察
院,"都御史"就是都察院长官。明代都察院的长官为左右都御
史,下设左右副都御史、左右佥都御史。

⑳内翰:官职名。唐、宋两朝称翰林为"内翰"。主要职能是修撰史
籍、陪侍太子读书。唐·徐夤《辇下赠屯田何员外》诗:"内翰好
才兼好古,秋来应数到君家。"原注:"员外与杨老丞翰林同年,恩
义最。"清代则称"内阁中书"为"内翰"。学士:官名。"翰林学
士"之省称。南北朝以后,以学士为司文学撰述之官。唐代翰林
学士亦本为文学侍从之臣,因接近皇帝,往往参与机要。宋代始
设专职,其地位职掌与唐代略同。明代设翰林院学士及翰林院侍

读、侍讲学士,学士遂专为词臣之荣衔。清代改翰林院学士为掌院学士,余如故。清末期内阁、典礼院亦置学士。

㉑翰林院:官署名。设置于唐朝初年,是早期官廷用于收藏供奉各种文艺技术的地方。后来翰林学士也在这里供职,唐朝称之为"学士院"。从宋朝开始,称为"翰林学士院"。元代称"翰林兼国史院"。明代将著作、修史、图书等事务并归翰林院。清代翰林院又增加了编修国史及草拟制诰等职能,其长官为掌院学士。

㉒天使:天子的使者。唐·王建《华清宫感旧》诗:"尘到朝元天使急,千官夜发六龙回。"

㉓行人:官职名。也是使者的通称。掌管朝觐聘问之事。《周礼·秋官》有行人。春秋、战国时各国都有设置。汉代大鸿胪属官有行人,后改称"大行令"。明代设行人司,复有行人之官,掌传旨、册封、抚谕等事。《周礼·秋官·讶士》:"邦有宾客,则与行人送逆之。"《国语·晋语八》:"秦景公使其弟缄来求成,叔向命召行人子员。行人子朱曰:'朱也在此。'"三国吴·韦昭注:"行人,掌宾客之官。"

㉔司成:周代官职名。司徒属官,主管世子品德教育。《礼记·文王世子》:"乐正司业,父师司成。"唐·孔颖达疏:"父师主太子成就其德行也。"《礼记·文王世子》:"大司成论说在东序。"东汉·郑玄注:"父师司成即大司成,司徒之属,师氏也。师氏掌以美诏王,教国子以三德三行及国中失之事也。"唐高宗龙朔二年(662)改国子监为司成馆,祭酒为大司成,咸亨元年(670)复旧,故后世称国子监祭酒为"大司成"。

㉕祭酒:官职名。"国子监祭酒"省称。汉代有博士祭酒,为博士之首。西晋改设国子祭酒,隋唐以后称"国子监祭酒",为国子监的主管官。旧注:"祭酒之义,古人饮酒,必使长者先祭,始为饮食之人(按,"之人"二字,疑为衍文)。祭酒为国监之师表,凡释奠,

必使先之主祭,故曰'祭酒'。"

㉖都堂:官职名。明代称都察院长官都御史、副都御史、佥都御史为"都堂"。派遣到外省的总督、巡抚都带有都察院御史衔,也称"都堂"。大抚台:即抚台。明清时期"巡抚"的别称。台,原指中央官署,后用作对官员的尊称,如抚台、道台。

㉗巡按:官职名。指明代设置的巡按御史,权限、责任都很重大,主要负责考核吏治、审理大案。知府以下均奉其命。简称"巡按"。《明史·职官志二》:"而巡按则代天子巡狩,所按藩服大臣、府州县官诸考察,举劾尤专,大事奏裁,小事立断。"清·陈鹤《明纪·成祖纪一》:"永乐元年二月乙卯,遣御史分诣各布政司巡视民瘼,巡按之设,自此始。"柱史:本为官职名,为"柱下史"简称,指御史。因明代巡按代天子巡狩,如同御史,故称"大柱史"。

㉘方伯:原指殷、周时期一方诸侯中的头面人物。《礼记·王制》:"天子百里之内以共官,千里之内以为御,千里之外设方伯。"后又泛称地方长官。汉以来之刺史,唐之采访使、观察使,明清之布政使均称"方伯"。藩侯:古代藩国的首脑,即诸侯国国君。藩国是王朝下面的属国、诸侯国。明清时亦称布政使为"藩侯"。

㉙布政:官职名。"布政史"的简称。明洪武九年(1376)改行中书省为承宣布政使司。宣德后,全国府、州、县等分统于两京和十三布政使司,每司设左、右布政使各一人,为一省最高行政长官。后因军事需要,增设总督、巡抚等官,权位高于布政使。清代始正式定为督、抚属官,专管一省的财赋和人事。康熙六年(1667)后,每省设布政使一员,直隶亦设,江苏则设二员,分驻江宁、苏州。俗称"藩司""藩台"。

㉚宪台:官职名。后汉改称"御史府"为"宪台"。后成为同类机构的通称,也用来称呼御史等官职。东汉·应劭《汉官仪·宪台》:"汉御史府,后汉改称'宪台'。"《后汉书·袁绍传》:"臣以负薪

之资,拔于陪隶之中,奉职宪台,擢授戎校。"廉宪:官职名。"廉访使"的俗称。廉访使是宋元时期的职官名,宋代全称"廉访使者",元代全称"肃政廉访使",主管监察事务。廉,通"觇"(lián),察看。

㉛提刑按察:官职名。是提刑按察司的最高长官。提刑按察司是明清时期设立在省一级的司法机构,主管一省的刑事诉讼事务。同时也是中央监察机关都察院在地方的分支机构,对地方官员行使监察权。主管称为"提刑按察使",简称"提刑按察"或"按察使"。

㉜宗师:明清时对提督学道、提督学政(由朝廷简派典试府县童生)的尊称。或亦冠以大字。清·梁章钜《称谓录·学政》:"明李日华《官制备考》:'提学'称'大文宗''大宗师'。"

㉝文衡:意为衡量判定文章水平,并据此选拔人才。唐·刘禹锡《唐故尚书主客员外郎卢公集纪》:"丞相曲江公方执文衡,揣摩后进,得公深器之。"明清时学政典试府县童生,负责甄选人才,故尊称"大文衡"。

㉞副使:官职名。此指提刑按察司副职。

㉟宪副:提刑按察使的副手。提刑按察使称"宪台",故其副职称"宪副"。

【译文】

帝王气象,有如太阳从东方升起,在南方普照天下,故称"出震向离";大臣辅佐帝王,劳苦功高,如同弥补天宇,又如同给太阳洗浴,堪称"补天浴日"。

三公之位对应天上的三台星,郎官之位对应天上的二十八宿。

宰相居高位,权力、责任都极为重大,其位对应三台,重要如同鼎耳,故称"台铉";吏部主管朝廷人才的选拔任用,好比衡量物品轻重,故称"铨衡"。

　　吏部又被称为"天官"，最高官员又称"大冢宰"；户部又被称为"地官"，最高官员又称"大司徒"。

　　礼部又被称为"春官"，最高官员又称"大宗伯"；兵部又被称为"夏官"，最高官员又称"大司马"。

　　刑部又被称为"秋官"，最高官员又称"大司寇"；工部又被称为"冬官"，最高官员又称"大司空"。

　　"都宪""中丞"，是都察院都御史的别号；"内翰""学士"，是对翰林院人员的称呼。

　　"天使"，是对行人司官员的美称；"司成"，是对国子监祭酒的尊称。

　　都堂又别称"大抚台"，巡按又别称"大柱史"。

　　"方伯""藩侯"，是左、右布政使的雅号；"宪台""廉宪"，是提刑按察使的别称。

　　"宗师"，指提督学道、提督学政，尊称"大文衡"；"副使"，指提刑按察司副职，雅称"大宪副"。

　　郡侯、邦伯①，知府名尊②；郡丞、贰侯③，同知誉美④。

　　郡宰、别驾⑤，乃称通判⑥；司李、廌史⑦，赞美推官⑧。

　　刺史、州牧⑨，乃知州之两号⑩；廌史、台谏⑪，即知县之尊称⑫。

　　乡宦曰乡绅⑬，农官是田畯⑭。

【注释】

①郡侯：指郡一级的最高行政长官。明清知府，亦称"郡侯"。郡，是古代地方行政区划名称，最早设置于周代，秦代正式建立郡县制，由郡统一管辖下属各县，汉代沿袭秦朝的这一制度，隋唐以后，"郡"与"州"同义。邦伯：即州牧。古代用以称一方诸侯之

长。《尚书·召诰》:"命庶殷侯甸男邦伯。"西汉·孔安国传:"邦伯方伯,即州牧也。"后因称刺史、知州等一州的长官。唐·杜甫《同元使君春陵行序》:"得结(元结)辈十数公,落落然参错天下为邦伯,万物吐气,天下小安可待矣。"清·仇兆鳌注:"《唐书·元结传》:'代宗立,结授著作郎,久之,拜道州刺史。'"明清知府,亦称"邦伯"。

②知府:官职名。唐制于京都及创业驻幸之地特置为府,至宋则潜藩之地皆升为府。或置牧、尹,或以朝臣出任,权知府事,省称"知府"。明代始以"知府"为正式官名,管辖州县,为府一级的行政长官。清代因之。府,是唐代至清代的行政区划名称。宋代将大郡升格为府,以后为省(或相当于省,如宋朝的"路")下面一级的行政区划。规格与现在的地级市大抵相当。清·顾炎武《日知录·府》:"汉曰'郡',唐曰'州',州即郡也,惟建都之地乃曰'府'。……至宋而大郡多升为府。"名尊:即尊名、尊称。

③郡丞:郡守(知府)的副职。唐·元稹《授李昆渭州司马制》:"将议奖劳,是宜加秩。郡丞宪吏,用表兼荣。"郡守是郡的长官,主管一郡的政事。最早设置于秦代。宋代以后郡改府,知府也称"郡守"。贰侯:相当于郡丞。"贰"指副职。郡守(知府)称"郡侯",故其副职称"贰侯"。

④同知:官职名。是知府的副职,协助分管地方盐粮、治安、水利以及军兵等事务。清代康熙年间,一些派驻在外分管某一事务的同知,逐渐成为主持当地政务的实际长官,不再是副职。宋代中央有同知阁门事、同知枢密院事,府州军亦有同知府事、同知州军事。元明因之。清代唯府州及盐运使置同知,府同知即以"同知"为官称,州同知称"州同",盐同知称"盐同"。

⑤郡宰:指"府通判"别称。府一级地方行政机构副长官。与下文"别驾",乃为通制。宰,为古代官吏之通称。别驾:官职名。全称

为"别驾从事史",也叫"别驾从事"。汉代设置,为州刺史的幕僚辅佐人员。别驾因为地位较高,随从刺史出巡时,另乘驿车而行,因而得名。宋朝在各州设置通判,职能与别驾相同,所以后来也称"通判"为"别驾"。《宋书·百官志》:"官属有别驾从事史一人,从刺史行部"。

⑥通判:官职名。宋初始于诸州府设置,即共同处理政务之意。地位略次于州府长官,但握有连署州府公事和监察官吏的实权,号称"监州"。明清设于各府,分掌粮运及农田水利等事务,职务远较宋初为轻。清代另有州通判,称"州判"。

⑦司李:亦作"司理",官职名。主管狱讼刑罚。五代以来,诸州皆有马步狱,以牙校充马步都虞候,掌刑法。宋太祖以为刑狱人命所系,当选士流任之。开宝六年(973)秋,敕改马步院为司理院,以新进士及选人为之,掌狱讼勘鞫之事,不兼他职。元废。明时用作"推官"的别称。推事在清代主管案件审理,从朝廷到地方设有各级推官。廌(zhì)史:明清司法官员"推官"的别称。廌,即解廌(亦作"獬豸")。《汉书·司马相如传》:"弄解廌。"唐·颜师古注引东汉·张揖曰:"解廌似鹿而一角,人君刑罚得中则生于朝廷,主触不直者,可得而弄也。"因解廌正直公平,故称司法官员为"廌史"。

⑧推官:官职名。最早设置于唐代,历史上的主要职能是主管地方司法。金朝时始为地方正式职官,品秩为从六品或正七品。明清时为各府佐贰官,掌理刑名之外,还兼具审计职能。

⑨刺史:官职名。原为朝廷所派督察地方之官,后沿为地方官职名称。汉武帝时,分全国为十三部(州),部置刺史。汉成帝改称"州牧",汉哀帝时复称"刺史"。魏晋于要州置都督兼领刺史,职权益重。隋炀帝、唐玄宗两度改州为郡,改称"刺史"为"太守"。后又改郡为州,称刺史,此后太守与刺史互名。宋于州置知州,而

无刺史职任,"刺史"之名仅为武臣升迁之阶。元明废名,清仅用为"知州"之别称。《汉书·百官公卿表上》:"武帝元封五年初置部刺史,掌奉诏条察州,秩六百石,员十三人。"清·顾炎武《日知录·隋以后刺史》:"汉之刺史犹今之巡按御史;魏晋以下之刺史,犹今之总督;隋以后之刺史,犹今之知府及直隶知州也。"州牧:官职名。古代指一州之长。《尚书·周官》:"唐虞稽古,建官惟百,内有百揆四岳,外有州牧侯伯。"宋·蔡沈集传:"州牧,各总其州者。"汉成帝时改刺史为州牧。后废置不常。东汉灵帝时,再设州牧,掌一州军政大权。魏晋后废。后世借用为对州最高长官的尊称。清代知州也称"州牧",官阶甚低,与知县并称"牧令"。

⑩ 知州:官职名。宋初吸取五代藩镇叛乱的教训,令各镇节度使留驻京城,而派遣朝中大臣分赴各郡主政,称"权知某军州事",意思是暂时主管某军州的军事、民政。明清时成为主管地方军政事务的正式官职,并简称为"知州"。

⑪ 台谏:官职名。是唐宋时期"台官"与"谏官"的合称。台官,指各级御史,负责监督官吏;谏官,指谏议大夫、拾遗、补缺等官员,负责讽谏君主。清代将台、谏二官统归都察院,职权不再分别,统称"台谏"。台谏一般用作"监察御史"的别称。《宋史·职官志四》载乾道二年(1166)诏:"自今非曾经两任县令,不得除监察御史。"宋制,必须做过两任县令之后才能任监察御史,故誉称"知县"为"台谏"。

⑫ 知县:明朝以来县一级最高行政长官的正式称呼。

⑬ 乡宦:指退休居住乡里的官宦。乡绅:乡间的绅士。指乡下有一定地位和名望的读书人。旧注:"古之仕者,身衣朝服,束以大带。乡绅,一乡中之束大带者也。"

⑭ 农官:古代主管农事的官。《史记·平准书》:"乃分缗钱诸官,而水衡、少府、大农、太仆,各置农官。"田畯(jùn):即田啬夫,是古

代监管农事的官员。《诗经·小雅·甫田》:"馌彼南亩,田畯至喜。"东汉·郑玄笺:"田畯,司啬,今之啬夫也。"唐·孔颖达疏:"田畯,田家(官),在田司主稼穑,故谓'司啬'。汉世亦有此官,谓之'啬夫'。"

【译文】

郡侯、邦伯,均为知府的尊称;郡丞、贰侯,都是同知的雅号。

郡宰、别驾,是通判的别名;司李、廌史,是推官的美称。

刺史、州牧,是知州的两种雅称;廌史、台谏,都是知县的尊号。

曾经做过官而退居乡下的,称为"乡绅";主管农事的官,叫作"田畯"。

钧座、台座①,皆称仕宦②;帐下、麾下③,并美武官。

秩官既分九品④,命妇亦有七阶⑤:一品曰夫人⑥;二品亦夫人;三品曰淑人⑦;四品曰恭人⑧;五品曰宜人⑨;六品曰安人⑩;七品曰孺人⑪。

妇人受封⑫,曰金花诰⑬;状元报捷⑭,曰紫泥封⑮。

唐玄宗以金瓯覆宰相之名⑯,宋真宗以美珠箝谏臣之口⑰。

金马、玉堂⑱,羡翰林之声价⑲,朱轓、皂盖⑳,仰郡守之威仪㉑。

【注释】

①钧座:旧时书函公文中对行政尊长的敬称。也称"钧席"。"钧"和"衡"都是古代量物的工具,借为评量人才之意。秉钧衡,意为手握选拔人才管理国家大权,故以"钧座"为行政尊长之敬称。台座:原指宰相之位。旧时书函公文中用作称呼对方的敬辞。宋·王安石《与王宣徽书》:"某顿首再拜留守宣徽太尉台座。"

宋·赵彦卫《云麓漫钞》卷九："（章子厚）以书抵先生：'某惶恐再拜端明尚书台座。'"

②仕宦：做官。此处作名词用，指做官的人，即官员。明·孙仁孺《东郭记·妾妇之道》："无阳气，不丈夫，朝中仕宦尽如奴。"

③帐下：指将帅的部下，武官。旧注："帐者，帷也。大将行军，则张帷居之，故称'帐下'。"《后汉书·董卓传》："韩遂走金城羌中，为其帐下所杀。"麾下：将旗之下，亦即部下。旧注："麾者，旗也。兵卒进退，以此指麾，故称'麾下'。"《史记·项羽本纪》："项王乃上马骑，麾下壮士骑从八百余人。"麾，将帅指挥用的旌旗。

④秩官：即官员。因官员品级高低不同，故称"秩官"。秩，序也。九品：古代官吏的等级。始于魏晋时期。从一品到九品，共分九等。北魏时每品各分正、从，第四品起正、从又各分上、下阶，共为三十等。唐宋文职与北魏同。隋及元明清保留正、从品，而无上、下阶之称，共分十八等。

⑤命妇：古时被朝廷赐予封号的妇女，一般为官员的母亲、妻子。七阶：命妇的等级。从一品到七品，共分七等。明清命妇封号，一品、二品称"夫人"，三品称"淑人"，四品称"恭人"，五品称"宜人"，六品称"安人"，七品称"孺人"。

⑥夫人：古代命妇封号之一。王莽封崔篆母师氏为义成夫人，为命妇有"夫人"封号之始。至唐代，文武官一品及国公的母或妻为国夫人，三品以上官员的母或妻为郡夫人。宋代执政以上官员之妻封夫人。明代一品二品官员之妻皆封夫人。清代并封宗室贝勒至辅国将军之妻为夫人。

⑦淑人：古代命妇封号之一。宋凡尚书以上官未至执政者，其母、妻封为淑人，明为三品官员祖母、母、妻封号。清因明制，又增宗室奉国将军之妻为淑人。《永乐大典》卷二千九百七十二引《国朝诸司职掌》："凡文官正从三品，祖母、母、妻各封赠淑人。"清·阮

蓁生《茶馀客话》卷一：“奉国将军正室称‘淑人’。”

⑧恭人：古代命妇封号之一。宋徽宗政和三年（1113）定制，中散大夫至中大夫之妻封恭人，亦为元六品、明清四品官员之妻的封号。如系赠封母或祖母，则称“太恭人”。又，清制宗室之奉恩将军妻亦封恭人。后多用作对官员妻子的尊称。

⑨宜人：古代命妇封号之一。宋代政和年间始有此制。文官自朝奉大夫以上至朝议大夫，其母或妻封宜人；武官官阶相当者同。元代七品官妻、母封宜人，明清五品官妻、母封宜人。

⑩安人：古代命妇封号之一。宋代自朝奉郎以上，其妻封安人。明清时，六品官之妻封安人。如系封与其母或祖母，则称“太安人”。

⑪孺人：古代命妇封号之一。古代称大夫的妻子，唐代称王的妾，宋代用为通直郎等官员的母亲或妻子的封号，明清则为七品官的母亲或妻子的封号。亦通用为妇人的尊称。

⑫受封：接受册封。封，册封，帝王把名位给予亲属或臣僚。

⑬金花诰（gào）：古代用金花绫罗纸书制赐爵封赠的诰书。多用来册封命妇。宋·杨万里《郭汉卿母挽诗》：“未拜金花诰，空悲玉树郎。”宋·胡继宗《书言故事·命妇类》：“妇人诰，谓金花诰。”宋·宋敏求《春明退朝录》卷中：“凡官告之制：后妃，销金云龙罗纸十七张，销金褾袋，宝装轴，红丝网，金爷楮。公主，销金大凤罗纸十七张，销金褾袋，玳瑁轴，红丝网，涂金银爷楮。……凡修仪、婉容、才人、贵人、美人，销金小凤罗纸七张，销金褾袋，玳瑁轴，红丝网，涂金银爷楮。司言、司正、尚衣、尚食、典宝，常使金花罗纸七张，法锦褾袋。内降夫人、郡君，团窠罗纸七张，晕锦褾袋。宗室妇常使，金花罗纸七张，法锦褾袋。宗室女，素罗纸七张，法锦褾袋。国夫人，销金团窠五色罗纸七张，晕锦褾袋。郡夫人，常使金花罗纸七张，（见任两府母妻，使团窠。）法锦褾袋。（以上至司言、司正等，皆用玳瑁紫丝网，爷楮。）郡君、县太君、遥郡刺

史、正郎以上妻，并销金，常使罗纸七张，余命妇并素罗纸七张。"言之甚详。《宋史·职官志三》："凡宫掖至外命妇罗纸七种，分十等：遍地销金龙五色罗纸二等。遍地销金凤子五色罗纸二等。销金团窠花五色罗纸二等。销金大花五色罗纸一等。金花五色罗纸一等。五色素罗纸一等。"

⑭状元：古代科举考试中，殿试考取一甲（第一等）第一名的人。殿试是科举制度中最高一级的考试，在宫廷举行，由皇帝亲临主持。唐制，举人赴京应礼部试者皆须投状，因称居首者为"状头"，故有"状元"之称。又，唐时新进士，宋时廷试列一甲者，有时也称"状元"。清·袁枚《随园诗话》卷二："古称'状元'，不必殿试第一名。唐代郑谷登第后，有《宿平康里》诗曰：'好是五更残酒醒，耳边闻唤状元声。'按，谷登赵昌翰榜，名次第八，非第一也。周必大有《回姚状元颖启》，《回第二人叶状元适启》。当时新进士，皆得称'状元'。"按，叶适登淳熙进士，为第二名。报捷：报告胜利和成功的好消息。

⑮紫泥封：此即泥金帖子，用泥金涂饰的笺帖。唐以来用于报新进士登科之喜。五代·王仁裕《开元天宝遗事·泥金帖子》："新进士才及第，以泥金书帖子附家书中，用报登科之喜，至文宗朝，遂浸削此仪也。"宋·张元幹《喜迁莺慢》："姓标红纸，帖报泥金，喜信归来俱捷。"另，古人用泥封书信，泥上盖印。皇帝诏书专用紫泥，后世便用来指皇帝的诏书。唐·杨炯《崇文馆宴集诗序》："封紫泥于玺禁，传墨令于银书。"

⑯唐玄宗以金瓯（ōu）覆宰相之名：语本《新唐书·崔琳传》："初，玄宗每命相，皆先书其名，一日书琳等名，覆以金瓯，会太子入，帝谓曰：'此宰相名，若自意之，谁乎？即中，且赐酒。'太子曰：'非崔琳、卢从愿乎？'帝曰：'然。'赐太子酒。时两人有宰相望，帝欲相之数矣，以族大，恐附离者众，卒不用。"唐玄宗曾用金盆

盖住想要任命的宰相人名,让太子猜。唐玄宗,唐朝皇帝李隆基（685—762）,庙号玄宗。谥"至道大圣大明孝皇帝",又称"唐明皇"。唐玄宗是唐睿宗第三子,始封楚王,后封临淄郡王。因诛韦后有功,立为太子。先天元年（712）继位,在位45年,前期励精图治,以张九龄、姚崇、宋璟为相,形成"开元之治";后期沉湎酒色,奸相李林甫、杨国忠执政,国事日非,终于引发"安史之乱"。后因受唐肃宗监视,悒郁而死。事迹见新、旧《唐书》本纪。金瓯,金质的盆、盂类物品以及酒杯的美称。

⑰宋真宗以美珠箝（qián）谏臣之口:语本《宋史·王旦传》:"钦若曰:'唯有封禅泰山,可以镇服四海,夸示外国。然自古封禅,当得天瑞希世绝伦之事,然后可尔。'既而又曰:'天瑞安可必得? 前代盖有以人力为之者,惟人主深信而崇之,以明示天下,则与天瑞无异也。'帝思久之,乃可,而心惮旦,曰:'王旦得无不可乎?'钦若曰:'臣得以圣意喻之,宜无不可。'乘间为旦言,旦黾勉而从。帝犹尤豫,莫与筹之者。会幸秘阁,骤问杜镐曰:'古所谓河出图、洛出书,果何事耶?'镐老儒,不测其旨,漫应之曰:'此圣人以神道设教尔。'帝由此意决,遂召旦饮,欢甚,赐以尊酒,曰:'此酒极佳,归与妻孥共之。'既归发之,皆珠也。由是凡天书、封禅等事,旦不复异议。"宋真宗听王钦若之劝,意欲封禅,担心王旦提反对意见,于是赐给王旦美酒。王旦回家打开酒坛,发现坛子里装满了珠宝,于是对宋真宗行封禅事不提意见。宋真宗,北宋皇帝赵恒（968—1022）,庙号真宗。宋太宗第三子。初封韩王、襄王、寿王。至道元年（995）,立为皇太子。至道三年（997）即位,建元咸平、景德、大中祥符、天禧、乾兴。在位二十六年。前期勤于政事,遣转运使赴各路询民事,蠲放欠税。景德元年（1004）,辽军南下,从宰相寇准之议亲征,于澶渊订盟而还。后期信用王钦若,东封泰山,西祀汾阴,广建宫观,劳民伤财。箝,夹住,封口。

唐•元稹《开元观闲居酬吴士矩侍御》诗："狂歌终此曲,情尽口长箸。"谏臣,掌谏诤的官员。唐•柳宗元《驳复仇议》："当时谏臣陈子昂建议诛之而旌其闾。"亦指直言规劝之臣。《国语•晋语一》："有纵君而无谏臣,有冒上而无忠下,君臣上下,各餍其私。"西汉•刘向《列女传•鲁季敬姜》："桓公坐友三人,谏臣五人,日举过者三十人,故能成伯业。"

⑱金马、玉堂:指翰林院或翰林学士。此处指翰林学士。宋•欧阳修《会老堂致语》诗："金马玉堂三学士,清风明月两闲人。"清•梅曾亮《欧氏又一村读书图记》："而苏文忠直禁内,读书夜分,老兵皆倦卧,彼其视金马玉堂之中,波涛尘堁之内,皆学舍也。"原注:"金马门,汉时学士待诏之地;玉堂署,宋时翰林承旨之所。"金马,原指汉代的金马门,是学士等待皇帝诏令的地方。《史记•滑稽列传》:"金马门者,宦(者)署门也。门傍有铜马,故谓之曰'金马门'。"玉堂,原指汉代的玉堂署,是学士议事的地方。《汉书•李寻传》:"过随众贤待诏,食太官,衣御府,久污玉堂之署。"唐•颜师古注:"玉堂殿在未央宫。"清•王先谦补注引清•何焯曰:"汉时待诏于玉堂殿,唐时待诏于翰林院,至宋以后,翰林遂并蒙玉堂之号。"《宋史•苏易简传》:"帝尝以轻绡飞白大书'玉堂之署'四字,令易简榜于厅额。"宋代以后"翰林院"也称为"玉堂"。

⑲翰林:官名。"翰林学士"的省称。唐玄宗开元初以张九龄、张说等掌四方表疏批答、应和文章,号"翰林供奉",与集贤院学士分司起草诏书及应承皇帝的各种文字。唐德宗以后,翰林学士成为皇帝的亲近顾问兼秘书官,常值宿内廷,承命撰拟有关任免将相和册后立太子等事的文告,有"内相"之称。唐代后期,往往即以翰林学士升任宰相。北宋翰林学士仍掌制诰。清代以翰林掌院学士为翰林院长官,其下有侍读学士、侍讲学士。清末复置翰林

学士,仅备侍读学士的升迁。声价:名声和社会地位。

⑳朱镳(fān)、皂盖:语本《后汉书·舆服志上》:"中二千石、二千石皆皂盖,朱两镳。其千石、六百石,朱左镳。镳长六尺,下屈广八寸,上业广尺二寸,九文,十二初,后谦一寸,若月初生,示不敢自满也。景帝中元五年,始诏六百石以上施车镳,得铜五末,轭有吉阳筒。中二千石以上右骈,三百石以上皂布盖,千石以上皂缯覆盖,二百石以下白布盖,皆有四维杠衣。"红色的车障,黑色的车盖。为古代高官所乘的车子。亦借指高官。南朝梁·江淹《萧太尉上便宜表》:"朱镳、皂盖,古无滥秩。"朱镳,车乘两旁之红色障泥。《汉书·景帝纪》:"令长吏二千石车朱两镳,千石至六百石朱左镳。"唐·颜师古注引东汉·应劭曰:"所以为之藩屏,翳尘泥也。"后常以"朱镳"指贵显者之车乘。朱镳,俗本多讹作"朱幡",二者实不相同。"镳",指古代车厢两旁反出如耳的部分,用以障蔽尘泥。相当于今之车轮前挡泥板。"幡",指旗帜。"朱幡",红色的旗幡。皂盖,古代官员所用的黑色蓬伞。

㉑此句"郡守",李光明庄本作"郡首",据他本改。

【译文】

"钧座""台座",都是对官员的尊称;"帐下""麾下",都是对武官的美称。

官员分为九个等级,受封的女性官员家属命妇则有七个等级:第一级,称为"夫人";第二级,也叫"夫人";第三级,叫"淑人";第四级,叫"恭人";第五级,叫"宜人";第六级,叫"安人";第七级,叫"孺人"。

皇帝册封妇女,将诏书写在上好的金花罗纸上,称为"金花诰";颁布科考成绩,将状元的名字写好,装在用紫泥封口的信袋中,称为"紫泥封"。

唐玄宗将要任命宰相,写好名字,用金盒盖住让太子来猜;宋真宗用珍珠做封口费,堵住大臣王旦的嘴,不让他对封禅提反对意见。

　　"金马""玉堂"，原指金马门和玉堂署，这高雅的名称，代表着翰林学士令人艳美的名声和地位；"朱轓""皂盖"，指红色的挡泥车障和黑色的车盖，这华美的仪仗，体现了郡太守令人仰望的尊贵和威严。

　　台辅①，曰紫阁明公②；知府，曰黄堂太守③。
　　府尹之禄二千石④，太守之马五花骢⑤。
　　代天巡狩⑥，赞称巡按⑦；指日高升⑧，预贺官僚。
　　初到任，曰下车⑨；告致仕⑩，曰解组⑪。
　　藩垣屏翰⑫，方伯犹古诸侯之国⑬；墨绶铜章⑭，令尹即古子男之邦⑮。

【注释】

①台辅：指三公、宰辅之位。《后汉书·张奋传》："臣累世台辅，而大典未定，私窃惟忧，不忘寝食。"

②紫阁：唐代曾改中书省为紫微省，中书令为紫微令，所以称宰相府第为"紫阁"。中书省是古代官署名，最早设置于三国，为秉承君主意旨，掌管机要、发布政令的机构，发展到隋唐，逐渐成为全国政务中枢。明公：旧时对有名位者的尊称。《东观汉记·邓禹传》："明公虽建蕃辅之功，犹恐无所成立。"

③黄堂：古代太守衙中的正堂。《后汉书·郭丹传》："敕以丹事编署黄堂，以为后法。"唐·李贤注："黄堂，太守之厅事。"宋·范成大《吴郡志·官宇》："黄堂，《郡国志》：在鸡陂之侧，春申君子假君之殿也。后太守居之，以数失火，涂以雌黄，遂名'黄堂'。即今太守正厅是也。今天下郡治，皆名'黄堂'，昉此。"也借指太守。宋·黄朝英《靖康缃素杂记》卷上："太守曰'黄堂'。"

④府尹：官名。始于汉代之京兆尹。一般为京畿地区的行政长官。

唐代之东都、西都、北都及州郡之升府者,皆置府尹。宋代开封之府尹不常置。明代之应天、顺天,清代之顺天、奉天,均置府尹。后亦用以泛称太守。禄:俸给。相当于官员的工资,但没有固定的形式。田产、米粮、钱物等都可以用作俸给支付给各级官吏。《史记·孔子世家》:"卫灵公问孔子:'居鲁得禄几何?'对曰:'奉粟六万。'"二千石:汉制,郡守俸禄为二千石,即月俸百二十斛。世因称郡守为"二千石"。《汉书·百官公卿表上》:"郡守……秩二千石。"《汉书·循吏传序》:"庶民所以安其田里而亡叹息愁恨之心者,政平讼理也。与我共此者,其唯良二千石乎!"唐·颜师古注:"谓郡守、诸侯相。"石,古代计量单位。《汉书·律历志》:"三十斤为'钧',四钧为'石'。""石"本来是重量单位,一石一百二十斤。古时粮食论斗,是容量单位,因为十斗粮食的重量大致相当于一石,所以粮食也论石,一石等于十斗,"石"被挪用来表示容积,成了容量单位。《说文义证》:"然则以石为担,由来旧矣。详其故,因儋受一石,遂呼'石'为'儋'。"

⑤五花骢(cōng):一般指五花马。骢,指青白色的马。唐代人喜将骏马鬃毛修剪成瓣作为打扮,分成五瓣的称为"五花马",也称作"五花""五花骢"。唐·韩翃《送王光辅归青州兼寄储侍御》诗:"远忆故人沧海别,当年好跃五花骢。"但此处,恐宜读作"五/花骢",即五匹花骢马。五马,代指太守。汉乐府诗《陌上桑》(《玉台新咏·日出东南隅行》):"使君从南来,五马立踟蹰。"东汉末年刺史(州牧)出行用"五马"(驷马而右骖),后世将刺史、太守混同,遂以"五马"代指太守。旧注:"礼:天子六马,左右骖。三公九卿驷马,左骖。汉制,九卿则二千石,亦右骖。太守驷马而已,其加秩中二千石,乃右骖,故以'五马'为太守美称。"

⑥代天巡狩:指钦差代表天子出巡视察。钦差,指奉皇帝之命去外地办事的官吏。巡狩,亦作"巡守"。指天子出行,视察邦国州

郡。《尚书·舜典》:"岁二月,东巡守,至于岱宗,柴。"西汉·孔安国传:"诸侯为天子守土,故称'守'。巡,行之。"《孟子·梁惠王下》:"天子适诸侯曰'巡狩'。巡狩者,巡所守也。"

⑦巡按:官职名。明代有巡按御史,负责考核官员政绩,审理大案,知府以下的官员都要接受其监督,简称"巡按"。《明史·职官志二》:"而巡按则代天子巡狩,所按藩服大臣、府州县官诸考察,举劾尤专,大事奏裁,小事立断。"

⑧指日高升:很快就可以升官,旧时官场预祝之词。指日,犹不日。谓为期不远,屈指可数。三国魏·曹植《应诏》诗:"弭节长骛,指日遄征。"

⑨初到任,曰下车:到任,官员到达任职所在地就职。《旧唐书·武宗纪》:"又赴选官人多京债,到任填还,致其贪求,罔不由此。"下车,《礼记·乐记》:"武王克殷,反商,未及下车,而封黄帝之后于蓟。"后称初即位或到任为"下车"。《后汉书·儒林传》:"及光武中兴,爱好经术,未及下车,而先访儒雅。"

⑩告:请求,申请。致仕:就是将官职归还给皇帝。指古代官员辞去官职。多指官员退休。《公羊传·宣公元年》:"退而致仕。"东汉·何休注:"致仕,还禄位于君。"致,归还。仕,官职,爵位。

⑪解组:即解下印绶,借指辞职。《梁书·谢朓传》:"虽解组昌运,实避昏时。"组,印绶,官员的印章和系住印信的丝带。

⑫藩垣屏翰:语本《诗经·大雅·板》:"价人维藩,大师维垣。大邦维屏,大宗维翰。"毛传:"藩,屏也。垣,墙也。……翰,干也。"朱子集传:"价,大也,大德之人也。藩,篱。师,众。垣,墙也。大邦,强国也。屏,树也,所以为蔽也。大宗,强族也。翰,干也,宗子,同姓也。"后遂以"藩垣屏翰"喻藩国、藩镇。藩垣,藩篱和垣墙。泛指屏障。用以比喻藩国、藩镇。唐·刘禹锡《贺雪镇州表》:"王承宗效顺著明,复其官爵;所献二郡,别置藩垣。"《续资

治通鉴・宋纪・宋高宗建炎四年》："甲子,诏曰:'周建侯邦,四国有藩垣之助;唐分藩镇,北边无强敌之虞。'"藩国,古代诸侯王的封国或远离京城地区的封国。藩镇,唐代中期在边境和重要地区设节度使,掌管当地的军政,后来权力逐渐扩大,兼管民政、财政,形成军人割据,常与朝廷对抗,历史上叫作"藩镇"。屏翰,保卫国家边疆的屏障辅翼。《明史・张翀传》:"国家所恃为屏翰者,边镇也。"

⑬方伯:明清时期指布政使。见本篇"方伯、藩侯"注。

⑭墨绶(shòu)铜章:《汉书・百官公卿表上》:"县令、长,皆秦官,掌治其县。万户以上为令,秩千石至六百石;减万户为长,秩五百石至三百石。……秩比六百石以上,皆铜印黑绶。"《后汉书・蔡邕传》:"墨绶长吏,职典理人。"后因以"墨绶铜章"作为县官及其职权的象征。墨绶,系在印纽上的黑色丝带。后用来作为县官及其职权的象征。铜章,铜制的官印。

⑮令尹:春秋战国时楚国的执政官名,相当于宰相。《论语・公冶长》:"令尹子文,三仕为令尹,无喜色;三已之,无愠色。"宋・邢昺疏:"令尹,宰也。……楚臣令尹为长,从他国之言,或亦谓之'宰'。"《汉书・高帝纪上》:"(怀王)以羽为鲁公,封长安侯,吕臣为司徒,其父吕青为令尹。"唐・颜师古注引晋・臣瓒曰:"诸侯之卿,唯楚称令尹,其余国称相。"后用来泛称县、府等地方行政长官。宋・梅尧臣《立春前一日雪中访乌程宰李君俞依韵和答》诗:"粉絮先春拂面翔,临风跃马到君堂。县民将喜土膏起,令尹未惊农事忙。"子男:子爵和男爵。古代诸侯五等爵位的第四等和第五等。《国语・郑语》:"是其子男之国,虢、郐为大。"宋・梅尧臣《淮南遇梵才吉上人》诗:"我从湖上去,微爵轻子男。"邦:国。古代诸侯的封国、国家,称"邦"。后因避汉高祖刘邦讳,文献中多改为"国"。

【译文】

台辅，尊称"紫阁明公"；知府，雅称"黄堂太守"。

府尹的俸禄是年二千石稻米，太守的车用五匹马拉。

巡按官员代替天子出外视察，称"代天巡狩"；预祝官僚早日升迁，说"指日高升"。

官员刚到任职所在地，称为"下车"；官员辞职退休，叫作"解组"。

"藩垣屏翰"，指布政使，职能权限和古代的诸侯国类似；"墨绶铜章"，指县令，级别地位和古代的子国、男国相仿。

太监掌阍门之禁令，故曰阉宦①；朝臣皆搢笏于绅间②，故曰搢绅③。

萧、曹相汉高，曾为刀笔吏④；汲黯相汉武，真是社稷臣⑤。

召伯布文王之政，尝舍甘棠之下，后人思其遗爱，不忍伐其树⑥；孔明有王佐之才，尝隐草庐之中，先主慕其令名，乃三顾其庐⑦。

【注释】

①太监掌阍门之禁令，故曰阉宦：语本《后汉书·宦者传》："《易》曰：'天垂象，圣人则之。'宦者四星，在皇位之侧，故《周礼》置官，亦备其数。阍者守中门之禁，寺人掌女宫之戒。又云'王之正内者五人'。《月令》：'仲冬，命阍尹审门闾，谨房室。'《诗》之《小雅》，亦有《巷伯》刺谗之篇。然宦人之在王朝者，其来旧矣。将以其体非全气，情志专良，通关中人，易以役养乎？……中兴之初，宦官悉用阉人，不复杂调他士。"太监，官名。也称"宦官"，通常指古代宫廷中替皇室服务的官员，主要负责宫廷杂事。又称"寺人""阉官""宦者""中官""内官""内臣""内侍""内监"

等。唐设内侍省,其长官为监及少监,后用作宦官之通称。辽太
府监长官称"太监",元因之,明代在宦官所领二十四衙门各专设
掌印太监,在宫廷内侍奉皇帝及其家族。中叶以后其权力扩大,
拥有出使、监军、镇守、侦察官民等大权。清代相沿,"太监"成为
宦官的专称,设总管太监等为首领,隶属内务府,权力减削。阉
门,阉,指被阉割的人,古代常用来看守宫门,故"阉门"代指宫门
及太监的职责范围。阉宦,指宦官,亦即太监。《说文解字》:"阉,
门竖也。宫中奄昏闭门者。"

②朝臣:朝廷官员。《韩非子·三守》:"国无臣者,岂郎中虚而朝臣
少哉?"搢笏(jìn hù):意思是将笏插在腰带上。搢,插。笏,古代
大臣上朝时所执的手板,用玉、象牙或竹片制成,上面可以记事备
忘,不用时则插在腰带上。《穀梁传·僖公三年》:"阳谷之会,桓公
委端搢笏而朝诸侯。"晋·范宁注:"搢,插也。笏,所以记事也。"

③搢(jìn)绅:插笏于绅,意思是将笏插(搢)在腰带(绅)上。绅,
古代仕宦者和儒者围于腰际的大带。《周礼·春官·典瑞》"王
晋大圭"东汉·郑玄注引东汉·郑众曰:"'晋'读为'搢绅'之
'搢',谓插于绅带之间,若带剑也。"《资治通鉴·汉纪·汉武帝
元封元年》:"乙卯,令侍中儒者皮弁搢绅,射牛行事,封泰山下东
方。"后用为官宦或儒者的代称。《东观汉记·明帝纪》:"是时学
者尤盛,冠带搢绅,游雍而观化者,以亿万计。"

④萧、曹相汉高,曾为刀笔吏:语本《史记·萧相国世家》:"萧相国
何于秦时为刀笔吏,录录未有奇节。"暨《汉书·萧何曹参传》:
"萧何、曹参皆起秦刀笔吏,当时录录未有奇节。"萧、曹,指萧何
和曹参,都是汉初著名的宰相。萧何(?—前193),西汉泗水沛
(今江苏沛县)人。初为沛主吏掾。从刘邦入关,收秦相府律令
图书藏之,以是知天下关塞险要,郡县户口。刘邦王汉中,以何为
丞相。又荐韩信为大将。楚汉相拒,留守关中,转输士卒粮饷,

使军中给食不乏。刘邦称帝,论何功第一,封酂侯。后定律令制度,协助高祖消灭陈豨、韩信、黥布等,封相国。高祖死后,事汉惠帝,病危时荐曹参继相。卒谥文终。曹参(？—前190),西汉泗水沛(今江苏沛县)人。秦时,为沛狱掾,萧何为主吏。秦末,与萧何同随刘邦起事,屡立战功。高祖六年(前201)封平阳侯。曾任齐相九年,并从刘邦击破陈豨、英布。任齐相时,用盖公所言黄老之术,清静无为,与民休息。初与萧何友善,及为将相,有隙。何将死,推荐继相。为惠帝丞相三年,一遵萧何约束,有"萧规曹随"之称。卒谥懿。汉高,指汉高祖刘邦(前256？—前195),字季,沛郡丰邑(今江苏丰县)人。西汉的开国皇帝(前202—前195年在位),史称"太祖高皇帝"。秦末为泗水亭长。秦二世元年(前209),陈胜、吴广起义,刘邦起兵响应,称"沛公"。秦灭后,刘邦战胜项羽,即皇帝位,建立汉朝。刀笔吏,古代处理文书事务的小官吏,类似于今天的秘书。刀笔,在没有纸张和橡皮的古代,用竹简刻字记事,用刀子刮去错字,因此把有关文书案牍的事务称作"刀笔"。《后汉书·刘盆子传》:"酒未行,其中一人出刀笔书谒欲贺,其余不知书者起请之。"唐·李贤注:"古者记事书于简册,谬误者以刀削而除之,故曰'刀笔'。"

⑤汲黯相汉武,真是社稷臣:语本《史记·汲郑列传》:"上曰:'汲黯何如人哉？'助曰:'使黯任职居官,无以逾人。然至其辅少主,守城深坚,招之不来,麾之不去,虽自谓贲、育亦不能夺之矣。'上曰:'然。古有社稷之臣,至如黯,近之矣。'"汉武帝称赞汲黯是社稷之臣。《汉书·汲黯传》亦载之。汲黯(？—前112),字长孺,西汉濮阳(今属河南)人。汉景帝时以父任为太子洗马。汉武帝初为谒者,往视河内火灾,矫制发仓粟赈民。出为东海太守,轻刑简政,不苛细,有治绩。召为主爵都尉,列于九卿。为人性倨少礼,好直谏廷诤,谓汉武帝内多欲而外施仁义,汉武帝称为"社

稷之臣”。又主张与匈奴和亲，反对兴兵。指责公孙弘、张汤等刀笔吏舞文弄法，阿谀君主。以事免官，居田园数年，召拜淮阳太守，卒于官。汉武，指汉武帝刘彻（前156—前87），是汉朝的第七位天子（前141—前87年在位），死后谥号“孝武皇帝”，汉宣帝时上庙号“世宗”。刘彻为汉景帝中子，前元七年（前150）被立为太子，在景帝死后即位。在位期间，行“推恩令”，使诸侯王分地与子弟为侯，削弱诸侯国势力。设十三刺史部以加强控制。征收商贾车船税，行“告缗令”，征收商贾资产税，以抑制富商。采桑弘羊议，实行冶铁、煮盐、铸钱官卖。设平准官、均输官，官营贸易与运输。行“代田法”，兴修水利，移民屯田，发展农业。遣张骞通西域，派唐蒙至夜郎，建立西南七郡。又遣卫青、霍去病进击匈奴，保障北方。用董仲舒策，“独尊儒术”，兼用法术刑名，强化封建统治。行封禅，求神仙，大兴土木，徭役繁重，以致农民流亡，天汉二年（前99），关东农民纷纷起事，历经数年。自建元至后元曾改年号十一次，为帝王有年号之始。在位五十四年。社稷臣，关系到国家安危的重臣。《孟子·尽心上》：“有事君人者，事是君则为容悦者也。有安社稷臣者，以安社稷为悦者也。”《史记·袁盎晁错列传》：“绛侯所谓功臣，非社稷臣。社稷臣主在与在，主亡与亡。”社稷，原指古代帝王、诸侯所祭的土神和谷神。“社”是土神，“稷”是谷神，古代也用来代指国家。

⑥“召伯布文王之政”四句：语本《诗经·召南·甘棠》：“蔽芾甘棠，勿翦勿伐，召伯所茇。”郑笺：“茇，草舍也。召伯听男女之讼，不重烦劳百姓，止舍小棠之下而听断焉。国人被其德，说其化，思其人，敬其树。”朱子集传：“蔽芾，盛貌。甘棠，杜梨也。白者为棠，赤者为杜。剪，剪其枝叶也。伐，伐其条干也。伯，方伯也。茇，草舍也。召伯循行南国，以布文王之政，或舍甘棠之下。其后，人思其德，故爱其树，而不忍伤也。”召康公勤于政事，不

肯给百姓添麻烦,曾在甘棠树下搭草舍休息。老百姓爱戴他,他走后,都不忍砍伐那棵甘棠树的枝条。召伯,或作"邵公""召康公"。姬姓,名奭,西周初人。初受采邑于召。佐周武王灭纣,支持周公东征,以功封于北燕,为燕国始祖,实由其子就封地。周成王时为太保,与周公分陕而治,治陕以西地。常巡行乡邑,听讼决狱治事,使侯伯乃至庶人各得其所。后奉命营建雒邑,镇守东都,为西周开国重臣。卒,民思其政,作诗《甘棠》咏之。谥康。《毛诗序·甘棠》东汉·郑玄笺:"召伯,姬姓,名奭,食采于召,作上公,为二伯,后封于燕。"布文王之政,推行周文王的政教。布政,施政。尝,曾经。舍,此处作动词,指结舍,建造简陋的房舍。引申为居住、休息。甘棠,木名。即棠梨,一名"杜梨"。《诗经·召南·甘棠》篇,毛传:"甘棠,杜也。"唐·孔颖达疏引《草木疏》云:"今棠黎。"遗爱,留于后世而被人追怀的德行、恩惠、贡献等。《后汉书·西南夷传·邛都》:"天子以张翕有遗爱,乃拜其子湍为太守。"

⑦ "孔明有王佐之才"四句:语本蜀汉·诸葛亮《出师表》:"先帝不以臣卑鄙,猥自枉屈,三顾臣于草庐之中。"孔明,诸葛亮(181—234),字孔明,琅邪阳都(今山东沂南)人。东汉末避乱隆中(今湖北襄阳襄城区西),躬耕读书,自比于管仲、乐毅,时有"卧龙"之称。汉献帝建安十二年(207),刘备屯新野,三顾茅庐,诸葛亮陈述据有荆益、西和诸戎、南抚夷越、结好孙权、共抗曹操之策,出而为刘备主要谋士。次年,曹操南争荆州,出使东吴,孙刘联合抗曹,获赤壁之胜,刘备据有荆州。建安十九年(214),入蜀增援刘备,定成都,任军师将军,镇守成都。备称帝,任丞相,录尚书事。张飞死后,领司隶校尉。章武三年(223),受遗诏辅佐刘禅,封武乡侯,领益州牧。政事无巨细,咸决于亮。东和孙权,南平诸郡,北争中原,多次出兵攻魏。与魏将司马懿对峙于渭南,病

卒于五丈原军中。谥忠武。传制木牛流马，用于山地转运，又革新连弩，能同发十箭。为一代名相。王佐，王者的辅佐，能辅佐君主成就王霸大业的人。《汉书·董仲舒传》："刘向称'董仲舒有王佐之材，虽伊、吕亡以加，管、晏之属，伯者之佐，殆不及也。'"隐，隐居。草庐，草屋，茅草房。先主，指三国时期蜀汉开国皇帝刘备。刘备（161—223），字玄德，汉末涿郡涿县（今河北涿州）人。远支皇族（西汉中山靖王刘胜之后）。少孤，贩履织席为生。东汉末起兵镇压黄巾军。先后依公孙瓒、陶谦、曹操、袁绍、刘表等。赤壁之战中，联合孙权，大破曹操，据荆州。旋取益州、汉中。汉献帝建安二十四年（219），自立为汉中王。曹丕代汉之次年（221）称帝，国号"汉"，建都成都。章武初，率师伐吴，在夷陵之战中大败，卒于白帝城。在位三年。谥昭烈。史家又称他为"先主"。令名，美好的声誉。《左传·襄公二十四年》："侨闻君子长国家者，非无贿之患，而无令名之难。"令，美好。三顾其庐，刘备三次前往诸葛亮在隆中的隐居地，请教平定天下的韬略，并竭诚邀请他出山辅佐自己。后以"三顾草庐"比喻对贤才的诚心邀请。

【译文】

太监掌管宫门门禁，所以叫"阉宦"；群臣上朝拜见皇帝，都把笏板插在腰带里，所以叫"搢绅"。

萧何、曹参先后担任汉高祖的宰相，他们都曾是身份卑微的"刀笔小吏"；汲黯辅佐汉武帝，实在是国家不可或缺的"社稷重臣"。

召康公推行周文王仁政，在室外办公，曾在甘棠树下休息，后人纪念他留下的恩德，不忍心砍伐这棵树；诸葛亮有辅佐君王的才干，曾隐居住在乡野草屋之中，蜀汉先主刘备仰慕他的大名，就三次登门请教并邀请他出山。

　　鱼头参政，鲁宗道秉性骨鲠①；伴食宰相，卢怀慎居位无能②。

　　王德用，人称黑王相公③；赵清献，世号铁面御史④。

　　汉刘宽责民，蒲鞭示辱⑤；项仲山洁己，饮马投钱⑥。

　　李善感直言不讳，竞称鸣凤朝阳⑦；汉张纲弹劾无私，直斥豺狼当道⑧。

　　民爱邓侯之政，挽之不留；人言谢令之贪，推之不去⑨。

　　廉范守蜀郡，民歌五裤⑩；张堪守渔阳，麦穗两歧⑪。

【注释】

①鱼头参政，鲁宗道秉性骨鲠：语本《宋史·鲁宗道传》："枢密使曹利用恃权骄横，宗道屡于帝前折之。自贵戚用事者皆惮之，目为'鱼头参政'，因其姓，且言骨鲠如鱼头也。"宋朝鲁宗道任参知政事，为人正直，说话不怕得罪人，因为他姓鲁，"鲁"字是"鱼"字头，且秉性刚烈耿直，所以被称为"鱼头参政"。鲁宗道有"鱼头参政"之名，广见于宋代文献。陈均《九朝编年备要》卷九、李焘《续资治通鉴长编》卷一百七、徐自明《宋宰辅编年录》卷四、黄震《黄氏日抄》卷五十、朱熹《宋名臣言行录》前集卷五等皆载。参政，官名。宋代"参知政事"的省称，为宰相的副职。元于中书省、行中书省皆置参政，为副贰之官。明于布政使下置左、右参政。清初，各部也设参政，后改侍郎。鲁宗道（966—1029），字贯之，宋亳州谯县（今安徽亳州）人。宋真宗咸平二年（999）进士。天禧中为右正言。宋仁宗即位，迁户部郎中，拜右谏议大夫、参知政事。贵戚用事者皆惮之，目为"鱼头参政"。天圣七年（1029）卒，年六十四。卒谥肃简。《宋史》有传。秉性，天性，本性。骨鲠，原指鱼骨头，后用以比喻个性正直、刚健。《史记·吴太伯世家》：

"方今吴外困于楚,而内空无骨鲠之臣,是无奈我何。"鲠,鱼骨。

②伴食宰相,卢怀慎居位无能:语本《旧唐书·卢怀慎传》:"怀慎
与紫微令姚崇对掌枢密,怀慎自以为吏道不及崇,每事皆推让
之。时人谓之'伴食宰相'。"唐朝宰相卢怀慎,在任期间与紫微
令姚崇共同处理军机大事。他胆小懦弱,什么事都推给姚崇处
理。人们对他这种光吃饭不做事的行为表示不满,私下送他"伴
食宰相"的外号,嘲讽他处理政事好像陪同姚崇吃饭,没有自己
的主张。后因以指身居相位而庸懦不能任事者。《新唐书·卢
怀慎传》《资治通鉴·唐纪·唐玄宗开元三年》亦载。伴食,陪
着人家一道吃饭。用来讽刺无所作为、不称职的官员。卢怀慎
(? —716),唐滑州灵昌(今河南滑县)人。少清谨,举进士,历
监察御史、吏部员外郎。唐中宗景龙中,迁右御史台中丞,累至
黄门侍郎,封渔阳县伯。唐玄宗先天中,与魏知古于东都分掌选
事。开元元年(713),进同中书门下平章事。寻迁黄门监。四年
(716),兼吏部尚书,卒于任。赠荆州大都督,谥文成。卢怀慎与
紫微令姚崇对掌枢密,自以吏道不及姚崇,每事皆推让之,时人
谓为"伴食宰相"。然为官清俭,以直道始终。生平见新、旧《唐
书》本传。

③王德用,人称黑王相公:语本《宋史·王德用传》:"德用状貌雄
毅,面黑,颈以下白皙,人皆异之。……德用将家子,习知军中情
伪,善以恩抚下,故多得士心。虽屡临边境,未尝亲矢石、督攻战,
而名闻四夷,虽闾阎妇女小儿,皆呼德用曰'黑王相公'。"相公,
是旧时对宰相的敬称。王德用,脸黑,官拜同平章事,位在宰相之
上,当时人爱戴他,称他"黑王相公"。王德用名闻天下,"黑王相
公"之号,广见于宋代文献。李焘《续资治通鉴长编》卷一百七
十二、陈均《九朝编年备要》卷十五、《宋宰辅编年录》卷五、吕中
《宋大事记讲义》卷八、潘自牧《记纂渊海》卷二十一、黄震《古

今纪要》卷十八、林駧《古今源流至论》卷三、孙升《孙公谈圃》卷上、阙名《锦绣万花谷》卷十五、章定《名贤氏族言行类稿》卷二十四、朱熹《宋名臣言行录》前集卷八等皆载。王德用（979—1057），字元辅，宋赵州（今河北赵县）人。名将王超子，年十七随父出击李继迁。累迁内殿崇班。宋仁宗时，历殿前都虞候、知枢密院事、宣徽南院使。因状貌类太祖，降知随州。契丹求关南地，以兵压境，拜保静军节度使、知澶州，徙真定府、定州路都总管，训练士卒，加强守备。累拜同平章事、判澶州，以太子太师致仕。再起，历官至枢密使，封鲁国公。卒谥武恭。

④赵清献，世号铁面御史：语本宋·苏轼《赵清献公神道碑》："曾公亮为翰林学士，未识公，而以台官荐，召为殿中侍御史。弹劾不避权幸，京师号公'铁面御史'。"《宋史·赵抃传》引之。北宋名臣赵抃（谥清献）在担任殿中侍御史时，弹劾不避权贵，有"铁面御史"之称。赵抃为宋代名臣，其神道碑又出自大文豪苏轼之手，"铁面御史"之号流传甚广，屡见于宋代文献，兹不枚举。赵清献，即赵抃（1008—1084），字阅道（一作"悦道"），号知非子，宋衢州西安（今浙江衢州衢江区）人。宋仁宗景祐元年（1034）进士，除武安军节度推官。历知崇安、海陵、江原三县，通判泗洲。至和元年（1054），召为殿中侍御史。嘉祐元年（1056）出知睦州，移梓州路转运使，旋改益州。召为右司谏，因论事出知虔州。宋英宗即位，奉使契丹，还，进河北都转运使。治平元年（1064），出知成都。神宗立，以知谏院召还，秋，擢参知政事。熙宁三年（1070），因反对青苗法去位。历知杭州、青州、成都、越州，复徙杭州。元丰二年（1079）二月，以太子少保致仕。退居于衢。七年（1084）卒，年七十七，谥清献。有《清献集》十卷。铁面，喻指刚直无私。御史，官名。春秋战国时期列国皆有御史，为国君亲近之职，掌文书及记事。秦设御史大夫，职副丞相，位甚尊；并

以御史监郡,遂有纠察弹劾之权,盖因近臣使作耳目。汉以后,御史职衔累有变化,职责则专司纠弹,而文书记事乃归太史掌管。宋·王谠《唐语林·补遗》:"御史主弹奏不法,肃清内外。唐兴,宰辅多自宪司登钧轴,故谓御史为宰相。"

⑤汉刘宽责民,蒲鞭示辱:语本《后汉书·刘宽传》:"延熹八年,征拜尚书令,迁南阳太守。典历三郡,温仁多恕,虽在仓卒,未尝疾言遽色。常以为'齐之以刑,民免而无耻'。吏人有过,但用蒲鞭罚之,示辱而已,终不加苦。事有功善,推之自下。灾异或见,引躬克责。每行县止息亭传,辄引学官祭酒及处士诸生执经对讲。见父老慰以农里之言,少年勉以孝悌之训。人感德兴行,日有所化。"刘宽(120—185),字文饶,东汉弘农华阴(今陕西华阴)人。宗室名臣,司徒刘崎之子。少学今文经,称通儒。汉桓帝时累官东海相,延熹八年(165)拜尚书令,迁南阳太守,政尚宽仁,吏民有过,但用蒲鞭示罚。汉灵帝初,征拜太中大夫侍讲华光殿。预知黄巾起义之谋,上报。官至太尉,封逯乡侯。卒谥昭烈。蒲鞭,蒲草做的鞭子。东汉名臣刘宽为官清正宽厚,不喜欢使用残酷的刑罚。部下或百姓犯错时,只是用蒲鞭抽打几下而已,意在让当事人自己感到羞耻,从而知错必改。后遂用以表示刑罚宽仁。

⑥项仲山洁己,饮马投钱:语本东汉·赵岐《三辅决录·饮马》:"安陵清者有项仲山,饮马渭水,每投三钱。"《三辅决录》早佚。《艺文类聚》卷九十三及宋代文献孔传《白孔六帖》卷四十、《太平御览》卷六十二、宋敏求《长安志》卷十一、阙名《翰苑新书》卷六十八、潘自牧《记纂渊海》卷七、阙名《锦绣万花谷》后集卷二十、邓名世《古今姓氏书辩证》卷二十一、叶廷珪《海录碎事》卷十二、吴淑《事类赋》卷二十一等书皆引之。项仲山,汉朝安陵(今陕西咸阳东北)人。以清廉、迂腐著称于世。饮马投钱,汉朝人项仲山为人清廉得近乎迂腐,每次在渭河边喂马喝水时,都要投

入三枚铜钱,表示不占便宜。后用为清介、不妄取的典故。又,《太平御览(卷四百二十六)·人事部六十七·清廉下》引《风俗通》曰:"颍川黄子廉者,每饮马,投钱于水中。"《太平御览(卷一百八十九)·居处部十七·井》引《风俗通》曰:"郊子路行饮马,投钱井中。"

⑦李善感直言不讳,竞称鸣凤朝阳:语本《新唐书·韩瑗传》:"自瑗与遂良相继死,内外以言为讳将二十年。帝造奉天宫,御史李善感始上疏极言,时人喜之,谓为'凤鸣朝阳'。"《资治通鉴·唐纪·唐高宗永淳元年》:"关中先水后旱、蝗,继以疾疫,米斗四百,两京间死者相枕于路,人相食。上既封泰山,欲遍封五岳,秋,七月,作奉天宫于嵩山南。监察御史里行李善感谏曰:'陛下封泰山,告太平,致群瑞,与三皇五帝比隆矣。数年已来,菽粟不稔,饿殍相望,四夷交侵,兵车岁驾;陛下宜恭默思道以禳灾谴,乃更广营宫室,劳役不休,天下莫不失望。臣忝备国家耳目,窃以此为忧!'上虽不纳,亦优容之。自褚遂良、韩瑗之死,中外以言为讳,无敢逆意直谏,几二十年;及善感始谏,天下皆喜,谓之'凤鸣朝阳'。"唐高宗永淳元年(682),水旱饥馑,关中疲敝,唐高宗欲遍封五岳,在嵩山南筑奉天宫,监察御史里行李善感力谏阻止。当时已二十多年无人敢于直言,人们听到他劝谏,激动地赞誉此举是"凤鸣朝阳"。李善感,唐朝大臣,唐高宗时任监察御史里行。直言不讳,说话坦率,毫无隐讳。讳,忌讳。鸣凤朝阳,凤凰向着朝阳鸣叫。《诗经·大雅·卷阿》:"凤皇鸣矣,于彼高冈。梧桐生矣,于彼朝阳。"东汉·郑玄笺:"凤皇鸣于山脊之上者,居高视下,观可集止,喻贤者待礼乃行,翔而后集。梧桐生者,犹明君出也。生于朝阳者,被温仁之气,亦君德也。"后因以"鸣凤朝阳"比喻正直敢言的贤士遇上胸怀开阔、愿意听取各种意见的英明君主,朝廷气象一新。

⑧汉张纲弹劾无私,直斥豺狼当道:语本《后汉书·张纲传》:"汉安元年,选遣八使徇行风俗,皆耆儒知名,多历显位,唯纲年少,官次最微。余人受命之部,而纲独埋其车轮于洛阳都亭,曰:'豺狼当路,安问狐狸!'遂奏曰:'大将军冀,河南尹不疑,蒙外戚之援,荷国厚恩,以负荩之资,居阿衡之任,不能敷扬五教,翼赞日月,而专为封豕长蛇,肆其贪叨,甘心好货,纵恣无底,多树谄谀,以害忠良。诚天威所不赦,大辟所宜加也。谨条其无君之心十五事,斯皆臣子所切齿者也。'书御,京师震竦。"东汉顺帝汉安元年(142)派遣御史巡查四方,张纲把车轮埋在洛阳都亭,说"豺狼当道,安问狐狸",意思是暴虐奸邪的人掌握国政,大贪官就在首都洛阳城中,不抓他们,却去外面抓小贪官,有什么意义呢?张纲(108?—143),字文纪,东汉犍为郡武阳(今四川彭山)人。少明经学,为侍御史。汉顺帝汉安元年(142),奉使考察州郡,行前埋车轮于洛阳都亭,认为"豺狼当路,安问狐狸",遂参劾大将军梁冀等奸恶十五事,京师震动。帝知其言直,终不能用。时广陵人张婴聚众数万起义,张纲为广陵太守,单骑往喻,张婴遂归降。在郡一年卒。弹劾,古代担任监察职务的官员检举违法违纪官吏的罪状,称为"弹劾"。《旧唐书·职官志三》:"凡中外百僚之事,应弹劾者,御史言于大夫。"豺狼当道,豺狼横在道路中间,比喻暴虐奸邪的人掌握国政。汉魏时期即为习用语。《汉书·孙宝传》:"豺狼横道,不宜复问狐狸。"东汉·荀悦《汉纪·平帝纪》:"豺狼当道,安问狐狸!"《三国志·魏书·杜袭传》:"方今豺狼当路而狐狸是先,人将谓殿下避强攻弱,进不为勇,退不为仁。"

⑨"民爱邓侯之政"四句:语本《晋书·良吏传·邓攸》:"时吴郡阙守,人多欲之,帝以授攸。攸载米之郡,俸禄无所受,唯饮吴水而已。时郡中大饥,攸表振贷,未报,乃辄开仓救之。台遣散骑常侍桓彝、虞騑慰劳饥人,观听善不,乃劾攸以擅出谷。俄而有诏原

之。攸在郡刑政清明，百姓欢悦，为中兴良守。后称疾去职。郡常有送迎钱数百万，攸去郡，不受一钱。百姓数千人留牵攸船，不得进，攸乃小停，夜中发去。吴人歌之曰：'纵如打五鼓，鸡鸣天欲曙。邓侯挽不留，谢令推不去。'百姓诣台乞留一岁，不听。"晋代官员邓攸曾任吴郡（治今江苏苏州）太守，勤政爱民，离任时百姓挽留不让离去。他的前任谢太守则非常贪财，人们于是唱道："邓侯挽不留，谢令推不去。"意思是说不该走的走了，该走的却送不走。邓侯，指邓攸（？—326），字伯道，两晋之际平阳襄陵（今山西襄汾）人。少孤。初为吴王文学。西晋怀帝永嘉末，为石勒所俘，为参军。后逃至江东，晋元帝以为太子中庶子，寻迁吴郡太守。时大饥，乃开仓救民。在郡廉洁清明，颇得民心。累迁尚书右仆射。南逃时，携一子一侄，途中屡遇险，不能两全，乃弃子全侄，后终无嗣。后人为其抱憾曰："天道无知，使伯道无子。"谢令，邓攸的前任吴郡太守谢某，名字不可考。

⑩ 廉范守蜀郡，民歌五裤：语本《后汉书·廉范传》："中建初，迁蜀郡太守，其俗尚文辩，好相持短长，范每厉以淳厚，不受偷薄之说。成都民物丰盛，邑宇逼侧，旧制禁民夜作，以防火灾，而更相隐蔽，烧者日属。范乃毁削先令，但严使储水而已。百姓为便，乃歌之曰：'廉叔度，来何暮？不禁火，民安作。平生无襦今五绔（同"裤"）。'"东汉时成都物产丰盛，房屋之间很窄，从前的条令禁止百姓晚上活动，防止火灾，但是百姓偷偷活动，火灾常常发生。廉范做太守，废除原来的法令，只是严格要求百姓储存水而已。百姓感到很方便，于是唱歌赞颂他："廉叔度，来何暮？不禁火，民安作。平生无襦今五绔。"廉范，字叔度，东汉京兆杜陵（今陕西西安）人。求学京师，受业于博士薛汉。后薛汉坐楚王刘英事诛，范独往收殓，由是显名。举茂才，迁云中太守。汉明帝永平十六年（73）匈奴寇边，廉范击破之。后为武威、武都太守。汉章帝建

中初迁蜀郡太守,百姓歌之。后免归乡里。善治产,好赈济,世称其义。蜀郡,中国古代行政区划名。秦灭古蜀国,始置蜀郡。汉仍其旧,辖境包括今四川中部大部分,治所在今四川成都。五裤,五条裤子。蜀郡百姓歌颂太守廉范的政绩,说百姓"平生无襦今五绔(同"裤")",意思是说这辈子不曾穿短袄,现在不但有袄穿,还有五条裤子。后用以称颂地方官吏施行善政,百姓丰衣足食。

⑪张堪守渔阳,麦穗两歧:语本《后汉书·张堪传》:"(堪)乃于狐奴开稻田八千余顷,劝民耕种,以致殷富。百姓歌曰:'桑无附枝,麦穗两岐。张君为政,乐不可支。'"张堪,字君实,东汉南阳宛(今河南南阳)人。年十六,受业长安,志美行厉,称"圣童"。光武初拜郎中,从大司马吴汉讨公孙述,道拜蜀郡太守。进据成都,秋毫无私,吏民悦之。后迁骑都尉,从杜茂击破匈奴于高柳,拜渔阳太守。捕击奸猾,赏罚必信。开稻田八千余顷,劝民耕种,百姓歌之。视事八年,匈奴不敢犯塞。去职之日,乘折辕车,布被囊而已。渔阳,古郡名。战国燕置渔阳郡,从秦代直到晋代,治所都在今北京密云西南。隋朝末年将无终县改为渔阳,唐玄宗天宝元年(742)改蓟州为渔阳郡,治所在今天津蓟州区。麦穗两歧,一根麦长两个穗。歧,亦作"岐"。指一麦两穗。旧时以麦穗两歧为祥瑞,以兆丰年。亦用以称颂吏治成绩卓著。

【译文】

鲁宗道秉性耿直,他担任参政时,遇事敢说话,人们赞扬他是"鱼头参政";卢怀慎生性懦弱,虽然位居宰相,却不敢管事,人们嘲讽他是"伴食宰相"。

王德用刚毅正直,长着一张黑脸,人们叫他"黑王相公";赵清献担任御史,敢于弹劾官吏,世人称他"铁面御史"。

汉朝贤太守刘宽处罚犯错误的百姓,只是用蒲鞭轻打当事人,让他自己反思;项仲山洁身自好,每回在渭河饮马,都要往水里投几枚铜钱。

　　李善感直言不讳，提意见阻止皇帝大兴土木，人们都称他说这是"鸣凤朝阳"；汉代张纲秉公议政，弹劾皇亲国戚，指责他们如同"豺狼当道"。

　　吴郡百姓感激邓攸的仁政，希望他长期留任，却还是没能留住；大家都骂他的前任谢长官贪婪腐败，赶都赶不走。

　　廉范任蜀郡太守时实行惠民政策，百姓唱"五裤"之歌来颂扬他；张堪任渔阳太守时鼓励耕作，人们将丰收的景象喻为"麦穗两歧"。

　　鲁恭为中牟令，桑下有驯雉之异①；郭伋为并州守，童儿有竹马之迎②。

　　鲜于子骏，宁非一路福星③；司马温公，真是万家生佛④。

　　鸾凤不栖枳棘，羡仇香之为主簿⑤；河阳遍种桃花，乃潘岳之为县官⑥。

　　刘昆宰江陵，昔日反风灭火⑦；龚遂守渤海，令民卖刀买牛⑧。

　　此皆德政可歌⑨，是以令名攸著⑩。

【注释】

①鲁恭为中牟令，桑下有驯雉之异：语本《后汉书·鲁恭传》："拜中牟令。……建初七年，郡国螟伤稼，犬牙缘界，不入中牟。河南尹袁安闻之，疑其不实，使仁恕掾肥亲往廉之。恭随行阡陌，俱坐桑下，有雉过，止其旁。旁有童儿，亲曰：'儿何不捕之？'儿言：'雉方将雏。'亲瞿然而起，与恭诀曰：'所以来者，欲察君之政迹耳。今虫不犯境，此一异也；化及鸟兽，此二异也；竖子有仁心，此三异也。久留，徒扰贤者耳。'还府，具以状白安。"鲁恭（32—112），字仲康，东汉扶风平陵（今陕西咸阳）人。少居太学，习《鲁诗》。汉章帝集诸儒于白虎观，鲁恭以明于经学见召，参与其议。拜中

牟令，以德化为理，不任刑罚。累迁司徒，选辟高第，至列卿郡守者数十人。性谦退，奏议依经，无所隐讳。中牟，古县名。地即今河南中牟。驯雉之异，东汉鲁恭任中牟县令时，因为仁慈宽厚感化百姓以致鸟兽。有一次鲁恭和前来考察他的上级官员坐在路边的桑树下休息，这时飞来一只野鸡安详温驯地停在他们身边，连近前的小孩都不去抓它，令长官倍觉惊异和感动。雉，野鸡。

②郭伋为并（bīng）州守，童儿有竹马之迎：语本《后汉书·郭伋传》：“伋前在并州，素结恩德，及后入界，所到县邑，老幼相携，逢迎道路。所过问民疾苦，聘求耆德雄俊，设几杖之礼，朝夕与参政事。始至行部，到西河美稷，有童儿数百，各骑竹马，道次迎拜。伋问：‘儿曹何自远来？’对曰：‘闻使君到，喜，故来奉迎。’伋辞谢之。及事讫，诸儿复送至郭外，问：‘使君何日当还？’伋谓别驾从事，计日告之。行部既还，先期一日，伋为违信于诸儿，遂止于野亭，须期乃入。”郭伋，李光明庄原本作“郭汲”，据《后汉书》及他本改。郭伋（前38—47），字细侯，两汉之际扶风茂陵（今陕西兴平）人。西汉哀平间为渔阳都尉，王莽时迁并州牧。汉光武帝即位，为尚书令，数纳忠谏诤。出为渔阳太守，整勒士马，匈奴畏惮远迹，民得安业。建武十一年（35）及调并州牧，帝引见，伋因言当简天下贤俊，不宜专用南阳人，帝纳之。二十二年（46），征为太中大夫。明年卒，时年八十六。帝亲临吊，赐冢茔地。并州，古州名。相传禹治洪水，将天下划分为九州，并州为九州之一，其地约当今河北保定和山西太原、大同一带地区。《周礼·夏官·职方氏》：“乃辨九州之国，……正北曰并州，其山镇曰恒山。”竹马之迎，郭伋担任并州牧，有一次到下面视察，有几百名儿童骑着竹马来欢迎他，并问他什么时候返回再经过，到时还要来送别。郭伋告诉他们返回日期，后来提前一天到达，就在郊外住了一夜，第二天才进城。后用为称颂地方官吏深受百姓爱戴之典。童儿，犹

“儿童”。

③鲜于子骏，宁非一路福星：语本宋·秦观《鲜于子骏行状》："公为东京转运使。温公曰：'子骏不当使外。顾东土承使者聚敛之后，民不聊生，烦子骏往救之耳。'比公行，又谓所亲曰：'福星往矣，安得百子骏布在天下乎！'"暨宋·李焘《续资治通鉴长编》卷三百六十一：(宋神宗元丰八年，)"朝议大夫鲜于侁为京东转运使。熙宁末，侁已尝为京东转运使。于是司马光语人曰：'今复以子骏为转运使，诚非所宜。然朝廷欲救东土之弊，非子骏不可。此一路福星也。可以为诸路转运使模范矣。'又曰：'安得百子骏布在天下乎！'侁既至，奏罢莱芜、利国两监铁冶，又乞海盐依河北通商，民大悦。"宋代文献，陈均《九朝编年备要》卷二十一、彭百川《太平治迹统类》卷十八亦载，引司马光语，皆有"一路福星"四字。鲜于子骏，鲜于侁(shēn，1019—1087)，字子骏，宋阆州(治今四川阆中)人。宋仁宗景祐五年(1038)进士。调京兆府栎阳县主簿、江陵右司理参军。庆历中迁秘书丞、通判绵州。宋神宗熙宁初，除利州路转运判官，升副使兼提举常平。时行新法，拒不散青苗钱，且捕械贪吏，不私姻戚。苏轼称其"上不害法，中不废亲，下不伤民"。徙京东西路转运使，所荐刘挚、李常等，多旧党知名者。元丰中知扬州，坐事罢。宋哲宗即位，起为京东路转运使。后除集贤殿修撰，知陈州。元祐二年(1087)卒，年六十九。精于经术，尤长于《楚辞》。有《诗传》《易断》等。生平见宋·秦观《淮海集·鲜于子骏行状》。《宋史》有传。一路福星，鲜于侁为京东转运使，临行，司马光对人说："福星往矣。"宋代史书引司马光语，多作"一路福星"。福星，即岁星，旧时术士谓岁星照临能降福于民。宋代行政大区称"路"，后以"路"为"道路"之"路"，以"一路福星"为祝人旅途平安之语。清·范寅《越谚》卷上："一路福星，又一路顺风，送远行语。"

④司马温公，真是万家生佛：旧注："司马光为相，封温国公，德惠及人，咸称之为'万家生佛'。"司马光勤政爱民，深得百姓爱戴。《宋史·司马光传》载："帝（神宗）崩，赴阙临，卫士望见，皆以手加额曰：'此司马相公也。'所至，民遮道聚观，马至不得行，曰：'公无归洛，留相天子，活百姓。'……起光知陈州，过阙，留为门下侍郎。苏轼自登州召还，缘道人相聚号呼曰：'寄谢司马相公，毋去朝廷，厚自爱以活我。'"天下为王安石新法所苦，都寄希望于司马光能革除弊政，还百姓生路。《宋史》本传载司马光去世时，"京师人罢市往吊，鬻衣以致奠，巷哭以过车。及葬，哭者如哭其私亲。岭南封州父老，亦相率具祭，都中及四方皆画像以祀，饮食必祝"。司马光去世，都城百姓自发吊唁致奠，天下四方都画像敬祀。司马温公，指北宋名臣司马光。司马光（119—1086），字君实，号迂夫，晚号迂叟，宋陕州夏县（今山西夏县）涑水乡人，世称"涑水先生"。司马池之子。少聪颖好学，以父荫为将作监主簿。宋仁宗宝元元年（1038）进士。累官知谏院、翰林学士、权御史中丞，复为翰林兼侍读学士。极力反对王安石所行新法，以"祖宗之法不可变"为由，数与王安石、吕惠卿等辩论，因出知永兴军。宋神宗熙宁四年（1071），判西京御史台，退居洛阳十五年，专修史书，绝口不论时事。宋哲宗即位，太皇太后高氏临朝，起为门下侍郎，拜左仆射，主持朝政。起用刘挚、范纯仁、范祖禹、吕大防等，悉除新法，恢复旧制。在相位八月卒，赠太师、温国公，谥文正。主编《资治通鉴》，为著名史书。生平见苏轼《司马温公行状》。《宋史》有传。万家生佛，千家万户的活佛。常用来比喻有恩德的官吏。宋·戴翼《贺陈待制启》："福星一路之歌谣，生佛万家之香火。"后世每以"一路福星""万家生佛"为对。

⑤鸾凤不栖枳（zhǐ）棘，羡仇香之为主簿：语本《后汉书·循吏传·仇览》："时考城令河内王涣，政尚严猛，闻览以德化人，署为主簿。

谓览曰：'主簿闻陈元之过，不罪而化之，得无少鹰鹯之志邪？'览曰：'以为鹰鹯，不若鸾凤。'涣谢遣曰：'枳棘非鸾凤所栖，百里岂大贤之路？今日太学曳长裾，飞名誉，皆主簿后耳。以一月奉为资，勉卒景行。'"东汉仇览胸怀大志，曾在考城令王涣署中做主簿，王涣治民严厉，认为他"少鹰鹯之志"，他则主张以德化人宽厚治民，认为做鹰鹯，不若鸾凤。王涣勉励他说："荆棘丛可不是鸾凤栖身之地啊，你这样的贤人在小县做主簿太屈才了。"并将自己一个月的俸禄送给他做盘缠，送他到太学读书。鸾凤，鸾鸟与凤凰。用来比喻贤俊之士。鸾，传说中凤凰一类的神鸟。枳棘，枳木与棘木。因为多刺而被称为恶木。常用来比喻艰难险恶的环境。《后汉书·黄琼传》："光武以圣武天挺，继统兴业，创基冰泮之上，立足枳棘之林。"仇香，仇览，一名香，字季智，东汉陈留考城（今河南民权）人。年四十为蒲亭长，劝农劝学，政绩显著。蒲亭人元的母亲控告陈元不孝，仇览亲自登门教诲，陈元终为孝子。蒲亭百姓为之歌唱："父母何在在我庭，化我鸱枭哺所生。"考城县令听闻仇览以德化人的事迹，聘他到署中做主簿。主簿，古代官名。汉代中央及郡县官署多置之。其职责为主管文书，办理事务。至魏晋时渐为将帅重臣的主要僚属，参与机要，总领府事。此后各中央官署及州县虽仍置主簿，但任职渐轻。

⑥河阳遍种桃花，乃潘岳之为县官：语本唐·白居易《白氏六帖》卷二十一："潘岳为河阳令，种桃李花，人号曰：河阳一县花。"潘岳在担任河阳县令时，在全县境内遍植桃李，使得河阳当时有"花县"之称。又，北周·庾信《枯树赋》："若非金谷满园树，即是河阳一县花。"河阳，古县名。在今河南孟州西。因地在黄河北岸而得名。山之南，水之北，谓之"阳"。潘岳（247—300），字安仁，西晋荥阳中牟（今河南中牟）人。少年时代即被世人誉为奇童。早辟司空太尉府。举秀才。出为河阳令，转怀县令。杨骏辅

政时,引为太傅主簿。杨骏被诛后,除名。后累迁为给事黄门侍郎。性轻躁趋利,谄事贾谧,为"二十四友"之首。赵王司马伦执政,潘岳与赵王伦的亲信孙秀有宿怨,孙秀诬以谋反诛之。潘岳善诗赋,是西晋文坛代表作家。与陆机齐名,有"潘江陆海"之称。今存《潘黄门集》辑本。

⑦刘昆宰江陵,昔日反风灭火:语本《后汉书·儒林传·刘昆》:"诏问昆曰:'前在江陵,反风灭火,后守弘农,虎北渡河,行何德政而致是事?'昆对曰:'偶然耳。'左右皆笑其质讷。帝叹曰:'此乃长者之言也。'"刘昆(?—57),字桓公,两汉之际陈留东昏(今河南兰考)人。汉宗室,梁孝王之后。平帝时,受《施氏易》于沛人戴宾。王莽时,教授弟子五百余人。汉光武帝建武五年(29),举孝廉,不行,教授于江陵。帝闻之,除为江陵令,迁弘农太守,累擢为光禄勋。光武帝询以在任时叩头求雨救火灾、虎负子渡河等异事,对以偶然耳。以老乞休,以千石禄终其身。宰江陵,任江陵县令。江陵,古县名。汉代为南郡下属县。地当今湖北荆州。反风灭火,东汉刘昆任江陵令时,有一次城中发生火灾,他向着熊熊燃烧的大火磕头,风势立即停止,大火因而平息。后用以比喻官员施行德政。

⑧龚遂守渤海,令民卖刀买牛:语本《汉书·循吏传·龚遂》:"(龚)遂见齐俗奢侈,好末技,不田作,乃躬率以俭约,劝民务农桑。……民有带持刀剑者,使卖剑买牛,卖刀买犊,曰:'何为带牛佩犊!'春夏不得不趋田亩,秋冬课收敛,益蓄果实菱芡。劳来循行,郡中皆有蓄积,吏民皆富实。狱讼止息。"龚遂(?—前62),字少卿,西汉山阳南平阳(今山东邹城)人。以明经仕昌邑王刘贺郎中令,勇于谏诤。昌邑王废,髡为城旦。汉宣帝时,为渤海太守。时值饥荒,遂单车至郡,招抚起事农民,开仓济贫,劝民农桑,令民卖剑买牛,卖刀买犊,境内大治。后拜为水衡都尉。渤海,汉代郡名。地当今河北沧州、山东德州、天津东南部一带。卖刀买牛,指

卖掉武器，从事农业生产。东汉龚遂担任渤海知州时，得知当地民风彪悍，不喜欢种田，便要求大家卖掉武器买来耕牛，从事农业生产，百姓很快富足起来。后用以比喻官员勤政爱民，重本务农。

⑨德政：旧指有仁德的政治措施或政绩。《左传·隐公十一年》："既无德政，又无威刑。"

⑩令名：美好的声誉。《左传·襄公二十四年》："侨闻君子长国家者，非无贿之患，而无令名之难。"攸著：显著，著名。攸，词头，放在动词前，无实义，相当于"所"。

【译文】

鲁恭担任中牟令，因为宽待万物，连野鸡也驯服地飞过来和他一同在桑树下歇息，令同行的上级官员连声称奇；郭伋担任并州太守，因为仁慈守信，地方上的儿童都骑着竹马欢迎他，并热切期待他再次到来。

鲜于子骏，是到处带来好运的"一路福星"；司马温公，是深受百姓爱戴的"万家生佛"。

鸾凤前程远大，不会在枳棘之中久留，这是仇香出任考城主簿时，县令对他的鼓励和赞美，真令人羡慕；河阳县到处种植桃花，这是潘岳担任县官时的成果。

刘昆任江陵县令，先前向着熊熊大火磕头，风势立即停止，大火因而平息；龚遂任渤海太守，要求当地人卖掉武器买来耕牛，从事农业生产，百姓很快富足起来。

以上事迹都是值得歌颂的贤人仁政，所以在历史上美名远扬。

武职

【题解】

本篇23联，讲的都是和武将有关的成语典故。一部分内容，讲武官制度，反映的是明代军事建制；一部分内容，介绍项羽、韩信等历史名将。

韩、柳、欧、苏①,固文人之最著②;起、翦、颇、牧,乃武将之多奇③。

范仲淹,胸中具数万甲兵④;楚项羽,江东有八千子弟⑤。

孙膑、吴起⑥,将略堪夸⑦;穰苴、尉缭⑧,兵机莫测⑨。

姜太公有《六韬》⑩,黄石公有《三略》⑪。

韩信将兵,多多益善⑫;毛遂讥众,碌碌无奇⑬。

【注释】

①韩、柳、欧、苏:分指韩愈、柳宗元、欧阳修、苏轼,他们是唐宋最著名的文人。韩愈(768—824),字退之,唐河阳(今河南孟州西)人。郡望昌黎,后人因称"韩昌黎"。晚任吏部侍郎,谥文,后人又称"韩吏部""韩文公"。唐德宗贞元八年(792)登进士第,三上吏部试无成,乃任节度推官,其后任监察御史等职。贞元十九年(803),因言关中旱灾,触权臣怒,贬阳山令。贞元二十一年(805)正月,唐顺宗即位,王伾、王叔文执政,韩愈持反对态度。秋,唐宪宗即位,量移江陵府法曹参军。唐宪宗元和元年(806),召拜国子博士。元和十二年(817)从裴度讨淮西吴元济有功,升任刑部侍郎。元和十四年(819),上表谏宪宗迎佛骨,贬潮州刺史。次年唐穆宗即位,召拜国子祭酒。唐穆宗长庆二年(822),以赴镇州宣慰王廷凑军有功,转任吏部侍郎、京兆尹等职。长庆四年(824)十二月卒于长安。其生平详见唐·皇甫湜《昌黎韩先生墓志铭》、唐·李翱《韩公行状》及两《唐书》本传。韩愈乃唐代著名思想家及作家,一生以恢宏儒道、排斥佛老为己任,与柳宗元共倡古文,被后世尊为唐宋古文八大家之首。宋代苏轼称其"文起八代之衰,而道济天下之溺"(《潮州韩文公庙碑》)。柳宗元(773—819),字子厚,唐河东解县(今山西运城)人。世

称"柳河东"。唐德宗贞元九年（793）进士。参加王叔文革新集团，任礼部员外郎。革新失败后，贬永州司马。后迁柳州刺史。与韩愈同为古文运动倡导者，并称"韩柳"。为"唐宋八大家"之一。有《河东先生集》。欧阳修（1007—1072），字永叔，号醉翁、六一居士，谥号"文忠"，宋吉州庐陵（今江西吉安）人。官至翰林学士、枢密副使、兵部尚书、参知政事，世称"欧阳文忠公"。苏轼（1037—1101），字子瞻，一字和仲，自号东坡居士，宋眉州眉山（今四川眉山）人。与父苏洵、弟苏辙，合称"三苏"。宋仁宗嘉祐二年（1057）进士。嘉祐六年（1061），苏轼应仁宗直言极谏策问，入三等，授大理寺评事签书凤翔府节度判官厅公事。后又再中制科，召试得直史馆，摄开封府推官。宋神宗熙宁中上书论王安石新法之不便，出为杭州通判。徙知密、徐、湖三州。元丰中，因诗托讽，逮赴台狱，后以黄州团练副使安置。宋哲宗即位，起知登州，累官中书舍人、翰林学士兼侍读。以龙图阁学士知杭州。元祐六年（1091），召为翰林承旨，寻因谗出知颍州，徙扬州。后以端明殿、翰林侍读两学士出知定州，后贬惠州。绍圣中累贬琼州别驾，居昌化。宋徽宗立，元符三年（1100）赦还，提举玉局观，复朝奉郎。寻病逝于常州。谥文忠。著有《东坡七集》《东坡志林》《东坡乐府》《仇池笔记》《论语说》等。

②固：固然，当然，本来。最著：最著名的。

③起、翦、颇、牧，乃武将之多奇：语本《千字文》："起翦颇牧，用军最精。"起、翦、颇、牧，分指白起、王翦、廉颇、李牧。他们是战国时期最著名的将军，并称"战国四将"。白起（？—前257），一称"公孙起"，战国时秦国郿（今陕西郿县）人。善用兵。秦昭王十三年（前294），为左庶长，率兵击韩。次年，为左更，大败韩、魏于伊阙，升国尉。秦昭王十五年（前292）为大良造。屡战获胜，夺得韩、魏、赵、楚凡七十余城。秦昭王二十九年（前278）攻克楚

都郢，因功封武安君。秦昭王四十七年（前260），在长平之战大胜赵军，竟坑杀赵降卒四十多万。为相国范雎所忌。秦昭王五十年（前257），秦围邯郸失利，白起本不赞成此役，因称病不起。被免为士伍，旋被逼自杀。王翦（？—前208），战国时秦国频阳东乡（今陕西富平）人。秦王政时先后破赵，攻燕，定赵、燕、蓟诸地。后奉命率军六十万击楚，杀楚将项燕，虏楚王负刍，灭楚。以功封武成侯。王翦儿子王贲同为秦始皇兼灭六国的大功臣。山东六国中除韩之外的五国均为王翦父子所灭。廉颇（前327？—前243？），战国时赵国人。赵惠文王时为将，升并上卿。屡次战胜齐、魏等国，略取齐之几，魏之防陵、安阳等地。长平之战，坚壁固守，使秦出师三年，劳而无功。后因赵中秦反间计，改用赵括为将，致遭大败。赵孝成王十五年（前251），燕发大军攻赵，颇率军反击，杀燕将栗腹，进围燕都，燕割五城求和。因功封于尉文，为信平君，任假相国。赵悼襄王时，使乐乘代之。奔魏居大梁，后老死于楚。李牧（？—前228），战国后期赵国名将。长期在代郡、雁门抗击匈奴。日享士卒，得军心。习骑射，出奇兵，大破匈奴。赵王迁二年（前234），秦大举攻赵。次年，牧大破秦军于肥，以功封武安君。秦使赵王嬖臣郭开诬牧欲反，被斩。秦遂灭赵。多奇，多有奇异之处，指（才华）超群出众。战国楚·宋玉《神女赋》："近之既妖，远之有望。骨法多奇，应君之相。视之盈目，孰者克尚。"晋·陆机《辩亡论》上："宾礼名贤，而张昭为之雄；交御豪俊，而周瑜为之杰。彼二君子，皆弘敏而多奇，雅达而聪哲。"

④范仲淹，胸中具数万甲兵：语本宋·朱熹《宋名臣言行录》前集卷七引《名臣传》："仲淹领延安，阅兵选将，日夕训练，又请戒诸路，养兵畜锐，毋得轻动。夏人闻之，相戒曰：'无以延州为意，今小范老子腹中自有数万甲兵，不比大范老子可欺也！'戎人呼知州为'老子'。大范，谓雍也。"宋仁宗康定元年（1040），范仲淹任陕

西经略安抚副使、兼知延州，用兵有方，西夏人佩服他的谋略，不敢侵犯延州，说他胸中有数万甲兵，不好对付。此事在宋代流传甚广，广见于宋代文献。陈均《九朝编年备要》卷十一、吕中《宋大事记讲义》卷十二、孔平仲《孔氏谈苑》卷三、叶釐《爱日斋丛抄》卷二、潘自牧《记纂渊海》卷六十五、林駉《古今源流至论》后集卷七皆载。《记纂渊海》据朱熹书，《古今源流至论》亦注明据《名臣传》。范仲淹（989—1052），字希文，祖籍邠州（治今陕西彬州），移居吴县（今江苏苏州）。幼孤，母改嫁长山朱姓，遂名朱说，入仕后始还姓更名。宋真宗大中祥符八年（1015）进士。历秘阁校理、右司谏、权知开封府。宋仁宗景祐三年（1036），上《百官图》，论用人是非，忤吕夷简，出知饶、润、越三州。康定元年（1040），任陕西经略安抚副使、兼知延州，改环庆路经略安抚、缘边招讨使，守边数年，负防御西夏重任。庆历三年（1043），入为枢密副使，进参知政事。上十事疏，推行新政，为夏竦等中伤，罢政，出知邠州兼陕西四路安抚使。官终户部侍郎、知青州。卒谥文正。工诗文及词。晚年所作《岳阳楼记》，有"先天下之忧而忧，后天下之乐而乐"之语，为世所传诵。有《范文正公集》。胸中具数万甲兵，比喻胸有谋略，长于用兵。

⑤楚项羽，江东有八千子弟：语本《史记·项羽本纪》："且籍与江东子弟八千人渡江而西，今无一人还，纵江东父兄怜而王我，我何面目见之！"项羽兵败垓下，乌江亭长划船欲渡他过江，他说自己带领江东子弟八千人渡江出征，现在没有一个人跟着回来，无颜见江东父老。项羽（前232—前202），名籍，字羽，下相（今江苏宿迁）人。楚国贵族出身。秦二世元年（前209），从叔父项梁在吴中（今江苏苏州）起义。项梁战死后，他杀宋义，率军渡河救赵，钜鹿一战摧毁章邯的秦军主力。秦亡后称"西楚霸王"。后与刘邦争帝，进行了长达四年的楚汉战争，公元前202年兵败，在乌江

浦自杀。江东，因长江在安徽境内向东北方向斜流，而以此段江为标准确定东西和左右。所指区域有大小之分，广义上的江东，包括今皖南、皖东、苏南、浙江以及今江西赣东北（东部）。子弟，这里指从军者，兵丁。《史记·淮阴侯列传》："且三秦王为秦将，将秦子弟数岁矣，所杀亡不可胜计，又欺其众降诸侯。"

⑥孙膑：生卒年不详，名亦失传，战国时齐国阿（今山东阳谷）人。曾与庞涓同学兵法。庞涓为魏将，妒忌孙膑才能出于己，乃阴召孙膑至魏，假他事处以膑刑（剔去膝盖骨之刑），故称"孙膑"。后为齐使秘载归齐，齐威王以为师。协助田忌，在桂陵、马陵大破魏军，杀庞涓，以此名显天下。所著《孙膑兵法》，《汉书·艺文志》称为《齐孙子》，久失传。1972年山东临沂银雀山汉墓出土竹简中，有其书。吴起（？—前381）：战国时卫国左氏（今山东定陶）人。善用兵。初仕鲁，后入魏为将，屡建战功，任为西河守，以拒秦、韩。魏文侯死，遭大臣陷害，逃奔楚。楚悼王素慕起才，至即任为相。相楚期间，明法审令，裁减冗官，废公族疏远者，以抚养战斗之士，要在强兵。于是南平百越，北并陈、蔡，却三晋，西伐秦，国势日强。楚悼王死，为宗室大臣杀害。兵法与孙武、孙膑齐名，有《吴起》，已佚。今本《吴子》为后人所编。

⑦将略：用兵的谋略。《三国志·蜀书·诸葛亮传》："然亮才，于治戎为长，奇谋为短，理民之干，优于将略。"

⑧穰苴（ráng jū）：即司马穰苴，本姓田，春秋时齐国人。大夫，齐景公时晋、燕侵齐，晏婴荐为将，却晋、燕之师，尽复失地。公郊迎劳师，尊为大司马，故称"司马穰苴"。后受谗被黜退，病死。战国齐威王仿效其行兵之法而威行诸侯。使大夫追论古者司马兵法，附穰苴于其中，因称《司马穰苴兵法》。尉缭（liáo）：战国末期魏国大梁（今河南开封）人。曾到秦国游说，被任命为国尉，因此被称为"尉缭"。《史记·秦始皇本纪》："大梁人尉缭来，说秦王曰：

'以秦之强，诸侯譬如郡县之君，臣但恐诸侯合从，翕而出不意，此乃智伯、夫差、湣王之所以亡也。愿大王毋爱财物，赂其豪臣，以乱其谋，不过亡三十万金，则诸侯可尽。'秦王从其计，见尉缭亢礼，衣服食饮与缭同。缭曰：'秦王为人，蜂准，长目，挚鸟膺，豺声，少恩而虎狼心，居约易出人下，得志亦轻食人。我布衣，然见我常身自下我。诚使秦王得志于天下，天下皆为虏矣。不可与久游。'乃亡去。秦王觉，固止，以为秦国尉，卒用其计策。"但传世本《尉缭子》开篇即有"梁惠王问尉缭子曰"，则尉缭子为魏惠王时人。魏惠王生于前400年，卒于前319年；秦始皇生于前259年，卒于前210年。秦始皇与魏惠王相去百余年。《史记·秦始皇本纪》所记之尉缭，与传世本《尉缭子》之尉缭子，恐非一人。

⑨兵机：用兵的机谋，军事机要。《吴子·图国》："吴起儒服以兵机见魏文侯。"莫测：神妙的计谋，使人难以预料。

⑩姜太公：太公望吕尚的别名。东汉·徐幹《中论·审大臣》："又有不因众誉而获大贤，其惟文王乎！畋于渭水边，道遇姜太公，皤然皓首，方秉竿而钓。"吕尚，或作"姜尚"，姜姓，吕氏，名尚，俗传字子牙。家贫，钓于渭滨，周文王遇之，与语，大悦曰："吾太公望子久矣。"故称"太公望"，俗称"姜太公"。周武王时尊为"师尚父"。灭商有大功，封于齐，都营丘，为齐之始祖。留周为太师。有征伐五侯九伯之权。先秦时期，关于吕尚的传说就非常多。《史记·姜太公世家》："太公望吕尚者，东海上人。其先祖尝为四岳，佐禹平水土甚有功。虞夏之际封与吕，或封于申，姓姜氏。夏商之时，申、吕或封枝庶子孙，或为庶人，尚其后苗裔也。本姓姜氏，从其封姓，故曰'吕尚'。吕尚盖尝穷困，年老矣，以渔钓奸周西伯。西伯将出猎，卜之，曰'所获非龙非彨，非虎非罴；所获霸王之辅'。于是周西伯猎，果遇太公于渭之阳，与语大说，曰：'自吾先君太公曰"当有圣人适周，周以兴"。子真是邪？吾太公望

子久矣。'故号之曰'太公望',载与俱归,立为师。或曰,太公博闻,尝事纣。纣无道,去之。游说诸侯,无所遇,而卒西归周西伯。或曰,吕尚处士,隐海滨。周西伯拘羑里,散宜生、闳夭素知而招吕尚。吕尚亦曰'吾闻西伯贤,又善养老,盍往焉'。三人者为西伯求美女奇物,献之于纣,以赎西伯。西伯得以出,反国。言吕尚所以事周虽异,然要之为文武师。"《六韬》:又称为《六弢》,古代兵书名。相传为姜太公所撰。分文韬、武韬、龙韬、虎韬、豹韬、犬韬六卷。《庄子·徐无鬼》:"吾所以说吾君者,横说之则以《诗》《书》《礼》《乐》,从说之则以《金板》《六弢》。"唐·成玄英疏:"《金版》《六弢》,《周书》篇名也,或言秘谶也。本有作'韬'字者,随字读之,云是太公兵法,谓文、武、虎、豹、龙、犬六弢也。"

⑪黄石公:亦称"圯(yí)上老人"。秦末隐士,失其姓名。相传张良于博浪沙(在今河南原阳东关)刺秦始皇失败后,逃亡至下邳(今江苏睢宁),在圯上(按,即桥上)遇见一老父。老父授张良以《太公兵法》,并言称十三年后,到济北穀城山下,见到一块黄石,那就是他。十三年后,张良从刘邦过济北,果在穀城山下得黄石。良死,遂与黄石并葬。事见《史记·留侯世家》。后因称圯上授张良《太公兵法》的老父为"黄石公"。《三略》:古兵书名。相传为秦汉之际黄石公所作,传于张良。全书分《上略》《中略》《下略》。《隋书·经籍志》有《黄石公三略》三卷,已佚。今存者为后人依托成篇,收入《武经七书》中。

⑫韩信将兵,多多益善:语本《史记·淮阴侯列传》:"上常从容与信言诸将能不,各有差。上问曰:'如我能将几何?'信曰:'陛下不过能将十万。'上曰:'于君何如?'曰:'臣多多而益善耳。'上笑曰:'多多益善,何为为我擒?'信曰:'陛下不能将兵,而善将将,此乃信之所以为陛下禽也。且陛下所谓天授,非人力也。'"韩信(?—前196),西汉淮阴(今江苏淮安)人。韩信早年家贫,常从

人寄食，曾受胯下之辱。秦末参加项羽部队，因不受重用，改投刘邦，被拜为大将军。楚汉战争中，刘邦采纳他的建议，攻占关中。刘邦、项羽在荥阳相持时，他率军袭击项羽侧翼，占据黄河下游地区。后被刘邦封为齐王。前202年于垓下（今安徽灵璧南）击灭项羽。楚汉战争结束后，被解除兵权，又被诬谋反，降为淮阴侯。后被吕后设计诱杀。将兵，带兵。将，带，率领。多多益善，越多越好。汉高祖刘邦问韩信能统领多少士兵，韩信回答说"多多益善"，也就是说越多越好，说明韩信富有军事指挥才能。

⑬毛遂讥众，碌碌无奇：语本《史记·平原君列传》："毛遂左手持盘血而右手招十九人曰：'公相与歃此血于堂下。公等录录（通'碌碌'），所谓因人成事者也。'"毛遂，战国时赵国人。平原君门下食客。赵孝成王九年（前257），秦围赵都邯郸，王使平原君求救于楚。于门客中选文武具备之二十人为从。得十九人，毛遂乃自荐同往。平原君与楚议而不决。毛遂按剑而上，陈说救赵击秦之利害，楚乃定约，发兵救赵。平原君谓其三寸之舌，强于百万之师，以之为上客。碌碌无奇，平庸，平凡，无特殊才能。战国时期，赵国平原君要向楚王求救兵，想带二十名门客，只得十九名，毛遂自荐参加，在与楚王谈判陷于僵局时，毛遂按剑上前，迫使楚王立誓与赵国联合抗秦。事后毛遂讥笑同行者庸庸碌碌，靠别人才办成大事。

【译文】

韩愈、柳宗元、欧阳修、苏轼，是文人中最著名的；白起、王翦、廉颇、李牧，是武将中最特出的。

北宋名臣范仲淹具大将风范，胸中如同藏有数万名士卒；西楚霸王项羽威震天下，身后追随江东八千子弟兵。

孙膑、吴起的指挥才能，值得夸赞；司马穰苴、尉缭子的用兵策略，高深莫测。

　　姜太公编写兵书《六韬》，分为文韬、武韬、龙韬等六卷；黄石公著有兵书《三略》，分为上略、中略、下略三部。

　　韩信带兵能力极强，堪称"多多益善"；毛遂独自说服楚王，讥笑同事"碌碌无奇"。

　　大将，曰干城①；武士，曰武弁②。
　　都督③，称为大镇国④；总兵⑤，称为大总戎⑥。
　　都阃⑦，即是都司⑧；参戎⑨，即是参将⑩。
　　千户有户侯之仰⑪，百户有百宰之称⑫。
　　以车为户，曰辕门⑬；显揭战功，为露布⑭。
　　下杀上，谓之弑⑮；上伐下，谓之征⑯。

【注释】

①干城：二字分别指盾牌和城墙。比喻捍卫或捍卫者。《诗经·周南·兔罝》："赳赳武夫，公侯干城。"东汉·郑玄笺："干也，城也，皆以御难也。此罝兔之人，贤者也，有武力，可任为将帅之德，诸侯可任以国守，扞城其民，折冲御难于未然。"

②武弁（biàn）：原意为武冠也即军人戴的帽子，这里指武官。弁，帽子，头巾。《明史·熹宗纪》："国家文武并用，顷承平日久，视武弁不啻奴隶，致令豪杰解体。"

③都督：此指明朝的五府都督，与三国都督不同。明改元代枢密院为大都督府，后又分其权，设中军、左军、右军、前军、后军五都督府。《明史·职官志一》："分大都督府为五，而征调隶于兵部。……初，领五都督府者，皆元勋宿将，军制肃然。"《职官志五》："中军、左军、右军、前军、后军五都督府，每府左右都督（正一品）、都督同知（从一品）、都督佥事（正二品，恩功寄禄，无定

员）。其属,经历司,经历（从五品）,都事（从七品）各一人。都督府掌军旅之事,各领其都司、卫所,以达于兵部。"

④大镇国：明代对五府左右都督的雅称。镇国将军为明代武官散阶衔,从二品。

⑤总兵：武官名。明代遣将出征,别设总兵官、副总兵官以统领军务。其后总兵官镇守一方,渐成常驻武官,简称"总兵"。清因之,于各省置提督,提督下分设总兵官及副总兵官。总兵所辖者为镇,故亦称"总镇"。清·黄宗羲《明夷待访录·兵制二》："有明虽失其制,总兵皆用武人,然必听节制于督抚或经略。则是督抚、经略,将也;总兵,偏裨也。"

⑥总戎：统帅。也用作某种武职的别称。如唐人称节度使为"总戎",明清称总兵为"总戎"。

⑦都阃(kǔn)：指统兵在外的将帅。阃,本义是门槛,可引申为城门、郭门,故阃外即城门、郭门之外,引申为京城或朝廷以外,亦指外任将吏驻守管辖的地域,与朝中、朝廷相对。清·方还《旧边诗·大同》："绕镇卫城分十五,沿边都阃辖西东。"

⑧都司："都指挥使司"的简称,是明代掌管一方军政的官署,与承宣布政使司（简称"布政司"）、提刑按察使司（简称"按察司"）并称"三司"。《明史·职官志五》："都司,掌一方之军政,各率其卫所以隶于五府,而听于兵部。……明初,置各行省行都督府,设官如都督府。又置各都卫指挥使司。洪武四年,置各都卫断事司,以理军官、军人词讼。又以都卫节制方面,职系甚重,从朝廷选择升调,不许世袭。七年,置西安行都卫指挥使司于河州。八年十月,诏各都卫并改为都指挥使司,凡改设都司十有三,（燕山都卫为北平都司,西安都卫为陕西都司,太原都卫为山西都司,杭州都卫为浙江都司,江西都卫为江西都司,青州都卫为山东都司,成都都卫为四川都司,福州都卫为福建都司,武昌都卫为湖广都

司,广东都卫为广东都司,广西都卫为广西都司,定辽都卫为辽东都司,河南都卫为河南都司。)行都司三,（西安行都卫为陕西行都司,大同都卫为山西行都司,建宁都卫为福建行都司。)十五年,增置贵州、云南二都司。后以北平都司为北平行都司。永乐元年改为大宁都司。宣德中,增置万全都司。计天下都司凡十有六。（十三省都司外,有辽东、大宁、万全三都司。)又于建昌置四川行都司,于郧阳置湖广行都司。计天下行都司凡五。"

⑨参戎:明清时期的武官参将,俗称"参戎"。

⑩参将:武官名。明置,位次于总兵、副总兵。《明史·职官志五》:"总兵官、副总兵、参将、游击将军、守备、把总,无品级,无定员。总镇一方者为镇守,独镇一路者为分守,各守一城一堡者为守备,与主将同守一城者为协守。又有提督、提调、巡视、备御、领班、备倭等名。"清因之,位次于副将。凡参将之为提督及巡抚统理营务的,称"提标中军参将""抚标中军参将"。清朝绿营军阶,由高至低分别为提督、总兵、副将、参将、游击、都司、守备、千总及百总。

⑪千户:武官名。明代千户统领千人。又,千户所为明代军事建制。《明史·兵志二》:"革诸将袭元旧制枢密、平章、元帅、总管、万户诸官号,而核其所部兵五千人为指挥,千人为千户,百人为百户,五十人为总旗,十人为小旗。天下既定,度要害地,系一郡者设所,连郡者设卫。大率五千六百人为卫,千一百二十人为千户所,百十有二人为百户所。所设总旗二,小旗十,大小联比以成军。"户侯:明代尊称千户为"大户侯"。此"户侯",与历史上作为爵位的千户侯不同。仰:景仰、尊敬。此指敬称。

⑫百户:武官名。元设百户为"百夫之长",隶属于千户,为世袭军职。《元典章·兵部·整治军兵》:"万户、千户、百户不肯奉公优恤军人,专务克取益己。"明代百户统领百人。清代把总,亦称

"百户"。百宰：明代"百户"、清代"把总"别称。清·王用臣《幼学歌》卷四《各衙门官职称名·武官》："'把总'亦曰'百宰'。"

⑬以车为户，曰辕门：语本《周礼·天官·掌舍》："设车宫、辕门。"东汉·郑玄注："谓王行止宿阻险之处，备非常。次车以为藩，则仰车以其辕表门。"暨《史记·项羽本纪》："已破秦军，项羽召见诸侯将入辕门，无不膝行而前，莫敢仰视。"南朝宋·裴骃集解引三国魏·张晏："军行以车为阵，辕相向为门，故曰'辕门'。"以车为户，将两车的车辕相对，作为出征君王或将帅营帐的大门。户，门。辕门，古代帝王巡狩、田猎的止宿处，以车为藩；出入之处，仰起两车，车辕相向以表示门，称"辕门"。将帅出征，亦然。故"辕门"亦指领兵将帅的营门。《六韬·分合》："大将设营而陈，立表辕门。"辕，车前驾牲畜的两根直木。

⑭显揭战功，为露布：语本唐·封演《封氏闻见记·露布》："露布，捷书之别名也。诸军破贼，则以帛书建诸竿上，兵部谓之'露布'。"显揭，昭示公布。露布，告捷文书。亦泛指布告、通告之类。三国魏·曹操《表论田畴功》："又使部曲持臣露布，出诱胡众。"

⑮下杀上，谓之弑（shì）：古代下级与晚辈杀死尊长叫"弑"。多指臣子杀死君主，儿女杀死父母。《周易·坤卦》："臣弑其君，子弑其父，非一朝一夕之故，其所由来者渐矣。"《左传·宣公十八年》："凡自内虐其君曰'弑'，自外曰'戕'。"《释名·释丧制》："下杀上曰'弑'。弑，伺也，伺间而后得施也。"

⑯上伐下，谓之征：语本《孟子·尽心下》："《春秋》无义战。彼善于此，则有之矣。征者，上伐下也，敌国不相征也。"上伐下，指天子讨伐诸侯。征，征讨，征伐。古时多代指发动正义战争。

【译文】

大将，叫作"干城"；武士，又称"武弁"。

都督，称为"大镇国"；总兵，称为"大总戎"。

"都阃",指的就是都司;"参戎",指的就是参将。

千户头目即千夫长,被尊称为"户侯";百户头目即百夫长,被尊称为"百宰"。

将帅行军,仰起两车,车辕相向,作为营门,叫作"辕门";军中报捷,将战绩写在旗帜上,用杆子高高挑起,称为"露布"。

下杀上,叫作"弑";上伐下,称为"征"。

交锋①,为对垒②;求和③,曰求成④。

战胜而回,谓之凯旋⑤;战败而走⑥,谓之奔北⑦。

为君泄恨,曰敌忾⑧;为国救难,曰勤王⑨。

胆破心寒,比敌人慑服之状⑩;风声鹤唳⑪,惊士卒败北之魂。

汉冯异当论功,独立大树下,不夸己绩⑫;汉文帝尝劳军,亲幸细柳营,按辔徐行⑬。

苻坚自夸将广,投鞭可以断流⑭;毛遂自荐才奇,处囊便当脱颖⑮。

【注释】

①交锋:锋刃相接。谓双方交战。《东观汉记·光武帝纪》:"交锋之日,神星昼见,太白清明。"

②对垒:两军相持,交战。《晋书·宣帝纪》:"(诸葛亮)数挑战,帝不出。……与之对垒百余日。"垒,指军壁,防护军营的墙壁或建筑物。

③求和:战败或处境不利的一方,向对方请求停止作战,恢复和平。《战国策·赵策三》:"故不若亟割地求和,以疑天下,慰秦心。"唐·刘𫗧《隋唐嘉话》卷上:"靖请倾府库,略以求和,潜军邀其归

路。帝从其言，胡兵遂退。"

④求成：求和。《左传·隐公元年》："惠公之季年，败宋师于黄，公立而求成焉。"《史记·越王勾践世家》："乃令大夫种行成于吴。"唐·司马贞索隐："成者，平也，求和于吴也。"

⑤凯旋：战争获胜，军队奏着得胜乐曲归来。亦泛指获胜归来。南朝宋·谢灵运《撰征赋》："愿关邺之遄清，迟华銮之凯旋。"凯，凯歌，军队得胜所奏的乐曲。旋，回，还。周礼，军队获胜，在祖庙献功，所奏之乐称"恺乐"，所唱乐歌称"恺歌"。《说文解字》："恺，乐也。从心，岂声。"恺，俗作"凯"。《周礼·春官》："大司乐掌成均之法，以治建国之学政，而合国之子弟焉。……王师大献，则令奏恺乐。……乐师掌国学之政，以教国子小舞。……凡军大献，教恺歌，遂倡之。"东汉·郑玄注："大献，献捷于祖。恺乐，献功之乐。郑司农说以《春秋》晋文公败楚于城濮，传曰'振旅恺以入于晋'。"唐·贾公彦疏："云'大献'者，谓师克胜，献捷于祖庙也。云'教恺歌'者，'恺'谓'恺诗'，师还未至之时，预教瞽瞍入祖庙，遂使乐师倡道为之，故云'遂倡之'。"

⑥走：逃跑。

⑦奔北：败北，战败逃走。《尚书·甘誓》"弗用命，戮于社"西汉·孔安国传："不用命奔北者，则戮之于社主前。"唐·孔颖达疏："奔北，谓背陈走也。"北，即"背"，军队败逃称"败北"，取其引申义，谓背而走也，即向行军目标相反的方向溃逃。

⑧敌忾（kài）：怀抱极大的仇恨和愤怒，共同一致地对付敌人。《左传·文公四年》："诸侯敌王所忾，而献其功。"晋·杜预注："敌，犹当也；忾，恨怒也。"忾，愤怒，愤恨。

⑨勤王：本义为勤于王事，尽心为天子做事。《左传·僖公二十五年》："秦伯师于河上，将纳王。狐偃言于晋侯曰：'求诸侯，莫如勤王。诸侯信之，且大义也。继文之业而信宣于诸侯，今为可

矣。'"后多指君主的统治受到威胁而动摇时，臣子起兵救援王朝。《后汉书·袁绍传》："乃下诏书于绍，责以地广兵多而专自树党，不闻勤王之师。"

⑩胆破心寒，比敌人慑服之状：语本宋·朱熹《宋名臣言行录》前集卷七："公与韩琦协谋，必欲收复灵夏横山之地。边上谣曰：'军中有一韩，西贼闻之心骨寒；军中有一范，西贼闻之惊破胆。'元昊大惧，遂称臣。"朱子所据《名臣传》一书早佚，然"边上谣"（"军中有一韩，西贼闻之心骨寒；军中有一范，西贼闻之惊破胆。"）广为流传，宋代文献，徐自明《宋宰辅编年录》卷五、吕中《宋大事记讲义》卷十二、王偁《东都事略》卷五十九上、赵善璙《自警编》卷六、曾慥《类说》卷二、林駉《古今源流至论》卷三、阙名《翰苑新书》卷四十四、谢维新《古今合璧事类备要》后集卷十、章定《名贤氏族言行类稿》卷四十一、潘自牧《记纂渊海》卷六十五、阙名《锦绣万花谷》续集卷三十三、孔平仲《谈苑》卷三等皆引之。胆破心寒，形容由于恐惧而屈服的样子。胆破，胆裂，形容极其惊惧。东汉·陈琳《为袁绍与公孙瓒文》："及龙河之师，羸兵前诱，大军未济，而足下胆破众散，不鼓而败，兵众扰乱，君臣并奔。"《南史·王融传》："及融诛，召准入舍人省诘问，遂惧而死，举体皆青，时人以准胆破。"慑服，因恐惧而屈服。《史记·范雎蔡泽列传》："楚、赵皆慑伏不敢攻秦者，白起之势也。"

⑪风声鹤唳（lì）：语出《晋书·谢玄传》："坚众奔溃，自相蹈藉投水死者不可胜计，肥水为之不流。余众弃甲宵遁，闻风声鹤唳，皆以为王师已至，草行露宿，重以饥冻，死者十七八。"东晋时，秦主苻坚率众南侵，号称百万，列阵淝水，谢玄等率精兵八千渡水击之。秦兵大败，坚众奔溃，自相蹈藉，投水死者不可胜计，淝水为之不流。余众弃甲宵遁，闻风声鹤唳，皆以为追兵已至。后因以"风声鹤唳"形容极端惊慌疑惧或自相惊扰。败北，战败逃跑。《史

记·项羽本纪》：“吾起兵至今八岁矣，身七十余战……未尝败北，遂霸有天下。”

⑫“汉冯异当论功”三句：语本《后汉书·冯异传》：“异为人谦退不伐，行与诸将相逢，辄引车避道。进止皆有表识，军中号为整齐。每所止舍，诸将并坐论功，异常独屏树下，军中号曰‘大树将军’。及破邯郸，乃更部分诸将，各有配隶。军士皆言愿属大树将军，光武以此多之。”冯异（？—34），字公孙，东汉颍川父城（今河南宝丰）人。好读书，通《左氏春秋》《孙子兵法》。新莽末以郡掾监五县，为王莽拒刘秀。后归刘秀，为主簿，从破王郎，平河北。为人谦退不伐，每所止舍，诸将并坐论功，异退处树下，军中号“大树将军”。刘秀即帝位，封阳夏侯。任征西大将军，击败赤眉军于崤底。后攻公孙述、隗嚣，卒于军，谥节。

⑬“汉文帝尝劳军”三句：语本《史记·绛侯周勃世家》：“上自劳军。……已而之细柳军。……天子先驱至，不得入。先驱曰：‘天子且至！’军门都尉曰：‘将军令曰军中闻将军令，不闻天子之诏。’居无何，上至，又不得入。于是上乃使使持节诏将军：‘吾欲入劳军。’亚夫乃传言开壁门。壁门士吏谓从属车骑曰：‘将军约，军中不得驱驰。’于是天子乃按辔徐行。至营，将军亚夫持兵揖曰：‘介胄之士不拜，请以军礼见。’天子为动，改容式车。使人称谢：‘皇帝敬劳将军。’成礼而去。既出军门，群臣皆惊。文帝曰：‘嗟乎，此真将军矣！曩者霸上、棘门军，若儿戏耳，其将固可袭而虏也。至于亚夫，可得而犯邪！’称善者久之。月余，三军皆罢。乃拜亚夫为中尉。”汉文帝，汉朝的第三个皇帝刘恒（前202—前157），高祖之子。初封代王。吕后死，大臣诛诸吕，迎立为帝。轻徭薄赋，与民休息，提倡农耕，经济渐次恢复，社会日趋安定。汉景帝因之，史称“文景之治”。在位二十三年。劳军，慰劳军队。《史记·乐毅列传》：“燕昭王大说，亲至济上劳军，行赏

餐士。"幸，古代称帝王亲临。意思是皇帝的到来，给当地带来幸运。《史记·孝文本纪》："五月，匈奴入北地，居河南为寇。帝初幸甘泉。"细柳营，汉文帝时，周亚夫为将军，曾将军队驻扎在细柳（今陕西咸阳西南）。有一次，汉文帝前往细柳营看望将士，守营士兵因为没有得到将令而不让皇帝进门。周亚夫传令放行后，汉文帝又被要求不得在营中纵马奔驰。等到君臣相见，周亚夫仅按照军中规定用军礼拜见皇帝。汉文帝为此大发感慨，盛赞周亚夫治军有方，军令严明。后世称军营纪律严明者为细柳营。按辔（pèi）徐行，扣紧缰绳，让马慢慢地走。辔，马缰绳。

⑭ 苻（fú）坚自夸将广，投鞭可以断流：语本《晋书·苻坚载记》："坚曰：'吾闻武王伐纣，逆岁犯星。天道幽远，未可知也。昔夫差威陵上国，而为勾践所灭。仲谋泽洽全吴，孙皓因三代之业，龙骧一呼，君臣面缚，虽有长江，其能固乎！以吾之众旅，投鞭于江，足断其流。'"前秦苻坚进攻东晋时，自称他兵多将广，把每个士兵的马鞭子都投到江里，就足以截断水流。后来"投鞭断流"被用来比喻人马众多、兵力强大。苻坚（338—385），氐族，一名文玉，字永固，略阳临渭（今甘肃天水）人。十六国时前秦国君。博学多才，有经世志。在位期间，重用王猛等人掌机要，参国事，抑制豪酋，强化王权，劝课农桑，兴修水利，提创儒学，整饬军政。先后攻灭前燕、前凉、代国，威服诸邻国，统一北方大部，并夺东晋之益州。建元十九年（383），征调步骑九十万南攻东晋，于淝水为东晋军所败。各族首领趁机叛而自立。建元二十一年（385），为后秦姚苌擒杀。在位二十七年，前秦由是瓦解。将广，指兵将众多，军力强大。

⑮ 毛遂自荐才奇，处囊便当脱颖：语本《史记·平原君虞卿列传》："秦之围邯郸，赵使平原君求救，合从于楚，约与食客门下有勇力文武备具者二十人偕。平原君曰：'使文能取胜，则善矣。文不能

取胜,则歃血于华屋之下,必得定从而还。士不外索,取于食客门下足矣。'得十九人,余无可取者,无以满二十人。门下有毛遂者,前,自赞于平原君曰:'遂闻君将合从于楚,约与食客门下二十人偕,不外索。今少一人,愿君即以遂备员而行矣。'平原君曰:'先生处胜之门下几年于此矣?'毛遂曰:'三年于此矣。'平原君曰:'夫贤士之处世也,譬若锥之处囊中,其末立见。今先生处胜之门下三年于此矣,左右未有所称诵,胜未有所闻,是先生无所有也。先生不能,先生留。'毛遂曰:'臣乃今日请处囊中耳。使遂蚤得处囊中,乃颖脱而出,非特其末见而已。'平原君竟与毛遂偕。十九人相与目笑之而未废也。"颖,指锥子锋利的尖部。将锥子放在袋子里,锥尖就会露出来,比喻一个人若有才智,总是会显露出来。平原君,即赵胜(? —前251)。赵武灵王子,赵惠文王弟。封于东武城,号平原君。任相国。有食客数千人。赵孝成王七年(前259),秦军围困赵都邯郸,赵坚守三年。平原君向魏、楚求得信陵君、春申君之援,击败秦军,邯郸解围。

【译文】

两军交锋,又叫"对垒";战败求和,又称"求成"。

打了胜仗回来,叫作"凯旋";吃了败仗逃跑,称为"奔北"。

替君王发泄仇恨,叫作"敌忾";为国君解除危难,称为"勤王"。

"胆破心寒",形容敌人恐惧认输的丑态;"风声鹤唳",将残兵败卒吓得魂飞天外。

汉朝冯异每当同僚攀比功劳之时,便默默走开,独自站到大树下,不去夸耀自己的战功;汉文帝慰问周亚夫的军队,曾经亲自来到细柳营,严格遵守军规,按着缰绳,让马慢慢行走。

苻坚自称兵多将广,将马鞭投进长江,便足以让江水断流;毛遂自称才华出众,如同锥子置于袋中,锥尖一定会露出。

　　羞与哙等伍，韩信降作淮阴①；无面见江东，项羽羞归故里②。

　　韩信受胯下之辱③，张良有进履之谦④。

　　卫青为牧猪之奴⑤，樊哙为屠狗之辈⑥。

　　求士莫求全，毋以二卵弃干城之将；用人如用木，毋以寸朽弃连抱之材⑦。

　　总之：君子身，可大可小⑧；丈夫志⑨，能屈能伸⑩。

　　自古英雄，难以枚举⑪；欲详将略，须读武经⑫。

【注释】

①羞与哙（kuài）等伍，韩信降作淮阴：语本《史记·淮阴侯列传》："上曰：'人告公反。'遂械系信。至雒阳，赦信罪，以为淮阴侯。信知汉王畏恶其能，常称病不朝从。信由此日夜怨望，居常鞅鞅，羞与绛、灌等列。信尝过樊将军哙，哙跪拜送迎，言称臣，曰：'大王乃肯临臣！'信出门，笑曰：'生乃与哙等为伍！'"韩信受到汉高祖刘邦猜忌，从楚王贬为淮阴侯。被贬之后，韩信的爵位和绛侯周勃、颍阴侯灌婴、舞阳侯樊哙等人一样，而这些人很被韩信看不起，韩信深以为耻。与……伍，意为与……并列。哙，指樊哙（前242？—前189），西汉沛县（今属江苏）人。少以屠狗为业。从刘邦起兵攻秦，屡立战功。入咸阳，在鸿门宴上斥项羽，卫护刘邦得脱身。迁郎中，封临武侯，历骑将、将军。高帝立，从击臧荼、陈豨和韩王信，迁左丞相、相国，封舞阳侯。卒谥武。淮阴，古县名。秦始设，在今江苏淮安。这里指淮阴侯韩信。

②无面见江东，项羽羞归故里：语本《史记·项羽本纪》："项王笑曰：'天之亡我，我何渡为！且籍与江东子弟八千人渡江而西，今无一人还，纵江东父老怜而王我，我何面目见之？'"项羽兵败垓下，

乌江亭长划船欲渡他过江，他说自己带领江东子弟八千人渡江出征，现在没有一个人跟着回来，无颜见江东父老。故里，故乡。

③韩信受胯下之辱：语本《史记·淮阴侯列传》："淮阴屠中少年有侮信者，曰：'若虽长大，好带刀剑，中情怯耳。'众辱之曰：'信能死，刺我，不能死，出我胯下。'于是信孰视之，俯出胯下，蒲伏。一市人皆笑信，以为怯。"韩信年轻时，在家乡淮阴屠宰市场，为了避免和一个无赖少年发生无谓的冲突，从他胯下钻过，被人误以为是个胆小鬼。后遂以"受胯下之辱"指忍受奇耻大辱。

④张良有进履之谦：语本《史记·留侯世家》："良尝间从容步游下邳圯上，有一老父，衣褐，至良所，直堕其履圯下，顾谓良曰：'孺子，下取履！'良鄂然，欲殴之。为其老，强忍，下取履。父曰：'履我！'良业为取履，因长跪履之。父以足受，笑而去。良殊大惊，随目之。父去里所，复还，曰：'孺子可教矣。后五日平明，与我会此。'良因怪之，跪曰：'诺'。"张良在博浪沙刺杀秦始皇失败后，逃亡至下邳（今江苏睢宁），在圯桥遇见一位老人，老人故意让鞋子掉到桥下，命令张良为他拾起鞋子并帮他穿上。后遂以"进履之谦"比喻年轻人具有尊老敬老的品德。张良（？—前186），字子房，西汉沛郡城父（今安徽亳州城父镇）人。祖与父相继为韩相。秦灭韩，良图复韩，募力士于博浪沙狙击秦始皇未中，遂更姓名。传说逃亡至下邳，遇黄石公，受《太公兵法》。秦二世元年（前209），聚众响应陈胜。后从刘邦，为主要谋士。刘邦率军攻入咸阳，良与樊哙力劝刘邦闭宫室府库，还军霸上。于鸿门宴上为刘邦解除危难。楚汉战争时，提出不立六国后代，联结英布、彭越，重用韩信等策。又主张追击项羽，歼灭楚军，皆为刘邦所采纳。汉高祖六年（前201），封留侯。晚好黄老，学辟谷之术。卒谥文成。进履，为尊长递上鞋子。

⑤卫青为牧猪之奴：语本《史记·卫将军骠骑列传》："大将军卫青

者,平阳人也。其父郑季,为吏,给事平阳侯家,与侯妾卫媪通,生青。青同母兄卫长子,而姊卫子夫自平阳公主家得幸天子,故冒姓为卫氏。字仲卿。……青为侯家人,少时归其父,其父使牧羊。先母之子皆奴畜之,不以为兄弟数。青尝从入至甘泉居室,有一钳徒相青曰:'贵人也,官至封侯。'青笑曰:'人奴之生,得毋笞骂即足矣,安得封侯事乎!'"汉武帝时的大将军卫青,出身贫贱,年轻时曾经放过羊。本书云"卫青为牧猪之奴",恐是作者误记。牧猪的是公孙弘。《史记·平津侯主父列传》:"丞相公孙弘者,齐菑川国薛县人也,字季。少时为薛狱吏,有罪,免。家贫,牧豕海上。年四十余,乃学《春秋》杂说。"卫青(?—前106),字仲卿,西汉河东平阳(今山西临汾)人。卫皇后弟。本姓郑,其父郑季与平阳侯家妾卫媪通,生青。冒姓卫。初为平阳公主家奴,汉武帝时,为太中大夫。元光六年(前129),以车骑将军率军大败匈奴,爵关内侯。元朔二年(前127),又出兵云中,收复河套地区,封长平侯。元狩四年(前119),以大将军与霍去病各率大军远出漠北,击败匈奴主力。前后七次出击匈奴,屡立战功,解除了匈奴对汉王朝威胁。与霍去病并为大司马。卒谥烈。

⑥樊哙为屠狗之辈:语本《史记·樊郦滕灌列传》:"舞阳侯樊哙者,沛人也。以屠狗为事,与高祖俱隐。"樊哙年轻时以杀狗卖肉为业。

⑦"求士莫求全"四句:语本《孔丛子·居卫》:"子思居卫,言苟变于卫君曰:'其材可将五百乘,君任军旅,率得此人则无敌于天下矣。'卫君曰:'吾知其材可将,然变也尝为吏,赋于民而食人二鸡子,以故弗用也。'子思曰:'夫圣人之官人,犹大匠之用木也,取其所长弃其所短。故杞梓连抱,而有数尺之朽,良工不弃,何也?知其所妨者细也,卒成不訾之器。今君处战国之世,选爪牙之士,而以二卵焉弃干城之将,此不可使闻于邻国者也。'卫君再拜曰:'谨受教矣。'"战国时期卫国人苟变有统兵之才,但他在乡

间曾接受百姓招待，吃了两个鸡蛋，卫君不肯用他为将。子思劝卫君说：好木匠不会因一棵大树有几尺朽烂的地方而丢弃不用，国君用人也应该取其所长弃其所短，不能因为有小缺点而错过人才。求士，求贤，为国家求取人才。求全，要求完美无缺。卵，此指鸡蛋。干城之将，指保卫国家的大将。连抱之材，直径大得需要几个人合抱的大树。连抱，连臂合抱，多形容树木之粗大。《汉书·司马相如传》："楗檀木兰，豫章女贞，长千仞，大连抱。"唐·颜师古注："连抱者，言非一人所抱。"

⑧君子身，可大可小：此句指君子无论社会身份高还是低，皆能安之若素。身，身份，社会地位。

⑨丈夫：指成年男子。《穀梁传·文公十二年》："男子二十而冠，冠而列丈夫。"

⑩能屈能伸：语本《周易·系辞下》："尺蠖之屈，以求信（信，同"伸"）也。"能弯曲也能伸展。指人在不得志时能忍耐，在得志时能施展其抱负。没有志气的人在恶势力面前屈服，也常说这话解嘲。

⑪枚举：逐一列举。《北史·恩幸传序》："其间盗官卖爵，污辱官闱者多矣，亦何可枚举哉。"

⑫武经：泛指兵书。唐·白居易《除王似检校户部尚书充灵盐节度使制》："早练武经，累从军职。"宋时武试，选定《孙子》《吴子》《六韬》《司马法》《三略》《尉缭子》《李卫公问对》等七种兵书，供应武举者研习，名《武经七书》，简称《武经》。

【译文】

"羞与哙等伍"，韩信从楚王被降为淮阴侯，和旧时部下樊哙等人爵位一样，于韩信而言，这是天大的羞辱；"无面见江东"，项羽宁肯拔剑自杀，也羞于返乡，因为无颜面对江东父老。

韩信甘受屈辱，从流氓地痞胯下钻出，不和他一般见识；张良谦逊恭敬，曾在圮桥为神秘老人穿鞋子。

　　汉朝著名将领卫青，曾经是养猪放猪之奴；大汉开国功臣樊哙，早年是杀狗卖肉的屠夫。

　　寻求贤士，不必求全责备，不要因为贤才吃了人家两枚鸡蛋便不肯重用，以致错失保家卫国的良将；任用人才，如同挑选木料，不要因为有几寸朽坏，而扔掉几个人才能合抱的栋梁之材。

　　总而言之：君子的社会身份，可大可小；男子汉的志向，能屈能伸。

　　自古以来英雄辈出，难以逐一列举介绍；若要详细了解历史名将的用兵谋略，就要研读一些兵书。

卷二

祖孙父子

【题解】

"祖孙父子","祖孙"指祖父和孙子,"父子"指父亲和儿子。祖孙父子(及其配偶),组成中国传统核心家庭,是传统中国最核心的人伦关系。

本篇24联,讲的是祖孙父子称谓及相关成语典故。

何谓五伦？君臣、父子、兄弟、夫妇、朋友①；何谓九族？高、曾、祖、考、己身、子、孙、曾、玄②。

始祖，曰鼻祖③；远孙，曰耳孙④。

父子创造，曰肯构肯堂⑤；父子俱贤，曰是父是子⑥。

祖称王父⑦，父曰严君⑧。

【注释】

①何谓五伦：君臣、父子、兄弟、夫妇、朋友：语本《孟子·滕文公上》："人之有道也，饱食暖衣，逸居而无教，则近于禽兽，圣人有忧之，使契为司徒，教以人伦：父子有亲，君臣有义，夫妇有别，长

幼有叙，朋友有信。"五伦，古代指君臣、父子、兄弟、夫妇、朋友五种伦理关系。伦，辈分、人伦，指礼教所规定的人与人之间的关系；特指尊卑长幼之间的等级关系。

② 何谓九族：高、曾、祖、考、己身、子、孙、曾、玄：语本《尚书·尧典》："克明俊德，以亲九族。"西汉·孔安国传："以睦高祖、玄孙之亲。"暨《尔雅·释亲》："父为考，母为妣。父之考为王父，父之妣为王母。王父之考为曾祖王父，王父之妣为曾祖王母。曾祖王父之考为高祖王父，曾祖王父之妣为高祖王母。……子之子为孙，孙之子为曾孙，曾孙之子为玄孙。"九族，以自己为本位，往上推到第四代是高祖，往下推到第四代是玄孙，自己连同以上所有人，合称为"九族"。高，指高祖。从自己往上推及的第四代祖先，也即祖父的祖父。曾，指曾祖。父亲的祖父。祖，指祖父，即爷爷。考，对已故父亲的称呼。《礼记·曲礼下》："生曰父曰母曰妻，死曰考曰妣曰嫔。"《公羊传·隐公元年》："惠公者何？隐之考也。"东汉·何休注："生称'父'，死称'考'。"古代父亲健在有时也称"考"。《周易·蛊卦》："干父之蛊，意承考也。"唐·孔颖达疏："对文，父没称'考'；若散而言之，生亦称'考'。"《尔雅·释亲》："父为'考'，母为'妣'。"晋·郭璞注引《尚书》"大伤厥考心""如丧考妣"，认为"考"与"妣"，均"非死生之异称"。或者，"考"称父，古无死生之异；后世则仅用作父死后之称。己身，自己，自身。曾，指曾孙，即儿子的孙子。玄，指玄孙，即孙子的孙子。

③ 鼻祖：始祖，有世系可考的最初的祖先。《汉书·扬雄传上》："有周氏之蝉嫣兮，或鼻祖于汾隅。"唐·颜师古注引西汉·刘德曰："鼻，始也。"又曰："雄自言系出周氏而食采于扬，故云始祖于汾隅也。"

④ 耳孙：远代子孙，也做"仍孙"。《汉书·惠帝纪》："上造以上及内外公孙耳孙有罪当刑及当为城旦舂者，皆耐为鬼薪白粲。"唐·颜师古注引东汉·应劭曰："耳孙者，玄孙之子也。言去其曾

高益远,但耳闻之也。"又引东汉·李斐曰:"耳孙,曾孙也。"又引晋·晋灼曰:"耳孙,玄孙之曾孙也。"唐·颜师古注:"耳孙,诸说不同。据《平纪》及《诸侯王表》,说梁孝王玄孙之耳孙。耳,音仍。……据《尔雅》:'曾孙之子为玄孙,玄孙之子为来孙,来孙之子为昆孙,昆孙之子为仍孙。'从己而数,是为八叶,则与晋说相同。'仍''耳'声相近,盖一号也。"按,《类篇·耳部》:"昆孙之子为耳孙。"后多以"耳孙"泛指远代子孙。

⑤父子创造,曰肯构肯堂:语本《尚书·大诰》:"若考作室,既厎法,厥子乃弗肯堂,矧肯构?"西汉·孔安国传:"以作室喻治政也,父已致法,子乃不肯为堂基,况肯构立屋乎?"好比建房子,父亲已经制定了方案,儿子连堂基墙脚都不肯立,哪里会肯建屋子呢?后因以"肯堂肯构"或"肯构肯堂"比喻子能继承父业。

⑥父子俱贤,曰是父是子:语本《法言·孝至》:"石奋、石建,父子之美也。无是父,无是子;无是子,无是父。"汉代扬雄赞美汉武帝时期大臣石奋、石建父子都很贤良,说:没有这样的父亲,就没有这样的儿子;没有这样的儿子,就没有这样的父亲。后遂以"是父是子"谓子肖其父,父子俱贤,

⑦祖称王父:语本《尔雅·释亲》:"父之考为'王父'。"暨《尚书·牧誓》:"昏弃厥遗王父母弟不迪。"唐·孔颖达疏:"《释亲》云'父之考为王父',则王父是祖也。"王父,祖父。《汉书·外戚传下·孝元傅昭仪》:"少傅阎崇以为《春秋》不以父命废王父命。"唐·颜师古注:"王父,谓祖也。"

⑧父曰严君:语本《周易·家人卦》:"家人有严君焉,父母之谓也。"严君,父母之称。又特指父亲。旧谓父严母慈,故多称父为"严父""严君"。晋·潘尼《乘舆箴》:"国事明王,家奉严君。"

【译文】

什么是"五伦"?指君臣、父子、兄弟、夫妇、朋友这五种人伦关系;

什么是"九族"？指高祖父、曾祖父、祖父、父亲、自己、儿子、孙子、曾孙、玄孙。

最早的祖先，称为"鼻祖"；远代的子孙，叫作"耳孙"。

父子共同开创事业，称"肯构肯堂"；父子都很贤德规矩，称"是父是子"。

祖父，又称"王父"；父亲，又叫"严君"。

父母俱存，谓之椿萱并茂①；子孙发达，谓之兰桂腾芳②。

桥木高而仰，似父之道；梓木低而俯，如子之卑③。

不痴不聋，不作阿家阿翁④；得亲顺亲，方可为人为子⑤。

盖父愆，名为干蛊⑥；育义子，乃曰螟蛉⑦。

【注释】

①椿萱并茂：比喻父母都健在。《庄子·逍遥游》谓大椿长寿，后世因以"椿"称父。《诗经·卫风·伯兮》："焉得谖草，言树之背。"毛传："谖草令人忘忧。背，北堂也。"唐·陆德明释文："谖，本又作'萱'。"谓北堂树萱，可以令人忘忧。古制，北堂为主妇之居室。后因以"萱堂"指母亲的居室，并借以指母亲。谖草，萱草。后世因以萱称母。"椿""萱"连用，代称父母。唐·牟融《送徐浩》诗："知君此去情偏切，堂上椿萱雪满头。"

②兰桂腾芳：比喻子孙显贵发达。《晋书·谢安传》："（谢玄）少颖悟，与从兄朗俱为叔父安所器重。安尝戒约子侄，因曰：'子弟亦何豫人事，而正欲使其佳？'诸人莫有言者。玄答曰：'譬如芝兰玉树，欲使其生于庭阶耳。'"后因以"芝兰玉树"喻优秀子弟。《宋史·窦仪传》："仪学问优博，风度峻整。弟俨、侃、偁、僖，皆相继登科。冯道与禹钧有旧，尝赠诗，有'灵椿一株老，丹桂五枝

芳'之句,缙绅多讽诵之,当时号为'窦氏五龙'。"宋·王应麟《小学绀珠·氏族·五桂》:"范致君、致明、致虚、致祥、致厚,相继登第,有五桂堂。"旧称进士登第为"折桂"。宋代窦仪兄弟五人、范致君兄弟五人皆相继登科,时人誉为"五桂"。故"兰桂齐芳""兰桂腾芳"喻子孙兴旺发达。腾芳,散发出浓郁的香气。

③"桥木高而仰"四句:语本《尚书大传》:"伯禽与康叔朝于成王,见乎周公,三见而三笞之。二子有骏色,乃问于商子曰:'吾二子见于周公,三见而三笞之,何也?'商子曰:'南山之阳有木名"桥",南山之阴有木名"梓",二子盍往观焉!'于是二子如其言而往观之,见桥木高而仰,梓木晋而俯。反以告商子。商子曰:'桥者,父道也;梓者,子道也。'"《文选·任昉〈王文宪集序〉》唐·李善注亦引。又,西汉·刘向《说苑·建本》:"伯禽与康叔封朝于成王,见周公,三见而三笞。康叔有骏色,谓伯禽曰:'有商子者,贤人也,与子见之。'康叔封与伯禽见商子,曰:'某某也,日吾二子者朝乎成王,见周公,三见而三笞,其说何也?'商子曰:'二子盍相与观乎南山之阳?有木焉名曰"桥"。'二子者往观乎南山之阳,见桥竦焉实而仰,反以告乎商子。商子曰:'桥者,父道也。'商子曰:'二子盍相与观乎南山之阴?有木焉名曰"梓"。'二子者往观乎南山之阴,见梓勃焉实而俯,反以告商子。商子曰:'梓者,子道也。'二子者明日见乎周公,入门而趋,登堂而跪。周公拂其首,劳而食之,曰:'安见君子?'二子对曰:'见商子。'周公曰:'君子哉!商子也。'"后因称父子为"桥梓"。

④不痴不聋,不作阿家(gū)阿翁:语本唐·赵璘《因话录》卷一:"郭暧尝与升平公主琴瑟不调,暧骂公主:'倚乃父为天子耶?我父嫌天子不作!'公主恚啼,奔车奏之。上曰:'汝不知。他父实嫌天子不作。使不嫌,社稷岂汝家有也?'因泣下,但命公主还。尚父拘暧,自诣朝堂待罪。上召而慰之曰:'谚云"不痴不聋,不

作阿家阿翁。"小儿女子闺帏之言,大臣安用听?'锡赉以遣之。尚父杖暖数十而已。"《资治通鉴·唐纪·唐代宗大历二年》:"郭暖尝与升平公主争言,暖曰:'汝倚乃父为天子邪?我父薄天子不为!'公主恚,奔车奏之。上曰:'此非汝所知。彼诚如是,使彼欲为天子,天下岂汝家所有邪?'慰谕令归。子仪闻之,囚暖,入待罪。上曰:'鄙谚有之:"不痴不聋,不作家翁。"儿女子闺房之言,何足听也!'子仪归,杖暖数十。"即本之《因话录》。郭子仪的儿子郭暖娶唐代宗的女儿升平公主为妻,夫妻吵架,郭暖说自己的父亲只是懒得做天子而已,公主向唐代宗告状,郭子仪上朝请罪,唐代宗拿谚语"不痴不聋,不作阿家阿翁"安慰郭子仪,让他不要将小夫妻吵架的话放在心上。又,《宋书·庾炳之传》及《南史·庾仲文传》(按,庾炳之,字仲文)载何尚之对宋文帝说:"不痴不聋,不成姑公。"《隋书·长孙平传》及《北史·长孙平传》皆载有人密告大都督邴绍非毁朝政,隋文帝将诛之,长孙平说:"不痴不聋,不作大家翁。"则南北朝时早就有此谚语。不痴不聋,指故意不闻不问。阿家阿翁,指公公婆婆。家,通"姑",丈夫的母亲;翁,丈夫的父亲。

⑤得亲顺亲,方可为人为子:语本《孟子·离娄上》:"天下大悦而将归己,视天下悦而归己犹草芥也,惟舜为然。不得乎亲,不可以为人。不顺乎亲,不可以为子。舜尽事亲之道而瞽瞍厎豫,瞽瞍厎豫而天下化,瞽瞍厎豫而天下之为父子者定,此之谓大孝。"朱子集注:"言舜视天下之归己如草芥,而惟欲得其亲而顺之也。得者,曲为承顺以得其心之悦而已。顺则有以谕之于道,心与之一而未始有违,尤人所难也。为人盖泛言之,为子则愈密矣。"得亲,得到父母的欢心。顺亲,顺从父母的意旨。

⑥盖父愆(qiān),名为干蛊:语本《周易·蛊卦》:"干父之蛊。有子,考无咎。厉,终吉。"三国魏·王弼注:"蛊者,有事而待能之

时也。可以有为，其在此时矣。"唐·孔颖达疏："'蛊者，有事待
能之时'者，物既蛊坏，须有事营为，所作之事，非贤能不可。"孔
疏另引褚氏云："蛊者惑也。物既惑乱，终致损坏，当须有事也，有
为治理也。故《序卦》云：'蛊者，事也。'"谓物蛊必有事，非谓训
蛊为事义当然也。蛊义为惑，不可径训为事。干蛊，即"干父之
蛊"。原义为儿子能完成父亲未完成的事业，并能挽回纠正父亲
的过失。后世用"干父之蛊"，则多指儿子能继承父亲的志向，完
成父亲未能完成的事业。盖父愆，挽回父亲的过失。

⑦育义子，乃曰螟蛉（míng líng）：语本《诗经·小雅·小宛》："螟蛉
有子，蜾蠃负之。"毛传："螟蛉，桑虫也。蜾蠃，蒲卢也。负，持
也。"郑笺："蒲卢取桑虫之子，负持而去，煦妪养之，以成其子。"
螟蛉是一种绿色小虫，蜾蠃是一种寄生蜂。蜾蠃常捕捉螟蛉存放
在窝里，产卵在它们身体里，卵孵化后就拿螟蛉做食物。古人误
认为蜾蠃不产子，喂养螟蛉为子，因此用"螟蛉"比喻义子。义
子，俗称干儿子，指无血缘关系而被收养的儿子。

【译文】

父母双双健在，喻为"椿萱并茂"；子孙事业发达，就说"兰桂腾
芳"。

椿木高大，枝条向上，好像父亲的威严仪表；梓木低矮，枝条下垂，如
同儿子的谦卑姿态。

不懂装聋作哑，当不好公公婆婆；懂得孝顺讨好父母，才能做好
儿子。

继承父亲的事业，挽救父亲的过失，叫作"干蛊"；收养的干儿子，称
为"螟蛉"。

生子当如孙仲谋，曹操羡孙权之语①；生子须如李亚
子，朱温叹存勖之词②。

菽水承欢，贫士养亲之乐③；义方是训，父亲教子之严④。

绍箕裘⑤，子承父业；恢先绪⑥，子振家声⑦。

具庆下，父母皆存⑧；重庆下，祖父俱在⑨。

燕翼诒谋⑩，乃称裕后之祖⑪；克绳祖武⑫，是称象贤之孙⑬。

【注释】

①生子当如孙仲谋，曹操羡孙权之语：语本《三国志·吴书·吴主传》南朝宋·裴松之注。"十八年正月，曹公攻濡须，权与相拒月余。曹公望权军，叹其齐肃，乃退。"南朝宋·裴松之注引《吴历》曰："曹公出濡须，作油船，夜渡洲上。权以水军围取，得三千余人，其没溺者亦数千人。权数挑战，公坚守不出。权乃自来，乘轻船，从濡须口入公军。诸将皆以为是挑战者，欲击之。公曰：'此必孙权欲身见吾军部伍也。'敕军中皆精严，弓弩不得妄发。权行五六里，回还作鼓吹。公见舟船器仗军伍整肃，喟然叹曰：'生子当如孙仲谋，刘景升儿子若豚犬耳。'权为笺与曹公，说：'春水方生，公宜速去。'别纸言：'足下不死，孤不得安。'曹公语诸将曰：'孙权不欺孤。'乃彻军还。"曹操见孙权治军有方，感叹生儿子就要像孙权那样有本事，不能像刘表的儿子那样没出息（只会投降）。孙仲谋，三国时期吴国的开国皇帝吴大帝孙权（182—252），字仲谋，吴郡富春（今浙江富阳）人。东汉末，继其兄孙策据有江东六郡。汉献帝建安十三年（208），联结刘备，大破曹操于赤壁，据有江表。曹丕称帝，册封孙权为吴王。黄武元年（222），孙权在彝陵之战中打败刘备。黄龙元年（229），孙权称帝于武昌，国号吴，旋迁都建业。在位时曾遣船航海，至夷洲（即今台湾）。又在山越地区设郡县，促进江南开发。设农官，行屯田。

但赋役繁重,用刑残酷,人民反抗者多。在帝位二十四年(229—252),卒谥大皇帝。曹操(155—220),字孟德,一名吉利,小名阿瞒,东汉末沛国谯(今安徽亳州)人。曹嵩子。少有权术。年二十举孝廉为郎,迁顿丘令。拜骑都尉,参与镇压黄巾军,迁济南相。汉献帝初平三年(192),任兖州牧,分化诱降黄巾军,编其精锐为青州兵。建安元年(196),迎汉献帝都许,用汉献帝名义发号施令。先后破吕布、袁术、袁绍,逐渐统一北方。建安十三年(208)进位丞相,率军南下,在赤壁为孙权、刘备联军所败。建安十八年(213),封魏公;建安二十一年(216),封魏王。建安二十五年(220)卒,谥曰武王。次年,其子曹丕代汉,追尊其为武皇帝,庙号太祖。曹操是汉末三国之际杰出的政治家、军事家、文学家。用人唯才,抑制豪强,加强集权,兴修水利,以利于社会经济之恢复与发展。精通兵法,著《孙子略解》《兵书接要》等。曹操善诗文,其作品多抒发政治抱负,反映东汉末人民苦难,辞气慷慨。

②生子须如李亚子,朱温叹存勖之词:语本《旧五代史·唐书·庄宗纪》:"五月辛未朔,晨雾晦暝,帝率亲军伏三垂岗下。诘旦,天复昏雾,进军直抵夹城。……梁军大恐,南向而奔,投戈委甲,噎塞行路,斩万余级,获其将副招讨使符道昭洎大将三百人,刍粟百万。梁招讨使康怀英得百余骑,出天井关而遁。梁祖闻其败也,既惧而叹曰:'生子当如是,李氏不亡矣!吾家诸子乃豚犬尔。'"又,《资治通鉴·后梁纪·梁太祖开平二年》:"五月,辛未朔,晋王伏兵三垂冈下,诘旦大雾,进兵直抵夹寨。……梁兵大溃,南走,招讨使符道昭马倒,为晋人所杀。失亡将校士卒以万计,委弃资粮、器械山积。……康怀贞以百余骑自天井关遁归。帝闻夹寨不守,大惊,既而叹曰:'生子当如李亚子,克用为不亡矣!至如吾儿,豚犬耳!'"唐昭宗天祐五年、后梁开平二年(908),晋王李克用病逝,年仅二十四岁的儿子李存勖继位,亲自率军解潞州之围,

在三垂冈下大破梁军，后梁皇帝朱温感叹生儿子要生像李存勖那样有本事的。李亚子，即后唐庄宗李存勖（885—926），小字亚子，沙陀部人，本姓朱耶氏，唐懿宗咸通间赐姓李。晋王李克用之长子。唐昭宗乾宁后先后遥领隰、汾、晋三州刺史。天祐五年（908）嗣晋王之位。其后与后梁激战十五年，终灭后梁，建立后唐。同光元年（923）即皇帝位。在位三年，耽于享乐，宠信伶人，朝政紊乱，同光四年（926），死于乱中。庙号庄宗。两《五代史》有本纪。朱温（852—912），小名朱三，宋州砀山（今属安徽）人。五代后梁太祖。后梁王朝创建者。少孤。初从黄巢为同州防御使。唐僖宗中和二年（882）降唐，为河中行营招讨副使，赐名"全忠"。以败黄巢军、破秦宗权、拒李克用诸功，封梁王，累官宣武、宣义、护国、忠武四镇节度使。天祐元年（904）杀唐昭宗，四年（907）代唐称帝，建国号梁，史称"后梁"。更名"晃"，改元开平，建都汴州，杀唐哀帝。在位六年，乾化二年（912）为子朱友珪所杀。

③菽水承欢，贫士养亲之乐：语本《礼记·檀弓下》："子路曰：'伤哉贫也。生无以为养，死无以为礼也。'孔子曰：'啜菽饮水，尽其欢，斯之谓孝。敛手足形，还葬而无椁，称其财。斯之谓礼。'"东汉·郑玄注："王云：熬豆而食曰'啜菽'。"唐·孔颖达疏："谓使亲尽其欢乐，此之谓孝。""菽"是豆类的总称。啜菽，指吃豆粥。菽水，指最普通的食物。承欢，博取欢心，特指侍奉父母。孔子教导子路，哪怕是只能给父母提供最普通的食物，但只要能让父母快乐，就是尽孝。菽水承欢，后用以比喻虽然贫穷困窘但仍然尽心孝养父母。贫士，也作"贫仕"，指穷士，穷儒生。养亲，奉养父母。表示奉养父母这一义项的"养"，旧读去声。

④义方是训，父亲教子之严：语本《左传·隐公三年》："（卫）公子州吁，嬖人之子也，有宠而好兵，公弗禁，庄姜恶之。石碏谏曰：'臣闻爱子，教之以义方，弗纳于邪。骄、奢、淫、泆，所自邪也。'"卫

庄公宠爱公子州吁太过，老臣石碏谏言爱护孩子，应该教育他正确的规范和道理。后遂以"义方"指教子的正道，或曰"家教"。《三字经》："窦燕山，有义方。教五子，名俱扬。"训，教训，教导。严，儒家倡导教育子弟，应以严为标准。《三字经》："养不教，父之过。教不严，师之堕。"

⑤绍箕裘：语出《礼记·学记》："良冶之子，必学为裘；良弓之子，必学为箕。"唐·孔颖达疏："积世善冶之家，其子弟见其父兄世业鉤铸金铁，使之柔合以补治破器，皆令全好，故此子弟仍能学为袍裘，补续兽皮，片片相合，以至完全也。……善为弓之家，使干角挠屈调和成其弓，故其子弟亦睹其父兄世业，仍学取柳和软挠之成箕也。"良冶、良弓，指善于冶金、造弓的人。意为子弟由于耳濡目染，往往继承父兄之业。后因以"箕裘"比喻祖上的事业。

⑥恢先绪：恢复光大祖先的功业。先绪，祖先的功业。晋·夏侯谌《昆弟诰》："维我后府君侯，祗服哲命，钦明文思，以熙柔我家道，丕隆我先绪。"

⑦家声：家族世代相传的名声。《史记·李将军列传》："单于既得陵，素闻其家声，及战又壮，乃以其女妻陵而贵之。"

⑧具庆下，父母皆存：旧时填写履历，父母俱存者，书"具庆下"。具庆下，指父母都健在。五代·王定保《唐摭言》卷三："宝历年中，杨嗣复相公具庆下，继放两榜。"明·宋濂《〈望云图诗〉序》："人之壮年有大父母、父母俱存而号重庆者矣；下此，则父与母无故而号具庆者矣。"

⑨重庆下，祖父俱在：重庆下，指祖父母与父母俱存。宋·杨万里《题曾景山通判寿衍堂》诗："人家具庆已燕喜，人家重庆更奇伟。"宋·楼钥《跋金花帖子绫本小录》："祖、父俱存者，今曰'重庆'。"

⑩燕翼诒（yí）谋：语本《诗经·大雅·文王有声》："丰水有芑，武王岂不仕。诒厥孙谋，以燕翼子。"毛传："芑，草也。仕，事。燕，

安。翼,敬也。"郑笺:"诒,犹传也。孙,顺也。丰水犹以其润泽
生草,武王岂不以其功业为事乎?以之为事,故传其所以顺天下
之谋,以安其敬事之子孙,谓使行之也。"孔疏:"言丰水之傍有芑
菜,丰水是无情之物,犹以润泽而生菜为己事,况武王岂不以功业
为事乎?言实以功业为事,思得泽及后人,故遗传其所以顺天下
之谋,以安敬事之子孙。"歌颂周武王深谋远虑,泽及子孙。后以
"燕翼诒谋"谓善为子孙后代谋划。

⑪裕后:遗惠后代,为后代造福。

⑫克绳祖武:语本《诗经·大雅·下武》:"昭兹来许,绳其祖武。於
万斯年,受天之祜。"朱子集传:"来,后世也。许,犹所也。绳,
继。武,迹也。言武王之道昭明如此,来世能继其迹,则久荷天禄
而不替矣。"后遂以"克绳祖武"比喻能够继承祖先的功业。克,
能。绳,继承。祖,祖辈。武,足迹。

⑬象贤:指能够效法先人的贤德。《仪礼·士冠礼》:"继世以立诸
侯,象贤也。"东汉·郑玄注:"象,法也。为子孙能法先祖之贤,
故使之继世也。"

【译文】

"生子当如孙仲谋",这是曹操美慕孙权才华出众说的话;"生子须如
李亚子",这是朱温赞叹李存勖勇武过人说的话。

"菽水承欢",指贫穷人家用豆子和清水孝养双亲,也能博取父母的
欢心;"义方是训",指父亲给儿子传授做人的道理,体现了长辈教育的
严格。

"绍箕裘",指儿子继承父亲的志向,如同继承制作箕、裘的手艺;"恢
先绪",指儿子要振兴家族的声望,就必须发扬重建祖先的功业。

"具庆下",是说父母双双健在;"重庆下",是说祖父母和父母都
健在。

"燕翼诒谋",用来赞美能够为后代谋划的祖先;"克绳祖武",用来夸

奖能够效法先人贤德的孝子贤孙。

称人有令子^①，曰麟趾呈祥^②；称宦有贤郎^③，曰凤毛济美^④。

弑父自立，隋杨广之天性何存^⑤？杀子媚君，齐易牙之人心奚在^⑥？

分甘以娱目，王羲之弄孙自乐^⑦；问安惟点颔，郭子仪厥孙最多^⑧。

和丸教子，仲郢母之贤^⑨；戏彩娱亲，老莱子之孝^⑩。

毛义捧檄，为亲之存^⑪；伯俞泣杖，因母之老^⑫。

【注释】

①令子：如同说佳儿、贤郎、好儿子。多用于称赞他人之子。《南史·任昉传》："（任昉）四岁诵诗数十篇，八岁能属文，自制《月仪》，辞义甚美。褚彦回尝谓遥曰：'闻卿有令子，相为喜之。所谓百不为多，一不为少。'"

②麟趾呈祥：旧时用于贺人生子。此处指子孙贤能。《诗经·周南·麟之趾》："麟之趾，振振公子，于嗟麟兮。"朱子集传："兴也。……趾，足也。麟之足不践生草、不履生虫。振振，仁厚貌。于嗟，叹辞。文王后妃德修于身，而子孙宗族皆化于善，故诗人以'麟之趾'兴公之子。言麟性仁厚，故其趾亦仁厚。文王后妃仁厚，故其子亦仁厚。"后世遂以"麟趾呈祥"喻子孙贤能、门庭鼎盛。

③宦：官员，官吏。

④凤毛济美：旧时比喻父亲做官，儿子能继承父业。多用于称颂贤良父兄有优秀子弟，比喻后继者能与前人的业绩比肩并发扬光大。清·李宝嘉《官场现形记》第三十四回："你不听见说他们世兄即日也要保道台？真正是凤毛济美，可钦可敬。"凤毛，凤

凰的羽毛。比喻珍贵稀少之物。南北朝人称人子才似其父者为
"凤毛"。南朝宋·刘义庆《世说新语·容止》："王敬伦风姿似
父,作侍中,加授桓公公服,从大门入。桓公望之曰:'大奴固自
有凤毛。'"《南齐书·谢超宗传》:"谢超宗,陈郡阳夏人也。祖灵
运,宋临川内史。父凤,元嘉中坐灵运事,同徙岭南,早卒。超宗
元嘉末得还。与慧休道人来往,好学,有文辞,盛得名誉。解褐
奉朝请。新安王子鸾,孝武帝宠子,超宗以选补王国常侍。王母
殷淑仪卒,超宗作诔奏之,帝大嗟赏,曰:'超宗殊有凤毛,恐灵运
复出。'"《北齐书·武成十二王传》:"北平王贞,字仁坚,武成第
五子也。沉审宽恕。帝常曰:'此儿得我凤毛。'"济美,语出《左
传·文公十八年》:"世济其美,不陨其名。"晋·杜预注:"济,成
也。"唐·孔颖达疏:"世济其美,后世承前世之美。"指在以前的
基础上使美好的东西发扬光大。

⑤弑父自立,隋杨广之天性何存:弑父自立,指隋炀帝杨广杀死自己
的父亲隋文帝杨坚,登上帝位。此事不见载于《隋书》。《资治通
鉴》据《大业略纪》载之。《资治通鉴·隋纪·隋文帝仁寿四年》:
"杨素闻之,以白太子,矫诏执述、岩,系大理狱;追东宫兵士帖上
台宿卫,门禁出入,并取宇文述、郭衍节度;令右庶子张衡入寝殿
侍疾,尽遣后宫出就别室;俄而上崩。故中外颇有异论。"《资治
通鉴考异》卷八则详录隋唐·赵毅《大业略纪》及唐·马总《通
历》所记隋炀帝弑父事。杨广(569—618),隋朝皇帝。一名英,
小字阿摩。隋文帝次子。开皇元年(581)封晋王,八年(588)统
军伐陈,历任并州、扬州总管,镇守一方。开皇二十年(600)勾结
杨素谗陷其兄杨勇,夺得太子位。仁寿四年(604)乘父病重杀之
自立。即位后,好大喜功,屡兴兵戎,穷奢极欲,大兴土木。造西
苑,置离宫,开运河沟通海河、黄河、淮河、长江水系;修长城,辟
驰道,种种工程所役人民以百万计,致生产严重破坏,饥馑不绝,

民怨沸腾，群雄蜂起。后南巡江都，沉溺酒色，为宇文化及所杀。在位十四年。唐时谥炀皇帝，因而后世又称"隋炀帝"。天性，儒家伦理认为父子之情，乃是天生。

⑥杀子媚君，齐易牙之人心曷在：语本《史记·齐太公世家》："管仲病，桓公问曰：'群臣谁可相者？'管仲曰：'知臣莫如君。'公曰：'易牙如何？'对曰：'杀子以适君，非人情，不可。'"易牙杀子媚君之事，《吕氏春秋》《韩非子》二书言之最详。《吕氏春秋·先识览·知接》："管仲有疾，桓公往问之，曰：'仲父之疾病矣，将何以教寡人？'管仲曰：'齐鄙人有谚曰："居者无载，行者无埋。"今臣将有远行，胡可以问？'桓公曰：'愿仲父之无让也。'管仲对曰：'愿君之远易牙、竖刀、常之巫、卫公子启方。'公曰：'易牙烹其子以慊寡人，犹尚可疑邪？'管仲对曰：'人之情，非不爱其子也。其子之忍，又将何有于君？'"《韩非子·二柄》："桓公好味，易牙蒸其子首而进之。"《韩非子·十过》："管仲老，不能用事，休居于家，桓公从而问之曰：'仲父家居有病，即不幸而不起，政安迁之？'管仲曰：'臣老矣，不可问也。虽然，臣闻之："知臣莫若君，知子莫若父。"君其试以心决之。'……公曰：'然则易牙何如？'管仲曰：'不可。夫易牙为君主味，君之所未尝食唯人肉耳，易牙蒸其子首而进之，君所知也。人之情莫不爱其子，今蒸其子以为膳于君，其子弗爱，又安能爱君乎！'"《韩非子·难一》："管仲有病，桓公往问之，曰：'仲父病，不幸卒于大命，将奚以告寡人？'管仲曰：'微君言，臣故将谒之。愿君去竖刁，除易牙，远卫公子开方。易牙为君主味，君惟人肉未尝，易牙烝其子首而进之。夫人情莫不爱其子，今弗爱其子，安能爱君？君妒而好内，竖刁自宫以治内，人情莫不爱其身，身且不爱，安能爱君？开方事君十五年，齐、卫之间不容数日行，弃其母久宦不归，其母不爱，安能爱君？臣闻之："矜伪不长，盖虚不久。"愿君去此三子者也。'管仲卒死，而桓

公弗行，及桓公死，虫出尸不葬。"媚君，讨好国君。媚，献媚，讨
好。易牙，春秋时期齐国人。又称"狄牙""雍巫"。善烹饪，任
雍人（主烹割之官），为齐桓公近臣。相传曾杀其子烹为羹以献
齐桓公。管仲曾谏齐桓公远易牙，不听。齐桓公将卒，易牙与竖
刁、开方乱齐。奚，何。

⑦分甘以娱目，王羲之弄孙自乐：语本《晋书·王羲之传》所载王羲
之与谢万书："顷东游还，修植桑果，今盛敷荣，率诸子，抱弱孙，
游观其间，有一味之甘，割而分之，以娱目前。"王羲之写信给谢
万，说自己隐居在家，打理果树，有好吃的果实，就分给孙子吃，自
娱自乐。分甘，把甘甜好吃的食品分给别人。《后汉书·杨震传》
"虽有推燥居湿之勤"唐·李贤注引《孝经援神契》："母之于子
也，鞠养殷勤，推燥居湿，绝少分甘。"本谓分享甘美之味，后亦以
喻慈爱、友好、关切等。娱目，悦目，养眼。王羲之（303—361，一
说321—379），字逸少，东晋琅邪临沂（今山东临沂）人。王导从
子，郗鉴婿。起家秘书郎，官至右军将军、会稽内史。世称"王右
军"。与王述不和，辞官，居会稽山阴，游山水，修服食，世事五斗
米道。工书法，初从卫夫人学。后博采众长，精研体势。草书学
张芝，正书学钟繇。一变汉魏质朴书风，创造新体，自成一家。与
钟繇并称"钟王"，后世尊为"书圣"。弄孙，逗弄孙子玩儿。《晋
书·石季龙传》："但抱子弄孙日为乐耳。"又，多以"含饴弄孙"
四字连用。意为含着饴糖逗小孙子，形容老人自娱晚年，不问他
事的乐趣。《东观汉记·明德马皇后传》："穰岁之后，惟子之志，
吾但当含饴弄孙，不能复知政事。"

⑧问安惟点颔，郭子仪厥孙最多：语本《新唐书·郭子仪传》："八子
七婿，皆贵显朝廷。诸孙数十，不能尽识，至问安，但颔之而已。"
唐朝郭子仪的八个儿子和七个女婿，都是朝廷显贵。孙辈多达数
十人，郭子仪认不全，孙子们给郭子仪问安，郭子仪叫不上名字，

只能点头示意。问安，问候尊长起居，问好。点颔，点头。颔，下巴。郭子仪（697—781），唐华州郑县（今陕西华州）人。约唐玄宗开元末中武举科，天宝中累迁朔方节度右兵马使。十四载（755）安禄山反，诏为朔方节度使，率本军东讨。唐肃宗至德元载（756）加兵部尚书，拜相。至德二年为关内、河东副元帅，收复二京，封代国公。乾元元年（758）进中书令。唐代宗宝应元年（762）进封汾阳郡王，出镇绛州。广德元年（763）吐蕃据京师，诏为关内副元帅，率军逐之。其后累镇河中、邠宁等。唐德宗即位，召还朝，赐号尚父，进太尉。建中二年（781）卒，谥忠武。生平见新、旧《唐书》本传。厥，其，他。这里指郭子仪。

⑨和丸教子，仲郢母之贤：语本《新唐书·柳仲郢传》："仲郢字谕蒙。母韩，即皋女也。善训子，故仲郢幼嗜学，尝和熊胆丸，使夜咀咽以助勤。"唐朝柳仲郢的母亲曾经用熊胆、黄连、苦参合成丸药，让儿子夜读时服用以提神。后用为母亲教子勤学之典。仲郢，即柳仲郢（？—864），字谕蒙，唐京兆华原（今陕西铜川耀州区）人。唐宪宗元和十三年（818）进士，为校书郎，迁谏议大夫。唐宣宗大中末累擢刑部尚书，封河东县男。唐懿宗咸通初出为山南西道节度使。始官京兆，以严为治；出为河南尹，以宽为政。卒于镇。有《柳仲郢集》。

⑩戏彩娱亲，老莱子之孝：老莱子戏彩娱亲故事，广为古代类书征引。《艺文类聚（卷二十）·人部四·孝》引《列女传》曰："老莱子孝养二亲，行年七十，婴儿自娱，着五色采衣，尝取浆上堂，跌仆，因卧地为小儿啼，或弄乌鸟于亲侧。"《初学记（卷十七）·人部上·孝》引《孝子传》曰："老莱子至孝，奉二亲。行年七十，着五彩褊襕衣，弄雏鸟于亲侧。"《太平御览（卷四百十三）·人事部五十四·孝中》引师觉授《孝子传》曰："老莱子者，楚人。行年七十，父母俱存，至孝蒸蒸。常着班斓之衣，为亲取饮。上堂脚跌，

恐伤父母之心,因僵仆为婴儿啼。孔子曰:'父母老,常言不称老,为其伤老也。若老莱子,可谓不失孺子之心矣。'"戏彩娱亲,穿着彩色的衣服,手舞足蹈,以讨父母欢心。比喻孝养父母。老莱子,春秋末楚国人。隐士。相传事亲孝,年七十尚着五彩衣为儿啼以娱其亲。楚王闻其贤,欲聘之。其妻以为不能为人所制,一起逃往江南。又传著书十五篇,为道家之言,与孔子同时。

⑪毛义捧檄(xí),为亲之存:语本《后汉书·刘赵淳于江刘周赵传》:"中兴,庐江毛义少节,家贫,以孝行称。南阳人张奉慕其名,往候之。坐定而府檄适至,以义守令。义奉檄而入,喜动颜色。奉者,志尚士也,心贱之,自恨来,固辞而去。及义母死,去官行服。数辟公府,为县令,进退必以礼。后举贤良,公车征,遂不至。张奉叹曰:'贤者固不可测。往日之喜,乃为亲屈也。斯盖所谓"家贫亲老,不择官而仕"者也。'建初中,章帝下诏褒宠义,赐谷千斛,常以八月长吏问起居,加赐羊酒。寿终于家。"东汉人毛义以孝闻名。张奉去拜访他,刚好州府公文派到,要毛义去任县令,毛义拿到公文,表现出很高兴的样子。张奉因此看不起他。后来母亲死了,毛义毅然辞官。朝廷征辟,谢辞不出。张奉这才知道毛义当初出来做官,不过是为了奉养老母而已,感叹自己知人不深。后以"奉(捧)檄"为为母出仕的典故。毛义,字少节,东汉庐江(今属安徽)人。家贫,以孝行称。为安邑令。及母死,去官行服。后举贤良,公车屡征不至。建初中,汉章帝下诏褒宠,赐谷千斛。亲,父母双亲。此指(毛义的)母亲。

⑫伯俞泣杖,因母之老:语本西汉·刘向《说苑·建本》:"伯俞有过,其母笞之,泣。其母曰:'他日笞子,未尝见泣。今泣,何也?'对曰:'他日俞得罪,笞尝痛。今母之力不能使痛,是以泣。'"汉代韩伯俞很孝顺,母亲有时发火用手杖打他。他不加分辨也不啼哭。后来母亲又因故生气,拿起手杖打他,但是由于年高体弱,打

在身上一点儿也不重,韩伯俞却哭了起来。母亲问他这次为什么哭了,韩伯俞回答说:"以前挨打能感到疼痛,这次却不觉得疼,足见母亲年老体弱,所以心里悲哀,才情不自禁地哭泣。"伯俞,亦作"伯瑜"。姓韩,西汉人。著名孝子。刘向《说苑》载有"伯俞泣杖"的典故。

【译文】

称赞人家有好儿子,说"麟趾呈祥";夸奖做官人家有好儿子,说"凤毛济美"。

杀害父亲,自立为帝,隋炀帝杨广天性何存?杀掉儿子,讨好国君,齐国人易牙的人心何在?

把甘美的食物分给孩子以悦目,是说王羲之逗弄孙儿,自娱自乐;晚辈排队问安,只能点头应付,是说郭子仪的孙辈多到认不全。

用熊胆和成药丸,供儿子夜读提神,柳仲郢的母亲真是教子有方;年纪一大把,还穿着彩色衣衫,逗老父老母笑,老莱子真懂孝顺之道。

毛义捧着官府的委任状,面有喜色,是因为母亲健在,可以尽奉养之道;韩伯俞被杖打却感觉不到疼,便悲伤啼哭,是因为母亲日渐衰老。

慈母望子,倚门倚闾①;游子思亲,陟岵陟屺②。

爱无差等,曰兄子如邻子③;分有相同,曰吾翁即若翁④。

长男为主器⑤,令子可克家⑥。

子光前,曰充闾⑦;子过父,曰跨灶⑧。

宁馨、英畏⑨,皆是羡人之儿;国器、掌珠⑩,悉是称人之子。

可爱者子孙之多,若螽斯之蛰蛰⑪;堪羡者后人之盛,如瓜瓞之绵绵⑫。

【注释】

①慈母望子，倚门倚闾：语本《战国策·齐策六》："王孙贾年十五，事闵王。王出走，失王之处。其母曰：'女朝出而晚来，则吾倚门而望；女暮出而不还，则吾倚闾而望。女今事王，王出走，女不知其处，女尚何归？'"倚门倚闾，指倚在门口、巷口眺望远处。形容父母盼望子女归来的迫切心情。后因以"倚门"或"倚闾"谓父母望子归来之心殷切。闾，古代里巷的门。

②游子思亲，陟（zhì）岵（hù）陟屺（qǐ）：语本《诗经·魏风·陟岵》："陟彼岵兮，瞻望父兮。父曰：嗟！予子行役，夙夜无已。上慎旃哉！犹来无止！陟彼屺兮，瞻望母兮。母曰：嗟！予季行役，夙夜无寐。上慎旃哉！犹来无弃！"毛序："《陟岵》，孝子行役，思念父母也。国迫而数侵削，役乎大国，父母兄弟离散，而作是诗也。"毛传："山无草木曰'岵'"，"山有草木曰'屺'"。郑笺："孝子行役，思其父之戒，乃登彼岵山，以遥瞻望其父所在之处。""此又思母之戒，而登屺山而望之也。"后遂以"陟岵陟屺"比喻长期在外服役的人想念父母。游子，离家远游的人。

③爱无差等，曰兄子如邻子：语本《孟子·滕文公上》："夷子曰：'儒者之道，古之人"若保赤子"，此言何谓也？之则以为爱无差等，施由亲始。'徐子以告孟子。孟子曰：'夫夷子信以为人之亲其兄之子为若亲其邻之赤子乎？彼有取尔也。赤子匍匐将入井，非赤子之罪也。'"夷子为战国时墨家学者。爱无差等，墨家主张兼爱，提倡爱他人不应有等级差别。

④分（fèn）有相同，曰吾翁即若翁：语本《史记·项羽本纪》："当此时，彭越数反梁地，绝楚粮食，项王患之。为高俎，置太公其上，告汉王曰：'今不急下，吾烹太公。'汉王曰：'吾与项羽俱北面受命怀王，曰"约为兄弟"，吾翁即若翁，必欲烹而翁，则幸分我一杯羹。'"楚汉相争时，项羽抓住了刘邦的父亲，逼刘邦说你不投降

的话,我把你爹烹杀了,刘邦说你我在怀王面前结为兄弟,我爹就是你爹。分,名分。此指父子名分。

⑤长男为主器:语本《周易·序卦》:"主器者莫若长子,故受之以《震》。"震卦为长子之象。古代国君的长子主宗庙祭器,因以称太子为"主器"。后称人之长子亦为"主器"。

⑥令子可克家:语本《周易·蒙卦》:"纳妇吉,子克家。"唐·孔颖达疏:"子孙能克荷家事,故云'子克家'也。"后遂以"克家"指儿子能承担家事,继承家业。

⑦子光前,曰充闾:语本《晋书·贾充传》:"贾充,字公闾,平阳襄陵人也。父逵,魏豫州刺史、阳里亭侯。逵晚始生充,言后当有充闾之庆,故以为名字焉。"光前,光大前人的功业,功业胜过前人。充闾,指光大门庭。后遂用为贺人生子之词。

⑧跨灶:喻指儿子胜过父亲。一说,马前蹄的空处名叫"灶门","跨灶"本指骏马奔驰时后蹄印反而处在前蹄印之前,引申为儿子胜过父亲。清·高士奇《天禄识馀·跨灶》引《海客日谈》:"马前蹄之上有两空处,名'灶门'。马之良者,后蹄印地之痕,反在前蹄印地之前,故名'跨灶'。言后步趱过前步也。"一说,灶上有釜(与"父"同音),故生子过父者,谓之"跨灶"。

⑨宁馨:语出《晋书·王衍传》:"衍字夷甫,神情明秀,风姿详雅。总角尝造山涛,涛嗟叹良久,既去,目而送之曰:'何物老妪,生宁馨儿! 然误天下苍生者,未必非此人也。'"宁馨,是晋、宋时俗语,"如此""这样"之意。王衍自幼清秀异常,山涛见了他,大发感慨,说是哪个妈妈竟然生出这样好的孩子。后世遂用为对孩子的美称,犹言"好孩子"。英畏:英俊可畏,多用以形容青少年。典出《晋书·桓温传》:"桓温,字元子,宣城太守彝之子也。生未期而太原温峤见之,曰:'此儿有奇骨,可试使啼。'及闻其声,曰:'真英物也!'以峤所赏,故遂名之曰'温'。""英畏"一词,不常见,但

清人文章中还是有的。他本改"英畏"为"英物",实无必要。

⑩国器:国家所需的器材用具,可以治国的人才。新、旧两《唐书》载高郢称赞年幼的张仲方长大后必为"国器",后遂以"国器"为赞誉别人家儿子的美辞。《旧唐书·张九龄传》:"九皋曾孙仲方,少朗秀。为儿童时,父友高郢见而奇之,曰:'此子非常,必为国器,吾获高位,必振发之。'后郢为御史大夫,首请仲方为御史。"《新唐书·张九龄传》:"九龄弟九皋,亦有名,终岭南节度使。其曾孙仲方。仲方,生歧秀,父友高郢见,异之,曰:'是儿必为国器,使吾得位,将振起之。'贞元中,擢进士、宏辞,为集贤校理,以母丧免。会郢拜御史大夫,表为御史。进累仓部员外郎。"掌珠:即掌上明珠。比喻极其珍贵之物。多指极受父母钟爱的儿女。南朝梁·江淹《伤爱子赋》:"曾悯怜之惨悽,痛掌珠之爱子。"唐·白居易《哭崔儿》诗:"掌珠一颗儿三岁,发雪千茎父六旬。"

⑪可爱者子孙之多,若螽(zhōng)斯之蛰蛰(zhé):语本《诗经·周南·螽斯》:"螽斯羽,揖揖兮。宜尔子孙,蛰蛰兮。"毛序:"《螽斯》,后妃子孙众多也。言若螽斯不妒忌,则子孙众多也。"毛传:"蛰蛰,和集也。"后遂以"螽斯之蛰蛰"比喻子孙众多。

⑫堪羡者后人之盛,如瓜瓞(dié)之绵绵:语本《诗经·大雅·绵》:"绵绵瓜瓞,民之初生,自土沮漆。"朱子集传:"绵绵,不绝貌。大曰'瓜',小曰'瓞'。瓜之近本初生常小,其蔓不绝,至末而后大也。"瓜瓞之绵绵,指一根连绵不断的藤上结了许多大大小小的瓜。后遂用作祝颂人子孙昌盛之辞。瓞,小瓜。

【译文】

形容慈母期盼儿子归来,就说"倚门倚闾";形容游子渴望回家尽孝,就说"陟岵陟屺"。

怜爱晚辈,不分亲疏,就说"兄子如邻子";名分相当,如同兄弟,就说"我翁即你翁"。

长子长大后主持祭祀工作,好儿子以后必定能振兴门庭。

儿子有出息,给先人带来荣光,称为"充闾";儿子的成就超过父亲,叫作"跨灶"。

"宁馨""英畏",是对别人有好儿子的艳美之语;"国器""掌珠",都是夸赞别人有好儿子的恭维之词。

子孙众多,让人喜爱,就像"螽斯之蛰蛰";后代兴旺,令人羡慕,就如"瓜瓞之绵绵"。

兄弟

【题解】

本篇13联,讲的都是和兄弟相关的成语典故。传统中国重视兄弟关系,提倡兄弟之间要相亲相爱、互帮互助,不宜争强斗胜,彼此伤害。

天下无不是底父母①,世间最难得者兄弟②。

须贻同气之光③,毋伤手足之雅④。

玉昆金友⑤,羡兄弟之俱贤;伯埙仲篪⑥,谓声气之相应⑦。

兄弟既翕⑧,谓之花萼相辉⑨;兄弟联芳,谓之棠棣竞秀⑩。

患难相顾,似鹡鸰之在原⑪;手足分离⑫,如雁行之折翼⑬。

【注释】

①天下无不是底父母:语本宋·朱熹《孟子集注·离娄上》引宋·罗从彦(字仲素)语。《孟子集注·离娄上》末章:"天下大悦而将归己。视天下悦而归己,犹草芥也。惟舜为然。不得乎亲,不可以为人;不顺乎亲,不可以为子。舜尽事亲之道而瞽瞍厎豫,瞽瞍厎豫而天下化,瞽瞍厎豫而天下之为父子者定,此之谓'大

孝'。"朱注引李氏曰："舜之所以能使瞽瞍厎豫者,尽事亲之道,
其为子职,不见父母之非而已。昔罗仲素语此云:'只为天下无不
是厎父母。'了翁闻而善之曰:'惟如此而后天下之为父子者定。
彼臣弑其君、子弑其父者,常始于见其有不是处耳。'"不是,不
对,不正确。厎,犹"的"。

②世间最难得者兄弟:语本《北齐书・循吏传・苏琼》:"有百姓乙
普明兄弟争田,积年不断,各相援引,乃至百人。琼召普明兄弟对
众人谕之曰:'天下难得者兄弟,易求者田地,假令得地失兄弟心
如何?'因而下泪,从人莫不洒泣。普明弟兄叩头乞外更思,分异
十年,遂还同住。"

③贻(yí)赠送,给予。同气:谓形体各别,气息相通。一般指父
(母)子(女)或兄弟(姊妹)关系。《吕氏春秋・季秋纪・精通》:
"父母之于子也,子之于父母也,一体而两分,同气而异息。"三国
魏・曹植《求自试表》:"而臣敢陈闻于陛下者,诚与国分形同气,
忧患共之者也。"《宋书・傅隆传》:"父子至亲,分形同气。"《梁
书・武陵王纪传》:"友于兄弟,分形共气。"北齐・颜之推《颜氏
家训・兄弟》:"兄弟者,分形连气之人也。"

④手足:喻兄弟。西汉・焦赣《易林・益之蒙》:"饮酒醉酣,跳起争
斗,手足纷挐,伯伤仲僵。"唐・李华《吊古战场文》:"谁无兄弟,
如足如手? 谁无夫妇,如宾如友?"雅:美好情谊。

⑤玉昆金友:对兄弟的美称。昆、友,均指兄弟。《南史・王铨传》:
"铨虽学业不及弟锡,而孝行齐焉,时人以为铨、锡二王,可谓'玉
昆金友'。"北朝魏・崔鸿《十六国春秋・前凉录・辛攀》:"辛
攀,字怀远,陇西狄道人也。兄鉴旷,弟宝迅,皆以才识著名。秦、
雍为之谚曰:'三龙一门,金友玉昆。'"

⑥伯埙(xūn)仲篪(chí):语本《诗经・小雅・何人斯》:"伯氏吹
埙,仲氏吹篪。"毛传:"土曰'埙',竹曰'篪'。"郑笺:"伯仲喻兄

弟也。我与女恩如兄弟，其相应和如埙篪。"伯、仲，均为兄弟排行的次第，"伯"是老大，"仲"是老二。埙，陶土烧制的乐器。篪，竹制的乐器。埙篪合奏，乐音和谐，旧时用来比喻兄弟和睦。

⑦声气之相应：相同的声音互相应和，相同的气味互相融合，指心心相印，息息相关。

⑧兄弟既翕（xī）：语出《诗经·小雅·棠棣》："兄弟既翕，和乐且湛。"毛传："翕，合也。"

⑨花萼相辉：花朵与花萼相互辉映。比喻兄弟友爱，手足情深。萼，花蒂。唐玄宗曾兴建花萼楼，也叫"花萼相辉之楼"，兄弟五人在楼上喝酒听歌。后人便用"花萼"代称兄弟。《旧唐书·睿宗诸子传》："初，玄宗兄弟圣历初出阁，列第于东都积善坊，五人分院同居，号'五王宅'。大足元年，从幸西京，赐宅于兴庆坊，亦号'五王宅'。及先天之后，兴庆是龙潜旧邸，因以为宫。宪于胜业东南角赐宅，申王捴、岐王范于安兴坊东南赐宅，薛王业于胜业西北角赐宅，邸第相望，环于宫侧。玄宗于兴庆宫西南置楼，西面题曰花萼相辉之楼，南面题曰勤政务本之楼。玄宗时登楼，闻诸王音乐之声，咸召登楼同榻宴谑，或便幸其第，赐金分帛，厚其欢赏。诸王每日于侧门朝见，归宅之后，即奏乐。纵饮，击球斗鸡，或近郊从禽，或别墅追赏，不绝于岁月矣。游践之所，中使相望，以为天子友悌，近古无比，故人无间然。"《新唐书》亦载。

⑩兄弟联芳，谓之棠棣（dì）竞秀：语本《诗经·小雅·常棣》："常棣之华，鄂不韡韡。凡今之人，莫如兄弟。"毛传："常棣，棣也。鄂犹鄂鄂然，言外发也。韡韡，光明也。"郑笺："承华者曰'鄂'。不，当作'柎'。柎，鄂足也。鄂足得华之光明则韡韡然盛兴者，喻弟以敬事兄，兄以荣覆弟，恩义之显亦韡韡然。"联芳，像鲜花一般相依绽放。比喻兄弟都很贤良美善，或荣耀贵显。唐·王维《谢弟缙新授左散骑常侍状》："不材之木，跗萼联芳。断行之雁，

飞鸣接翼。"棠棣竞秀，比喻兄弟都很贤良。棠棣，树名。即郁李。《诗经·小雅·常棣》篇，是一首申述兄弟应该互相友爱的诗。常棣，也作"棠棣"。后常用以指兄弟。竞秀，竞相开放。

⑪患难相顾，似鹡鸰（jí líng）之在原：语本《诗经·小雅·常棣》："脊令在原，兄弟急难。"毛传："脊令，雝渠也。飞则鸣，行则摇，不能自舍耳。急难，言兄弟之相救于急难。"郑笺："雝渠，水鸟，而今在原，失其常处，则飞则鸣，求其类，天性也，犹兄弟之于急难。"后因以"脊令在原"喻兄弟友爱，急难相顾。相顾，互相照顾，互相照应。北齐·颜之推《颜氏家训·兄弟》："二亲既殁，兄弟相顾，当如形之与影，声之与响。"鹡鸰，又作"脊令"，是一种水鸟。最常见的一种，身体小，头顶黑色，前额纯白色，嘴细长，尾和翅膀都很长，黑色，有白斑，腹部白色。吃昆虫和小鱼等，属受保护鸟类。据传当它在陆地原野上时，会非常不安，并飞行鸣叫寻找同类。古人便用"鹡鸰"来比喻兄弟。

⑫手足分离：喻指兄弟分开。

⑬雁行：《礼记·王制》："父之齿随行，兄之齿雁行，朋友不相逾。"宋元·陈澔集说："父之齿，兄之齿，谓其人年与父等，或与兄等也。随行，随其后也；雁行，并行而稍后也。"后因以比喻兄弟。翼，翅膀。

【译文】

天下没有不正确的父母，世上最难得的是兄弟之情。

兄弟之间，要相互支持，不能相互伤害美好的情谊。

"玉昆金友"，赞誉兄弟之间和睦谦让、德才兼备；"伯埙仲篪"，形容兄弟之间意气相合、亲密知心。

形容兄弟和睦融洽，称"花萼相辉"；比喻兄弟都很出色，说"棠棣竞秀"。

兄弟在患难中彼此关怀照应，好比原本生活在水中的鹡鸰鸟儿突然来到陆地，更加思念牵挂它的同类；兄弟分离，简直就像飞行的雁群中有一只折断了翅膀，跟不上队伍，从此落单。

元方、季方俱盛德，祖太丘称为难弟难兄①；宋郊、宋祁俱中元，当时人号为大宋小宋②。

荀氏兄弟，得八龙之佳誉③；河东伯仲，有三凤之美名④。

东征破斧，周公大义灭亲⑤；遇贼争死，赵孝以身代弟⑥。

【注释】

①元方、季方俱盛德，祖太丘称为难弟难兄：语本南朝宋·刘义庆《世说新语·德行》："陈元方子长文，有英才，与季方子孝先各论其父功德，争之不能决。咨之太丘。太丘曰：'元方难为兄，季方难为弟。'"南朝梁·刘孝标注："一作'元方难为弟，季方难为兄'。"陈太丘（陈寔）的两个儿子元方（陈纪）、季方（陈谌）都很优秀。有一次，元方的儿子长文（陈群）和季方的儿子孝先（陈忠）争论谁的父亲更优秀，陈太丘说"元方难为兄，季方难为弟"，意思是说兄弟二人都很贤德，难分高下。后遂以"难弟难兄"（或"难兄难弟"）指兄弟二人才德俱佳，难分高下。元方，陈纪，字元方，东汉颍川许（今河南许昌）人。陈寔子。与弟陈谌俱以至德称。及遭党锢，发愤著书，号曰《陈子》。党禁解，四府并辟，无所屈就。董卓入洛阳，不得已到京师，累迁尚书令。汉献帝建安初，拜大鸿胪卒。季方，陈谌，字季方，东汉颍川许（今河南许昌）人。陈寔子。与兄陈纪俱以至德称。父子并著高名，时号"三君"。早卒。盛德，语出《周易·系辞上》："日新之谓'盛德'。"祖太丘，指陈元方、陈季方兄弟的父亲陈寔。祖，即祖父，是相对于元方、季方二人之子而言。太丘，是汉代的县名，治所

在今河南永城西北。陈寔曾担任太丘的地方官,后人称为"陈太丘"。陈寔(104—187),字仲弓,东汉颍川许(今河南许昌)人。少为县吏,有志好学,县令邓邵使受业太学。除太丘长,修德清静,百姓以安。党锢祸起,人多逃避求免,陈寔自请囚禁。遇赦得出。居乡间,累征不就。卒于家,海内往吊者三万余人。谥文范先生。与子纪、谌,并著高名,时号"三君"。

② 宋郊、宋祁俱中元,当时人号为大宋小宋:语本《宋史·宋祁传》:"祁字子京,与兄庠同时举进士,礼部奏祁第一,庠第三。章献太后不欲以弟先兄,乃擢庠第一,而置祁第十。人呼曰'二宋',以大小别之。"后因称兄弟齐名者为"大小宋"。宋郊,宋庠(996—1066),字公序,原名"郊",入仕后改名"庠",宋安州安陆(今湖北安陆)人,后徙开封雍丘(今河南杞县)。宋仁宗天圣二年(1024)进士,初仕襄州通判,召直史馆,历三司户部判官、同修起居注、左正言、翰林学士、参知政事、枢密使,官至同中书门下平章事,深为仁宗亲信。庆历三年(1043)因其子与匪人交结,出知河南府,徙知许州、河阳。不久召回任枢密使,封莒国公。与副使程戡不协,再出知郑州、相州。宋英宗即位,改封郑国公,知亳州,以司空致仕。治平三年(1066)卒,年七十一。谥元宪。宋庠与其弟宋祁均以文学知名,有集四十四卷,已散佚。清四库馆臣从《永乐大典》辑得宋庠诗文,编为《元宪集》四十卷。另著有《国语补音》。事见宋·王圭《华阳集》卷四十八《宋元宪公神道碑》,《宋史》卷二百八十四有传。宋祁(998—1061),字子京,宋安州安陆(今湖北安陆)人,后迁开封雍丘(今河南杞县)。宋庠弟。兄弟齐名,时称"二宋"。宋仁宗天圣二年(1024)进士。累迁太常博士,同知礼仪院,按试新乐,预修《广业记》。历知制诰、翰林学士。任史馆修撰,与欧阳修同修《新唐书》。出知许、亳、成德、定、益等州军,除三司使。《新唐书》成,进工部尚书,拜

翰林学士承旨。卒谥景文。有《宋景文集》《益部方物略记》《笔记》等。其《玉楼春》词"红杏枝头春意闹"一句，广为世人传诵，有"红杏尚书"之号。中元，科举时期称解试（后称"乡试"）、省试（后称"会试"）、殿试（后称"廷试"）第一为解元、会元、状元，合称"三元"。宋·赵昇《朝野类要·举业》："解试、省试并为魁者，谓之'双元'；若又为殿魁者，谓之'三元'。"宋郊（宋庠）、宋祁兄弟为同科进士，礼部本取宋祁第一、宋郊（宋庠）第三；章献太后改为宋郊（宋庠）第一、宋祁第十。兄弟俩皆取中，故称"俱中元"。后世亦以"中元"指考试高中。

③荀氏兄弟，得八龙之佳誉：语本《后汉书·荀淑传》："荀淑字季和，颍川颍阴人，荀卿十一世孙也。少有高行，博学而不好章句，多为俗儒所非，而州里称其知人。安帝时，征拜郎中，后再迁当涂长。去职还乡里。当世名贤李固、李膺等皆师宗之。及梁太后临朝，有日食地震之变，诏公卿举贤良方正，光禄勋杜乔、少府房植举淑对策，讥刺贵幸，为大将军梁冀所忌，出补朗陵侯相。莅事明理，称为'神君'。顷之，弃官归，闲居养志。产业每增，辄以赡宗族知友。年六十七，建和三年卒。李膺时为尚书，自表师丧。二县皆为立祠。有子八人：俭，绲，靖，焘，汪，爽，肃，专，并有名称，时人谓之'八龙'。"又，《世说新语·德行》："陈太丘诣荀朗陵，贫俭无仆役，乃使元方将车，季方持杖后从，长文尚小，载着车中。既至，荀使叔慈应门，慈明行酒，余六龙下食。文若亦小，坐着膝前。于时太史奏：'真人东行。'"东汉人荀淑的八个儿子，都很有才华而且贤良孝顺，当时人称为"八龙"。

④河东伯仲，有三凤之美名：语本《旧唐书·薛元敬传》："元敬，隋选部侍郎迈子也。有文学，少与收及收族兄德音齐名，时人谓之'河东三凤'。收为长离，德音为鸑鷟，元敬以年最小为鹓雏。"《新唐书》亦载。唐朝河东人薛收和侄子薛元敬、族兄薛德音都

以贤德著称，被称为"河东三凤"。伯仲，指兄弟的次第。亦代称兄弟。《诗经·小雅·何人斯》"伯氏吹埙，仲氏吹篪"汉·郑玄笺："伯仲，喻兄弟也。""河东三凤"中的薛收、薛德音二人为宗族兄弟，薛元敬的父亲薛迈与薛收是兄弟。

⑤东征破斧，周公大义灭亲：语本《诗经·豳风·我斧》："既破我斧，又缺我斨。周公东征，四国是皇。"毛传："隋銎曰'斧'。""四国，管、蔡、商、奄也。皇，匡也。"东汉·郑玄笺："周公既反，摄政，东伐此四国，诛其君罪，正其民人而已。"又，《韩诗外传》卷七："武王崩，成王幼，周公承文、武之业，履天子之位，听天子之政，征夷狄之乱，诛管、蔡之罪，抱成王而朝诸侯，诛赏制断，无所顾问，威动天地，振överساح海内，可谓能武矣。"《史记·周本纪》："成王少，周初定天下，周公恐诸侯畔周，公乃摄行政当国。管叔、蔡叔群弟疑周公，与武庚作乱，畔周。周公奉成王命，伐诛武庚、管叔，放蔡叔。"西周初年，管叔、蔡叔联合武庚叛乱，周公发兵东征，平乱。东征，指周公发兵东征，平定管、蔡、商、奄四国叛乱一事。破斧，指兵器（战斧）在激烈的战斗中受损。周公，即周公旦，西周王族。姬姓，名旦，亦称"叔旦"。周文王子，周武王弟。辅佐周武王伐纣灭商。武王卒，成王幼，周公摄政。东平武庚、管叔、蔡叔之叛。复营洛邑为东都，作为统治中原的中心。又制定礼乐制度，分封诸侯，使天下臻于大治。成王长，还政于王。周公封国在鲁，因留任中央辅佐成王，而使长子伯禽代为就封，故周公为鲁国始祖。周公卒后，成王赐鲁国天子礼乐以褒其德。后世尊周公为圣贤典范，生平事迹见《史记·鲁周公世家》。大义灭亲，语出《左传·隐公四年》："州吁未能和其民，厚问定君于石子。石子曰：'王觐为可。'曰：'何以得觐？'曰：'陈桓公方有宠于王，陈、卫方睦，若朝陈使请，必可得也。'厚从州吁如陈。石碏使告于陈曰：'卫国褊小，老夫耄矣，无能为也。此二人者，实弑寡君，

敢即图之。'陈人执之而请莅于卫。九月,卫人使右宰丑莅杀州吁于濮,石碏使其宰獳羊肩莅杀石厚于陈。君子曰:'石碏,纯臣也,恶州吁而厚与焉。"大义灭亲",其是之谓乎!'"春秋时卫国大夫石碏之子石厚与公子州吁杀卫桓公,而立州吁为君,石碏设计杀州吁、石厚,《左传》赞之为"大义灭亲"。此处指周公在东征战役中平定管、蔡等国的叛乱,并以公理正义为重,诛杀了造反作乱的哥哥管叔鲜和弟弟蔡叔度。"大义灭亲"意指为了维护君臣大义,而牺牲亲属间的私情。

⑥遇贼争死,赵孝以身代弟:语本《后汉书・赵孝传》:"及天下乱,人相食。孝弟礼为饿贼所得,孝闻之,即自缚诣贼,曰:'礼久饿羸瘦,不如孝肥饱。'贼大惊,并放之,谓曰:'可且归,更持米糒来。'孝求不能得,复往报贼,愿就亨。众异之,遂不害。"遇贼争死,遇到盗贼,争着去死。赵孝,字长平,两汉之际沛国蕲(今安徽宿州)人。其父赵普,乃王莽朝田禾将军,任其为郎。他每次告假回家,都自己挑担步行。天下大乱时,弟弟赵礼被匪徒抓走,他主动要求代替弟弟受死。匪徒被他感动,将他兄弟二人释放。汉明帝素闻其行,拜谏议大夫,迁长乐卫尉。后告归,卒于家。

【译文】

陈元方、陈季方兄弟品德都很高尚,在太丘担任过地方长官的父亲陈寔称他们是"难弟难兄";宋郊、宋祁兄弟同科考中进士,被当时的人们称为"大宋小宋"。

荀家八兄弟个个品学兼优,获得"八龙"的盛誉;河东人薛收和族兄薛德音、侄子薛元敬都德才兼备,享有"三凤"的美名。

《诗经》"东征破斧",写的是周公为了维护公理正义,在东征战争中铁面无私地杀掉了造反作乱的兄弟的故事;"遇贼争死",说的是东汉赵孝在匪徒面前,争着代替弟弟送死,匪徒反而放了他们的故事。

煮豆燃萁，谓其相害①；斗粟尺布，讥其不容②。

兄弟阋墙，即兄弟之斗很③；天生羽翼，谓兄弟之相亲④。

姜家大被以同眠⑤，宋君灼艾而分痛⑥。

田氏分财，忽瘁庭前之荆树⑦；夷、齐让国，共采首阳之蕨薇⑧。

虽曰安宁之日，不如友生；其实凡今之人，莫如兄弟⑨。

【注释】

①煮豆燃萁（qí），谓其相害：语本南朝宋·刘义庆《世说新语·文学》："文帝尝令东阿王七步作诗，不成者行大法。应声便为诗曰：'煮豆持作羹，漉菽以为汁。萁在釜下然，豆在釜中泣；本是同根生，相煎何太急？'帝深有惭色。"相传三国时，魏文帝曹丕命令弟弟东阿王曹植在七步之内作诗一首，如作不成就将其处死。曹植才思敏捷，应声吟出《七步诗》。曹丕听后，深感羞愧，最终没有加害曹植。后世遂以"煮豆燃萁"比喻兄弟互相残害。萁，大豆的豆秸，是大豆脱粒后剩下的茎，晒干后可以当柴烧。

②斗粟尺布，讥其不容：语本《史记·淮南衡山列传》："孝文十二年，民有作歌歌淮南厉王曰：'一尺布，尚可缝。一斗粟，尚可舂。兄弟二人不能相容。'上闻之，乃叹曰：'尧、舜放逐骨肉，周公杀管、蔡，天下称圣。何者？不以私害公。天下岂以我为贪淮南王地邪？'乃徙城阳王王淮南故地，而追尊谥淮南王为厉王，置园复如诸侯仪。"西汉时期，汉文帝的弟弟淮南厉王刘长在谋反失败后，被流放到蜀郡，在路上绝食而死。当时流传一首民谣："一尺布，尚可缝。一斗粟，尚可舂。兄弟二人不能相容。"意思是说，即使一尺布料，也还可以缝制成衣服，大家一起来穿；即使一斗谷粟，也还可以做好了供大家分食，可是天下如此之大，骨肉兄弟居

然反目成仇不能相容。后以"斗粟尺布"讥兄弟不和，不能相容。

③兄弟阋（xì）墙，即兄弟之斗很：语本《诗经·小雅·常棣》："兄弟阋于墙，外御其务。"毛传："阋，很也。"郑笺："御，禁。务，侮也。兄弟虽内阋而外御侮也。"朱子集传："阋，斗很也。"是说兄弟在家里争吵，遇到外来欺侮时就一致对外。阋墙，兄弟在家里吵架。阋，争吵，争斗。"兄弟阋墙"单用，也比喻内部争斗。斗很，亦作"斗狠"。以狠争胜。指斗殴。《孟子·离娄下》："好勇斗很，以危父母。"宋·孙奭疏："好勇暴，好争斗，好顽很，以惊危父母。"

④天生羽翼，谓兄弟之相亲：语本《旧唐书·睿宗诸子传》："玄宗既笃于昆季，虽有谗言交构其间，而友爱如初。宪尤恭谨畏慎，未曾干议时政及与人交结，玄宗尤加信重之。尝与宪及岐王范等书曰：'昔魏文帝诗云："西山一何高，高出殊无极。上有两仙童，不饮亦不食。赐我一丸药，光耀有五色。服药四五日，身轻生羽翼。"朕每思服药而求羽翼，何如骨肉兄弟天生之羽翼乎？'"《新唐书》亦载。唐玄宗和同胞兄弟非常友爱，说即便服食仙药能生出羽翼，又哪里比得上同胞兄弟这样天生的羽翼呢？天生羽翼，比喻同胞兄弟与生俱来的骨肉之亲。羽翼，指翅膀，禽鸟赖以飞翔。引申为辅佐、帮助。

⑤姜家大被以同眠：语本《后汉书·姜肱传》："姜肱字伯淮，彭城广戚人也。家世名族。肱与二弟仲海、季江，俱以孝行著闻。其友爱天至，常共卧起。及各娶妻，兄弟相恋，不能别寝，以系嗣当立，乃递往就室。"唐·李贤注引《谢承书》曰："肱性笃孝，事继母恪勤。母既年少，又严厉。肱感《恺风》之孝，兄弟同被而寝，不入房室，以慰母心。"东汉人姜肱、姜仲海、姜季江三兄弟感情极好，睡觉同盖一条大被子，后因以"姜被"指兄弟和兄弟之情。

⑥宋君灼艾而分痛：语本《宋史·太祖纪》："太宗尝病亟，帝往视之，亲为灼艾。太宗觉痛，帝亦取艾自炙。"宋太祖赵匡胤的弟弟

赵匡义（宋太宗）有一次生病，宋太祖去探望他并亲自为他烧艾治病。赵匡义连声喊疼，宋太祖于是将热艾往自己身上灼烧，认为这样做可以感受并分担弟弟的痛苦。宋君，指宋太祖赵匡胤。灼艾，中医疗法之一。燃烧艾绒熏灸人体一定的穴位。艾，是一种多年生草本植物，老叶可制成绒，供艾灸用。

⑦田氏分财，忽瘁（cuì）庭前之荆树：语本《初学记（卷十八）·人部中·离别》引吴均《续齐谐记》曰："京兆人田真，兄弟三人，共分财各居。堂前有一株紫荆，华甚茂，共议破为三，待明截之。忽一夕，树即枯死。真见之，惊谓诸弟曰：'本同株，当分析便憔悴，况人兄弟孔怀，而可离异，是人不如树木也。'兄弟相感复合。"《太平御览》卷四百二十一《人事部》亦引之，而尤详："《续齐谐记》曰：'田真兄弟三人，家巨富，而殊不睦。忽共议分财，金银珍物各以斛量。田业生资平均如一，惟堂前一株紫荆树，花叶美茂，共议欲破为三，人各一分，待明就截之。尔夕，树即枯死状火燃，叶萎枝摧，根茎焦悴。真至，携门而往之，大惊，谓语弟曰："树本同株，闻当分析，所以焦悴，是人不如树木也。"因悲不自胜，便不复解树，树应声，遂更青翠，华色繁美。兄弟相感，更合财产，遂成纯孝之门。真以汉成帝时为太中大夫。'"汉成帝时京兆人田真、田广、田庆三兄弟分家，门前一棵紫荆树一夜之间枯死。田氏兄弟大发感慨，同株的树听说要分开便枯死了，树且有情，何况于人？于是决定不分家。瘁，憔悴，枯槁。荆树，即紫荆，落叶乔木或灌木。叶圆心形，春开红紫色花。供观赏。树皮、木材、根均可入药。

⑧夷、齐让国，共采首阳之蕨薇：语本《史记·伯夷列传》："伯夷、叔齐，孤竹君之二子也。父欲立叔齐。及父卒，叔齐让伯夷。伯夷曰：'父命也。'遂逃去。叔齐亦不肯立而逃之。国人立其中子。于是伯夷、叔齐闻西伯昌善养老，盍往归焉。及至，西伯卒，武王

载木主，号为文王，东伐纣。伯夷、叔齐叩马而谏曰:'父死不葬，爱及干戈，可谓孝乎? 以臣弑君，可谓仁乎?'左右欲兵之。太公曰:'此义人也。'扶而去之。武王已平殷乱，天下宗周，而伯夷、叔齐耻之，义不食周粟，隐于首阳山，采薇而食之。及饿且死，作歌。其辞曰:'登彼西山兮，采其薇矣。以暴易暴兮，不知其非矣。神农、虞、夏忽焉没兮，我安适归矣? 于嗟徂兮，命之衰矣!'遂饿死于首阳山。"商朝末年孤竹国国君的长子伯夷和三子叔齐，兄弟相互谦让，不就国君之位。他们认为周武王伐纣是以暴易暴，耻食周粟，隐居于首阳山，采薇而食，最终饿死。伯夷、叔齐是商周之际著名人物，兄弟让国和耻食周粟的故事广为流传，司马迁采前代传说而书之。夷、齐，指伯夷、叔齐，相传为商朝末年孤竹国国君的长子和三子。首阳，山名。相传为伯夷、叔齐采薇隐居处。《论语·季氏》:"伯夷、叔齐，饿于首阳之下，民到于今称之。"三国魏·何晏集解引东汉·马融曰:"首阳山在河东蒲坂，华山之北，河曲之中。"蒲坂故城，在今山西永济南。

⑨"虽曰安宁之日"四句:语本《诗经·小雅·常棣》:"常棣之华，鄂不韡韡。凡今之人，莫如兄弟。……丧乱既平，既安且宁。虽有兄弟，不如友生。"友生，朋友。

【译文】

"煮豆燃萁"，比喻兄弟自相残害;"斗粟尺布"，嘲讽兄弟不能相容。"兄弟阋墙"，是说兄弟吵架斗气;"天生羽翼"，比喻兄弟和睦互助。

姜家兄弟同盖一条大被子睡觉，感情十分深厚;宋太祖拿艾条灼烧自己，分担兄弟的痛楚。

田家三兄弟打算分割家产，院中的紫荆树突然枯萎了;伯夷、叔齐兄弟谦让国君的位置，一起到首阳山过起采摘野菜的隐居生活。

虽说平常无事的时候，兄弟好像不如朋友亲密;其实在现实关系中，朋友不如兄弟可靠。

夫妇

【题解】

　　本篇19联，讲的都是和夫妻相关的成语典故。古人重视齐家，讲究夫唱妇随，提倡相敬如宾。

　　孤阴则不生，独阳则不长，故天地配以阴阳①；男以女为室，女以男为家，故人生偶以夫妇②。

　　阴阳和而后雨泽降，夫妇和而后家道成③。

　　夫谓妻曰拙荆④，又曰内子⑤；妻称夫曰藁砧⑥，又曰良人⑦。

　　贺人娶妻，曰荣谐伉俪⑧；留物与妻，曰归遗细君⑨。

　　受室⑩，即是娶妻；纳宠⑪，谓人娶妾⑫。

【注释】

①"孤阴则不生"三句：语本程朱理学。《朱子语类》卷六十五："如'乾元资始，坤元资生'，则独阳不生，独阴不成，造化周流，须是并用。"（道夫）《朱子语类》卷九十五："问：'"天地万物之理，无独必有对。"对是物也，理安得有对？'曰：'如高下小大清浊之类，皆是。'曰：'高下小大清浊，又是物也，如何？'曰：'有高必有下，有大必有小，皆是理必当如此。如天之生物，不能独阴，必有阳；不能独阳，必有阴；皆是对。这对处，不是理对。其所以有对者，是理合当恁地。'"（淳）中国古人将观察到的各种对立又相联的大自然现象，如天地、日月、昼夜、寒暑、男女、上下等，归纳为"阴"和"阳"两个对立的范畴，并以双方变化的原理来说明世界的运动，由此产生《易》学。程朱理学解《易》，说阴阳，好言"孤阴不生""独阳不长"。

②"男以女为室"三句：语本《孟子·滕文公下》："丈夫生而愿为之有室，女子生而愿为之有家。父母之心，人皆有之。"朱子集注："男以女为室，女以男为家。"室家，指夫妇。《诗经·周南·桃夭》："桃之夭夭，灼灼其华。之子于归，宜其室家。"孔疏："《左传》曰：'女有家，男有室。'室家，谓夫妇也。"朱子集传："室谓夫妇所居，家谓一门之内。"偶，此处用作动词，为……配偶、配对。

③阴阳和而后雨泽降，夫妇和而后家道成：《诗经·邶风·谷风》："习习谷风，以阴以雨。"毛传："兴也。习习，和舒貌。东风谓之'谷风'。阴阳和而谷风至，夫妇和则室家成，室家成而继嗣生。"朱子集传："妇人为夫所弃，故作此诗以叙其悲怨之情。言阴阳和而后雨泽降，如夫妇和而后家道成。"雨泽，雨水。家道，室家之道，即夫妻之道。又，古人认为降雨是阴阳二气和合的结果。若阴阳二气不能和合，则不能降雨。《周易·小畜卦》"密云不雨，自我西郊"，三国魏·王弼注："夫能为雨者，阳上薄阴，阴能固之，然后烝而为雨。今不能制初九之复道，固九二之牵复，九三更以不能复为劣也。下方尚往，施岂得行？故密云而不能为雨，尚往故也。"《周易·小过卦》："六五：密云不雨，自我西郊，公弋取彼在穴。"王弼注："六得五位，阴之盛也。故密云不雨，至于西郊也。夫雨者，阴在与上，而阳薄之而不得通，则烝而为雨。今艮止于下而不交焉，故不雨也。是故小畜尚往而亨，则不雨也；小过阳不上交，亦不雨也。"

④拙荆：《太平御览》卷七百十八引《列女传》曰："梁鸿妻孟光，荆钗布裙。"东汉隐士梁鸿的妻子孟光生活俭朴，以荆枝作钗，粗布为裙。后来人便使用"拙荆"谦称自己的妻子，"拙"为谦辞。

⑤内：原为古代称卿大夫的嫡妻。《左传·僖公二十四年》："（赵姬）以叔隗为内子，而己下之。"晋·杜预注："卿之嫡妻为内子。"《国语·楚语上》："司马子期欲以妾为内子，访之左史倚相。"《礼

记·曾子问》："大夫内子有殷事,亦之君所,朝夕否。"东汉·郑玄注："内子,大夫妻也。"后用作妻子的通称。多用作己妻之称。唐·权德舆《七夕见与诸孙题乞巧文》诗："外孙争乞巧,内子共题文。"

⑥薰砧(gǎo zhēn):农村常用的一种铡草工具。"薰"指稻草,"砧"指垫在下面的砧板,用铁(铡草刀)铡草。古代处死刑,罪人席薰伏于砧上,用铁斩之。"铁"谐音"夫",后来妇女便用"薰砧"作为称呼丈夫的隐语。《玉台新咏·古绝句》:"薰砧今何在? 山上复有山。何当大刀头,破镜飞上天。"

⑦良人:古时女子对丈夫的称呼。《孟子·离娄下》:"齐人有一妻一妾而处室者,其良人出,必餍酒肉而后反。"东汉·赵岐注:"良人,夫也。"

⑧伉(kàng)俪:指妻子,配偶。《左传·昭公二年》:"晋少姜卒。公如晋,及河,晋侯使士文伯来辞曰:'非伉俪也,请君无辱。'"唐·孔颖达疏:"言少姜是妾,非敌身对耦之人也。"《国语·周语中》:"今陈侯不念胤续之常,弃其伉俪妃嫔,而帅其卿佐以淫于夏氏。"三国吴·韦昭注:"伉,对也。俪,偶也。"《文选·左思〈咏史〉》(其七):"买臣因采樵,伉俪不安宅。"唐·张铣注:"伉俪,谓妻也。"

⑨留物与妻,曰归遗(wèi)细君:语本《汉书·东方朔传》:"伏日,诏赐从官肉。大官丞日晏不来,朔独拔剑割肉,谓其同官曰:'伏日当蚤归,请受赐。'即怀肉去。大官奏之。朔入,上曰:'昨赐肉,不待诏,以剑割肉而去之,何也?'朔免冠谢。上曰:'先生起自责也!'朔再拜曰:'朔来! 朔来! 受赐不待诏,何无礼也! 拔剑割肉,一何壮也! 割之不多,又何廉也! 归遗细君,又何仁也!'上笑曰:'使先生自责,乃反自誉!'复赐酒一石,肉百斤,归遗细君。"唐·颜师古注:"细君,朔妻之名。一说,细,小也。朔辄自

比于诸侯,谓其妻曰'小君'。"遗,留给,给予,赠送。

⑩受室:娶妻。《左传·桓公六年》:"今以君命奔齐之急,而受室以归,是以师昏也。"室,家室。指妻子。

⑪纳宠:指纳妾。宠,内宠,所宠爱的人。指姬妾。

⑫妾:古代男子在正妻之外另娶的女人。

【译文】

单有"阴"无法繁衍生命,单有"阳"无法养育后代,所以天地万物是由阴、阳配合相联;男人娶女人作为妻室,女人嫁给男人组成家庭,所以人生来就要寻找配偶结为夫妇。

自然界阴阳调和,才能降下雨水;夫妻和睦,才能家庭兴旺。

丈夫称妻子为"拙荆",又称"内子";妻子称丈夫为"藁砧",又称"良人"。

祝贺别人娶妻,说"荣谐伉俪";带东西回家给妻子,称"归遗细君"。

"受室",是说娶妻;"纳宠",是说纳妾。

正妻谓之嫡①,众妾谓之庶②。

称人妻曰尊夫人③,称人妾曰如夫人④。

结发系是初婚⑤,续弦乃是再娶⑥。

妇人重婚,曰再醮⑦;男子无偶,曰鳏居⑧。

如鼓瑟琴,夫妻好合之谓⑨;琴瑟不调⑩,夫妻反目之词⑪。

牝鸡司晨,比妇人之主事⑫;河东狮吼,讥男子之畏妻⑬。

杀妻求将,吴起何其忍心⑭;蒸梨出妻,曾子善全孝道⑮。

张敞为妻画眉,媚态可哂⑯;董氏对夫封发,贞节堪夸⑰。

【注释】

①正妻:旧指嫡妻,相对于妾而言。《韩非子·奸劫弑臣》:"楚庄王

之弟春申君有爱妾曰'余',春申君之正妻曰'甲'。"嫡(dí)：中国古代宗法制度中指正妻。也指正妻生下的儿子。此处取前义。唐·陆德明释文："嫡,正夫人也。"

②庶：与"嫡"相对,指妾或妾生的子女。《释名·释亲属》："嫡,敌也,与匹相敌也。庶,摭也,拾摭之也。谓拾摭微陋待遇之也。"

③尊夫人：古时对他人母亲的敬称。明清以来用作对他人之妻的敬称。"尊"为敬辞。唐·韩愈《祭左司李员外太夫人文》："谨以清酌庶羞之奠,敬祭于某县太君郑氏尊夫人之灵。"清·俞樾《茶香室丛钞·尊夫人》："按尊夫人之称,今人以称其妻,不知古人以称其母也。"

④如夫人：原指与夫人地位相同,后用来称妾。《左传·僖公十七年》："齐侯好内,多内宠,内嬖如夫人者六人。长卫姬,生武孟；少卫姬,生惠公；郑姬,生孝公,葛嬴,生昭公；密姬,生懿公；宋华子,生公子雍。"

⑤结发：指初成年结婚的夫妻。特指元配夫妻。《文选·苏武〈诗〉之三》："结发为夫妇,恩爱两不疑。"唐·李善注："结发,始成人也。谓男年二十,女年十五时,取笄冠为义也。《汉书》李广曰：'结发而与匈奴战也。'"

⑥续弦：指妻子死后再娶。古代常以"琴瑟"比喻夫妇,琴瑟有弦,所以称丧妻为"断弦",再娶为"续弦"。

⑦再醮(jiào)：再次结婚。古代男女婚嫁时,父母为他们举行酌酒祭神的仪式叫"醮"。元明以后专指妇女再嫁。《孔子家语·本命》："(女子)夫死从子,言无再醮之端。"三国魏·王肃注："始嫁言醮礼,无再醮之端,言不改事人也。"

⑧鳏(guān)居：指男子独身无妻室。《孟子·梁惠王下》："老而无妻曰'鳏',老而无夫曰'寡',老而无子曰'独',幼而无父曰'孤'。"

⑨如鼓瑟琴,夫妻好合之谓:语本《诗经·小雅·常棣》:"妻子好合,如鼓瑟琴。"郑笺:"好合,志意合也。合者,如鼓瑟琴之声相应和也。"朱子集传:"言妻子好合如瑟琴之和。"琴与瑟两种乐器一起演奏,声音和谐悦耳,常用来比喻夫妻相处。

⑩琴瑟不调:谓琴瑟合奏时,声音没有调整得和谐。比喻夫妻不和。唐·赵璘《因话录》卷一:"郭暧尝与升平公主琴瑟不调。"

⑪夫妻反目:指夫妻不和睦、关系破裂。《周易·小畜卦》:"夫妻反目。"唐·孔颖达疏:"夫妻乖戾,故反目相视。"唐·李肇《唐国史补》卷下:"贞元十二年,驸马王士平与义阳公主反目。"

⑫牝(pìn)鸡司晨,比妇人之主事:语本《尚书·牧誓》:"牝鸡无晨。牝鸡之晨,惟家之索。"西汉·孔安国传:"喻妇人知外事。雌代雄鸣则家尽,妇夺夫政则国亡。"母鸡早晨打鸣,比喻妇人掌权,这在古代中国社会被认为是不正当、不吉利的事。牝,鸟兽中的雌性。司,掌管。《新唐书·后妃传上·文德长孙皇后》:"与帝言,或及天下事,辞曰:'牝鸡司晨,家之穷也,可乎?'"

⑬河东狮吼,讥男子之畏妻:宋·洪迈《容斋三笔·陈季常》:"陈慥字季常,公弼之子,居于黄州之岐亭,自称'龙丘先生',又曰'方山子'。好宾客,喜畜声妓,然其妻柳氏绝凶妒,故东坡有诗云:'龙丘居士亦可怜,谈空说有夜不眠。忽闻河东师子吼,拄杖落手心茫然。'河东师子,指柳氏也。""河东"是柳姓的郡望,暗指陈妻柳氏。师(狮)子吼,佛家以喻威严。陈慥好谈佛,故东坡借佛家语以戏之。后用以比喻妒悍的妻子发怒,并借以嘲笑惧内的人。

⑭杀妻求将,吴起何其忍心:语本《史记·孙子吴起列传》:"齐人攻鲁,鲁欲将吴起。吴起取齐女为妻,而鲁疑之。吴起于是欲就名,遂杀其妻,以明不与齐也,鲁卒以为将。将而攻齐,大破之。"战国时齐国讨伐鲁国,鲁国想任用吴起为大将,但担心吴起的妻子是齐国人而犹豫不决。吴起为取得鲁国的信任,杀掉他的妻子,

以表示自己和齐国没有关系。后来便用"杀妻求将"比喻为了追求功名利禄而不惜伤天害理。

⑮蒸梨出妻，曾子善全孝道：语本《孔子家语·七十二弟子解》："参后母遇之无恩，而供养不衰。及其妻以藜烝不熟，因出之。人曰：'非七出也。'参曰：'藜烝，小物耳。吾欲使熟，而不用吾命，况大事乎？'遂出之，终身不取妻。"又，《白虎通·谏诤》："传曰：'曾子去妻，黎蒸不熟。'问曰：'妇有七出，不蒸亦预乎？'曰：'吾闻之也，绝交令可友，弃妻令可嫁也。黎蒸不熟而已，何问其故乎？此为隐之也。'"孔子弟子曾参对后母极为孝顺，其妻给后妈蒸藜没蒸熟，曾参认为妻子不孝顺，于是将她休了。蒸梨，即"蒸藜"。后人用以指代妇人的过失或作出妻的典故时多将"藜"写作"梨"。藜，一年生草本植物，茎直立，嫩叶可吃，俗称"灰条菜"。茎可以做拐杖，称"藜杖"。出妻，休妻。

⑯张敞为妻画眉，媚态可哂（shěn）：语本《汉书·张敞传》："（张敞）又为妇画眉，长安中传张京兆眉怃。有司以奏敞。上问之，对曰：'臣闻闺房之内，夫妇之私，有过于画眉者。'上爱其能，弗备责也。然终不得大位。"张敞（？—前47），字子高，西汉京兆杜陵（今陕西西安）人，原籍河东平阳（今山西临汾）。汉昭帝时，为太仆丞。汉宣帝时，任太中大夫，以违大将军霍光意旨，出为函谷关都尉。后任京兆尹，一日捕得数百人，穷治所犯，市无偷盗。与杨恽友善，恽以坐大逆罪被杀，敞免归。数月，起用为冀州刺史，盗贼屏息。汉元帝欲以为左冯翊，病卒。曾为妻画眉，被劾奏。汉宣帝问之，对以闺房之内，有过于画眉者。帝不之责。媚态，诌媚（此指讨好妻子）的样子。哂，嘲笑。

⑰董氏对夫封发，贞节堪夸：语本《新唐书·列女传·贾直言妻董》："直言坐事，贬岭南，以妻少，乃诀曰：'生死不可期，吾去，可亟嫁，无须也。'董不答，引绳束发，封以帛，使直言署，曰：'非君

手不解。'直言贬二十年乃还，署帛宛然。及汤沐，发堕无余。"唐
朝人贾直言被贬岭南，临行前劝妻子董氏改嫁，但董氏封束发髻、
誓不改嫁。二十年后贾直言归来，董氏的头发仍然封包如故。贞
节，忠贞的节操，礼教所提倡的女子不失身、不改嫁的道德行为。

【译文】

正妻称为"嫡"，众妾叫作"庶"。

"尊夫人"，是对别人妻子的敬称；"如夫人"，是对别人妾的称呼。

初次结婚，称为"结发"；妻子死后再娶，叫作"续弦"。

女人再婚，称为"再醮"；男人无妻独居，叫作"鳏居"。

"如鼓瑟琴"，是比喻夫妻和睦；"琴瑟不调"，是形容夫妇翻脸。

"牝鸡司晨"，比喻女人掌权；"河东狮吼"，嘲笑男人怕老婆。

杀掉妻子以谋取将官之职，吴起怎么能够忍心；因为蔾没蒸熟将妻
子休掉，曾子善于顾全孝道。

张敞为妻子描画眉毛，诌媚的姿态真是好笑；董氏封裹秀发等丈夫
归来，对爱情的忠贞值得夸赞褒扬。

冀郤缺夫妻，相敬如宾①；陈仲子夫妇，灌园食力②。

不弃糟糠，宋弘回光武之语③；举案齐眉，梁鸿配孟光
之贤④。

苏蕙织回文⑤，乐昌分破镜⑥，是夫妇之生离；张瞻炊臼
梦⑦，庄子鼓盆歌⑧，是夫妇之死别。

鲍宣之妻，提瓮出汲，雅得顺从之道⑨；齐御之妻，窥御
激夫，可称内助之贤⑩。

可怪者买臣之妻，因贫求去，不思覆水难收⑪；可丑者
相如之妻，贪夜私奔，但识丝桐有意⑫。

要知：身修而后家齐⑬，夫义自然妇顺⑭。

【注释】

①冀郤（xì）缺夫妻，相敬如宾：语本《左传·僖公三十三年》："初，臼季使，过冀，见冀缺耨，其妻饁之。敬，相待如宾。与之归，言诸文公曰：'敬，德之聚也。能敬必有德，德以治民，君请用之。臣闻之，出门如宾，承事如祭，仁之则也。'公曰：'其父有罪，可乎？'对曰：'舜之罪也殛鲧，其举也兴禹。管敬仲，桓之贼也，实相以济。《康诰》曰："父不慈，子不祗，兄不友，弟不共，不相及也。"《诗》曰："采葑采菲，无以下体。"君取节焉可也。'文公以为下军大夫。反自箕，襄公以三命命先且居将中军，以再命命先茅之县赏胥臣曰：'举郤缺，子之功也。'以一命命郤缺为卿，复与之冀。"冀郤缺（？—前597？），即春秋时期晋国上卿郤成子。姬姓，郤氏，名缺，因食邑在冀（山西河津东北），又称"冀缺"。其父郤芮因反对晋文公被杀，采邑冀被剥夺。郤缺躬耕于冀之野，妻子给他送饭，二人夫妇相敬。臼季（胥臣）过而见之，以为有德，荐于晋文公。任下军大夫。晋襄公元年（前627），俘臼狄君，复予冀为采邑。晋成公六年（前601）代赵盾为中军元帅执政。晋景公时，行和戎策，使众狄归服。卒谥成。相敬如宾，周人重宾主之礼，对待宾客极为恭敬。晋国郤芮躬耕于冀之野，妻子送饭，二人相敬如宾。后遂用作夫妻相互尊重之成语。

②陈仲子夫妇，灌园食力：语本《列女传·楚於陵妻》："楚王闻於陵子终贤，欲以为相，使使者持金百镒，往聘迎之，於陵子终曰：'仆有箕帚之妾，请入与计之。'即入，谓其妻曰：'楚王欲以我为相，遣使者持金来。今日为相，明日结驷连骑，食方丈于前，可乎？'妻曰：'夫子织屦以为食，非与物无治也。左琴右书，乐亦在其中矣。夫结驷连骑，所安不过容膝。食方丈于前，所甘不过一肉。今以容膝之安、一肉之味而怀楚国之忧，其可乎？乱世多害，妾恐先生之不保命也。'于是子终出，谢使者而不许也。遂相与逃，而

为人灌园。君子谓於陵妻为有德行。"战国时陈仲子谢绝楚王礼聘，夫妻灌园，自食其力。陈仲子，又称"陈仲""田仲""於陵仲子"等。本名陈定，字子终，战国时期著名隐士。本为齐国贵族，其兄食禄万钟，以为不义，与妻躬耕于於陵（今山东邹平）。楚王闻其贤，使使往聘，其妻以"乱世多害，恐不保命"相劝，乃辞谢使者，相逃而去，为人灌园。《孟子·滕文公下》载匡章曰："陈仲子岂不诚廉士哉？居於陵，三日不食，耳无闻，目无见也。井上有李，螬食实者过半矣，匍匐往将食之，三咽，然后耳有闻，目有见。"

③不弃糟糠，宋弘回光武之语：语本《后汉书·宋弘传》："时帝姊湖阳公主新寡，帝与共论朝臣，微观其意。主曰：'宋公威容德器，群臣莫及。'帝曰：'方且图之。'后弘被引见，帝令主坐屏风后，因谓弘曰：'谚言"贵易交，富易妻"，人情乎？'弘曰：'臣闻"贫贱之知不可忘，糟糠之妻不下堂"。'帝顾谓主曰：'事不谐矣。'"光武帝刘秀想要大臣宋弘抛弃妻子，改娶他姐姐湖阳公主，宋弘说"贫贱之知不可忘，糟糠之妻不下堂"，一口回绝了。糟糠，原指酒糟、米糠等粗劣食品，是旧时穷人用来充饥的食物。因东汉宋弘以"贫贱之知不可忘，糟糠之妻不下堂"为由，回绝光武帝想让他改娶湖阳公主的意图，后因以"糟糠"称曾共患难的妻子。宋弘（？—40？），字仲子，京兆长安（今陕西西安）人。西汉哀帝平帝间为侍中。新莽时任共工（少府）。光武帝即位，征拜太中大夫。建武二年（26）迁大司空，封宣平侯。所得租俸分赡九族，家无资产，以清行致称。推举贤士三十余人，后多有任公卿者。光武帝曾欲以寡姊湖阳公主妻之，乃以"贫贱之知不可忘，糟糠之妻不下堂"拒之。后以事免归。光武，指东汉开国皇帝光武帝刘秀。刘秀（前6—57），字文叔，南阳蔡阳（今湖北枣阳）人。汉高祖九世孙。王莽末，刘秀起兵舂陵，加入绿林军，大破莽兵于昆阳，镇压并收编铜马等农民军。建武元年（25）称帝，定都洛阳（今属

河南）。镇压赤眉军,讨平公孙述、隗嚣等,统一全国。屡诏释放奴婢,免罪徒为庶民,减轻租税徭役,兴修水利,裁并四百余县,精简官吏,朝廷中加重尚书职权,地方上废除掌军权之都尉,加强了中央集权。在位三十三年。

④举案齐眉,梁鸿配孟光之贤:语本《后汉书·逸民传·梁鸿》:"遂至吴,依大家皋伯通,居庑下,为人赁舂。每归,妻为具食,不敢于鸿前仰视,举案齐眉。伯通察而异之,曰:'彼佣能使其妻敬之如此,非凡人也。'乃方舍之于家。鸿潜闭著书十余篇。"清·王先谦集解引清·沈钦韩曰:"举案高至眉,敬之至。"案,古时有脚的托盘,放下来可以当作饭桌。东汉梁鸿的妻子孟光每次给他备饭时,把托盘举得跟眉毛一样高,以示尊敬。后遂以"举案齐眉"泛指夫妻相敬爱。梁鸿,字伯鸾,东汉扶风平陵(今陕西咸阳)人。受业太学,家贫而尚节介,博览无不通。娶孟光为妻,貌丑而贤,共入霸陵山中,以耕织为业。作《五噫之歌》,以讥刺时政,汉章帝使人追捕,逃亡齐鲁,后至吴,为人赁舂,妻为具食,举案齐眉。闭户著书,疾困而卒。孟光,东汉隐士梁鸿之妻,字德曜,东汉扶风平陵(今陕西咸阳)人。夫妻隐居于霸陵山中,以耕织为生。后至吴。梁鸿为佣工,每食时,孟光必举案齐眉,以示敬爱。是古代贤妻的典型。

⑤苏蕙织回文:语本《晋书·列女传·窦滔妻苏氏》:"窦滔妻苏氏,始平人也,名蕙,字若兰,善属文。滔,苻坚时为秦州刺史,被徙流沙,苏氏思之,织锦为回文旋图诗以赠滔。宛转循环以读之,词甚凄惋,凡八百四十字,文多不录。"苏蕙,字若兰,东晋始平(治在今陕西咸阳西北)人。是东晋十六国时期前秦秦州刺史窦滔的妻子。织回文,苏蕙曾经把回文诗作为图案制成彩锦寄给流放远方的丈夫窦滔。回文,即回文诗,是一种顺着读倒着读都通顺的诗文。如南朝齐·王融《春游回文诗》:"枝分柳塞北,叶暗榆关

东。垂条逐絮转，落蕊散花丛。池莲照晓月，幔锦拂朝风。低吹杂纶羽，薄粉艳妆红。离情隔远道，叹结深闺中。"倒过来读，不仅文字通顺，且押韵，还是一首完整的诗。

⑥乐昌分破镜：语本《本事诗·情感》："陈太子舍人徐德言之妻，后主叔宝之妹，封乐昌公主，才色冠绝。时陈政方乱，德言知不相保，谓其妻曰：'以君之才容，国亡必入权豪之家，斯永绝矣。倘情缘未断，犹冀相见，宜有以信之。'乃破一镜，人执其半，约曰：'他日必以正月望日卖于都市，我当在，即以是日访之。'及陈亡，其妻果入越公杨素之家，宠嬖殊厚。德言流离辛苦，仅能至京，遂以正月望日访于都市。有苍头卖半镜者，大高其价，人皆笑之。德言直引至其居，设食，具言其故，出半镜以合之，仍题诗曰：'镜与人俱去，镜归人不归。无复嫦娥影，空留明月辉。'陈氏得诗，涕泣不食。素知之，怆然改容，即召德言，还其妻，仍厚遗之。闻者无不感叹。仍与德言、陈氏偕饮，令陈氏为诗，曰：'今日何迁次，新官对旧官。笑啼俱不敢，方验作人难。'遂与德言归江南，竟以终老。"南朝时陈国太子舍人徐德言与妻乐昌公主担心亡国后两人分离，便打破一枚铜镜然后各拿一片，后来两人果然失散，但最终凭借各自手中的破镜而重新团聚。后遂以"破镜重圆"比喻夫妻离散或决裂后重又团聚或和好。

⑦张瞻炊白梦：语本唐·段成式《西阳杂俎·梦》："卜人徐道昇，言江淮有王生者，榜言解梦。贾客张瞻将归，梦炊于臼中。问王生，生言：'君归不见妻矣。臼中炊，固无釜也。'贾客至家，妻果卒已数月，方知王生之言不诬矣。"唐朝商人张瞻梦见用石臼做饭，算卦的王生告诉他说，你见不到妻子了。用石臼做饭表明没有"釜"（古代的一种锅），"无釜"与"无妇"近音，也就是说妻子没了。后来便用"炊白"比喻丧妻。石臼，用石凿成的舂米谷等物的器具。

⑧庄子鼓盆歌：语本《庄子·至乐》："庄子妻死，惠子吊之，庄子则方箕踞鼓盆而歌。"庄子的妻子死了，惠子去吊唁，看到庄子蹲在地上，敲着盆子唱歌。后以鼓盆之戚谓丧妻之痛。

⑨"鲍宣之妻"三句：语本《后汉书·列女传·鲍宣妻》："勃海鲍宣妻者，桓氏之女也，字少君。宣尝就少君父学，父奇其清苦，故以女妻之，装送资贿甚盛。宣不悦，谓妻曰：'少君生富骄，习美饰，而吾实贫贱，不敢当礼。'妻曰：'大人以先生修德守约，故使贱妾侍执巾栉。即奉承君子，唯命是从。'宣笑曰：'能如是，是吾志也。'妻乃悉归侍御服饰，更着短布裳，与宣共挽鹿车归乡里。拜姑礼毕，提瓮出汲，修行妇道，乡邦称之。"汉代人鲍宣家境贫寒，他老师欣赏他的为人和学识，便将女儿桓少君嫁给他。桓少君也有很高的品德，在鲍家没有大小姐的做派，穿着粗布衣服，提着瓦罐出门提水，做家务很勤快。鲍宣（前30—3），字子都，西汉渤海高城（今河北盐山）人。汉哀帝时为谏议大夫，以直言敢谏闻名。后为豫州牧、司隶校尉。汉平帝时，王莽秉政，鲍宣因事下狱，自杀。瓮，瓦罐。汲，打水。雅，很，善。

⑩"齐御之妻"三句：语本《史记·管晏列传》："晏子为齐相，出，其御之妻从门间而窥其夫。其夫为相御，拥大盖，策驷马，意气扬扬，甚自得也。既而归，其妻请去。夫问其故。妻曰：'晏子长不满六尺，身相齐国，名显诸侯。今者妾观其出，志念深矣，常有以自下者。今子长八尺，乃为人仆御，然子之意自以为足，妾是以求去也。'其后，夫自抑损。晏子怪而问之，御以实对。晏子荐以为大夫。"又，《列女传·贤明传·齐相御妻》："齐相晏子仆御之妻也。号曰命妇。晏子将出，命妇窥其夫为相御，拥大盖，策驷马，意气洋洋，甚自得也。既归，其妻曰：'宜矣子之卑且贱也。'夫曰：'何也？'妻曰：'晏子长不满三尺，身相齐国，名显诸侯。今者吾从门间观其志气，恂恂自下，思念深矣。今子身长八尺，乃为之

仆御耳，然子之意洋洋若自足者，妾是以去也。'其夫谢曰：'请自改何如？'妻曰：'是怀晏子之智，而加以八尺之长也。夫躬仁义，事明主，其名必扬矣。且吾闻宁荣于义而贱，不虚骄以贵。'于是其夫乃深自责，学道谦逊，常若不足。晏子怪而问其故，具以实对。于是晏子贤其能纳善自改，升诸景公，以为大夫，显其妻以为命妇。"齐国国相晏子车夫的妻子，看见丈夫为晏子驾车时洋洋自得，便激励丈夫发奋图强。丈夫改过后，晏子推荐他做了大夫。御，御者，即马车夫。内助之贤，即贤内助。旧称妻子对丈夫的帮助为"内助"。《三国志·魏书·文德郭皇后传》："在昔帝王之治天下，不惟外辅，亦有内助。"因此称贤德的妻子为"贤内助"。《宋史·后妃传·哲宗昭慈孟皇后》："得贤内助，非细事也。"

⑪"可怪者买臣之妻"三句：语本《汉书·朱买臣传》："朱买臣字翁子，吴人也。家贫，好读书，不治产业，常艾薪樵，卖以给食，担束薪，行且诵书。其妻亦负戴相随，数止买臣毋歌呕道中。买臣愈益疾歌，妻羞之，求去。买臣笑曰：'我年五十当富贵，今已四十余矣。女苦日久，待我富贵报女功。'妻恚怒曰：'如公等，终饿死沟中耳，何能富贵！'买臣不能留，即听去。其后，买臣独行歌道中，负薪墓间。故妻与夫家俱上冢，见买臣饥寒，呼饭饮之。……上拜买臣会稽太守。……会稽闻太守且至，发民除道，县吏并送迎，车百余乘。入吴界，见其故妻、妻夫治道。买臣驻车，呼令后车载其夫妻，到太守舍，置园中，给食之。居一月，妻自经死，买臣乞其夫钱，令葬。"买臣，指朱买臣（？—前115），字翁子，西汉会稽吴（今江苏苏州）人。家贫，好读书，卖薪自给。妻以为羞而离去。后至长安上书。汉武帝时，严助贵幸，荐买臣，为中大夫，后为会稽太守。受诏将兵与横海将军韩说等击破东越，有功，入为主爵都尉，后为丞相长史。朱买臣与张汤素有怨，及张汤行丞相事，故陵折买臣，遂告汤阴事，汤自杀，帝亦诛买臣。覆水难收，语出

《后汉书·窦何传》:"(何)苗谓(何)进曰:'始共从南阳来,俱以贫贱,依省内以致贵富。国家之事,亦何容易!覆水不可收。宜深思之,且与省内和也。'"倒在地上的水难以收回来,比喻事成定局,无法挽回。

⑫"可丑者相如之妻"三句:语本《史记·司马相如列传》:"会梁孝王卒,相如归,而家贫,无以自业。素与临邛令王吉相善,吉曰:'长卿久宦游不遂,而来过我。'于是相如往,舍都亭。临邛令缪为恭敬,日往朝相如。相如初尚见之,后称病,使从者谢吉,吉愈益谨肃。临邛中多富人,而卓王孙家僮八百人,程郑亦数百人,二人乃相谓曰:'令有贵客,为具召之。'并召令。令既至,卓氏客以百数。至日中,谒司马长卿,长卿谢病不能往,临邛令不敢尝食,自往迎相如。相如不得已,强往,一坐尽倾。酒酣,临邛令前奏琴曰:'窃闻长卿好之,愿以自娱。'相如辞谢,为鼓一再行。是时卓王孙有女文君新寡,好音,故相如缪与令相重,而以琴心挑之。相如之临邛,从车骑,雍容闲雅甚都;及饮卓氏,弄琴,文君窃从户窥之,心悦而好之,恐不得当也。既罢,相如乃使人重赐文君侍者通殷勤。文君夜亡奔相如,相如乃与驰归成都。"可丑者,引以为丑,指值得鄙夷、嘲笑。相如之妻,指卓文君,西汉大富商卓王孙的女儿,喜好音律,丈夫死后在家守寡。司马相如到卓家吃饭,弹琴挑逗她令她动心,并与司马相如一同私奔到成都卖酒。司马相如(约前179—前118),字长卿,汉武帝时人。汉赋代表性作家,代表作有《子虚赋》《上林赋》等。霣(yín)夜,深夜。丝桐有意,指男女之间动情。丝桐,指琴。古人用桐木制琴,蚕丝做琴弦。

⑬身修而后家齐:语本《大学》首章:"物格而后知至,知至而后意诚,意诚而后心正,心正而后身修,身修而后家齐,家齐而后国治,国治而后天下平。"指心术端正,自身有足够的修为,家庭也就能够治理得和睦团结。

⑭夫义自然妇顺：语本《礼记·礼运》："何谓人义？父慈，子孝，兄良，弟弟，夫义，妇听，长惠，幼顺，君仁，臣忠，十者，谓之'人义'。"

【译文】

冀邑的邻缺夫妻彼此相敬，如同对待宾客；陈仲子夫妇替人浇灌菜园，自食其力。

"不弃糟糠"，是宋弘回绝汉光武帝让他改娶的话；"举案齐眉"，梁鸿、孟光夫妻二人的贤德确实般配。

苏蕙织成回文璇玑图寄给丈夫，乐昌公主拆分铜镜与丈夫各执一半，这两个故事说的都是夫妻离别，希望团圆；张瞻梦见用石臼做饭，庄子敲着瓦盆唱歌，这两个故事讲的都是妻子抛下丈夫离开人世。

鲍宣的妻子出身富贵，却亲自提着瓦罐出门汲水，因为她深知顺从丈夫的道理；齐国马夫的妻子看见丈夫给国相晏子驾车，激励丈夫奋发图强，真可称得上是贤内助。

朱买臣的妻子嫌弃丈夫贫穷而要求离婚，却不明白泼出去的水，收不回来的道理，真是奇葩；司马相如的妻子卓文君只因听出琴声中含挑逗之意，便和他深夜私奔，好不丢人。

要知道：自身修养提高之后，家庭才能安定和睦；丈夫讲求道义，妻子自然也就明理顺从。

叔侄

【题解】

本篇6联，讲的是和叔侄关系相关的成语典故。传统中国，讲究叔侄如父子，提倡视侄如子、事叔如父。

曰诸父①，曰亚父②，皆叔父之辈；曰犹子③，曰比儿④，俱侄儿之称。

阿大中郎，道韫雅称叔父⑤；吾家龙文，杨昱比美侄儿⑥。

乌衣诸郎君，江东称王谢之子弟⑦；吾家千里驹，苻坚羡苻朗为侄儿⑧。

竹林，叔侄之称⑨；兰玉，子侄之誉⑩。

存侄弃儿，悲伯道之无后⑪；视叔犹父，羡公绰之居官⑫。

卢迈无儿，以侄而主身之后⑬；张范遇贼，以子而代侄之生⑭。

【注释】

①诸父：指伯父和叔父。《诗经·小雅·伐木》："既有肥羜，以速诸父。"《汉书·王莽传上》："又外交英俊，内事诸父，曲有礼意。"

②亚父：谓仅次于父。此指叔叔。《史记·项羽本纪》："亚父南向坐。亚父者，范增也。"南朝宋·裴骃集解引三国魏·如淳曰："亚，次也。尊敬之次也，犹管仲为仲父。"

③犹子：指侄子。《礼记·檀弓上》："丧服，兄弟之子，犹子也，盖引而进之也。"本指丧服而言，谓为己之子期，兄弟之子亦为期。后因称兄弟之子为"犹子"。

④比儿：指侄儿。清·李渔《蜃中楼·姻阻》："常言道比儿犹子类椿萱。"《千字文》："诸姑伯叔，犹子比儿。"

⑤阿大中郎，道韫（yùn）雅称叔父：语本《世说新语·贤媛》："王凝之谢夫人既往王氏，大薄凝之。既还谢家，意大不说。太傅慰释之曰：'王郎，逸少之子，人材亦不恶，汝何以恨乃尔？'答曰：'一门叔父，则有阿大、中郎；群从兄弟则有封、胡、遏（《晋书》作"羯"），末。不意天壤之中，乃有王郎！'"余嘉锡笺疏："程炎震云：'中郎，谢万。阿大不知何指，当即谓安。'嘉锡案，道韫不应面呼安为'阿大'，疑是谢尚耳。尚父鲲，只生尚一人，故称'阿

大'。安兄弟六人，见《纰漏篇·注》。大兄奕，次兄据，均见《言语篇》及注。则安乃第三，非大也。其于叔父独不及安者，尊者之前，不敢斥言之也。"东晋才女谢道韫曾用"阿大""中郎"来指称叔父谢尚、谢万。道韫，即谢道韫（349—409），东晋陈郡阳夏（今河南太康）人。乃谢安之兄安西将军谢奕之女，王羲之次子王凝之妻。曾在家赏雪，谢安问如何形容雪花，其侄谢朗答"撒盐空中差可拟"，谢道韫认为"未若柳絮因风起"，受到谢安称赏。后世因而称女子的诗才为"咏絮才"。晋安帝隆安三年（399），孙恩起兵攻会稽，杀会稽内史王凝之，谢道韫曾手刃乱兵数人。谢道韫善属文，所著诗赋诔颂并传于世。雅称，美称。

⑥吾家龙文，杨昱（yù）比美侄儿：语本《北齐书·杨愔传》："杨愔，字遵彦，小名秦王，弘农华阴人。父津，魏时累为司空侍中。愔儿童时，口若不能言，而风度深敏，出入门闾，未尝戏弄。六岁学史书，十一受《诗》《易》，好《左氏春秋》。……愔从父兄黄门侍郎昱特相器重，曾谓人曰：'此儿驹齿未落，已是我家龙文。更十岁后，当求之千里外。'昱尝与十余人赋诗，愔一览便诵，无所遗失。及长，能清言，美音制，风神俊悟，容止可观。人士见之，莫不敬异，有识者多以远大许之。"《北史》杨愔本传亦载。北魏杨昱曾赞美侄儿杨愔是家里的骏马。龙文，骏马名。《汉书·西域传赞》："蒲梢、龙文、鱼目、汗血之马，充于黄门。"唐·颜师古注引三国魏·孟康曰："四骏马名也。"后常以比喻才华出众的子弟。杨昱（478—531），字元晷，北魏弘农华阴（今陕西华阴）人。历官广平王左常侍、太学博士、中书舍人、征虏将军、中书侍郎、给事黄门侍郎、七兵尚书、度支尚书、徐州刺史、东道行台。普泰元年（531），为陇西王尔朱天光所害，时年五十四。太昌初年，追赠骠骑大将军、司空公、定州刺史。生平见《魏故骠骑大将军司空公定州刺史杨公墓志铭》及《魏书》《北史》本传。本句"杨昱"，李

光明庄本误作"杨素",据《北齐书》及他本改。

⑦乌衣诸郎君,江东称王谢之子弟:语本《南齐书·王僧虔传》:"入为侍中,迁御史中丞,领骁骑将军。甲族向来多不居宪台,王氏以分枝居乌衣者,位官微减,僧虔为此官,乃曰:'此是乌衣诸郎坐处,我亦可试为耳。'"乌衣诸郎君,指东晋以王导、谢安为首的两大名门望族子弟。乌衣,指东晋金陵(今江苏南京)乌衣巷,王导、谢安等世家大族居住在此。郎君,对官吏、富家子弟的通称。《世说新语·雅量》"有往来者云:'庾公有东下意。'或谓王公:'可潜稍严,以备不虞。'王公曰:'我与元规虽俱王臣,本怀布衣之好。若其欲来,吾角巾径还乌衣,何所稍严。'"余嘉锡笺疏引宋·周应合《景定建康志》卷十六:"(《旧志》云)乌衣巷在秦淮南。晋南渡,王、谢诸名族居此,时谓其子弟为'乌衣诸郎'。"王谢,指东晋名臣王导与谢安。王导(276—339),字茂弘,琅邪临沂(今山东临沂)人。辅佐琅邪王司马睿南渡建立东晋,历仕元帝、明帝、成帝三朝,晋元帝时位至侍中、司空、领中书监,晋明帝时进位太保,乃东晋初期名臣之首。谢安(320—385),字安石,陈郡阳夏(今河南太康)人。少有重名,累辟不就。隐居会稽山阴之东山,与王羲之、许询、支遁等放情丘壑。年四十余始出仕,为桓温司马。晋孝武帝时,进中书监,录尚书事。太元八年(383),谢安任征讨大都督,其弟谢石与侄谢玄在淝水大败前秦百万大军。谢安因功封建昌县公,都督扬、江、荆等十五州军事。时会稽王司马道子专权,谢安受排挤,出镇广陵。太元十年(385)卒,年六十六,追赠太傅、庐陵郡公,谥"文靖"。《晋书》有传。

⑧吾家千里驹,苻坚羡苻朗为侄儿:语本《晋书·苻坚载记》:"苻朗,字元达,坚之从兄子也。性宏达,神气爽迈,幼怀远操,不屑时荣。坚尝目之曰:'吾家千里驹也。'"千里驹,犹千里马,少壮的良马。喻指能力极强的少年人才。古人有赞美家族优秀后辈

为"千里驹"的传统。汉武帝、曹操、刘渊、苻坚分别称赞河间献王刘德、曹休、刘曜、苻朗为"千里驹"。《汉书·楚元王传》:"德字路叔,修黄老术,有智略。少时数言事,召见甘泉宫,武帝谓之'千里驹'。"唐·颜师古注曰:"言若骏马可致千里也。年齿幼少,故谓之'驹'。"《三国志·魏书·曹休传》:"曹休字文烈,太祖族子也。天下乱,宗族各散去乡里。休年十余岁,丧父,独与一客担丧假葬,携将老母,渡江至吴。以太祖举义兵,易姓名转至荆州,间行北归,见太祖。太祖谓左右曰:'此吾家千里驹也。'使与文帝同止,见待如子。"《晋书·刘曜载记》:"刘曜,字永明,元海之族子也。少孤,见养于元海。幼而聪慧,有奇度。年八岁,从元海猎于西山,遇雨,止树下,迅雷震树,旁人莫不颠仆,曜神色自若。元海异之曰:'此吾家千里驹也,从兄为不亡矣!'"苻朗(?—389),字元达,氐族,略阳临渭(今甘肃天水)人。是前秦王苻坚的侄子,曾被苻坚誉为"吾家千里驹"。前秦时,官拜镇东将军、青州刺史,封乐安男。前秦瓦解后,降晋,官封员外散骑侍郎。恃才傲物,为王国宝谮杀。苻朗好读书谈玄,著有《苻子》,乃道家著作。

⑨竹林,叔侄之称:晋代阮籍、阮咸叔侄同为竹林七贤,后称叔侄为"贤竹林"。魏晋之际名士嵇康、阮籍、山涛、向秀、刘伶、王戎、阮咸,并称"竹林七贤"。《世说新语·任诞》:"陈留阮籍、谯国嵇康、河内山涛,三人年皆相比,康年少亚之。预此契者:沛国刘伶,陈留阮咸,河内向秀,琅邪王戎。七人常集于竹林之下,肆意酣畅,故世谓'竹林七贤'。"

⑩兰玉,子侄之誉:语本《世说新语·言语》:"谢太傅问诸子侄:'子弟亦何预人事,而正欲使其佳?'诸人莫有言者,车骑答曰:'譬如芝兰玉树,欲使其生于阶庭耳。'"东晋太傅谢安问众子侄,人们为什么希望自己的晚辈成才。侄子谢玄(赠车骑将军)回答说:"这就好比芝兰玉树,总想使它们生长在自家的庭院中。"后遂用

"芝兰玉树"或"兰玉"来喻指有出息的子弟。

⑪存侄弃儿,悲伯道之无后:语本《晋书·良吏列传·邓攸》:"石勒过泗水,攸乃斫坏车,以牛马负妻子而逃。又遇贼,掠其牛马,步走,担其儿及其弟子绥。度不能两全,乃谓其妻曰:'吾弟早亡,唯有一息,理不可绝,止应自弃我儿耳。幸而得存,我后当有子。'妻泣而从之,乃弃之。其子朝弃而暮及。明日,攸系之于树而去。……攸弃子之后,妻子不复孕。过江,纳妾,甚宠之,讯其家属,说是北人遭乱,忆父母姓名,乃攸之甥。攸素有德行,闻之感恨,遂不复畜妾,卒以无嗣。时人义而哀之,为之语曰:'天道无知,使邓伯道无儿。'弟子绥服攸丧三年。"两晋之际,邓攸为石勒所掳,逃归时,为救侄儿,而丢弃了儿子。伯道,即邓攸(?—326),字伯道,西晋平阳襄陵(今山西襄汾)人。西晋时,曾任吴王文学、太子洗马、东海王越参军、世子文学、吏部郎、河东太守等职。永嘉之乱,没于石勒。后逃归。东晋时,历任太子中庶子、吴郡太守、侍中、吏部尚书、护军将军、会稽太守、太常、尚书左仆射等职。咸和元年(326)卒,赠光禄大夫,加金章紫绶,祠以少年。邓攸任吴郡太守时,曾未奉朝命而开仓赈济,卸职时,百姓请命留任而未果,吴人义为之歌:"纻如打五鼓,鸡鸣天欲曙。邓侯挽不留,谢令推不去。"入《晋书·良吏传》。

⑫视叔犹父,羡公绰之居官:语本《司马温公家范》卷六:"唐柳泌叙其父天平节度使仲郢行事云,事季父太保(名公权)如事元公(名公绰),非甚疾,见太保未尝不束带。任大京兆、盐铁使,通衢遇太保,必下马端笏,候太保马过方登车。每暮束带迎太保马首,候起居。太保屡以为言,终不以官达稍改。太保常言于公卿间云:'元公之子,事某如事严父。'古之贤者,事诸父如父,礼也。"及宋·朱熹《小学外编·善行·明伦》:"唐河东节度使柳公绰,在公卿间最名有家法。中门东有小斋,自非朝谒之日,每平旦辄

出，至小斋，诸子仲郢皆束带晨省于中门之北。……及公绰卒，仲郢一遵其法，事公权如事公绰。非甚病，见公权未尝不束带。任京兆尹、盐铁使，出遇公权于通衢，必下马，端笏立，候公权过，乃上马。公权暮归，必束带迎候于马首。公权屡以为言，仲郢终不以官有小改。”唐朝名臣柳仲郢，对待叔父（柳公权）像对待父亲（柳公绰）一样恭敬，即使官至京兆尹，出门在大路上遇到叔父，也必定下马端立。公绰，柳公绰（765—832），字宽，小字起之，唐京兆府华原（今陕西铜川耀州区）人。与弟柳公权、子柳仲郢俱为名臣。唐德宗贞元元年（785），举贤良方正直言极谏，补校书郎，历任渭南县尉、开州刺史、侍御史等职。唐宪宗时，出任鄂岳观察使，参与讨平淮西吴元济之乱。元和十一年（816），除给事中，旋拜京兆尹。唐穆宗长庆元年（821），复为京兆尹，改尚书左丞，后检校户部尚书、山南东道节度使。唐敬宗宝历元年（825），又拜检校左仆射。唐文宗太和四年（830），任河东节度使，镇抚沙陀。后因年迈入朝为兵部尚书。太和六年（832），柳公绰去世，时年六十八。赠太子太保，谥元。

⑬卢迈无儿，以侄而主身之后：语本《新唐书·卢迈传》：“（卢）迈每有功、缌丧，必容称其服，而情有加焉。叔下邽令休沐过家，迈终日与群子姓均指使，无位貌之异。再娶无子，或劝畜姬媵，对曰：‘兄弟之子，犹子也，可以主后。’”唐人卢迈再娶无子，以堂弟之子纪为嗣，他曾说：“兄弟的儿子就像是自己的儿子一样，可以接管料理身后之事。”卢迈（739—798），字子玄，唐朝官员。举明经入第，补太子正字。历官河南主簿、集贤校理、右补阙、吏部员外郎、滁州刺史、谏议大夫、尚书右丞等职，唐德宗时以本官同中书门下平章事，进中书侍郎。罢为太子宾客。贞元十四年（798）卒，时年六十，赠太子太傅，赙以布帛。

⑭张范遇贼，以子而代侄之生：语本《三国志·魏书·张范传》：“范

子陵及承子戬为山东贼所得,范直诣贼请二子,贼以陵还范。范谢曰:'诸君相还儿厚矣。夫人情虽爱其子,然吾怜戬之小,请以陵易之。'贼义其言,悉以还范。"三国时魏国人张范的儿子和侄儿同时被匪徒掳获,他请求用自己的儿子代替侄儿去死,强盗受到感动,将他的儿子和侄子都放了。张范(?—212),字公仪,东汉河内修武(今河南获嘉)人。其祖父张歆为汉司徒,其父张延为汉太尉,然其人不慕荣利,太傅袁隗欲以女妻之,辞而不受。曹操举以为议郎,参丞相军事。每征伐,常令范及邴原留,与世子居守。建安十七年(212)卒。

【译文】

"诸父""亚父",都是对伯父、叔父的称呼;"犹子""比儿",都用来称呼侄子。

"阿大中郎",是东晋才女谢道韫对叔父的敬称;"吾家龙文",是北魏大臣杨昱对侄儿的美誉。

"乌衣诸郎君",是江东人对王导和谢安两家子弟的称呼;"吾家千里驹",是前秦苻坚对侄子苻朗的由衷赞叹。

"竹林",是叔侄的雅称;"兰玉",是侄子的美称。

邓伯道救下侄儿失去儿子,他因此绝后的遭遇,令人同情悲叹;柳公绰对待叔叔如同父亲,他身居高位也不忘亲情的事迹,令人景仰称美。

卢迈没有儿子,以侄子为后嗣,他说侄子和儿子没什么两样,一样可以做继承人;张范遇到匪徒,用儿子给侄子顶死,结果一同生还。

师生

【题解】

传统中国重视师生关系,提倡尊师重教。

本篇共9联,讲的都是和师生关系相关的成语典故。

马融设绛帐，前授生徒，后列女乐^①；孔子居杏坛，贤人七十，弟子三千^②。

称教馆曰设帐^③，又曰振铎^④；谦教馆曰糊口^⑤，又曰舌耕^⑥。

师曰西宾^⑦，师席曰函丈^⑧；学曰家塾^⑨，学俸曰束脩^⑩。

桃李在公门，称人弟子之多^⑪；苜蓿长阑干，奉师饮食之薄^⑫。

【注释】

①"马融设绛（jiàng）帐"三句：语本《后汉书·马融传》："融才高博洽，为世通儒，教养诸生，常有千数。涿郡卢植、北海郑玄，皆其徒也。善鼓琴，好吹笛，达生任性，不拘儒者之节。居宇器服，多存侈饰。尝坐高堂，施绛纱帐，前授生徒，后列女乐，弟子以次相传，鲜有入其室者。"马融（79—166），字季长，东汉扶风茂陵（今陕西兴平）人。师事挚恂，博通经籍。初为邓骘舍人，汉安帝永初四年（110）拜校书郎，典校东观秘籍。因上《广成颂》忤邓太后，十年不得调，又遭禁锢。太后死，召拜议郎，历武都、南郡太守。得罪大将军梁冀，免官髡徙朔方。赦还，复拜议郎，复在东观著述。由此不敢忤权势，为梁冀起草劾李固章奏，又作《西第颂》颂之，颇为正直者所耻。后以病去官。马融才高博洽，为世通儒，生徒千余，卢植、郑玄皆出门下。曾注《孝经》《论语》《诗经》《周易》《三礼》《尚书》《列女传》《老子》《淮南子》《离骚》，皆已散佚，清人编的《玉函山房丛书》《汉学堂丛书》有辑录。绛帐，红色的帷帐。因马融授徒，曾设绛帐。后遂用为师门、讲席之敬称。生徒，学生，门徒。女乐，指歌舞伎，古代称以歌舞为业的女子。

②"孔子居杏坛"三句：语本《史记·孔子世家》："孔子以诗、书、

礼、乐教,弟子盖三千焉,身通六艺者七十有二人。"暨《庄子·渔父》:"孔子游乎缁帷之林,休坐乎杏坛之上。弟子读书,孔子弦歌鼓琴。"孔子(前551—前479),名丘,字仲尼,鲁国陬邑(今山东曲阜)人。是春秋末期思想家、政治家、教育家,儒家学派创始人。先世为宋国贵族,移居鲁国。孔子曾任鲁国中都宰,官至司寇,因不满鲁国执政季桓子所为,离开鲁国而周游卫、宋、陈、蔡、齐、楚等国,皆不为所用。晚年返鲁,删定《诗》《书》,聚徒讲学,传授礼、乐,相传弟子三千,贤者七十余人。今存《论语》一书,是他和弟子的谈话记录。其学说以"仁"为核心,以"礼"为规范。汉代以后,儒家学说被奉为正统。孔子被尊为圣人,历代加封"大成至圣文宣王""至圣先师""大成至圣文宣先师"等号。杏坛,相传为孔子聚徒授业讲学之处。后泛指授徒讲学之处。按,孔子杏坛讲学,不见于儒家经典,而出于《庄子》寓言。后人因之,在山东曲阜孔庙大成殿前,为之筑坛、建亭、书碑、植杏。北宋时,孔子四十五代孙道辅监修曲阜祖庙,将大殿北移,于其旧基筑坛,环植杏树,即以"杏坛"名之。坛上有石碑,碑篆"杏坛"二字为金翰林学士党怀英所书。明隆庆间重修,并筑方亭。清乾隆于其中立《杏坛赞》御碑。弟子,学生,徒弟。

③教馆:在学馆执教。设帐:指设馆授徒。

④振铎(duó):摇铃。古代宣布政教法令时,摇铃提醒众人注意。一指从事教育工作。铎,有舌的大铃。《论语·八佾》:"二三子,何患于丧乎? 天下之无道也久矣,天将以夫子为木铎。"朱子集注:"木铎,金口木舌,施政教时所振,以警众者也。言乱极当治,天必将使夫子得位设教,不久失位也。封人一见夫子而遽以是称之,其所得于观感之间者深矣。或曰:'木铎所以徇于道路,言天使夫子失位,周流四方以行其教,如木铎之徇于道路也。'"

⑤糊口:谓寄食,勉强维持生活。《左传·隐公十一年》:"寡人有弟,

不能和协，而使糊其口于四方。"晋·杜预注："糊，饘也。"唐·孔
颖达疏："《说文》云：'糊，寄食也。'以此传言糊口四方，故以寄
食言之。……《释言》云：'糊，饘也。'则糊是'饘''饘'别名。
今人以薄饘涂物谓之'糊纸''糊帛'，则糊者以饘食口之名，故云
'糊其口'也。"《庄子·人间世》："挫针治繲，足以糊口。"唐·成
玄英疏："糊，饲也。庸役身力以饲养其口命也。"

⑥舌耕：语本晋·王嘉《拾遗记》卷六："门徒来学，不远万里。或
襁负子孙，舍于门侧。皆口授经文。赠献者积粟盈仓。或云，贾
逵非力耕所得，诵经口倦，世所谓舌耕也。"旧时称以授徒讲学谋
生。从事教育的人讲学谋生，如同用舌头耕田吃饭。

⑦西宾：旧时宾位在西，故称。常用为对家塾教师或幕友的敬称。

⑧师席：老师的坐席。代指老师。函丈：亦作"函杖"。语本《礼
记·曲礼上》："若非饮食之客，则布席，席间函丈。"东汉·郑玄
注："谓讲问之客也。函，犹容也。讲问宜相对容丈，足以指画
也。"原指讲学者与听讲者坐席之间相距一丈，后用来指讲学的坐
席，亦用作对前辈学者或老师的敬称。

⑨家塾：古代称民间教读的地方叫"塾"，私人授徒的叫"私塾"，受
聘到家中授课的叫"家塾"。《礼记·学记》："古之教者，家有塾，
党有庠，术有序，国有学。"东汉·郑玄注："古者仕焉而已者，归
教于闾里，朝夕坐于门，门侧之堂谓之'塾'。"唐·孔颖达疏：
"'家有塾'者，此明学之所在。周礼：百里之内，二十五家为闾，
同共一巷，巷首有门，门边有塾，谓民在家之时，朝夕出入，恒受
教于塾，故云'家有塾'。"相传周代以二十五家一闾，闾有巷，巷
首门边设家塾，用以教授居民子弟。后指聘请教师来家教授自己
子弟的私塾。有的兼收亲友子弟。宋·叶适《辩兵部郎官朱元
晦状》："臣闻朝廷开学校，建儒官，公教育于上；士子辟家塾，隆
师友，私淑艾于下：自古而然矣。"清·曹雪芹《红楼梦》第七回：

"我们家却有个家塾，合族中有不能延师的，便可入塾读书，亲戚子弟可以附读。"

⑩学俸：旧时指教师的工资薪水。俸，薪金。束脩（xiū）：十条干肉。脩，干肉。十条干肉叫"束脩"，是古时做馈赠的一般性礼物。《礼记·少仪》："其以乘壶酒、束脩、一犬赐人。"东汉·郑玄注："束脩，十脡脯也。"亦用作古代入学敬师的礼物。《论语·述而》："子曰：'自行束脩以上，吾未尝无诲焉。'"朱子集注："脩，脯也。十脡为束。古者相见，必执贽以为礼，束脩其至薄者。盖人之有生，同具此理，故圣人之于人，无不欲其入于善。但不知来学，则无往教之礼，故苟以礼来，则无不有以教之也。"后遂以"束脩"指代教师的报酬或学费。

⑪桃李在公门，称人弟子之多：语本《资治通鉴·唐纪·武则天久视元年》："太后尝问仁杰：'朕欲得一佳士用之，谁可者？'仁杰曰：'未审陛下欲何所用之？'太后曰：'欲用为将相。'仁杰对曰：'文学缊藉，则苏味道、李峤固其选矣。必欲取卓荦奇才，则有荆州长史张柬之。其人虽老，宰相才也。'太后擢柬之为洛州司马。数日，又问仁杰，对曰：'前荐柬之，尚未用也。'太后曰：'已迁矣。'对曰：'臣所荐者可为宰相，非司马也。'乃迁秋官侍郎。久之，卒用为相。仁杰又尝荐夏官侍郎姚元崇、监察御史曲阿桓彦范、太州刺史敬晖等数十人，率为名臣。或谓仁杰曰：'天下桃李，悉在公门矣。'仁杰曰：'荐贤为国，非为私也。'"唐朝宰相狄仁杰向武则天推荐了姚崇等数十人，后来他们都成了一代名臣。有人赞扬狄仁杰说："天下桃李，悉出公门矣。"意思是说，天下优秀人才，都出自您的门下，由您推荐。桃李，桃树和李树。《韩诗外传》卷七："夫春树桃李，夏得阴其下，秋得食其实。"后遂以"桃李"比喻栽培的后辈和所教的门生。

⑫苜蓿（mù xū）长阑干，奉师饮食之薄：语本五代·王定保《唐摭

言》卷十五："薛令之，闽中长溪人，神龙二年及第，累迁左庶子。时开元东宫官僚清淡，令之以诗自悼，复纪于公署曰：'朝旭上团团，照见先生盘。盘中何所有？苜蓿长阑干。饭涩匙难绾，羹稀箸易宽。何以谋朝夕？何由保岁寒？'上因幸东宫览之，索笔判之曰：'啄木觜距长，凤皇羽毛短。若嫌松桂寒，任逐桑榆暖。'令之因此谢病东归。诏以长溪岁赋资之，令之计月而受，余无所取。"《唐语林》卷五亦载，文字略有出入。唐朝太子侍讲薛令之曾写诗感叹官中教官生活清苦，中有"盘中何所有？苜蓿长阑干"之语，意为教师生活清苦，将苜蓿当菜吃。苜蓿，古大宛语音译，植物名。豆科，一年生或多年生。原产西域各国，汉武帝时，张骞使西域，始从大宛传入。又称"怀风草""光风草""连枝草"。花有黄、紫两色，最初传入者为紫色。常用做马饲料或农田肥料。亦可食用。阑干，横斜茂盛的样子。此处形容苜蓿长势茂盛。薄，轻微，少。此指待遇差。

【译文】

马融在高堂上讲学，专门设置"绛帐"，帐前是受业的学生，帐后是奏乐的歌舞伎；孔子在杏坛讲学，弟子先后多达三千，其中贤人就有七十二位。

称他人开馆教学，叫"设帐"，又叫"振铎"；自谦从事教师工作，叫"糊口"，又叫"舌耕"。

上门的教师，尊称"西宾"；教师的坐席，尊称"函丈"；在家中设立的学堂，称为"家塾"；学生交给老师的学费，叫"束脩"。

"桃李在公门"，是称赞别人学生众多；"苜蓿长阑干"，是感叹教师享用的伙食待遇太差。

冰生于水而寒于水，比学生过于先生[①]；青出于蓝而胜于蓝，谓弟子优于师傅[②]。

未得及门③，曰宫墙外望④；称得秘授，曰衣钵真传⑤。

人称杨震为关西夫子⑥，世称贺循为当世儒宗⑦。

负笈千里，苏章从师之殷⑧；立雪程门，游、杨敬师之至⑨。

弟子称师之善教，曰如坐春风之中⑩；学业感师之造成，曰仰沾时雨之化⑪。

【注释】

①冰生于水而寒于水，比学生过于先生：语本《旧唐书·儒学传上·盖文达》："盖文达，冀州信都人也。博涉经史，尤明《三传》。性方雅，美须貌，有士君子之风。刺史窦抗尝广集儒生，令相问难，其大儒刘焯、刘轨思、孔颖达咸在坐，文达亦参焉。既论难，皆出诸儒意表，抗大奇之，问曰：'盖生就谁受学？'刘焯对曰：'此生岐嶷，出自天然。以多问寡，焯为师首。'抗曰：'可谓冰生于水而寒于水也。'"唐朝经师盖文达的学问，在某些方面甚至超过了他老师大儒刘焯，刺史窦抗说"可谓冰生于水而寒于水"。

②青出于蓝而胜于蓝，谓弟子优于师傅：语本《北史·李谧传》："谧字永和，少好学，周览百氏。初师事小学博士孔璠，数年后，璠还就谧请业。同门生为之语曰：'青成蓝，蓝谢青，师何常，在明经。'"北魏儒生李谧学问出众，连他的老师孔璠都要反过来向他请教问题。又本句及上句所涉语典，皆出自《荀子·劝学》："青，取之于蓝而青于蓝；冰，水为之而寒于水。"青，指靛青，即靛蓝。蓝，指蓝草，可以用于制作靛蓝染料的数种植物的统称，如菘蓝、蓼蓝、木蓝等。青从蓝草中提炼出来，但颜色比蓝草更深。冰是水凝结而成，但比水更冷。后人遂用以比喻学生的成就超过了老师。

③及门：语出《论语·先进》："子曰：'从我于陈蔡者，皆不及门

也。'”“及门”本谓在门下，后以“及门”指受业弟子，即正式登门拜师受业的学生。

④宫墙外望：语本《论语·子张》：“叔孙武叔语大夫于朝曰：'子贡贤于仲尼。'子服景伯以告子贡。子贡曰：'譬之宫墙，赐之墙也及肩，窥见室家之好。夫子之墙数仞，不得其门而入，不见宗庙之美，百官之富。得其门者或寡矣。夫子之云，不亦宜乎！'”后世遂称师门为“宫墙”，以“宫墙外望”比喻未能窥得老师学问门径。

⑤称得秘授，曰衣钵真传：语本《宋史·范质传》：“质力学强记，性明悟。举进士时，和凝以翰林学士典贡部，览质所试文字，重之，自以登第名在十三，亦以其数处之。贡闱中谓之'传衣钵'。其后质登相位，为太子太傅，封鲁国公，皆与凝同云。”又，《旧五代史·周书·和凝传》辑本旧注引《渑水燕谈录》（按，不见于今传本《渑水燕谈录》）：“范质初举进士，时和凝知贡举，凝尝以宰辅自期，登第之日，名第十三人，及览质文，尤加赏叹，即以第十三名处之，场屋间谓之'传衣钵'，若禅宗之相付授也。后质果继凝登相位。”传衣钵，本为佛教禅宗传统。“衣”是袈裟，“钵”是僧人化缘用的器皿。佛教禅宗自初祖至五祖皆以衣钵相传，作为传法的信证，六祖以后不再传。范质在和凝知贡举时登进士，和凝对他极器重，自己是以第十三名录取，亦将范质排在第十三名。范质后来又继和凝之后登上相位。时人遂谓之“传衣钵”。后亦泛称师徒传授继承。秘授，得到秘诀的传授。

⑥人称杨震为关西夫子：语本《后汉书·杨震传》：“震少好学，受《欧阳尚书》于太常桓郁，明经博览，无不穷究。诸儒为之语曰：'关西孔子杨伯起。'”杨震（59？—124），字伯起，东汉弘农华阴（今陕西华阴）人。习《欧阳尚书》，明经博览，时称为“关西孔子杨伯起”。年五十始举茂才，历任荆州刺史、东莱太守、太仆、太常、司徒等职，汉安帝延光二年（123）为太尉，时帝乳母王圣与

中常侍樊丰等贪横骄侈，震屡上疏切谏，为樊丰所诬，免官，自杀。他的儿子杨秉、孙子杨赐、曾孙杨彪，也都官至太尉。弘农杨氏与汝南袁氏，并为东汉"四世三公"的名门。夫子，特指孔子。

⑦世称贺循为当世儒宗：语本《晋书·贺循传》："时尚书仆射刁协与循异议，循答义深备，辞多不载，竟从循议焉。朝廷疑滞皆谘之于循，循辄依经礼而对，为当世儒宗。"晋人贺循学问渊博，尤精礼学，被誉为当世儒宗。贺循（260—319），字彦先，两晋之际会稽山阴（今浙江绍兴）人。学问渊博，善属文，尤精礼传，操行高洁，言行进止，必以礼让。举秀才，迁武康令。尝讨石冰，不受功赏。陈敏为乱，以疾辞伪命。乱平，征拜吴国内史。不就。入东晋，屡加征拜，惟为太常而已。与顾荣等拥戴晋元帝。数陈利害，言而必从，为当世儒宗。官至左光禄大夫、开府仪同三司。卒谥穆。

⑧负笈（jí）千里，苏章从师之殷：语本《太平御览》卷七百十引谢承《后汉书》："苏章字士成，北海人，负笈追师，不远千里。"汉朝人苏章，背着书箱到千里之外求师，可见他求学的殷切与真诚。负笈千里，背着书箱到远方求学。笈，书箱。苏章，字儒文，一说字士成，东汉扶风平陵（今陕西咸阳）人。曾不远千里，负笈从师。汉安帝时，举贤良方正，为议郎，后任武原令。汉顺帝时，任冀州刺史，后改并州刺史，因触怒权贵，免官隐居。殷，殷勤，恳切。

⑨立雪程门，游、杨敬师之至：语本宋·朱熹《近思录》卷十四引宋·侯师圣（按，侯仲良，号师圣）云："游、杨初见伊川，伊川瞑目而坐，二子侍立。既觉，顾谓曰：'贤辈尚在此乎？日既晚，且休矣。'及出门，门外之雪深一尺。"（亦见载于《伊洛渊源录》卷四，文字略有不同。）暨《宋史·道学传二·杨时》："见程颐于洛，时盖年四十矣。一日见颐，颐偶瞑坐，时与游酢侍立不去。颐既觉，则门外雪深一尺矣。"事亦见《二程语录》卷十七引宋·侯仲良《侯子雅言》。宋朝杨时、游酢去拜见老师程颐，正赶上老师

午睡，二人怕惊动老师，便站在门外等候，及至程颐醒来，门外的雪已经下了一尺多厚。后来用"程门立雪"或"立雪程门"比喻求学心切和尊师重道。游、杨，分指宋代理学家游酢、杨时，二人并为程门著名弟子。游酢（1053—1123），字定夫，宋代建州建阳（今福建建阳）人。熙宁五年（1072）举乡贡，游学京师，程颐赞许"其资可以进道"。程颢任扶沟县令，兴办教育，召他辅助，遂得以从程颢问学。元丰五年（1082）中进士，调萧山尉，召为太学录，迁博士。因奉亲不便，求改知河清县。范纯仁守颍昌府，辟为府教授。范纯仁入相，为博士。签书齐州、泉州判官。晚得监察御史，历知汉阳军、和舒濠三州而卒。操行纯粹，处事优裕，历官所至，受民爱戴。著有《中庸义》《易说》《诗二南义》《论语孟子杂解》《文集》各一卷。学者称"廌山先生"，谥文肃。杨时（1053—1135），字中立，祖籍弘农华阴（今陕西华阴），宋代南剑西镛州（今福建将乐）人。学者称"龟山先生"。北宋熙宁九年（1076）进士及第，历任徐州、虔州司法和浏阳、徐杭、萧山等县知县，以及无为军判官、建阳县丞、荆州府学教授、南京敦宗院宗子博士、秘书郎、迩英殿说书、右谏议大夫、国子监祭酒、给事中、徽猷阁直学士、工部侍郎、龙图阁直学士等职。南宋绍兴五年（1135）病逝。杨时政治上，反对王安石变法，力排靖康和议。先后受学于程颢、程颐兄弟，同游酢、吕大临、谢良佐并称"程门四大弟子"，又与罗从彦、李侗并称为"南剑三先生"。在两宋理学体系中，有承前启后之作用。

⑩弟子称师之善教，曰如坐春风之中：语本宋·朱熹《近思录》卷十四："侯师圣云：'朱公掞见明道于汝，归谓人曰："光庭在春风中坐了一个月。"'"（亦见载于《伊洛渊源录》卷四）宋人朱光庭和人谈起从大儒程颢问学的感受，说仿佛在春风中坐了一个月。后遂用以比喻与品德高尚而有学识的人相处并受其熏陶。

⑪学业感师之造成，曰仰沾时雨之化：语本《孟子·尽心上》："君子之所以教者五：有如时雨化之者，有成德者，有达财者，有答问者，有私淑艾者。此五者，君子之所以教也。"朱子集注："时雨，及时之雨也。草木之生，播种封植，人力已至而未能自化，所少者，雨露之滋耳。及此时而雨之，则其化速矣。教人之妙，亦犹是也，若孔子之于颜、曾是已。"及时雨最能滋生万物生长，故用以比喻良师善于育人。造成，培养，使……有成就。

【译文】

冰由水凝结而成，但比水更寒冷，比喻学生胜过老师；靛青从蓝草中提炼出来，但比蓝草颜色更深，形容徒弟超过师傅。

没有正式拜师，未得老师传授，称"宫墙外望"；学到老师独家传授的真本领、真学问，叫"衣钵真传"。

世人称誉杨震是"关西夫子"，时人尊称贺循为"当世儒宗"。

"负笈千里"，苏章拜师的心情何等热切；"立雪程门"，游酢、杨时尊敬老师堪称极致。

学生称颂老师善于教导，说"如坐春风之中"；学有所成，感谢老师栽培，说"仰沾时雨之化"。

朋友宾主

【题解】

"宾主"指宾客和主人。传统中国重视朋友关系，提倡"以文会友，以友辅仁"（《论语·颜渊》），亦讲究敬重宾客的礼仪。

本篇22联，讲的都是和朋友宾主相关的成语典故。

取善辅仁，皆资朋友①；往来交际，迭为主宾②。

尔我同心，曰金兰③；朋友相资，曰丽泽④。

东家，曰东主^⑤；师傅，曰西宾^⑥。

父所交游，尊为父执^⑦；己所共事，谓之同袍^⑧。

心志相孚^⑨，为莫逆^⑩；老幼相交，曰忘年^⑪。

刎颈交，相如与廉颇^⑫；总角好，孙策与周瑜^⑬。

【注释】

① 取善辅仁，皆资朋友：语本《论语·颜渊》："曾子曰：'君子以文会友，以友辅仁。'"朱子集注："讲学以会友，则道益明；取善以辅仁，则德日进。"又，三国魏·何晏集解引西汉·孔安国曰："友，相切磋之道，所以辅成己之仁。"取善辅仁，吸取朋友的善处，从而培养自己的仁德。资，借助于。

② 往来交际，迭为主宾：语本《孟子·万章下》："万章问曰：'敢问友。'孟子曰：'不挟长，不挟贵，不挟兄弟而友。友也者，友其德也，不可以有挟也。……舜尚见帝，帝馆甥于贰室，亦飨舜，迭为宾主，是天子而友匹夫也。用下敬上，谓之"贵贵"；用上敬下，谓之"尊贤"。贵贵、尊贤，其义一也。'"朱子集注："此言朋友人伦之一，所以辅仁，故以天子友匹夫而不为诎，以匹夫友天子而不为僭。此尧、舜所以为人伦之至，而孟子言必称之也。"交际，往来应酬。《孟子·万章下》："敢问交际，何心也？"朱子集注："际，接也。交际，谓人以礼仪币帛相交接也。"迭为主宾，轮流做主人，宴请对方做客。犹今言轮流做东。原文是"迭为宾主"，因《幼学琼林》一书在文体上采用联语形式，故改"迭为宾主"为"迭为主宾"。"宾"为平声字，上句尾字"友"为仄声字，符合联语尾字平仄相对的要求。迭，交替，轮流。

③ 尔我同心，曰金兰：语本《周易·系辞上》："二人同心，其利断金；同心之言，其臭如兰。"唐·孔颖达疏："'二人同心，其利断金'

者,二人若同齐其心,其纤利能断截于金。金是坚刚之物,能断而截之,盛言利之甚也。此谓二人心行同也。""言二人同齐其心,吐发言语,氤氲臭气,香馥如兰也。此谓二人言同也。"是说两个人若是情投意合,齐心协力,便连金铁都可以截断,说的话也如兰花一样馥郁芳香。后遂以"金兰"指朋友深交,并引申为结拜兄弟。尔,你。

④朋友相资,曰丽泽:语本《周易·兑卦》:"丽泽兑,君子以朋友讲习。"三国魏·王弼注:"丽,犹连也。"朱子本义:"两泽相丽,互相滋益,朋友讲习,其象如此。"丽泽,原指两个沼泽相连,滋润万物,后来比喻朋友互相切磋,互相帮助。丽,相连。

⑤东家,曰东主:古礼,主人坐东面西,宾客坐西面东,因此旧时称聘用、雇用自己的人或称租给自己土地的人叫"东家""东主"。《汉书·文帝纪》:"闰月己酉,入代邸。群臣从至,上议曰:'丞相臣平、太尉臣勃、大将军臣武、御史大夫臣苍、宗正臣郢、朱虚侯臣章、东牟侯臣兴居、典客臣揭再拜言大王足下:子弘等皆非孝惠皇帝子,不当奉宗庙。臣谨请阴安侯、顷王后、琅邪王、列侯、吏二千石议,大王高皇帝子,宜为嗣,愿大王即天子位。'代王曰:'奉高帝宗庙,重事也。寡人不佞,不足以称。愿请楚王计宜者,寡人弗敢当。'群臣皆伏,固请。代王西乡让者三,南乡让者再。"三国魏·如淳注:"让群臣也。或曰:宾主位东西面,君臣位南北面,故西乡坐三让不受,群臣犹称宜,乃更南乡坐,示变即君位之渐也。"又,东汉·班固《西都赋》:"有西都宾问于东都主人。"

⑥西宾:旧时宾位在西,故称。常用为对家塾教师或幕友的敬称。

⑦父所交游,尊为父执:语本《礼记·曲礼上》:"夫为人子者,三赐不及车马。故州闾乡党称其孝也,兄弟亲戚称其慈也。僚友称其弟也。执友称其仁也,交游称其信也。见父之执,不谓之进,不敢进;不谓之退,不敢退;不问,不敢对。"唐·孔颖达疏:"交游,泛

交也。结交游往,本资信合,故称信也。"父之执,谓执友与父同志者也。"交游,交接往来的朋友。父执,指父亲的朋友。

⑧同袍:语出《诗经·秦风·无衣》:"岂曰无衣,与子同袍。王于兴师,修我戈矛,与子同仇。"原是在同一个军队服役的人的互称,也称"袍泽",犹今之"战友"。后亦借指同事。

⑨心志相孚(fú):性情与志向都十分投缘。孚,信赖,投合。

⑩莫逆:语出《庄子·大宗师》:"子祀、子舆、子犁、子来四人相与语曰:'孰能以无为首,以生为脊,以死为尻,孰知生死存亡之一体者,吾与之友矣。'四人相视而笑,莫逆于心,遂相与为友。"意为心意相通,不相违逆。

⑪忘年:忘掉彼此年龄的差距。年龄辈分不相当的人结为朋友,称为"忘年交"。历史上,忘年交不胜枚举。例如:孔融与祢衡、范云与何逊。《初学记》卷十八引晋·张隐《文士传》:"祢衡有逸才,少与孔融交。时衡未满二十,而融已五十,敬衡才秀,忘年殷勤。"《梁书·文学列传·何逊》:"弱冠州举秀才,南乡范云见其对策,大相称赏,因结忘年交。"

⑫刎颈交,相如与廉颇:语本《史记·廉颇蔺相如列传》:"卒相与欢,为刎颈之交。"唐·司马贞索隐引北魏·崔浩云:"言要齐生死,而刎颈无悔也。"又,《史记·张耳陈馀列传》:"富人公乘氏以其女妻之,亦知陈馀非庸人也。馀年少,父事张耳,两人相与为刎颈交。"后遂以"刎颈交"指可以同生死、共患难的朋友。刎颈,指割脖子。《后汉书·廉范传》:"初,范与洛阳庆鸿为刎颈交,时人称曰:'前有管鲍,后有庆廉。'"相如,指蔺相如,战国时赵国大臣。原为赵宦者令缪贤舍人。赵惠文王时,秦昭王强索和氏璧,说以十五城为交换。蔺相如奉命带璧入秦,当庭据理力争,终于完璧归赵,以功拜上大夫。赵惠文王二十年(前279),随赵王与秦王在渑池相会,使赵王未受屈辱,升上卿,位在廉颇之上。廉颇

意欲羞侮之，蔺相如容忍谦让，使廉颇愧悟，登门谢罪，成为刎颈之交。事见《史记·廉颇蔺相如列传》。廉颇，战国时赵国名将，生卒年不详。赵惠文王时为将，后升上卿。屡次战胜齐、魏等国。秦、赵长平之战时，任赵国统帅，坚壁固守，使秦出师三年，劳而无功。后因赵中秦反间计，改用赵括为将，致遭大败。赵孝成王十五年（前251），燕发大军攻赵，颇率军反击，杀燕将栗腹，进围燕都，燕割五城求和。因功封于尉文，为信平君，任假相国。赵悼襄王时，使乐乘代之。奔魏居大梁，后老死于楚。

⑬总角好，孙策与周瑜：语本《三国志·吴书·周瑜传》南朝宋·裴松之注引《江表传》：“策又给瑜鼓吹，为治馆舍，赠赐莫与为比。策令曰：'周公瑾英俊异才，与孤有总角之好，骨肉之分。如前在丹杨，发众及船粮以济大事，论德酬功，此未足以报者也。'”总角好，指自幼要好的朋友。古时儿童束发为两结，向上分开，形状如角，故称“总角”。《诗经·齐风·甫田》：“婉兮娈兮，总角丱兮。”东汉·郑玄笺：“总角，聚两髦也。”唐·孔颖达疏：“总角聚两髦，言总聚其髦以为两角也。”孙策（175—200），字伯符，东汉末吴郡富春（今浙江富阳）人。三国时期东吴政权的奠基人。孙坚子。少居寿春，广交江淮士族。坚死，就其舅丹阳太守吴景。汉献帝兴平初，依袁术，得孙坚残部千余人，请求率军救助吴景。袁术表为折冲校尉，渡江转斗，击破刘繇。又渡浙江，击破严白虎等，自领会稽太守。后又夺庐江郡，在江东地区建立孙氏政权。曹操表为讨逆将军，封吴侯。后遇刺卒。弟孙权称帝，追谥长沙桓王。周瑜（175—210），字公瑾，东汉末庐江舒县（今安徽庐江西南）人。少与孙策为友，从策征伐，为建威中郎将，助策在江东建立孙氏政权。策死，与张昭共辅孙权，任前部大都督。汉献帝建安十三年（208），曹操大军南下，率军与刘备合力破曹军于赤壁，复乘胜进击曹仁。拜偏将军，领南郡太守。拟取蜀，病卒。精

音乐,时有"曲有误,周郎顾"之语。

【译文】

借鉴他人优点,增进自己仁德,全靠朋友;朋友之间,往来交际,应当轮流做东互为宾主。

朋友间你我志同道合、心意相通,叫作"金兰之交";朋友彼此帮助、互惠互利,称为"丽泽之友"。

雇主,叫作"东主";师傅,称为"西宾"。

尊称父亲的朋友为"父执",称呼自己的同事为"同袍"。

心愿相投、志趣相合,这样的友情,称作"莫逆";老年人和年轻人交朋友,完全不顾年龄上的巨大差距,叫"忘年交"。

蔺相如与廉颇可以抹脖子,替对方去死,这样的交情,称作"刎颈之交";孙策与周瑜情投意合,从小就很要好,这样的交情,称作"总角之好"。

胶漆相投,陈重之与雷义①;鸡黍之约,元伯之与巨卿②。

与善人交,如入芝兰之室,久而不闻其香;与恶人交,如入鲍鱼之肆,久而不闻其臭③。

肝胆相照④,斯为腹心之友⑤;意气不孚⑥,谓之口头之交⑦。

彼此不合,谓之参商⑧;尔我相仇,如同冰炭⑨。

民之失德,干糇以愆⑩;他山之石,可以攻玉⑪。

【注释】

①胶漆相投,陈重之与雷义:语本《后汉书·独行传·陈重》:"陈重字景公,豫章宜春人也。少与同郡雷义为友,俱学《鲁诗》《颜氏春秋》。太守张云举重孝廉,重以让义,前后十余通记,云不听。

义明年举孝廉，重与俱在郎署。……重后与义俱拜尚书郎，义代同时人受罪，以此黜退。重见义去，亦以病免。……雷义字仲公，豫章鄱阳人也。……后举孝廉，拜尚书侍郎，有同时郎坐事，当居刑作。义默自表取其罪，以此论司寇。同台郎觉之，委位自上，乞赎义罪。顺帝诏皆除刑。义归，举茂才，让于陈重，刺史不听，义遂阳狂被发走，不应命。乡里为之语曰：'胶漆自谓坚，不如雷与陈。'三府同时俱辟二人。"东汉的雷义与陈重是好朋友，人们形容他们的关系好得比胶与漆粘在一起还牢固。胶漆相投，胶和漆凝聚在一起很牢固。比喻情深谊厚、亲密无间。相投，彼此合得来。投，投合。陈重，字景公，东汉豫章宜春（今江西宜春）人。少习《鲁诗》《颜氏春秋》。举孝廉，为郎。有同署郎欠债数十万，债主日至，重密以钱代还，终不言惠。后复举茂才，为细阳令，迁会稽太守，拜侍御史卒。雷义，字仲公，东汉豫章鄱阳（今江西鄱阳东北）人。初为郡功曹，尝救人出死罪，罪者以金二斤谢，不受。举孝廉，拜尚书侍郎，有坐事当刑者，雷义默自表取其罪，事觉，汉顺帝诏除其刑。后拜侍御史，除南顿令。

②鸡黍之约，元伯之与巨卿：语本《后汉书·独行传·范式》："范式字巨卿，山阳金乡人也。一名氾。少游太学，为诸生，与汝南张劭为友。劭字元伯。二人并告归乡里。式谓元伯曰：'后二年当还，将过拜尊亲，见孺子焉。'乃共克期日。后期方至，元伯具以白母，请设馔以候之。母曰：'二年之别，千里结言，尔何相信之审邪？'对曰：'巨卿信士，必不乖违。'母曰：'若然，当为尔酝酒。'至其日，巨卿果到，升堂拜饮，尽欢而别。"汉朝人范式（字巨卿）在太学与张劭（字元伯）分手时，约定两年后探望张劭的母亲。两年后张劭请母亲准备丰盛饭菜等待范式的到来，结果范式果然如期而至。明·冯梦龙《喻世明言》中有篇云《范巨卿鸡黍死生交》，将范、张之交敷衍成传奇故事。世人遂以"鸡黍之约"比喻

朋友之间讲诚信，不违背誓言。鸡黍，语出《论语·微子》："止子路宿，杀鸡为黍而食之。"鸡与黍米，指饷客的饭菜。元伯，即张劭，字元伯，东汉汝南（今河南平舆）人。少游太学，与山阳范式为友，二人并告归。范式约张劭二年当过访。至其日，范式果到，尽欢而别。张劭称范式为"死友"。张劭卒，范式千里赴丧。巨卿，范式，一名氾，字巨卿，东汉山阳金乡（今山东嘉祥南）人。少游太学，与汝南张劭为友。至死不相负，有"死友"之称。举州茂才，四迁荆州刺史，后迁庐江太守，有威名，卒于官。

③"与善人交"六句：语本《孔子家语·六本》："孔子曰：'吾死之后，则商也日益，赐也日损。'曾子曰：'何谓也？'子曰：'商也好与贤己者处，赐也好说不若己者。不知其子，视其父；不知其人，视其友；不知其君，视其所使；不知其地，视其草木。故曰，与善人居，如入芝兰之室，久而不闻其香，即与之化矣；与不善人居，如入鲍鱼之肆，久而不闻其臭，亦与之化矣。丹之所藏者赤，漆之所藏者黑。是以君子必慎其所与处者焉。'"《说苑·杂言》亦载之，而篇幅较短。又，《大戴礼记·曾子疾病》："与君子游，苾乎如入兰芷之室，久而不闻，则与之化矣；与小人游，贷乎如入鲍鱼之次，久而不闻，则与之化矣。是故，君子慎其所去就。"芝兰之室，充满芝兰花香的房间。比喻教人从善的好环境。芝，通"芷"。芷和兰，皆香草。鲍鱼之肆，卖咸鱼的店铺。咸鱼腐臭，因此用"鲍鱼之肆"比喻恶人、小人聚集的场所。鲍鱼，盐渍鱼，干鱼，其气腥臭。

④肝胆相照：比喻赤诚相见。宋·文天祥《与陈察院文龙书》："所恃知己，肝胆相照，临书不惮倾倒。"中医认为肝与胆互为表里，称胆为肝府，故二者常并提。并用以比喻关系密切，或真心诚意。

⑤腹心之友：指赤诚相待、彼此知心的朋友。《警世通言·俞伯牙摔琴谢知音》："这相知有几样名色：恩德相结者，谓之'知己'；腹心相照者，谓之'知心'；声气相求者，谓之'知音'。总来叫做

'相知'。"

⑥意气不孚：志趣与性格不相投。

⑦口头之交：指嘴上说起来亲密但实际上并无深厚感情的泛泛之交。唐·孟郊《择友》诗："面结口头交，肚里生荆棘。"

⑧参商：参星在西，商星在东，两颗星不同时在天空中出现，故用以比喻人与人感情不和睦。见前《天文》篇"参、商二星，其出没不相见"条注。

⑨冰炭：冰和火炭。前者剧冷，后者剧热，比喻相互矛盾、互不兼容的事物。旧注引宋·苏辙疏："君子小人，势同冰炭，同处必争。"（按，出自苏辙《再论分别邪正札子》，见《栾城集》卷四十三。）

⑩民之失德，干糇（hóu）以愆：语本《诗经·小雅·伐木》："民之失德，干糇以愆。"毛传："糇，食也。"朱子集传："干糇，食之薄者也。愆，过也。……言人之所以至于失朋友之义者，非必有大故，或但以干糇之薄不以分人，而至于有愆耳。"是说因为舍不得把干粮拿出来分享，而得罪朋友。干糇，干粮。泛指普通食品。愆，差错，失误。

⑪他山之石，可以攻玉：语本《诗经·小雅·鹤鸣》："它山之石，可以为错。……它山之石，可以攻玉。"毛传："错，石也，可以琢玉。……攻，错也。""错"即砺石，是用来打磨玉器的石头。"它山之石，可以攻玉"，比喻别国的贤才也可用为本国的辅佐，正如别的山上的石头也可为砺石，用来琢磨玉器。后因以"他山之石"喻指能帮助自己改正错误缺点或提供借鉴的外力。

【译文】

"胶漆相投"，形容陈重与雷义的友情像胶与漆那样黏合在一起牢不可分；"鸡黍之约"，指张元伯和范巨卿朋友相交，相互信任。

与好人交往，如同长期住在种满芷兰芳草的房间，因习惯房中的香气而淡忘它的存在，但却在不知不觉间变得品味高雅；和坏人交往，如同长期待在贩卖咸鱼的店铺，因习惯室内的臭气而意识不到它的存在，但却在不知不觉间变得低级鄙陋。

"肝胆相照"，指关系密切如同肝胆，这才算是推心置腹的好朋友；"意气不孚"，是说意趣志向各不相同，只能算挂在嘴上的好朋友。

彼此合不来，就像参星与商星永不相会，称作"参商"；双方结仇怨，好比冰块和炭火无法并存，称作"冰炭"。

"民之失德，干糇以愆"，有时候得罪朋友，只因不肯分享干粮这样的小事；"他山之石，可以攻玉"，别的山上的石头，可以用来打磨玉器，比喻可以借鉴朋友，帮助自己改正错误。

落月屋梁，相思颜色[1]；暮云春树，想望丰仪[2]。

王阳在位，贡禹弹冠以待荐[3]；杜伯非罪，左儒宁死不徇君[4]。

分首、判袂[5]，叙别之辞；拥彗、扫门[6]，迎迓之敬[7]。

陆凯折梅逢驿使，聊寄江南一枝春[8]；王维折柳赠行人，遂唱《阳关三叠》曲[9]。

频来无忌，乃云入幕之宾[10]；不请自来，谓之不速之客[11]。

【注释】

①落月屋梁，相思颜色：语本唐·杜甫《梦李白》诗："死别已吞声，生别常恻恻。江南瘴疠地，逐（一作"远"）客无消息。故人入我梦，明我长相忆。恐非平生魂，路远（一作"迷"）不可测。魂来枫叶（一作"林"）青，魂（一作"梦"）返关塞黑。君今在罗网，何以（一作"似"）有羽翼？落月满屋梁，犹疑照（一作"见"）颜色。水深波浪阔，无使蛟龙得。"唐肃宗时，李白获罪，被流放夜郎，杜甫梦见李白，醒来后写下两首诗，其中一首有两句"落月满屋梁，

犹疑照（一作"见"）颜色"，写到他朦胧中的幻觉，说看到月色，便想到梦中的李白容貌在月光下似乎隐约可见。后遂以"落月屋梁"代表对远方友人的怀念。颜色，面容。

②暮云春树，想望丰仪：语本唐·杜甫《春日忆李白》诗："白也诗无敌，飘然思不群。清新庾开府，俊逸鲍参军。渭北春天树，江东日暮云。何时一尊酒，重与细论文。"杜甫怀念李白的诗里，有两句"渭北春天树，江东日暮云"，说自己在春天的渭北独对无边的绿树，遥想远在江东斜阳暮云之下的李白。诗借"云""树"而写思念之情，后遂以"暮云""春树"为仰慕、怀念友人之辞。想望，仰慕，渴望相见。唐·韩愈《顺宗实录四》："李泌为相，举为谏议大夫，拜官不辞。未至京师，人皆想望风采。"丰仪，风度仪表。唐·元稹《莺莺传》："余所善张君性温茂，美丰仪。"

③王阳在位，贡禹弹冠以待荐：语本《汉书·王吉传》："吉与贡禹为友，世称'王阳在位，贡公弹冠'，言其取舍同也。元帝初即位，遣使者征贡禹与吉。"唐·颜师古注："弹冠者，且入仕也。"西汉人贡禹品行高洁，任河南令时，被府官责问，免冠以谢，他说"冠一免，安复可冠也！"乃辞官。后来好朋友王吉（字子阳）在位，贡禹听说后很高兴，就把自己的冠取出，弹去灰尘，准备戴用。果然，不久贡禹也被任命为谏议大夫。后遂以"王阳在位，贡禹弹冠"比喻朋友援引出仕，或乐意辅佐志向相同的人。王吉（？—前48），字子阳，西汉琅邪皋虞（今山东即墨东北）人。大儒，兼通五经，曾官昌邑王（刘贺）中尉。昌邑王被立为帝仅27天，以行淫乱废，王吉因常忠言谏王得免死罪。汉宣帝时，王吉官任博士、谏大夫，曾上疏议论宣帝得失，后以病辞归。王吉与贡禹为友，皆以德行闻名，世称"王阳在位，贡公弹冠"。汉元帝初立，命使者征用王吉与贡禹。王吉年老，未至京，死于途中。《汉书》有传。贡禹（前124—前44），字少翁，西汉琅邪（今山东胶南琅

邪镇）人。以明经洁行征为博士。复举贤良，为河南令。以事去官。汉元帝初，征为谏大夫，迁御史大夫。数上书揭露宫廷奢侈，建议减徭役，选贤能，罢倡乐，贱商人，释放园陵宫女，使民归农。终御史大夫。《汉书》有传。

④杜伯非罪，左儒宁死不徇君：语本《说苑·立节》："左儒友于杜伯，皆臣周宣王，宣王将杀杜伯而非其罪也，左儒争之于王，九复之而王弗许也。王曰：'别君而异友，斯汝也！'左儒对曰：'臣闻之，君道友逆，则顺君以诛友；友道君逆，则率友以违君。'王怒曰：'易而言则生，不易而言则死。'左儒对曰：'臣闻古之士不枉义以从死，不易言以求生，故臣能明君之过，以死杜伯之无罪。'王杀杜伯，左儒死之。"左儒与挚友杜伯同为周宣王时大臣。杜伯触怒周宣王，周宣王要杀杜伯，左儒坚决劝阻，周宣王威胁他如果不改变主意也要被处死，左儒宁死不从。杜伯被杀，左儒也因此而死。非罪，无罪，被强加罪名。徇，曲从。

⑤分首：分头各自而行，表示离别的意思。南朝梁·沈约《襄阳白铜鞮》诗："分首桃林岸，送别岘山头。"北齐·颜之推《颜氏家训·风操》："北间风俗，不屑此事，歧路言离，欢笑分首。"判袂：牵在一起的袖子分开，也是离别的意思。宋·范成大《大热泊乐温有怀商卿德称》诗："故人新判袂，得句与谁论？""分首""判袂"，皆为古诗习用语。

⑥拥彗：手持扫帚，为贵宾在前面扫地引路。形容待客之礼极为诚敬。彗，竹扫帚。《史记·孟子荀卿列传》："（驺衍）如燕，昭王拥彗先驱，请列弟子之座而受业。"《汉书·高帝纪下》："后上朝，太公拥彗，迎门却行。"《史记·高祖本纪》作"拥篲"。扫门：清扫门庭，表示对宾客的敬重。

⑦迎迓（yà）：迎接。唐·元稹《沂国公魏博德政碑》："至则迎迓承奉。"

⑧陆凯折梅逢驿使，聊寄江南一枝春：语本《荆州记》："陆凯与范晔相善，自江南寄梅花一枝诣长安与晔并赠花诗，曰：'折花逢驿使，寄与陇头人。江南无所有，聊赠一枝春。'"《太平御览》引此诗，凡三次。相传范晔与陆凯是好友。某年春天，陆凯在江南，梅花正开，恰好有驿使去长安，陆凯便折了一枝梅花，托驿使带给远在长安的范晔，并附诗一首。驿使，古代驿站传送朝廷文书者。历史上有两个陆凯，一个是三国时吴国人，一个是北魏人。吴国的陆凯更有名，但年代与范晔年代相差甚远。北魏陆凯年代与范晔接近，但似不相识。且范晔为南朝臣子，似无在长安之理。故此诗及故事，恐为好事者所伪托。陆凯（198—269），字敬风，三国吴国人。陆逊族子。孙权黄武初，为永兴、诸暨长，有治迹，拜建武都尉。赤乌中，除儋耳太守，讨朱崖有功，迁建武校尉。又以讨山越功拜巴丘督、偏将军。孙皓立，迁镇西大将军，都督巴丘，领荆州牧，性刚直，数以切谏忤旨。一说曾与大司马丁奉、御史大夫丁固谋废孙皓，立孙休之子，不果。官至左丞相。又，陆凯（？—约504），字智君，北魏代人，鲜卑族。陆琇弟。年十五为中书学生，拜侍御中散，历迁给事黄门侍郎。在枢要十余年，以忠厚见称。北魏孝文帝改制时，令其私谕国戚，无疏远之意。出除正平太守，在郡七年，号为良吏。北魏宣武帝景明二年（501），咸阳王元禧谋反，兄琇被陷死于狱，诉兄冤不已。正始初，复琇官爵。未几卒。谥惠。

⑨王维折柳赠行人，遂唱《阳关三叠》曲：语本唐•王维《送元二使安西》诗："渭城朝雨浥轻尘，客舍青青柳色新。劝君更尽一杯酒，西出阳关无故人。"此诗被人谱曲传唱，曲名为《阳关三叠》，又名《阳关曲》《渭城曲》。王维（701—761），字摩诘，唐太原祁县（今山西祁县）人，迁居蒲州（今山西永济）。唐玄宗开元九年（721），登进士第，调太乐丞，因伶人违制舞黄狮子受累，谪济

州司仓参军。张九龄执政,擢为右拾遗。天宝初,入为左补阙。十一载(752),拜吏部郎中,迁给事中。安史叛军陷京,被迫受伪职。复京后论罪,因曾作诗抒写对唐室的忠心,仅降为太子中允。迁左庶子、中书舍人,复拜给事中,转尚书右丞,卒,世称"王右丞"。多才多艺,诗、书、画、乐无不精通。与孟浩然同为盛唐山水田园诗派代表诗人。有《王维集》十卷,今存。《全唐诗》编诗四卷。折柳,折取柳枝。《三辅黄图·桥》:"霸桥在长安东,跨水作桥。汉人送客至此桥,折柳赠别。"因"柳"与"留"谐音,可以表示挽留之意,故古有折柳条赠给远行者之习俗。后遂以"折柳"为赠别或送别之词。《阳关三叠》,王维《送元二使安西》诗,被谱曲传唱,曲名《阳关三叠》。《乐府诗集》"渭城曲"解题:"《渭城》,一曰《阳关》,王维之所作也。本送人使安西诗,后遂被于歌。刘禹锡《与歌者诗》云:'旧人唯有何戡在,更与殷勤唱渭城。'白居易《对酒诗》云:'相逢且莫推辞醉,听唱《阳关》第四声。'《阳关》第四声,即'劝君更尽一杯酒,西出阳关无故人'也。《渭城》《阳关》之名,盖因辞云。"宋·苏轼《仇池笔记·阳关三叠》:"旧传《阳关》三叠今歌者每句再叠而已。若通一首,又是四叠,皆非是。每句三唱,已应三叠,则丛然无复节奏。有文勋者,得古本《阳关》,每句皆再唱,而第一句不叠,乃知唐本三叠如此。乐天诗云:'相逢且莫推辞醉,听唱《阳关》第四声。'第四声者,'劝君更尽一杯酒'也。以此验之,若一句再叠,则此句为第五声;今为第四声,则一句不叠审矣。"

⑩入幕之宾:语出《晋书·郗超传》:"谢安与王坦之尝诣温论事,温令超帐中卧听之。风动帐开,安笑曰:'郗生可谓入幕之宾矣。'"后因称参与机密的幕僚为"入幕宾"。

⑪不速之客:语出《周易·需卦》:"有不速之客三人来,敬之终吉。"唐·孔颖达疏:"速,召也。不须召唤之客有三人自来。"意指不

请自来的客人。速，邀请。

【译文】

"落月屋梁"，是说杜甫梦见故人李白的容貌；"暮云春树"，是说杜甫想望故人李白的丰采。

王阳做了高官，贡禹弹掉冠上的灰尘，等待他举荐；杜伯没有犯罪，左儒宁可陪他死，也不屈从君王的旨意。

"分首""判袂"，均为朋友告别时的留恋言辞；"拥彗""扫门"，都表明欢迎客人的恭敬态度。

陆凯碰见驿使，便折一枝梅花，托他寄给远在北方的挚友范晔，并在信里说"江南无所有，聊赠一枝春"；王维折下柳条赠给即将远行的朋友，并写下"劝君更尽一杯酒，西出阳关无故人"的诗句，从此世间传唱《阳关三叠》曲。

经常来而毫无顾忌的朋友，称为"入幕之宾"；未经邀请而自行前来的客人，叫作"不速之客"。

　　醴酒不设，楚王戊待士之意怠①；投辖于井，汉陈遵留客之心诚②。

　　蔡邕倒屣以迎宾③，周公握发而待士④。

　　陈蕃器重徐稚，下榻相延⑤；孔子道遇程生，倾盖而语⑥。

　　伯牙绝弦失子期，更无知音之辈⑦；管宁割席拒华歆，谓非同志之人⑧。

　　分金多与，鲍叔独知管仲之贫⑨；绨袍垂爱，须贾深怜范叔之窘⑩。

　　要知：主宾联以情，须尽东南之美⑪；朋友合以义，当展切偲之诚⑫。

【注释】

① 醴（lǐ）酒不设，楚王戊待士之意怠：语本《汉书·楚元王传》："初，元王敬礼申公等，穆生不耆酒，元王每置酒，常为穆生设醴。及王戊即位，常设，后忘设焉。穆生退曰：'可以逝矣！醴酒不设，王之意怠。不去，楚人将钳我于市。'称疾卧。申公、白生强起之曰：'独不念先王之德与？今王一旦失小礼，何足至此！'穆生曰：'《易》称"知几其神乎！几者动之微，吉凶之先见者也。君子见几而作，不俟终日"。先王之所以礼吾三人者，为道之存故也。今而忽之，是忘道也。忘道之人，胡可与久处！岂为区区之礼哉？'遂谢病去。申公、白生独留。"西汉楚元王礼敬穆生等人，穆生不喜欢喝酒，楚元王每次设宴就为他准备低度数的甜米酒。后来楚元王之孙刘戊继位，刚开始也照样设置，时间长了就渐渐忘了准备甜酒，穆生认为新王骄横怠慢，担心将来遭遇横祸，便离开了。后遂以"醴酒不设"比喻对人的敬意渐渐减弱。醴酒，甜酒。《礼记·丧大记》："始食肉者，先食干肉；始饮酒者，先饮醴酒。"唐·玄应《一切经音义》卷二十二："醴，甜美也，言其水甘如醴酒。"楚王戊，即西汉诸侯国楚国第三任王刘戊（？—前154），乃汉高祖刘邦四弟楚元王刘交之孙，楚夷王刘郢客之子。汉景帝前元二年（前155），刘戊在为薄太后服丧期间私奸，被人告发，被削东海、薛郡。次年，与吴王刘濞一起发动七国叛乱，战败自杀。

② 投辖于井，汉陈遵留客之心诚：语本《汉书·游侠传·陈遵》："遵耆酒，每大饮，宾客满堂，辄关门，取客车辖投井中，虽有急，终不得去。"汉代陈遵热情好客，每次宴请宾客，总是把客人的车辖投入井中，不让客人走。后遂以"投辖"指殷勤留客。辖，插在轴端孔内的车键，使轮不脱落。陈遵，字孟公，西汉末年京兆杜陵（今陕西西安）人。少放纵不拘，善书法。汉哀帝末，初为京兆史、郁夷令。王莽当政，为校尉，以镇压赵朋、霍鸿等，封嘉威侯。王莽

奇陈遵之才，起为河南太守。更始时，为大司马护军，出使匈奴，会更始败，留居朔方，为贼所杀。

③蔡邕倒屣（xǐ）以迎宾：语本《三国志·魏书·王粲传》："献帝西迁，粲徙长安，左中郎将蔡邕见而奇之。时邕才学显著，贵重朝廷，常车骑填巷，宾客盈坐。闻粲在门，倒屣迎之。粲至，年既幼弱，容状短小，一坐尽惊。邕曰：'此王公孙也，有异才，吾不如也。吾家书籍文章，尽当与之。'"东汉蔡邕听说王粲来拜访自己，激动得匆忙出门迎客，连鞋子都穿倒了。古人家居，习惯脱下鞋子坐在席子上，客人来到，因急于出迎，以致把鞋穿倒。后来便用"倒屣"形容主人热情迎客。蔡邕（132—192），字伯喈，东汉陈留圉（今河南杞县西）人。少博学，好辞章、数术、天文，妙操音律。汉灵帝时辟司徒桥玄府。任郎中，校书东观，迁议郎。熹平四年（175）与堂溪典等奏定"六经"文字，自书于碑，使工镌刻，立太学门外，世称"熹平石经"。后以上书论朝政阙失，为中常侍程璜陷害，流放朔方。遇赦后，复遭宦官迫害，亡命江海十余年。董卓专权，召为祭酒，迁尚书，拜左中郎将，封高阳乡侯。董卓被诛，为司徒王允所捕，自请黥首刖足，续成汉史，不许，死狱中。有《蔡中郎集》，已佚，今存辑本。屣，鞋。

④周公握发而待士：语本《史记·鲁周公世家》："周公戒伯禽曰：'我文王之子，武王之弟，成王之叔父，我于天下亦不贱矣。然我一沐三捉发，一饭三吐哺，起以待士，犹恐失天下之贤人。子之鲁，慎无以国骄人。'"亦见载于《韩诗外传》卷三。周公旦尊重人才，求贤若渴。天下贤人争相投奔，以致他经常在洗头时握着湿淋淋的头发出来见客。后以"周公握发""吐哺握发""一沐三握"比喻为招揽人才而殚精竭虑。

⑤陈蕃器重徐稚，下榻相延：语本《后汉书·徐稚传》："徐稚字孺子，豫章南昌人也。家贫，常自耕稼，非其力不食。恭俭义让，所

居服其德。屡辟公府，不起。时陈蕃为太守，以礼请署功曹，稚不免之，既谒而退。蕃在郡不接宾客，唯稚来特设一榻，去则县之。"东汉徐稚家贫，而以贤德闻名。陈蕃做豫章太守时，不喜待客，但却专门为他准备了一张榻，等他走后就又把榻悬挂起来。"徐稚榻"后用作礼贤下士之典。陈蕃（？—168），字仲举，东汉汝南（今河南平舆）人。初仕郡，举孝廉。太尉李固荐为议郎，历任豫章太守、尚书令、大鸿胪、光禄勋，汉桓帝时累迁太尉，谢绝大将军梁冀请托，不与交往。有"不畏强御陈仲举"之誉。汉灵帝立，为太傅，录尚书事，封高阳侯。与大将军窦武谋诛宦官曹节、王甫等，事泄，窦武被杀。率官属诸生八十余人，拔刀突入宫门，遂被害，年七十余。《后汉书》有传。器重，看重。徐稚（97—168），字孺子，东汉豫章南昌（今江西南昌）人。家贫而德高，不乐仕进，为世所重。当时达官及士林领袖陈蕃、胡广、黄琼、郭泰等人无不敬之。陈蕃为其专设一榻，郭泰称其"南州高士"。汉灵帝初年，朝廷欲蒲轮礼聘，会卒，时年七十二。《后汉书》有传。榻，狭长而较矮的床形坐具。延，请。

⑥孔子道遇程生，倾盖而语：语本《孔子家语·致思》："孔子之郯，遭程子于途，倾盖而语终日，甚相亲。顾谓子路曰：'取束帛以赠先生。'子路屑然对曰：'由闻之，士不中间见，女嫁无媒，君子不以交，礼也。'有间，又顾谓子路。子路又对如初。孔子曰：'由，《诗》不云乎："有美一人，清扬宛兮。邂逅相遇，适我愿兮。"今程子天下贤士也，于斯不赠，则终身弗能见也。小子行之！'"此事亦见载于《孔丛子》《说苑》等古文献。孔子在前往郯国的途中遇见程生，两人十分投缘，停下车谈了很久，孔子让子路取束帛赠给程生。程生，春秋末期贤人，生平事迹不详。孔子曾与他路上偶遇，相谈投缘。倾盖，车上的伞盖靠在一起。《史记·鲁仲连邹阳列传》："谚曰：'白头如新，倾盖如故。'何则？知与不知也。"

唐·司马贞索隐引《志林》曰:"倾盖者,道行相遇,轵车对语,两盖相切,小敧之,故曰'倾'。"

⑦伯牙绝弦失子期,更无知音之辈:语本《吕氏春秋·孝行览·本味》:"伯牙鼓琴,钟子期听之,方鼓琴而志在太山,钟子期曰:'善哉乎鼓琴,巍巍乎若太山。'少选之间,而志在流水,钟子期又曰:'善哉乎鼓琴,汤汤乎若流水。'钟子期死,伯牙破琴绝弦,终身不复鼓琴,以为世无足复为鼓琴者。非独琴若此也,贤者亦然。虽有贤者,而无礼以接之,贤奚由尽忠?犹御之不善,骥不自千里也。"俞伯牙善于演奏,钟子期善于欣赏,这就是"知音"一词的由来。后钟子期亡故,俞伯牙悲痛万分,于是破琴绝弦,终生不再弹琴。子期知音、伯牙绝弦的故事流传甚广,亦见载于《淮南子》《说苑》《列子》等古文献。伯牙,相传为春秋时期著名琴师。据传曾学琴于成连先生,三年不成。后随成连至东海蓬莱山,闻海水澎湃、林鸟悲鸣之声,心有所感,乃援琴而歌。从此琴艺大进,终成天下妙手。琴曲《水仙操》《高山流水》,相传均为他所作。见东汉·蔡邕《琴操·水仙操》。《荀子·劝学》:"伯牙鼓琴而六马仰秣。"唐·杨倞注:"伯牙,古之善鼓琴者,亦不知何代人。"《吕氏春秋·孝行览·本味》:"伯牙鼓琴,钟子期听之。……"(见前引)东汉·高诱注:"伯,姓,牙,名,或作'雅'。"绝弦,断绝琴弦。因伯牙为子期绝弦之故事,后遂以"绝弦"喻失去知音。三国魏·曹丕《与吴质书》:"昔伯牙绝弦于钟期,仲尼覆醢于子路。痛知音之难遇,伤门人之莫逮。"子期,即钟子期,相传为春秋时楚人。伯牙鼓琴,意在高山流水,钟子期听而知之。子期死,伯牙谓世无知音,乃破琴绝弦,终身不复鼓琴。

⑧管宁割席拒华歆(xīn),谓非同志之人:语本《世说新语·德行》:"管宁、华歆共园中锄菜,见地有片金,管挥锄与瓦石不异,华捉而掷去之。又尝同席读书,有乘轩冕过门者,宁读如故,歆废书

出看。宁割席分坐，曰：'子非吾友也！'"汉魏之际的管宁和华歆是好朋友，有一次两人同坐在一张席子上读书，有华贵车辆载着达官贵人从门前经过，管宁神色不改，照样读书，华歆却跑出去观看。管宁割断席子坐到一旁，对华歆说："你不是我的朋友！"后遂以"割席"喻朋友绝交。管宁（158—241），字幼安，汉魏之际北海郡朱虚（今山东临朐）人。少孤。与华歆、邴原相善。尝与华歆同席读书，有贵官过门，华歆废书观之，遂与华歆割席分坐。汉末避乱至辽东，山居三十多年，从者甚众。后还乡。魏文帝黄初中征为太中大夫，魏明帝以为光禄勋，俱不就。齐王曹芳正始初，朝廷安车蒲轮束帛加璧聘，会宁卒。华歆（157—231），字子鱼，汉魏之际平原高唐（今山东高唐）人。东汉末举孝廉，除郎中，以病去官。太傅马日磾安集关东，辟为掾，诏拜豫章太守，为政清静不烦。孙策略地江东，待以上宾之礼。曹操表征之，拜议郎，参司空军事，入为尚书，代荀彧为尚书令。曹丕即王位，拜相国，封安乐乡侯。曹丕即帝位后，擢为司徒。魏明帝即位，拜太尉。封博平侯。卒谥敬。同志，志趣相同的人。这里指朋友。《周礼·大司徒》"五曰联朋友"，汉·郑玄注："同师曰'朋'，同志曰'友'"。《公羊传·定公四年》"朋友相卫"，东汉·何休注"同门曰'朋'，同志曰'友'。"又，《五经正义》多次引汉·郑玄注《论语》"同门曰'朋'，同志曰'友'。"

⑨分金多与，鲍叔独知管仲之贫：语本《史记·管晏列传》："管仲曰：'吾始困时，尝与鲍叔贾，分财利多自与，鲍叔不以我为贪，知我贫也。吾尝为鲍叔谋事而更穷困，鲍叔不以我为愚，知时有利不利也。吾尝三仕三见逐于君，鲍叔不以我为不肖，知我不遭时也。吾尝三战三走，鲍叔不以我为怯，知我有老母也。公子纠败，召忽死之，吾幽囚受辱，鲍叔不以我为无耻，知我不羞小节而耻功名不显于天下也。生我者父母，知我者鲍子也。'"春秋时，齐

国的鲍叔牙与管仲情谊深厚，两人曾一起经商，管仲家贫，总是会给自己多分些钱，鲍叔牙知道他家的情况，并不认为管仲他贪财。后来齐桓公想任鲍叔牙为相，但鲍叔牙推荐了管仲。鲍叔，即鲍叔牙，春秋时齐国人，与管仲为莫逆之交。后来管、鲍二人分保公子纠与公子小白。齐襄公死，公子纠与公子小白争夺君位，公子纠被杀，公子小白回国即位，即齐桓公。鲍叔牙力劝齐桓公释管仲之囚，齐桓公任管仲为相，终成霸业。事见《史记·管晏列传》。管仲（？—前645），即管敬仲，名夷吾，字仲，春秋时齐国人。与鲍叔牙友善。初事公子纠，奔鲁。齐襄公被杀，公子纠与公子小白（即齐桓公）争位失败，以好友鲍叔牙推荐，齐桓公不念前仇，任为卿，尊为仲父。执政期间，因势制宜，实行改革。实行国野分治，分国都为士乡十五，工商乡六；分鄙野为五属，设五大夫分别治理。并以士乡乡里编制与军队编制相结合，编制三军。制订选拔人才制度，士经三审，可选为上卿之赞。于野则主张按土地肥瘠，分级征税。设盐铁官，煮盐制钱。适度征发力役，无害农时，禁止掠夺家畜。并制定以交纳兵器赎罪之刑法等等。齐日益富强，使齐桓公以"尊王攘夷"为名，九合诸侯，成为春秋第一个霸主。卒谥敬。今本《管子》，托名管仲所作，其中《牧民》《形势》《权修》《乘马》等篇有其遗说，《大匡》《中匡》《小匡》等篇述其遗事。

⑩绨（tí）袍垂爱，须贾深怜范叔之窘：语本《史记·范雎蔡泽列传》："范雎既相秦，秦号曰张禄，而魏不知，以为范雎已死久矣。魏闻秦且东伐韩、魏，魏使须贾于秦。范雎闻之，为微行，敝衣间步之邸，见须贾。须贾见之而惊曰：'范叔固无恙乎！'范雎曰：'然。'须贾笑曰：'范叔有说于秦邪？'曰：'不也。雎前日得过于魏相，故亡逃至此，安敢说乎！'须贾曰：'今叔何事？'范雎曰：'臣为人庸赁。'须贾意哀之，留与坐饮食，曰：'范叔一寒如此哉！'乃取其一绨袍以赐之。"战国时范雎曾受须贾陷害，后逃奔秦国，改

名张禄,官至相国。须贾出使秦国,范雎故意穿着破衣服去见他,须贾见他穷困的样子,就送他一件绨袍。第二天,须贾才发现范雎就是秦相张禄,很是尴尬。绨袍,粗布厚袍。绨,比绸子厚实而粗糙的纺织品,用丝做经,用棉线做纬。须贾,战国时魏国人。为魏中大夫。范雎贫时曾事之。范雎从须贾使齐,齐襄王听闻范雎辩口,乃使人赐范雎金十斤及牛酒,范雎辞谢不受。须贾知之,大怒,以为范雎持魏国阴事告齐。既归,以告魏相。范雎被魏相毒打几死。后须贾使于秦,以为范雎已死,不知其正为秦昭王相。范雎微行敝衣见须贾,须贾以一绨袍赠之。范雎以须贾尚有故人情意,遂释之归。范叔,范雎(?—约前255),字叔,战国时魏国人。曾为魏国大夫须贾门客,随其出使齐国;因受齐襄王牛酒之赐,而被怀疑通齐卖魏,为魏相魏齐笞辱,佯死脱身,化名张禄西入秦,游说秦昭王,进远交近攻之策,被任为秦相。封于应,称"应侯"。《史记》有传。其名,《战国策》各本皆作"雎(suī)",而《史记》作"雎(jū)"。清·钱大昕云:"战国、秦、汉人多以'且'为名,读子余切,如穰且、豫且、夏无且、龙且皆是。且旁加'隹',如范雎、唐雎,文殊而音不殊也。"(《潜研堂金石文跋》尾续卷一)。钱说颇有理。窘,穷困。

⑪主宾联以情,须尽东南之美:语本唐·王勃《滕王阁序》:"台隍枕夷夏之交,宾主尽东南之美。"是说出席盛会的客人和主人都是东南一方的杰出人物。"东南之美"一词,指东南人物中之佼佼者,不始于王勃,晋人即已习用。晋·潘尼《赠陆机出为吴王郎中令》诗:"东南之美,曩惟延州;显允陆生,于今鲜俦。"《晋书·顾和传》:"王导为扬州,辟从事。……谓和曰:'卿珪璋特达,机警有锋,不徒东南之美,实为海内之俊。'"

⑫朋友合以义,当展切偲(sī)之诚:语本《论语·子路》:"子路问曰:'何如斯可谓之士矣?'子曰:'切切偲偲,怡怡如也,可谓士

矣。朋友切切偲偲,兄弟怡怡。'"三国魏·何晏集解引东汉·马融曰:"切切偲偲,相切责之兒。"宋·邢昺疏:"朋友以道义切磋琢磨,故施于朋友也。"《诗经·小雅·常棣》:"虽有兄弟,不如友生。"毛传:"朋友以义,切切然。"唐·陆德明释文:"切切然,定本作切切偲偲然。"唐·孔颖达疏:"朋友之交则以义,其聚集切切节节然,相劝竞以道德,相勉励以立身,使其日有所得,故兄弟不如友生也。切切节节者,切磋勉励之貌。"切偲,即切切偲偲,相互敬重切磋勉励的样子。

【译文】

不再为不喝酒的穆生专门准备低度数的甜米酒,楚王刘戊对待贤士的态度日渐怠慢;将客人的车辖投入井中,汉人陈遵挽留客人的心意过于诚恳。

蔡邕太过激动,倒穿着鞋子,就前去迎接来访的客人王粲;周公暂停沐浴,握着湿漉漉的头发,接待前来投奔的人才。

陈蕃敬重徐稚的人品,专设床榻,请他留下夜谈;孔子路上遇见程生,二人倾斜着车盖,说个不停。

伯牙扯断琴弦永不弹奏,因为钟子期死后,世上再也无人听懂他的琴音;管宁割断坐席,远离趋炎附势的华歆,说他不是志同道合之人。

分钱的时候多分给对方,只因鲍叔牙深知管仲家境贫寒;赠送绨袍,表示爱心,须贾十分同情范叔的窘困。

须明白:主宾之间联络感情,目的是广交名震一方的贤俊;朋友相交,是出于道义上的认同,应当坦诚地相互督促批评。

婚姻

【题解】

本篇19联,讲的都是和婚姻有关的成语典故。儒家文化强调婚姻是人伦之始，王化之源，必须重视。古人婚姻，重视媒妁之言，讲究"六礼"程序。古人多认为姻缘乃是命中注定。

　　良缘由夙缔①，佳偶自天成②。

　　蹇修与柯人③，皆是媒妁之号④；冰人与掌判⑤，悉是传言之人⑥。

　　礼须六礼之周⑦，好合二姓之好⑧。

　　女嫁，曰于归⑨；男婚，曰完娶⑩。

　　婚姻论财，夷虏之道⑪；同姓不婚，周礼则然⑫。

　　女家受聘礼，谓之许缨⑬；新娘谒祖先⑭，谓之庙见⑮。

　　文定纳采⑯，皆为行聘之名⑰；女嫁男婚，谓了子平之愿⑱。

【注释】

①良缘：美好的姻缘。夙（sù）：旧有的，早就有了的。缔（dì）：缔结，订立，结合。

②佳偶：好配偶。感情融洽、生活幸福的夫妻。天成：上天促成的。

③蹇（jiǎn）修：语出《离骚》："解佩纕以结言兮，吾令蹇修以为理。"东汉·王逸注："蹇修，伏羲氏之臣也。……言己既见宓妃，则解我佩带之玉，以结言语，使古贤蹇修而为媒理也。"因为蹇修诚恳，适合说媒，后世便称"媒人"为"蹇修"。柯人：媒人。《诗经·豳风·伐柯》："伐柯如何？匪斧不克。取妻如何？匪媒不得。"后世便以"伐柯"代指做媒，称媒人为"柯人"。

④媒妁（shuò）：说合婚姻的人，亦即媒人。媒，谓谋合二姓者。妁，谓斟酌二姓者。一说男方曰"媒"，女方曰"妁"。《孟子·滕文公下》："不待父母之命，媒妁之言，钻穴隙相窥，逾墙相从，则父母国人皆贱之。"朱子集注："妁，亦媒也。"

⑤冰人：典出《晋书·艺术传·索紞》："孝廉令狐策梦立冰上，与冰下人语。紞曰：'冰上为阳，冰下为阴，阴阳事也。士如归妻，迨冰未泮，婚姻事也。君在冰上与冰下人语，为阳语阴，媒介事也。君当为人作媒，冰泮而婚成。'"后世便称媒人为"冰人"。掌判：指媒人。《周礼·地官·媒氏》："媒氏，掌万民之判。"东汉·郑玄注："判，半也。得耦为合，主合其半成夫妇也。"宋·胡继宗《书言故事·媒妁》："媒曰'掌判'。"

⑥悉：都，均，皆。传言：带话，传话儿。这里指代为传达男女两家的话。

⑦六礼：古代在确立婚姻过程中的六种礼仪，即纳采、问名、纳吉、纳征、请期、亲迎。《仪礼·士昏礼》"纳采用雁"唐·贾公彦疏："昏礼有六，五礼用雁：纳采、问名、纳吉、请期、亲迎是也。唯纳征不用雁，以其自有币帛可执故也。"其后《唐律》《明律》中都有类似的规定。其中"纳采"指女家收受男方用于提亲的彩礼；"问名"指男方探问女方姓名及出生年月日然后占卜吉凶，相当于后来所谓的"合八字"；"纳吉"是问名后的程序，如卜得吉兆，则媒人便携薄礼到女家告知此事，今称"小定"；"纳征"的内容包括送定金、喜饼以及多种饰物、祭品，作为正式下聘订盟的礼物，今称"大定"；"请期"是由男方委请择日师选定吉日良时，请媒人征求女家意见，俗称"送日子"，又称"乞日"。"亲迎"指婚期确定后，新郎赴女家迎娶新娘，拜堂完婚，也就是今天所说的"迎亲"。周：周全到位。

⑧好合二姓之好：语本《礼记·哀公问》："公曰：'寡人愿有言然。冕而亲迎，不已重乎？'孔子愀然作色而对曰：'合二姓之好，以继先圣之后，以为天地宗庙社稷之主，君何谓已重乎？'"《大戴礼记·哀公问于孔子》《穀梁传·桓公三年》亦载此语，唯《穀梁传》作"子贡问"。又，《礼记·昏义》："昏礼者，将合二姓之好，上以事宗庙，而下以继后世也，故君子重之。是以昏礼纳采、问

名、纳吉、纳征、请期，皆主人筵几于庙，而拜迎于门外，入，揖让而升，听命于庙，所以敬慎重正昏礼也。"

⑨于归：古代指女子出嫁。女子以夫家为归宿。于，词头，用在动词前，无实意。《诗经·周南·桃夭》："之子于归，宜其室家。"朱子集传："妇人谓嫁曰'归'。"清·马瑞辰通释："《尔雅》：'于，曰也。''曰'读若'聿'，'聿''于'一声之转。'之子于归'，正与'黄鸟于飞''之子于征'为一类。于飞，聿飞也；于征，聿征也；于归，亦聿归也。又与《东山》诗'我东曰归'、《采薇》诗'曰归曰归'同义，'曰'亦'聿'也。于、曰、聿，皆词也。"

⑩完娶：娶妻，完婚。

⑪婚姻论财，夷虏之道：语本隋·王通《中说·事君》："子曰：婚娶而论财，夷虏之道也。君子不入其乡。古者男女之族，各择德焉。不以财为礼。"夷虏之道，指不文明的习俗。夷虏，春秋以后对中原以外各族的蔑称。

⑫同姓不婚，周礼则然：周代礼制，同姓不相婚配。《礼记·曲礼上》："取妻不取同姓，故买妾不知其姓则卜之。"

⑬女家受聘礼，谓之许缨：语本《礼记·曲礼上》："女子许嫁，缨。非有大故，不入其门。"东汉·郑玄注："女子许嫁系缨，有从人之端也。"缨，丝带。古时女子同意嫁人，就系上丝带，表明自己有了归属，故称女子已经许配婆家为"系缨""许缨"。女子许嫁所系之缨，形制不详。《仪礼·士婚礼》："主人入，亲说妇之缨。"东汉·郑玄注："妇人十五许嫁，笄而礼之，因着缨，明有系也。盖以五采为之，其制未闻。"唐·贾公彦疏："此缨与男子冠缨异，彼缨垂之两傍，结其绦。"聘礼，订婚时，男家给女家所备的彩礼。

⑭谒（yè）：拜见，祭拜。

⑮庙见：古婚礼，妇入夫家，若公婆已故，则于三月后至家庙参拜公婆神位，称为"庙见"。《礼记·曾子问》："三月而庙见，称来妇

也。"东汉·郑玄注："谓舅姑没者也。"唐·孔颖达疏："此谓舅姑
亡者,妇入三月之后而于庙中以礼见于舅姑。其祝辞告神,称来
妇也。"后亦称新妇首次拜谒祖庙为"庙见"。

⑯文定:古代指订婚。《诗经·大雅·大明》:"文定厥祥,亲迎于渭。"
朱子集传:"文,礼;祥,吉也。言卜得吉而以纳币之礼定其祥也。"
后因称订婚为"文定"。纳彩:古代婚姻"六礼"中的第一礼,相当
于今天所说的"提亲"。男家遣媒妁往女家提亲,送礼求婚。若
女方有意,则男方派媒人正式向女家求婚,并携带一定的礼物。

⑰行聘:下聘礼。

⑱女嫁男婚,谓了子平之愿:语本《后汉书·逸民传·向长》:"向
长,字子平,河内朝歌人也。隐居不仕,性尚中和,好通《老》
《易》。贫无资食,好事者更馈焉,受之取足而反其余。王莽大司
空王邑辟之,连年乃至,欲荐之于莽,固辞乃止。潜隐于家。读
《易》至《损》《益》卦,喟然叹曰:'吾已知富不如贫,贵不如贱,但
未知死何如生耳。'建武中,男女娶嫁既毕,敕断'家事勿相关,当
如我死也'。于是遂肆意,与同好北海禽庆俱游五岳名山,竟不
知所终。"两汉之际的向子平在儿女婚事完毕后,便了却人生心
愿,云游四方。后遂称了却儿女婚嫁之事为"了子平之愿"。子
平,向长,字子平,两汉之际河内朝歌(今河南淇县)人。隐居不
仕,性尚中和,通《老子》《易经》。汉光武帝时与禽庆俱游五岳
名山,不知所终。

【译文】

好姻缘是前世注定的,好配偶是上天撮合的。

"蹇修"与"柯人",都是对媒人的称呼;"冰人"与"掌判",都指为男
女两家牵线传话的媒人。

"六礼"必须周全到位,方能使夫妻双方百年好合。

女子出嫁,叫作"于归";男子成婚,称为"完娶"。

　　婚姻用钱财衡量，那是外邦蛮族人的做法；同姓不结婚，周礼制定以来就一直如此。

　　女家收受男方聘礼，叫作"许缨"；新娘祭告夫家祖先，称为"庙见"。

　　"文定""纳采"，都是男方下聘礼的名称；女嫁儿婚，可以说了却父母的"子平之愿"。

　　聘仪[①]，曰雁币[②]；卜妻，曰凤占[③]。

　　成婚之日，曰星期[④]；传命之人[⑤]，曰月老[⑥]。

　　下采[⑦]，即是纳币[⑧]；合卺[⑨]，系是交杯[⑩]。

　　执巾栉[⑪]，奉箕帚[⑫]，皆女家自谦之词；娴姆训[⑬]，习内则[⑭]，皆男家称女之说。

　　绿窗，是贫女之室；红楼，是富女之居[⑮]。

　　桃夭，谓婚姻之及时[⑯]；摽梅，谓婚期之已过[⑰]。

【注释】

①聘仪：行聘的彩礼。

②雁币：雁与币帛。古时用为聘问或婚嫁时之聘仪。古婚礼分纳采、问名、纳吉、纳征、请期、亲迎等六礼。纳征用币，其余用雁。

③卜妻，曰凤占：语本《左传·庄公二十二年》："初，懿氏卜妻敬仲，其妻占之，曰：'吉，是谓凤凰于飞，和鸣锵锵。'"后世因称占卜佳偶为"凤卜""凤占"。占，古时用迷信方法来预测吉凶。

④星期：典出《诗经·唐风·绸缪》："绸缪束薪，三星在天。今夕何夕，见此良人。"毛传："三星，参也。在天，谓始见东方也。男女待礼而成，若薪刍待人事而后束也。三星在天，可以嫁娶矣。"郑笺："三星，谓心星也。心有尊卑、夫妇、父子之象，又为二月之合宿，故嫁娶者以为候焉。"后遂以"三星在天"为男女婚期之典。

特指婚期。明·汪廷讷《种玉记·梦俊》："年少，梦中恍惚相逢，想是星期将到。"

⑤传命：为谈婚论嫁的男女两家传话。

⑥月老：典出唐·李复言《续玄怪录·定婚店》。该篇记载杜陵韦固，元和二年（807）在宋城看见一位老人身倚布囊，坐于阶上，向月捡书。韦固问他翻的是何书，老人答："此幽明之书。"韦固又问他掌管什么，老人答："天下之婚牍耳。"又问囊中何物，答曰："赤绳子耳。以系夫妻之足，及其生，则潜用相系，虽仇敌之家，贵贱悬隔，天涯从宦，吴楚异乡，此绳一系，终不可逭。""月老"亦称"月下老人"，神话传说中掌管婚姻之神，主管世间男女婚姻，在冥冥之中用红绳系男女之足，以定姻缘。后代指媒人。

⑦下采：下聘礼、彩礼。

⑧纳币：古代婚礼"六礼"之一。纳吉之后，择日具书，送聘礼至女家，女家受物复书，婚姻乃定。亦称"文定"，俗称"过定"。亦即"六礼"中的"纳征"。《仪礼·士昏礼》："纳征，玄纁、束帛、俪皮，如纳吉礼。"东汉·郑玄注："征，成也，使使者纳币以成昏礼。"唐·贾公彦疏："纳此，则昏礼成，故云'征'也。"

⑨合卺（jǐn）：古代婚礼中的一种仪式。剖一瓠为两瓢，新婚夫妇各执一瓢，斟酒以饮。后多以"合卺"代指成婚。《礼记·昏义》："妇至，婿揖妇以入，共牢而食，合卺而酳。所以合体同尊卑，以亲之也。"东汉·郑玄注："'共牢而食，合卺而酳'，成妇之义。"唐·孔颖达疏："卺，谓半瓢，以一瓠分为两瓢，谓之'卺'。婿之与妇，各执一片以酳，故云'合卺而酳'。"

⑩交杯：旧俗举行婚礼时，把两个酒杯用红丝线系在一起，令新婚夫妇交换着喝这两个酒杯里的酒，称为"交杯酒"。其俗，源自"合卺"。宋·王得臣《麈史·风俗》："古者婚礼合卺，今也以双杯彩丝连足，夫妇传饮，谓之'交杯'。"

⑪执巾栉（zhì）：拿着毛巾、梳子篦子等伺候洗浴，形容妻妾服侍夫君。是古时为人妻妾的谦辞。《左传·僖公二十二年》："寡君之使婢子侍执巾栉，以固子也。"

⑫奉箕帚：拿着簸箕笤帚，从事家内洒扫之事。谓充当妻室。是古时为人妻妾的谦辞。《国语·吴语》："勾践请盟：一介嫡女，执箕帚以䀟姓于王宫。"《战国策·楚策一》："大王诚能听臣，臣请秦太子入质于楚，楚太子入质于秦，请以秦女为大王箕帚之妾，效万家之都，以为汤沐之邑，长为昆弟之国，终身无相攻击。"《史记·高祖本纪》："酒阑，吕公因目固留高祖。高祖竟酒，后。吕公曰：'臣少好相人，相人多矣，无如季相，愿季自爱。臣有息女，愿为季箕帚妾。'"

⑬娴：娴熟掌握、通晓。姆（mǔ）训：女师的训诫。古时，贵族女子十岁以上便要在家接受女师的教导。《礼记·内则》："女子十年不出，姆教婉娩听从。执麻枲，治丝茧，织纴组纫，学女事以共衣服，观于祭祀，纳酒浆笾豆菹醢，礼相助奠。"《仪礼·士昏礼》："姆纚笄宵衣，在其右。"东汉·郑玄注："姆，妇人年五十，无子，出而不复嫁，能以妇道教人者，若今时乳母。"

⑭习内则：熟悉并严格遵守妇道。内则，《礼记》中有《内则》一篇，内容为妇女在家庭内必须遵守的规范和准则。《礼记·内则》题注唐·孔颖达疏："郑玄《目录》云：'名曰《内则》者，以其记男女居室事父母舅姑之法。此于《别录》属子法。'以闺门之内，轨仪可则，故曰'内则'。"借指妇职、妇道。《后汉书·皇后纪序》："所以能述宣阴化，修成内则，闺房肃雍，险谒不行也。"

⑮"绿窗"四句：语本唐·白居易《秦中吟·议婚》诗："天下无正声，悦耳即（一作"则"）为娱。人间无正色，悦目即（一作"则"）为姝。颜色非相远，贫富则有殊。贫为时所弃，富为时所趋。红楼富家女，金缕绣罗襦。见人不敛手，娇痴二八初。母兄未开口，

已（一作"言"）嫁不须臾。绿窗贫家女,寂莫二十余。荆钗不直钱,衣上无真珠。几回人欲聘,临日又踟蹰。主人会良媒,置酒满玉壶。四座且勿饮,听我歌两途。富家女易嫁,嫁早轻其夫。贫家女难嫁,嫁晚孝于姑。闻君欲娶妇,娶妇意何如?"后遂以"绿窗"代指贫家女子的居所,"红楼"代指富家女子的居所。

⑯桃夭,谓婚姻之及时:语本《毛诗序》:"《桃夭》,后妃之所致也。不妒忌,则男女以正,婚姻以时,国无鳏民也。"《诗经·周南·桃夭》:"桃之夭夭,灼灼其华。"毛传:"兴也。桃,有华之盛者。夭夭,其少壮也。灼灼,华之盛也。"郑笺:"兴者,喻时妇人皆得以年盛时行也。"《桃夭》是《诗经》中的一篇,经学家认为其主题是写男女婚姻及时。

⑰摽（biào）梅,谓婚期之已过:语本《毛诗序》:"《摽有梅》,男女及时也。召南之国,被文王之化,男女得以及时也。"唐·孔颖达疏:"作《摽有梅》诗者,言男女及时也。召南之国,被文王之化,故男女皆得以及时。谓纣时俗衰政乱,男女丧其配耦,嫁娶多不以时。今被文王之化,故男女皆得以及时。"《诗经·召南·摽有梅》:"摽有梅,其实七兮。求我庶士,迨其吉兮。"毛传:"兴也。摽,落也。盛极则隋落者,梅也。尚在树者七。"郑笺:"兴者,梅实尚余七未落,喻始衰也。谓女二十,春盛而不嫁,至夏则衰。"《摽有梅》是《诗经》中的一篇。摽,意为落。梅子熟透,渐次掉落,比喻女子已过结婚年龄,不嫁而将变成老姑娘。

【译文】

行聘的彩礼,叫"雁币";占卜求妻,称"凤占"。

结婚的日子,称"星期";替男女两家传话的媒人,叫"月老"。

"下采",就是男方家里给女方家里送彩礼;"合卺",是指新郎新娘喝交杯酒。

拿着毛巾、梳子篦子等伺候洗浴,拿着簸箕笤帚,从事家内洒扫之事，都是女方的自谦之辞；娴熟女师的训诫，熟悉并严格遵守妇道，则是男方赞美女方之语。

"绿窗"，代指贫家女的房室；"红楼"，代指富小姐的居所。

"桃之夭夭"，形容女子出嫁及时；"摽有梅"，比喻女子错过婚龄。

御沟题叶，于祐始得宫娥[①]；绣幕牵丝，元振幸获美女[②]。

汉武对景帝论妇，欲将金屋贮娇[③]；韦固与月老论婚，始知赤绳系足[④]。

朱陈一村而结好[⑤]，秦晋两国以成婚[⑥]。

蓝田种玉，伯雍之缘[⑦]；宝窗选婿，林甫之女[⑧]。

架鹊桥以渡河[⑨]，牛女相会[⑩]；射雀屏而中目，唐高得妻[⑪]。

至若：礼重亲迎，所以正人伦之始[⑫]；诗首好逑，所以崇王化之原[⑬]。

【注释】

①御沟题叶，于祐始得宫娥：语本宋·刘斧《清琐高议（前集卷五）·流红记》。其内容梗概如下：唐僖宗时，有儒士于祐，晚步禁沟，拾一红叶，上有诗云："流水何太急，深宫尽日闲。殷勤谢红叶，好去到人间。"祐题云："曾闻叶上题红怨，叶上题诗寄与谁？"置沟上流，宫女韩夫人拾之。祐后为韩泳门馆，因帝放宫女三千人赐各官，泳得韩同姓，因作伐嫁祐，及成礼，于箧中取红叶相示，乃曰："事岂偶然！"一日，泳开宴，曰："子二人可谢媒。"韩氏曰："一联佳句随流水，十载幽思满素怀。今日却应鸾凤友，方知红叶是良媒。"御沟，古代皇城外的护城河。题叶，在枫叶上题诗。"御沟题叶"故事在唐宋笔记小说中多有记载，后常用来形容冥冥中早已注定的夫妻缘分。于祐，唐僖宗时儒士。

②绣幕牵丝，元振幸获美女：语本五代·王仁裕《开元天宝遗事·牵
红丝娶妇》："郭元振少时，美风姿，有才艺，宰相张嘉贞欲纳为
婿。元振曰：'知公门下有女五人，未知孰陋。事不可仓卒，更待
忖之。'张曰：'吾女各有姿色，即不知谁是匹偶。以子风骨奇秀，
非常人也，吾欲令五女各执一丝，幔前使子取便牵之，得者为婿。'
元振欣然从命。遂牵一红丝线，得第三女，大有姿色，后果然随夫
贵达也。"相传唐朝宰相张嘉贞欲招郭元振为女婿，便让五个女
儿各拿着一根丝站在幕后，让郭元振在幕前任牵一根，结果郭元
振牵到张嘉贞的三女儿，张嘉贞便把她嫁给了郭元振。后以"牵
丝""牵红""牵红线""牵红丝"为选婿或择妻的典故。元振，即
郭震（656—713），字元振，以字显，排行大，原籍太原阳曲（今山
西定襄东南），祖父徙居于魏州贵乡（今河北大名西北）。唐高宗
咸亨四年（673）登进士第，复中拔萃科，任通泉尉，落拓不拘小
节，尝铸钱、掠良人财以济四方宾客。武后召见，奇之，上《宝剑
篇》，武后甚为嘉赏，授右武卫铠曹参军，使吐蕃。武周大足元年
（701），拜凉州都督，拓境一千五百里。唐中宗神龙中，迁左骁卫
将军、安西大都护、金山道行军大总管。唐睿宗立，召为太仆卿，
安西首长有髡面哭送者。景云二年（711），进同中书门下三品，
迁吏部尚书，封馆陶县男。先天元年（712），为朔方军大总管；二
年（713），以兵部尚书复同中书门下三品，封代国公。会帝讲武骊
山，坐军容不整，流新州。开元元年（713），起为饶州司马，病死
于途中。生平详见唐·张说《郭代公行状》、新旧《唐书》本传。

③汉武对景帝论妇，欲将金屋贮娇：语本《汉武故事》："帝以乙酉年
七月七日旦生于猗兰殿。年四岁，立为胶东王。数岁，长公主嫖
抱置膝上，问曰：'儿欲得妇不？'胶东王曰：'欲得妇。'长主指左
右长御百余人，皆云不用。末指其女问曰：'阿娇好不？'于是乃
笑对曰：'好！若得阿娇作妇，当作金屋贮之也。'"汉武帝幼时说

要用金屋接纳阿娇做媳妇,后常用以形容娶妻或纳妾。据《汉武故事》,"若得阿娇作妇,当作金屋贮之",是汉武帝对馆陶长公主所说。汉武,即汉武帝。见前《文臣》篇"汲黯相汉武"条注。景帝,即汉景帝刘启(前188—前141)。汉文帝子。用晁错计,削诸侯王封地。吴、楚等七国反,后讨平七国,派任官吏管理诸侯王国行政,巩固中央集权。继承文帝与民休息政策,重农抑商,改田赋十五税一为三十税一。史家称"文景之治"。在位十六年。娇,即阿娇。汉武帝之陈皇后,小字阿娇。陈午之女,母为汉武帝姑馆陶长公主。汉武帝得为太子,多赖长公主力。曾言若得阿娇,当以金屋贮之,取为妃。及即位,将其立为皇后。擅宠骄贵,无子而妒。坐挟妇人媚道及巫蛊,废居长门宫,数年卒。

④韦固与月老论婚,始知赤绳系足:语本唐·李复言《续玄怪录·定婚店》。见本篇"传命之人,曰月老"条注。韦固,中唐人。《续玄怪录·定婚店》载有他元和二年(807)在宋城见到月老的故事。赤绳系足,相传月下老人主司人间婚姻,其囊中有赤绳,于冥冥之中系住男女之足,双方即注定为夫妇。

⑤朱陈一村而结好:语本唐·白居易《朱陈村》诗:"徐州古丰县,有村曰'朱陈'。去县百余里,桑麻青氛氲。机梭声札札,牛驴走纭纭。女汲涧中水,男采山上薪。县远官事少,山深人俗淳。有财不行商,有丁不入军。家家守村业,头白不出门。生为村之(一作"陈村")民,死为村之(一作"陈村")尘。田中老与幼,相见何欣欣。一村唯两姓,世世为婚姻(自注:其村唯朱、陈二姓而已)。……"徐州丰县朱陈村,自古以来只有朱、陈二姓,世代通婚。后世遂称两家联姻为结"朱陈之好"。结好,结两姓之好。

⑥秦晋两国以成婚:春秋时期,晋献公把大女儿嫁给秦穆公;秦穆公又先后嫁女儿给晋怀公、晋文公。此后,秦、晋两国世代互相婚嫁,后世遂称两家结亲为"秦晋之好"。《三国演义》第十六回:

"胤到徐州见布,称说:'主公仰慕将军,欲求令爱为儿妇,永结秦晋之好。'"此句"成婚",他本或作"联姻"。

⑦蓝田种玉,伯雍之缘:语本晋·干宝《搜神记》卷十一:"杨公伯雍,洛阳县人也。本以侩卖为业。性笃孝。父母亡,葬无终山,遂家焉。山高八十里,上无水,公汲水,作义浆于坂头,行者皆饮之。三年,有一人就饮,以一斗石子与之,使至高平好地有石处种之,云:'玉当生其中。'杨公未娶,又语云:'汝后当得好妇。'语毕不见。乃种其石。数岁,时时往视,见玉子生石上,人莫知也。有徐氏者,右北平著姓,女甚有行,时人求,多不许。公乃试求徐氏。徐氏笑以为狂,因戏云:'得白璧一双来,当听为婚。'公至所种玉田中,得白璧五双,以聘。徐氏大惊,遂以女妻公。天子闻而异之,拜为大夫。乃于种玉处,四角作大石柱,各一丈,中央一顷地,名曰'玉田'。"杨伯雍用别人送他的石头种出美玉,并以此为聘礼娶到家世显赫的徐氏女子。后遂以"蓝田种玉"比喻缔结姻缘。《金瓶梅词话》第九十一回:"姻缘本是前生定,曾向蓝田种玉来。"《搜神记》所载杨伯雍种玉之地并不在蓝田,因蓝田以产玉闻名,后人遂嫁接之而为"蓝田种玉"。蓝田,县名。今为陕西西安辖县。在陕西渭河平原南缘、秦岭北麓、渭河支流灞河上游。秦置县,以产美玉闻名。东汉·班固《西都赋》:"陆海珍藏,蓝田美玉。"伯雍,指杨伯雍,《搜神记》中的人物。李光明庄本作"雍伯",当为"伯雍"倒文。

⑧宝窗选婿,林甫之女:语本五代·王仁裕《开元天宝遗事·选婿窗》:"李林甫有女六人,各有姿色,雨露之家,求之不允。林甫厅事壁间开一横窗,饰以杂宝,缦以绛妙。常日使六女戏于窗下,每有贵家子弟入谒,林甫即使女于窗中自选可意者事之。"相传唐代宰相李林甫有六个女儿,为了挑选佳婿,他在堂壁上开了一个暗窗,每有贵家子弟来拜见,就让女儿们在窗后观察,挑选自己喜

欢的如意郎君。宝窗，用珠宝装饰、雕镂精致的窗子。林甫，李林甫（？—752），小字哥奴，排行十，唐高祖从父弟之曾孙。因厚结武惠妃与武三思女，于唐玄宗开元二十三年（735）任礼部尚书、同中书门下三品，寻代张九龄为中书、集贤殿大学士，又封晋国公。厚结宦官、嫔妃，探听玄宗意旨，故出言进奏，动必称旨，深得玄宗宠信。居相位十九年，权势至盛，朝野侧目，政事败坏。为人面柔而有狡计，对人暗加陷害不形于辞色，人称"口蜜腹剑"。因其主张重用番将，使安禄山得掌重兵，致起安史之乱。

⑨鹊桥：民间传说天上的织女七夕渡银河与牛郎相会，喜鹊来搭成桥，称"鹊桥"。常用以比喻男女结合的途径。唐·韩鄂《岁华纪丽·七夕》："七夕鹊桥已成，织女将渡。"原注引《风俗通义》："织女七夕当渡河，使鹊为桥。"

⑩牛女：指牛郎和织女。见前《天文》篇"牛女两宿"条、《岁时》篇"七夕牛女渡河"条注。

⑪射雀屏而中目，唐高得妻：语本《旧唐书·后妃传上·高祖太穆皇后窦氏》："（窦毅）谓长公主曰：'此女才貌如此，不可妄以许人，当为求贤夫。'乃于门屏画二孔雀，诸公子有求婚者，辄与两箭射之，潜约中目者许之。前后数十辈莫能中。高祖后至，两发各中一目。毅大悦。遂归于我帝。"窦毅为招佳婿，在屏上画了两只孔雀，约定将女儿嫁给射中孔雀眼睛的那个人。结果李渊一发中的，娶到他的女儿。后因以"雀屏"择婿许婚的典故。唐高，指唐高祖李渊（566—635），字叔德，唐代开国皇帝。祖籍陇西成纪（今甘肃静宁西南），迁狄道，又徙武川镇，后入中原。李渊出身于北朝的关陇贵族。其祖父李虎为西魏八柱国之一，北周时期追封唐国公；其父李昞为北周御史大夫、安州总管、柱国大将军。李渊七岁袭封唐国公，隋时累迁至太原留守。炀帝大业十三年（617）起兵反隋，次年（618）称帝，国号唐，定都长安。建元

武德。称帝后，逐步消灭薛举、刘武周、窦建德、王世充等割据势力，统一天下。武德九年（626），其子李世民发动玄武门之变，李渊被迫退位，为太上皇。贞观九年（635），病逝，谥号太武皇帝，庙号高祖，葬于献陵。

⑫礼重亲迎，所以正人伦之始：语本《穀梁传·桓公三年》："九月，齐侯送姜氏于讙。礼，送女，父不下堂，母不出祭门，诸母兄弟不出阙门。父戒之曰：'谨慎从尔舅之言！'母戒之曰：'谨慎从尔姑之言！'诸母般申之曰：'谨慎从尔父母之言！'送女逾竟，非礼也。公会齐侯于讙。无讥乎？曰为礼也。齐侯来也，公之逆而会之可也。夫人姜氏至自齐。其不言翚之以来何也？公亲受之于齐侯也。子贡曰：'冕而亲迎，不已重乎？'孔子曰：'合二姓之好，以继万世之后，何谓已重乎？'"《春秋·桓公三年》载："公子翚如齐逆女。九月，齐侯送姜氏于讙。公会齐侯于讙。夫人姜氏至自齐。"《穀梁传》引孔子答子贡问，明辩鲁桓公不亲迎之非。宋元理学家辩之愈明。宋·张洽《张氏春秋集注》（桓公三年）："礼，送女，父不下堂，母不出祭门。圣人制礼，不可过，不可不及。齐僖爱其女之过，至于越竟而送之。遂使鲁桓之出，不为亲迎，而为齐侯在讙，特往会之。故僖公之送、桓公之会，皆非所以重大昏而正人伦之始。《春秋》所以谨而书之也。"宋·赵鹏飞《春秋经筌》、宋·陈深《读春秋编》、元·程端学《春秋本义》、元·汪克宽《春秋胡传附录纂疏》皆有此论，强调齐僖公送女越境，使鲁桓公失亲迎之礼，"皆非所以重大昏而正人伦之始"。此论在宋元明清时期影响深远。又，宋·欧阳修《易童子问》卷十七："童子曰：'取必男下女乎？'曰：'夫妇所以正人伦，礼义所以养廉耻，故取女之礼，自纳采至于亲迎，无非男下女而又有渐也。故《渐》之《象》曰"渐之进也，女归吉也"者是已。奈何《归妹》以女下男而往，其有不凶者乎？'"亦可见先儒"礼重亲迎，所以正人伦之始"之重

视。至若,连词,表示另提一事。至于,说到。南朝梁·钟嵘《诗
品·总论》:"昔九品论人,《七略》裁士,校以宾实,诚多未值。至
于诗之为技,较尔可知,以类推之,殆均博弈。"亲迎,古代婚姻
"六礼"之中最为隆重的仪式,相当于今天的迎亲。见本篇"礼须
六礼之周"条注。人伦,古代礼教所规定的君臣、父子、夫妇、兄
弟、朋友及各种尊卑长幼关系。

⑬诗首好(hǎo)逑(qiú),所以崇王化之原:语本《毛诗·大序》:
"《周南》《召南》,正始之道,王化之基。"又,明·黄道周《儒行集
传》卷下:"韦玄成为丞相,封乐安侯。成帝即位,上疏戒妃匹、劝
经学,言'《关雎》为王化之原。六经者,圣人所以统天地之心'。
语尤精粹,中于时事。上敬纳其言。"诗首好逑,指《诗经》开篇
《关雎》中便有"窈窕淑女,君子好逑"两句。好逑,君子的好配
偶。逑,配偶。王化之原,指周朝天子教化的基础和本源。

【译文】

　　在红叶上题写诗句,凭借御沟传情,于祐因此娶到宫女韩夫人;在绣
幕前牵住一根红丝线,郭元振竟幸运娶到美丽的新娘。

　　汉武帝向父亲景帝提及将来娶妻,说愿意建造一座金屋,来迎娶表
姐阿娇;韦固与月老谈论婚姻,才知道夫妻在冥冥之中有一根红绳系在
脚上。

　　朱、陈两姓,同住一村,世世结亲;秦、晋两国,睦邻友好,代代通婚。

　　在蓝田种出美玉,杨伯雍用它换来好姻缘;透过暗窗挑选如意郎君
的,正是宰相李林甫的女儿们。

　　喜鹊用身体架起桥梁,供牛郎织女渡过银河相会;搭箭射中屏风上
孔雀的眼睛,唐高祖李渊因此娶回贤妻。

　　至于:礼经重视"亲迎"仪式,那是因为夫妇为人伦之基始,必须正
视;《诗经》开篇吟咏"窈窕淑女,君子好逑",则是因为婚姻是教化之本
源,怎能忽略?

女子

【题解】

本篇24联,讲的都是和女子相关的成语典故。

古代礼教,重视三从四德,重视女子贞洁。西汉·刘向专门撰有《列女传》,为古代贤惠贞洁女子立传。刘向之后,晋·皇甫谧亦撰《列女传》。自《后汉书》设《列女传》,几成历代正史定制。《晋书》《魏书》《北史》《隋书》《旧唐书》《新唐书》《宋史》《辽史》《金史》《元史》《明史》皆有《列女传》,为古代贤惠贞洁女子立传。地方志及族谱家乘,亦有为贤惠贞洁女子立传的传统。

周代太王的妻子太姜、王季的妻子太妊、文王的妻子太姒,因母仪天下,是丈夫的贤内助,自古被树立为妇女的楷模。夏桀的宠妃妹喜、商纣的宠妃妲己、周幽王的宠妃褒姒,分别导致夏商(西)周的灭亡,则被视为红颜祸水的典型。

男子禀乾之刚,女子配坤之顺①。

贤后称女中尧舜②,烈女称女中丈夫③。

曰闺秀④,曰淑媛⑤,皆称贤女;曰阃范⑥,曰懿德⑦,并美佳人。

妇主中馈⑧,烹治饮食之名⑨;女子归宁⑩,回家省亲之谓⑪。

何谓三从?从父、从夫、从子⑫;何谓四德?妇德、妇言、妇工、妇容⑬。

【注释】

①男子禀乾之刚,女子配坤之顺:语本《周易·说卦》:"乾,健也。坤,顺也。……乾,天也,故称乎父。坤,地也,故称乎母。"《周易》

八卦中的"乾",代表刚健,代表天、男、父、君等;"坤",代表柔顺,代表地、女、母、臣等。禀乾之刚,禀受天宇间的刚健之气。配坤之顺,对应大地上的柔顺之气。

② 贤后称女中尧舜:语本《宋史·后妃传·英宗宣仁圣烈高皇后》:"临政九年,朝廷清明,华夏绥定。宋用臣等既被斥,祈神宗乳媪入言之,冀得复用。后见其来,曰:'汝来何为?得非为用臣等游说乎?且汝尚欲如曩日,求内降干挠国政耶?若复尔,吾即斩汝。'媪大惧,不敢出一言。自是内降遂绝,力行故事,抑绝外家私恩。文思院奉上之物,无问巨细,终身不取其一。人以为女中尧、舜。"宋神宗死后,十岁的宋哲宗即位,太皇太后高氏(英宗之后,神宗之母)垂帘听政,贤良恭顺,为政有方,深得朝野爱戴,被誉为女子中的尧、舜。尧、舜,尧帝与舜帝,上古时期的圣明君王。尧年老时,将王位传给了有才德的舜,而非自己的儿子。舜年老了,也采取同样的办法,把王位让给治水有功的禹。

③ 烈女称女中丈夫:语本东汉·赵晔《吴越春秋·王僚使公子光传》:"子胥默然,遂行至吴。疾于中道,乞食溧阳。适会女子击绵于濑水之上,筥中有饭。子胥遇之,谓曰:'夫人,可得一餐乎?'女子曰:'妾独与母居,三十未嫁,饭不可得。'子胥曰:'夫人赈穷途少饭,亦何嫌哉?'女子知非恒人,遂许之,发其箪筥,饭其盎浆,长跪而与之。子胥再餐而止。女子曰:'君有远逝之行,何不饱而餐之?'子胥已餐而去,又谓女子曰:'掩夫人之壶浆,无令其露。'女子叹曰:'妾独与母居三十年,自守贞明,不愿从适,何宜馈饭而与丈夫?越亏礼仪,妾不忍也。子行矣。'子胥行,反顾女子,已自投于濑水。於乎,贞明执操,其丈夫女哉!"又,东汉·袁康《越绝书·荆平王内传》亦载此事。伍子胥逃亡途中,在濑水曾向一捶击棉絮的女子乞食,女子自以其事越礼,自投濑水而死,被誉为"丈夫女"。丈夫女,即像男子汉大丈夫一样的女子。后

以"女中丈夫"指女子中的英杰。烈女,刚正有节操的女子,以死保全贞节的女子。

④闺秀:语出南朝宋·刘义庆《世说新语·贤媛》:"谢遏绝重其姊,张玄常称其妹,欲以敌之。有济尼者,并游张、谢二家,人问其优劣,答曰:'王夫人神情散朗,故有林下风气;顾家妇清心玉映,自是闺房之秀。'"后以"闺秀"称大户人家有才德的女儿,多指未婚者。

⑤淑媛:贤淑美好的女子。媛,美女。《后汉书·列女传·曹世叔妻》:"若淑媛谦顺之人,则能依义以笃好,崇恩以结援。"唐·李贤注:"淑,善也。美女曰'媛'。"媛,表美女义项,一般读去声,即yuàn;但李光明庄旧注"音员",读平声,即yuán。

⑥阃(kǔn)范:指妇德,妇女的道德规范与自我约束。阃,闺门,妇女居住的内室。《礼记·曲礼上》:"外言不入于阃,内言不出于阃。"东汉·郑玄注:"阃,门限也。"《孔子家语·本命》:"女子者,顺男子之教而长其理者也。是故无专制之义,而有三从之道,幼从父兄,既嫁从夫,夫死从子,言无再醮之端,教令不出于闺门,事在供酒食而已,无阃外之非仪也,不越境而奔丧,事无擅为,行无独成,参知而后动,可验而后言,昼不游庭,夜行以火,所以效匹妇之德也。"

⑦懿(yì)德:美好的品德。特指妇女的美德。唐·韩愈《贺册皇太后表》:"恭惟懿德,克配前芳。"

⑧主:主持,负责。中馈(kuì):指家中供膳诸事。亦指酒食。出自《周易·家人卦》:"六二,无攸遂,在中馈。贞吉。"唐·孔颖达疏:"妇人之道……其所职,主在于家中馈食供祭而已。"馈,进献,进食于人,为他人提供食物。《颜氏家训·治家》:"妇主中馈,惟事酒食衣服之礼耳。"

⑨烹治:烹调,烹煮。烹,煮。

⑩归宁：回家探亲。多指已嫁女子回娘家看望父母。《诗经·周南·葛覃》：“归宁父母。”朱子集传：“宁，安也。谓问安也。”

⑪省（xǐng）亲：探望父母或其他亲戚尊长。《新唐书·卓行传·阳城》：“凡学者，所以学为忠与孝也。诸生有久不省亲者乎？”

⑫何谓三从？从父、从夫、从子：语本《大戴礼记·本命》：“女者，如也。子者，孳也。女子者，言如男子之教而长其义理者也。故谓之‘妇人’。妇人，伏于人也。是故无专制之义，有三从之道：在家从父，适人从夫，夫死从子，无所敢自遂也。”又，《礼记·郊特牲》：“妇人，从人者也：幼从父兄，嫁从夫，夫死从子。”三从，中国传统礼教认为妇女应该做到在家从父，出嫁从夫，夫死从子，谓之“三从”。

⑬何谓四德？妇德、妇言、妇工、妇容：语本《周礼·天官·九嫔》：“九嫔掌妇学之法，以教九御妇德、妇言、妇容、妇功。”东汉·郑玄注：“妇德谓贞顺，妇言谓辞令，妇容谓婉娩，妇功谓丝枲。”又，《礼记·昏义》：“是以古者妇人先嫁三月，祖庙未毁，教于公宫，祖庙既毁，教于宗室，教以妇德、妇言、妇容、妇功。教成祭之，牲用鱼，芼之以蘋藻，所以成妇顺也。”东汉·郑玄注：“妇德，贞顺也。妇言，辞令也。妇容，婉娩也。妇功，丝麻也。”四德，中国传统礼教中妇女应遵从的四种德行，即妇德、妇言、妇容、妇功。妇功，又作“妇工”，旧时指纺织、刺绣、缝纫等事，为妇女的四德之一。

【译文】

男子秉承乾天的阳刚之气，女子具备坤地的柔顺之德。

贤良的皇后或太后，称“女中尧舜”；贞烈的妇女，叫“女中丈夫”。

“闺秀”“淑媛”，都是对贤惠女子的称呼；“闺范”“懿德”，同为对高尚女子的赞美。

妇女负责家中的饮食事宜，叫做“主中馈”；已嫁的女儿回娘家探望双亲,称为"归宁"。

什么叫"三从"? 就是在家顺从父亲、出嫁顺从丈夫、夫死顺从儿子;什么是"四德"? 就是严守妇女道德、注意言辞谈吐、擅长家务活计、注意仪表容貌。

　　周家母仪,太王有周姜,王季有太任,文王有太姒^①;三代亡国,夏桀以妹喜,商纣以妲己,周幽以褒姒^②。

　　兰蕙质^③,柳絮才^④,皆女人之美誉;冰雪心^⑤,柏舟操^⑥,悉孀妇之清声^⑦。

　　女貌娇娆^⑧,谓之尤物^⑨;妇容妖媚^⑩,实可倾城^⑪。

【注释】

①"周家母仪"四句:语本《列女传·母仪传·周室三母》:"三母者,太姜、太任、太姒。太姜者,王季之母,有台氏之女。太王娶以为妃。生太伯、仲雍、王季。贞顺率导,靡有过失。太王谋事迁徙,必与太姜。君子谓太姜广于德教。太任者,文王之母,挚任氏中女也。王季娶为妃。太任之性,端一诚庄,惟德之行。及其有娠,目不视恶色,耳不听淫声,口不出敖言,能以胎教。溲于豕牢,而生文王。文王生而明圣,太任教之,以一而识百,卒为周宗。君子谓太任为能胎教。古者妇人妊子,寝不侧,坐不边,立不跸,不食邪味,割不正不食,席不正不坐,目不视于邪色,耳不听于淫声。夜则令瞽诵诗,道正事。如此,则生子形容端正,才德必过人矣。故妊子之时,必慎所感。感于善则善,感于恶则恶。人生而肖万物者,皆其母感于物,故形音肖之。文王母可谓知肖化矣。太姒者,武王之母,禹后有莘姒氏之女。仁而明道。文王嘉之,亲迎于渭,造舟为梁。及入,太姒思媚太姜、太任,旦夕勤劳,以进妇道。

太姒号曰文母，文王治外，文母治内。太姒生十男：长伯邑考、次武王发、次周公旦、次管叔鲜、次蔡叔度、次曹叔振铎、次霍叔武、次成叔处、次康叔封、次聃季载。太姒教诲十子，自少及长，未尝见邪僻之事。及其长，文王继而教之，卒成武王周公之德。君子谓太姒仁明而有德。《诗》曰：'大邦有子，伣天之妹，文定厥祥，亲迎于渭，造舟为梁，不显其光。'又曰：'太姒嗣徽音，则百斯男。'此之谓也。颂曰：周室三母，太姜任姒，文武之兴，盖由斯起。太姒最贤，号曰文母。三姑之德，亦甚大矣！"母仪，为母者的典范，多用于皇后。《〈古列女传〉小序》："惟若母仪，贤圣有智，行为仪表，言则中义。"唐·赵璘《因话录》卷一："（贞懿皇后）母仪万国，化洽六宫。"宋·司马光《论后妃封赠札子》："皇后敌体至尊，母仪四海。"太王，周文王之祖古公亶（dǎn）父的尊号，相传为后稷十三世孙。周人本居豳，因狄族侵逼，自古公亶父始迁居岐山之下，筑城郭宫室，立宗庙，设官吏，开垦荒地发展生产，定国号曰周，自此兴盛，故武王克殷，追尊为太王。周姜，即太姜，亦作"大姜"。姜姓，出自有邰氏，周太王的正妃，泰伯、仲雍、季历的母亲，周文王姬昌的祖母。与太任、太姒共称为周室三贤母。王季，姬姓，名季历，又称"周公季"，是周太王古公亶父的第三子，周文王姬昌的父亲，商末人。其兄太伯、虞仲知古公亶父欲立季历以传文王，遂逃往荆蛮。季历继周君位，臣属于殷。殷帝武乙时，朝殷，得赏土地、玉与马。殷帝太丁二年，伐燕京之戎，败。四年，克余无之戎，受命为殷之牧师。七年，克始呼之戎。十一年，战胜翳徒之戎。后为太丁所杀。太任，亦作"大妊"。挚任氏女，王季之妻，周文王之母。与太姜、太姒共称为周室三贤母。文王，即周文王。见前《地舆》篇"让畔而耕，文王百姓之相推"条注。太姒（sì），姒姓，周文王之妃，周武王之母。与太姜、太妊共称为周室三贤母。
②"三代亡国"四句：语本《汉书·外戚传》："自古受命帝王及继体

守文之君，非独内德茂也，盖亦有外戚之助焉。夏之兴也以涂山，而桀之放也用末喜；殷之兴也以有娀及有㜪，而纣之灭也嬖妲己；周之兴也以姜嫄及太任、太姒，而幽王之禽也淫褒姒。"三代，指夏、商、周三个朝代。夏桀，见前《岁时》篇"夏桀无道而伊洛竭"条注。妹喜，或作"末喜""妹嬉"。夏桀妃。有施氏女。相传桀伐有施，有施献其女。女子行，丈夫心，佩剑带冠。桀听用其言，昏乱失德。汤伐桀，妹喜与桀同奔南方而死。《汉书·外戚传》唐·颜师古注："末喜，桀之妃，有施氏女也。美于色，薄于德，女子行，丈夫心。桀常置末喜于膝上，听用其言，昏乱失道。于是汤伐之，遂放桀，与末喜死于南巢。"商纣，或作"受""帝辛"，商代最末一代君主。名辛，世称"纣王"。帝乙之子。材力过人，能徒手与猛兽搏斗，曾平定东夷，国力因而虚耗。好酒淫乐，暴敛重刑，百姓怨望。杀九侯、鄂侯，囚西伯，诸侯多叛。又杀死进谏贤臣比干等人，囚禁箕子。周武王联合西南各族伐纣，牧野一战，纣兵败自焚，商亡。妲（dá）已，商王纣宠妃。有苏氏女，已姓。纣伐有苏氏，有苏氏献女。得纣宠，助纣为虐。周武王灭商，杀之。《汉书·外戚传》唐·颜师古注："妲己，纣之妃，有苏氏女也，美好辩辞，兴于奸宄，嬖幸于纣。纣用其言，毒虐众庶。于是武王伐纣，战于牧野，纣师倒戈，不为之战。武王克殷，致天之罚，斩妲己头，悬之于小白旗。以为纣之亡者，由此女也。"周幽，即周幽王（？—前771），西周最末一代国君。姬姓，名宫湦，一作"宫涅"。周宣王子。任虢石父为卿，行苛政。镐京地震，三川竭，岐山崩。又命伯士攻六济之戎，失败。纳褒姒而宠，生子伯服。废太子宜臼及申后，立伯服。申后之父申侯与犬戎攻王，犬戎破镐京，杀周幽王，掳褒姒。西周亡。在位十一年。诸侯立其子宜臼，是为周平王，东迁洛邑，史称"东周"。褒姒，周幽王的宠妃。周时褒国女子，姒姓。周幽王伐褒，褒侯进褒姒，为周幽王所宠幸。性不好笑。周幽王悦之万方不得。乃举烽火以召诸侯，诸侯急至，而无外敌入寇事，褒姒大笑。周幽王遂数举烽火，以博褒姒之笑。后申侯与犬戎攻周，周幽王又举烽火，诸侯以为戏，不至，周幽王被杀。《诗经·小雅·正月》："赫赫宗周，褒姒灭之。"《国语·晋语一》："周幽王伐有褒，有褒人以褒姒女焉。"《楚辞·天问》："周幽谁诛？焉得夫褒姒？"

③兰蕙质：兰、蕙一般高雅的品质。兰、蕙都是植物名，香气清幽，古时常用来比喻妇女幽静清雅的气质，如"兰心蕙质"。晋·潘岳《悼亡诗》："明月入绮窗，仿佛想蕙质。"唐·李善注："左九嫔《武帝纳皇后颂》曰：如兰之茂。蕙，兰类，故变之耳。"宋·苏轼《次韵曹子方龙山真觉院瑞香花》："一逢兰蕙质，稍回铁石心。置酒要妍暖，养花须晏阴。"

④柳絮才：典出南朝宋·刘义庆《世说新语·言语》："谢太傅寒雪日内集，与儿女讲论文义。俄而雪骤，公欣然曰：'白雪纷纷何所似？'兄子胡儿曰：'撒盐空中差可拟。'兄女曰：'未若柳絮因风起。'公大笑乐。即公大兄无奕女，左将军王凝之妻也。"南朝梁·刘孝标注："胡儿，谢朗小字也。"晋代才女谢道韫曾以"未若柳絮因风起"比喻飞扬的雪花，后世便用"咏絮才"比喻女子聪颖有诗才。

⑤冰雪心：形容心地纯净洁白或操守清正贞洁。旧时亦用以比喻妇女守节之心。元末明初·张以宁《题节妇卷》："妾有匣中镜，一破不复圆。妾有弦上丝，一断不复弹。惟存古冰雪，为妾作心肝。死者傥复生，剖与良人看。"旧注："蒋顺怡妻周氏，因顺死，舅姑欲嫁之。（周）氏作诗曰：'瑶池古冰雪，为妾作心肝。'"或即张诗之本事，然出处未明。

⑥柏舟操：典出《毛诗序》："《柏舟》，共姜自誓也。卫世子共伯蚤死，其妻守义，父母欲夺而嫁之，誓而弗许，故作是诗以绝之。"春

秋时期卫国世子共伯早死，其妻共姜誓死不再改嫁，曾作《柏舟》诗以明心志。《诗经·鄘风·柏舟》："泛彼柏舟，在彼中河。髧彼两髦，实维我仪。之死矢靡它。母也天只，不谅人只！泛彼柏舟，在彼河侧。髧彼两髦，实维我特。之死矢靡慝。母也天只，不谅人只！"旧时谓夫死不嫁的节操。

⑦孀妇：丈夫死后没有再嫁的妇女。《淮南子·修务训》"以养孤孀"，东汉·高诱注："雒家谓寡妇曰'孀妇'。"清声：清白美好的名声。东汉·蔡邕《陈太丘碑文》："奉礼终没，休矣清声。"

⑧娇娆：美丽妩媚。唐·韩偓《意绪》诗："娇娆意态不胜羞，愿倚郎肩永相着。"

⑨尤物：典出《左传·昭公二十八年》："昔有仍氏生女，黰黑，而甚美，光可以鉴，名曰'玄妻'。乐正后夔取之，生伯封，实有豕心，贪惏无餍，忿纇无期，谓之'封豕'。有穷后羿灭之，夔是以不祀。且三代之亡，共子之废，皆是物也，女何以为哉？夫有尤物，足以移人，苟非德义，则必有祸。"晋·杜预注："夏以妹喜，殷以妲己，周以褒姒，三代所由亡也。共子，晋申生，以骊姬废。……尤，异也。"指绝色美女。有时含有贬义。尤，特异的，突出的。

⑩妖媚：艳丽妩媚。唐·牛僧孺《玄怪录·崔书生》："今汝所纳新妇，妖媚无双。"有时含有贬义，指妩媚而不正派。《武王伐纣平话》卷上："遂换了女子之灵魂，变为妖媚之形。"

⑪倾城：典出《汉书·外戚传上·李夫人》："（李）延年侍上起舞，歌曰：'北方有佳人，绝世而独立，一顾倾人城，再顾倾人国。宁不知倾城与倾国，佳人难再得！'"后因以"倾国倾城"或"倾城倾国"形容女子极其美丽。宋·袁文《瓮牖闲评》卷二："所谓倾城倾国者，盖一城一国之人皆倾心而爱悦之。"

【译文】

周王朝能做天下女子榜样的国母有：太王的妻子周姜、王季的妻子太妊、文王的妻子太姒；夏、商、周三代之所以亡国，是因为：夏桀宠幸妹喜、商纣宠幸妲己、周幽王宠幸褒姒。

"兰蕙质""柳絮才"，都是用以赞誉女子品格高尚，文采出众；"冰雪心""柏舟操"，用以颂扬寡妇品行贞节，洁身自好。

女子过于美丽，常被称为"尤物"；女人妖艳异常，确实堪称"倾城"。

潘妃步，朵朵莲花①；小蛮腰，纤纤杨柳②。

张丽华发光可鉴③，吴绛仙秀色可餐④。

丽娟气馥如兰，呵处结成香雾⑤；太真泪红于血，滴时更结红冰⑥。

孟光力大，石臼可擎⑦；飞燕身轻，掌上可舞⑧。

【注释】

①潘妃步，朵朵莲花：语本《南史·齐本纪·废帝东昏侯》："又凿金为莲华以帖地，令潘妃行其上，曰：'此步步生莲华也。'"潘妃，南朝齐废帝东昏侯的妃子，小字玉儿。色美体妍，宠冠后宫。服御极尽奢华，生活恣纵无度。东昏侯尝凿地为金莲花，令妃行其上，称之谓"步步生莲花"。梁武帝兵入建康，得妃，见其美而欲纳之。王茂以"亡齐者，此物"谏，将以赐田安，不愿而自缢死。

②小蛮腰，纤纤杨柳：语本唐·孟棨《本事诗·事感》："白尚书姬人樊素善歌，妓人小蛮善舞，尝为诗曰：'樱桃樊素口，杨柳小蛮腰。'"唐代白居易有侍女名小蛮，身段优美善舞，白居易称她"杨柳小蛮腰"。后遂以"小蛮腰"指年轻女子纤细灵活的腰肢。纤纤杨柳，纤细婀娜的杨柳，形容女人腰肢细长。

③张丽华发光可鉴：语本《陈书·皇后传·张贵妃》暨《南史·张贵

妃传》:"张贵妃发长七尺,鬓黑如漆,其光可鉴。"张丽华,南朝陈后主(陈叔宝)的贵妃。本兵家女。家贫,父兄以织席为事。后主为太子,以选入宫。后主即位,拜为贵妃。性聪慧,甚被宠遇。内外宗族,多被引用。隋军陷台城,妃与后主俱入于井,隋军出之,晋王杨广命斩贵妃,榜于青溪中桥。"发光可鉴"语典,最早出自《左传·昭公二十八年》:"昔有仍氏生女,鬓黑而甚美,光可以鉴,名曰'玄妻'。"鉴,镜子。这里作动词,"照"的意思。

④吴绛仙秀色可餐:语本(旧题)唐·颜师古《大业拾遗记》(又名《南部烟花录》):"至汴,帝御龙舟,萧妃乘凤舸,锦帆彩缆,穷极侈靡。舟前为舞台,台上垂蔽日帘,帘即蒲泽国所进,以负山蛟睫幼莲根丝贯小珠间睫编成,虽晓日激射,而光不能透。每舟择妙丽长白女子千人,执雕板镂金楫,号为殿脚女。一日帝将登凤舸,凭殿脚女吴绛仙肩,喜其柔丽,不与群辈齿,爱之甚,久不移步。绛仙善画长蛾眉,帝色不自禁,回辇召绛仙,将拜婕妤。适值绛仙下嫁为玉工万群妻,故不克谐。帝寝兴罢,擢为龙舟首楫,号曰'崆峒夫人'。由是殿脚女争效为长蛾眉。司宫吏日给螺子黛五斛,号为'蛾绿'。螺子黛出波斯国,每颗值十金。后征赋不足,杂以铜黛给之,独绛仙得赐螺黛不绝。帝每倚帘视绛仙,移时不去,顾内谒者云:'古人言秀色若可餐,如绛仙真可疗饥矣!'因吟《持楫篇》赐之曰:'旧曲歌桃叶,新妆艳落梅。将身旁轻楫,知是渡江来。'诏殿脚女千辈唱之。"吴绛仙,(旧题)唐·颜师古《大业拾遗记》中的殿脚女(为隋炀帝划龙舟的女子),深得隋炀帝宠爱,隋炀帝赞她秀色可餐。秀色可餐,形容女子秀美异常。晋·陆机《日出东南隅行》诗:"鲜肤一何润,秀色若可餐。"

⑤丽娟气馥如兰,呵处结成香雾:语本东汉·郭宪《汉武帝别国洞冥记》卷四:"帝所幸宫人,名丽娟,年十四,玉肤柔软,吹气胜兰。"丽娟,汉武帝所宠幸的宫人。气馥如兰,嘴里吐出的气息如

同兰花那样芳香。

⑥太真泪红于血，滴时更结红冰：语本五代·王仁裕《开元天宝遗
事·红冰》："杨贵妃初承恩召，与父母相别，泣涕登车，时天寒，
泪结为红冰。"太真，即唐玄宗之贵妃杨太真（719—756），小字
玉环，唐蒲州永乐（今山西芮城西南）人。蜀州司户参军杨玄琰
女。姿质丰艳，善歌舞，通音律，智算过人。始为唐玄宗子寿王李
瑁妃。后入宫进见，唐玄宗纳之。衣道士服，号曰"太真"。天宝
四载（745）进册贵妃。其三姊分封韩国、虢国、秦国夫人，堂兄杨
国忠操纵朝政。十四载（755），安禄山以诛杨国忠为名叛乱，随
唐玄宗西逃蜀中，至马嵬驿，禁军大将陈玄礼密启太子李亨，请
诛杨国忠父子。又迫唐玄宗与妃诀，遂缢死于佛室，葬于驿西道
侧。红冰，据传杨玉环被召入宫时与父母离别，哭着登车，因天
气寒冷，泪水结成了红冰。后来便用"红冰"比喻泪水（多用于
女子）。

⑦孟光力大，石臼（jiù）可擎：语本《后汉书·逸民传·梁鸿》："势
家慕其高节，多欲女之，鸿并绝不娶。同县孟氏有女，状肥丑而
黑，力举石臼，择对不嫁，至年三十。父母问其故。女曰：'欲得
贤如梁伯鸾者。'鸿闻而娉之。女求作布衣、麻屦，织作筐缉绩之
具。及嫁，始以装饰入门。七日而鸿不答。妻乃跪床下请曰：'窃
闻夫子高义，简斥数妇，妾亦偃蹇数夫矣。今而见择，敢不请罪。'
鸿曰：'吾欲裘褐之人，可与俱隐深山者尔。今乃衣绮缟，傅粉墨，
岂鸿所愿哉？'妻曰：'以观夫子之志耳。妾自有隐居之服。'乃更
为椎髻，着布衣，操作而前。鸿大喜曰：'此真梁鸿妻也。能奉我
矣！'字之曰'德曜'，名孟光。"孟光，梁鸿妻。状肥黑丑，力举石
臼，而德行甚修。见前《夫妇》篇"举案齐眉，梁鸿配孟光之贤"
条注。石臼，用石凿成的舂米的器具。擎，举。

⑧飞燕身轻，掌上可舞：语本《太平御览（卷五百七十四）·乐部十

二·舞》引《汉书》：“赵飞燕体轻，能掌上舞。”（按，不见于传世本《汉书》）又，（旧题）唐·颜师古《大业拾遗记》：“帝谓世南曰：'昔传飞燕可掌上舞，朕常谓儒生饰于文字，岂人能若是乎？'”又，（旧题）西汉·伶玄《飞燕外传》：“长而纤便轻细，举止翩然，人谓之'飞燕'。”飞燕，即赵飞燕（前45—前1），是西汉成帝的皇后和汉哀帝时的皇太后。《后汉书·外戚传·孝成赵皇后》：“孝成赵皇后，本长安宫人。初生时，父母不举，三日不死，乃收养之。及壮，属阳阿主家，学歌舞，号曰'飞燕'。成帝尝微行出。过阳阿主，作乐，上见飞燕而说之，召入宫，大幸。有女弟复召入，俱为婕妤，贵倾后宫。”《飞燕外传》说她原名宜主，精通音乐歌舞，乃吴县（今江苏苏州）人。因舞姿轻盈如燕飞凤舞，所以人们称她为“飞燕”。

【译文】

潘妃每走一步，脚下仿佛生出一朵莲花；小蛮腰肢纤细，如同杨柳摇曳生姿。

张丽华的秀发又黑又亮，光可照人；吴绛仙妩媚秀丽，她的美色简直可以令人忘记饥饿。

丽娟的气息清新如兰，呼出后凝成香雾；杨太真的眼泪比血还红，滴下来又结成红冰。

孟光力大无穷，可将石臼举起；赵飞燕身轻如燕，能在手掌上跳舞。

至若：

缇萦上书而救父[①]，卢氏冒刃而卫姑[②]，此女之孝者。

侃母截发以延宾[③]，村媪杀鸡而谢客[④]，此女之贤者。

韩玖英恐贼秽而自投于秽[⑤]，陈仲妻恐陨德而宁陨于崖[⑥]，此女之烈者。

　　王凝妻被牵，断臂投地⑦；曹令女誓志，引刀割鼻⑧；此女之节者。

　　曹大家续完汉帙⑨，徐惠妃援笔成文⑩，此女之才者。

　　戴女之练裳竹笥⑪，孟光之荆钗裙布⑫，此女之贫者。

　　柳氏秃妃之发⑬，郭氏绝夫之嗣⑭，此女之妒者。

　　贾女偷韩寿之香⑮，齐女致袄庙之毁⑯，此女之淫者。

　　东施效颦而可厌⑰，无盐刻画以难堪⑱，此女之丑者。

【注释】

①缇萦（tí yíng）上书而救父：语本《史记·孝文本纪》："齐太仓令淳于公有罪当刑，诏狱逮徙系长安。太仓公无男，有女五人。太仓公将行会逮，骂其女曰：'生子不生男，有缓急非有益也！'其少女缇萦自伤泣，乃随其父至长安，上书曰：'妾父为吏，齐中皆称其廉平，今坐法当刑。妾伤夫死者不可复生，刑者不可复属，虽复欲改过自新，其道无由也。妾愿没入为官婢，赎父刑罪，使得自新。'书奏天子，天子怜悲其意，乃下诏曰：'盖闻有虞氏之时，画衣冠异章服以为僇，而民不犯。何则？至治也。今法有肉刑三，而奸不止，其咎安在？非乃朕德薄而教不明欤？吾甚自愧。故夫驯道不纯而愚民陷焉。《诗》曰："恺悌君子，民之父母。"今人有过，教未施而刑加焉，或欲改行为善而道毋由也。朕甚怜之。夫刑至断支体，刻肌肤，终身不息，何其楚痛而不德也，岂称为民父母之意哉！其除肉刑。'"《史记·扁鹊仓公列传》及《汉书·刑法志》《列女传·齐太仓女》亦载此事，而文字略有出入。缇萦，西汉名医太仓令淳于意的小女儿，曾为犯法的父亲向汉文帝上书，请入身为官婢，以赎父罪，汉文帝因为她的陈情而将肉刑废除，淳于意乃得免。后代用为称颂孝女的典故。

②卢氏冒刃而卫姑：语本《旧唐书·列女传》："郑义宗妻卢者，范阳士族也。涉书史，事舅姑恭顺。夜有盗持兵劫其家，人皆匿窜，惟姑不能去，卢冒刃立姑侧，为贼捽捶几死。贼去，人问何为不惧，答曰：'人所以异鸟兽者，以其有仁义也。今邻里急难尚相赴，况姑可委弃邪？若百有一危，我不得独生。'姑曰：'岁寒然后知松柏后凋，吾乃今见妇之心。'"《新唐书·列女传》亦载。唐代郑义宗的妻子卢氏平时很孝敬公婆，有一次强盗抢劫她家，她奋不顾身保全了婆婆。冒刃，迎着刀锋，形容勇敢无畏。姑，婆婆。

③侃母截发以延宾：语本《晋书·列女传·陶侃母湛氏》："陶侃母湛氏，豫章新淦人也。初，侃父丹娉为妾，生侃，而陶氏贫贱，湛氏每纺绩资给之，使交结胜己。侃少为寻阳县吏，尝监鱼梁，以一坩鲊遗母。湛氏封鲊及书，责侃曰：'尔为吏，以官物遗我，非惟不能益吾，乃以增吾忧矣。'鄱阳孝廉范逵寓宿于侃，时大雪，湛氏乃彻所卧新荐，自剉给其马，又密截发卖与邻人，供肴馔。逵闻之，叹息曰：'非此母不生此子！'侃竟以功名显。"晋代陶侃年少时家中很穷，有一天，好友范逵雪中途经他家借宿，陶侃的母亲湛氏剪下头发卖钱换酒食招待客人。侃，指陶侃（259—334），字士行，祖籍鄱阳（今属江西），徙居浔阳（今江西九江）。东晋名将。官至荆、江二州刺史，都督八州军事，封长沙郡公，卒谥桓，追赠大司马。是东晋大诗人陶渊明的曾祖父。陶侃的母亲姓湛，以教子有方和宽厚待人而著称于世，是中国古代一位有名的良母。

④村媪杀鸡而谢客：语本（旧题）东汉·班固《汉武故事》："上微行至于柏谷，夜投亭长宿，亭长不内，乃宿于逆旅。逆旅翁谓上曰：'汝长大多力，当勤稼穑，何忽带剑群聚，夜行动众，此不欲为盗，则淫耳。'上默然不应，因乞浆饮，翁曰：'吾止有溺，无浆也。'有顷，还内，上使人觇之，见翁方要少年十余人，皆持弓矢刀剑，令主人妪出安过客。妪归，谓其翁曰：'吾观此丈夫，乃非常人也。且

亦有备，不可图也。不如因礼之。'其夫曰：'此易与耳！鸣鼓会
众，讨此群盗，何忧不克？'妪曰：'且安之，令其眠，乃可图也。'翁
从之。时上从者十余人，既闻其谋，皆惧，劝上夜去。上曰：'去必
致祸，不如且止以安之。'有顷，妪出，谓上曰：'诸公子不闻主人
翁言乎？此翁好饮酒，狂悖不足计也。今日具令公子安眠无他。'
妪自还内。时天寒，妪酌酒多与其夫及诸少年，皆醉。妪自缚其
夫，诸少年皆走。妪出谢客，杀鸡作食。平明，上去。是日还官，
乃召逆旅夫妻见之，赐妪金十斤，擢其夫为羽林郎。自是惩戒，希
复微行。"汉武帝微服出行借宿乡村旅店，店主人怀疑他不是好
人，想召人把他抓起来。只有店主的妻子认为他不像坏人，想法
阻止了丈夫的鲁莽行为，然后杀鸡做饭招待汉武帝，表示歉意。

⑤ 韩玖（jiǔ）英恐贼秽而自投于秽：旧注："（唐）韩仲成女玖英。恐
贼执之致受辱，自投于粪秽之中，以口饮粪，贼乃舍之。"出处未
明。唐代韩仲成的女儿韩玖英不愿被贼人侵犯玷辱，便跳进粪
坑，贼人因此放过了她。自投于秽，自己投身于污秽之处。秽，这
里指粪坑。

⑥ 陈仲妻恐陨德而宁陨于崖：旧注："唐陈仲妻，张叔明妹，与二嫂
遇贼，恐其辱，相谓曰：'妇人以洁身为高，岂可委身待辱哉！'遂
陨崖而死。"唐朝陈仲的妻子和两个嫂子路遇盗贼，她们害怕被
盗贼玷污，于是一同跳崖自尽。旧注或本于宋·潘自牧《记纂渊
海（卷八十一）·闺仪部·坚贞》："陈仲妻，张叔明之妹，名芝，与
二嫂被贼，恐见侵略，而相谓曰：'妇人以不污身为高，不亏节为
美，岂可委身待辱哉！'于是自刺。"《记纂渊海》自注据《唐列女
传》，然两唐书《列女传》未载此事。宋·谢维新《古今合璧事类
备要》卷三十"恐亏妇节"条亦载此事，文字略同，而云出《列女
传》，前不缀唐。《太平御览（卷四百四十）·人事部八十一·贞
女》记陈仲妻事尤详："（《列女传》）又曰：安定陈仲妻者，同郡张

叔明之妹,名芝,字季张。年十四适仲,期年而寡,执节不嫁。叔明从军,芝与二嫂没贼,恐见侵掠,而相谓曰:'妇人以不污身为高,不亏节为美,岂可委身待辱哉!'于是自刺。二嫂既死,芝独不死。叔明言于将军耿弇。耿弇以骏马负芝。芝曰:'女,死亡之余,污将军服乘,不可也。'弇奇其言,更以他马负芝至营,为致医药,因乃得全。郡表其闾,九十寿终。"耿弇(3—58)为东汉开国名将,则陈仲妻张芝断非唐人,潘自牧等或因其兄与唐代竹溪六逸之张叔明同名,而误认其为唐人。宋代类书,都说陈仲妻"自刺",《幼学琼林》说"宁陨于崖",不知何据。

⑦王凝妻被牵,断臂投地:语本《新五代史·杂传》:"予尝得五代时小说一篇,载王凝妻李氏事,以一妇人犹能如此,则知世固尝有其人而不得见也。凝家青、齐之间,为虢州司户参军,以疾卒于官。凝家素贫,一子尚幼,李氏携其子,负其遗骸以归。东过开封,止旅舍,旅舍主人见其妇人独携一子而疑之,不许其宿。李氏顾天已暮,不肯去,主人牵其臂而出之。李氏仰天长恸曰:'我为妇人,不能守节,而此手为人执邪? 不可以一手并污吾身!'即引斧自断其臂。路人见者,环聚而嗟之,或为弹指,或为之泣下。开封尹闻之,白其事于朝,官为赐药封疮,厚恤李氏,而答其主人者。呜呼,士不自爱其身而忍耻以偷生者,闻李氏之风,宜少知愧哉!"五代时虢州司户参军王凝死后,他妻子李氏带着丈夫的尸骸和儿子还乡,路过开封投宿客栈,客栈主人不肯留宿,把她拽出店门。李氏觉得自己的手臂被陌生男人牵扯过,败坏了节操,于是用斧头砍断了这支胳膊。投地,扔在地上。

⑧曹令女誓志,引刀割鼻:语本《三国志·魏书·诸夏侯曹传》南朝宋·裴松之注引魏晋·皇甫谧《列女传》曰:"爽从弟文叔,妻谯郡夏侯文宁之女,名令女。文叔早死,服阕,自以年少无子,恐家必嫁己,乃断发以为信。其后,家果欲嫁之,令女闻,即复以刀

截两耳,居止常依爽。及爽被诛,曹氏尽死。令女叔父上书与曹氏绝婚,强迎令女归。时文宁为梁相,怜其少,执义,又曹氏无遗类,冀其意沮,乃微使人讽之。令女叹且泣曰:'吾亦惟之,许之是也。'家以为信,防之少懈。令女于是窃入寝室,以刀断鼻,蒙被而卧。其母呼与语,不应,发被视之,血流满床席。举家惊惶,奔往视之,莫不酸鼻。或谓之曰:'人生世间,如轻尘栖弱草耳,何至辛苦乃尔!且夫家夷灭已尽,守此欲谁为哉?'令女曰:'闻仁者不以盛衰改节,义者不以存亡易心,曹氏前盛之时,尚欲保终,况今衰亡,何忍弃之!禽兽之行,吾岂为乎?'司马宣王闻而嘉之,听使乞子字养,为曹氏后,名显于世。"三国时期的曹文叔早死,他妻子夏侯令女为了表示不再嫁人的决心,拿刀割掉自己的鼻子。誓志,发誓立志。

⑨曹大家(gū)续完汉帙(zhì):语本《后汉书·列女传·曹世叔妻》:"扶风曹世叔妻者,同郡班彪之女也,名昭,字惠班,一名姬。博学高才。世叔早卒,有节行法度。兄固著《汉书》,其八表及《天文志》未及竟而卒,和帝诏昭就东观臧书阁踵而成之。帝数召入官,令皇后诸贵人师事焉,号曰'大家'。"曹大家,即班昭(约49—约120),字惠班,一名姬,班彪之女,班固之妹,东汉扶风安陵(今陕西咸阳东北)人。嫁同郡曹寿,早寡,屡受召入官,为皇后及诸贵人教师,号曰"大家"。兄班固著《汉书》,八表及《天文志》遗稿散乱,未竟而卒,汉和帝诏令班昭续成之。《汉书》初出,教授马融诵读。作《东征赋》《女诫》等。大家,古代对女子的尊称。汉帙,此指《汉书》。帙,书,书套。

⑩徐惠妃援笔成文:语本《旧唐书·后妃传·贤妃徐氏》:"太宗贤妃徐氏,名惠,右散骑常侍坚之姑也。生五月而能言,四岁诵《论语》《毛诗》,八岁好属文。其父孝德试拟《楚辞》云'山中不可以久留',词甚典美。自此遍涉经史,手不释卷。太宗闻之,纳为才

人。其所属文,挥翰立成,词华绮赡。"暨《新唐书·后妃传·徐贤妃》:"太宗贤妃徐惠,湖州长城人。生五月能言,四岁通《论语》《诗》,八岁自晓属文。父孝德,尝试使拟《离骚》为《小山篇》曰:'仰幽岩而流盼,抚桂枝以凝想。将千龄兮此遇,荃何为兮独往?'孝德大惊,知不可掩,于是所论著遂盛传。太宗闻之,召为才人。手未尝废卷,而辞致赡蔚,文无淹思。"徐惠妃(627—650),唐太宗妃,名惠。徐孝德女,湖州长城(今浙江长兴)人。世居冯翊。四岁通《论语》《毛诗》,八岁能作文。遍涉经史,手不释卷。唐太宗闻之,纳为才人,俄拜婕妤,再迁充容。贞观末,数调兵讨定四夷,治宫室,百姓劳怨,徐妃上疏极谏,帝善其言。帝死,哀慕成疾,不肯进药。唐高宗永徽元年(650)卒,赠贤妃。生平事迹见两唐书《后妃传》。援笔成文,提笔就能写文章,形容才思敏捷。援笔,执笔。

⑪戴女之练(shū)裳竹笥(sì):语本《后汉书·逸民传·戴良》:"初,良五女并贤,每有求姻,辄便许嫁,练裳布被,竹笥木屐以遗之。"因东汉戴良嫁女,以练裳布被、竹笥木屐为嫁妆,后遂以"练裳竹笥"用作嫁妆俭薄的谦辞。宋·胡继宗《书言故事·婚姻》:"嫁女谦言,练裳竹笥以遣行。"练裳,粗麻制成的衣服,常用来代指简朴的衣着。竹笥,竹制的箱子。此句"练"字,李光明庄本误作"练"(繁体字形"練"),形近而讹,今据《后汉书》及他本改。

⑫孟光之荆钗裙布:东汉梁鸿的妻子孟光生活简朴,用荆条作为头上的钗饰,用粗布做衣裙。见前《夫妇》篇"举案齐眉,梁鸿配孟光之贤"条、《女子》篇"孟光力大"条注。

⑬柳氏秃妃之发:语本《太平广记(卷二百七十二)·妇人三·任瑰妻》:"唐初,兵部尚书任瑰敕赐宫女二,女皆国色。妻妒,烂二女头发秃尽。太宗闻之,令上宫赍金胡瓶酒赐之,云:'饮之立死。瑰三品,合置姬媵。尔后不妒,不须饮之;若妒即饮。'柳氏拜敕

讫曰：‘妾与瓘结发夫妻，俱出微贱，更相辅翼，遂致荣官。瓘今多内嬖，诚不如死。’遂饮尽。然非鸩也，既睡醒，帝谓瓘曰：‘其性如此，朕亦当畏之。’因诏二女，令别宅安置。”唐初开国功臣任瓘随李渊起兵，屡建战功，官至兵部尚书，唐太宗赐他两名美丽的宫女为妾，任瓘的妻子柳氏生性悍妒，揪光两名美女的头发。

⑭郭氏绝夫之嗣：语本《世说新语·惑溺》："贾公闾后妻郭氏酷妒。有男儿名黎民，生载周，充自外还，乳母抱儿在中庭，儿见充喜踊，充就乳母手中呜之。郭遥望见，谓充爱乳母，即杀之。儿悲思啼泣，不饮它乳，遂死。郭后终无子。"暨《晋书·贾充传》："充妇广城君郭槐，性妒忌。初，黎民年三岁，乳母抱之当阁。黎民见充入，喜笑，充就而抌之。槐望见，谓充私乳母，即鞭杀之。黎民恋念，发病而死。后又生男，过期，复为乳母所抱，充以手摩其头。郭疑乳母，又杀之，儿亦思慕而死。充遂无胤嗣。"西晋重臣贾充的妻子郭氏生了孩子，请乳母抚养，贾充逗弄奶妈怀里的孩子，郭氏以为贾充与乳母有私情，就鞭杀乳母，结果儿子因为思念乳母而死。郭氏后来再也没生育儿子，贾充因此绝后。

⑮贾女偷韩寿之香：典出《世说新语·惑溺》："韩寿美姿容，贾充辟以为掾。充每聚会，贾女于青琐中看，见寿，说之，恒怀存想，发于吟咏。后婢往寿家，具述如此，并言女光丽。寿闻之心动，遂请婢潜修音问。及期往宿。寿蹻捷绝人，逾墙而入，家中莫知。自是充觉女盛自拂拭，说畅有异于常。后会诸吏，闻寿有奇香之气，是外国所贡，一着人则历月不歇。充计武帝唯赐己及陈骞，余家无此香，疑寿与女通，而垣墙重密，门阁急峻，何由得尔？乃托言有盗，令人修墙。使反，曰：‘其余无异，唯东北角如有人迹，而墙高非人所逾。’充乃取女左右婢考问。即以状对。充秘之，以女妻寿。"《晋书·贾充传》亦载此事，而文字略有异同。西晋韩寿与贾充的女儿贾午私通。贾午偷了晋武帝赐予贾充的异香送给韩

寿，贾充发觉之后，就把女儿嫁给了韩寿。贾女，指贾充的女儿贾午。贾，指贾充（217—282），字公闾，魏晋之际平阳襄陵（今山西襄汾）人。曹魏豫州刺史贾逵子。仕魏尚书郎，累官至大将军司马、廷尉，为司马昭腹心。指使太子舍人成济杀高贵乡公曹髦，参与司马氏代魏密谋。晋朝建立后，转任车骑将军、散骑常侍、尚书仆射，后升任司空、太尉等要职。更封鲁郡公。咸宁末，为使持节、假黄钺、大都督征讨吴国。太康三年（282）卒，朝廷追赠太宰，谥武。贾充因一女（贾南风）为太子（司马衷，即后来的晋惠帝）妃，一女（贾褒，一名荃）为齐王（司马炎弟司马攸）妃，极受晋武帝宠信，权倾天下。韩寿，字德真，西晋南阳堵阳（今河南方城）人。贾充辟为司空掾。因长相俊美，为贾充之女贾午所爱慕。二人私通，被贾充察觉，贾充乃招其为婿。官至散骑常侍、河南尹。

⑯齐女致祆（xiān）庙之毁：旧注："《异苑》：北齐有公主，命乳母陈氏抚养。陈氏子与主日弄玉环。后以年长，不许入宫。主约元旦祆庙相会。陈氏子先至，熟睡。主后至，以昔日所弄玉环投之于怀而去。陈子醒觉，心火忽炽，遂焚其庙。"然，传世本南朝宋•刘敬叔撰《异苑》实不载此事。明清文献载此事者多矣。若明•彭大翼《山堂肆考》卷三十九、明•冯梦龙《情史类略》卷十一、《钦定古今图书集成》卷一、《御定渊鉴类函》卷六十三皆载之，文字虽有出入，皆云女子为蜀帝公主，出自古书《蜀志》。兹引《情史类略（卷十一）•情化类•化火》："蜀帝生公主，诏乳母陈氏乳养。陈氏携幼子与公主居禁中。各年长，陈子出宫。其后，此子以思公主故，疾亟。一日，陈氏入宫，有忧色。公主询其故，陈氏阴以实对。公主许允，遂托幸祆庙，期与子会。及期，子先在庙候之，忽睡去。既公主入庙，子沉睡不醒。公主待久将归，乃解幼时所弄玉环，附于子之怀中而去。及子醒寤，见之，怨气成火，庙

宇亦焚。祆庙,胡神也。"《渊鉴类函(卷六十三)·公主》引《蜀志》:"昔蜀帝生公主,诏乳母陈氏乳养。陈氏携幼子与公主居禁中约十余年。后以宫禁逐而出者六载,其子以思公主疾亟。陈氏入宫有忧色,公主询其故,阴以实对。公主遂托幸祆庙为名,期与子会。公主入庙,子睡沉,公主遂解幼时所弄玉环附之子怀而去,子醒见之,怨气成火而庙焚也。"又,元曲中常用火烧祆庙典,比喻爱情受挫折。元·无名氏《争报恩》第一折:"我今夜着他个火烧祆庙,水淹断了蓝桥。"元·王仲元《普天乐·春日多雨》曲:"淹蓝桥,烧祆庙,镜鸾断,瑟凤魂销。"元·王实甫《西厢记》第二本第三折:"白茫茫溢起蓝桥水,不邓邓点着祆庙火。"元·郑光祖《倩女离魂》第四折:"全不想这姻亲是旧盟,则待教祆庙火刮刮匝匝烈焰生。"则此故事在元代流传深广。祆庙,即祆祠。祆教祭祀火神的寺院。宋·张邦基《墨庄漫录》卷四:"东京城北有祆庙。祆神本出西域,盖胡神也,与大秦穆护同入中国。俗以火神祠之。"祆教,即琐罗亚斯德(旧译"苏鲁友")教,俗称"拜火教"。相传为公元前六世纪琐罗亚斯德创。波斯萨珊王朝奉为国教。其教创善、恶二元论,以火为善神的代表。南北朝时传入中国后又称"火祆教"或"祆教"。唐代曾一度于长安建祠盛行,并立官专管。唐武宗反佛后渐废不传。宋·姚宽《西溪丛语》卷上:"(火祆之神)其来盖久,至唐贞观五年有传法穆护何禄将祆教诣阙闻奏。敕令长安崇化坊立祆寺,号'大秦寺',又名'波斯寺'。"

⑰东施效矉(pín)而可厌:语本《庄子·天运》:"故西施病心而矉其里,其里之丑人见而美之,归亦捧心而矉其里。其里之富人见之,坚闭门而不出;贫人见之,絜妻子而去之走。"唐·成玄英疏:"西施,越之美女也,貌极妍丽。既病心痛,嚬眉苦之。而端正之人,体多宜便,因其嚬蹙,更益其美。是以间里见之,弥加爱重。邻里

丑人见而学之，不病强嚬，倍增其丑。"后因以"东施效颦"嘲讽不顾本身条件而一味模仿，以致效果很坏的人。亦为模仿别人的谦语。效，仿效。颦，皱眉头。

⑱无盐刻画以难堪：语本《世说新语·轻诋》："庾元规语周伯仁：'诸人皆以君方乐。'周曰：'何乐？谓乐毅邪？'庾曰：'不尔。乐令耳！'周曰：'何乃刻画无盐，以唐突西子也。'"暨《晋书·周颛传》："庾亮尝谓颛曰：'诸人咸以君方乐广。'颛曰：'何乃刻画无盐，唐突西施也。'"东晋时期，庾亮和周颛说，人们把你和乐广相提并论，周颛说：这不是"刻画无盐，唐突西施"么？谓无盐，齐国丑妇；西施，越国美女；以丑比美，比拟不伦不类。无盐，亦称"无盐女"，即战国时齐宣王后钟离春。因是无盐人，故名。为人有德而貌丑。后常用为丑女的代称。西汉·刘向《列女传·齐钟离春》："钟离春者，齐无盐邑之女，宣王之正后也。其为人极丑无双，白头深目，长指大节，卬鼻结喉，肥项少发。"西汉·刘向《新序·杂事二》："钟离春者，齐妇人也，极丑无双，号曰'无盐女'。"刻画，精细地描摹。刻画无盐的意思是给丑女精心化妆，结果越弄越丑。

【译文】

至于像：

缇萦向皇帝上书解救父亲，卢氏迎着强盗的刀刃保护婆婆，她们是女子中的孝顺表率。

陶侃的母亲剪下头发变卖换钱招待宾客，村里的老妇杀鸡招待前来投宿的汉武帝，她们是女子中的贤惠楷模。

韩玖英担心被匪徒玷辱，毅然跳入粪水之中；陈仲的妻子担心贞节不保，宁肯跳崖自尽；她们是妇女中的贞烈代表。

王凝的妻子被陌生男人牵过手臂，便砍断这只手臂扔在地上；曹文叔的遗孀夏侯令女为表明绝不改嫁的志愿，拿刀割掉自己的鼻子；她们是妇女中的贞节表率。

曹大家班昭替兄长班固续写《汉书》未尽之篇章，徐惠妃提笔就能写出好文章，她们是古代才女的典范。

戴良的女儿用破竹箱装着粗布衣裳出嫁，孟光用荆条当头饰、用粗布做裙子，她们是女子中安贫乐道的楷模。

任瓌的妻子柳氏揪光唐太宗赐给丈夫做侍妾的宫女的头发，贾充的妻子郭氏因鞭杀乳母导致幼子夭折绝了丈夫的后，她们是女子中既妒且悍的代表。

贾充的女儿偷取皇帝赏给父亲的贡香送给情人韩寿，北齐公主因私情导致祆庙被焚毁，她们是女子中淫荡好色的代表。

东施效仿美女西施皱眉的样子，自以为很美，却不知这样做的效果，让人望而生厌；丑女无盐涂脂抹粉，精心化妆，却不知这样做的效果，让人更加受不了；她们是丑女的代表。

自古贞淫各异①，人生妍丑不同②。

是故：生菩萨、九子母、鸠盘荼，谓妇态之变更可畏③；钱树子、一点红、无廉耻④，谓青楼之妓女殊名⑤。

此固不列于人群，亦可附之以博笑。

【注释】

①贞淫：贞，贞洁；淫，淫荡。是女子两种相反的品行。

②妍（yán）丑：美与丑。妍，美丽。

③生菩萨、九子母、鸠盘荼（tú），谓妇态之变更可畏：语本唐·孟棨《本事诗·嘲戏》："中宗朝，御史大夫裴谈崇奉释氏。妻悍妒，谈畏之如严君，尝谓人：'妻有可畏者三：少妙之时，视之如生菩萨。及男女满前，视之如九子魔母，安有人不畏九子母耶？及五十六

十,薄施妆粉,或黑视之,如鸠盘荼,安有人不畏?'"又,《太平广记(卷二百四十八)·诙谐四·任瓌》:"唐管国公任瓌酷怕妻。太宗以功赐二侍子,瓌拜谢,不敢以归。太宗召其妻,赐酒,谓之曰:'妇人妒忌,合当七出。若能改行无妒,则无饮此酒。不尔,可饮之。'曰:'妾不能改妒,请饮酒。'遂饮之。比醉归,与其家死诀。其实非鸠也,既不死。他日,杜正伦讥弄瓌。瓌曰:'妇当怕者三:初娶之时,端居若菩萨,岂有人不怕菩萨耶?既长生男女,如养儿大虫,岂有人不怕大虫耶?年老面皱,如鸠盘荼鬼,岂有人不怕鬼耶?以此怕妇,亦何怪焉?'闻者欢喜。"生菩萨,活菩萨。喻容貌端丽。宋·王谠《唐语林·容止》:"调美姿貌,人号为'生菩萨'。"九子母,即佛经中的九子魔母,传说生有五百个孩子,每天还吞食城中的小孩,后来被感化,成为佑人生子的守护神。鸠盘荼,佛书中所说的吸取活人精气的鬼。也译为"瓮形鬼""冬瓜鬼"等。常用来比喻极度丑陋的女人或女人的丑陋达到令人恐怖的鬼样子。宋·胡仔《苕溪渔隐丛话后集·丽人杂记》:"山谷《戏闻善遣侍儿来促诗》云:'曰遣侍儿来报嘉,草鞋十里踏堤沙。鸠盘荼样施丹粉,只欠一枝蒿苣花。'其丑陋可想,山谷亦善戏也。"变更,变化,改变。

④钱树子:指妓女。旧时妓院中鸨母把妓女当作摇钱树,故称。唐·段安节《乐府杂录·歌》:"许和子者,本吉州永新县乐家女也。……与其母之京师,竟殁于风尘。及卒,谓其母曰:'阿母钱树子倒矣。'"一点红:代指妓女。宋·叶廷珪《海录碎事·圣贤人事部·戏谑门》:"青州刘郭推官好谐谑,尝念诗云:'坐上若有一点红,斗筲之器饮千钟。坐上若无油木梳,烹龙庖凤都成虚。'"清·厉鹗《宋诗纪事》卷三十亦引之。一点红、油木梳,皆当时名妓名。无廉耻:旧注引《教坊记》云:"苏五奴妻,善歌舞,亦姿色。有邀迓者,五奴辄随之。观此则无廉耻可知矣。"今检唐·崔令

钦《教坊记》，其文曰："苏五奴妻张少娘善歌舞。有邀迓者，五奴辄随之前。人欲得其速醉，多劝酒。五奴曰：'但多与我钱，吃锤子亦醉。不烦酒也。'今呼鬻妻者为五奴，自苏始。"

⑤青楼：指妓院。南朝梁·刘邈《万山见采桑人》诗："倡妾不胜愁，结束下青楼。"

【译文】

自古以来，有的女子贞烈，有的女子淫荡，性情因人而异；有的女子美丽，有的女子丑陋，容貌差别很大。

所以："生菩萨""九子母""鸠盘荼"，都是形容女子容貌变化之大，往往可怕到不可思议；"钱树子""一点红""无廉耻"，则为青楼妓女的别称。

这类女子原本不归在前述女子行列中，不过附带说说倒也可以博得人们开怀一笑。

外戚

【题解】

《史记》有《外戚世家》。正史一般有《外戚列传》。史书中的"外戚"，特指帝王的母亲和后妃的亲族。但"外戚"的本义，仅指母族、妻族，普通人也有外戚。翁婿、舅甥、连襟，都属外戚。

本篇11联，讲的都是和亲戚中翁婿、舅甥、连襟关系相关的成语典故。

帝女乃公侯主婚，故有公主之称①；帝婿非正驾之车，乃是驸马之职②。

郡主、县君③，皆宗女之谓④；仪宾、国宾⑤，皆宗婿之称⑥。

旧好⑦，曰通家⑧；好亲，曰懿戚⑨。

冰清玉润，丈人女婿同荣[10]；泰水泰山，岳母岳父两号[11]。

新婿，曰娇客[12]；贵婿，曰乘龙[13]。

赘婿[14]，曰馆甥[15]；贤婿，曰快婿[16]。

凡属东床[17]，俱称半子[18]。

女子号门楣，唐贵妃有光于父母[19]；外甥称宅相，晋魏舒期报于母家[20]。

共叙旧姻[21]，曰原有瓜葛之亲[22]；自谦劣戚[23]，曰忝在葭莩之末[24]。

大乔、小乔，皆姨夫之号[25]；连襟、连袂[26]，亦姨夫之称。

蒹葭倚玉树，自谦借戚属之光[27]；茑萝施乔松，自幸得依附之所[28]。

【注释】

①帝女乃公侯主婚，故有公主之称：语本《公羊传·庄公元年》："天子嫁女乎诸侯，必使诸侯同姓者主之。"《初学记（卷十）·帝戚部·公主》："至周中叶，天子嫁女于诸侯。天子至尊，不自主婚，必使诸侯同姓者主之，始谓之'公主'。秦代因之，亦曰'公主'。《史记》云，李斯男皆尚秦公主，是也。"宋·欧阳修《集古录跋尾·唐昭懿公主碑》："公主之号，自汉以来始有，谓天子之女礼不自主婚，以公主之，因以为名尔。后世号某国公主者，虽实不以国公为主，而名犹不失其义。"《明史·礼志九·公主婚礼》："古者天子嫁女，不自主婚，以同姓诸侯主之，故曰'公主'。唐犹以亲王主婚。宋始不用，惟令掌婚者于内东门纳表，则天子自为主矣。明因之。"

②帝婿非正驾之车，乃是附马之职：驸马原为汉代官职"驸马都尉"

的简称,管理副驾之车(即"非正驾之车")。三国魏晋之际,何晏、杜预、王济皆以帝婿身份授官驸马都尉。魏晋以后,帝婿照例都加"驸马都尉"称号,简称"驸马",非实官,"驸马"遂成为帝婿专称。

③郡主:又称"郡公主"。最早设置于晋代。唐宋时期太子之女为郡主,但宋代宗室之女也可以获封郡主。明清两朝,亲王女为郡主。因为与天子同姓诸侯的女儿,由郡县主婚,所以称"郡主",又称"县主"。县君:古代妇女的封号。晋代就有这一名称。唐朝五品官员的母亲和妻子均为"县君"。宋代庶子、少卿监、司业、郎中、京府少尹、赤县令等官员的妻子封"县君"。明代郡王的曾孙女称为"县君"。此处用明制,指郡王的曾孙女。

④宗女:君主同宗的女儿,也即宗室之女。《史记·秦本纪》:"十一月,(秦缪公)归晋君夷吾,夷吾献其河西地,使太子圉为质于秦,秦妻子圉以宗女。"

⑤仪宾:明代对宗室亲王、郡王之婿的称谓。《明史·礼志九·公主婚礼》:"明年(洪武二十七年)又更定公主、郡主封号、婚礼,及附马、仪宾品秩。"国宾:一般指来朝聘的诸侯与卿大夫。《周礼·春官·司几筵》:"筵国宾于牖前。"清·孙诒让正义:"国宾,在王国则当为二王后;在侯国则当为他国之君来朝及王人来聘者。"周天子以夏、商二朝之后杞、宋二君为国宾,言以宾礼待之。此处指与天子同姓诸侯的女婿,取其为王府宾客之意。出处未明。或为明代习惯。

⑥宗婿:帝王宗室家的女婿。

⑦旧好:指旧友,老朋友。《左传·桓公二年》:"公及戎盟于唐,修旧好也。"《后汉书·孔融传》:"孤与文举既非旧好,又于鸿豫亦无恩纪。"

⑧通家:世代交好之家。指两代以上彼此交谊深厚。《后汉书·孔

融传》："融幼有异才。年十岁，随父诣京师。时河南尹李膺以简重自居，不妄接士宾客，敕外自非当世名人及与通家，皆不得白。融欲观其人，故造膺门。语门者曰：'我是李君通家子弟。'门者言之。膺请融，问曰：'高明祖父尝与仆有恩旧乎？'融曰：'然。先君孔子与君先人李老君同德比义，而相师友，则融与君累世通家。'"

⑨懿（yì）戚：同"懿亲"，典出《左传·僖公二十四年》："如是则兄弟虽有小忿，不废懿亲。"此指好的姻亲。清·龚自珍《寒月吟》诗："我有平生交，外氏之懿亲。"

⑩冰清玉润，丈人女婿同荣：语本《世说新语·言语》"卫洗马初欲渡江"南朝梁·刘孝标注引《卫玠别传》："世咸谓诸王三子，不如卫家一儿。娶乐广女，裴叔道曰：'妻父有冰清之资，婿有璧润之望，所谓秦晋之匹也。'"暨《晋书·卫玠传》："琅邪王澄有高名，少所推服，每闻玠言，辄叹息绝倒。故时人为之语曰：'卫玠谈道，平子绝倒。'澄及王玄、王济并有盛名，皆出玠下，世云'王家三子，不如卫家一儿。'玠妻父乐广，有海内重名，议者以为'妇公冰清，女婿玉润。'"晋代乐广和他的女婿卫玠都很有贤名，被人们分别称赞为"冰清""玉润"。后遂以"冰清""玉润"为翁婿的美称。北魏《李挺墓志》："太常刘贞公，一代伟人也。特相赏异，申以婚姻。金谓冰清玉润，复在兹日。"

⑪泰水泰山，岳母岳父两号：泰水、泰山，分别是岳母和岳父的别称。据说因泰山有丈人峰，而泰水又依山而流，故称岳父为"泰山"、称岳母为"泰水"。"泰山""泰水"代指岳父、岳母称谓之由来，两宋以来学者多有考辨。宋·孙觌《内简尺牍》卷二据《摭遗》云："欧阳永叔尝曰，今人呼妻父为'岳公'，以泰山有丈人观亦有丈人峰。又呼丈母为'泰水'，不知出何书也。"《锦绣万花谷》亦引之。宋·晁说之《晁氏客语》："呼妻父为泰山。一说云：

泰山有丈人峰。一说云：开元十三年封禅于泰山，三公以下例迁一阶。张说为封坛使。说婿郑镒以故自九品骤迁至五品兼赐绯。因大酺宴。明皇讶问之，无可对。伶人黄幡绰奏曰：'此泰山之力也。'""今人乃呼'岳翁'，又有呼妻母为'泰水'，呼伯叔丈人为'列岳'，谬误愈甚。"称岳母为"泰水"，欧阳修、晁说之皆不以为然。宋·庄绰《鸡肋编》卷上："王逸少爱鹅，曹孟德有梅林救渴之事，而俗子乃呼鹅为'右军'、梅为'曹公'。前人已载尺牍有'汤焊右军一只，蜜浸曹公两瓶'，以为笑矣。有张元裕云，邓雍尝有柬招渠曰：'今日偶有惠左军者，已令具面，幸过此同享。'初不识'左军'为何物。既食，乃鸭也。问其所名之出，在鹅之下，且淮右皆有此语。邓官至待制典荆州，洵武枢密之子。俗人以太山有丈人观，遂谓妻母为'泰水'。正可与'左军'为对也。"庄绰则以调侃笔法，道出"泰水"称谓即因妻父之为泰山推导而来。《晁氏客语》所引张说女婿因封禅泰山而骤迁事，出自唐·段成式《酉阳杂俎·语资》："明皇封禅泰山，张说为封禅使。说女婿郑镒，本九品官。旧例封禅后，自三公以下皆迁转一级，惟郑镒因说骤迁五品，兼赐绯服。因大脯次，玄宗见镒官位腾跃，怪而问之。镒无词以对。黄幡绰曰：'此泰山之力也。'"

⑫娇客：对女婿的爱称。宋·黄庭坚《次韵子瞻和王子立风雨败书屋有感》诗："妇翁不可挞，王郎非娇客。"宋·任渊注："按今俗间以婿为娇客。"宋·陆游《老学庵笔记》卷三："秦会之有十客：曹冠以教其孙为门客，王会以妇弟为亲客，郭知运以离婚为逐客，吴益以爱婿为娇客……"

⑬乘龙：指佳婿。《艺文类聚》卷四十引《楚国先贤传》："孙儁字文英，与李元礼俱娶太尉桓焉女。时人谓桓叔元两女俱乘龙，言得婿如龙也。"

⑭赘婿：指就婚、定居于女家的男子。以女之父母为父母，所生子女

从母姓，承嗣母方宗祧。

⑮馆甥：语本《孟子·万章下》："舜尚见帝，帝馆甥于贰室。"东汉·赵岐注："谓妻父曰'外舅'，谓我舅者吾谓之'甥'。尧以女妻舜，故谓'舜甥'。"后来便称女婿为"馆甥"。

⑯快婿：称心如意的女婿。《魏书·刘昞传》："刘昞，字延明，敦煌人也。父宝，字子玉，以儒学称。昞年十四，就博士郭瑀学。时瑀弟子五百余人，通经业者八十余人。瑀有女始笄，妙选良偶，有心于昞。遂别设一席于坐前，谓诸弟子曰：'吾有一女，年向成长，欲觅一快女婿。谁坐此席者，吾当婚焉。'昞遂奋衣来坐，神志肃然，曰：'向闻先生欲求快女婿，昞其人也。'瑀遂以女妻之。"《北史·刘延明传》亦载之。

⑰东床：典出南朝宋·刘义庆《世说新语·雅量》："郗太傅在京口，遣门生与王丞相书，求女婿。丞相语郗信：'君往东厢，任意选之。'门生归白郗曰：'王家诸郎亦皆可嘉。闻来觅婿，咸自矜持；唯有一郎在东床上坦腹卧，如不闻。'郗公云：'正此好！'访之，乃是逸少，因嫁女与焉。"《晋书·王羲之传》亦述此事，文字略有出入。晋代郗鉴让门生到王导家去求亲，王导让他到东厢房遍观王家子弟，门生回去报告说："王家的子弟都不错，只是有一个人躺在东边床上，露着肚子，吃胡饼，像什么都没听见一样。"郗鉴说："这个人就是我将来的女婿。"这个人就是后来在中国文化史上大大有名的王羲之。后因以"东床坦腹"或"东床"代指女婿。

⑱半子：女婿的别称。《新唐书·回鹘传上》："诏咸安公主下嫁，……是时，可汗上书恭甚，言：'昔为兄弟，今婿，半子也。陛下若患西戎，子请以兵除之。'又请易'回纥'曰'回鹘'，言捷鸷犹鹘然。"《旧唐书·回纥传》："昔为兄弟，今为子婿，半子也。"唐德宗时，回纥可汗娶咸安公主，上书自称"半子"。

⑲女子号门楣，唐贵妃有光于父母：语本唐·陈鸿《长恨歌传》："男

不封侯女作楣,看女却为门上楣。"《资治通鉴·唐纪·唐玄宗天宝五载》:"杨贵妃方有宠,……民间歌之曰:'生男勿喜女勿悲,君今看女作门楣。'"元·胡三省注:"凡人作室,自外至者,见其门楣宏敞,则为壮观。言杨家因生女而宗门崇显也。或曰:门以楣而撑拄,言生女能撑拄门户也。"杨贵妃受唐玄宗宠爱,全家跟着沾光,后以"门楣"指能光大门第的女儿。门楣,亦作"门眉"。本指门框上端的横木。唐贵妃,指唐玄宗之贵妃杨太真(杨玉环)。见前《女子》篇"太真泪红于血,滴时更结红冰"条注。

⑳外甥称宅相,晋魏舒期报于母家:语本《晋书·魏舒传》:"魏舒,字阳元,任城樊人也。少孤,为外家宁氏所养。宁氏起宅,相宅者云:'当出贵甥。'外祖母以魏氏甥小而慧,意谓应之。舒曰:'当为外氏成此宅相。'"魏晋之际人魏舒被外公宁氏抚养,专看房子的风水先生称宁家住宅要出尊贵的外甥,后魏舒果位至三公。宅相,指住宅风水之相。因魏舒之诗,后亦用作外甥的代称。唐·李白《赠别从甥高五》诗:"能成吾宅相,不减魏阳元。"魏舒(209—290),字阳元,魏晋时期任城樊(今山东兖州西南)人。少好骑射渔猎。在魏,年四十余察孝廉,对策升第,以浚义令入为尚书郎。累迁后将军钟毓长史,转相国参军,封剧阳子。筹画废兴大事,为司马昭所重。入晋,历官右仆射,左仆射领吏部,代山涛为司徒。迁兖州中正。以灾异逊位。卒谥康。母家,母亲的娘家。

㉑旧姻:原先的姻亲,即俗所谓"老亲"。

㉒瓜葛之亲:瓜与葛,皆蔓生植物。比喻辗转相连的亲戚关系或社会关系,尤指与姻亲有关者。东汉·蔡邕《独断》卷下:"宗庙之制,……天子以正月五日毕供。后上原陵,以次周遍。公卿百官皆从。四姓小侯,诸侯家妇,凡与先帝、先后有瓜葛者,及诸侯王大夫、郡国计吏、匈奴朝者、西国侍子皆会。"晋·司马彪《后汉

书·礼仪志上》：“西都旧有上陵。东都之仪，百官、四姓亲家妇女、公主、诸王大夫、外国朝者侍子、郡国计吏会陵。”南朝梁·刘昭注：“蔡邕《独断》曰‘凡与先后有瓜葛者’。”

㉓劣戚：无所作为、没用的亲戚。自谦之辞。

㉔忝（tiǎn）在：忝居，自谦之辞。忝，辱。葭莩（jiā fú）：芦苇里的薄膜。比喻亲戚关系疏远淡薄。《汉书·中山靖王刘胜传》：“今群臣非有葭莩之亲、鸿毛之重，群居党议，朋友相为，使夫宗室摈却，骨肉冰释。”唐·颜师古注：“葭，芦也。莩者，其筒中白皮至薄者也。葭莩喻薄。”葭，初生的芦苇。莩，芦苇秆里面的薄膜。

㉕大乔、小乔，皆姨夫之号：语本《三国志·吴书·周瑜传》：“顷之，策欲取荆州，以瑜为中护军，领江夏太守，从攻皖，拔之。时得桥公两女，皆国色也。策自纳大桥，瑜纳小桥。”南朝宋·裴松之注引《江表传》曰：“策从容戏瑜曰：‘桥公二女虽流离，得吾二人作婿，亦足为欢。’”三国时，孙策与周瑜分别娶了桥公的两个女儿大桥、小桥。大桥、小桥，后多写作“大乔”“小乔”。后遂用大乔、小乔指姨夫。后世演义，多将大乔、小乔附会为桥玄之女，然年辈似不相当（桥玄，生于109年，卒于183年；孙策、周瑜皆生于175年）。窃疑大乔、小乔为袁术大将桥蕤之女，孙策曾与之共事。姨夫，妻子姐妹的丈夫。

㉖连襟、连袂：都是姐妹的丈夫彼此间的互称。也用于他人对二者的合称。宋·马永卿《懒真子》卷二：“《尔雅》曰：‘两婿相谓为亚。’注云：今江东人呼同门为‘僚婿’。《严助传》呼‘友婿’，江北人呼‘连袂’，又呼‘连襟’。”宋·吴曾《能改斋漫录·李氏之门女多贵》：“李参政昌龄家女多得贵婿，参政范公仲淹、枢副郑公戬，皆自小官布衣选配为连袂。”

㉗蒹葭依玉树，自谦借戚属之光：语本南朝宋·刘义庆《世说新语·容止》：“魏明帝使后弟毛曾与夏侯玄共坐，时人谓‘蒹葭依

玉树'。"南朝梁·刘孝标注引《魏志》曰："玄为黄门侍郎,与毛曾并坐。玄甚耻之,曾说形于色。明帝恨之,左迁玄为羽林监。"蒹葭,即芦苇。玉树,指仙树。前者卑微,后者高贵,二者地位极不般配。夏侯玄为著名美男子,为士林所重,看不起毛曾。时人以蒹葭比毛曾,玉树比夏侯玄,谓两个品貌极不相称的人在一起。后以"蒹葭玉树"表示地位低的人仰攀、依附地位高贵的人。亦常用作谦辞。

㉘茑(niǎo)萝施乔松,自幸得依附之所:语本《诗经·小雅·頍弁》:"茑与女萝,施于松柏。"朱子集传:"茑,寄生也,叶似当卢,子如覆盆子,赤黑甜美。女萝,兔丝也,蔓连草上,黄赤如金。此则比也。……又言茑萝施于木上,以比兄弟亲戚缠绵依附之意。"茑萝施乔松,指茑草与女萝依附在松树上,也是攀附别人的谦辞。"茑"与"萝"都是寄生草本植物。

【译文】

皇帝女儿的婚礼,都是由公侯主持,所以有"公主"这一称号;皇帝的女婿,照例授予驸马都尉一职,驸马都尉掌管的不是正驾之车,而是附车之马,因此有"附马"之称。

"郡主""县君",都是宗室之女的叫法;"仪宾""国宾",均为宗室女婿的称呼。

两家世代交好,称为"通家";关系密切的姻亲,叫作"懿戚"。

"冰清""玉润",是说丈人和女婿都很荣耀;"泰水""泰山",分别是岳母与岳父的称呼。

新近结婚的女婿,称"娇客";身份尊贵的女婿,叫"乘龙"。

入赘妻家的女婿,叫作"馆甥";贤德称心的女婿,称"快婿"。

只要是"东床"女婿,都被称为"半子"。

女儿又叫"门楣",因为唐朝杨贵妃光耀父母门庭;外甥称作"宅相",因为看风水的说这宅子要出尊贵的外甥,晋朝魏舒想应证这个预言以回报母亲的娘家。

说到过去曾有姻亲关系，就说"原有瓜葛之亲"；自谦是没什么出息的亲戚，就说"忝在葭莩之末"。

"大乔""小乔"，均指姨夫；"连襟""连袂"，也是指姨夫。

蒹葭依傍玉树生长，是自谦沾亲戚光的客气话；茑萝缠绕松树存活，则是感叹亲戚提供依靠的道谢辞。

老寿幼诞

【题解】

本篇22联，讲的都是和诞辰高寿相关的成语典故。中国自古有尊重老年人的传统，注重老人寿诞；亦重视过生日，有各种习俗。

不凡之子，必异其生①；大德之人，必得其寿②。

称人生日，曰初度之辰③；贺人逢旬④，曰生申令旦⑤。

三朝洗儿⑥，曰汤饼之会⑦；周岁试周⑧，曰晬盘之期⑨。

男生辰，曰悬弧令旦；女生旦，曰设帨佳辰⑩。

贺人生子，曰嵩岳降神⑪；自谦生女，曰缓急非益⑫。

生子，曰弄璋；生女，曰弄瓦⑬。

【注释】

①不凡之子，必异其生：语本《宋书·自序》"璞，字道真，林子少子也。童孺时，神意闲审，有异于众。太祖问林子：'闻君小儿器质不凡，甚欲相识。'林子令璞进见，太祖奇璞应对，谓林子曰：'此非常儿。'年十许岁，智度便有大成之姿，好学不倦，善属文，时有忆识之功。"南朝沈璞（沈林子之子，沈约之父）自幼器质不凡，

异于众，宋文帝（庙号太祖）刘义隆召见，称赞他"此非常儿"。又，《太平御览（卷四百四十四）·人事部八十五·知人下》："《汝南先贤传》曰：薛勤，字恭祖，仕郡功曹。陈仲举时年十五，为父赍书诣勤，勤见而察之。明日往造焉，仲举父出见勤。勤曰：'足下有不凡子，吾来候之。不从卿也。'言议尽日。乃叹曰：'陈仲举有命世才，王佐之具。'又见黄叔度于童幼，云：'当为世盛德。'其后，二贤英名并耀于世。"旧注据之。不凡，不平常，杰出。

②大德之人，必得其寿：语本《中庸》第十七章："子曰：'舜其大孝也与！德为圣人，尊为天子，富有四海之内。宗庙飨之，子孙保之。故大德必得其位，必得其禄，必得其名，必得其寿。故天之生物，必因其材而笃焉。故栽者培之，倾者覆之。《诗》曰："嘉乐君子，宪宪令德。宜民宜人，受禄于天。保佑命之，自天申之。"故大德者必受命。'"朱子章句："舜年百有十岁。"大德之人，极有贤德的人，道德水准极高的人。

③称人生日，曰初度之辰：语本战国·屈原《离骚》："帝高阳之苗裔兮，朕皇考曰'伯庸'。摄提贞于孟陬兮，惟庚寅吾以降。皇览揆余初度兮，肇锡余以嘉名。名余曰'正则'兮，字余曰'灵均'。"东汉·王逸注："肇，始也。锡，赐也。嘉，善也。言父伯庸观我始生年时，度其日月，皆合天地之正中，故赐我以美善之名也。"后因称生日为"初度"。

④逢旬：指逢十的整数生日。比如十岁、二十岁、三十岁生日等，均称为"逢旬"。古人极重逢十的整数生日，如六十岁生日，俗称"六十大寿"。清·赵尔巽《清史稿·乐志六》载《嘉庆二十四年，仁宗六旬万寿，庆隆舞乐九章》诗，有句曰："岁己巳兮恩普锡，今兹己卯兮六旬圣节。帝泽汪沵兮，海宇乐康，原逢旬庆兮万有千亿。"

⑤生申令旦：语本《诗经·大雅·崧高》："崧高维岳，骏极于天。维

岳降神,生甫及申。维申及甫,维周之翰。"唐·孔颖达疏:"维此
至天之大岳,降其神灵和气,以福祐伯夷之后,生此甫国之侯及申
国之伯。以伯夷常掌其神祀,故祐助其后,使其国则历代常存,子
孙则多有贤智。维此申伯及此甫侯,维为周之卿士,桢干之臣。"
意为像周代贤臣申伯降生那样的好日子。生日的美称。

⑥三朝:旧时婚后或出生后第三日均称"三朝"。洗儿:旧俗,婴儿
出生后三日或满月时替其洗身,称"洗儿"。前蜀·花蕊夫人
《宫词》之六三:"中尉传闻三日宴,翰林当撰洗儿文。"《资治通
鉴·唐纪·唐玄宗天宝十载》:"上闻后宫欢笑,问其故,左右以贵
妃三日洗禄儿对。上自往观之,喜,赐贵妃洗儿金银钱。"旧俗,
婴儿生后三日或满月时,亲朋会集庆贺,给婴儿洗身,叫作"洗
儿会"。宋·孟元老《东京梦华录·育子》:"至满月……大展洗
儿会,亲宾盛集,煎香汤于盆中,下菓子彩钱葱蒜等,用数丈彩
绕之,名曰'围盆';以钗子搅水,谓之'搅盆';观者各撒钱于水
中,谓之'添盆'。盆中枣子直立者,妇人争取食之,以为生男之
征。浴儿毕,落胎发,遍谢坐客,抱牙儿入他人房,谓之'移窠'。"
元·白朴《梧桐雨》楔子:"是贵妃娘娘与安禄山做洗儿会哩。"

⑦汤饼之会:旧俗寿辰及小孩出生第三天或满月、周岁时举行的
庆贺宴会。因备有象征长寿的汤面,故名"汤饼会"。尤以新生
儿"三朝"为最。《儿女英雄传》第二十八回:"今之热汤儿面,即
古之'汤饼'也。所以如今小儿洗三下面,古谓之'汤饼会'。"
清·胡鸣玉《订讹杂录·汤饼》:"生儿三日会客,名曰'汤饼'。"
汤饼,水煮的面食。《释名·释饮食》:"蒸饼、汤饼、蝎饼、金饼、索
饼之属,皆随形而名之也。"宋·黄朝英《缃素杂记·汤饼》:"余
谓凡以面为食具者,皆谓之'饼'。故火烧而食者呼为'烧饼',
水瀹而食者呼为'汤饼',笼蒸而食者呼为'蒸饼'。"《儿女英雄
传》第二十八回:"羹汤者,有'汤饼'之意存焉。古无'面'字,

凡面食一概都叫作'饼'。"

⑧周岁：新生儿年龄满一岁。试周：俗称"抓周"，又名"试儿"。旧俗婴儿周岁时，父母陈列各种小件器物，任其抓取，以试测小儿的未来志趣和成就。北齐·颜之推《颜氏家训·风操》："江南风俗，儿生一期，为制新衣，盥浴装饰，男则用弓矢纸笔，女则用刀尺针缕，并加饮食之物及珍宝服玩，置之儿前，观其发意所取，以验贪廉愚智，名之为'试儿'。"宋·赵彦卫《云麓漫钞》卷二："魏晋以前，不为生日，南北朝江南风俗，儿生一期，随男女以纸笔针缕置前，观其所取，号为'试儿'。每至此日，饮酒宴乐，后人因为生日。"宋·叶寘《爱日斋丛钞》卷一："《玉壶野史》记曹武惠王（曹彬）始生周晬日，父母以百玩之具罗于席，观其所取，武惠王左手提干戈，右手提俎豆，斯须取一印，余无所视。曹，真定人。江南遗俗乃在此，今俗谓'试周'是也。"

⑨晬（zuì）盘：旧俗于婴儿周岁日，以盘盛纸笔、刀箭等物，听其抓取，以占其将来之志趣，谓之"试儿"，也叫"试晬""抓周"。盛物之盘曰"晬盘"。《颜氏家训·风操》："观其发意所取，以验贪廉愚智，名之为'试儿'。"王利器集解引清·卢文弨曰："子生周年谓之'晬'，子对切，见《说文》。其试儿之物，今人谓之'晬盘'。"

⑩"男生辰"四句：语本《礼记·内则》："子生，男子设弧于门左，女子设帨于门右。三日，始负子，男射女否。"东汉·郑玄注："表男女也。弧者，示有事于武也。帨，事人之佩巾也。"古代重男轻女，认为男子天生有保家卫国之责，女子天生要服侍男子。悬弧，古礼，男子出生，悬木弓于房门左边。后以"设弧""悬弧"用作男子生日之典。生旦，生辰。《宋史·张茂直列传》："茂直既入西阁，会元杰生旦，遣持礼币为赐，复至旧府，时人荣之。"设帨（shuì），古礼，女子出生，挂佩巾于房门右。后用以指女子生辰。帨，佩巾。

⑪贺人生子，曰嵩岳降神：语本《诗经·大雅·崧高》："崧高维岳，骏极于天。维岳降神，生甫及申。维申及甫，维周之翰。四国于蕃，四方于宣。"朱子集注："甫，甫侯也，即穆王时作《吕刑》者。或曰此是宣王时人，而作《吕刑》者之子孙也。申，申伯也。皆姜姓之国也。……言岳山高大，而降其神灵和气，以生甫侯、申伯，实能为周之桢干屏蔽，而宣其德泽于天下。"西周时，甫侯、申伯为世所重，时人认为此二人皆为山岳降其神灵所生。后遂以"嵩岳降神"为祝贺他人生儿子的祝福语。

⑫自谦生女，曰缓急非益：语本《史记·孝文本纪》："齐太仓令淳于公有罪当刑，诏狱逮徙系长安。太仓公无男，有女五人。太仓公将行会逮，骂其女曰：'生子不生男，有缓急，非有益也！'"汉代淳于意没有儿子，只有五个女儿，曾说生女"有缓急，非有益也"。"缓急非益"的意思是危急时没什么益处。

⑬"生子"四句：语本《诗经·小雅·斯干》："乃生男子，载寝之床，载衣之裳，载弄之璋。其泣喤喤，朱芾斯皇，室家君王。乃生女子，载寝之地，载衣之裼，载弄之瓦。无非无仪，唯酒食是议，无父母诒罹。"毛传："半圭曰'璋'。裳，下之饰也。璋，臣之职也。"郑笺："男子生而卧于床，尊之也。裳，昼日衣也。衣以裳者，明当主于外事也。玩以璋者，欲其比德焉。正以璋者明成之有渐。"诗意祝所生男子成长后为王侯，执圭璧，后因称生男为"弄璋"。毛传："裼，褓也。瓦，纺砖也。"郑笺："卧于地，卑之也。褓，夜衣也。明当主于内事。纺砖，习其一有所事也。"瓦，即纺砖，古代妇女纺织所用。后因称生女为"弄瓦"。

【译文】

不同凡响之人，出生就有异于常人的地方；贤德之人，必定得享高寿。

提及别人生日，说"初度之辰"；祝贺逢十整岁生日，说"生申令旦"。

　　小孩出生三天要举行"洗儿"仪式，称为"汤饼之会"；满周岁要举行"试周"仪式，叫作"晬盘之期"。

　　男孩生下来，要在门左侧挂一张弓，所以男人生日，叫"悬弧令旦"；女孩生下来，要在门右侧挂一幅佩巾，所以女人生日，叫"设帨佳辰"。

　　祝贺别人生儿子，说"嵩岳降神"；自谦生女儿，说"缓急非益"。

　　生儿子叫"弄璋"，儿子长大管理国家；生女儿叫"弄瓦"，女儿长大会纺织。

　　梦熊、梦罴，男子之兆；梦虺、梦蛇，女子之祥①。

　　梦兰叶吉，郑文公之妾生穆公之奇②；英物称奇，温峤闻声知桓温之异③。

　　姜嫄生稷，履大人之迹而有娠④；简狄生契，吞玄鸟之卵而叶孕⑤。

　　麟吐玉书，天生孔子之瑞⑥；玉燕投怀，梦孕张说之奇⑦。

　　弗陵太子，怀胎十四月而始生⑧；老子道君，在孕八十一年而始诞⑨。

　　晚年生子，谓之老蚌生珠⑩；暮岁登科，正是龙头属老⑪。

【注释】

①"梦熊、梦罴（pí）"四句：语本《诗经·小雅·斯干》："乃寝乃兴，乃占我梦。吉梦维何，维熊维罴，维虺维蛇。大人占之，维熊维罴，男子之祥，维虺维蛇，女子之祥。"郑笺："大人占之，谓以圣人占梦之法占之也。熊罴在山，阳之祥也，故为生男；虺蛇穴处，阴之祥也，故为生女。"古人以梦中见熊、罴为生男的征兆，后以"梦熊""梦罴"做生男的颂语；以梦中见虺蛇为生女的征兆，后

以"梦罴""梦蛇"做生女的颂语。罴，熊的一种，即棕熊，又叫"马熊"或"人熊"，毛棕褐色，能爬树，会游泳。胆入药。古代认为熊、罴住山上，是属阳的动物，梦见熊、罴代表将要生男孩。虺（huǐ），古书上说的一种毒蛇。古代认为虺蛇住在洞穴里，是属阴的动物，梦见虺蛇代表将要生女孩。

②梦兰叶（xié）吉，郑文公之妾生穆公之奇：语本《左传·宣公三年》："郑文公有贱妾曰燕姞，梦天使与己兰，曰：'余为伯鯈。余，而祖也，以是为而子。以兰有国香，人服媚之如是。'既而文公见之，与之兰而御之。辞曰：'妾不才，幸而有子。将不信，敢征兰乎？'公曰：'诺。'生穆公，名之曰'兰'。"春秋时期郑文公的妾燕姞梦见天使送她兰花，后来果然生下郑穆公。后因称妇人怀孕为"梦兰"。叶吉，和合吉兆。叶，同"协"，和洽。郑文公之妾，指郑文公的妾燕姞。此句，"郑文公之妾"五字与"温峤闻声"四字作对，不工。故他本或改此联为："梦兰叶吉兆，郑燕姞生穆公之奇；英物试啼声，晋温峤知桓公之异。"郑文公（？—前628），春秋时郑国国君，姬姓，名捷。郑厉公子。郑文公十八年（前655），背齐桓公而亲楚。次年，齐、鲁等国攻郑，楚出兵围许以救郑。三十六年（前637），晋公子重耳出亡过郑，郑文公弗礼。重耳即位为晋文公，晋、楚城濮之战后，因郑曾背晋助楚，晋、秦联军围郑，郑文公使烛之武说秦穆公，使秦罢兵，复与郑盟。郑文公之子子兰前奔晋，得晋文公爱幸，遂从晋意，以子兰入郑为太子，晋亦罢兵。在位四十五年（前672—前628）。穆公，指郑穆公（前649—前606），春秋时郑国国君，姬姓，名兰。郑文公子。传说为他母亲梦见天使赠兰草而生。因曾奔晋，受晋文公爱幸，而得入郑为太子，并即君位。初立，秦穆公发兵袭郑。得郑商人弦高劳秦师后之急告，严加戒备，秦兵乃还。此后分别求好于晋、楚。郑穆公十八年（前610），晋灵公复会诸侯于扈，拒不见郑穆公。赖

郑大夫子家书告赵宣子，陈述郑居大国之间，委曲求全之难，始得晋国谅解。在位共二十二年（前628—前606）。

③英物称奇，温峤闻声知桓温之异：语本《晋书·桓温传》："桓温，字元子，宣城太守彝之子也。生未期而太原温峤见之，曰：'此儿有奇骨，可试使啼。'及闻其声，曰：'真英物也！'彝以峤所赏，故遂名之曰'温'。"晋代桓温生下来还不到一岁，温峤听见他的哭声，就称赞他是奇才英物。英物，杰出不凡的人物。温峤（288—329），字泰真，一作"太真"，两晋之际太原祁县（今山西祁县）人。博学能属文。尝从姨夫刘琨讨石勒、刘聪。晋元帝建武元年（317），奉劝进表南下，见晋元帝，为帝及朝士推重。晋明帝立，拜侍中，参与机密。出为丹杨尹。王敦反，率师讨平之。晋成帝咸和初为江州刺史，镇武昌，有惠政。预讨苏峻、祖约，封始安郡公，拜骠骑将军、开府仪同三司。晋咸和四年（329）卒，谥忠武。桓温（312—373），字元子，东晋谯国龙亢（今安徽怀远龙亢镇）人。桓彝子。晋明帝婿。拜驸马都尉。除琅邪太守。晋穆帝永和元年（345）任荆州刺史。都督荆、司等四州诸军事。永和二年（346），率众伐蜀。永和三年（347），灭成汉。废殷浩，执朝政。永和十年（354），北伐关中，以军粮不继还。永和十二年（356），收复洛阳。屡请还都，朝廷不听。晋废帝海西公太和四年（369），率步骑五万北攻燕，初连胜，至枋头，粮道受阻，大败。太和六年（371），废海西公，立简文帝，以大司马镇姑孰，专擅朝政。意欲受禅，未成，晋孝武帝宁康元年（373）病卒，朝廷追赠桓温丞相，谥号宣武。

④姜嫄（yuán）生稷（jì），履大人之迹而有娠：语本《诗经·大雅·生民》："厥初生民，时维姜嫄。生民如何？克禋克祀，以弗无子。履帝武敏歆，攸介攸止，载震载夙。载生载育，时维后稷。"暨《史记·周本纪》："周后稷，名弃。其母有邰氏女，曰'姜原'。姜原

为帝喾元妃。姜原出野，见巨人迹，心忻然说，欲践之，践之而身动如孕者。居期而生子。……"姜嫄，亦作"姜原"。周人始祖后稷之母。帝喾之元妃。传说她于郊野践巨人足迹怀孕生稷。稷，即后稷，周之先祖。相传其母姜嫄践天帝足迹，怀孕生子，因曾弃而不养，故名之为"弃"。虞舜命为农官，教民耕稼，称为"后稷"。后世奉他为谷神。

⑤简狄生契（xiè），吞玄鸟之卵而叶孕：语本《史记·殷本纪》："殷契，母曰'简狄'，有娀氏之女，为帝喾次妃。三人行浴，见玄鸟堕其卵，简狄取吞之，因孕生契。"唐·司马贞索隐："旧本作'易'。'易''狄'音同。又作'逷'。"简狄，亦作"简逷"。相传为有娀氏之女，帝喾次妃，吞玄鸟卵怀孕而生商代祖先契。《汉书·古今人表》："简逷，帝喾妃，生禼。"唐·颜师古注："逷，音吐历反。即简狄也。"契，字或作"禼"（xiè），传说中的商族始祖，辅佐大禹治水用功，虞舜命为司徒之官。玄鸟，即燕子。叶孕，怀孕。

⑥麟吐玉书，天生孔子之瑞：语本晋·王嘉《拾遗记》卷三："夫子未生时，有麟吐玉书于阙里人家，文云：'水精之子，孙（《太平御览》所引，作"继"）衰周而素王。'……征在贤明，知为神异，乃以绣绂系麟角。信宿而麟去。夫子系殷汤，水德而素王。至敬王之末，鲁定公二十四年，鲁人锄商田于大泽，得麟以示夫子。系角之绂，尚犹在焉。夫子知命之将终，乃抱麟解绂，涕泗滂沱。"相传孔子出生之前，有麒麟口吐玉书，说他将为素王。此一传说，不见于先秦典籍，显然是汉魏谶纬之说流行时代的产物。

⑦玉燕投怀，梦孕张说之奇：语本五代·王仁裕《开元天宝遗事·梦玉燕投怀》："张说母梦有一玉燕自东南飞来，投入怀中，而有孕。生说，果为宰相，其至贵之祥也。"传说张说的母亲梦见一只玉燕从东南飞进怀里，怀孕生下了张说。张说（667—730），字道济，一字说之，原籍范阳（今河北涿州），世居河东（治今山西太原），

迁家洛阳（今属河南）。武后永昌中，中贤良方正科第一，授太子校书郎。转右补阙，预修《三教珠英》。累迁凤阁舍人。因持正不愿诣事张易之兄弟构陷魏元忠，忤武后旨，流配钦州。唐中宗复位，召为兵部员外郎，累迁工部、兵部侍郎，兼修文馆学士。唐睿宗景云二年（711），任宰相，监修国史。唐玄宗即位，因决策诛太平公主有功，封燕国公，世称"张燕公"，任中书令。后因与姚崇不和，出为相州、岳州刺史。开元九年（721），又召为兵部尚书，同中书门下三品，迁中书令，俄授右丞相，至尚书左丞相。卒，谥文贞。前后三度为相，掌文学之任凡三十年，文辞俊丽，用思精密，朝廷重要文诰多出其手，尤长于碑文墓志，与许国公苏颋齐名，合称"燕许大手笔"。生平详见张九龄《燕国公张公墓志铭》及新、旧《唐书》本传。

⑧弗陵太子，怀胎十四月而始生：语本《汉书·外戚传》："孝武钩弋赵婕妤，昭帝母也，家在河间。武帝巡狩过河间，望气者言此有奇女，天子亟使使召之。既至，女两手皆拳，上自披之，手即时伸。由是得幸，号曰'拳夫人'。先是，其父坐法官刑，为中黄门，死长安，葬雍门。拳夫人进为婕妤，居钩弋宫。大有宠，太始三年生昭帝，号'钩弋子'。任身十四月乃生，上曰：'闻昔尧十四月而生，今钩弋亦然。'乃命其所生门曰'尧母门'。"汉昭帝刘弗陵的母亲怀孕十四个月才生下他。弗陵太子，即汉昭帝刘弗陵（前94—前74）。汉武帝少子。年幼即位，统治期间，由霍光辅政。承袭汉武帝政策，移民屯田，多次出兵击败匈奴、乌桓。始元六年（前81），召开盐铁会议，问民疾苦。在位十三年（前87—前74）。

⑨老子道君，在孕八十一年而始诞：语本唐·段成式《酉阳杂俎·玉格》："老君在胎八十一年，剖左腋而生，生而白首。"道教传说，老子道君为其母怀孕八十一年而生。这自然是神话传说，而宋元以来广为流传。宋·张君房《云笈七签（卷一百二）·纪传部·混

元皇帝圣纪》："自太上生后，复八十一万亿八十一万岁，乃生一气。一气生后，复八十一万亿八十一万岁乃生前三气。三气各相去八十一万亿八十一万岁，三合成德，共生老君焉。老君生后，八十一万亿八十一万岁，化生一气。一气生后，八十一万亿八十一万岁，化生后三气。三气又化生玄妙玉女。玉女生后，八十一万亿八十一万岁，三气混沌，凝结变化，五色玄黄，大如弹丸，入玄妙口中。玄妙因吞之，八十一年乃从左腋而生。生而白首，故号为老子。"明·冯梦龙《警世通言》第四十卷《旌阳宫铁树镇妖》："太上老君，乃元气之祖，生天生地，生佛生仙，号铁师元炀上帝。他化身周历尘沙，也不可计数。至商汤王四十八年，又来出世，乘太阳日精，化为弹丸，流入玉女口中。玉女吞之，遂觉有孕，怀胎八十一年，直到武丁九年，破胁而生。生下地时，须发就白，人呼为老子。老子生在李树上，因指李为姓，名耳，字伯阳。后骑着青牛出函谷关。把关吏尹喜望见紫气，知是异人，求得《道德真经》共五千言，传留于世。老子入流沙修炼成仙，今居太清仙境，称为'道德天尊'，这又是一教。"可见一斑。此老子道君，是道教仙话人物，不能简单等同于先秦诸子中的老子。

⑩ 晚年生子，谓之老蚌生珠：语本《三国志·魏书·荀彧传》："太祖以彧为知人，诸所进达皆称职，唯严象为扬州，韦康为凉州，后败亡。"南朝宋·裴松之注："康字元将，亦京兆人。孔融与康父端书曰：'前日元将来，渊才亮茂，雅度弘毅，伟世之器也。昨日仲将又来，懿性贞实，文敏笃诚，保家之主也。不意双珠，近出老蚌，甚珍贵之。'"东汉末年，凉州牧韦端的两个儿子韦康（字元将）、韦诞（字仲将）都很优秀，孔融写信给韦端，赞誉其老蚌生双珠。魏晋六朝时以"老蚌生珠"比喻年老有贤子。《南齐书·王广之传》："世祖见广之子珍国应堪大用，谓广之曰：'卿可谓老蚌也。'"《北齐书·陆卬传》："陆卬，字云驹。少机悟，美风神，好学

不倦，博览群书，五经多通大义。善属文，甚为河间邢邵所赏。邵又与印父子彰交游，尝谓子彰曰：'吾以卿老蚌，遂出明珠，意欲为群拜纪可乎？'由是名誉日高，儒雅搢绅，尤所推许。"后世"老蚌生珠"则多用作老年生子的祝语。

⑪ 暮岁登科，正是龙头属老：语本宋·梁颢《登科谢恩》诗："天福三年来应举，雍熙二载始成名。饶他白发巾中满，且喜青云足下生。观榜更无朋辈在，到家惟有子孙迎。也知年少登科好，争奈龙头属老成。"相传梁颢八十二岁中进士。《古今图书集成》卷九十五引此诗，云出自明·廖用贤《尚友录》。元·阙名《氏族大全》卷九引此诗，云出自宋·宋正敏《遁斋闲览》。后世以"龙头属老"作为老年中榜之典。《儒林外史》第三回："次日起马，范进独自送在三十里之外，轿前打恭。周学道又叫到跟前，说道：'龙头属老成。本道看你的文字，火候到了，即在此科，一定发达。我复命之后，在京专候。'"登科，科举时期应考人被录取。唐·裴说《见王贞白》诗："共贺登科后，明宣入紫宸。"五代·王仁裕《开元天宝遗事·泥金帖子》："新进士才及第，以泥金书帖子，附家书中，用报登科之喜。"龙头，状元的别称。唐·黄滔《轭吟七言四韵攀寄翁文尧拾遗》诗："龙头龙尾前年梦，今日须怜应若神。"旧注："滔卯年冬在宛陵，梦文尧作状头及第。"宋·王闢之《渑水燕谈录·知人》："孙何、孙仅，学行文辞倾动场屋。何既为状元，王黄州览仅文编，书其后曰：'明年再就尧阶试，应被人呼小状元。'后榜仅果为第一。……（黄州）并寄何诗曰：'惟爱君家棣华榜，《登科记》上并龙头。'"

【译文】

梦见熊，梦见黑，是生儿子的预示；梦见虺，梦见蛇，是生女儿的吉兆。

梦见天使赠送兰花，兆示吉祥，郑文公的妾燕姞在生郑穆公之前做了如此奇梦;英雄人物生来就神奇,温峤听见婴儿桓温的哭声,便预知他将来不同凡响。

姜嫄生下稷,是踩到巨人足迹而怀胎的;简狄生下契,是吞下玄鸟的卵而怀孕的。

麒麟口吐玉书,这是上天在孔子降生之前显示的吉兆;玉燕飞入怀中,这是张说的母亲生他之前所做的奇梦。

汉太子刘弗陵,母亲怀胎十四个月后才生下他;道家始祖老子,母亲怀孕八十一年才把他生下来。

晚年生下胖小子,称之为"老蚌生珠";高龄科考夺头名,正所谓"龙头属老"。

贺男寿,曰南极星辉[①];贺女寿,曰中天婺焕[②]。

松柏节操,美其寿元之耐久[③];桑榆暮景,自谦老景之无多[④]。

矍铄[⑤],称人康健;聩眊[⑥],自谦衰颓[⑦]。

黄发、儿齿,有寿之征[⑧];龙钟、潦倒[⑨],年高之状。

日月逾迈[⑩],徒自伤悲[⑪];春秋几何[⑫],问人寿算[⑬]。

称少年,曰春秋鼎盛[⑭];羡高年,曰齿德俱尊[⑮]。

【注释】

①贺男寿,曰南极星辉:语本《太平御览(卷五)•天部五》所引《春秋元命苞》:"直弧北有一大星为老人星,见则治平,主寿;亡则君危,主亡。常以秋分候之。"老人星,即南极老人星。《史记•天官书》:"狼比地有大星,曰'南极老人'。老人见,治安;不见,兵起。常以秋分时候之于南郊。"唐•张守节正义:"老人一星,在弧南,一曰'南极',为人主占寿命延长之应。常以秋分之曙见于景,

春分之夕见于丁。见国长命，故谓之'寿昌'，天下安宁；不见，人主忧也。"《史记·封禅书》："于杜亳有三社主之祠、寿星祠。"唐·司马贞索隐："寿星，盖南极老人星也，见则天下理安，故祠之以祈福寿。"《朱子语类》卷二十三："义刚问：如说'南极见，老人寿'，则是南极也解见。曰：'南极不见。是南边自有一老人星，南极高时，解浮得起来。'"南极老人星，是南部天空一颗光度较亮的二等星。自古以来用作长寿的象征，民间常把它塑造成秃顶广额、白须持杖的老人，故传统以"南极星辉"为祝贺男子老寿之语。

②中天婺（wù）焕：天空中婺女星光彩照人。用作女子过生日的祝辞。中天，天空中间。婺，婺女，星宿名。即女宿。又名"须女""务女"。二十八宿之一，玄武七宿之第三宿，有星四颗。焕，发光。《礼记·月令》："（孟夏之月）日在毕，昏翼中，旦婺女中。"《史记·天官书》："婺女，其北织女。"唐·司马贞索隐："务女。《广雅》云'须女，谓之"务女"，是也。一作"婺"。'"《文选·谢希逸〈宋孝武宣贵妃诔并序〉》："望月方娥，瞻星比婺。"唐·李善注："《汉书》曰：'北官有婺女。'《星占》曰：'婺女为既嫁之女也。'"宋词中，祝女子老寿，多用"婺女"语典。如，吴儆《念奴娇·寿陈尚书母夫人》："东风着意，正群芳未放，蟠桃初缀。王母当年亲手种，来作人间上瑞。婺女星躔，金华福地，聊驻千千岁。恰才八十，百分未及一二。　　况是间生英贤，名高日月，未说文昌贵。今日凝香称寿斝，来岁衮衣当发。黄贴天香，太白珍膳，押赐传中旨。戏拈金果，宫娥应是争取。"宋·程节斋《清平乐·寿伯母》："吾家三母，先后相为寿。管领诸郎尽明秀，都是婺女星宿。　　华筵今日居先，适逢甲子周天。敬以庄椿为祝，举觞我愿年年。"

③松柏节操，美其寿元之耐久：语本《世说新语·言语》："顾悦与简文同年，而发早白。简文曰：'卿何以先白？'对曰：'蒲柳之姿，望

秋而落；松柏之质，经霜弥茂。'"东晋大臣顾悦与简文帝同年而头发早白，简文帝问为什么会这样。顾悦说自己好比蒲柳，一到秋天叶子就落了；简文帝好比松柏，霜降之后愈加青翠。后遂以"松柏节操"比喻人经得起岁月风霜。寿元，寿命，寿数。

④桑榆暮景（yǐng），自谦老景之无多：语本《太平御览》卷三引《淮南子》："日西垂，景在树端，谓之'桑榆'。（注：言其光在桑榆树上。）"《文选·曹植〈赠白马王彪〉》："年在桑榆间，影响不能追。"唐·李善注："日在桑榆，以喻人之将老。"桑榆暮景，或作"桑榆晚景"，指太阳余光照在桑树和榆树上的投影。代指人的晚年。景，同"影"，指日影。

⑤矍铄（jué shuò）：语本《后汉书·马援传》："援据鞍顾眄，以示可用。帝笑曰：'矍铄哉！是翁也。'"形容老人目光炯炯、精神健旺，老而强健。

⑥聩眊（kuì mào）：耳聋眼花。引申为昏聩不明事理、头脑糊涂。聩，耳聋。眊，眼花。宋·叶绍翁《四朝闻见录·庆元党》："至于众恶之交归，亦乃群情之共弃，而臣聩眊，初罔闻知，及此省循，甫深疑惧。"

⑦衰颓：（身体、精神等）衰弱颓废。

⑧黄发、儿齿，有寿之征：语本《诗经·鲁颂·泮水》："既多受祉，黄发儿齿。"朱子集传："儿齿，齿落更生细者，亦寿征也。"同篇前云："黄发台背，寿胥与试。"郑笺："黄发台背，皆寿征也。"孔疏："发有黄色之发，背有台文之背，得有如此长寿。"《尔雅·释诂》："黄发、齯齿、鲐背、耇、老，寿也。"《释名·释长幼》"或曰'齯齿'，大齿落尽，更生细者，如小儿齿也。"后遂以黄发儿齿指年老长寿。（按，"齯"同"兒"。"兒"为"儿"之繁体。）

⑨龙钟、潦倒：龙钟、潦倒，或联用，或单用，皆为形容年老体衰、行动不便的样子。唐·李华《卧疾舟中相里范二侍御先行赠别序》：

"华也潦倒龙钟,百疾丛体,衣无完帛,器无兼蔬。"宋·孙奕《履斋示儿编·字说·集字二》:"《缃素杂记》云:古语有二声合为一字音,……从西域二合之音,盖切字之原也。学者不晓'龙钟潦倒'之义,正如二合之音是也。'龙钟'切为'癃'字,'潦倒'切为'老'字。谓人之老羸癃疾者,即以龙钟潦倒目之。"

⑩ 日月逾迈:语本《尚书·秦誓》:"我心之忧,日月逾迈,若弗云来。"唐·孔颖达疏:"言日月益为疾行,并皆过去。"日月前行,指时光流逝。

⑪ 徒:白白地,空自。

⑫ 春秋几何:多大年纪。春秋,一春一秋为一年,因此用来指年龄。《战国策·楚策四》:"今楚王之春秋高矣,而君之封地,不可不早定也。"几何,犹若干、多少。《诗经·小雅·巧言》:"为犹将多,尔居徒几何?"清·马瑞辰通释:"尔居徒几何,即言尔徒几何也。"《史记·白起王翦列传》:"于是始皇问李信:'吾欲攻取荆,于将军度用几何人而足?'"《新唐书·李多祚传》:"(张柬之)乃从容谓曰:'将军居北门几何?'曰:'三十年矣。'"

⑬ 寿算:寿数,年寿。唐·牛僧孺《玄怪录·齐推女》:"李氏寿算长,若不再生,议无厌伏。"

⑭ 春秋鼎盛:指人的年龄正处于旺盛、强壮之际。鼎盛,正当旺盛之时。《汉书·贾谊传》引其《陈政事疏》:"天子春秋鼎盛,行义未过,德泽有加焉,犹尚若比,况莫大诸侯,权势十此者乎?"后世多用以称少年。

⑮ 齿德俱尊:年龄和德行都很高,常指年高德重的长者。齿德俱尊,宋明以来习用。《孟子·离娄上》:"二老者,天下之大老也,而归之,是天下之父归之也。天下之父归之,其子焉往?"朱子集注:"大老,言非常人之老者。天下之父,言齿德皆尊,如众父然。既得其心,则天下之心不能外矣。"《金瓶梅》第三十一回《琴童藏

壶构衅，西门开宴为欢》："周守备道：'二位老太监齿德俱尊。'"第七十一回《李瓶儿何家托梦，朱太尉引奏朝仪》："西门庆道：'学生与天泉同寅晚辈，老公公齿德俱尊，又系中贵，自然该受礼。'"齿德，《孟子·公孙丑下》："天下有达尊三：爵一，齿一，德一。"后用"齿德"指年龄与德行。齿，因为幼马每年长一颗牙齿，所以用齿数来计算牛马的岁数，也泛指人的年龄。《礼记·文王世子》："古者谓年龄，齿亦龄也。"

【译文】

祝贺男士过生日，说"南极星辉"；祝贺女士寿诞，说"中天婺焕"。

松柏经冬耐寒，"松柏节操"，常用来称颂老人健康长寿；桑榆是日落之处，"桑榆暮景"，常用来自谦年纪大，来日无多。

"矍铄"的意思是精神很好，用来夸赞别人身体健康；"聩眊"的意思是耳聋眼花，多用以自谦年迈衰老。

长出黄发和小白牙，是长寿的象征；行动迟缓、反应迟钝，是年纪大的表现。

"日月逾迈"，是自叹年华虚度的伤悲之语；"春秋几何"，是询问别人年纪多大。

称赞别人年轻，说"春秋鼎盛"，也即年富力强之意；艳美别人长寿，说"齿德俱尊"，也即年长德高之意。

行年五十，当知四十九年之非①；在世百年，那有三万六千日之乐②？

百岁曰上寿，八十曰中寿，六十曰下寿③；八十曰耋，九十曰耄，百岁曰期颐④。

童子十岁就外傅，十三舞勺，成童舞象⑤；老者六十杖于乡，七十杖于国，八十杖于朝⑥。

后生固为可畏⑦，而高年尤是当尊⑧。

【注释】

① 行年五十，当知四十九年之非：语本《淮南子·原道训》："凡人中寿七十岁，然而趋舍指凑，日以月悔也，以至于死，故蘧伯玉年五十而有四十九年非。"东汉·高诱注："伯玉，卫大夫璩瑗也。今年则行是也，则还顾知去年之所行非也。岁岁悔之，以至于死，故有四十九年非，所谓月悔朔，日悔昨也。"

② 在世百年，那有三万六千日之乐：语本唐·李白《襄阳歌》："百年三万六千日，一日须倾三百杯。"一年三百六十日，百年三万六千日。百年，指人的一生。又，李白《阳春歌》："圣君三万六千日，岁岁年年奈乐何。"

③ "百岁曰上寿"三句：语本《庄子·盗跖》："人上寿百岁，中寿八十，下寿六十，除病瘦死丧忧患，其中开口而笑者，一月之中不过四五日而已矣。"

④ "八十曰耋（dié）"三句：语本《礼记·曲礼上》："人生十年曰'幼'，学；二十曰'弱'，冠；三十曰'壮'，有室；四十曰'强'，而仕；五十曰'艾'，服官政；六十曰'耆'，指使；七十曰'老'，而传；八十、九十曰'耄'，七年曰'悼'。悼与耄，虽有罪，不加刑焉。百年曰'期颐'。"唐·陆德明释文："本或作'八十曰"耋"，九十曰"旄（耄）"'。"东汉·郑玄注："耄，惽忘也。《春秋传》曰：'谓老将知，耄又及之。'"东汉·郑玄注："期，犹要也；颐，养也。不知衣服食味，孝子要尽养道而已。"唐·孔颖达疏："人年百岁不复知衣服、饮食、寒暖、气味，故人子用心要求亲之意而尽养道也。颐，养也。"清·孙希旦集解："百年者饮食、居处、动作，无所不待于养。方氏悫曰：'人生以百年为期，故百年以期名之。'"耄（mào），年老。古代指八九十岁的年纪。耋，古代指七八十岁的年纪。《说

文》:"年八十曰'耋'。字亦作'耊'。"亦有说指七十岁。耄、耋,具体各指多大年纪,古注略有分期,但大抵不出七十至九十岁这一范围。旧时习惯"耄耋"连用,代指高寿之人。期颐(yí),指百岁以上的老人,意思是人生以百年为期,所以称百岁为"期颐之年"。

⑤"童子十岁就外傅"三句:语本《礼记·内则》:"十年,出就外傅,居宿于外,学书计。衣不帛襦裤。礼帅初,朝夕学幼仪,请肄简谅。十有三年,学乐,诵诗,舞勺。成童舞象,学射御。"东汉·郑玄注:"外傅,教学之师也。""先学《勺》,后学《象》,文武之次也。成童,十五以上。"唐·孔颖达疏:"'舞《勺》'者,熊氏云:勺篇也。言十三之时,学此舞勺之文舞也。'成童舞象'者,成童谓十五以上,舞象谓舞武也。熊氏云:'谓用干戈之小舞也。以其年尚幼,故习文武之小舞也。'"就外傅,指(儿童)离家就学于师。舞勺,指古代儿童学文舞。《礼记·内则》言儿童十三岁之时,学此舞勺之文舞也。后用以指幼年。成童,古代指年龄稍大的儿童。一说是十五岁以上,见《礼记·内则》郑玄注。一说是八岁以上,《穀梁传·昭公十九年》:"羁贯成童,不就师傅,父之罪也。"晋·范宁注:"成童,八岁以上。"象舞,学象舞。象舞,武舞,古代成童所学。见《礼记·内则》。后以指成童之年。唐·邢璹《〈周易略例〉序》:"臣舞象之年,鼓箧鳣序,渔猎坟典,偏习《周易》,研穷耽玩,无舍寸阴。"

⑥"老者六十杖于乡"三句:语本《礼记·王制》:"五十杖于家,六十杖于乡,七十杖于国,八十杖于朝,九十者,天子欲有问焉,则就其室,以珍从。"杖,这里作动词,指拄拐杖。老人是尊者,拄拐杖是尊老的表示。周礼,年过五十可以在家拄拐杖,六十可以在乡拄拐杖,七十可以在国中拄拐杖,八十老人可以在朝堂上拄拐杖。

⑦后生固为可畏:语本《论语·子罕》:"后生可畏,焉知来者之不如

今也?"朱子集注:"孔子言后生年富力强,足以积学而有待,其势可畏,安知其将来不如我之今日乎?"后遂以"后生可畏"指青年势必超过前辈,令人敬畏。

⑧高年尤是当尊:语本《孔子家语·正论解》:"哀公问于孔子曰:'二三大夫皆劝寡人,使隆敬于高年,何也?'孔子对曰:'君之及此言,将天下始赖之,岂唯鲁哉!'公曰:'何也,其义可得闻乎?'孔子曰:'昔者,有虞氏贵德而尚齿,夏后氏贵爵而尚齿,殷人贵富而尚齿,周人贵亲而尚齿。虞、夏、殷、周,天下之盛王也,未有遗年者焉。高年者,贵于天下久矣,次于事亲,是故朝廷同爵而尚齿。……'"高年,上了年纪的人。

【译文】

人到五十岁,应当反省前四十九年的过失;人生不过百年,哪能指望三万六千日每天都过得无忧无虑?

百岁叫"上寿",八十岁叫"中寿",六十岁叫"下寿";八十岁又叫"耋",九十岁又叫"耄",一百岁又称为"期颐"。

儿童年满十岁就要外出从师学习,十三岁要开始学文舞,十五岁则要学武舞;老人年届六十可以在乡里拄拐杖,到了七十岁可以在国都拄拐杖,满了八十岁可以在朝堂上拄拐杖。

年轻人潜力无穷,固然值得敬畏;而年纪大的人经验丰富,更应当受到尊敬。

身体

【题解】

本篇61联,讲的都是和身体各部位相关的成语典故。

开篇数句述古圣贤王天生异相。大抵出自《春秋元命苞》《帝王世纪》等书,多为谶纬流行时代的产物,迷信色彩浓重,附会成分亦多。然流传深广,汉代以来,为多种典籍称引。其中较著者,有《淮南子》《论衡》《刘子》《金楼子》等。

　　百体惟血肉之躯①,五官有贵贱之别②。

　　尧眉分八彩③,舜目有重瞳④。

　　耳有三漏,大禹之奇形⑤;臂有四肘,成汤之异体⑥。

　　文王龙颜而虎眉⑦,汉高斗胸而隆准⑧。

　　孔圣之顶若圩⑨,文王之胸四乳⑩。

　　周公反握,作兴周之相⑪;重耳骈胁,为霸晋之君⑫。

　　此皆古圣之英姿,不凡之贵品⑬。

【注释】

①百体:人体的各个部分。《管子·立政》:"令则行,禁则止,宪之所及,俗之所被,如百体之从心,政之所期也。"李光明庄本,"惟"作"非",据钱本改。

②五官:人体五种器官,耳、目、鼻、口、形。或谓耳、目、鼻、口、心。《荀子·天论》:"耳、目、鼻、口、形,能各有接而不相能也,夫是之谓'天官'。心居中虚,以治五官,夫是之谓'天君'。"《荀子·正名》:"五官簿之而不知,心征之而无说。"唐·杨倞注:"五官,耳、目、鼻、口、心也。"因心为主宰,地位尊于耳、目、鼻、口,故云"五官有贵贱之别"。

③尧眉分八彩:语本《淮南子》《论衡》《春秋元命苞》《孔丛子》诸书,流传深广。《艺文类聚(卷十一)·帝王部一》引《春秋元命苞》曰:"尧眉八采,是谓通明,历象日月璇玑玉衡。"《孔丛子·居卫》:"昔尧身修十尺,眉分八采。"传说尧的眉毛有八种颜色。一说,眉分八采,即八字眉。晋·葛洪《抱朴子内篇·祛惑》:"世云

尧眉八采，不然也，直两眉头甚竖，似八字耳。"另，《初学记（卷九）·帝王部》引《尚书大传》曰："尧八眉。八眉者如八字。"《太平御览（卷三百六十五）·人事部六》亦引之，文字略有出入。

④ 舜目有重瞳：语本《淮南子》《论衡》《史记》《孝经援神契》诸书，流传深广。《艺文类聚（卷十一）·帝王部一》引《孝经援神契》曰："舜龙颜重瞳大口。"重瞳，一个眼睛里有两个瞳孔。《史记·项羽本纪论》"吾闻之周生曰'舜目盖重瞳子'，又闻项羽亦重瞳子。"南朝宋·裴骃集解引《尸子》："舜两眸子，是谓重瞳。"

⑤ 耳有三漏，大禹之奇形：语本《淮南子》《论衡》《帝王世纪》诸书，流传深广。《艺文类聚（卷十一）·帝王部一》引《帝王世纪》曰："伯禹夏后氏，姒姓也，生于石坳，虎鼻大口，两耳参漏。"三漏，亦作"参漏"。两耳各有三个孔。

⑥ 臂有四肘，成汤之异体：语本《春秋元命苞》《帝王世纪》诸书，流传深广。《艺文类聚（卷十一）·帝王部一》引《春秋元命苞》曰："汤臂四肘，是谓神肘。"《初学记（卷九）·帝王部》引《帝王世纪》："主癸之妃曰'扶都'，见白气贯月，意感以乙日生汤，故名'履'。字天乙，是谓成汤帝。丰下锐上，晳而有髯，倨身而扬声，长九尺，臂四肘，有圣德。"《太平御览》亦引《春秋元命苞》《帝王世纪》，文字略有出入。《论衡·骨相》则曰"汤臂再肘"、《刘子·命相》亦曰"汤臂二肘"。《论衡》《刘子》或以单臂言之。

⑦ 文王龙颜而虎眉：语本《帝王世纪》。《艺文类聚（卷十二）·帝王部二》引《帝王世纪》曰："文王昌，龙颜虎肩，身长十尺，胸有四乳。"《史记·周本纪》唐·张守节正义，《太平御览（卷八十四）·皇王部九·周文王》亦引《帝王世纪》。《宋书·符瑞志》、南朝梁·萧绎《金楼子·兴王篇》亦曰："（文王）龙颜虎肩，身长十尺，胸有四乳。"而《太平御览（卷三百六十五）·人事部六》引《帝王世纪》曰："文王虎眉。"《史记·周本纪》、唐·张守节正义、

《金楼子·兴王篇》，皆另有版本作"龙颜虎眉"。则"虎肩""虎眉"之异，由来已久。"肩""眉"二字形近，窃疑"眉"为"肩"之讹。龙颜，指眉骨圆起。相传黄帝、周文王、汉高祖皆是此相。后因用以指帝王的容貌。

⑧汉高斗胸而隆准：语本《史记·汉高祖本纪》："高祖为人，隆准而龙颜，美须髯，左股有七十二黑子。"南朝宋·裴骃集解引文颖曰："高祖感龙而生，故其颜貌似龙，长颈而高鼻。"唐·张守节正义引《河图》："帝刘季口角戴胜，斗胸，龟背，龙股，长七尺八寸。"斗胸，胸部隆起像斗一样。相传大禹、汉高祖皆是此相。后来便用"斗胸"代表圣君之象。隆准，高鼻梁。因汉高祖刘邦生有此相，故后以代指帝王。

⑨孔圣之顶若圩（yú）：语本《史记·孔子世家》："鲁襄公二十二年而孔子生。生而首上圩顶，故因名曰'丘'云。"唐·司马贞索隐："'圩顶'言顶上窳也，故孔子顶如反宇。反宇者，若屋宇之反，中低而四傍高也。"圩顶，指头顶凹陷，即头部中央低而四旁高。圩，凹。

⑩文王之胸四乳：语本《春秋元命苞》《帝王世纪》诸书，流传深广。诸书引《帝王世纪》者，见前注。《初学记（卷九）·帝王部》引《春秋元命苞》："文王四乳，是谓含良，盖法酒旗布恩舒明。"东汉·宋均注："酒者乳也，能乳天下布恩之谓也。"《艺文类聚（卷十二）·帝王部二》亦引之。四乳，胸前有四只乳头。多出的两只，恐即今之所谓副乳。

⑪周公反握，作兴周之相：语本唐·道宣《广弘明集》卷十三《辩正论》："周公反握，犹骐骥之一毛；禹耳齐肩，乃昆山之片玉。"反握，传说周公手骨绵软，可以反转过来握住自己的手腕。旧注引《相法》："周公两手如绵，可以反握。"

⑫重耳骈胁（pián xié），为霸晋之君：语本《左传·僖公二十三年》：

"及曹，曹共公闻其骈胁，欲观其裸。浴，薄而观之。"晋·杜预注："骈胁，合干。"《史记·管蔡世家》："初，晋公子重耳其亡过曹，曹君无礼，欲观其骈胁。"南朝宋·裴骃集解引三国吴·韦昭曰："骈者，并干也。"骈胁，肋骨连接在一起。春秋时期的晋文公重耳生此异相。

⑬贵品：高贵的品类、贵重的特征。品，等级，种类。此数句述古圣贤王天生异相。大抵出自《春秋元命苞》《帝王世纪》等书，多为谶纬流行时代的产物，迷信色彩浓重，附会成分亦多。然流传深广，汉代以来，为多种典籍称引。其中较著者，有《淮南子》《论衡》《刘子》《金楼子》等。《淮南子·修务训》："若夫尧眉八彩，九窍通洞，而公正无私，一言而万民齐；舜二瞳子，是谓重明，作事成法，出言成章；禹耳参漏，是谓大通，兴利除害，疏河决江；文王四乳，是谓大仁，天下所归，百姓所亲；皋陶马喙，是谓至信，决狱明白，察于人情；禹生于石，契生于卵，史皇产而能书，羿左臂修而善射。若此九贤者，千岁而一出，犹继踵而生。"《论衡·骨相》："传言黄帝龙颜，颛顼戴午，帝喾骈齿，尧眉八采，舜目重瞳，禹耳三漏，汤臂再肘，文王四乳，武王望阳，周公背偻，皋陶马口，孔子反羽。斯十二圣者，皆在帝王之位，或辅主忧世，世所共闻，儒所共说，在经传者较著可信。"北齐·刘昼《刘子·命相第二十五》："伏羲日角，黄帝龙颜，帝喾戴肩，颛顼骈骭，尧眉八采，舜目重瞳，禹耳三漏，汤臂二肘，文王四乳，武王骈齿，孔子返宇，颜回重瞳，皋陶鸟喙。若此之类，皆圣贤受天殊相而生者也。"梁·萧绎《金楼子·兴王篇》所述，篇幅尤长，不具引，读者可自行翻检。

【译文】

人体各部分均由血肉构成，五官的作用也是主次有别。

尧的眉毛有八种色彩，舜的眼睛有两个瞳仁。

两只耳朵各有三个孔，大禹外表不同寻常；两只手臂共有四个肘，成汤体貌与众不同。

周文王额头像龙、眉毛像虎,汉高祖胸部如斗、鼻梁很高。

孔子的头顶下凹,周文王的胸前生有四只乳头。

周公的手可以反转回去握住手腕,后来成为振兴周朝的贤能宰相;重耳的肋骨连成一块,后来成为称霸中原的晋国君王。

以上这些,都是古代圣贤的英伟身姿,有着不同常人的高贵品质。

　　至若发肤不可毁伤,曾子常以守身为大①;待人须当量大,师德贵于唾面自干②。

　　谗口中伤,金可铄而骨可销③;虐政诛求,敲其肤而吸其髓④。

　　受人牵制,曰掣肘⑤;不知羞愧,曰厚颜⑥。

　　好生议论⑦,曰摇唇鼓舌⑧;共话衷肠⑨,曰促膝谈心⑩。

　　怒发冲冠,蔺相如之英气勃勃⑪;炙手可热,唐崔铉之贵势炎炎⑫。

　　貌虽瘦而天下肥,唐玄宗之自谓⑬;口有蜜而腹有剑,李林甫之为人⑭。

　　赵子龙一身都是胆⑮,周灵王初生便有须⑯。

【注释】

①至若发肤不可毁伤,曾子常以守身为大:语本《孝经·开宗明义章》:"身体发肤,受之父母,不敢毁伤,孝之始也。"及《孟子·离娄上》:"事,孰为大?事亲为大。守,孰为大?守身为大。"东汉·赵岐注:"事亲,养亲也。守身,使不陷于不义也。"朱子集注:"守身,持守其身,使不陷于不义也。一失其身,则亏体辱亲,

虽日用三牲之养，亦不足以为孝矣。”守身，保持品德和节操，不使自身陷于不义，遭受刑罚。

②待人须当量大，师德贵于唾面自干：语本《新唐书·娄师德传》："其弟守代州，辞之官，教之耐事。弟曰：'人有唾面，絜之乃已。'师德曰：'未也。絜之，是违其怒，正使自干耳。'"后以"唾面自干"形容逆来顺受，受辱而不计较、反抗。此事流传甚广，《大唐新语》卷七、《隋唐嘉话》卷下皆载。宋·吴曾《能改斋漫录·唾面自干》："唐娄师德，其弟守代州，辞之官，教之耐事。弟曰：'人有唾面者，洁之乃已。'师德曰：'未也，洁之是违其怒，正使其自干耳。'盖本《尚书大传·大战篇》太公曰：'骂汝毋叹，唾汝毋干。毋叹毋干，是谓艰难。'"师德，娄师德（630—699），字宗仁，郑州原武（今河南原阳）人。唐太宗贞观中擢进士第。唐高宗上元初，为监察御史。仪凤三年（678）应诏从军，屡胜吐蕃。累官至同凤阁鸾台平章事，掌朝政。前后总边要、为将相三十年，所至有功。卒谥贞。唾面自干，别人把唾沫吐在自己脸上，不要自己擦干净，而应让唾沫自己干。

③谗（chán）口中伤，金可铄（shuò）而骨可销：语本《史记》所载西汉·邹阳《狱中上梁孝王书》。《史记·鲁仲连邹阳列传》："邹阳客游，以谗见禽，恐死而负累，乃从狱中上书曰：'……昔者鲁听季孙之说而逐孔子，宋信子罕之计而囚墨翟。夫以孔、墨之辩，不能自免于谗谀，而二国以危。何则？众口铄金，积毁销骨也。'"邹阳之语，西汉·刘向《新序·杂事三》、东汉·班固《汉书·贾邹枚路传》亦载。《汉书》唐·颜师古注曰："美金见毁，众共疑之，数被烧炼，以至销铄。谗佞之人，肆其诈巧，离散骨肉，而不觉知。"又，《史记·张仪列传》："臣闻之，积羽沉舟，群轻折轴，众口铄金，积毁销骨，故愿大王审定计议，且赐骸骨辟魏。"《汉书·景十三王传》："臣身远与寡，莫为之先，众口铄金，积毁销骨，丛

轻折轴,羽翮飞肉,纷惊逢罗,潸然出涕。"东汉·应劭《风俗通义·正失序》:"孟轲云:尧、舜不胜其美,桀、纣不胜其恶。传言失指,图景失形。众口铄金,积毁消骨,久矣其患之也。""众口铄金,积毁销骨",或为先秦秦汉时期俗语。"众口铄金"单用,更见于《国语》《楚辞》等先秦典籍。《国语·周语下》:"王不听,卒铸大钟。二十四年,钟成,伶人告和。王谓伶州鸠曰:'钟果和矣。'对曰:'未可知也。'王曰:'何故?'对曰:'上作器,民备乐之,则为和。今财亡民罢,莫不怨恨,臣不知其和也。且民所曹好,鲜其不济也。其所曹恶,鲜其不废也。故谚曰:"众心成城,众口铄金。"今三年之中,而害金再兴焉,惧一之废也。'王曰:'尔老耄矣!何知?'二十五年,王崩,钟不和。"三国吴·韦昭注:"铄,销也。众口所毁,虽金石犹可销也。"《楚辞·九章·惜诵》:"昔余梦登天兮,魂中道而无杭。吾使厉神占之兮,曰有志极而无旁。终危独以离异兮,曰君可思而不可恃。故众口其铄金兮,初若是而逢殆。"东汉·王逸注:"言众口所论,万人所言,金性坚刚,尚为销铄,以喻谗言多,使君乱惑也。"谗口,说坏话的嘴,说坏话的人。《诗经·小雅·十月之交》:"无罪无辜,谗口嚣嚣。"谗,在别人面前说陷害某人的坏话。中伤,诬蔑诽谤别人,让对方受到损害。《汉书·佞幸传·石显》:"内深贼,持诡辩以中伤人。"金可铄而骨可销,也即"众口铄金,积毁销骨"。原指在众人持续的指责攻击之下,即使坚如铁石与骨骼之物,也会熔化毁灭。后来比喻舆论作用极大,众口一词,能颠倒是非,置人于死地。

④虐政诛求,敲其肤而吸其髓:语本《景德传灯录·菩提达磨》:"昔人求道,敲骨取髓,刺血济饥。"后以"敲骨吸髓"比喻残酷地剥削。此处改"骨"为"肤",是为了更好地与上文"铄"字对仗("铄"字仄声,"肤"字平声)。另,《明史·田大益列传》:"大益因上言:'陛下驱率狼虎,飞而食人,使天下之人,剥肤而吸髓,

重足而累息,以致天灾地坼,山崩川竭。……'"虐政,残暴的政策法令,暴政。诛求,蛮横索取,强制征收。《左传·襄公三十一年》:"以敝邑褊小,介于大国,诛求无时,是以不敢宁居,悉索敝赋,以来会时事。"晋·杜预注:"诛,责也。"

⑤掣肘(chè zhǒu):典出《吕氏春秋·审应览·具备》:"宓子贱治亶父,恐鲁君之听谗人,而令己不得行其术也。将辞而行,请近吏二人于鲁君,与之俱至于亶父。邑吏皆朝,宓子贱令吏二人书。吏方将书,宓子贱从旁时掣摇其肘。吏书之不善,则宓子贱为之怒。吏甚患之,辞而请归。宓子贱曰:'子之书甚不善,子勉归矣。'二吏归报于君,曰:'宓子不可为书。'君曰:'何故?'吏对曰:'宓子使臣书,而时掣摇臣之肘,书恶而有甚怒,吏皆笑宓子(按,此句不可解,或有讹误),此臣所以辞而去也。'鲁君太息而叹曰:'宓子以此谏寡人之不肖也。寡人之乱子,而令宓子不得行其术,必数有之矣。微二人,寡人几过。'"此事亦见载于《孔子家语·屈节解》:"孔子弟子有宓子贱者,仕于鲁,为单父宰。恐鲁君听馋言,使己不得行其政,于是辞行,故请君之近史二人,与之俱至官。宓子贱戒其邑吏,令二史书。方书辄掣其肘,书不善则从而怒之。二史患之,辞请归鲁。宓子曰:'子之书甚不善,子勉而归矣。'二史归报于君曰:'宓子使臣书而时掣臣肘,书恶而又怒臣,邑吏皆笑之。此臣所以去之而来也。'"后因以"掣肘"谓从旁牵制。唐·陆贽《论缘边守备事宜状》:"若谓志气足任,方略可施,则当要之于终,不宜掣肘于其间也。"

⑥厚颜:厚脸皮,不知羞耻。《荀子·解蔽》:"厚颜而忍诟。"又,"颜厚"一词见于《诗》《书》二经,早于"厚颜"。《尚书·五子之歌》:"其五曰:呜呼曷归? 予怀之悲。万姓仇予,予将畴依? 郁陶乎予心,颜厚有忸怩。弗慎厥德,虽悔可追?"西汉·孔安国传:"颜厚,色愧。"《诗经·小雅·巧言》:"荏染柔木,君子树之。往来

行言，心焉数之。蛇蛇硕言，出自口矣。巧言如簧，颜之厚矣。"
朱子集注："颜厚者，顽不知耻也。"五代·王仁裕《开元天宝遗
事·惭颜厚如甲》："进士杨光远，惟多矫饰，不识忌讳。游谒王公
之门，干索权豪之族，未尝自足；稍有不从，便多诽谤，常遭有势挞
辱，略无改悔。时人多鄙之，皆云杨光远惭颜厚如十重铁甲也。"

⑦好（hào）生议论：喜欢发表议论。

⑧摇唇鼓舌：出自《庄子·盗跖》："摇唇鼓舌，擅生是非，以迷天下
之主。"是庄子杜撰盗跖骂孔子的话。后用以形容利用口才进行
煽动或游说。亦泛指多言，卖弄口才。

⑨共话衷肠：相互倾诉心里的话。衷肠，心里话、内心的感情。

⑩促膝谈心：形容亲密地交谈心里话。唐·田颖《揽云台记》："即
有友人，不过十余知音之侣，来则促膝谈心，率皆圣贤之道，不敢
稍涉异言。"古人席地而坐，或坐在床上，两人对坐时，膝盖靠近，
叫作"促膝"。促，靠近。

⑪怒发冲冠，蔺相如之英气勃勃：语本《史记·廉颇蔺相如列传》：
"赵王于是遂遣相如奉璧西入秦。秦王坐章台见相如，相如奉璧
奏秦王。秦王大喜，传以示美人及左右，左右皆呼万岁。相如视
秦王无意偿赵城，乃前曰：'璧有瑕，请指示王。'王授璧，相如因
持璧却立，倚柱，怒发上冲冠，谓秦王曰：……"战国时，秦王提出
以十五座城换赵国和氏璧，赵国蔺相如奉命出使秦国，在秦廷见
秦王无意给赵国城池，怒发冲冠，斥责秦王不守信用。怒发冲冠，
愤怒到头发直竖，顶着帽子，形容极端愤怒。英气，英武豪迈的气
概。勃勃，兴盛貌。

⑫炙（zhì）手可热，唐崔铉（xuàn）之贵势炎炎：语本《新唐书·崔
铉传》："宣宗初，擢河中节度使，以御史大夫召，用会昌故官辅
政，进尚书左仆射，兼门下侍郎，封博陵郡公。铉所善者郑鲁、杨
绍复、段瓌、薛蒙，颇参议论。时语曰：'郑、杨、段、薛，炙手可热；

欲得命通，鲁、绍、璩、蒙。'"唐朝宰相崔铉，权势很大，当时人们称他这一派势力"炙手可热"。炙手可热，接近之便烫手，比喻权势大，气焰盛，多指气焰嚣张，令人不敢接近。唐·杜甫《丽人行》："炙手可热势绝伦，慎莫近前丞相嗔。"炙，烤。崔铉（？—869），字台硕，唐博陵（今河北蠡县南）人。崔元略子。唐文宗大和元年（827）登进士第，开成末，入为左拾遗，迁司勋员外郎，充翰林学士。唐武宗时，任司封郎中、知制诰、翰林学士承旨，迁中书舍人。会昌三年（843），拜中书侍郎、同平章事，后罢相出为陕虢观察使。唐宣宗初，为河中节度使，召为御史大夫，复任相七年，出为淮南、山南东道二镇节度使。唐懿宗咸通六年（865），徙为荆南节度使，封魏国公。卒于官。生平见新、旧《唐书》本传。贵势炎炎，权势如同火焰一般旺盛。炎炎，原指火焰旺盛，代指威势显赫。《汉书·扬雄传下》："炎炎者灭，隆隆者绝。"宋·罗大经《鹤林玉露》卷十一："（潘良贵）晚年力量尤凝定，秦桧势正炎炎，冷处一角，笑傲泉石。"

⑬貌虽瘦而天下肥，唐玄宗之自谓：语本《新唐书·韩休传》："嵩宽博多可，休峭鲠，时政所得失，言之未尝不尽。帝尝猎苑中，或大张乐，稍过差，必视左右曰：'韩休知否？'已而疏辄至。尝引鉴，默不乐。左右曰：'自韩休入朝，陛下无一日欢。何自戚戚，不逐去之？'帝曰：'吾虽瘠，天下肥矣。且萧嵩每启事，必顺旨，我退而思天下，不安寝。韩休敷陈治道，多讦直，我退而思天下，寝必安。吾用休，社稷计耳。'"唐玄宗每次游猎行乐稍稍过头，宰相韩休必定谏阻，玄宗为此闷闷不乐，曾对镜黯然，有人劝玄宗放逐韩休，玄宗说我虽瘦而天下肥，我用韩休是为了天下啊！

⑭口有蜜而腹有剑，李林甫之为人：语本《资治通鉴·唐纪·唐玄宗天宝元年》："李林甫为相，凡才望功业出己右及为上所厚、势位将逼己者，必百计去之；尤忌文学之士，或阳与之善，啖以甘言而

阴陷之。世谓李林甫'口有蜜,腹有剑'。"唐代宰相李林甫当面对人非常和善客气,但背后却常常说坏话诬害他人。世人说他嘴唇涂蜜糖,肚里藏利剑。后因以"口蜜腹剑"形容两面派的狡猾阴险,多指心肠狠毒、表里不一的人。

⑮赵子龙一身都是胆:语本《三国志·蜀书·赵云传》南朝宋·裴松之注引《云别传》:"夏侯渊败,曹公争汉中地,运米北山下,数千万囊。黄忠以为可取,云兵随忠取米。忠过期不还,云将数十骑轻行出围,迎视忠等。值曹公扬兵大出,云为公前锋所击,方战,其大众至,势逼,遂前突其陈,且斗且却。公军败,已复合,云陷敌,还趣围。将张著被创,云复驰马还营迎著。公军追至围,此时沔阳长张翼在云围内,翼欲闭门拒守,而云入营,更大开门,偃旗息鼓。公军疑云有伏兵,引去。云雷鼓震天,惟以戎弩于后射公军,公军惊骇,自相蹂践,堕汉水中死者甚多。先主明旦自来,至云营围视昨战处,曰:'子龙一身都是胆也!'"一身都是胆,全身是胆,形容胆量大,无所畏惧。

⑯周灵王初生便有须:语本《左传·昭公二十六年》:"王子朝使告于诸侯曰:'……秦人降妖,曰:"周其有髭王,亦克能修其职。诸侯服享,二世共职。王室其有间王位,诸侯不图,而受其乱灾。"'至于灵王,生而有髭。王甚神圣,无恶于诸侯。"相传,周灵王刚生下来就有胡须。周灵王(?—前545),东周第十一代国王,姓姬,名泄心,前571—前545年在位。

【译文】

　　至于说头发、皮肤都是父母双亲所给,不能让它轻易受到损伤,曾子常将爱惜身体当作人生大事;待人应该胸怀开阔,娄师德最重忍辱,提倡即便脸上被人吐了唾沫,也不妨让它自己晾干。

　　说坏话诬陷他人的杀伤力,可以达到熔化金属、销毁骨头的地步;实施暴政搜刮百姓,可怕的程度如同敲破骨头吸取骨髓。

行动受人牵制，叫"掣肘"；内心不知羞愧，叫"厚颜"。

喜欢胡乱发议论，称为"摇唇鼓舌"；相互倾诉心里话，叫作"促膝谈心"。

"怒发冲冠"，形容蔺相如大义凛然的英勇气概；"炙手可热"，形容崔铉手中的权势盛如火焰。

"吾貌虽瘦而天下肥"，唐玄宗自称宁愿自己身体清瘦，也要让天下百姓富足安康；"口有蜜而腹有剑"，李林甫待人，嘴上如同涂了蜜糖，肚子里却暗藏利剑。

赵子龙浑身都是胆，周灵王生下来便有胡须。

来俊臣注醋于囚鼻，法外行凶①；严子陵加足于帝腹，忘其尊贵②。

久不屈兹膝，郭子仪尊居宰相③；不为米折腰，陶渊明不拜吏胥④。

断送老头皮，杨璞得妻送之诗⑤；新剥鸡头肉，明皇爱贵妃之乳⑥。

纤指如春笋⑦，媚眼若秋波⑧。

肩曰玉楼，眼名银海⑨；

泪曰玉箸⑩，顶曰珠庭⑪。

歇担，曰息肩⑫；不服，曰强项⑬。

【注释】

①来俊臣注醋于囚鼻，法外行凶：语本《新唐书·酷吏传·来俊臣》："俊臣鞫囚，不问轻重皆注醯（xī，醋）于鼻，掘地为牢，或寝以匽溺，或绝其粮，囚至啮衣絮以食，大抵非死终不得出。每赦令下，必先杀重囚乃宣诏。"来俊臣（651—697），唐京兆万年（今陕西

西安东北)人。性残忍。武则天天授中,上书告密,累擢侍御史,加朝散大夫,拜左台御史中丞。以酷吏著名。曾与其党朱南山辈造《告密罗织经》一篇,作各种酷刑。诬告胁制大臣,前后族千余家。后与诸武有隙,被诸武告发其罪而诛,国人竞剐其肉。法外,法律规章之外。也即不顾法律约束。

②严子陵加足于帝腹,忘其尊贵:语本《后汉书·逸民传·严光》:"复引光入,论道旧故,相对累日。帝从容问光曰:'朕何如昔时?'对曰:'陛下差增于往。'因共偃卧,光以足加帝腹上。明日,太史奏客星犯御坐甚急。帝笑曰:'朕故人严子陵共卧耳。'"严子陵早年与汉光武帝刘秀是好朋友。后来刘秀成为皇帝,请他来到宫中叙旧聊天,晚上同榻而眠,他肆无忌惮地将脚伸到皇帝肚子上继续呼呼大睡。严子陵,严光(前37—43),字子陵,一名遵,两汉之际会稽馀姚(今浙江馀姚)人。少有高名,与光武帝刘秀同学。及刘秀即帝位,变姓名隐居。聘至京师,与光武帝相处如昔。光武帝欲其出仕,答以"士故有志,何至相逼乎!"除谏议大夫,不就,归耕于富春山。

③久不屈兹膝,郭子仪尊居宰相:语本《旧唐书·郭子仪传》:"田承嗣方跋扈魏州,傲狠无礼,子仪尝遣使至,承嗣西望拜之,指其膝谓使者曰:'兹膝不屈于人若干岁矣,今为公拜。'"《新唐书》亦载。唐朝时,藩镇田承嗣跋扈无礼,只有郭子仪的使者到了,才肯向西而拜。郭子仪,见前《祖孙父子》篇"问安惟点颔,郭子仪厥孙最多"条注。

④不为米折腰,陶渊明不拜吏胥:语本《宋书·隐逸传·陶潜》:"郡遣督邮至,县吏白应束带见之。潜叹曰:'我不能为五斗米折腰向乡里小人。'即日解印绶去职,赋《归去来》。"《晋书》《南史》本传亦载。晋代大诗人陶渊明曾任彭泽县令,因厌恶官场上的卑鄙小人和繁文缛节,不肯为五斗米折腰,愤而去职。折腰,弯腰行

礼，因陶渊明不为五斗米折腰，后以"折腰"为屈身事人之典。吏
胥，地方官府中掌管簿书案牍的小吏。此处指督邮。

⑤断送老头皮，杨璞得妻送之诗：语本《东坡志林》卷二："昔年过
洛，见李公简言：'真宗既东封，访天下隐者，得杞人杨朴，能诗。
及召对，自言不能。上问："临行有人作诗送卿否？"朴曰："惟臣
妾有一首云：更休落魄耽杯酒，且莫猖狂爱咏诗。今日捉将官里
去，这回断送老头皮。"上大笑，放还山。'余在湖州，坐作诗追
赴诏狱，妻子送余出门，皆哭。无以语之，顾语妻曰：'独不能如
杨子云处士妻作诗送我乎？'妻子不觉失笑，余乃出。"宋·赵令
畤《侯鲭录》卷六亦载。杨朴妻赠行诗"今日捉将官里去，这回
断送老头皮"，在宋代流传甚广。辛弃疾、刘克庄词皆用此语典。
宋·辛弃疾《添字浣溪沙·三山戏作》："记得瓢泉快活时，长年
耽酒更吟诗。蓦地捉将来断送，老头皮。绕屋人扶行不得，闲窗
学得鹧鸪啼。却有杜鹃能劝道，不如归。"宋·刘克庄《念奴娇》：
"轮云世故，千万态、过眼谁能弹纪？只履携归消许急，日暮行人
问邸。麝以脐灾，狨为尾累，焚象都因齿。后之览者，亦将有感于
此。检点洛下同盟，萧疏甚，白发戴花人几？一觉駒駒，笑仆家越
石，闻鸡而起。颜发俱非，头皮犹在，胜捉来官里。俗间俚耳，未
曾闻这腔子。"杨璞，名或作"朴"，字契玄，宋郑州新郑（今河南
郑州）人。善歌诗，士大夫多传诵。每乘牛往来村店，自称"东
里遗民"。与毕士安尤相善，毕士荐之，以布衣为宋太宗召见，
赋《蓑衣诗》辞官归，又作《归耕赋》以见志。宋真宗曾遣使赐以
茶帛。性癖，曾策杖入嵩山穷绝处构诗，每欲作，即伏草间，得句
则跃而出，遇者皆惊。卒年七十八。有《东里集》。生平见《宋
史·隐逸传》。

⑥新剥鸡头肉，明皇爱贵妃之乳：语本宋·刘斧《青琐高议（前集卷
六）·骊山记》："一日，贵妃浴出，对镜匀面，裙腰褪，微露一乳，帝

以指扪弄曰:'吾有句,汝可对也。'乃指妃乳言曰:'软温新剥鸡
头肉。'妃未果对。禄山从旁曰:'臣有对。'帝曰:'可举之。'禄
山曰:'润滑初来塞上酥。'妃子笑曰:'信是胡奴只识酥。'帝亦
大笑。"新剥鸡头肉,形容美女胸部娇嫩白皙,如同新剥的鸡头肉。
鸡头,芡实的别名。北魏·贾思协《齐民要术·养鱼》:"鸡头,一
名'雁喙',即今茨子是也。由子形上花似鸡冠,故名曰'鸡头'。"

⑦春笋:喻女子纤润的手指。五代、两宋词习用语。南唐·李煜
《捣练子令》:"斜托香腮春笋嫩,为谁和泪倚阑干?"宋·苏轼《满
庭芳》:"报道金钗坠也,十指露、春笋纤长。"宋·黄庭坚《阮郎
归》:"雪浪浅,露花圆。捧瓯春笋寒。"宋·惠洪《西江月》:"十
指嫩抽春笋,纤纤玉软红柔。"

⑧秋波:秋天的水波,清澈明亮,故用以比喻美女的眼睛。五代、
两宋词习用语。南唐·李煜《菩萨蛮》:"眼色暗相钩,秋波横欲
流。"宋·苏轼《百步洪》:"佳人未肯回秋波,幼舆欲语防飞梭。"
宋·晁补之《斗百花·汶妓褚延娘》:"脸色朝霞红腻,眼色秋波
明媚。"以"秋波"喻美人之眼,当源自战国楚·宋玉《招魂》:"娭
光眇视,目曾波些。"东汉·王逸注:"娭,戏也。眇,眺也。波,华
也。言美女酣乐,顾望娭戏,身有光文,眺视曲眄,目采盼然,白黑
分明,若水波而重华也。"按,曾,同"层(層)"。

⑨肩曰玉楼,眼名银海:语本宋·赵令畤《侯鲭录》卷一:"东坡在黄
州日,作雪诗云:'冻合玉楼寒起粟,光摇银海眩生花。'人不知其
使事也。后移汝海,过金陵,见王荆公,论及此诗,云:'道家以两
肩为玉楼,以目为银海,是使此否?'坡笑之。退谓叶致远曰:'学
荆公者,岂有此博学哉!'"玉楼、银海,道教语。分指双肩和眼睛。

⑩玉箸(zhù):玉做的筷子。代指美女的眼泪。南朝梁·简文帝
《楚妃叹》诗:"金簪鬓下垂,玉箸衣前滴。"

⑪珠庭:饱满的天庭(相术指人两眉之间。亦指前额中央),星相家

认为代表富贵之相。多与"日角"（额骨中央部分隆起，形状如日。旧时相术家认为是大贵之相）连用。北周·庾信《周大将军赵公墓志铭》："是以维岳降神，自天生德，凝脂点漆，日角珠庭，为子则名高五都，为臣则光照千里。"《新唐书·李珏传》："甫冠，举明经，李绛为华州刺史，见之，曰：'日角珠庭，非庸人相，明经碌碌，非子所宜。'乃更举进士高第。"

⑫息肩：卸下肩头的负担休息。《左传·襄公二年》："郑成公卒，子驷请息肩于晋。"晋·杜预注："欲辟楚役，以负担喻。"

⑬强项：硬着脖子不肯低头。形容刚正不为威武所屈。《后汉书·酷吏传·董宣》："董宣字少平，陈留圉人也。初为司徒侯霸所辟，举高第，累迁北海相。……后特征为洛阳令。时湖阳公主苍头白日杀人，因匿主家，吏不能得。及主出行，而以奴骖乘，宣于夏门亭候之，乃驻车叩马，以刀画地，大言数主之失，叱奴下车，因格杀之。主即还宫诉帝，帝大怒，召宣，欲箠杀之。宣叩头曰：'愿乞一言而死。'帝曰：'欲何言？'宣曰：'陛下圣德中兴，而纵奴杀良人，将何以理天下乎？臣不须箠，请得自杀。'即以头击楹，流血被面。帝令小黄门持之，使宣叩头谢主，宣不从，强使顿之，宣两手据地，终不肯俯。主曰：'文叔为白衣时，臧亡匿死，吏不敢至门。今为天子，威不能行一令乎？'帝笑曰：'天子不与白衣同。'因敕强项令出。赐钱三十万，宣悉以班诸吏。由是搏击豪强，莫不震慄。京师号为'卧虎'。歌之曰：'枹鼓不鸣董少平。'"东汉光武帝时洛阳令董宣不畏强权，湖阳长公主奴仆杀人，董宣格杀之。光武帝逼他向长公主叩头赔罪，他坚决不肯。又，《后汉书·杨震传》："帝尝从容问奇曰：'朕何如桓帝？'对曰：'陛下之于桓帝，亦犹虞舜比德唐尧。'帝不悦，曰：'卿强项，真杨震子孙。'"

【译文】

来俊臣将醋灌进囚犯的鼻子，这是擅自使用酷刑；严子陵把脚搁在汉光武帝刘秀的肚皮上,毫不顾忌对方的尊贵地位。

　　唐郭子仪出将入相,傲慢的藩镇田承嗣见了他的使者,也屈膝向西而拜,说"久不屈兹膝";陶渊明做彭泽令时,宁可放弃职位俸禄,也拒绝向上级官员督邮点头哈腰,说"不为五斗米折腰"。

　　"这回断送老头皮",是杨璞进京做官前,妻子所赠之诗;"软温新剥鸡头肉",是唐明皇赞美杨贵妃乳房美丽,所说之句。

　　女人纤细的手指,如同春天的竹笋;女人柔媚的眼神,好像秋天的水波。

　　道家将两肩叫作"玉楼",眼睛唤作"银海"。

　　美女的眼泪称为"玉箸",额头叫作"珠庭"。

　　放下担子休息,叫作"息肩";不肯向人服软,称为"强项"。

　　丁谓与人拂须,何其谄也①! 彭乐截肠决战,不亦勇乎②!

　　剜肉医疮,权济目前之急③;伤胸扪足,计安众士之心④。

　　汉张良蹑足附耳⑤,东方朔洗髓伐毛⑥。

　　尹继伦,契丹称为黑面大王⑦;傅尧俞,宋后称为金玉君子⑧。

　　土木形骸,不自妆饰⑨;铁石心肠,秉性坚刚⑩。

　　叙会晤,曰得挹芝眉⑪;叙契阔⑫,曰久违颜范⑬。

　　请女客,曰奉迓金莲⑭;邀亲友,曰敢攀玉趾⑮。

【注释】

①丁谓与人拂须,何其谄也:语本《宋史·寇准传》:"初,丁谓出准门至参政,事准甚谨。尝会食中书,羹污准须,谓起,徐拂之。准笑曰:'参政国之大臣,乃为官长拂须邪?'谓甚愧之。"宋朝奸臣丁谓位居参知政事(副宰相)时,为讨好宰相寇准,曾为他擦掉胡

须上的菜屑。丁谓拂须事，见载于宋人王闢之《渑水燕谈录》卷四、曾巩《隆平集》卷四、王偁《东都事略》卷四十一、彭百川《太平治迹统类》卷五、朱子《宋名臣言行录》前集卷四、李焘《续资治通鉴长编》卷九十七、陈均《九朝编年备要》卷八等文献，流传深广。丁谓（966—1037），字谓之，后改字公言，宋苏州长洲（今江苏苏州）人。宋太宗淳化三年（992）进士，为饶州通判。宋真宗咸平初除三司户部判官，权三司使。大中祥符初因阿谀宋真宗封禅，拜三司使。五年（1012），进户部侍郎、参知政事。后出知升州。天禧三年（1019）以吏部尚书复参知政事。四年（1020），为枢密使，迁平章事。乾兴元年（1022）封晋国公。宋仁宗即位，为山陵使，获罪贬崖州司户参军。明道中以秘书监致仕。景祐四年（1037）卒，年七十二。丁谓机敏有智谋，恔狡过人，善揣摩人意，是宋朝著名奸臣。《东都事略》卷四十九、《宋史》卷二百八十三有传。谄，谄媚，奉承，巴结。

②彭乐截肠决战，不亦勇乎：语本《北史·彭乐传》："彭乐，字兴，安定人也。骁勇善骑射。……天平四年，从神武西讨，与周文相拒。神武欲缓持之，乐气奋请决战，曰：'我众贼少，百人取一，差不可失也。'神武从之。乐因醉入深，被刺肠出，内之不尽，截去复战，身被数创，军势遂挫，不利而还。"彭乐（？—551），字兴，北朝安定（治今甘肃泾川北）人。东魏、北齐名将，以武勇著称。初随杜洛周，后降尔朱荣，从攻葛荣。为都督，从高欢。后又投河北韩楼，封北平王。及魏大都督侯渊来攻，叛楼降渊。旋随高欢出山东。累有功，爵泪阳郡公，除肆州刺史。东魏孝静帝元象元年（538），与西魏战于邙山，乐以数千精骑冲入西魏军，宇文泰几落其手。齐文宣帝天保初，封陈留王，迁太尉。以谋反被杀。截，断。

③剜（wān）肉医疮，权济目前之急：语本唐·聂夷中《伤田家》诗："二月卖新丝，五月粜新谷。医得眼前疮，剜却心头肉。"剜肉医

疮，挖下一块肉去填补其他部位的疮口。比喻只顾眼前，用有害的方法来救急。剜，挖削。权，暂且，权宜。济，帮助，救济。

④伤胸扪足，计安众士之心：语本《史记·汉高祖本纪》："项羽大怒，伏弩射中汉王。汉王伤匈，乃扪足曰：'虏中吾指！'汉王病创卧，张良强请汉王起行劳军，以安士卒，毋令楚乘胜于汉。"汉高祖刘邦在与项羽的战斗中被射中胸部，为安定众心，他故意捂住脚说："敌寇射中了我的脚趾。"扪，按，压。此句"胸"字，李光明庄本误作"心"，据《史记》及他本改。

⑤汉张良蹑（niè）足附耳：语本《史记·淮阴侯列传》："汉四年，遂皆降，平齐。使人言汉王曰：'齐伪诈多变，反覆之国也，南边楚，不为假王以镇之，其势不定。愿为假王便。'当是时，楚方急围汉王于荥阳，韩信使者至，发书，汉王大怒，骂曰：'吾困于此，旦暮望若来佐我，乃欲自立为王！'张良、陈平蹑汉王足，因附耳语曰：'汉方不利，宁能禁信之王乎？不如因而立，善遇之，使自为守。不然，变生。'汉王亦悟，因复骂曰：'大丈夫定诸侯，即为真王耳，何以假为！'乃遣张良往立信为齐王，征其兵击楚。"韩信要刘邦封他为假（代）齐王，刘邦非常生气，张良、陈平踩刘邦的脚，附在他耳边建议先稳住韩信，封韩信为真王。蹑足，踩别人的脚，或以此表示有所示意。附耳，贴近耳朵，指说悄悄话，不让外人听见。张良，见《武职》篇"张良有进履之谦"条注。

⑥东方朔洗髓伐毛：语本（旧题）东汉·郭宪《汉武帝别国洞冥记》："朔以元封中，游鸿濛之泽，忽遇王母采桑于白海之滨。俄而有黄眉翁，指阿母以语朔曰：'昔为吾妻，托形为太白之精。今汝亦此星之精也。吾却食吞气，已九千余年，目中瞳子，色皆青光，能见幽隐之物。三千年一反骨洗髓，二千年一刻肉伐毛，自吾生，已三洗髓五伐毛矣。'"《太平广记（卷六）·神仙六·东方朔》亦引之，文字略有出入。东方朔（前154—前93），字曼倩，西汉平

原厌次（今山东陵县）人。汉武帝时，入长安，自荐，待诏金马门。后为常侍郎、太中大夫。滑稽有急智，善观察颜色，直言切谏。曾以辞赋戒武帝奢侈，又陈农战强国之策，终不见用。辞赋以《答客难》《非有先生论》为著。有《东方朔》二十篇，今佚。洗髓伐毛，道教谓修道者洗去凡髓，涤除尘垢，换成仙骨。亦比喻彻底改变思想、习性。

⑦尹继伦，契丹称为黑面大王：语本《宋史·尹继伦列传》："尹继伦，开封浚仪人。……太宗即位，改供奉官。从征太原，还，迁洛苑使，充北面缘边都巡检使。端拱中，威虏军粮馈不继，契丹潜议入寇。上闻，遣李继隆发镇、定兵万余，护送辎重数千乘。契丹将于越谍知之，率精锐数万骑，将邀于路。继伦适领兵巡徼，路与寇直。于越径趋大军，过继伦军，不顾而去。继伦谓其麾下曰：'寇蔑视我尔。彼南出而捷，还则乘胜驱我而北，不捷亦且泄怒于我，将无遗类矣。为今日计，但当卷甲衔枚以蹑之。彼锐气前趣，不虞我之至，力战而胜，足以自树。纵死犹不失为忠义，岂可泯然而死，为胡地鬼乎！'众皆愤激从命。继伦令军中秣马，俟夜，人持短兵，潜蹑其后。行数十里，至唐河、徐河间。天未明，越去大军四五里，会食讫将战，继隆方阵于前以待，继伦从后急击，杀其将皮室一人。皮室者，契丹相也。皮室既擒，众遂惊溃。于越方食，失箸，为短兵中其臂，创甚，乘善马先遁。寇兵随之大溃，相蹂践死者无数，余党悉引去。契丹自是不敢窥边，其平居相戒，则曰当避'黑面大王'，以继伦面黑故也。以功领长州刺史，仍兼巡检。"尹继伦（947—996），宋开封浚仪（今河南开封）人。宋太祖时为殿直，有战功。宋太宗时，从征太原，任北面缘边都巡检使。端拱二年（989），率兵大败来攻之辽兵，因面黑，辽兵相戒当避"黑面大王"。至道二年（996）任灵庆兵马副都部署以攻李继迁，行至庆州卒。契丹，古族名。亦为古国名。居今辽河上游西

拉木伦河一带，以游牧为生。北魏时，自号契丹。907年，迭剌部首领阿保机统一各部族；916年，建"契丹"国号，后改称"辽"。960年北宋建国后，与宋朝长期对峙。1125年被金所灭。

⑧傅尧俞，宋后称为金玉君子：语本《宋史·傅尧俞传》："元祐四年，拜中书侍郎。六年，卒，年六十八。哲宗与太皇太后哭临之，太皇太后语辅臣曰：'傅侍郎清直一节，终始不变，金玉君子也。方倚以相，遽至是乎！'"傅尧俞（1024—1091），字钦之，宋郓州须城（今山东东平西北）人，徙居孟州济源（今河南济源）。宋仁宗庆历二年（1042）进士。嘉祐末为监察御史，论事略无回隐。熙宁时言新法不便，忤王安石，除权盐铁副使，出为河北转运使，改知江宁府，徙知许州、河阳、徐州，两年六移官。复坐事落职。宋哲宗立，召除秘书少监兼侍讲，累迁吏部尚书兼侍读。元祐四年（1089），拜中书侍郎。六年（1091）卒，年六十八，谥献简。傅尧俞历仕仁宗、英宗、神宗、哲宗四朝，为官清正，高太后称誉其为"金玉君子"。《宋史》有传。宋后，指宣仁圣烈皇后高滔滔（1032—1093），乃宋英宗皇后，宋神宗之母，宋哲宗之祖母。宋哲宗即位初期，高太后临朝听政，启用司马光等老臣，废止王安石新法。高太后是著名贤后，有女中尧、舜之称。

⑨土木形骸，不自妆饰：语本《世说新语·容止》："嵇康身长七尺八寸，风姿特秀。"南朝梁·刘孝标注引《康别传》曰："康长七尺八寸，伟容色，土木形骸，不加饰厉，而龙章凤姿，天质自然。正尔在群形之中，便知非常之器。"又《世说新语·容止》曰："刘伶身长六尺，貌甚丑悴，而悠悠忽忽，土木形骸。"余嘉锡注："土木形骸，谓乱头粗服，不加修饰，视其形骸，如土木然。"土木形骸，形体象土木一样自然。比喻人不加修饰的本来面目。

⑩铁石心肠，秉性坚刚：语本唐·皮日休《桃花赋·序》："余尝慕宋广平之为相，贞姿劲质，刚态毅状，疑其铁肠石心，不鲜吐婉媚辞，

然睹其文而有《梅花赋》,清便富艳,得南朝徐庾体,殊不类其为人也。后苏相公味道得而称之,广平之名遂振。呜呼! 以广平之才未为是赋,则苏公果暇知其人? 将广平困于穷,厄于踬,然强为是文邪? 日体于文尚矣,状花卉,体风物,非有所讽? 辄抑而不发,因感广平之所作,复为《桃花赋》。"皮日休称宋璟(封广平郡公)铁石心肠而能为清艳委婉之《梅花赋》。后遂以"铁石心肠"比喻刚强而不为感情所动的秉性。秉性,天性,本性。坚刚,刚强。

⑪得挹(yì)芝眉:旧时书信习用语,指有机会见到某人。挹,舀取。引申为收取、看到,如"挹胜"即看到胜景。芝眉,谓眉宇有芝采。古谓贵相。晋·皇甫谧《帝王世纪》:"吕望芝眉。"旧时书信中用作称人容颜的敬辞。《颜氏家藏尺牍·吴侍郎元莱》:"远承手谕,如对芝眉,复荷渥仪,安敢滥拜。"旧注:"元德秀字紫芝,退隐山中,不为墙垣,岁饥,日或不食,以弹琴自娱。房琯每见,叹曰:'见紫芝眉宇,令人名利之心都尽。'"语本《新唐书·卓行传·元德秀》:"元德秀字紫芝,……善文辞,作《蹇士赋》以自况。房琯每见德秀,叹息曰:'见紫芝眉宇,使人名利之心都尽。'"房琯称赞元德秀之语,亦见于五代·王定保《唐摭言》卷七。唐代人元德秀,字紫芝,很有风骨,房琬每次见到他都感叹说:"我见到紫芝的容貌神情,名利之心都没有了。"后因用"紫芝眉宇"为称颂人德行高洁之词。清·钱谦益《二哀诗·刘司空敬仲》:"青简诗章抛粪土,紫芝眉宇漫灰尘。"按,"芝眉"作为语典,早于"紫芝眉宇",不必以"紫芝眉宇"释"芝眉"。

⑫叙契阔:契阔,久别,远别。《诗经·邶风·击鼓》:"死生契阔,与子成说。"朱子集传:"契阔,隔远之意。"后遂以"叙契阔"指老友诉说分别后的情思。

⑬久违:语出唐·刘长卿《送皇甫曾赴上都》诗:"东游久与故人违,西去荒凉旧路微。"后多以"久违"用作久别重逢时的套语。颜

范：容颜风范。

⑭奉迓（yà）：敬辞。迎接。唐·段成式《剑侠传·车中女子》："今日方欲奉迓，邂逅相遇，实慰我心。"金莲：指女子的纤足。唐·吴融《和韩致光侍郎无题》之二："玉箸和妆裛，金莲逐步新。"

⑭敢攀玉趾：敬辞。请人移动脚步，表示欢迎邀请之意。敢，谦辞。自言冒昧。攀，高攀，指跟地位高的人结亲戚或拉关系。玉趾，对人脚步的敬称。《左传·僖公二十六年》："寡君闻君亲举玉趾，将辱于敝邑。"清·蒲松龄《聊斋志异·二班》："先生，余亦避难石室，幸可栖宿，敢屈玉趾，且有所求。"

【译文】

丁谓亲手擦掉宰相寇准胡子上的菜屑，是多么会巴结人！彭乐砍断流出来的肠子继续战斗，又是多么英勇！

挖下好肉块去医治疮伤，这是暂且解救当前的急难；刘邦胸口受伤却假装揉按脚趾，是为了安定将士的军心。

汉朝张良足智多谋，他偷踩高祖刘邦的脚，附在他耳边出谋划策；东方朔颇有道行，曾遇到每隔三千年洗一次骨髓、每隔两千年褪一次体毛的老神仙。

宋代尹继伦，被惧怕他的契丹军民称为"黑面大王"；宋代傅尧俞，被器重他的高太后称为"金玉君子"。

"土木形骸"，形容朴素不爱打扮；"铁石心肠"，比喻生性坚毅刚直，不易动情。

见面谈话的客气说法是"得挹芝眉"，久别重逢的感叹之辞是"久违颜范"。

请女人做客，称"奉迓金莲"；邀请亲友，称"敢攀玉趾"。

侏儒①，谓人身矮；魁梧②，称人貌奇。

龙章凤姿，廊庙之彦；獐头鼠目，草野之夫③。

恐惧过甚，曰畏首畏尾④；感佩不忘⑤，曰刻骨铭心⑥。

貌丑，曰不飏⑦；貌美，曰冠玉⑧。

足跛，曰蹒跚⑨；耳聋，曰重听⑩。

期期艾艾⑪，口讷之称⑫；喋喋便便⑬，言多之状。

可嘉者⑭，小心翼翼⑮；可鄙者⑯，大言不惭⑰。

【注释】

①侏儒（zhū rú）：形容身材异常矮小。《礼记·王制》："喑聋、跛躃、断者、侏儒、百工，各以其器食之。"东汉·郑玄注："侏儒，短人也。"《左传·襄公四年》："冬十月，邾人、莒人伐鄫。臧纥救鄫，侵邾，败于狐骀。国人逆丧者皆髽。鲁于是乎始髽，国人诵之曰：'臧之狐裘，败我于狐骀。我君小子，朱儒是使。朱儒朱儒，使我败于邾。'"晋·杜预注："襄公幼弱，故曰'小子'。臧纥短小，故曰'朱儒'。"

②魁梧：形容身体强壮高大。《史记·留侯世家论》："余以为其人计魁梧奇伟，至见其图，状貌如妇人好女。"南朝宋·裴骃集解引东汉·应劭曰："魁梧，丘虚壮大之意。"

③"龙章凤姿"四句：语本《旧唐书·李揆传》："初，揆秉政，侍中苗晋卿累荐元载为重官。揆自恃门望，以载地寒，意甚轻易，不纳，而谓晋卿曰：'龙章凤姿之士不见用，獐头鼠目之子乃求官。'载衔恨颇深。"《新唐书》亦载。龙章凤姿，龙的外表，凤的姿态，比喻风采出众。《世说新语·容止》："嵇康身长七尺八寸，风姿特秀。"南朝梁·刘孝标注引《康别传》曰："康长七尺八寸，伟容色，土木形骸，不加饰厉，而龙章凤姿，天质自然。正尔在群形之中，便知非常之器。"廊庙之彦（yàn），能担当国家重任的人才。廊庙，指朝廷。《后汉书·申屠刚传》："廊庙之计，既不豫定，动军

发众,又不深料。"唐·李贤注:"廊,殿下屋也;庙,太庙也。国事
必先谋于廊庙之所也。"彦,有才学、德行的人。獐头鼠目,脑袋
像獐子那样又小又尖,眼睛像老鼠那样又小又圆。古人认为此
为寒贱相,后多用以形容人的面目猥琐、心术不正。草野,民间,
乡下。

④畏首畏尾:前也怕,后也怕,形容胆子小,疑虑重重。《左传·文公
十七年》:"畏首畏尾,身其余几?"晋·杜预注:"言首尾有畏,则
身中不畏者少。"

⑤感佩:感动于心,永不忘怀。唐·李商隐《上尚书范阳公启》之
三:"特蒙仁恩,赐备行李。……感佩恩私,不知所喻。"

⑥刻骨铭心:像镂刻在骨头和心上,形容感受深切,永远不忘。
唐·李白《上安州李长史书》:"深荷王公之德,铭刻心骨。"铭,把
文字刻在石头或金属器物上。

⑦不飏(yáng):即不扬。谓容貌不英俊。《左传·昭公二十八年》:
"今子少不飏,子若无言,吾几失子矣。"晋·杜预注:"颜貌不显
扬。"唐·裴度《自题写真赞》:"尔才不长,尔貌不扬,胡为将,胡
为相。"

⑧冠玉:语本《史记·陈丞相世家》:"绛侯、灌婴等咸谗陈平曰:'平
虽美丈夫,如冠玉耳,其中未必有也。'"南朝宋·裴骃集解引《汉
书音义》:"饰冠以玉,光好外见,中非所有。"后用以喻男性的美貌。

⑨蹒跚(pán shān):因足跛而走路不稳当的样子。

⑩重(zhòng)听:指听觉不灵敏。西汉·枚乘《七发》:"虚中重听,
恶闻人声。"《汉书·循吏传·黄霸》:"许丞廉吏,虽老,尚能拜起
送迎,正颇重听,何伤?"唐·白居易《欢喜二偈》诗:"眼暗头旋
耳重听,唯余心口尚醒醒。"

⑪期期艾艾:形容口吃的人吐辞重复,说话含糊不流利。《史记·张
丞相列传》:"及帝欲废太子,而立戚姬子如意为太子,大臣固争

之,莫能得;上以留侯策即止。而周昌廷争之强,上问其说,昌为人吃,又盛怒,曰:'臣口不能言,然臣期期知其不可。陛下虽欲废太子,臣期期不奉诏。'上欣然而笑。"南朝宋·刘义庆《世说新语·言语》:"邓艾口吃,语称'艾艾'。晋文王戏之曰:'卿云艾艾,定是几艾?'对曰:'凤兮凤兮,故是一凤。'"

⑫口讷(nè):说话迟钝。《后汉书·党锢传·刘儒》:"郭林宗常谓儒口讷心辩,有珪璋之质。"讷,语言迟钝。

⑬喋喋:唠唠叨叨,说个没完。《汉书·张释之传》:"释之曰:'夫绛侯、东阳侯称为长者,此两人言事曾不能出口,岂效此啬夫喋喋利口捷给哉!'"便便(pián):形容巧言利口,擅长辞令。《论语·乡党》:"其在宗庙朝廷,便便言,唯谨尔。"朱子集注:"便便,辩也。宗庙,礼法之所在;朝廷,政事之所出;言不可以不明辨。故必详问而极言之。"《尔雅·释训》:"诸诸、便便,辩也。"

⑭可嘉:值得称赞。

⑮小心翼翼:本形容严肃虔诚的样子,后用来形容举动谨慎小心、丝毫不敢疏忽。翼翼,恭敬慎重的样子。《诗经·大雅·大明》:"维此文王,小心翼翼。昭事上帝,聿怀多福。"东汉·郑玄笺:"小心翼翼,恭慎貌。"

⑯可鄙:令人鄙视、鄙夷。

⑰大言不惭:说大话而毫不感到难为情。《论语·宪问》:"子曰:'其言之不怍,则为之也难。'"朱子集注:"大言不惭,则无必为之志,而不自度其能否矣。欲践其言,其不难哉!"

【译文】

"侏儒",形容人身材矮小;"魁梧",形容人身材伟岸高大。

"龙章凤姿",用来赞美国家栋梁之材;"獐头鼠目",用来形容乡野奸诈之人。

过于恐惧害怕,称为"畏首畏尾";衷心地感激钦佩,叫作"刻骨铭心"。

　　长得丑，叫"其貌不扬"；长得美，称"面如冠玉"。

　　腿脚跛，叫"蹒跚"；耳朵聋，称"重听"。

　　"期期艾艾"，形容口吃；"喋喋便便"，形容话多。

　　"小心翼翼"，值得称赞；"大言不惭"，令人鄙视。

　　腰细，曰柳腰①；身小，曰鸡肋②。

　　笑人齿缺，曰狗窦大开③；讥人不决④，曰鼠首偾事⑤。

　　口中雌黄，言事而多改移⑥；皮里春秋，心中自有褒贬⑦。

　　唇亡齿寒，谓彼此之失依⑧；足上首下，谓尊卑之颠倒⑨。

　　所为得意，曰吐气扬眉⑩；待人诚心，曰推心置腹⑪。

　　心慌，曰灵台乱⑫；醉倒，曰玉山颓⑬。

　　睡曰黑甜⑭，卧曰偃息⑮。

【注释】

①柳腰：比喻女子纤柔的腰身。唐·孟棨《本事诗·事感》："白尚
　书姬人樊素善歌，妓人小蛮善舞，尝为诗曰：'樱桃樊素口，杨柳小
　蛮腰。'"

②身小，曰鸡肋：语本《晋书·刘伶传》："尝醉与俗人相忤，其人攘
　袂奋拳而往。伶徐曰：'鸡肋不足以安尊拳。'其人笑而止。"鸡
　肋，鸡的肋骨。比喻瘦弱的身体。

③笑人齿缺，曰狗窦（dòu）大开：语本《世说新语·排调》："张吴兴
　年八岁，亏齿，先达知其不常，故戏之曰：'君口中何为开狗窦？'
　张应声答曰：'正使君辈从此中出入！'"晋人张吴兴（张玄之）八
　岁的时候门牙掉了，有人嘲笑他："你嘴里怎么开了狗洞？"他回
　答说："就是让你这样的人进出啊！"狗窦，狗洞。嘲笑别人缺少

牙齿尤其指门牙的样子。

④不决：犹豫，拿不定主意。决，决断。

⑤鼠首：据文意，当为"首鼠"。疑因与上句"狗窦"刻意对仗之故，故改作"鼠首"。意为犹豫不决、动摇不定貌。《史记·魏其武安侯列传》："武安已罢朝，出止车门，召韩御史大夫载，怒曰：'与长孺共一老秃翁，何为首鼠两端？'"《后汉书·邓训传》："先是小月氏胡分居塞内，胜兵者二三千骑，皆勇健富强，每与羌战，常以少制多，虽首施两端，汉亦时收其用。"清·王念孙曰："首施，犹首尾也。首尾两端，即今人所云进退无据也。"（见《读书杂志馀编上·后汉书》。）刘大白《〈辞通〉序》则谓"首鼠""首施"都是踌躇的叠韵转变字。偾（fèn）事：把事情办砸。《礼记·大学》："一家仁，一国兴仁；一家让，一国兴让；一人贪戾，一国作乱，其机如此。此谓一言偾事，一人定国。"东汉·郑玄注："偾，犹覆败也。"

⑥口中雌黄，言事而多改移：语本《文选·刘孝标〈广绝交论〉》"雌黄出其唇吻"唐·李善注引晋·孙盛《晋阳秋》："王衍字夷甫，能言，于意有不安者，辄更易之，时号口中雌黄。""口中雌黄"指王衍随口更改言论不当处，如用雌黄蘸笔，涂改错字。后多用以比喻言论前后矛盾，没有一定见解。雌黄，矿物名。多指用此矿物雌黄制成的颜料。过去写字用黄纸，写错了就用雌黄涂抹后重写，故引申为改易。

⑦皮里春秋，心中自有褒贬：语本《晋书·褚裒传》："褚裒，字季野，康献皇后父也。……裒少有简贵之风，与京兆杜乂俱有盛名，冠于中兴。谯国桓彝见而目之曰：'季野有皮里春秋。'言其外无臧否，而内有所褒贬也。"孔子作《春秋》，意含褒贬，故"皮里春秋"指心有褒贬，却不说出来。"皮里春秋"，亦作"皮里阳秋"。《世说新语·赏誉》："桓茂伦云：'褚季野皮里阳秋。'谓其裁中也。"晋时因避晋简文帝郑后阿春讳，改"春"为"阳"。本句"心中"，他

本多作"胸中"。

⑧唇亡齿寒，谓彼此之失依：语本《左传·僖公五年》："晋侯复假道于虞以伐虢。宫之奇谏曰：'虢，虞之表也。虢亡，虞必从之。晋不可启，寇不可玩，一之谓甚，其可再乎？谚所谓"辅车相依，唇亡齿寒"者，其虞、虢之谓也。'"嘴唇一旦失去，牙齿即要寒冷，故以"唇亡齿寒"比喻互为依存，利害相关。又，《左传·哀公八年》："夫鲁，齐、晋之唇，唇亡齿寒，君所知也。不救何为？"亦作"唇竭齿寒""唇揭齿寒"。《庄子·胠箧》："唇竭则齿寒。"《吕氏春秋·慎大览·权勋》："先人有言曰：'唇竭而齿寒。'"东汉·高诱注："竭，亡也。"《淮南子·说林训》："川竭而谷虚，丘夷而渊塞，唇竭而齿寒。"《战国策·韩策二》："臣闻之，唇揭者其齿寒。"宋·鲍彪注："揭，犹反也。"揭，谓反举其唇以向上。

⑨足上首下，谓尊卑之颠倒：语本《汉书·贾谊传》所引《陈政事疏》："天下之势方倒县。凡天子者，天下之首，何也？上也。蛮夷者，天下之足，何也？下也。今匈奴嫚侮侵掠，至不敬也，为天下患，至亡已也，而汉岁致金絮采缯以奉之。夷狄征令，是主上之操也；天子共贡，是臣下之礼也。足反居上，首顾居下，倒县如此，莫之能解，犹为国有人乎？"汉初向匈奴上贡示好，贾谊认为脚在上，头在下，尊卑颠倒。

⑩吐气扬眉：亦作"扬眉吐气"。形容被压抑者一旦得到舒展而快活得意的神情。唐·李白《与韩荆州书》："而君侯何惜阶前盈尺之地，不使白扬眉吐气，激昂青云耶？"

⑪推心置腹：语本《后汉书·光武帝纪》："秋，光武击铜马于鄡，吴汉将突骑来会清阳。贼数挑战，光武坚营自守；有出卤掠者，辄击取之，绝其粮道。积月余日，贼食尽，夜遁去，追至馆陶，大破之。受降未尽，而高湖、重连从东南来，与铜马余众合，光武复与大战于蒲阳，悉破降之，封其渠帅为列侯。降者犹不自安，光武知其

意,敕令各归营勒兵,乃自乘轻骑按行部陈。降者更相语曰:'萧王推赤心置人腹中,安得不投死乎!'由是皆服。悉将降人分配诸将,众遂数十万,故关西号光武为'铜马帝'。"把赤诚的心交给人家,比喻真心待人。

⑫灵台:语本《庄子·达生》:"工倕旋而盖规矩,指与物化而不以心稽,故其灵台一而不桎。忘足,履之适也;忘要,带之适也;知忘是非,心之适也;不内变,不外从,事会之适也。始乎适而未尝不适者,忘适之适也。"《庄子·庚桑楚》:"备物以将形,藏不虞以生心,敬中以达彼,若是而万恶至者,皆天也,而非人也,不足以滑成,不可内于灵台。灵台者有持,而不知其所持,而不可持者也。"晋·郭象注:"灵台者,心也。清畅,故忧患不能入。"《文选·刘孝标〈广绝交论〉》:"寄通灵台之下,遗迹江湖之上。"唐·李善注:"寄通神于心府之下,遗迹相忘于江湖之上也。"

⑬醉倒,曰玉山颓:语本《世说新语·容止》:"嵇叔夜之为人也,岩岩若孤松之独立;其醉也,傀俄若玉山之将崩。"后遂以"玉山颓"形容人醉酒歪倒。

⑭睡曰黑甜:语本宋·苏轼《发广州》诗:"三杯软饱后,一枕黑甜余。"自注:"浙人谓饮酒为软饱。俗谓睡为黑甜。"宋·魏庆之《诗人玉屑》卷六引《西清诗话》:"南人以饮酒为软饱,北人以昼寝为黑甜。"黑甜,酣睡。也指梦境。

⑮偃(yǎn)息:睡卧休息。宋·司马光《和君倚藤床十二韵》:"朝讯狱中囚,暮省案前文。虽有八尺床,初无偃息痕。"偃,仰面倒下,仰卧。

【译文】

女子腰肢纤细,叫作"柳腰";身材瘦小,称为"鸡肋"。

嘲笑人门牙缺了,说"狗窦大开";讥讽人犹豫不决,说"首鼠偾事"。

"口中雌黄",指乱说话又不算数;"皮里春秋",指内心有看法却不肯说出。

　　"唇亡齿寒",指彼此失去依靠;"足上首下",形容尊卑地位颠倒。

　　做事得意称心,就叫"吐气扬眉";待人诚心诚意,称作"推心置腹"。

　　心慌意乱,称为"灵台乱";醉酒歪倒,叫作"玉山颓"。

　　睡眠,称为"黑甜";躺卧,叫作"偃息"。

　　口尚乳臭,谓世人年少无知①;三折其肱,谓医士老成谙练②。

　　西子捧心,愈见增妍;丑妇效颦,弄巧反拙③。

　　慧眼始知道骨④,肉眼不识贤人⑤。

　　婢膝奴颜⑥,谄容可厌⑦;胁肩谄笑⑧,媚态难堪⑨。

　　忠臣披肝⑩,为君之药⑪;妇人长舌,为厉之阶⑫。

　　事遂心⑬,曰如愿⑭;事可愧,曰汗颜⑮。

　　人多言,曰饶舌⑯;物堪食,曰可口⑰。

【注释】

①口尚乳臭,谓世人年少无知:语本《汉书·高帝纪上》:"汉王以韩
　信为左丞相,与曹参、灌婴俱击魏。食其还,汉王问:'魏大将谁
　也?'对曰:'柏直。'王曰:'是口尚乳臭,不能当韩信。'"口尚乳
　臭,口中还有奶气。指人年少无知。

②三折其肱(gōng),谓医士老成谙(ān)练:语本《左传·定公十三
　年》:"冬十一月,荀跞、韩不信、魏曼多奉公以伐范氏、中行氏,弗
　克。二子将伐公,齐高强曰:'三折肱知为良医。唯伐君为不可,
　民弗与也。我以伐君在此矣。三家未睦,可尽克也。克之,君将
　谁与? 若先伐君,是使睦也。'弗听,遂伐公。国人助公,二子败,从
　而伐之。"三折其肱,指人三次折断手臂,因经历多而知治疗方法,

可为良医。肱,手臂。老成谙练,老练成熟,因阅历多而技术高。

③"西子捧心"四句:语本《庄子·天运》。引文见前《女子》篇"东施效颦而可厌"条注。美女西施因为胸口疼痛而用手捂心,样子更加楚楚可怜。邻居有个丑女,也学着她的样子捧起心口,皱起眉头,结果更难看了。妍,美丽。效颦,亦作"东施效颦"。嘲讽不顾自身条件而一味模仿,以致效果很坏的人。亦为模仿别人的谦语。颦,皱眉。弄巧反拙,本想耍弄聪明,结果做了蠢事。弄,卖弄、耍弄。巧,灵巧。拙,笨拙。

④慧眼:佛教用语。"五眼"之一。指二乘的智慧之目。亦泛指能照见实相的智慧。后多用以代指敏锐的眼力。《维摩诘经·入不二法门品》:"实见者尚不见实,何况非实?所以者何?非肉眼所见,慧眼乃能见。而此慧眼,无见无不见。"道骨:修道者清新脱俗的气质风骨。

⑤肉眼不识贤人:语本五代·王定保《唐摭言》卷十二:"(郑)光业尝言及第之岁,策试夜,有一同人突入试铺,为吴语谓光业曰:'必先必先,可以相容否?'光业为辍半铺之地。其人复曰:'必先必先,诿仗取一杓水。'光业为取。其人再曰:'便干托煎一碗茶,得否?'光业欣然与之烹煎。居二日,光业状元及第,其人首贡一启,颇叙一宵之素。略曰:'既取水,更煎茶,当时之不识贵人,凡夫肉眼。今日之俄为后进,穷相骨头。'"唐代状元郑光业,曾被同场考生指使煎茶倒水,发榜后,其人向郑光业道歉,说自己肉眼凡胎,不识贵人。肉眼,佛教用语。佛经所说"五眼"之一,谓肉身之眼。认为肉眼见近不见远,见前不见后,见明不见暗。泛指俗眼。

⑥婢膝奴颜:又作"奴颜婢膝"。形容人奴才相十足,低三下四、拍马讨好。唐·陆龟蒙《江湖散人歌》:"奴颜婢膝真乞丐,反以正直为狂痴。"婢,被役使的女子。

⑦谄容:谄媚的表情。

⑧胁肩谄笑：语出《孟子·滕文公》："胁肩谄笑，病于夏畦。"朱子集注："胁肩，竦体。谄笑，强笑。皆小人侧媚之态也。"清·焦循正义："胁肩者，故为竦敬之状也；谄笑者，强为媚悦之颜也。"缩起肩膀装出讨好的笑脸，形容极端谄媚的样子。胁肩，耸起双肩做出恭谨的样子。谄笑，装出奉承的笑容。

⑨媚态：谄媚的样子。

⑩披肝：把心剖露出来（给人看）。比喻坦诚相见、竭尽忠诚。《汉书·路温舒传》："故大将军受命武帝，股肱汉国，披肝胆，决大计，黜亡义，立有德，辅天而行，然后宗庙以安，天下咸宁。"《晋书·杜弢传》："吾得披露肝胆，没身何恨！"

⑪为君之药：可以作为皇帝的良药。药，这里指忠臣的建议与劝告。好药往往味苦难吃，比喻忠言逆耳。《韩非子·外储说左上》："夫良药苦于口，而智者劝而饮之，知其入而已己疾也；忠言拂于耳，而明主听之，知其可以致功也。"西汉·刘向《说苑·正谏》："孔子曰：'良药苦于口利于病，忠言逆于耳利于行。'"

⑫妇人长舌，为厉之阶：语本《诗经·大雅·瞻卬》："哲夫成城，哲妇倾城。懿厥哲妇，为枭为鸱。妇有长舌，维厉之阶。乱匪降自天，生自妇人。匪教匪诲，时维妇寺。"东汉·郑玄笺："长舌，喻多言语。是王降大厉之阶。阶，所由上下也。今王之有此乱政，非从天而下，但从妇人出耳。又非有人教王为乱，语王为恶者，是惟近爱妇人，用其言故也。"长舌，长长的舌头，比喻好说闲话、搬弄是非。为厉之阶，导致祸患的原因。厉，灾祸，祸患。阶，本义是台阶，引申为导致、招致。

⑬遂心：称心，合自己的心意。《魏书·张彝传》："而才轻任重，多不遂心。"

⑭如愿：符合愿望。又，晋·干宝《搜神记》卷四："庐陵欧明，从贾客，道经彭泽湖。每以舟中所有，多少投湖中，云：'以为礼。'积

数年。后复过，忽见湖中有大道，上多风尘。有数吏，乘车马来候明，云：'是青洪君使要。'须臾达，见有府舍，门下吏卒，明甚怖。吏曰：'无可怖。青洪君感君前后有礼，故要君。必有重遗君者。君勿取，独求如愿耳。'明既见青洪君，乃求如愿。使逐明去。如愿者，青洪君婢也。明将归，所愿辄得，数年，大富。"相传，"如愿"是彭泽湖神（青洪君）的婢女，庐陵人欧明得之，凡有愿望皆能实现，于是成了巨富。

⑮汗颜：因羞愧而脸上冒汗，借指惭愧。唐·韩愈《祭柳子厚文》："不善为斫，血指汗颜。巧匠旁观，缩手袖间。子之文章，而不用世。乃令吾徒，掌帝之制。"韩愈自谦自己文章不如柳宗元，而为知制诰，起草诏书。

⑯饶舌：唠叨，多嘴。《北齐书·斛律光传》："盲眼老公背上下大斧，饶舌老母不得语。"禅宗一脉，喜斥人话多为"饶舌"。参《祖堂集》《五灯会元》《景德传灯录》。饶，多。

⑰可口：语出《庄子·天运》："三皇五帝之礼义法度，其犹楂梨橘柚邪！其味相反而皆可于口。"指食物味道好，合口胃。

【译文】

"口尚乳臭"，形容人年少无知；"三折其肱"，是称赞医生老练成熟。

西施手捧心口，楚楚可怜，更增添美丽；丑妇学她皱眉，弄巧成拙，越发难看。

别具慧眼，才能认出不凡的气质风骨；肉眼凡胎，无法识别贤德之人。

"奴颜婢膝"的谄媚姿态，实在讨厌；"胁肩谄笑"的谄媚样子，真让人受不了。

忠臣敞开心扉，直言不讳说的话，是君王治国的良药；女人话多，搬弄是非，是祸患产生的源头。

遇事合乎心意，叫作"如愿"；自觉行不当，并为之羞愧，称为"汗颜"。

喜欢唠叨，叫作"饶舌"；食物美味，称为"可口"。

泽及枯骨，西伯之深仁①；灼艾分痛，宋祖之友爱②。

唐太宗为臣疗病，亲剪其须③；颜杲卿骂贼不辍，贼断其舌④。

不较横逆，曰置之度外⑤；洞悉房情，曰已入掌中⑥。

马良有白眉，独出乎众⑦；阮籍作青眼，厚待乎人⑧。

咬牙封雍齿，计安众将之心⑨；含泪斩丁公，法正叛臣之罪⑩。

掷果盈车，潘安仁美姿可爱；投石满载，张孟阳丑态堪憎⑪。

【注释】

①泽及枯骨，西伯之深仁：语本《吕氏春秋·孟冬纪·异用》："周文王使人扣池，得死人之骸。吏以闻于文王，文王曰：'更葬之。'吏曰：'此无主矣。'文王曰：'有天下者，天下之主也；有一国者，一国之主也。今我非其主也？'遂令吏以衣棺更葬之。天下闻之曰：'文王贤矣！泽及髊骨，又况于人乎？'"《新序·杂事》亦载之，文字略有出入："扣"作"掘"，"髊"作"枯"。泽及枯骨，恩泽惠及死者，形容给人恩惠极大。泽，恩泽。枯骨，死去已久的人。西伯，即周文王。《孟子·离娄上》："孟子曰：'伯夷辟纣，居北海之滨，闻文王作，兴曰："盍归乎来！吾闻西伯善养老者。"'"朱子集注："西伯，即文王也。纣命为西方诸侯之长，得专征伐，故称'西伯'。"

②灼艾分痛，宋祖之友爱：见前《兄弟》篇"宋君灼艾而分痛"条注。

③唐太宗为臣疗病，亲剪其须：语本《旧唐书·李勣传》"勣时遇暴疾，验方云'须灰可以疗之'，太宗乃自翦须，为其和药。勣顿首

见血，泣以恳谢。帝曰：'吾为社稷计耳，不烦深谢。'"唐·吴兢《贞观政要·任贤》亦载此事，或为《旧唐书》之所本。唐太宗剪下自己的胡须烧成灰烬后为功臣李勣和药。

④颜杲（gǎo）卿骂贼不辍，贼断其舌：语本《新唐书·忠义传·颜杲卿》："杲卿昼夜战，井竭，粮、矢尽，六日而陷，与履谦同执。贼胁使降，不应。取少子季明加刃颈上曰：'降我，当活而子。'杲卿不答。遂并卢逖杀之。杲卿至洛阳，禄山怒曰：'吾擢尔太守，何所负而反？'杲卿瞋目骂曰：'汝营州牧羊羯奴耳，窃荷恩宠，天子负汝何事，而乃反乎？我世唐臣，守忠义，恨不斩汝以谢上，乃纵尔反耶？'禄山不胜忿，缚之天津桥柱，节解以肉啖之，詈不绝，贼钩断其舌，曰：'复能骂否？'杲卿含胡而绝，年六十五。"颜杲卿（692—756），字昕，唐琅邪临沂（今山东临沂）人。以荫调遂州司法参军。唐玄宗开元中，与兄颜春卿、弟颜耀卿并书判超等，颜杲卿以政绩迁范阳户曹参军。安禄山镇范阳，表为营田判官。天宝十四载（755），摄常山太守。适逢安禄山叛，颜杲卿潜谋图之。应从弟原太守颜真卿约起兵，设计杀安禄山假子李钦凑，擒叛将高邈等械送京师，拜卫尉卿兼御史中丞。时颜氏兄弟兵大振，河北诸郡皆望风反正。次年，叛将史思明急攻常山，颜杲卿未及为守计，粮矢尽，城陷，被执至洛阳，面责安禄山，被断舌而死。追谥忠节。辍，中止、停止。

⑤不较横逆，曰置之度外：语本《后汉书·隗嚣传》："六年，关东悉平。帝积苦兵间，以嚣子内侍，公孙述远据边陲，乃谓诸将曰：'且当置此两子于度外耳。'因数腾书陇、蜀，告示祸福。"东汉光武帝刘秀平定关东之后，不欲兴兵消灭隗嚣、公孙述两大割据势力，说"且当置此两子于度外耳"。"度外"早期用法，多指法度之外。如，《三国志·魏书·杨阜传》："曹公有雄才远略，决机无疑，法一而兵精，能用度外之人，所任各尽其力，必能济大事也。"《梁

书·谢朓传》："既而武帝言于高帝,请诛朓。帝曰:'杀之则遂成其名,正应容之度外耳。'遂废于家。"《北齐书·神武纪》:"东南不宾,为日已久,先朝已来,置之度外。今天下户口减半,未宜穷兵极武。"后世引申用法,乃将"度外"解为放在考虑之外,亦即不放在心上。不较横逆,不和横暴不顺服者计较。横逆,语出《孟子·离娄下》:"有人于此,其待我以横逆,则君子必自反也。"东汉·赵岐注:"横逆者,以暴虐之道来加我也。"

⑥洞悉虏情,曰已入掌中:语本《资治通鉴·晋纪·晋安帝义熙五年》:"刘裕过大岘,燕兵不出。裕举手指天,喜形于色。左右曰:'公未见敌而先喜,何也?'裕曰:'兵已过险,士有必死之志;余粮栖亩,人无匮乏之忧。虏已入吾掌中矣。'"晋安帝义熙五年(409),刘裕率军北伐南燕,未遇抵抗而越过大岘山,喜形于色地和左右说敌人已落入我方掌控之中。洞悉,透彻地了解,熟悉。虏情,敌情,敌人的动向。虏,敌人。掌中,掌控之中。

⑦马良有白眉,独出乎众:语本《三国志·蜀书·马良传》:"马良字季常,襄阳宜城人也。兄弟五人,并有才名,乡里为之谚曰:'马氏五常,白眉最良。'良眉中有白毛,故以称之。"马良(187—222),字季常,三国蜀襄阳宜城(今湖北宜城)人。兄弟五人,并有才名,良眉中有白毛,乡里称"马氏五常,白眉最良"。刘备领荆州,辟为从事。及刘备入蜀,马良留荆州,为左将军掾。刘备称帝,以为侍中。及征吴,马良入武陵招纳"五溪蛮夷",五溪民相率响应。吴蜀彝陵之战,死于军中。

⑧阮籍作青眼,厚待乎人:语本《晋书·阮籍传》:"籍又能为青白眼,见礼俗之士,以白眼对之。及嵇喜来吊,籍作白眼,喜不怿而退。喜弟康闻之,乃赍酒挟琴造焉,籍大悦,乃见青眼。由是礼法之士疾之若仇,而帝每保护之。"阮籍(210—263),字嗣宗,三国时期魏国陈留尉氏(今河南尉氏)人。是名列"建安七子"之

一的阮瑀之子。齐王芳时任尚书郎，以疾归。大将军曹爽被诛后，任散骑常侍、步兵校尉，封关内侯。世称"阮步兵"。好《老》《庄》，蔑视礼教。纵酒谈玄，后期口不臧否人物，以此自全。擅长五言诗，风格隐晦。又工文。与嵇康齐名，为"竹林七贤"之一。后人辑有《阮步兵集》。青眼，指对人喜爱或器重。与"白眼"相对。魏晋之际名士阮籍能作"青白眼"，眼睛平视则见黑眼珠，上视则见白眼珠。阮籍藐视礼俗，以白眼对凡夫俗子，以青眼待喜欢的人。阮籍母亲去世，嵇喜（嵇康之兄）来吊唁，阮籍对他以白眼；嵇康来吊唁，阮籍以青眼相迎。

⑨咬牙封雍齿，计安众将之心：语本《史记·留侯世家》："上已封大功臣二十余人，其余日夜争功不决，未得行封。上在雒阳南宫，从复道望见诸将往往相与坐沙中语。上曰：'此何语？'留侯曰：'陛下不知乎？此谋反耳。'上曰：'天下属安定，何故反乎？'留侯曰：'陛下起布衣，以此属取天下，今陛下为天子，而所封皆萧、曹故人所亲爱，而所诛者皆生平所仇怨。今军吏计功，以天下不足遍封，此属畏陛下不能尽封，恐又见疑平生过失及诛，故即相聚谋反耳。'上乃忧曰：'为之奈何？'留侯曰：'上平生所憎，群臣所共知，谁最甚者？'上曰：'雍齿与我故，数尝窘辱我。我欲杀之，为其功多，故不忍。'留侯曰：'今急先封雍齿以示群臣，群臣见雍齿封，则人人自坚矣。'于是上乃置酒，封雍齿为什方（邡）侯，而急趣丞相、御史定功行封。群臣罢酒，皆喜曰：'雍齿尚为侯，我属无患矣。'"汉高祖刘邦为了安定众将之心，采纳张良建议，封他最痛恨的大将雍齿为侯。雍齿（？—前192），秦汉之际沛（今江苏沛县）人。出身豪强，早年随汉高祖刘邦起兵反秦，后来又背叛刘邦，几经反复后，再次归向刘邦。从战有功，而刘邦终不满雍齿。汉高祖六年（前201），大封功臣，已封大功臣二十余人，其余日夜争功不决。高祖用张良言，先封平生所憎之雍齿为什邡侯，群臣

皆喜而定。

⑩含泪斩丁公,法正叛臣之罪:语本《史记·季布栾布列传》:"季布母弟丁公,为楚将。丁公为项羽逐窘高祖彭城西,短兵接,高祖急,顾丁公曰:'两贤岂相厄哉!'于是丁公引兵而还,汉王遂解去。及项王灭,丁公谒见高祖。高祖以丁公徇军中,曰:'丁公为项王臣不忠,使项王失天下者,乃丁公也。'遂斩丁公,曰:'使后世为人臣者无效丁公!'"丁公(? —前202),名固,秦末薛(今山东滕州)人。季布同母异父弟。为项羽将,曾追逐刘邦,短兵相接,刘邦请其勿迫害,丁公于是引兵而还。及项羽灭,丁公谒见,汉高祖斩杀了他,戒为人臣者毋效丁公。

⑪"掷果盈车"四句:语本《世说新语·容止》:"潘岳妙有姿容,好神情。少时挟弹出洛阳道,妇人遇者,莫不连手共萦之。左太冲绝丑,亦复效岳游遨,于是群妪齐共乱唾之,委顿而返。"南朝梁·刘孝标注引《语林》曰:"安仁至美,每行,老妪以果掷之,满车。张孟阳至丑,每行,小儿以瓦石投之,亦满车。"《晋书·潘岳传》:"岳美姿仪,辞藻绝丽,尤善为哀诔之文。少时常挟弹出洛阳道,妇人遇之者,皆连手萦绕,投之以果,遂满车而归。时张载甚丑,每行,小儿以瓦石掷之,委顿而反。"晋代潘安仁长相英俊,每次出行,妇女们都向他车上扔果子;张孟阳相貌丑陋无比,每次出行,顽童们都往他车上扔石头。潘安仁,潘岳,字安仁。见前《文臣》篇"河阳遍种桃花,乃潘岳之为县官"条注。张孟阳,张载,字孟阳,西晋安平(今属河北)人。与弟张协、张亢并称"三张"。作《剑阁铭》《榷论》《濛汜赋》等篇,为司隶校尉傅玄所称赏。历官著作郎、乐安相、弘农太守、长沙王记室督、中书侍郎。见世方乱,称疾告归。卒于家。

【译文】

恩惠施及死人枯骨,为之改葬,可知西伯侯姬昌的仁爱;烧艾分担兄弟的痛楚,足见宋太祖的友爱之情。

唐太宗为给贤臣李勣治病,亲手剪下自己的胡须配药;颜杲卿不停唾骂反贼安禄山,被反贼割断舌头。

不和横暴不顺服的人计较,称为"置之度外";完全掌握敌情,称为"已入掌中"。

马良长着独特的"白眉",在兄弟中数他最为出众;阮籍用"青眼"打量别人时,表明他尊重并喜欢对方。

汉高祖咬牙封仇人雍齿为侯,是想安抚众将的军心;他含泪杀掉曾在战场上放过自己的丁公,是为了依法惩治叛臣的罪行。

"掷果盈车",足见潘安仁英俊惹人爱;"投石满载",说明张孟阳丑得讨人嫌。

事之可怪,妇人生须;人所骇闻,男人诞子①。

求物济用②,谓燃眉之急③;悔事无成,曰噬脐何及④。

情不相关,如秦越人之视肥瘠⑤;事当探本,如善医者只论精神⑥。

无功食禄,谓之尸位素餐⑦;谫劣无能⑧,谓之行尸走肉⑨。

老当益壮,宁知白首之心?穷且益坚,不坠青云之志⑩。

一息尚存,此志不容少懈⑪;十手所指,此心安可自欺⑫?

【注释】

① "事之可怪"四句:语本《宋史·五行志一》:"宣和六年,都城有卖青果男子,孕而生子,蓐母不能收,易七人,始免而逃去。丰乐楼酒保朱氏子之妻,可四十余,楚州人,忽生髭,长仅六七寸,疏秀而美,宛然一男子,特诏度为女道士。"骇闻,即"骇人听闻",使听众十分吃惊害怕,指发生出人意料的事件令人感到害怕。骇,惊

吓,震惊。

②济用:指有助于运用或使用。《后汉书·刘玄传》:"陛下定业,虽因下江、平林之势,斯盖临时济用,不可施之既安。"

③燃眉之急:火烧眉毛那样紧急,形容事情非常急迫。燃,烧。宋·释普济《五灯会元》卷十六:"问:'如何是急切一句?'师曰:'火烧眉毛。'"《文献通考·市籴二》:"元祐初,温公入相,诸贤并进用,革新法之病民者,如救眉燃,青苗、助役其尤也。"后以"燃眉之急"比喻事情非常紧迫。亦喻指异常紧迫之事。

④噬(shì)脐何及:语本《左传·庄公六年》:"楚文王伐申,过邓。邓祁侯曰:'吾甥也。'止而享之。骓甥、聃甥、养甥请杀楚子,邓侯弗许。三甥曰:'亡邓国者,必此人也。若不早图,后君噬齐,其及图之乎? 图之,此为时矣。'邓侯曰:'人将不食吾余。'对曰:'若不从三臣,抑社稷实不血食,而君焉取余。'弗从。还年,楚子伐邓。十六年,楚复伐邓,灭之。"晋·杜预注:"若啮腹齐,喻不可及。"噬齐、腹齐,即"噬脐""腹脐"。人的牙齿无法咬到自己的肚脐,因为够不着,比喻后悔已经来不及。噬,咬。脐,肚脐。

⑤情不相关,如秦越人之视肥瘠:语本唐·韩愈《争臣论》:"今阳子在位,不为不久矣;闻天下之得失,不为不熟矣;天子待之,不为不加矣,而未尝一言及于政。视政之得失,若越人视秦人之肥瘠,忽焉不加喜戚于其心。问其官,则曰'谏议'也;问其禄,则曰'下大夫之秩也';问其政,则曰'我不知也'。有道之士,固如是乎哉?"越国和秦国相距遥远,两地人民毫不关心对方胖瘦,引申为不关心和自己遥远不相关的人事。又,秦越人即先秦名医扁鹊。此句语本韩文,而变换"若越人视秦人之肥瘠"为"如秦越人之视肥瘠",亦刻意以"秦越人"与"善医者"为对。

⑥事当探本,如善医者只论精神:语本唐·韩愈《杂说二》:"善医

者,不视人之瘠肥,察其脉之病否而已矣;善计天下者,不视天下之安危,察其纪纲之理乱而已矣。天下者,人也;安危者,肥瘠也;纪纲者,脉也。脉不病,虽瘠不害;脉病而肥者,死矣。通于此说者,其知所以为天下乎!"探本,探究本源。善医者只论精神,指名医不为人之肥瘠表象迷惑,而善于从精气神方面判断。《宋史·李纲传》:"夫灾异变故,譬犹一人之身,病在五脏,则发于气色,形于脉息,善医者能知之。"

⑦无功食禄,谓之尸位素餐:语本《诗经·魏风·伐檀》:"彼君子兮,不素餐兮。"毛序:"《伐檀》,刺贪也。在位贪鄙,无功而受禄,君子不得进仕尔。"又,《孟子·尽心上》:"公孙丑曰:'《诗》曰"不素餐兮",君子之不耕而食,何也?'孟子曰:'君子居是国也,其君用之,则安富尊荣;其子弟从之,则孝弟忠信。"不素餐兮",孰大于是?'"朱子集注:"素,空也。无功而食禄,谓之'素餐'。"尸位素餐,指空占着职位而不做事,白吃饭。尸位,古代祭祀时让一人端坐不动,充当祭主,称"尸位"。用来比喻一个有职位而不做事。素餐,白吃饭。《汉书·朱云传》:"今朝廷大臣,上不能匡主,下亡以益民,皆尸位素餐,孔子所谓'鄙夫不可与事君','苟患失之,亡所不至'者也。"唐·颜师古注:"尸位者,不举其事,但主其位而已。素餐者,德不称官,空当食禄。"又,"尸位"指居位而无所作为。语出《尚书·夏书·五子之歌》:"太康尸位以逸豫,灭厥德,黎民咸贰。乃盘游无度,畋于有洛之表,十旬弗反。有穷后羿,因民弗忍,距于河;厥弟五人,御其母以从,徯于洛之汭,五子咸怨;述大禹之戒以作歌。"东汉·王充《论衡·量知》:"无道艺之业,不晓政治,默坐朝廷,不能言事,故曰'尸位'。"

⑧谫(jiǎn)劣:浅薄低劣。明·张居正《考满谢恩命疏》:"臣学术迂疏,行能谫劣。"谫,浅薄。

⑨行尸走肉:语出晋·王嘉《拾遗记》卷六:"(任末)临终诫曰:'夫

人好学，虽死若存，不学者，虽存，谓之行尸走肉耳。'"东汉大儒任末临终遗言，说人若不学，便是行尸走肉，比喻徒具形骸，庸碌无为，毫无生气的人。

⑩"老当益壮"四句：语本唐·王勃《滕王阁序》："嗟乎！时运不齐，命途多舛。冯唐易老，李广难封。屈贾谊于长沙，非无圣主；窜梁鸿于海曲，岂乏明时？所赖君子安贫，达人知命。老当益壮，宁知（一作"移"）白首之心；穷且益坚，不坠青云之志。酌贪泉而觉爽，处涸辙以犹欢。北海虽赊，扶摇可接。东隅已逝，桑榆非晚。孟尝高洁，空怀报国之心；阮籍猖狂，岂效穷途之哭。"老当益壮，年纪虽老但志气更加豪壮。穷且益坚，语出《后汉书·马援传》："（援）转游陇汉间，常谓宾客曰：'丈夫为志，穷当益坚，老当益壮。'"意为处境虽难但内心更见坚定。青云之志，指远大的志向。《文选·颜延之〈五君咏·阮始平〉》："仲容青云器，实秉生民秀。"唐·李善注："青云，言高远也。"唐·李周翰注："青云器，高大者也。"

⑪一息尚存，此志不容少懈：语本《论语·泰伯》："死而后已，不亦远乎"朱子集注："一息尚存，此志不容少懈，可谓远矣。"一息尚存，还有一口气，意为还活着，生命尚未终止。息，呼吸，气息。少懈，稍有懈怠。

⑫十手所指，此心安可自欺：语本《礼记·大学》："所谓诚其意者，毋自欺也。如恶恶臭，如好好色，此之谓自谦。故君子必慎其独也。小人闲居为不善，无所不至，见君子而后厌然，掩其不善，而著其善。人之视己，如见其肺肝，然则何益矣。此谓诚于中，形于外，故君子必慎其独也。曾子曰：'十目所视，十手所指，其严乎！'富润屋，德润身，心广体胖，故君子必诚其意。"十目所视、十手所指，指个人的言论行动总是处在众人监督之下，不允许做坏事，做了也不可能隐瞒。

【译文】

女人长胡须，这事可是让人惊异；男人生孩子，这消息简直骇人听闻。

乱找东西解决问题，叫作"燃眉之急"；后悔事情没办成，称为"噬脐何及"。

彼此互不关心，就像秦国人和越国人漠视对方的胖瘦；论事当探究本质，如同良医治病只论病人的精气神一样。

没有功劳而享受俸禄报酬，称为"尸位素餐"；浅薄无知又没有本事，叫作"行尸走肉"。

年纪虽老却更加积极向上，哪里能了解白头老人的心态？家境贫困却更加坚韧不拔，说明不肯放弃远大理想。

"一息尚存"，就不应放弃自己的理想；"十手所指"，怎么能欺骗自己的良心？

衣服

【题解】

本篇24联，讲的都是和衣服有关的成语典故。华夏自古称衣冠上国，极重服饰。传统礼制，或用服饰区分等级。传统服饰的指导思想，一是要得体，二是提倡节俭。

冠称元服①，衣曰身章②。

曰弁、曰冔、曰冕，皆冠之号③；曰履、曰舄、曰屣，悉鞋之名④。

上公命服有九锡⑤，士人初冠有三加⑥。

簪缨、缙绅⑦，仕宦之称；章甫、缝掖⑧，儒者之服。

布衣⑨，即白丁之谓⑩；青衿⑪，乃生员之称⑫。

葛屦履霜，诮俭啬之过甚⑬；绿衣黄里，讥贵贱之失伦⑭。

【注释】

①元服：指冠。古称行冠礼为"加元服"。《仪礼·士冠礼》："始加，祝曰：'令月吉日，始加元服。弃尔幼志，顺尔成德。寿考惟祺，介尔景福。'"《汉书·昭帝纪》："（元凤）四年春正月丁亥，帝加元服，见于高庙。"唐·颜师古注："元，首也。冠者，首之所着，故曰'元服'。"

②衣曰身章：语本《左传·闵公二年》："衣，身之章也。"晋·杜预注："章贵贱。"《孝经·卿大夫章》："非先王之法服不敢服。"唐·李隆基注："服者，身之表也。先王制五服，各有等差。言卿大夫遵守礼法，不敢僭上逼下。"宋·邢昺疏："'服者，身之表也'者，此依孔传也。《左传》曰：'衣，身之章也。'彼注云'章贵贱'，言服饰所以章其贵贱，章则表之义也。"身章，本指表明贵贱身份的服饰，后泛指衣服的文饰。

③曰弁（biàn）、曰冔（xǔ）、曰冕，皆冠之号：弁、冔、冕，都是古代冠（帽子）的名称，或有时代及体式之别。《仪礼·士冠礼》及《礼记·郊特牲》皆引《冠义》："周弁，殷冔，夏收。"《礼记·王制》及《内则》皆曰："有虞氏皇而祭，深衣而养老。夏后氏收而祭，燕衣而养老。殷人冔而祭，缟衣而养老。周人冕而祭，玄衣而养老。"《礼记·檀弓下》："周人弁而葬，殷人冔而葬。"又，《诗经·大雅·文王》："厥作裸将，常服黼冔。"毛传："冔，殷冠也。夏后氏曰'收'，周曰'冕'。"《公羊传·宣公元年》："已练可以弁冕。"东汉·何休注："弁，礼所谓皮弁、爵弁也。皮弁，武冠。爵弁，文冠。夏曰'收'，殷曰'冔'，周曰'弁'。加旒曰'冕'，主所以入宗庙。"弁，古代贵族的一种帽子，通常穿礼服时用之（吉礼之服

用冕）。赤黑色的布做的叫"爵弁"，是文冠；白鹿皮做的叫"皮弁"，是武冠。冔，殷商时期的一种冠帽。冕，古代天子、诸侯、卿、大夫等行朝仪、祭礼时所戴的礼帽。《说文》："冕，大夫以上冠也。"

④曰履（lǚ）、曰舄（xì）、曰屣（xǐ），悉鞋之名：履、舄、屣，在古代均指鞋。关于三者间的差异，有人认为上朝穿的叫"履"，祭祀穿的叫"舄"，宴会穿的叫"屣"。又说，单层底的叫"履"，双层底的叫"舄"。清·陈元龙《格致镜原》卷十八："单底曰'履'，复底曰'舄'"，"祭服曰'舄'，朝服曰'履'，燕服曰'屣'也。"从字源角度来看，《说文解字》收"履""舄"二字，不收"屣"，说明"屣"字起源较晚。且"履"字在先秦文献里一般用作动词，是"践"之义；用作名词，表"鞋"义，是后起现象。《诗经》不乏写鞋之篇，无"屣"字；有"履"字，但皆非"鞋"义。《诗经》里的鞋，主要是"屦（jù）"和"舄"，"屦"一般称"葛屦"，"舄"则称"赤舄""金舄"，屦贱而舄贵。"屦"为单底鞋，多以麻、葛、皮等制成。"舄"是一种以木为复底的鞋，多为仪式性装饰。《诗经》，"葛屦"凡三见（《齐风·南山》《魏风·葛屦》《小雅·大东》），"赤舄"二见（《豳风·狼跋》《大雅·韩奕》），"金舄"一见（《小雅·车攻》）。《诗经·齐风·南山》："葛屦五两，冠緌双止。"毛传："葛屦，服之贱者。"《诗经·豳风·狼跋》："公孙硕肤，赤舄几几。"毛传："赤舄，人君之盛屦也。"《诗经·小雅·车攻》："赤芾金舄，会同有绎。"毛传："诸侯'赤芾金舄'，舄，达屦也。时见曰'会'，殷见曰'同'。"郑笺："金舄，黄朱色也。"孔疏："《天官·屦人》注云：'舄有三等，赤舄为上，冕服之舄，下有白舄、黑舄。'此云'金舄'者，即礼之'赤舄'也。故笺云'金舄，黄朱色'。加金为饰，故谓之'金舄'。白舄、黑舄犹有在其上者，为尊未达。其赤舄则所尊莫是过，故云'达屦'，言是屦之最上达者也。此舄也，而曰'屦'，

屦，通名。以舄是祭服，尊卑异之耳，故屦人兼掌屦舄，是屦为通名也。"

⑤上公：指位在"三公"以上的公爵。周制，"三公"（太师、太傅、太保）八命，出封时，加一命，称为"上公"。《周礼·春官·典命》："上公九命为伯，其国家、宫室、车旗、衣服、礼仪皆以'九'为节。"东汉·郑玄注："上公，谓王之三公有德者，加命为二伯。二王之后亦为上公。"唐·贾公彦疏："案下文，三公八命，出封皆加一等。"汉制，仅以太傅为上公。《后汉书·百官志一》："太傅，上公一人。本注曰：掌以善导，无常职。世祖以卓茂为太傅，薨，因省。其后每帝初即位，辄置太傅录尚书事，薨，辄省。"清·袁枚《随园随笔·领录尚书事更尊于尚书令》："和帝时太尉邓彪以太傅录尚书事，位上公，在三公之上。每少帝立，则置此官，犹古冢宰总己之义。"晋制，太宰、太傅、太保皆为上公。《晋书·职官志》："太宰、太傅、太保，周之三公官也。魏初唯置太傅，以钟繇为之，末年又置太保，以郑冲为之。晋初以景帝讳故，又采《周官》官名，置太宰以代太师之任，秩增三司，与太傅太保皆为上公，论道经邦，燮理阴阳，无其人则阙。"命服：原指周代天子赐予元士至上公九种不同命爵的衣服。后泛指官员及其配偶按等级所穿的制服。《诗经·小雅·采芑》："服其命服，朱芾斯皇。"朱子集注："命服，天子所命之服也。"九锡：古代天子赐给诸侯、大臣的九种器物。是一种最高礼遇。《公羊传·庄公元年》："锡者何？赐也；命者何？加我服也。"东汉·何休注："礼有九锡：一曰车马，二曰衣服，三曰乐则，四曰朱户，五曰纳陛，六曰虎贲，七曰弓矢，八曰铁钺，九曰秬鬯。"《穀梁传·庄公元年》晋·范宁传与之同。《三国志·魏书·武帝纪》载汉献帝加魏公曹操九锡文："又加君九锡，其敬听朕命：以君经纬礼律，为民轨仪，使安职业，无或迁志，是用锡君大辂、戎辂各一，玄牡二驷。君劝分务本，稼人昏作，粟帛滞

积,大业惟兴,是用锡君衮冕之服,赤舄副焉。君敦尚谦让,俾民兴行,少长有礼,上下咸和,是用锡君轩县之乐,六佾之舞。君翼宣风化,爰发四方,远人革面,华夏充实,是用锡君朱户以居。君研其明哲,思帝所难,官才任贤,群善必举,是用锡君纳陛以登。君秉国之钧,正色处中,纤毫之恶,靡不抑退,是用锡君虎贲之士三百人。君纠虔天刑,章厥有罪,犯关干纪,莫不诛殛,是用锡君铁钺各一。君龙骧虎视,旁眺八维,掩讨逆节,折冲四海,是用锡君彤弓一,彤矢百,旅弓十,旅矢千。君以温恭为基,孝友为德,明允笃诚,感于朕思,是用锡君秬鬯一卣,珪瓒副焉。"与何休注相合。

⑥士人:士大夫,儒生。亦泛称知识阶层。士、农、工、商,并为古之四民。士人是中国古代文化阶层的统称。他们学习知识、传播文化,是国家政治的参与者,又是中国传统文化的创造者、传承者。初冠:古代男子年满二十岁,要举行冠礼。后来也用"初冠"代称成年男子。三加:士人行冠礼要先戴缁布冠(黑布帽),再戴皮弁,最后戴爵弁,称为"三加"。《礼记·冠义》:"故冠于阼,以着代也。醮于客位,三加弥尊,加有成也。"东汉·郑玄注:"冠者,初加缁布冠,次加皮弁,次加爵弁,每加益尊,所以益成也。"

⑦簪缨:古代官吏的冠饰。亦用以比喻显贵。簪,即簪子,是古人用来绾发或固定头冠的头饰,针状。缨,即帽带子,用来系帽于脖。缙绅:插笏于绅带间,旧时官宦的装束。亦借指士大夫。《汉书·郊祀志上》:"其语不经见,缙绅者弗道。"唐·颜师古注:"李奇曰:'缙,插也,插笏于绅。'……字本作'搢',插笏于大带与革带之间。"

⑧章甫:商代的一种冠。《礼记·儒行》:"丘少居鲁,衣逢掖之衣;长居宋,冠章甫之冠。"清·孙希旦集解:"章甫,殷玄冠之名,宋人冠之。"《庄子·逍遥游》:"宋人资章甫而适诸越,越人断发文身,无所用之。"《汉书·贾谊传》:"章父荐屦,渐不可久兮。"唐·颜

师古注："章父，殷冠名也。……父，读曰'甫'。"后亦用以称儒者之冠。宋·梅尧臣《杨畋赴官荆州》诗："吴钩皆尚壮，章甫几为儒。"亦可喻指仕宦。北魏·杨衒之《洛阳伽蓝记·正始寺》："辄以山水为富，不以章甫为贵，任性浮沉，若淡兮无味。"缝掖：亦作"缝腋"。大袖单衣，古儒者所服。亦用以代指儒者。《后汉书·王符传》："徒见二千石，不如一缝掖。"唐·李贤注："《礼记·儒行》：'孔子曰："丘少居鲁，衣逢掖之衣。"'东汉·郑玄注曰：'逢，犹大也。大掖之衣，大袂单衣也。'"西汉·桓宽《盐铁论·散不足》："大夫士，狐貉缝腋，羔麑豹袪。"

⑨布衣：麻布制的衣服。借指平民。古代平民不能衣锦绣，故称。《荀子·大略》："古之贤人，贱为布衣，贫为匹夫。"西汉·桓宽《盐铁论·散不足》："古者庶人耋老而后衣丝，其余则麻枲而已，故命曰'布衣'。"

⑩白丁：指没有功名的人，平民。宋·岳飞《奏乞除在外宫观第三札子》："伏念臣起自白丁，误蒙器使。"亦指文盲。唐·刘禹锡《陋室铭》："谈笑有鸿儒，往来无白丁。"

⑪青衿：青色交领的长衫。古代学子和明清秀才的常服。《诗经·郑风·子衿》："青青子衿，悠悠我心。"毛传："青衿，青领也。学子之所服。"《儒林外史》第四十四回："蒙前任大宗师考补博士弟子员。这领青衿不为希罕，却喜小侄的文章前三天满城都传遍了。"亦借指学子。明清时期则借指秀才。清·纪昀《阅微草堂笔记·如是我闻四》："身列青衿，败检酿命。"自注："科举时称秀才为'青衿'。"

⑫生员：国学及州、县学在学学生。后指经本省各级考试取入府、州、县学学习者，通称"秀才"。

⑬葛屦履霜，诮（qiào）俭啬之过甚：语本《诗经·魏风·葛屦》："纠纠葛屦，可以履霜？"毛传："纠纠，犹缭缭也。夏葛屦，冬皮屦。

葛屦非所以屦霜。"郑笺:"葛屦贱,皮屦贵,魏俗至冬犹谓葛屦可以屦霜,利其贱也。"毛序:"《葛屦》,刺褊也。魏地狭隘,其民机巧趋利,其君俭啬褊急,而无德以将之。"葛屦履霜,冬天穿着夏天的鞋子踏着冰霜行走,比喻过分节俭吝啬。葛屦,葛绳编制的鞋,夏天所穿。屦,鞋子。履,行走,踩踏。诮,讥笑,嘲笑。俭啬,吝啬抠门,节俭过分。

⑭绿衣黄里,讥贵贱之失伦:语本《诗经·邶风·绿衣》:"绿兮衣兮,绿衣黄里。心之忧矣,曷维其已。"毛传:"兴也。绿,间色。黄,正色。"毛序:"《绿衣》,卫庄姜伤己也。妾上僭,夫人失位而作是诗也。"朱子集传:"比也。绿,苍胜黄之间色。黄,中央土之正色。间色贱而以为衣,正色贵而以为里,言皆失其所也。已,止也。庄公惑于嬖妾,夫人庄姜贤而失位,故作此诗,言'绿衣黄里',以比贱妾尊显,而正嫡幽微。"绿衣黄里,古时以黄色为正色,绿为间色。以绿色为衣,用黄色为里,比喻尊卑反置,贵贱颠倒。失伦,颠倒次序,坏了规矩,乱了伦理。

【译文】

帽子因为戴在头上,所以称为"元服";衣服因为饰有纹章,所以叫作"身章"。

"弁""冔""冕",都是冠的叫法;"履""舄""屣",均为鞋子的名称。

上公由皇帝赐予九种仪式品物,称为"九锡";士人成年,举行冠礼要先后戴上缁布冠、皮弁和爵弁,称为"三加"。

"簪缨""缙绅",均为官吏的称呼;"章甫""缝掖",都指儒者的服装。

"布衣",是对平民百姓的称谓;"青衿",是对各级生员的叫法。

穿着夏天的葛鞋行走在冰霜之上,这是嘲笑别人节俭吝啬过分;拿绿色做衣面却将黄色做衣里子,则是讽刺贵贱尊卑次序颠倒。

上服曰衣,下服曰裳①;衣前曰襟②,衣后曰裾③。

敝服曰褴褛④,美服曰华裾⑤。

襁褓⑥,乃小儿之衣;弁髦⑦,亦小儿之饰。

左衽是夷狄之服⑧,短后是武夫之衣⑨。

尊卑失序,如冠履倒置⑩;富贵不归,如锦衣夜行⑪。

狐裘三十年,俭称晏子⑫;锦帐四十里,富羡石崇⑬。

【注释】

①上服曰衣,下服曰裳:语本《诗经·邶风·绿衣》:"绿兮衣兮,绿衣黄裳。"毛传:"上曰'衣',下曰'裳'。"裳,古人穿的遮蔽下体的衣裙,男女都穿,是裙的一种,不是裤子。《左传·昭公十二年》:"裳,下之饰也。"

②襟:古指衣的交领。后指衣的前幅。

③裾(jū):衣的前后襟,亦单指衣的后襟。此处取后一种意思。《尔雅·释器》:"衣眥,谓之'襟'",晋·郭璞注:"交领";"衱,谓之'裾'",晋·郭璞注:"衣后襟也。"

④敝服:犹"敝衣",指破旧衣服,也指穿戴破旧。《史记·范雎蔡泽列传》:"范雎闻之,为微行,敝衣闲步之邸,见须贾。"《后汉书·独行传·范冉》:"因遁身逃命于梁、沛之间,徒行敝服,卖卜于市。"褴褛(lán lǚ):亦写作"蓝缕"。指衣服破烂,不堪入目。《方言》卷三:"褛裂、须捷、挟斯,败也。南楚,凡人贫衣被丑弊,谓之'须捷',或谓之'褛裂',或谓之'褴褛'。故《左传》曰:'筚路褴褛以启山林。'"《左传·宣公十二年》:"训之以若敖、蚡冒筚路蓝缕以启山林。"晋·杜预注:"筚路,柴车。蓝缕,敝衣。"唐·孔颖达疏:"《方言》云:'楚谓凡人贫衣破丑散为"蓝缕"。"蓝缕"谓"敝衣"也。'服虔云:'言其缕破蓝蓝然。'"本句"敝服",他本多作"敝衣",从对仗角度而言,"衣"胜于"服"。

⑤华裾：华丽的服装。古诗文习用语。唐·李贺《高轩过》诗："华裾织翠青如葱,金环压辔摇玲珑。"

⑥襁褓（qiǎng bǎo）：亦作"襁緥",或"襁葆"。背负婴儿用的宽带和包裹婴儿的被子。后亦泛指婴儿包。《列子·天瑞》："人生有不见日月,不免襁褓者,吾既已行年九十矣。"《汉书·宣帝纪》："曾孙虽在襁褓,犹坐收系郡邸狱。"唐·颜师古注引三国魏·孟康曰："褓,小儿被也。"

⑦弁髦：弁,黑色布帽。髦,童子眉际垂发。古代男子行冠礼,先加缁布冠,次加皮弁,后加爵弁,三加后,即弃缁布冠不用,并剃去垂髦,理发为髻。

⑧左衽（rèn）：古代其他民族的一种服装款式,前襟开在左边,而汉族服装的前襟通常开在右边。《尚书·毕命》："四夷左衽,罔不咸赖。"《论语·宪问》："微管仲,吾其被发左衽矣。"朱子集注："衽,衣衿也。被发左衽,夷狄之俗也。"夷狄：古称东方部族为"夷",北方部族为"狄",常用来泛称除华夏族以外的其他民族。《论语·八佾》："夷狄之有君,不如诸夏之亡也。"

⑨短后：语出《庄子·说剑》："吾王所见剑士,皆蓬头、突鬓、垂冠,曼胡之缨,短后之衣,瞋目而语难。"晋·郭象注："短后之衣,为便于事也。"即短后衣。后幅较短的上衣,便于活动,多为武士之衣。唐·岑参《北庭西郊候封大夫受降回军献上》诗："自逐定远侯,亦着短后衣。"

⑩冠履倒置：亦作"冠履倒易"。语出东汉末年杨赐上书："今妾媵婴人阉尹之徒,共专国朝,欺罔日月,又鸿都门下,招会群小,造作赋说,以虫篆小技见宠于时,如驩兜、共工更相荐说,旬月之间,并各拔擢,乐松处常伯,任芝居纳言。郤俭、梁鹄俱以便辟之性,佞辩之心,各受丰爵不次之宠,而令缙绅之徒委伏田亩,口诵尧、舜之言,身蹈绝俗之行,弃捐沟壑,不见逮及。冠履倒易,陵谷代处,

从小人之邪意，顺无知之私欲，不念《板》《荡》之作，虺蜴之诚。殆哉之危，莫过于今。"鞋和帽子颠倒位置，比喻尊卑失序。杨赐之语，载《后汉书·杨震传》(杨赐为杨秉之子、杨震之孙)。《东观汉记》《资治通鉴》亦载之。

⑪富贵不归，如锦衣夜行：语本《史记·项羽本纪传》："项羽引兵西屠咸阳，杀秦降王子婴，烧秦宫室，火三月不灭；收其货宝妇女而东。人或说项王曰：'关中阻山河四塞，地肥饶，可都以霸。'项王见秦宫室皆以烧残破，又心怀思欲东归，曰：'富贵不归故乡，如衣绣夜行，谁知之者！'"衣绣夜行，《汉书·项籍传》作"衣锦夜行"。穿了锦绣衣服在黑夜里行走，比喻身居官位，却未能使人看到自己的荣耀。

⑫狐裘三十，俭称晏子：语本《礼记·檀弓下》："曾子曰：'晏子可谓知礼也已，恭敬之有焉。'有若曰：'晏子一狐裘三十年，遣车一乘，及墓而反。国君七个，遣车七乘，大夫五个，遣车五乘，晏子焉知礼？'曾子曰：'国无道，君子耻盈礼焉。国奢，则示之以俭，国俭，则示之以礼。'"暨《孔子家语·曲礼子贡问》："子贡问曰：'管仲失于奢，晏子失于俭。与其俱失矣，二者孰贤？'孔子曰：'管仲镂簋而朱纮，旅树而反坫，山节藻棁。贤大夫也，而难为上。晏平仲祀其先祖，而豚肩不掩豆，一狐裘三十年。贤大夫也，而难为下。君子上不僭下，下不逼上。'"春秋时期的齐国晏子很俭朴，一件狐裘穿了三十年。狐裘，狐皮制作的大衣。晏子，即晏婴(？—前500)，字仲，谥平，夷维(今山东高密)人。后世多称他为"晏子"。春秋后期齐国大夫。历事灵公、庄公、景公三世，为卿。长于辞令，关心民事，节俭力行，尽忠直谏，名显诸侯。劝齐景公轻赋役，省刑罚，听臣下之言。曾奉景公命使晋联姻，与晋大夫叔向议及齐国政。对礼治衰落有所惋惜，断定齐国将为陈氏(即田氏)所取代。后人集其行事言论为《晏子春秋》，传于世。

⑬锦帐四十里，富羡石崇：语本《世说新语·汰侈》："王君夫以饴糒澳釜，石季伦用蜡烛作炊。君夫作紫丝巾步障碧绫裹四十里，石崇作锦步障五十里以敌之。石以椒为泥，王以赤石脂泥壁。"暨《晋书·石崇传》："与贵戚王恺、羊琇之徒以奢靡相尚。恺以饴澳釜，崇以蜡代薪。恺作紫丝布步障四十里，崇作锦步障五十里以敌之。崇涂屋以椒，恺用赤石脂。崇、恺争豪如此。"锦帐，锦制的帏帐。亦泛指华美的帏帐。四十里，据《世说新语·汰侈》及《晋书》石崇本传，当为"五十里"。石崇（249—300），西晋渤海南皮（今河北南皮）人。大司马石苞子，字季伦，因生于青州，故小名"齐奴"。因伐吴有功，封安阳乡侯。晋惠帝时，任南中郎将、荆州刺史，领南蛮校尉，加鹰扬将军，因劫掠往来商客而致富。后任太仆、征虏将军、卫尉等职。与潘岳等谄事外戚贾谧，号为"二十四友"。永康元年（300），贾后、贾谧被赵王伦所杀，中书令孙秀诬陷石崇谋反，赵王伦矫诏杀石崇及其外甥欧阳建。石崇性情豪放奢靡，曾于河阳置金谷别馆，富甲天下；又曾与贵戚王恺（字君夫）斗富。石崇有宠妓名绿珠，孙秀求之不与，石崇被捕时，绿珠跳楼而死。

【译文】

上身的衣服称为"衣"，下身的衣裙称为"裳"；衣的前部分叫作"襟"，衣的后部分叫作"裾"。

破旧衣服，称为"褴褛"；华美服装，叫作"华裾"。

"襁褓"，是包裹婴儿的衣物；"弁髦"，也是儿童所戴的帽子。

衣襟向左开，是夷狄的服饰特征；上衣后幅较短，是习武之人的服饰特征。

尊卑次序颠倒混乱，如同把冠帽和鞋子位置弄反；富贵却不归乡，就像穿着锦绣的衣服摸黑走路。

一件狐皮衣穿了三十年，晏子的节俭值得称赞；华美的帏帐绵延四十里,石崇的富裕令人惊羡。

　　孟尝君珠履三千客①,牛僧孺金钗十二行②。
　　千金之裘,非一狐之腋③;绮罗之辈,非养蚕之人④。
　　贵者重裀叠褥⑤,贫者裋褐不完⑥。
　　卜子夏甚贫,鹑衣百结⑦;公孙弘甚俭,布被十年⑧。
　　南州冠冕,德操称庞统之迈众⑨;三河领袖,崔浩羡裴骏之超群⑩。
　　虞舜制衣裳,所以命有德⑪;昭侯藏敝裤,所以待有功⑫。

【注释】

①孟尝君珠履三千客:语本《史记·春申君列传》:"赵平原君使人于春申君,春申君舍之于上舍。赵使欲夸楚,为玳瑁簪,刀剑室以珠玉饰之,请命春申君客。春申君客三千余人,其上客皆蹑珠履以见赵使,赵使大惭。"据《史记》,本篇此处"孟尝君"当为"春申君"。孟尝君,即田文(? —前279?),战国时齐国人。齐公族,田婴子,袭父封爵,称"薛公",相齐。在薛招致天下之士,食客常数千,名闻诸侯,号孟尝君,与楚国春申君、魏国信陵君和赵国平原君并称战国"四公子"。曾入秦为昭王相,昭王嫉而欲杀之,赖客有鸡鸣狗盗者排险阻,乃得以脱身。齐闵王畏其势,欲去之。齐闵王七年(前294),乃至魏为魏昭王相。合秦、赵、燕诸国之力破齐。齐襄王立,田文居薛,无所依属而襄王仍畏其势,乃与之复亲。卒,诸子争立,齐、魏共灭薛。

②牛僧孺金钗十二行:语本唐·白居易《酬思黯戏赠》诗:"钟乳三千两,金钗十二行。妒他心似火,欺我鬓如霜。慰老资歌笑,销愁仰酒浆。眼看狂不得,狂得且须狂。"自注:"思黯自夸前后服钟

乳三千两,甚得力。而歌舞之妓颇多。"唐人牛僧孺家中有歌舞妓多人,故白居易《酬思黯戏赠》诗有"金钗十二行"之语,后以比喻姬妾之众多。"金钗十二行"更早的语典出处,是南朝梁武帝《河中之水歌》:"河中之水向东流,洛阳女儿名莫愁。……头上金钗十二行,足下丝履五文章。"南朝梁武帝诗,"金钗十二行"是形容一人头上插有多根金钗。白居易诗,"金钗十二行",则形容头上插有金钗的美人之多。牛僧孺(780—848),字思黯,排行二,郡望安定(今甘肃泾川北),唐陇西狄道(今甘肃临洮)人。十五岁至长安习业。唐德宗贞元十九年(803)韦执谊命刘禹锡、柳宗元至樊乡造访,由是知名。二十一年(805)登进士第。唐宪宗元和三年(808)中贤良方正、能直言极谏科,授伊阙尉。因条指失政,为宰相李吉甫所忌,久不调。后除河南尉,迁监察御史,历礼部、考功员外郎、库部郎中知制诰、御史中丞等职。唐穆宗长庆元年(821)拜户部侍郎,次年以本官同平章事。唐敬宗即位,加中书侍郎,封奇章郡公,后历武昌节度使、太子少师等职。唐武宗即位,李德裕用事,罢为太子少师,复留守东都。会昌四年(844)贬循州长史。唐宣宗即位,量移衡、汝二州长史,复迁太子少师。卒于洛阳,谥文贞。牛僧孺与李宗闵朋党相结,排斥李吉甫之子李德裕,史称"牛李党争"。生平见杜牧《牛僧孺墓志铭》及新、旧《唐书》本传。著有传奇集《玄怪录》。金钗,妇女插于发髻的金制首饰,由两股合成。

③千金之裘,非一狐之腋:语本《史记·刘敬叔孙通列传》:"太史公曰:语曰'千金之裘,非一狐之腋也;台榭之榱,非一木之枝也;三代之际,非一士之智也。'"意思是说,价值千金的皮衣,决非一只狐狸的腋皮所能做成。比喻积小才能成大,集合大家的力量才能做成事情。西汉·刘向《说苑·建本》:"千金之裘,非一狐之皮;台庙之榱,非一木之枝;先王之法,非一士之智也。"一狐之腋,一

只狐狸腋下的皮毛，常用以喻指少量的皮毛或极其珍贵的东西。《史记·赵世家》："吾闻千羊之皮，不如一狐之腋。"《史记·商君列传》："千羊之皮，不如一狐之掖；千人之诺诺，不如一士之谔谔。"

④绮罗之辈，非养蚕之人：语本宋·张俞《蚕妇》诗："昨日到城廓（一作"昨日入城市"），归来泪满巾。遍身罗绮者，不是养蚕人。"绮罗之辈，身穿绮罗衣衫的人。指富人、权贵。绮罗，也作"罗绮"，泛指华贵的丝织品或丝绸衣服。

⑤重裀（yīn）叠褥（rù）：指双层的坐卧垫褥。裀，通"茵"，垫褥。唯贵者可以重裀而坐，因以"重裀""累茵"喻指身居高位，生活富贵。《孔子家语·致思》："子路见于孔子曰：'负重涉远，不择地而休；家贫亲老，不择禄而仕。昔者由也事二亲之时，常食藜藿之实，为亲负米百里之外。亲殁之后，南游于楚，从车百乘，积粟万钟，累茵而坐，列鼎而食，愿欲食藜藿，为亲负米，不可复得也。枯鱼衔索，几何不蠹？ 二亲之寿，忽若过隙。'"《说苑·建本》亦载子路之言。

⑥贫者裋褐（shù hè）不完：语本《汉书·贡禹传》："禹上书曰：'臣禹年老贫穷，家訾不满万钱，妻子糠豆不赡，裋褐不完。'"裋褐不完，粗陋的布衣破旧不完整，形容赤贫。裋褐，粗陋布衣，古代多为贫贱者所穿。

⑦卜子夏甚贫，鹑（chún）衣百结：语本《荀子·大略》："子夏贫，衣若县鹑。"卜子夏，姓卜，名商，春秋时晋国人。孔子的学生，"孔门十哲"之一。他曾来到魏国的西河（今河南安阳一带）讲学，门徒三百人，史称"西河设教"。鹑衣百结，形容衣服破破烂烂，打满补丁，像挂着很多鹑鸟。为古诗文习用语。

⑧公孙弘甚俭，布被十年：语本《史记·平津侯主父列传》："弘为人恢奇多闻，常称以为人主病不广大，人臣病不俭节。弘为布被，食不重肉。后母死，服丧三年。每朝会议，开陈其端，令人主自择，

不肯面折庭争。……汲黯曰：'弘位在三公，奉禄甚多。然为布被，此诈也。'上问弘。弘谢曰：'有之。夫九卿与臣善者无过黯，然今日庭诘弘，诚中弘之病。夫以三公为布被，诚饰诈欲以钓名。且臣闻管仲相齐，有三归，侈拟于君，桓公以霸，亦上僭于君。晏婴相景公，食不重肉，妾不衣丝，齐国亦治，此下比于民。今臣弘位为御史大夫，而为布被，自九卿以下至于小吏，无差，诚如汲黯言。且无汲黯忠，陛下安得闻此言。'天子以为谦让，愈益厚之。卒以弘为丞相，封平津侯。"汉武帝时期，大臣公孙弘崇尚节俭，虽位至丞相，仍用布被（不用锦被）。公孙弘（前200—前121），字季，一字次卿，西汉菑川（今山东寿光）人。少时为狱吏，因罪免。家贫，牧豕海上。年四十余始学《公羊传》。武帝初，以贤良征为博士，奉命出使匈奴，失旨，免归。元光五年（前130），复以贤良对策擢第一，拜博士。后为内史数年，迁御史大夫。弘不肯面折廷争，议事常顺武帝之意，熟习文法吏治，缘饰以儒术，为武帝所信任。元朔五年（前124），擢为丞相，封平津侯。元狩二年（前121）卒。布被十年，一床布被盖了十年。《史记》原文无"十年"二字，为《幼学琼林》编者所加，作用是与上句"百结"对仗。

⑨南州冠冕，德操称庞统之迈众：语本《三国志·蜀书·庞统传》："庞统字士元，襄阳人也。少时朴钝，未有识者。颍川司马徽清雅有知人鉴，统弱冠往见徽，徽采桑于树上，坐统在树下，共语自昼至夜。徽甚异之，称统当南州士之冠冕，由是渐显。"庞统年轻时没有名气，只有名士司马徽赏识他，称赞他是南州士人中首屈一指的人物。南州，泛指南方地区。《楚辞·远游》："嘉南州之炎德兮，丽桂树之冬荣。"《后汉书·徐稚传》："徐稚字孺子，豫章南昌人也。……及林宗有母忧，稚往吊之，置生刍一束于庐前而去。众怪，不知其故。林宗曰：'此必南州高士徐孺子也。'"《晋书·羊祜传》："南州人征市日，闻祜丧，莫不号恸。"冠冕，古代帝

王、官员所戴的帽子。比喻首位。德操，司马徽（？—208），字德操，汉末颍川阳翟（今河南禹州）人。著名隐士。清雅善知人。刘备访世事于徽，因荐诸葛亮、庞统。时庞德公亦善品藻，称徽为"水镜"。庞统（179—214），字士元，汉末襄阳（今湖北襄阳襄城区）人。与诸葛亮齐名，号为"凤雏"。刘备得荆州，任命他做耒阳令，因政绩差而免官。诸葛亮、鲁肃盛赞其才，刘备升他做治中从事，与诸葛亮并为军师中郎将。后从备入蜀，取刘璋，围攻雒城时，中流矢而卒。追赐关内侯，谥靖。迈众，超过众人。

⑩三河领袖，崔浩羡裴骏之超群：语本《魏书·裴骏传》："会世祖亲讨盖吴，引见骏，骏陈叙事宜，甚会机理。世祖大悦，顾谓崔浩曰：'裴骏有当世才具，且忠义可嘉。'补中书博士。浩亦深器骏，目为'三河领袖'。"三河，汉代以河内、河东、河南三郡为"三河"，即今河南洛阳黄河南北一带。《史记·货殖列传》："昔唐人都河东，殷人都河内，周人都河南。夫三河，在天下之中，若鼎足，王者所更居也。"《后汉书·党锢传·刘祐》："政为三河表。"唐·李贤注："三河，谓河东、河内、河南也。"领袖，衣服的领和袖。比喻同类人或物中之突出者。南朝宋·刘义庆《世说新语·赏誉》："胡毋彦国吐佳言如屑，后进领袖。"唐玄宗《〈孝经〉序》："韦昭、王肃，先儒之领袖。"宋·邢昺疏："此指言韦、王所学，在先儒之中如衣之有领袖也。"崔浩（381—450），字伯渊，小名桃简，北魏清河东武城（今河北清河）人。崔宏子。少好学，综览经史百家，识天文，明历学。弱冠为郎，魏道武帝以其工书常置左右。魏明帝初拜博士祭酒，为帝授经书，参议军国大事。魏太武帝始光中晋爵东郡公，拜太常卿，制定《五寅元历》，引荐道士寇谦之，助道抑佛。帝击溃赫连昌，败柔然，取北凉，崔浩均参赞谋划。以功加侍中、抚军大将军，后迁司徒。军国大计多先咨浩，然后行。崔姓本北方士族大姓，崔浩乃主张辨别姓族门第，企图恢复五等封爵，

发展士族势力，因与北魏鲜卑贵族产生矛盾。魏太武帝太平真君十一年（450），崔浩以所监修之国史暴露“国恶”罪名，被杀，族诛。裴骏（？—468），字神驹，小名“皮”，北魏河东闻喜（今山西闻喜）人。盖吴起事，来袭闻喜，裴骏率乡豪数百人赴救，盖吴退走，魏太武帝亲自接见裴骏，称赞他“忠义可嘉”，是当世英才。以骏补中书博士，后转中书侍郎。名臣崔浩称裴骏为“三河领袖”。皇兴二年（468）卒。赠平南将军、秦州刺史、闻喜侯，谥曰康。

⑪虞舜制衣裳，所以命有德：语本《尚书·益稷》：“予欲观古人之象，日、月、星、辰、山、龙、华虫，作会。宗彝、藻火、粉米、黼黻，絺绣，以五采彰施于五色，作服，汝明。”西汉·孔安国传：“天子服日月而下，诸侯自龙衮而下至黼黻，士服藻火，大夫加粉米。上得兼下，下不得僭上。以五采明施于五色，作尊卑之服，汝明制之。”虞舜，即上古传说中与尧帝并称的舜帝。舜，又称“虞舜”，因为据说他的国号为“有虞”，按先秦时期以国为氏的习惯，所以称他为“有虞氏”。据《史记·五帝本纪》，舜名重华，二十岁即以孝顺闻名于天下，三十岁时被尧帝从民间选拔重用，五十岁时摄行天子事，后受尧帝禅让，六十一岁即位为天子。即位三十九年，南巡，崩于苍梧之野。命有德，指舜帝命人区分并制作衣服，作为统治阶级各层级的命服。命服，见本篇“上公命服有九锡”条注。

⑫昭侯藏敝裤，所以待有功：语本《韩非子·内储说》：“韩昭侯使人藏弊裤，侍者曰：‘君亦不仁矣，弊裤不以赐左右而藏之。’昭侯曰：‘非子之所知也。吾闻明主之爱，一嚬一笑，嚬有为嚬，而笑有为笑。今夫裤，岂特嚬笑哉！裤之与嚬笑相去远矣。吾必待有功者，故藏之未有予也。’”昭侯，指韩昭侯（？—前333），战国时期韩国国君，韩哀侯孙，在位共二十六年。昭侯元年（前362），被秦败于西山。二年（前361），宋取韩黄池，魏取朱。八年（前355），以申不害为相，国内大治，诸侯不来侵犯。敝裤，破旧的裤子。

【译文】

孟尝君门下三千食客，都穿着宝珠装饰的鞋子；牛僧孺家中十二行姬妾，头上都戴着华贵的金钗。

价值千金的皮衣，绝非一只狐狸的腋皮所能制成；穿着绸缎衣服的人，不是亲手养蚕的劳动者。

有钱人坐着厚垫子、睡着厚褥子，而穷人连粗布衣服都残破不全。

卜子夏很贫穷，衣服上打满补丁，像挂着很多鹑鸟；公孙弘很节俭，一条破布被竟用了十年之久。

司马徽赞叹庞统才华出众，堪为"南州冠冕"；崔浩美称裴骏能力超群，可当"三河领袖"。

舜帝制定服饰等级，赐给有德行的各级官员；韩昭侯将穿旧了的裤子收藏好，是要将来赏给有功之臣。

唐文宗袖经三浣①，晋文公衣不重裘②。

衣履不敝，不肯更为，世称尧帝③；衣不经新，何由得故，妇劝桓冲④。

王氏之眉贴花钿，被韦固之剑所刺⑤；贵妃之乳服诃子，为禄山之爪所伤⑥。

姜氏翕和，兄弟每宵同大被⑦；王章未遇，夫妻寒夜卧牛衣⑧。

缓带轻裘，羊叔子乃斯文主将⑨；葛巾野服⑩，陶渊明真陆地神仙⑪。

服之不衷，身之灾也⑫；缊袍不耻，志独超欤⑬！

【注释】

①唐文宗袖经三浣：语本《新唐书·柳公权传》："（文宗）常与六学

士对便殿。帝称汉文帝恭俭，因举袂曰：'此三浣矣！'学士皆贺，独公权无言。帝问之，对曰：'人主当进贤退不肖，纳谏诤，明赏罚，服浣濯之衣，此小节耳。'"唐文宗常与六位学士在便殿议事，一次他说："我这身衣服已洗过多次。"大臣柳公权却说："皇帝应该考虑大事，不应考虑洗衣服这样的小事。"袂经三浣，衣服已洗过多次。唐文宗，即李昂（809—840），唐朝第十四位皇帝。唐穆宗次子，唐敬宗弟。初名"涵"，后改名"昂"。唐敬宗宝历二年（826），为宦官王守澄等拥立即位。初励精图治，出宫女三千余人，放五坊鹰犬，省冗食千二百余员，政号清明。后宦官挠权，乃用李训、郑注等发动甘露之变，谋尽诛宦官。事败，李训、郑注等被杀，唐敬宗亦被软禁。开成五年（840），抑郁而终，卒谥元圣昭献皇帝。在位共十四年。三浣，洗过多次。三，为约数。

②晋文公衣不重裘：语本《尹文子·大道上》："昔晋国苦奢，文公以俭矫之，乃衣不重帛，食不兼肉。无几时，国人皆大布之衣，脱粟之饭。"晋文公提倡节俭，不穿两件以上的丝绸衣服。晋文公（前697—前628），姬姓，名重耳。晋献公次子。春秋时晋国国君。骊姬之乱，重耳出奔，在外十九年，历经狄、卫、齐、曹、宋、郑、楚、秦诸国。晋惠公死，晋怀公继立，不得人心。遂借秦穆公力归晋，得即君位。任用狐偃、赵衰等人，整顿内政，增强军力，使国力复强。平周王室王子带之乱，迎周襄王复位，以"尊王"为号召，树立威信。城濮之战大败楚、陈、蔡三国军，会诸侯于践土，遂成霸主。在位九年。重裘，厚毛皮衣。西汉·贾谊《新书·谕诚》："重裘而立，犹懔然有寒气，将奈我元元之百姓何？"《尹文子》原文作"衣不重帛"，《幼学琼林》编者改为"衣不重裘"，是出于骈偶文体的考虑。上句句末"浣"字仄声，需用平声字作对。"帛"字仄声（入声），不宜作对；"裘"字平声，可作对，故改"帛"为"裘"。

③"衣履不敝"三句：语本《太平御览（卷八十）·皇王部五》引《六

韬》曰:"太公曰:'帝尧王天下之时,金银珠玉弗服,锦绣文绮弗衣,奇怪异物弗听,宫垣屋室弗崇,楠橡柱楹不藻饰,茅茨之盖弗剪齐。鹿裘之裘履不弊尽,不更为也;滋味不重糁,弗食也;温饭暖羹不酸喂,不易也。不以私曲之故,留耕种之时,削心约志,从事无予为。'"尧帝节俭,衣服鞋子如果不是破得不能穿了,绝不肯换新的。衣履,衣服与鞋子。敝,破旧。更为,另做新衣服。更,重新。为,制作。

④"衣不经新"三句:语本《世说新语·贤媛》:"桓车骑不好着新衣,浴后,妇故送新衣与。车骑大怒,催使持去。妇更持还,传语云:'衣不经新,何由而故?'桓公大笑,着之。"东晋车骑将军桓冲很节俭,不爱穿新衣。一次桓冲沐浴后,妻子故意送新衣给他,桓冲生气地催促拿走。妻子说:"没有新衣,哪来的旧衣呢?"桓冲听罢大笑,便穿上了新衣。桓冲(328—384),字幼子,小字买德郎,东晋谯国龙亢(今安徽怀远龙亢镇)人。桓温弟。初拜鹰扬将军。数从桓温征伐有功。累迁江州刺史。桓温卒,晋孝武帝诏拜中军将军、扬豫二州刺史,都督扬、江、豫三州军事,代掌兵权。谢安辅政,桓冲惧逼,自解扬州刺史职,求外出。转徐州刺史,镇京口。不久解任,迁为车骑将军、都督豫州之历阳淮南庐江安丰襄城及江州之寻阳二州六郡诸军事,改镇姑孰。复出为荆州刺史,镇江陵。晋孝武帝太元三年(378),前秦围攻襄阳,桓冲屯兵上明,不敢救。四年(379),襄阳陷落,守将朱序被俘。秦兵内侵,桓冲请遣精锐三千赴京都,谢安以三千人不足以为损益,拒不听。淝水之战,闻苻坚被攻破,桓冲虽屯兵西线,牵制前秦兵力,仍以惭耻发病卒。

⑤王氏之眉贴花钿,被韦固之剑所刺:典出唐·李复言《续玄怪录·定婚店》。书中记载:韦固在宋城南店遇见执掌人间姻缘的月老,月老说他将来的妻子现在只有三岁,就是店北卖菜的陈婆

的女儿。韦固派人刺杀女孩,伤其眉心。十四年后,韦固官任相州参军,刺史王泰将十七岁的女儿嫁给他。王氏女长得很美,但眉心长年贴一片花钿。韦固问她缘故,她说自己其实是王刺史的侄女,小时候双亲及兄长亡故,家产唯有一庄在宋城南,只有乳母陈氏照顾她,三岁的时候被贼人刺伤眉心,留下刀痕,只能用花钿遮掩。后来才到叔叔身边,最终嫁给韦固。花钿,用金翠珠宝制成的花形首饰。韦固,唐朝李复言所撰志怪小说《续幽怪录》中的人物。

⑥贵妃之乳服诃子,为禄山之爪所伤:语本宋·刘斧《青琐高议(前集卷六)·骊山记》:"(安禄山)复引手抓贵妃胸乳间,……贵妃虑帝见胸乳痕,乃以金为诃子遮之。后宫中皆效之,迄今民间亦有之。"宋·高承《事物纪原·衣裘带服部·诃子》:"本自唐明皇杨贵妃作之,以为饰物。贵妃私安禄山,以后颇无礼,因狂悖,指爪伤贵妃胸乳间,遂作诃子之饰以蔽之。"杨贵妃被安禄山抓伤了乳房,就绣了件胸衣罩在乳房上遮挡抓痕。服,穿。诃子,妇女的饰物,抹胸之类。禄山,即安禄山(703?—757),唐营州柳城(今辽宁朝阳)胡人。本姓康,初名"轧荦山",又作"阿荦山"。少孤,随母嫁突厥安延偃,遂姓安,更名"禄山"。及长,巧黠多智,通六蕃语,为互市郎。幽州节度使张守珪异之,拔为偏将,收为养子。积战功为平卢兵马使、营州都督。入朝,为唐玄宗、杨贵妃宠信,迁平卢、范阳、河东三镇节度使。官至尚书左仆射。唐玄宗天宝十四载(755)冬于范阳起兵叛乱,先后攻陷洛阳、长安。次年自称"雄武皇帝",国号燕,建元圣武。后为其子安庆绪所杀。

⑦姜氏翕(xī)和,兄弟每宵同大被:语本《后汉书·姜肱传》:"姜肱字伯淮,彭城广戚人也。家世名族。肱与二弟仲海、季江,俱以孝行著闻。其友爱天至,常共卧起。及各娶妻,兄弟相恋,不能别寝,以系嗣当立,乃递往就室。"唐·李贤注引《谢承书》曰:"肱

性笃孝，事继母恪勤。母既年少，又严厉。肱感《恺风》之孝，兄弟同被而寝，不入房室，以慰母心。"东汉人姜肱、姜仲海、姜季江三兄弟感情极好，睡觉同盖一条大被子。翕和，和睦，协调一致。《诗经·小雅·常棣》："兄弟既翕，和乐且湛。"

⑧王章未遇，夫妻寒夜卧牛衣：语本《汉书·王章传》："王章字仲卿，泰山钜平人也。少以文学为官，稍迁至谏大夫，在朝廷名敢直言。……初，章为诸生学长安，独与妻居。章疾病，无被，卧牛衣中，与妻决，涕泣。其妻呵怒之曰：'仲卿！京师尊贵在朝廷人谁逾仲卿者？今疾病困厄，不自激卬，乃反涕泣，何鄙也！'后章仕宦历位，及为京兆，欲上封事，妻又止之曰：'人当知足，独不念牛衣中涕泣时耶？'章曰：'非女子所知也。'书遂上，果下廷尉狱，妻子皆收系。"西汉名臣王章早年家中贫穷，曾与妻子同卧牛衣。王章（？—前24），字仲卿，西汉泰山钜平（今山东泰安）人。少学于长安，尝贫病，卧牛衣中涕泣与妻诀。其妻以正言激励其志，后以文学为官。稍迁至谏大夫，敢直言。汉元帝初，擢为左曹中郎将，劾奏中书令石显，被陷免官。汉成帝立，征为谏大夫，迁司隶校尉，大臣贵戚敬惮之。后为京兆尹。时帝舅王凤辅政，王章虽为王凤所举，斥王凤专权。后为王凤所陷，下狱死。未遇，未被赏识重用。牛衣，供牛御寒用的披盖物，如蓑衣之类。唐·颜师古注："牛衣，编乱麻为之，即今俗呼为'龙具'者。"宋·程大昌《演繁露·牛衣》："牛衣者，编草使暖，以被牛体，盖蓑衣之类也。"因王章之典，后世以"牛衣"喻贫寒。亦代指贫寒之士。

⑨缓带轻裘，羊叔子乃斯文主将：语本《晋书·羊祜传》："（祜）在军常轻裘缓带，身不被甲，铃阁之下，侍卫者不过十数人，而颇以畋渔废政。尝欲夜出，军司徐胤执棨当营门曰：'将军都督万里，安可轻脱！将军之安危，亦国家之安危也。胤今日若死，此门乃开耳。'祜改容谢之，此后稀出矣。"缓带轻裘，宽缓的腰带，轻暖

的衣袂，形容从容闲适。羊祜身为一军主将，而着此便装，可见从容。羊叔子，羊祜（221—278），字叔子，魏晋之际泰山南城（今山东新泰）人。乃蔡邕外孙、司马师之妻弟。初以上计吏仕魏，钟会被诛后，渐居要职，官至中领军，掌兵权。晋武帝代魏之后，官拜尚书右仆射、卫将军。泰始五年（269），迁都督荆州诸军事。在州垦田屯粮，与吴将陆抗使命交通，各保分界，传为一时美谈。官至征南大将军，封南城侯。在官清俭。咸宁四年（278），卒。临终，举杜预自代。《晋书》有传。斯文主将，富有文人气质的儒将。

⑩葛巾：用葛布制成的头巾。《宋书·隐逸传·陶潜》："郡将候潜，值其酒熟，取头上葛巾漉酒，毕，还复着之。"野服：村野平民服装。《礼记·郊特牲》："大罗氏，天子之掌鸟兽者也，诸侯贡属焉。草笠而至，尊野服也。"唐·孔颖达疏："尊野服也者，草笠是野人之服。今岁终功成，是由野人而得，故重其事而尊其服。""葛巾野服"四字连用，是唐宋以来习用语，比喻隐士衣着俭朴。亦代指隐居生涯。《旧唐书·颜师古传》："师古既负其才，又早见驱策，累被任用，及频有罪谴，意甚丧沮。自是阖门守静，杜绝宾客，放志园亭，葛巾野服。然搜求古迹及古器，耽好不已。"

⑪陆地神仙：多用作对隐士的誉称。唐宋以来古诗文习用语。

⑫服之不衷，身之灾也：语本《左传·僖公二十四年》："郑子华之弟子臧出奔宋，好聚鹬冠。郑伯闻而恶之，使盗诱之。八月，盗杀之于陈、宋之间。君子曰：'服之不衷，身之灾也。《诗》曰："彼己之子，不称其服。"子臧之服，不称也夫。《诗》曰："自诒伊戚"，其子臧之谓矣。'"晋·杜预注："衷，犹施也。"杨伯峻注："'不称其服'与'服之不衷'义同。"意为穿着不合身份，可能引来灾祸。不衷，不合适，不恰当。

⑬缊（yùn）袍不耻，志独超轶：语本《论语·子罕》："衣敝缊袍，与衣狐貉者立，而不耻者，其由也与！"朱子集注："敝，坏也。缊，枲

着也。袍,衣有着者也,盖衣之贱者。狐貉,以狐貉之皮为裘,衣之贵者。子路之志如此,则能不以贫富动其心,而可以进于道矣,故夫子称之。"孔子的学生子路志向高远,穿着旧麻袍,站在穿皮裘的人中间,也不觉得羞耻。缊袍,以乱麻衬于其中的袍子。古代穷人的服装。因置办不起丝絮,只能以乱麻做衬子。

【译文】

唐文宗衣服洗了多次还在穿,晋文公舍不得穿厚毛皮衣。

衣服鞋子不到穿坏用旧,便不肯再做新的,世人为此称颂尧帝;"哪件衣服不是从新的用成旧的?"这是桓冲妻子劝他不要太过节俭所说的话。

王氏在眉心贴一枚花钿,是为了掩饰她幼年时被丈夫韦固派人用剑刺中的伤痕;杨贵妃用诃子罩着乳房,是为了掩饰被安禄山抓伤的痕迹。

姜家兄弟感情和睦,每天晚上同睡一条大被;王章尚未显贵之时,夫妻在寒夜里只盖一件牛衣。

松缓地系着衣带、身着轻巧的皮衣,羊叔子尽显儒将之风;戴着葛布头巾、身穿村野服装,陶渊明真是地上的神仙。

穿着不得体,甚至引来杀身之祸;穿破衣而不因此觉得羞耻,是因为志向出众!

卷三

人事

【题解】

本篇117联，讲的都是和人事相关的成语典故。

人际关系是人事的重要内容。古人重尺牍，书信来往，重谦辞和敬辞。本篇讲了诸多谦辞和敬辞的用法。此外，也讲了许多人际交往的轶事。

《大学》首重夫明新①，小子莫先于应对②。

其容固宜有度③，出言尤贵有章④。

智欲圆而行欲方，胆欲大而心欲小⑤。

阁下、足下⑥，并称人之辞；不佞、鲰生⑦，皆自谦之语。

恕罪曰宽宥⑧，惶恐曰主臣⑨。

大春元、大殿选、大会状，举人之称不一；大秋元、大经元、大三元，士人之誉多殊⑩。

大掾史，推美吏员⑪；大柱石，尊称乡宦⑫。

【注释】

①《大学》：本为《礼记》中的一篇，宋·朱熹作《大学章句》，与《中庸章句》《论语集注》《孟子集注》并行，合称"四书"。《大学》开篇："大学之道，在明明德，在亲民，在止于至善。"朱子章句："程子曰：'亲，当作"新"。'大学者，大人之学也。明，明之也。明德者，人之所得乎天，而虚灵不昧，以具众理而应万事者也。但为气禀所拘，人欲所蔽，则有时而昏；然其本体之明，则有未尝息者。故学者当因其所发而遂明之，以复其初也。新者，革其旧之谓也，言既自明其明德，又当推以及人，使之亦有以去其旧染之污也。"明：明明德，彰明德行。新：新民，使民更新，教民向善。《尚书·康诰》："亦惟助王宅天命，作新民。"西汉·孔安国传："居顺天命，为民日新之教。"

②小子莫先于应对：语本《论语·子张》："子游曰：'子夏之门人小子，当洒扫应对进退，则可矣，抑末也。本之则无，如之何？'子夏闻之，曰：'噫！言游过矣！君子之道，孰先传焉？孰后倦焉？譬诸草木，区以别矣。君子之道，焉可诬也？有始有卒者，其惟圣人乎！'"宋·朱熹《大学章句·序》："三代之隆，其法浸备，然后王宫、国都以及闾巷，莫不有学。人生八岁，则自王公以下，至于庶人之子弟，皆入小学，而教之以洒扫、应对、进退之节，礼乐、射御、书数之文。"宋·朱熹《小学·序》："古者小学教人以洒扫应对进退之节，爱亲敬长隆师亲友之道，皆所以为修身、齐家、治国、平天下之本。而必使其讲而习之，于幼稚之时，欲其习与智长，化与心成，而无扞格不胜之患也。"传统儒家，教育少年儿童，从洒扫应对进退等基本礼节开始。小子，泛指学生、晚辈等未成年人。应对，酬对，对答。古人重礼，应对师长有具体仪节要求。

③其容固宜有度：古人重礼，强调容仪有度。《礼记·玉藻》："凡行容惕惕，庙中齐齐，朝廷济济翔翔。君子之容舒迟，见所尊者齐

遬。足容重，手容恭，目容端，口容止，声容静，头容直，气容肃，立容德，色容庄，坐如尸，燕居告温温。"容，仪态，外在表现。固宜，本该。有度，有法度，有规范。

④ 出言尤贵有章：语本《诗经·小雅·都人士》："彼都人士，狐裘黄黄。其容不改，出言有章。"东汉·郑玄笺："其动作容貌既有常，吐口言语又有法度文章。"有章，有法度，有条理，有文采。《左传·襄公三十一年》："故君子在位可畏，施舍可爱，进退可度，周旋可则，容止可观，作事可法，德行可象，声气可乐，动作有文，言语有章，以临其下，谓之有威仪也。"杨伯峻注："有章，犹今言有条理。"

⑤ 智欲圆而行欲方，胆欲大而心欲小：《旧唐书·方伎传·孙思邈》载，孙思邈答卢照邻问医道言："胆欲大而心欲小，智欲圆而行欲方。《诗》曰：'如临深渊，如履薄冰'，谓小心也；'赳赳武夫，公侯干城'，谓大胆也。'不为利回，不为义疚'，行之方也；'见机而作，不俟终日'，智之圆也。"孙思邈之言，受程子等宋儒激赏，在讲学论道时常常引用（详参《近思录》《朱子语类》等）。由之衍生出的两个成语是"智圆行方""胆大心细"。智圆行方，指智虑周到通达，行为端方不苟。胆大心细，指勇于任事而又缜密谨慎。又，孙思邈之言，亦有所本。《文子·微明》："老子曰：'凡人之道：心欲小，志欲大；智欲圆，行欲方；能欲多，事欲少。所谓心欲小者，虑患未生，戒祸慎微，不敢纵其欲也。志欲大者，兼包万国，一齐殊俗，是非辐辏，中为之毂也。智圆者，终始无端，方流四远，渊泉而不竭也。行方者，直立而不挠，素白而不污，穷不易操，达不肆志也。能多者，文武备具，动静中仪，举错废置，曲得其宜也。事少者，秉要以偶众，执约以治广，静以持躁也。故心小者，禁于微也。志大者，无不怀也。智圆者，无不知也。行方者，有不为也。能多者，无不治也。事少者，约所持也。'"

⑥阁下：本指在藏书阁或官署中，引用为对尊贵显要者的敬称，后泛用作对人的敬称。唐·赵璘《因话录》卷五："古者三公开阁，郡守比古之侯伯，亦有阁，所以世之书题有阁下之称。……今又布衣相呼，尽曰'阁下'。"足下：古代下称上或同辈相称的敬辞。三国魏·嵇康《与山巨源绝交书》："足下昔称吾于颍川，吾常谓之知言。"

⑦不佞（nìng）：不会说话，不才，故用以谦称自己。《左传·昭公二十五年》："不佞不能与二三子同心，而以为皆有罪。"明·高攀龙《讲义·小引》："不佞幸从诸先生后，不能无请益之言。"佞，口才好，善于说话。鲰（zōu）生："鲰"本义为小鱼，借指浅陋卑微。鲰生在古时骂人之语，义为小人。《史记·项羽本纪》："鲰生说我曰：'距关，毋内诸侯，秦地可尽王也。'"南朝宋·裴骃集解引东汉·服虔曰："鲰，音浅。鲰，小人貌也。"后世用作自谦之语，犹言小生。唐·刘禹锡《谢中书张相公启》："岂唯鲰生，独受其赐？"

⑧恕：宽恕。宽宥（yòu）：《后汉书·王梁传》："（王梁）建议开渠，为人兴利，旅力既愆，迄无成功，百姓怨讟，谈者欢哗。虽蒙宽宥，犹执谦退。君子成人之美，其以梁为济南太守。"唐·骆宾王《兵部奏姚州道破逆贼诺没弄杨虔柳露布》："礼不重伤，班白必存于宽宥。"此句"宽宥"，他本多作"原宥"（原谅某人的苦衷，赦免其罪）。《后汉书·陈蕃传》："大司农刘祐、廷尉冯绲、河南尹李膺，皆以忤旨，为之抵罪。蕃因朝会，固理膺等，请加原宥，升之爵任。"《南史·孔觊传》："东军主凡七十六人，于阵斩十七人，余皆原宥。"）宥，宽恕，赦免。《尚书·舜典》："流宥五刑。"西汉·孔安国传："宥，宽也。以流放之法宽五刑。"也指宽待、宽容。《庄子·在宥》："闻在宥天下，不闻治天下也。"唐·成玄英疏："宥，宽也。"

⑨主臣：指君臣。后用作叹词，一般用于臣下对主君进言时，表示惶

恐冒昧的样子。《史记·陈丞相世家》:"上曰:'苟各有主者,而君所主者何事也?'平谢曰:'主臣!陛下不知其驽下,使待罪宰相。'"南朝宋·裴骃集解:"张晏曰:'若今人谢曰"惶恐"也。'马融《龙虎赋》曰:'勇怯见之,莫不主臣。'"《史记·张释之冯唐列传》:"唐曰:'主臣!陛下虽得廉颇、李牧,弗能用也。'"唐·司马贞索隐:"乐彦云:'人臣进对前称"主臣",犹上书前云"昧死"。'"宋·韩驹《再次韵兼简李道夫》:"学道无疑怖,忧时有主臣。"原注:《汉书》主臣,皇恐之貌。"

⑩"大春元、大殿选、大会状"四句:大春元、大殿选、大会状、大秋元、大经元、大三元等称谓,皆与科举考试相关。科举考试,是隋唐以来封建王朝设科取士而定期举行的中央或地方级考试。明清科举分童试、院试、乡试、会试、殿试五级。童试录取者为童生,院试录取者为秀才,乡试录取者为举人,会试录取者为贡士、殿试录取者为进士。考取举人即具备做官资格,故士人极重乡试。明清乡试一般在秋季举行,称"秋闱"。会试在乡试后次年二月于京师举行,由礼部主持,又称"春闱""礼闱"。殿试在会试后一个月即三月举行,由皇帝主持。明清殿试一律不黜落,只排定名次。"元",即首,指第一名。明清时期,乡试第一名称"解元",会试第一名称"会元",殿试第一名称"状元"。因乡试一般在秋季举行,故乡试第一名又称"大秋元";会试一般在春季举行,故会试第一名又称"大春元"。大三元,是解元、会元、状元之合称。大会状,是会元、状元之合称。殿试考中,称"大殿选"。科举考试有明经一科,第一名为"大经元"。明清则称贡生为"明经"。乡试中副榜录取的,入国子监,称"副贡生"。则国子监肄业第一名,或称"大经元"。以"大春元""大殿选""大会状"誉称举人,皆为预祝之美辞。

⑪大掾(yuàn)史,推美吏员:掾史,官名。也称"掾吏""掾佐""掾

曹"。汉以后中央及各州县皆置掾史,分曹治事。多由长官自行辟举。唐宋以后,掾史之名渐移于胥吏,遂泛指地方政府的办事人员,故美称"吏员"(各级政府的下层办事人员)为"大掾史"。

⑫大柱石,尊称乡宦:柱石,顶梁的柱子和垫柱的础石。比喻担当重任的人。《汉书·霍光传》:"将军为国柱石。"后以"大柱石"尊称乡宦。乡宦,退休居住乡里的官宦。《二刻拍案惊奇》卷四:"亦且乡宦势头,小可衙门奈何不得他。"

【译文】

《大学》开篇强调明明德和作新民;做学生的,首先要学应答师长的礼节。

仪容举止,固然要适宜合度;话语言谈,尤其重视有条理章法。

考虑问题,要圆融周详,行事则要坚定公正;胆量和志向要远大,而心思则要细致缜密。

"阁下""足下",都是对别人的尊称;"不佞""鲰生",都是自谦的说法。

"宽宥"多指从宽赦罪,所以求人恕罪,叫作"宽宥";"主臣"是臣子怕君的说法,所以心中惶恐,叫作"主臣"。

"大春元""大殿选""大会状",是对举人的不同称呼;"大秋元""大经元""大三元",是对士人中选的各种美誉。

"大掾史",是对下层办事人员的美称;"大柱石",是对退休居乡官员的尊称。

贺入学①,曰云程发轫②;贺新冠③,曰元服加荣④。

贺人荣归⑤,谓之锦旋⑥;作商得财,谓之梱载⑦。

谦送礼,曰献芹⑧;不受馈⑨,曰反璧⑩。

谢人厚礼,曰厚贶⑪;自谦礼薄,曰菲仪⑫。

送行之礼,谓之赆仪⑬;拜见之贽⑭,名为贽敬⑮。

贺寿仪^⑯，曰祝敬^⑰；吊死礼，曰奠仪^⑱。

请人远归，曰洗尘^⑲；携酒送行，曰祖饯^⑳。

犒仆夫^㉑，谓之旌使^㉒；演戏文，谓之俳优^㉓。

【注释】

①入学：旧时指生徒或童生经考试录取后进府、州、县学读书。

②云程：远大前程。多指仕途。宋·陆游《答发解进士启》："万里抟风，莫测云程之远。"发轫（rèn）：拿掉支住车轮的木头，使车前进。借指出发，起程。《楚辞·离骚》："朝发轫于苍梧兮，夕余至乎县圃。"朱子集注："轫，搘车木也，将行则发之。"轫，指用来阻止车轮滚动的木头。取出轮木代指启程。"云程发轫"四字连用，为明清时期习用语。明·孙绪《送族侄悟会试》诗："离亭风笛回辕处，宦海云程发轫初。"明·杨守阯《送董启之进士》诗："万里云程初发轫，三湘秋水试扬舲。"

③新冠：刚刚举行冠礼。古代男子成人礼，一般在二十岁。《礼记·曲礼上》："男子二十冠而字。"他本或作"斯冠"。

④元服：指冠。古称行冠礼为"加元服"。《仪礼·士冠礼》："令月吉日，始加元服。"加荣：指赋予荣耀。他本或作"初荣"。

⑤荣归：光荣地归回。旧时多指富贵返乡。

⑥锦旋：身穿锦绣而归。比喻荣归。元·柯丹丘《荆钗记·获报》："他既登金榜，怎不锦旋。"

⑦梱（kǔn）载：即"稛（kǔn）载"，用绳子捆束财物，放到车上。亦指满载、重载。《国语·齐语六》："诸侯之使，垂橐而入，稛载而归。"三国吴·韦昭注："言重而归也。""梱""稛"二字，音同形近，可通假。《仪礼·大射仪》："既拾取矢梱之。"即以"梱"通"稛"，是捆束之义。

⑧献芹：典出《列子·杨朱》："宋国有田夫……谓其妻曰：'负日之

暄，人莫知者，以献吾君，将有重赏。'里之富告之曰：'昔人有美戎菽、甘枲茎芹萍子者，对乡豪称之。乡豪取而尝之，蜇于口，惨于腹，众哂而怨之，其人大惭。'"又，三国魏·嵇康《与山巨源绝交书》："野人有快炙背而美芹子者，欲献之至尊，虽有区区之意，亦已疏矣。"后遂以"献芹"谦言自己赠品菲薄或建议浅陋。唐·高适《自淇涉黄河途中》诗之九："尚有献芹心，无因见明主。"

⑨馈（kuì）：赠送。

⑩反璧（bì）：语本《左传·僖公二十三年》："僖负羁……乃馈盘飧，置璧焉，公子受飧反璧。"意为退还璧玉。后因谓不受别人的馈赠为"反璧"。反，同"返"，指归还。

⑪厚贶（kuàng）：丰厚的赠礼。古诗文习用语。唐·杜甫《太子张舍人遗织成褥段》诗："奈何田舍翁，受此厚贶情。"贶，赏赐，赐予。《国语·鲁语下》："君之所以贶使臣，臣敢不拜贶。"

⑫菲仪：谦辞。菲薄的礼物。古诗文习用语。宋·杨万里《罗氏定亲启》："十世可知，继好复从于今始；两端而竭，菲仪仍守于旧规。"

⑬赆（jìn）仪：送行的礼物。明清以来习用语。赆，送行时赠送的财物。《孟子·公孙丑下》："予将有远行，行者必以赆。"

⑭赀（zī）：同"资"，财货。

⑮贽（zhì）敬：为表敬意所送的礼品。明清以来习用语。贽，古代初次见人时所带的礼物。《尚书·舜典》："修五礼，五玉、三帛、二生、一死，贽。"《左传·庄公二十四年》："男贽大者玉帛，小者禽鸟，以章物也。女贽不过榛栗枣修，以告虔也。"又，《周礼·春官·大宗伯》"以禽作六挚"，东汉·郑玄注："挚之言至，所执以自致。"唐·陆德明释文："挚，音至，本或作'贽'。"

⑯仪：本指仪式、礼节，此处特指礼品。

⑰祝敬：指祝寿的礼品或礼金。祝，本指祭祀时的司仪，后引作祝祷、祝福。此处特指贺寿。《左传·哀公二十五年》："公宴于五

梧,武伯为祝。"晋·杜预注:"祝,上寿酒。"

⑱奠仪:用于祭奠的礼品。奠,祭奠,追悼。

⑲洗尘:洗去征尘。指设宴欢迎远方来客。也可称"接风""濯足"。

⑳祖饯:饯行。送行时设宴祭祀路神的礼仪。又称"祖道""祖帐"。《汉书·刘屈氂传》:"贰师将军李广利将兵出击匈奴,丞相为祖道,送至渭桥。"祖,出行时祭祀路神。引申为饯行。《文选·〈荆轲歌序〉》:"燕太子丹使荆轲刺秦王,丹祖送于易水上。"唐·张铣注:"祖者,将祭道以相送。"

㉑犒(kào):犒劳,指用酒食财物慰劳。对象通常是军队。仆夫:驾驭车马的人。《诗经·小雅·出车》:"召彼仆夫,谓之载矣。"毛传:"仆夫,御夫也。"《文选·张衡〈思玄赋〉》:"仆夫俨其正策兮,八乘腾而超骧。"旧注:"仆夫,谓御车人也。"亦泛指供役使的人,犹言仆人。

㉒旌(jīng)使:奖赏表彰使者。旌,表扬。

㉓俳(pái)优:"俳"指杂耍和滑稽戏,"俳优"指表演杂戏的人。《荀子·正论》:"今俳优、侏儒、狎徒詈侮而不斗者,是岂巨知见侮之为不辱哉?"

【译文】

祝贺人考中入学,说"云程发轫";祝贺人举行成年仪式行冠礼,说"元服加荣"。

祝贺人荣耀还乡,说"锦旋";祝贺人经商发财,说"梱载"。

"献芹",是赠送礼物的谦辞;"反璧",是不接受礼物的说法。

感谢别人赠送自己厚礼,说"厚贶";自谦送人礼物微薄,说"菲仪"。

给人送行时赠送的礼金,叫"赆仪";拜见他人所携带的见面礼,叫"贽敬"。

贺寿的财礼,叫作"祝敬";吊唁死者的礼金,叫作"奠仪"。

　　宴请远路归来的人，叫"洗尘"；带酒送别即将出行的人，叫"祖饯"。

　　犒赏底下做事的人，叫"犒使"；表演戏曲的人，叫"俳优"。

　　谢人寄书①，曰辱承华翰②；谢人致问③，曰多蒙寄声④。

　　望人寄信，曰早赐玉音⑤；谢人许物⑥，曰已蒙金诺⑦。

　　具名帖⑧，曰投刺⑨；发书函⑩，曰开缄⑪。

　　思暮久，曰极切瞻韩⑫；想望殷⑬，曰久怀慕蔺⑭。

　　相识未真，曰有半面之识⑮；不期而会⑯，曰邂逅之缘⑰。

　　登龙门，得参名士⑱；瞻山斗，仰望高贤⑲。

　　一日三秋，言思慕之甚切⑳；渴尘万斛㉑，言想望之久殷。

【注释】

①寄书：寄信。

②辱承：谦辞。表示承蒙、蒙受。华翰：文辞华美。通常是对别人来信的美称。

③致问：问候。

④多蒙：蒙受，承蒙。致谢之辞。寄声：托人传话。《汉书·赵广汉传》："广汉尝记召湖都亭长，湖都亭长西至界上，界上亭长戏曰：'至府，为我多谢问赵君。'亭长既至，广汉与语，问事毕，谓曰：'界上亭长寄声谢我，何以不为致问？'"

⑤玉音：语本《诗经·小雅·白驹》："毋金玉尔音，而有遐心。"郑笺："毋爱女声音，而有远我之心。"孔疏："又言我思汝甚矣，汝虽不来，当传书信，毋得金玉汝之音声于我。谓自爱音声，贵如金玉，不以遗问我，而有疏远我之心。"对别人言辞的敬称。古诗文习用语。三国魏·曹植《七启》："将敬涤耳，以听玉音。"唐·元

積《酬孝甫见赠》诗之十："开坼新诗展大璆，明珠炫转玉音浮。"

⑥许：承诺，答应给予。

⑦金诺：语本《史记·季布栾布列传》："楚人谚曰：'得黄金百（斤），不如得季布一诺。'"唐·顾云《代人上路相公启》："果践玉书，不移金诺。"珍贵如金的诺言。成语"一诺千金"即源于此，比喻非常守信用。

⑧具：置办，准备。名帖：犹今之名片。清·赵翼《陔馀丛考·名帖》："刘冯《事始》云：'古昔削木以书姓名，故谓之'刺'，后世以纸书，谓之'名帖'。"

⑨投刺：投递名片。北魏·杨衒之《洛阳伽蓝记·景宁寺》："或有人慕其高义，投刺在门，元慎称疾高卧。"刺，书写。《释名·释书契》："书称'刺书'，以笔刺纸简之上也。又曰'到写'，写此文也。画姓名于奏上曰'书刺'。"亦特指名帖，即今之名片。

⑩书函：文书的封套。亦指书信。《后汉书·祭祀志上》："以吉日刻玉牒书函藏金匮，玺印封之。"

⑪开缄（jiān）：开拆（函件等）。唐·李白《久别离》诗："况有锦字书，开缄使人嗟。"缄，本指捆扎器物的绳子，引申为封口，特指书信的封口。

⑫瞻韩：语本唐·李白《与韩荆州书》："白闻天下谈士相聚而言曰：'生不用封万户侯，但愿一识韩荆州。'何令人之景慕一至于此耶！"唐代韩朝宗曾做荆州长史，喜拔用后进，为时人所重。后因以"瞻韩"为初见面的敬辞，意为久欲相识。

⑬想望：仰慕。殷：殷切，诚恳。

⑭慕蔺：语出《史记·司马相如列传》："其亲名之曰'犬子'。……既学，慕蔺相如之为人，更名'相如'。"蔺相如为战国时赵国人，曾有完璧归赵的壮举，西汉的司马相如仰慕蔺相如，将自己的名字也改为"相如"。后因称"慕贤"为"慕蔺"。

⑮半面之识：语出《后汉书·应奉传》"奉少聪明"唐·李贤注引三国吴·谢承《后汉书》："奉年二十时，尝诣彭城相袁贺。贺时出行闭门，造车匠于内开扇出半面视奉，奉即委去。后数十年于路见车匠，识而呼之。"应奉二十岁的时候见过一个车匠的半张脸，十几年之后路上遇见这个车匠仍旧马上认出来。指只见过一次面的交往。亦作"半面之旧"。古诗文习用语。唐·白居易《与元九书》："初应进士时，中朝无缌麻之亲，达官无半面之旧。""半面"作为语典，本指人记忆力惊人，瞥见一面多年后仍能认出。此句"日有半面之识"，他本无"有"字，与下句"邂逅之缘"对仗工整。

⑯不期而会：未经约定而意外地遇见。《穀梁传·隐公八年》："不期而会曰'遇'。"亦指未经约定而自动聚集。《史记·周本纪》："是时，诸侯不期而会盟津者八百诸侯。"期，约定。

⑰邂逅：语出《诗经·郑风·野有蔓草》："野有蔓草，零露漙兮。有美一人，清扬婉兮。邂逅相遇，适我愿兮。"毛传："邂逅，不期而会。"指没有约定，偶然相遇。

⑱登龙门，得参名士：语本《后汉书·党锢传·李膺》："膺独持风裁，以声名自高。士有被其容接者，名为'登龙门'。"唐·李贤注："以鱼为喻也。龙门，河水所下之口，在今绛州龙门县。辛氏《三秦记》曰：'河津一名"龙门"，水险不通，鱼鳖之属莫能上，江海大鱼薄集龙门下数千，不得上，上则为龙也。'"登龙门，比喻得到有名望者的接待和援引而提高身价。

⑲瞻山斗，仰望高贤：语本《新唐书·韩愈传赞》："自愈没，其言大行，学者仰之如泰山、北斗云。"意为像仰望泰山、北斗一样仰慕贤人。

⑳一日三秋，言思慕之甚切：语本《诗经·王风·采葛》："彼采萧兮，一日不见，如三秋兮。"唐·孔颖达疏："年有四时，时皆三月，三秋谓九月也。"后以"一日三秋"形容对人思念殷切。南朝

梁·何逊《为衡山侯与妇书》："路迩人遐,音尘寂绝。一日三秋,不足为喻。"

㉑渴尘:语出唐·卢仝《访含曦上人》:"三入寺,曦未来。辘轳无人井百尺,渴心归去生尘埃。"即渴心生尘,喻访友不遇,思念殷切。后用为想望旧友之典。宋·黄庭坚《苏李画枯木道士赋》:"去国期年,见似之者而喜矣,况予尘土之渴心。"万斛(hú):极言容量之多。古代以十斗为一斛,南宋末年改为五斗。唐·杜甫《夔州歌》之七:"蜀麻吴盐自古通,万斛之舟行若风。"

【译文】

"辱承华翰",是感谢别人来信;"多蒙寄声",是感谢别人问候。

盼望别人早日来信,说"早赐玉音";感谢别人许诺给自己某物,说"已蒙金诺"。

递交名片,叫"投刺";拆开书信,叫"开缄"。

唐代诗人李白说人们都想有机会瞻仰韩荆州的容颜,所以后人表示思慕已久,就说"极切瞻韩";汉代文豪司马相如十分仰慕蔺相如的为人,所以后人表示向往殷切,就说"久怀慕蔺"。

虽相识,但了解不真切,称作"有半面之识";没有约定,偶然相遇,叫作"邂逅之缘"。

拜谒名人,并得到赏识从而使得自己的声誉有所提高,叫作"登龙门";敬仰钦慕德高望重的高士贤人,称为"瞻山斗"。

"一日三秋",形容思念十分深切;"渴尘万斛",形容向往极其殷切。

　　暌违教命①,乃云鄙吝复萌②;来往无凭③,则曰萍踪靡定④。

　　虞舜慕唐尧,见尧于羹,见尧于墙⑤;门人学孔圣,孔步亦步,孔趋亦趋⑥。

　　曾经会晤⑦,曰向获承颜接辞⑧;谢人指教⑨,曰深蒙耳提面命^⑩。

　　求人涵容^⑪，曰望包荒^⑫；求人吹嘘^⑬，曰望汲引^⑭。
　　求人荐引，曰幸为先容^⑮；求人改文，曰望赐郢斫^⑯。
　　借重鼎言^⑰，是托人言事；望移玉趾^⑱，是浼人亲行^⑲。
　　多蒙推毂^⑳，谢人引荐之辞；望作领袖^㉑，托人倡首之说^㉒。
　　言辞不爽^㉓，谓之金石语^㉔；乡党公论^㉕，谓之月旦评^㉖。
　　逢人说项斯^㉗，表扬善行；名下无虚士^㉘，果是贤人。

【注释】

①暌（kuí）违教命：离别很久，没有机会得到对方教诲和指示。暌违，分隔，离别。南朝梁·何逊《仰赠从兄兴宁置南》诗："一朝异言宴，万里就暌违。"教命，即指示。

②鄙吝复萌：语本南朝宋·刘义庆《世说新语·德行》："周子居常云：'吾时月不见黄叔度，则鄙吝之心已复生矣。'"又，《后汉书·黄宪传》："黄宪字叔度，汝南慎阳人也。……同郡陈蕃、周举常相谓曰：'时月之间不见黄生，则鄙吝之萌复存乎心。'及蕃为三公，临朝叹曰：'叔度若在，吾不敢先佩印绶矣。'"汉末黄宪（字叔度）德行出众，陈蕃、周举等人常说："只要有一段时间见不到黄叔度，不受他正面影响，内心就难免不萌生贪鄙的念头。"意为萌生贪鄙之心。鄙吝，形容心胸狭隘。

③无凭：即"无凭据""无凭准"，意为不能凭信，难以料定。

④萍踪靡（mǐ）定：萍踪，浮萍的踪迹。浮萍随波逐流，没有固定的所在，比喻到处漂泊，没有固定的住所。靡，无，没有。元·刘鹗《惟实集（卷四）·浮云道院诗·引》："但有志向道，而萍踪靡定。日涉风尘，歧路兴悲。"

⑤"虞舜慕唐尧"三句：语本《后汉书·李固传》："臣闻君不稽古，

无以承天；臣不述旧，无以奉君。昔尧殂之后，舜仰慕三年，坐则见尧于墙，食则睹尧于羹。斯所谓聿追来孝，不失臣子之节者。"据说尧帝死后，舜帝思慕尧帝太过，坐着的时候，能在对面墙上看见尧帝的影子；吃饭的时候，能在肉汁里看见尧帝的影子。慕，思慕，追念。羹（gēng），上古时一般是指带汁的肉，而不是汤。"羹"表示汤的意思，是后起之义。

⑥"门人学孔圣"三句：语本《庄子·田子方》："颜渊问于孔子曰：'夫子步亦步，夫子趋亦趋，夫子驰亦驰，夫子奔逸绝尘，而回瞠若乎后矣！'"后常以"亦步亦趋"形容事事追随和模仿别人。门人，学生，弟子。此处指孔子弟子颜回。此句"门人"，他本或作"颜渊"。

⑦会晤（wù）：见面。

⑧向：从前，原先。承颜接辞：语出《汉书·隽不疑传》："隽不疑字曼倩，勃海人也。治《春秋》，为郡文学，进退必以礼，名闻州郡。武帝末，郡国盗贼群起，暴胜之为直指使者，衣绣衣，持斧，逐捕盗贼，督课郡国，东至海，以军兴诛不从命者，威振州郡。胜之素闻不疑贤，至勃海，遣吏请与相见。不疑冠进贤冠，带櫑具剑，佩环玦，褒衣博带，盛服至门上谒。门下欲使解剑，不疑曰：'剑者，君子武备，所以卫身，不可解。请退。'吏白胜之。胜之开阁延请，望见不疑容貌尊严，衣冠甚伟，胜之躧履起迎。登堂坐定，不疑据地曰：'窃伏海濒，闻暴公子威名旧矣，今乃承颜接辞。凡为吏，太刚则折，太柔则废，威行施之以恩，然后树功扬名，永终天禄。'胜之知不疑非庸人，敬纳其戒，深接以礼意，问当世所施行。门下诸从事皆州郡选吏，侧听不疑，莫不惊骇。至昏夜，罢去。胜之遂表荐不疑，征诣公车，拜为青州刺史。"意指承蒙见面谈话。承颜，顺承尊长的颜色（脸色）。一般用作敬辞。接辞，谈话。

⑨指教：指点教导。

⑩耳提面命：语出《诗经·大雅·抑》："匪面命之，言提其耳。"

唐·孔颖达疏："非但对面命语之，我又亲提撕其耳，庶其志而不忘。"揪着耳朵，当面指示，形容严格要求殷切教诲的样子。

⑪涵容：包涵，宽容。

⑫包荒：语出《周易·泰卦》："包荒，用冯河，不遐遗。"三国魏·王弼注："能包含荒秽，受纳冯河者也。"包含荒秽，谓度量大。唐·陆德明《释文》："荒，本亦作'巟'。"一说包容广大。《说文·川部》"巟，水广也"引《易》作"包巟"。后多引申用作包容、原谅之意。唐·李白《雪谗诗赠友人》："立言补过，庶存不朽；包荒匿瑕，蓄此烦丑。"元·柯丹丘《荆钗记·合卺》："如今送侄女临门，首饰房匲，诸事不曾完备，望亲家包荒。"

⑬吹嘘：吹捧。比喻奖掖、汲引。《宋书·沈攸之传》："卵翼吹嘘，得升官秩。"唐·杜甫《赠献纳使起居田舍人澄》诗："扬雄更有《河东赋》，唯待吹嘘送上天。""吹嘘"之吹捧、奖掖义项，与"嘘枯吹生"有关。《后汉书·郑太传》："孔公绪清谈高论，嘘枯吹生。"唐·李贤注："枯者嘘之使生，生者吹之使枯。言谈论有所抑扬也。""吹嘘"，本指言论有所抑扬，后来偏扬而略抑，便成吹捧、奖掖。《文选·刘孝标（峻）〈广绝交论〉》："曾无羊舌下泣之仁，宁慕郈成分宅之德。"唐·李善注引南朝梁·刘孝标《与诸弟书》曰："任既假以吹嘘，各登清贵。"

⑭汲（jí）引：古人取水于井，自下往上，故以"汲引"譬指引荐提拔。《汉书·刘向传》："昔孔子与颜渊、子贡更相称誉，不为朋党，禹、稷与皋陶传相汲引，不为比周。"古时候禹、稷、皋陶这些贤人相互推荐，出任朝廷高官，不是结党隐私。

⑮先容：语本《史记·鲁仲连邹阳列传》所载邹阳于狱中上梁王书："蟠木根柢，轮囷离诡，而为万乘器者。何则？以左右先为之容也。"唐·司马贞索隐："谓左右先加雕刻，是为之容饰也。"本指事先加以修饰，引申为事先替人介绍、推荐或关说。

⑯郢（yǐng）斫（zhuó）：语本《庄子·徐无鬼》："郢人垩慢其鼻端若蝇翼，使匠石斫之。匠石运斤成风，听而斫之，尽垩而鼻不伤，郢人立不失容。"匠石挥斧削去落在郢人鼻翼上的白粉，而不伤其人。后遂以"郢匠挥斤"比喻纯熟、高超的技艺；以"郢斫"喻指代人修改润色文章。郢，春秋战国时期楚国都城名。地当今湖北荆州荆州区纪南城。斫，拿斧头砍。

⑰鼎言：有分量的言论。常用于请人说话帮助的敬辞。明·徐复祚《投梭记·恣刦》："没奈何，望乞鼎言昭雪。"亦作"鼎吕""一言九鼎"。语出《史记·平原君虞卿列传》："毛先生一至楚，而使赵重于九鼎大吕。毛先生以三寸之舌，强于百万之师。"唐·司马贞索隐："九鼎大吕，国之宝器。言毛遂至楚，使赵重于九鼎大吕，言为天下所重也。"平原君门人毛遂陪同出使楚国请求救兵，智勇双全，逼迫楚王签署了盟约，平原君称赞他"毛先生一至楚，而使赵重于九鼎大吕"。九鼎，相传为夏禹所铸。大吕，为周宗庙的大钟。后遂以"鼎吕"誉指事物分量重，以"鼎言""一言九鼎"誉指言论分量重。

⑱玉趾：对人脚步的敬称。《左传·僖公二十六年》："寡君闻君亲举玉趾，将辱于敝邑。"

⑲浼（měi）人：请托别人。浼，本义为玷污，引申为亵渎。用作谦辞，如"浼求"（托求）、"浼止"（劝阻）。

⑳推毂（gǔ）：推车前进，引申为荐举、援引。毂，车轮中心插车轴的部位。《史记·魏其武安侯列传》："魏其、武安俱好儒术，推毂赵绾为御史大夫。"《南齐书·陆厥传》："永明末，盛为文章，吴兴沈约、陈郡谢朓、琅邪王融以气类相推毂。"

㉑领袖：衣服的领和袖，引申为带领、率领。

㉒倡首：领头提倡。

㉓不爽：没有差错。《诗经·小雅·蓼萧》："其德不爽，寿考不忘。"

毛传:"爽,差也。"

㉔金石语:喻指坚定不移的言论。

㉕乡党:周制,一万二千五百家为"乡",五百家为"党"。泛称家乡。亦指同乡、乡亲。《论语·乡党》:"孔子之于乡党,恂恂如也,似不能言者。"《逸周书·官人》:"君臣之间,观其忠惠;乡党之间,观其诚信。"《汉书·司马迁传》:"仆以口语遇遭此祸,重为乡党戮笑,污辱先人。"

㉖月旦评:典出《后汉书·许劭传》:"初,劭与靖俱有高名,好共覈论乡党人物,每月辄更其品题,故汝南俗有'月旦评'焉。"东汉末年,汝南许劭、许靖兄弟二人好评议人物,每月更新,故谓品评人物曰"月旦评"。月旦,每月初一。旦,初一。

㉗逢人说项斯:语本唐·李绰《尚书故实》:"杨祭酒敬之爱才,公心尝知江表之士项斯。赠诗曰:'处处见诗诗总好,及观标格过于诗。平生不解藏人善,到处相逢说项斯。'项斯因此名振,遂登高科也。"又,《新唐书·杨敬之传》:"敬之爱士类,得其文章,孜孜玩讽,人以为癖。雅爱项斯为诗,所至称之,繇是擢上第。斯,字子迁,江东人。"杨敬之十分爱才,常提掖后进,自从见过项斯的诗之后,逢人便称赞,项斯诗名远扬,最终中了进士。后遂以"逢人说项斯"谓到处称扬人善。

㉘名下无虚士:有盛名的人必有实学。犹言名不虚传。《陈书·姚察传》:"沛国刘臻窃于公馆访《汉书》疑事十余条,并为剖析,皆有经据。臻谓所亲曰:'名下定无虚士。'"唐·刘𫘤《隋唐嘉话》卷上:"薛道衡聘陈,为《人日》诗云:'入春才七日,离家已二年。'南人嗤之曰:'是底言?谁谓此虏解作诗!'及云'人归落雁后,思发在花前',乃喜曰:'名下固无虚士。'"

【译文】

有些日子不见贤者,未曾得到教诲,就说"鄙吝复萌";在外奔波,来去没有定准,则说"萍踪靡定"。

虞舜思慕唐尧,吃饭时在肉汁中看见尧的影子,坐下时在墙上看见尧的影子;弟子颜回效法孔圣人,孔子慢走,他也慢走,孔子快走,他也快走。

曾经与人会面,说"向获承颜接辞";感谢他人指教,就说"深蒙耳提面命"。

求人包涵宽容,说"望包荒";求人尽力宣扬自己,说"望汲引"。

求人推荐引进,说"幸为先容";求人修改文章,说"望赐郢斫"。

"借重鼎言",是托有声望的人在某件事上替自己说话;"望移玉趾",是请求别人屈尊前往。

"多蒙推毂",是感谢别人引荐的言辞;"望为领袖",是希望别人带头的说法。

说过的话都兑现,叫"金石语";同乡的公正评论,叫做"月旦评"。

"逢人说项斯",指到处宣扬别人的优点;"名下无虚士",是钦佩对方果然是贤能之人。

党恶为非①,曰朋奸②;尽财赌博,曰孤注③。

徒了事④,曰但求塞责⑤;戒明察⑥,曰不必苛求⑦。

方命⑧,是逆人之言;执拗⑨,是执己之性。

曰觊觎⑩,曰睥睨⑪,总是私心之窥望;曰倥偬⑫,曰旁午⑬,皆言人事之纷纭⑭。

小过必察,谓之吹毛求疵⑮;乘患相攻,谓之落阱下石⑯。

欲心难厌如溪壑⑰,财物易尽若漏卮⑱。

望开茅塞⑲,是求人之教导;多蒙药石⑳,是谢人之箴规㉑。

芳规、芳躅㉒,皆善行之可慕;格言、至言㉓,悉嘉言之可听㉔。

【注释】

①党恶：结党作恶。

②朋奸：朋比为奸。朋，结党。宋·周煇《清波别志》卷上："黼晚乃推行京意，朋奸误国如此！"

③孤注：指把所有的钱并作一次赌注，比喻仅存的可资凭借的事物。宋·司马光《涑水记闻》卷六："（王钦若）数乘间言于上曰：'澶渊之役，准以陛下为孤注与敌博耳。'"

④了事：办妥事情，使事情得到结束。

⑤塞责：《韩诗外传》卷十："及母死三年，鲁兴师，卞庄子请从。至见于将军曰：'前犹与母处，是以战而北也，辱吾身。今母没矣，请塞责。'"《史记·平津侯主父列传》："弘（公孙弘）病甚，自以为无功而封，位至宰相，宜佐明主填抚国家，使人由臣子之道。今诸侯有畔逆之计，此皆宰相奉职不称，恐窃病死，无以塞责。"后多用作搪塞责任之意，指对自己应尽的责任敷衍了事。常用作谦辞。《明史·张逵传》："会疏则删削忌讳以避祸，独疏则毛举纤微以塞责。"《儒林外史》第二十九回："杜慎卿笑道：'这是一时应酬之作，何足挂齿？况且那日小弟小恙进场，以药物自随，草草塞责而已。'"

⑥明察：严明苛察。《史记·平准书》："长吏益惨急而法令明察。"《明史·刘安传》："人君贵明不贵察。察，非明也。人君以察为明，天下始多事矣。陛下临御八年而治理未臻，识者谓陛下之治功损于明察。"

⑦苛求：过严地要求。宋·程大昌《演繁露·本传》："但当求贤纳谏，修政事，则大有为之业在其中，不必用迎合之言，求奇策，以幸速成。"

⑧方命：语出《尚书·虞书·尧典》："帝曰：'吁，咈哉！方命圮族。'"宋·蔡沈集传："方命者，逆命而不行也。"即违命，抗命。

后世多用作难于应命的婉辞。《醒世恒言·独孤生归途闹梦》:"伏乞俯鉴微情,勿嫌方命。"

⑨执拗:坚持己见,固执任性。宋·朱熹《宋名臣言行录》后集卷七:"上又曰:'王安石何如?'光曰:'人言安石奸邪,则毁之太过,但不晓事,又执拗耳尔。'"司马光评王安石"执拗"之语最为知名,广见于宋代文献,如王偁《东都事略》卷八十七上、黄震《古今纪要》卷十九、彭百川《太平治迹统类》卷十二、徐自明《宋宰辅编年录》卷七、吕中《宋大事记讲义》卷十六、黄震《黄氏日抄》卷五十、赵善璙《自警编》卷七、李衡《乐庵语录》卷五、邵伯温《闻见录》卷十二等。又,宋·罗大经《鹤林玉露》卷十:"(荆公)又曰:'有伊尹之志,则放其君可也;有周公之志,则诛其兄可也;有周后妃之志,则求贤审官可也。'似此议论,岂特执拗而已,真悖理伤道也。"

⑩觊觎(jì yú):非分的希望或企图。《左传·桓公二年》:"庶人、工、商,各有分亲,皆有等衰。是以民服事其上,而下无觊觎。"晋·杜预注:"下不冀望上位。"

⑪睥睨(pì nì):窥视,伺机谋取。北齐·颜之推《颜氏家训·诫兵》:"若居承平之世,睥睨宫闱,幸灾乐祸,首为逆乱,诖误善良。"《续资治通鉴·宋纪·宋高宗建炎三年》:"敌又睥睨金陵、镇江,守把舟船,而天雨连降,平地水发,道涂泥泞,马步俱不能进。"

⑫倥偬(kǒng zǒng):亦写作"倥傯"。语出《楚辞·刘向〈九叹·思古〉》:"悲余生之无欢兮,愁倥偬于山陆。"东汉·王逸注:"倥偬,犹困苦也。"本指困苦窘迫,后多用以形容(事情)纷繁迫促、匆忙。《后汉书·卓茂传论》:"建武之初,雄豪方扰,虓呼者连响,婴城者相望,斯固倥偬不暇给之日。"南朝齐·孔稚圭《北山移文》:"敲扑喧嚣犯其虑,牒诉倥偬装其怀。"

⑬旁午:亦作"旁迕"。交错,纷繁。《汉书·霍光传》:"受玺以来二

十七日，使者旁午，持节诏诸官署征发。"唐·颜师古注："一从一横为旁午，犹言交横也。"西汉·王褒《洞箫赋》："气旁迕以飞射兮，驰散涣以逴律。"

⑭纷纭：指言论、事情等多而杂乱。《楚辞·刘向〈九叹·远逝〉》："肠纷纭以缭转兮，涕渐渐其若屑。"东汉·王逸注："纷纭，乱貌也。"

⑮吹毛求疵：语出《韩非子·大体》："古之全大体者……不吹毛而求小疵，不洗垢而察难知。"吹开皮上的毛，寻找里面的毛病，比喻刻意挑剔过失或缺点。

⑯落阱（jǐng）下石：语本唐·韩愈《柳子厚墓志铭》："一旦临小利害，仅如毛发比，反眼若不相识；落陷阱，不一引手救，反挤之，又下石焉者，皆是也。"见人掉进陷阱里，不但不搭救，反而向陷阱里扔石头。喻乘人危急之时，加以打击陷害。

⑰欲心难厌如溪壑：语本《国语·晋语八》："叔鱼生，其母视之，曰：'是虎目而豕喙，鸢肩而牛腹，谿壑可盈，是不可餍也，必以贿死。'"三国吴·韦昭注："水注川曰'谿'；壑，沟也。""后为赞理，受雍子女而抑邢侯，邢侯杀之。"春秋时期晋国大夫叔鱼（羊舌鲋）天生异相，虎目豕喙、鸢肩牛腹。他母亲说这是欲壑难填之相，肯定会因贪财而横死。厌，满足。溪壑，溪谷。亦借喻难以满足的贪欲。

⑱漏卮（zhī）：底上有孔的酒器。故用以比喻填不满的需求。《淮南子·泛论训》："今夫霤水足以溢壶榼，而江河不能实漏卮，故人心犹是也。""漏卮""溪壑"对举，见西汉·桓宽《盐铁论·本议》："国有沃野之饶而民不足于食者，工商盛而本业荒也；有山海之货而民不足于财者，不务民用而淫巧众也。故川源不能实漏卮，山海不能赡溪壑。"

⑲茅塞：语本《孟子·尽心下》："山径之蹊间，介然用之而成路；为

间不用,则茅塞之矣。今茅塞子之心矣!"朱子集注:"为间,少顷也。茅塞,茅草生而塞之也。言理义之心,不可少有间断也。"意即被茅草所堵塞。后遂以"茅塞顿开"比喻闭塞的思路,由于受到启发,忽然开通,豁然领悟。

⑳药石:药剂和砭石。泛指药物。比喻规诫、忠告。《左传·襄公二十三年》:"臧孙曰:'季孙之爱我,疾疢也。孟孙之恶我,药石也。美疢不如恶石。夫石犹生我,疢之美,其毒滋多。孟孙死,吾亡无日矣。'"晋·杜预注:"常志相违戾,犹药石之疗疾。"

㉑箴(zhēn)规:劝诫规谏。箴,即箴石,是古代针灸治病所用的石制的针。故借喻为纠谬、规谏。

㉒芳规:前贤的遗规。《史记·乐毅列传》唐·司马贞述赞:"间乘继将,芳规不渝。"芳躅(zhuó):指前贤的踪迹。《史记·万石张叔列传》唐·司马贞述赞:"敏行讷言,俱嗣芳躅。"躅,足迹。

㉓格言:含有教育意义可为准则的话。《三国志·魏书·崔琰传》:"盖闻盘于游田,《书》之所戒,鲁隐观鱼,《春秋》讥之。此周、孔之格言,二经之明义。"至言:最高超的言论,极其高明的言论。《庄子·天地》:"是故高言不止于众人之心。至言不出,俗言胜也。"

㉔嘉言:善言,美言。《尚书·大禹谟》:"嘉言罔攸伏,野无遗贤,万邦咸宁。"

【译文】

坏人结党营私,为非作歹,叫作"朋奸";将所有的钱财拿去做赌注,称为"孤注一掷"。

态度敷衍,只想早点儿完事,叫"但求塞责";不宜细究深查,叫"不必苛求"。

"方命",是不听人家的话,不按人家的要求做;"执拗",是坚持自己的个性和主张。

　　"觊觎""睥睨"，都是有企图的窥视；"倥偬""旁午"，都是形容世事纷繁复杂。

　　对别人细小的过失，也要追查深究，叫"吹毛求疵"；乘别人为难之时，攻击伤害，称"落井下石"。

　　内心欲望难以满足，像溪壑一样难以填平；财物容易耗尽，如同漏卮一样盛不住液体。

　　"望开茅塞"，是恳求别人教导开示；"多蒙药石"，是感谢他人忠告规劝。

　　"芳规""芳躅"，都指值得仰慕效仿的美好品行；"格言""至言"，都指应当听取的至理名言。

　　无言，曰缄默①；息怒，曰霁威②。

　　包拯寡色笑，人比其笑为黄河清③；商鞅最凶残，尝见论囚而渭水赤④。

　　仇深，曰切齿⑤；人笑，曰解颐⑥。

　　人微笑，曰莞尔⑦；掩口笑，曰胡卢⑧。

　　大笑，曰绝倒⑨；众笑，曰哄堂⑩。

　　留位待贤，谓之虚左⑪；官僚共署⑫，谓之同寅⑬。

　　人失信曰爽约⑭，又曰食言⑮；人忘誓曰寒盟⑯，又曰反汗⑰。

【注释】

①缄默：典出《孔子家语·观周》："孔子观周，遂入太祖后稷之庙，庙堂右阶之前，有金人焉，三缄其口，而铭其背曰：'古之慎言人也，戒之哉。无多言，多言多败。……口是何伤？祸之门也。'"又，《说苑·敬慎》亦载，文字略有出入。

②霁（jì）威：收敛威怒。霁，本意指风霜雨雪停止，天气晴好，引申为停息、收敛。《新唐书·魏徵传》："徵状貌不逾中人，有志胆，每犯颜进谏，虽逢帝甚怒，神色不徙，而天子亦为霁威。"

③包拯寡色笑，人比其笑为黄河清：语本《宋史·包拯传》："拯立朝刚毅，贵戚宦官，为之敛手，闻者皆惮之。人以包拯笑比黄河清。"北宋名臣包拯，断狱英明刚直，为人不苟言笑，人们用"黄河清"比喻他的一笑。包拯笑比黄河清，广见于宋代文献，如黄震《黄氏日抄》卷五十、曾慥《类说》卷四十八、马永卿《元城语录解》（卷上）、沈括《梦溪笔谈》卷二十二、孙逢吉《职官分纪》卷三十八、林駉《古今源流至论》后集卷三、潘自牧《记纂渊海》卷五十、朱熹《宋名臣言行录》前集卷八等。包拯（999—1062），字希仁，北宋庐州合肥（今安徽合肥）人。宋仁宗天圣五年（1027）进士。历知建昌、天长县，徙知端州，迁殿中丞。庆历三年（1043），拜监察御史里行。出为京东转运使。七年（1047），改尚书工部员外郎、直集贤院、陕西转运使。皇祐四年（1052），除龙图阁直学士、河北都转运使。嘉祐元年（1056），为右司郎中、权知开封府。三年（1058），迁右谏议大夫、权御史中丞。四年（1059），为枢密直学士、权三司使。六年（1061），迁给事中，寻拜枢密副使。七年（1062）卒，年六十四。谥孝肃。有奏议十五卷，今存《包孝肃奏议》十卷。《宋史》有传。包拯为官清正，刚直不阿，执法严峻，不徇私情，当时有"关节不到，有阎罗包老"之语，更被旧小说渲染为"包青天"。寡，少。黄河清，黄河水浊，变清为罕见现象，故用以比喻难得、罕见的事。

④商鞅最凶残，尝见论囚而渭水赤：语本《资治通鉴·周纪·周显王三十一年》："初，商君相秦，用法严酷，尝临渭论囚，渭水尽赤。"元·胡三省注："决罪曰'论'。论，卢困翻。"论囚，定罪并处决囚犯。《后汉书·陈宠传》："秦为虐政，四时行刑，圣汉初兴，改从

简易。萧何草律，季秋论囚，俱避立春之月。"本句"尝"字，李克明庄本作"常"，据《资治通鉴》及他本改。

⑤切齿：咬牙，齿相磨切，形容极端痛恨的样子。《战国策·魏策一》："是故天下之游士，莫不日夜扼腕瞋目切齿，以言从之便，以说人主。"《汉书·赵破奴传》："自魏其、武安之厚宾客，天子常切齿。"

⑥解颐：语出《汉书·匡衡传》："匡衡字稚圭，东海承人也。父世农夫，至衡好学，家贫，庸作以供资用，尤精力过绝人。诸儒为之语曰：'无说《诗》，匡鼎来；匡说《诗》，解人颐。'"三国魏·如淳注："使人笑不能止也。"人笑的时候两颊张开，故称"解颐"。颐，腮。

⑦莞（wǎn）尔：《论语·阳货》："子之武城，闻弦歌之声。夫子莞尔而笑曰：'割鸡焉用牛刀！'"朱子集注："莞尔，小笑貌，盖喜之也。"微笑的样子。

⑧掩口笑，曰胡卢：语本《后汉书·应劭传》："昔郑人以干鼠为璞，卖之于周，……夫睹之者掩口卢胡而笑，斯文之族，无乃类旃。"胡卢，亦作"卢胡"，象声词。喉咙间发出的笑声。宋·陆游《书感》诗："成败只堪三太息，是非终付一胡卢。"

⑨绝倒：语出《世说新语·赏誉》："王平子迈世有俊才，少所推服。每闻卫玠言，辄叹息绝倒。"南朝梁·刘孝标注引《卫玠别传》曰："玠少有名理，善通庄、老。琅邪王平子高气不群，迈世独傲，每闻玠之语议，至于理会之间，要妙之际，辄绝倒于坐。前后三闻，为之三倒。时人遂曰：'卫君谈道，平子三倒。'"原为钦佩至极之意，此指前仰后合不能自持地大笑。宋·苏轼《游博罗香积寺》诗："诗成捧腹便绝倒，书生说食真膏肓。"

⑩哄堂：唐御史台有台、殿、察三院，由一位御史负责掌管杂事，称为"杂端"。公堂一起吃饭的时候，不许说笑，只有杂端笑了，三院所有的人才一起跟着笑，叫作"哄堂"。事见唐·赵璘《因话录》卷

五、宋·曾慥《类说》卷十四。后来"哄堂"用来指众人同时大笑。

⑪虚左：空着左边的位置。古代以左为尊，虚左表示对宾客的尊敬。《史记·魏公子列传》："公子于是乃置酒大会宾客。坐定，公子从车骑，虚左，自迎夷门侯生。"《新唐书·文艺传中·王维》："维工草隶，善画，名盛于开元、天宝间，豪英贵人虚左以迎，宁薛诸王待若师友。"

⑫共署：在同一个衙署做官。

⑬同寅：泛指同僚。语本《尚书·皋陶谟》："百僚师师，百工惟时。……同寅协恭，和衷哉。"西汉·孔安国传："使同敬合恭而和善。"后以"同寅协恭"为同僚恭谨事君，共襄政事之典。

⑭爽约：失约。唐·李商隐《为张周封上杨相公启》："郭伋还州，尚不欺于童子；文侯校猎，宁爽约于虞人？"

⑮食言：言已出而又吞没之。谓言而无信。《尚书·汤誓》："尔无不信，朕不食言。"西汉·孔安国传："食尽其言，伪不实。"

⑯寒盟：背盟。《左传·哀公十二年》："公会吴于橐皋，吴子使大宰嚭请寻盟。公不欲，使子贡对曰：'盟，所以周信也，故心以制之，玉帛以奉之，言以结之，明神以要之。寡君以为苟有盟焉，弗可改也已。若犹可改，日盟何益？今吾子曰"必寻盟"，若可寻也，亦可寒也。'乃不寻盟。"后来便用"寒盟"指背弃或忘却盟约。

⑰反汗：语出《汉书·刘向传》："《易》曰：'涣汗其大号。'言号令如汗，汗出而不反者也。今出善令，未能逾时而反，是反汗也。"用"汗出而不能反"比喻号令发出不能收回。后来便用"反汗"指翻悔食言或收回成命。

【译文】

不肯说话，叫"缄默"；平息怒气，称"霁威"。

包拯很少笑，人们将他的笑容比作像黄河变清一样，难得一见；商鞅最凶残，曾在渭水边上处决囚犯，鲜血将渭水都染红了。

恨得太深,称"切齿";笑得很欢,叫"解颐"。

人面带微笑,称"莞尔";掩口而笑,叫"胡卢"。

笑得前仰后合,称"绝倒";众人一起大笑,叫"哄堂"。

留出左边最尊贵的席位,等待贤者入席,叫"虚左";官吏在同一个衙署里工作,称"同寅"。

说话不算数,叫"爽约",又叫"食言";人忘记盟约的誓言,叫"寒盟",又称"反汗"。

铭心镂骨[①],感德难忘;结草衔环[②],知恩必报。

自惹其灾,谓之解衣抱火[③];幸离其害,真如脱网就渊[④]。

两不相入[⑤],谓之枘凿[⑥];两不相投,谓之冰炭[⑦]。

彼此不合,曰龃龉[⑧];欲前不进,曰趑趄[⑨]。

落落[⑩],不合之词;区区[⑪],自谦之语。

竣者[⑫],作事已毕之谓[⑬];醵者[⑭],敛财饮酒之名。

赞襄其事[⑮],谓之玉成[⑯];分裂难完,谓之瓦解[⑰]。

【注释】

①铭心镂骨:亦作"铭心刻骨"。形容感念很深,永记不忘。唐·柳宗元《谢除柳州刺史表》:"铭心镂骨,无报上天。"

②结草:典出《左传·宣公十五年》:"魏武子有嬖妾,无子。武子疾,命颗曰:'必嫁是。'疾病,则曰:'必以为殉。'及卒,颗嫁之,曰:'疾病则乱,吾从其治也。'及辅氏之役,颗见老人结草以亢杜回,杜回踬而颠,故获之。夜梦之曰:'余,而所嫁妇人之父也。尔用而先人之治命,余是以报。'"春秋时期,魏颗遵从父亲魏武子清醒时的命令,在他死后,将他的宠妾嫁人;而不是遵从父亲不清醒时的命令将宠妾杀死陪葬。后来打仗时,那个宠妾的父亲把草

编结起来，帮助他捉住了敌人。后因以"结草"为受厚恩而虽死犹报之典。《三国志·魏书·高堂隆传》："魂而有知，结草以报。"衔环：典出《后汉书·杨震传》唐·李贤注引南朝梁·吴均《续齐谐记》："宝年九岁时，至华阴山北，见一黄雀为鸱枭所搏，坠于树下，为蝼蚁所困。宝取之以归，置巾箱中，唯食黄花，百余日毛羽成，乃飞去。其夜有黄衣童子向宝再拜曰：'我西王母使者，君仁爱拯救，实感成济。'以白环四枚与宝：'令君子孙洁白，位登三事，当如此环矣。'"杨宝即杨震父，因救过黄雀而使子孙得好报。后遂以"衔环"为报恩典。

③解衣抱火：又作"解衣包火"。语出《资治通鉴·晋纪·晋安帝义熙十三年》（崔浩对魏主嗣之问曰）："关中华戎杂错，风俗劲悍；（刘）裕欲以荆扬之化，施之函秦，此无异解衣包火，张罗捕虎。"比喻不解决问题，只招致危险。清·唐训方《里语征实》卷下引作"解衣抱火"。

④脱网就渊：指鱼儿逃离网罟进入到水深的地方，比喻人远离灾害。脱网，指漏网，逃脱。《晋书·慕容垂载记》："脱网之鲸，岂罟所制！"

⑤不相入：《国语·周语下》："且夫备有未至而设之，有至而后救之，是不相入也。"三国吴·韦昭注："不相入，不相为用也。"相入，互相为用，彼此投合。

⑥枘（ruì）凿：榫头与卯眼。枘圆凿方或枘方凿圆，难相容合。《楚辞·离骚》："不量凿而正枘兮，固前脩以菹醢。"东汉·王逸注："枘，所以充凿也。"又，《楚辞·九辩》："圜凿而方枘兮，吾固知其鉏铻而难入。"后用"枘凿"比喻事物的扞格不入或互相矛盾。

⑦冰炭：冰块和炭火，比喻性质相反，不能相容。《韩非子·用人》："争讼止，技长立；则强弱不觳力，冰炭不合形，天下莫得相伤，治之至也。""枘凿""冰炭"往往连用，比喻事物尖锐对立，互不相容。清·王鸣盛《十七史商榷·南史合宋齐梁陈书·顾欢论道

佛二家》：“愚谓欢所引道经颇确，老子即佛，本是一人，故无二法。……惟与吾儒，则如枘凿冰炭之不相合耳。”

⑧龃龉（jǔ yǔ）：原意指上下齿不相对应，后引申为不相投合、抵触。西汉·扬雄《太玄·亲》：“其志龃龉。”晋·范望注：“龃龉，相恶也。”

⑨欲前不进，曰赼趄（zī jū）：赼趄，想前进又不敢前进，形容疑惧不决，犹豫观望。西汉·刘向《新序·杂事五》：“《易》曰：‘臀无肤，其行赼趄。’”一本作“趑趄”。今本《周易·夬卦》作“次且”。《文选·张载〈剑阁铭〉》：“一人荷戟，万夫赼趄。”唐·李善注：“一夫挥戟，万人不得进。《广雅》曰：‘赼趄，难行也。’”此句“欲前不进”，他本多作“欲进不前”。“欲进不前”，与清·连斗山《周易辨画》卷二十三“臀既无肤，是以其行赼趄，欲进不前也”合。然，宋·朱熹《周易本义·夬卦》爻辞：“九四：臀无肤，其行次且，牵羊悔亡。闻言不信。”下注曰：“以阳居阴，不中不正。居则不安，行则不进。”又曰：“牵羊者，当其前则不进。”似为李光明庄本“欲前不进”之所本。

⑩落落：形容孤高不合群的样子。《后汉书·耿弇传》：“帝谓弇曰：‘昔韩信破历下以开基，今将军攻祝阿以发迹，此皆齐之西界，功足相方。而韩信袭击已降，将军独拔勍敌，其功乃难于信也。又田横亨郦生，及田横降，高帝诏卫尉不听为仇。张步前亦杀伏隆，若步来归命，吾当诏大司徒释其怨，又事尤相类也。将军前在南阳建此大策，常以为落落难合，有志者事竟成也！’”唐·李贤注：“落落，犹疏阔也。”

⑪区区：小的意思，形容微不足道。故用作自称的谦辞。《后汉书·窦融传》：“区区所献，唯将军省焉。”宋·李纲《贵州答吴元中书》：“区区自过象郡，颇觉为岚气所中，饮食多呕。”

⑫竣（jùn）：本义为退位。《国语·齐语六》：“有司已于事而竣。”三

国吴·韦昭注："竣，退伏也。"引申为完成或结束某项工作，如竣工。"竣"字旧时读平声字，平水韵有两个音，分属真、先二韵，对应的普通话读音为"qūn"和"quán"。

⑬毕：完结，结束。

⑭醵（jù）：指大家凑钱聚饮。《说文解字》："醵，会饮酒也。"《礼记·礼器》："周礼其犹醵与？"东汉·郑玄注："合钱饮酒为'醵'。"

⑮赞襄：语本《尚书·皋陶谟》："皋陶曰：'予未有知，思曰赞赞襄哉。'"意为辅助、协助。

⑯玉成：语出宋·张载《西铭》："富贵福泽，将厚吾之生也；贫贱忧戚，庸玉女于成也。"意思是助之使成，后为成全之意。

⑰瓦解：瓦片碎裂，比喻崩溃或分裂、分离。《淮南子·泰族训》："武王左操黄钺，右执白旄以麾之，（纣之师）则瓦解而走，遂土崩而下。"

【译文】

"铭心镂骨"，指感念恩德，永世不忘；"结草衔环"，指牢记恩德，必当图报。

自己招惹灾祸，叫作"解衣抱火"；侥幸免除祸患，真如鱼儿"脱网就渊"。

两者意见不同，互不配合，称为"枘凿"；双方意气不投，互不相容，叫作"冰炭"。

彼此合不来，称为"龃龉"；想要前进却又不能前进，叫作"趑趄"。

"落落"，是形容不合群；"区区"，是自谦微不足道。

"竣"，是指所做的事情，已经结束；"醵"，是指大家凑钱吃酒。

帮助他人做成某事，称为"玉成"；众人四分五裂，难以整合，叫作"瓦解"。

事有低昂①，曰轩轾②；力相上下，曰颉颃③。

平空起事④,曰作俑⑤;仍前踵弊⑥,曰效尤⑦。

手口共作,曰拮据⑧;不暇修容,曰鞅掌⑨。

手足并行,曰匍匐⑩;俯首而思,曰低徊⑪。

明珠投暗⑫,大屈才能;入室操戈⑬,自相鱼肉⑭。

求教于愚人,是问道于盲⑮;枉道以干主,是衒玉求售⑯。

智谋之士,所见略同⑰;仁人之言,其利甚溥⑱。

【注释】

①低昂:高低、上下。元·无名氏《庞涓夜走马陵道》第一折:"恰才二将争雄在战场,都一般的神机妙策没低昂。"

②轩轾(xuān zhì):语出《诗经·小雅·六月》:"戎车既安,如轾如轩。"朱子集传:"轾,车之覆而前也。轩,车之却而后也。凡车从后视之如轾,从前视之如轩,然后适调也。"车前高后低叫"轩",前低后高叫"轾",引申为高低、轻重、优劣。成语"不分轩轾",就是不分高低上下的意思。

③颉颃(xié háng):语出《诗经·邶风·燕燕》:"燕燕于飞,颉之颃之。"指鸟儿上下飞行的样子。毛传:"飞而上曰'颉',飞而下曰'颃'。"指不相上下,相抗衡。《晋书·文苑传序》:"潘(潘岳)、夏(夏侯湛)连辉,颉颃名辈。"

④平空:同"凭空"。

⑤作俑:语本《孟子·梁惠王上》:"仲尼曰:'始作俑者,其无后乎!'为其象人而用之也。"本谓制作用于殉葬的偶俑,后因称创始、首开先例为"作俑"。多用于贬义。

⑥仍前踵弊:沿袭从前的错误。仍,因袭。踵,继承。

⑦效尤:仿效坏的行为。《左传·庄公二十一年》:"郑伯效尤,其亦将有咎!"

⑧拮据:语出《诗经·豳风·鸱鸮》:"予手拮据。"唐·陆德明释文:"韩《诗》云:'口足为事曰"拮据"。'"朱子集传:"拮据,手口共作之貌。"原指劳苦操作,后引申为经济状况紧张。

⑨鞅(yāng)掌:语出《诗经·小雅·北山》:"或栖迟偃仰,或王事鞅掌。"毛传:"鞅掌,失容也。"孔疏:"《传》以鞅掌为烦劳之状,故云'失容',言事烦鞅掌然,不暇为容仪也。今俗语以职烦为鞅掌,其言出于此《传》也。"形容劳苦而容貌不整的样子。

⑩匍匐:手足并用以爬行。《诗经·大雅·生民》:"诞实匍匐,克岐克嶷,以就口食。"朱子集传:"匍匐,手足并行也。"

⑪低徊:徘徊不进的样子。《汉书·司马相如传》:"低徊阴山翔以纡曲兮,吾乃今日睹西王母。"

⑫明珠投暗:语出《史记·鲁仲连邹阳列传》:"臣闻明月之珠,夜光之璧,以暗投人于道路,人无不按剑相眄者。何则?无因而至前也。"后多用"明珠暗投"比喻有才能的人得不到赏识和重用,或好人误入歧途。亦比喻贵重的东西落到不识货的人手里。

⑬入室操戈:语出《后汉书·郑玄传》:"时任城何休好《公羊》学,遂著《公羊墨守》《左氏膏肓》《穀梁废疾》。玄乃发《墨守》,针《膏肓》,起《废疾》。休见而叹曰:'康成入吾室,操吾矛以伐我乎!'"后以"入室操戈"比喻以其人之说反驳其人。

⑭自相鱼肉:指自相吞并、残杀。《晋书·刘元海载记》:"今司马氏父子兄弟自相鱼肉,此天厌晋德,授之于我。"

⑮问道于盲:语本唐·韩愈《答陈生书》:"足下求速化之术,不于其人,乃以访愈,是所谓借听于聋,求道于盲。"向盲人问路,比喻求教于一无所知者,没有帮助。

⑯枉道以干主,是衒(xuàn)玉求售:语本《论语·子罕》:"子贡曰:'有美玉于斯,韫椟而藏诸?求善贾而沽诸?'子曰:'沽之哉!沽之哉!我待贾者也。'"宋·朱熹注引宋·范祖禹曰:"君子未尝

不欲仕也，又恶不由其道。士之待礼，犹玉之待贾也。若伊尹之耕于野，伯夷、太公之居于海滨，世无成汤文王，则终焉而已，必不枉道以从人，衒玉而求售也。"枉道，违背正道。干主，求君主（重用）。衒，沿街叫卖。

⑰所见略同：所持见解大致相同。《三国志·蜀书·庞统传》引《江表传》曰："先主与统从容宴语，问曰：'卿为周公瑾功曹，孤到吴，闻此人密有白事，劝仲谋相留，有之乎？在君为君，卿其无隐。'统对曰：'有之。'备叹息曰：'孤时危急，当有所求，故不得不往，殆不免周瑜之手！天下智谋之士，所见略同耳。时孔明谏孤莫行，其意独笃，亦虑此也。孤以仲谋所防在北，当赖孤为援，故决意不疑。此诚出于险涂，非万全之计也。'"

⑱仁人之言，其利甚溥（pǔ）：语本《左传·昭公三年》："初，景公欲更晏子之宅，曰：'子之宅近市，湫隘嚣尘，不可以居，请更诸爽垲者。'辞曰：'君之先臣容焉，臣不足以嗣之，于臣侈矣。且小人近市，朝夕得所求，小人之利也。敢烦里旅？'公笑曰：'子近市，识贵贱乎？'对曰：'既利之，敢不识乎？'公曰：'何贵何贱？'于是景公繁于刑，有鬻踊者。故对曰：'踊贵屦贱。'既已告于君，故与叔向语而称之。景公为是省于刑。君子曰：'仁人之言，其利溥哉。晏子一言而齐侯省刑。《诗》曰："君子如祉，乱庶遄已。"其是之谓乎！'"晏子所居近市，齐景公说你住得离市场近，一定知道贵贱之分，晏子回答说市场上踊（被处以刖足之刑的人穿的"鞋"）贵屦（鞋）贱。齐景公明白晏子是提醒他刑罚太重，于是为之减轻刑罚。君子评论说：仁人说的话，正面的影响真大啊！溥，广大，大。

【译文】

事物有低有高，称为"轩轾"；力量不相上下，叫作"颉颃"。

最先搞事，称为"作俑"；跟着作恶，叫作"效尤"。

手嘴一起劳作，称为"拮据"；无暇修饰容貌，叫作"鞅掌"。

手脚并用，向前爬行，称为"匍匐"；低头思考，徘徊不前，叫作"低徊"。

"明珠投暗"，比喻有才能的人得不到赏识重用；"入室操戈"，比喻自相残杀。

向笨人请教，无异于"问道于盲"；不走正道，只求被重用，真好比"衔玉求售"。

有智慧、懂谋略的人，对事情的见解大致相同；仁人说的话，受利的人很多。

班门弄斧①，不知分量；岑楼齐末，不识高卑②。

势延莫遏，谓之滋蔓难图③；包藏祸心，谓之人心叵测④。

作舍道旁，议论多而难成⑤；一国三公，权柄分而不一⑥。

事有奇缘，曰三生有幸⑦；事皆拂意⑧，曰一事无成⑨。

酒色是耽，如以双斧伐孤树⑩；力量不胜，如以寸胶澄黄河⑪。

兼听则明，偏听则暗，此魏徵之对太宗⑫；众怒难犯，专欲难成，此子产之讽子孔⑬。

欲逞所长⑭，谓之心烦技痒⑮；绝无情欲，谓之槁木死灰⑯。

座上有江南，语言须谨⑰；往来无白丁，交接皆贤⑱。

【注释】

①班门弄斧：在鲁班门前摆弄斧子。鲁班即公输班，古代巧匠。比喻在行家面前卖弄本领，不自量力。语典或出于唐·柳宗元《王氏伯仲唱和诗序》："某也谓余传卜氏之学，宜叙于首章。操斧于班、郢之门，斯强颜耳。"宋·欧阳修《与梅圣俞书》："昨在真定，有诗七八首，今录去，班门弄斧，可笑可笑。"旧注引明·梅之焕

《题李太白墓》诗:"采石江边一堆土,李白之名高千古。来来往往一首诗,鲁班门前弄大斧。"

②岑楼齐末,不识高卑:语本《孟子·告子下》:"不揣其本而齐其末,方寸之木,可使高于岑楼。"朱子集注:"本,谓下。末,谓上。方寸之木至卑,喻食色。岑楼,楼之高锐似山者,至高,喻礼。若不取其下之平,而升寸木于岑楼之上,则寸木反高,岑楼反卑矣。"只比较末端,方寸的木头也可高过高楼,比喻不从本着手,则无法认清事实。岑楼,高楼。高卑,高低,喻贵贱。

③势延莫遏,谓之滋蔓难图:语本《左传·隐公元年》:"初,郑武公娶于申,曰'武姜',生庄公及共叔段。庄公寤生,惊姜氏,故名曰'寤生',遂恶之。爱共叔段,欲立之。亟请于武公,公弗许。及庄公即位,为之请制。公曰:'制,岩邑也,虢叔死焉。佗邑唯命。'请京,使居之,谓之'京城大叔'。祭仲曰:'都,城过百雉,国之害也。先王之制:大都,不过参国之一;中,五之一;小,九之一。今京不度,非制也,君将不堪。'公曰:'姜氏欲之,焉辟害?'对曰:'姜氏何厌之有?不如早为之所,无使滋蔓!蔓,难图也。蔓草犹不可除,况君之宠弟乎?'公曰:'多行不义,必自毙,子姑待之。'"春秋时期,祭仲劝郑庄公遏制其弟共叔段,说野草滋生,难以消除。后遂以"滋蔓难图"比喻势力扩大了再要消灭就很困难。

④包藏祸心,谓之人心叵测:语本《左传·昭公元年》:"楚公子围聘于郑,且娶于公孙段氏,伍举为介。将入馆,郑人恶之,使行人子羽与之言,乃馆于外。既聘,将以众逆。子产患之,使子羽辞,曰:'以敝邑褊小,不足以容从者,请垺听命!'令尹命大宰伯州犁对曰:'君辱贶寡大夫围,谓围"将使丰氏抚有而室。围布几筵,告于庄、共之庙而来。若野赐之,是委君贶于草莽也!是寡大夫不得列于诸卿也!不宁唯是,又使围蒙其先君,将不得为寡君老,其蔑以复矣。唯大夫图之!"'子羽曰:'小国无罪,恃实其罪。将恃

大国之安靖已，而无乃包藏祸心以图之。小国失恃而惩诸侯，使莫不憾者，距违君命，而有所壅塞不行是惧！不然，敝邑，馆人之属也，其敢爱丰氏之祧？'伍举知其有备也，请垂橐而入。许之。"春秋时期，楚国公子围出使郑国，并且娶公孙段氏的女子为妻，拟率众迎娶。子产担心公子围借机偷袭郑国，派子羽出面谢绝，子羽说郑是小国，就怕大国（楚）不安好心。包藏祸心，暗藏着不可告人的坏心。人心巨测，人的心地不可探测。谓人心险恶。

⑤作舍道旁，议论多而难成：语本《后汉书·曹褒传》："帝知群僚拘挛，难与图始，朝廷礼宪，宜时刊立，明年复下诏曰：'朕以不德，膺祖宗弘烈。乃者鸾凤仍集，麟龙并臻，甘露宵降，嘉谷滋生，赤草之类，纪于史官。朕夙夜祗畏，上无以彰于先功，下无以克称灵物。汉遭秦余，礼坏乐崩，且因循故事，未可观省，有知其说者，各尽所能。'褒省诏，乃叹息谓诸生曰：'昔奚斯颂鲁，考甫咏殷。夫人臣依义显君，竭忠彰主，行之美也。当仁不让，吾何辞哉！'遂复上疏，具陈礼乐之本，制改之意。拜褒侍中，从驾南巡，既还，以事下三公，未及奏，诏召玄武司马班固，问改定礼制之宜。固曰：'京师诸儒，多能说礼，宜广招集，共议得失。'帝曰：'谚言"作舍道边，三年不成"。会礼之家，名为聚讼，互生疑异，笔不得下。昔尧作大章，一夔足矣。'"元和三年（86），博士曹褒欲正朝廷礼乐，班固建议召集群儒，共议得失，汉章帝引用谚语"作舍道边，三年不成"，说众人议论纷纷，意见不一，难以成事，不如只用曹褒一人。

⑥一国三公，权柄分而不一：语本《左传·僖公五年》："晋侯使士蒍为二公子筑蒲与屈，不慎，置薪焉。夷吾诉之。公使让之。士蒍稽首而对曰：'臣闻之，无丧而戚，忧必仇焉。无戎而城，仇必保焉。寇仇之保，又何慎焉！守官废命不敬，固仇之保不忠，失忠与敬，何以事君？《诗》云："怀德惟宁，宗子惟城。"君其修德而固宗

子,何城如之? 三年将寻师焉,焉用慎?'退而赋曰:'狐裘尨茸,一国三公,吾谁适从?'"晋·杜预注:"尨茸,乱貌。公与二公子为三,言城不坚则为公子所诉,为公所让;坚之则为固仇不忠,无以事君,故不知所从。"春秋时期,晋国大夫士蒍抱怨,不知听晋献公、公子夷吾、公子重耳三个人谁定的命令才好。后遂以"一国三公"比喻令出多门,事权不一。权柄,指权力。《汉书·刘向传》:"夫大臣操权柄,持国政,未有不为害者也。"

⑦ 事有奇缘,曰三生有幸:语本唐传奇"三生石"故事,见载于唐·袁郊《甘泽谣·圆观》,亦见于《太平广记(卷三百八十七)·悟前生一·圆观》。唐朝和尚圆观与好友李源同游三峡,见到一位姓王的孕妇汲水。圆观说:"这个妇人怀孕三年,一直等我去做她的儿子,今天撞见,我要去投胎了。三朝那天,你来这妇人家,新生儿会对你一笑,便是相认。"又与李源相约十二年后中秋夜,在杭州天竺寺相见。十二年后,李源如期前往天竺寺,见到一个牧童。牧童唱了两首诗。其一曰:"三生石上旧精魂,赏月吟风不要论。惭愧情人远相访,此身虽异性常存。"其二曰:"身前身后事茫茫,欲话因缘恐断肠。吴越山川游已遍,却回烟棹上瞿塘。"李源知道这个牧童就是圆观的后身。后人附会,说杭州天竺寺后山的三生石,即李源和圆观相会之处。诗文中常用为前因宿缘的典实。

⑧ 拂意:不如意。

⑨ 一事无成:指事业上毫无成就。多用作自谦。古诗文习用语。唐·白居易《除夜寄微之》:"鬓毛不觉白毵毵,一事无成百不堪。共惜盛时辞阙下,同嗟除夜在江南。家山泉石寻常忆,世路风波子细谙。老校于君合先退,明年半百又加三。"

⑩ 酒色是耽(dān),如以双斧伐孤树:语本《元史·阿沙不花传》:"阿沙不花见帝容色日悴,乃进曰:'八珍之味不知御,万金之身

不知爱,此古人所戒也。陛下不思祖宗付托之重,天下仰望之切,而惟曲蘖是耽,姬嫔是好,是犹两斧伐孤树,未有不颠仆者也。'"元朝大臣阿沙不花向元武宗进谏说:"沉迷于酒色,好比两把斧头砍一棵树,肯定要完蛋的。"耽,沉溺。

⑪力量不胜,如以寸胶澄黄河:语本《抱朴子外篇·嘉遁》:"金虽克木,而锥钻不可以伐邓林。水虽胜火,而升合不足以救焚山。寸胶不能治黄河之浊,尺水不能却萧丘之热。是以身名并全者甚稀,而先笑后号者多有也。"《太平御览》卷六十一引之,作:"寸胶不能理黄河之浊,尺水不能却萧丘之火。"胶,可用以澄清水,但取很少的胶,便想去澄清黄河的水,便是自不量力。

⑫"兼听则明"三句:语本《资治通鉴·唐纪·唐太宗贞观二年》:"上问魏徵曰:'人主何为而明,何为而暗?'对曰:'兼听则明,偏信则暗。昔尧清问下民,故有苗之恶得以上闻;舜明四目,达四聪,故共、鲧、驩兜不能蔽也。秦二世偏信赵高,以成望夷之祸;梁武帝偏信朱异,以取台城之辱;隋炀帝偏信虞世基,以致彭城阁之变。是故人君兼听广纳,则贵臣不得拥蔽,而下情得以上通也。'"魏徵对唐太宗说:同时听取各方面的意见,才能明辨是非;单听信某方面的话,就愚昧不明。魏徵之语,实亦有所本。《管子·君臣上》:"夫民别而听之则愚,合而听之则圣。"东汉·王符《潜夫论·明暗》:"君之所以明者,兼听也;其所以暗者,偏信也。"魏徵(580—643),字玄成,馆陶(今属河北)人。隋末随李密起义,李密失败后,降唐,太子李建成引为洗马。唐太宗即位,擢为谏议大夫,封钜鹿县男。历官尚书右丞、秘书临、侍中、左光禄大夫、太子太师等职,进封郑国公。敢于直谏,史称"诤臣"。卒谥文贞。曾主持《隋书》《群书治要》编撰,《隋书》总序及《梁书》《陈书》《齐书》总论,皆出其手,时称"良史"。生平见新、旧《唐书》本传。唐太宗,唐朝皇帝李世民的庙号。李世民(599—649),唐高

祖李渊次子。隋末,劝父举兵反隋,征服四方,成统一大业。唐高祖武德元年(618)为尚书令,进封秦王。先后讨平窦建德、刘黑闼、薛仁杲、王世充等割据势力。九年(626),发动玄武门之变,杀兄李建成及弟李元吉,遂立为太子,旋即受禅为帝,尊父为太上皇。在位二十三年(627—649),谥文皇帝。在位期间,锐意图治,善于纳谏,去奢轻赋,宽刑整武,使海内升平,威及域外,史称"贞观之治"。被后人尊为太宗。

⑬"众怒难犯"三句:语本《左传·襄公十年》:"子孔当国,为载书,以位序,听政辟。大夫、诸司、门子弗顺,将诛之。子产止之,请为之焚书。子孔不可,曰:'为书以定国,众怒而焚之,是众为政也,国不亦难乎?'子产曰:'众怒难犯,专欲难成,合二难以安国,危之道也。不如焚书以安众,子得所欲,众亦得安,不亦可乎?专欲无成,犯众兴祸,子必从之。'乃焚书于仓门之外,众而后定。"郑国大夫子产劝执政子孔说:"群众的愤怒,不可触犯;独断专行,难以成事。"子产(?—前522),姬姓,公孙氏,名侨,字子产,又字子美,谥成。郑穆公之孙。郑简公十二年(前554)为卿,二十三年(前543)起执政,先后辅佐郑简公、郑定公,卒于郑定公八年(前522)。治郑多年,颇有政绩,深受郑国百姓爱戴,孔子对其评价甚高。历史典籍以其字"子产"为通称,又称"公孙侨""公孙成子""国侨"(其父公子发,字子国,以父字为氏,故又称"国侨")等。子孔(?—前554),春秋时期郑国大夫公子嘉,字子孔,乃郑穆公之子,官任司徒。鲁襄公十年(前563),尉止、司臣等聚五族攻杀执政子驷、司马子国、司空子耳,公子嘉预闻其谋,得以免祸。不久出任执政,规定群卿诸司各守其职,不得干预朝政,引起反对,欲尽诛不附者,以子产劝阻而罢。十八年(前555),谋去晋附楚,引楚伐郑以诛杀大夫,实现专权,因诸大夫知其谋而加强防守,楚师无功而返。次年,被子展、子西率国人所杀。

⑭逞：显示，夸耀。《庄子·山木》："此筋骨非有加急而不柔也，处势
不便，未足以逞其能也。"

⑮心烦技痒：形容擅长及爱好某种技艺，一遇机会就急于表现的情
态。技痒，亦作"技懩"。语出《文选·潘岳〈射雉赋〉》："屏发布
而累息，徒心烦而技懩。"南朝宋·徐爰注："有技艺欲逞曰'技
懩'也。"

⑯槁木死灰：语出《庄子·齐物论》："南郭子綦隐机而坐，仰天而
嘘，荅焉似丧其耦。颜成子游立侍乎前，曰：'何居乎？形固可使
如槁木，而心固可使如死灰乎？今之隐机者，非昔之隐机者也。'"
晋·郭象注："死灰槁木，取其寂寞无情耳。"槁木，即干枯的树
木。死灰，即火灭后的冷灰。喻"丧我"的"坐忘"境界。后亦引
申为对世事无动于衷。

⑰座上有江南，语言须谨：语本唐·郑谷《席上贻歌者》诗："花月
楼台近九衢，清歌一曲倒金壶。座中亦有江南客，莫向春风唱鹧
鸪。"《钦定古今图书集成（卷四十一）·博物汇编·禽虫典》引
《异物记》："鹧鸪，其志怀南，不思北徂，南人闻之则思家，故郑谷
诗云：'坐中亦有江南客，莫向春风唱鹧鸪。'"《太平广记（卷四
百六十一）·禽鸟二·鹧鸪》云："鹧鸪似雌雉，飞但南，不向北。
杨孚《交州异物志》云：'鸟像雌雉，名鹧鸪，其志怀南，不思北
徂。'"则《钦定古今图书集成》卷四十一所引《异物记》，当即杨
孚《交州异物志》。

⑱往来无白丁，交接皆贤：语本唐·刘禹锡《陋室铭》："谈笑有鸿
儒，往来无白丁。"指所交的朋友皆为有名望的贤人。白丁，指没
读过书或没有取得功名的人。

【译文】

"班门弄斧"，是指人不知道自己有几斤几两；"岑楼齐末"，是指人不
知尊卑贵贱。

祸患一旦蔓延,便难以制止,称为"滋蔓难图";面上看不出来,内心却怀有险恶的意图,叫作"人心叵测"。

"作舍道旁",指议论的人太多,事情难以做成;"一国三公",指权力分散,发号施令的人不止一个,叫人不知道听谁的才好。

事情有奇妙的缘分,叫"三生有幸";什么事都不如意,称"一事无成"。

沉溺于美酒和女色,如同用两把斧头砍伐一棵树;力量难以胜任,好比用一寸胶澄清黄河水。

"兼听则明,偏听则暗",是魏徵对唐太宗说的话;"众怒难犯,专欲难成",是子产劝子孔说的话。

想在人前表现自己擅长的技能,称"心烦技痒";没有丝毫情感和欲望,叫"槁木死灰"。

"座上有江南",指说话要谨慎;"往来无白丁",指交接的都是德才兼备的贤人。

将近好处,曰渐入佳境①;无端倨傲②,曰旁若无人③。

借事宽役④,曰告假⑤;将钱嘱托⑥,曰夤缘⑦。

事有大利,曰奇货可居⑧;事宜鉴前,曰覆车当戒⑨。

外彼为此,曰左袒⑩;处事两好,曰摸棱⑪。

敌甚易摧,曰发蒙振落⑫;志在必胜,曰破釜沉舟⑬。

曲突徙薪无恩泽,不念豫防之力大;焦头烂额为上客,徒知救急之功宏⑭。

贼人,曰梁上君子⑮;强梗⑯,曰化外顽民⑰。

【注释】

①渐入佳境:语出《晋书·文苑传·顾恺之》:"恺之每食甘蔗,恒自

尾至本。人或怪之。云：'渐入佳境。'"又，《世说新语·排调》："顾长康啖甘蔗，先食尾。问所以，云：'渐至佳境。'"顾恺之吃甘蔗，总是从上端往下端吃。人家问为什么这样做，他说这样越吃越甜。后用"渐入佳境"来比喻境况逐渐好转或兴味逐渐浓厚。

②无端：毫无因由，无缘无故。倨傲：傲慢不恭。《庄子·渔父》："夫子犹有倨傲之容。"

③旁若无人：虽有人在侧而视若无睹，形容高傲自负，不顾别人的态度或反应。《史记·刺客列传》："高渐离击筑，荆轲和而歌于市中，相乐也，已而相泣，旁若无人者。"《北齐书·平秦王归彦传》："归彦既地居将相，志意盈满，发言陵侮，旁若无人。"

④宽役：暂停工作。

⑤告假：请假。《史记·高祖本纪》："高祖为亭长时，常告归之田。"南朝宋·裴骃集解引三国魏·孟康曰："汉律，吏二千石有予告、赐告。予告者，在官有功最，法所当得者也。赐告者，病满三月当免，天子优赐，复其告，使得带印绶，将官属，归家治疾也。"《汉书·汲黯传》："黯多病，病且满三月，上常赐告者数，终不愈。"汉律，官二千石者病满三月当免。"赐告"谓皇帝优赐其假，准其带印绶僚属归家治病。

⑥嘱托：托人关说，代为求情、说好话。晋·袁宏《后汉纪·章帝纪上》："上即位，太后诏三辅诸马婚亲，有嘱托郡县干乱吏治者以法。"关说，即代人陈说，从中给人说好话。《史记·佞幸列传序》："此两人非有材能，徒以婉佞贵幸，与上卧起，公卿皆因关说。"唐·司马贞索隐："关训通也。谓公卿因之而通其词说。刘氏云'有所言说，皆关由之'。"

⑦夤（yín）缘：本义为攀缘、攀附。《文选·左思〈吴都赋〉》："夤缘山岳之岊，幂历江海之流。"晋·刘逵注："夤缘，布藤上貌。"唐·韩愈《古意》诗："我欲求之不惮远，青壁无路难夤缘。"引申

为拉拢关系，借势钻营。《宋史·神宗纪一》："秋七月庚辰，诏察富民与妃嫔家昏因夤缘得官者。"

⑧事有大利，曰奇货可居：语本《史记·吕不韦列传》："子楚，秦诸庶孽孙，质于诸侯，车乘进用不饶，居处困，不得意。吕不韦贾邯郸，见而怜之，曰'此奇货可居'。"战国时期，秦国公子楚（名异人）在赵国做人质，不为礼待；大商人吕不韦见到公子楚，大呼"奇货可居"。在吕不韦的帮助之下，公子楚回到秦国，被立为国君，史称"庄襄王"；吕不韦也因此做了秦国国相。奇货可居，指把少有的货物囤积起来，等待高价出售。也比喻拿某种专长或独占的东西作为资本，等待时机，以捞取名利地位。

⑨事宜鉴前，曰覆车当戒："前车覆，后车诫"，屡见于西汉诸子书，或为当时俗语。《大戴礼记·保傅》："鄙语曰：'不习为吏，如视已事。'又曰：'前车覆，后车诫。'夫殷周所以长久者，其已事可知也，然如不能从，是不法圣知也。秦世所以亟绝者，其辙迹可见也，然而不辞者，是前车覆，而后车必覆也。"西汉·陆贾《新书·保傅》亦载，而文字略有出入。西汉·刘向《说苑·善说》："《周书》曰：'前车覆，后车戒。'盖言其危。"西汉·桓宽《盐铁论·结和》："语曰：'前车覆，后车戒。'殷鉴不远，在夏后之世矣。'"《韩诗外传》卷五："前车覆，而后车不诫，是以后车覆也。故夏之所以亡者，而殷为之。殷之所以亡者，而周为之。故殷可以鉴于夏，而周可以鉴于殷。"据刘向《说苑》，似出于《周书》（已亡逸）。《荀子·成相》曰："前车已覆，后未知更何觉时。"亦早于汉代。后以"前车之鉴""前车可鉴"或"前辙可鉴"比喻以往的失败，后来可以当作教训。鉴前，吸取前人或者事的教训，以为借鉴。覆车当戒，比喻从前人的失败中得到的教训。覆车，翻车。比喻失败的教训。

⑩外彼为此，曰左袒：语本《汉书·高后纪》："禄遂解印属典客，而

以兵授太尉勃。勃入军门，行令军中曰：'为吕氏右袒，为刘氏左袒。'"唐·颜师古注："袒，脱衣袖而肉袒也。左右者，偏脱其一耳。"汉高祖刘邦死后，吕后擅政，大封吕姓以培植势力。吕后死，太尉周勃谋诛诸吕，行令军中说："为吕氏右袒，为刘氏左袒。"军中皆左袒。事亦见《史记·吕太后本纪》《孝文本纪》。后因以称偏护一方为"左袒"。

⑪处事两好，曰摸棱：语本《旧唐书·苏味道传》："味道善敷奏，多识台阁故事，然而前后居相位数载，竟不能有所发明，但脂韦其间，苟度取容而已。尝谓人曰：'处事不欲决断明白，若有错误，必贻咎谴，但摸棱以持两端可矣。'时人由是号为'苏摸棱'。"又，宋·马永易《实宾录》卷三："唐苏味道为相，恃名位，尝谓人曰：'摸棱持多端可也。'故世号'摸棱首'。"形容遇事不置可否，态度含糊。

⑫敌甚易摧，曰发蒙振落：语本《史记·汲郑列传》："（汲黯）好直谏，守节死义，难惑以非。至如说丞相弘，如发蒙振落耳。"《资治通鉴·汉纪·汉武帝元狩元年》引此文，元·胡三省注曰："发蒙，谓物所蒙覆，发而去之；振落，谓木叶将落，振而坠之；皆言其易。"发蒙振落，揭开蒙盖物，摇掉将落的枯叶。喻轻而易举。

⑬志在必胜，曰破釜沉舟：语本《史记·项羽本纪》："项羽乃悉引兵渡河，皆沉船，破釜甑，烧庐舍，持三日粮，以示士卒必死，无一还心。"破釜沉舟，打碎做饭的锅，凿沉渡河的船只，誓死前进杀敌。后用以表示下定必死决心，有进无退干到底。釜，行军做饭的锅。

⑭"曲突徙薪无恩泽"四句：语本《汉书·霍光传》："初，霍氏奢侈，茂陵徐生曰：'霍氏必亡。夫奢则不逊，不逊必侮上。侮上者，逆道也。在人之右，众必害之。霍氏秉权日久，害之者多矣。天下害之，而又行以逆道，不亡何待！'乃上疏言：'霍氏泰盛，陛下即爱厚之，宜以时抑制，无使至亡。'书三上，辄报闻。其后霍氏诛

灭,而告霍氏者皆封。人为徐生上书曰:'臣闻客有过主人者,见其灶直突,傍有积薪,客谓主人,更为曲突,远徙其薪,不者且有火患。主人嘿然不应。俄而家果失火,邻里共救之,幸而得息。于是杀牛置酒,谢其邻人,灼烂者在于上行,余各以功次坐,而不录言曲突者。人谓主人曰:"乡使听客之言,不费牛酒,终亡火患。今论功而请宾,曲突徙薪亡恩泽,燋头烂额为上客耶?"主人乃寤而请之。今茂陵徐福数上书言霍氏且有变,宜防绝之。乡使福说得行,则国亡裂土出爵之费,臣亡逆乱诛灭之败。往事既已,而福独不蒙其功,唯陛下察之,贵徙薪曲突之策,使居焦发灼烂之右。'上乃赐福帛十疋,后以为郎。"西汉·刘向《说苑·权谋》亦载此事,而文字略有异同。又,《淮南子·说山训》:"圣人者,常治无患之患,故无患也。夫至巧不用剑,善闭者不用关楗。淳于髡之告失火者,此其类。"东汉·高诱注:"淳于髡,齐人也。告其邻,突将失火,使曲突徙薪,邻人不从。后竟失火,言者不为功,救火者焦头烂额为上客。"东汉·桓谭《新论·见征》:"传记言:淳于髡至邻家,见其灶突之直,而积薪在旁,曰:'此且有火灾。'教使更为曲突而远徙其薪。灶家不听。后灾,火果及积薪,而燔其屋。邻里并救,乃灭止。而亨羊具酒,以劳谢救火者;曲突远薪,不肯呼淳于髡饮饭。智者讥之云:'教人曲突远薪,固无恩泽;焦头烂额,反为上客。'盖伤其贱本而贵末也。岂独夫突薪可以除害哉?而人病国乱,亦皆如斯。是故良医医其未发,而明君绝其本谋。"齐人淳于髡见邻居家的烟囱直短而旁边有薪柴,建议将烟囱弯曲、薪柴移开,以防失火,但没有被采纳。后来果然发生火灾,邻居将救火被烧的焦头烂额的人奉为上宾,却忘记了提建议的人。后遂以"曲突徙薪"比喻对提出的预防意见不重视。突,烟囱。

⑮贼人,曰梁上君子:语本《后汉书·陈寔传》:"时岁荒民俭,有盗

夜入其室,止于梁上。寔阴见,乃起自整拂,呼命子孙,正色训之曰:'夫人不可不自勉。不善之人未必本恶,习以性成,遂至于此。梁上君子者是矣!'盗大惊,自投于地,稽颡归罪。"小偷夜间进入陈寔家里,躲在房梁上。陈寔暗中发现了,就起来整顿衣服,让子孙聚拢过来,严肃地训诫他们说:"人不可以不自我勉励。干坏事的人不一定天生就坏,只是长期习惯了,才逐渐变得这样。屋梁上的先生就是这样的人!"小偷听后十分惭愧,便跳下房梁,低头认罪。后因以"梁上君子"为窃贼的代称。

⑯强梗:指骄横跋扈、胡作非为的人。《商君书·赏刑》:"强梗焉,有常刑而不赦。"唐·韩愈《原道》:"为之政,以率其怠倦;为之刑,以锄其强梗。"

⑰化外:指政令教化所达不到的地方。《唐律疏义·名例·化外人相犯》:"诸化外人,同类自相犯者,各依本俗法。"宋·程大昌《演繁露续集·谈助》:"唐世既许在外为使者兼带宪衔,故化外诸国世袭爵封者,仍不废削。"顽民:本指殷代遗民中坚决不服从周朝统治的人。《尚书·毕命》:"毖殷顽民,迁于洛邑,密迩王室,式化厥训。"西汉·孔安国传:"惟殷顽民,恐其叛乱,故徙于洛邑,密近王室,用化其教。"宋·赵与时《宾退录》卷十:"'武王克商,迁九鼎于洛邑,义士犹或非之。'义士,即《多士》所谓'迁殷顽民'者也。由周而言,则为顽民;由商而论,则为义士矣。"后泛指改朝换代后仍效忠前朝的人。亦泛指愚妄不化的人。

【译文】

即将进入顺境,称"渐入佳境";无来由地傲慢不恭,叫"旁若无人"。

因事由请求暂停或减免工作,称"告假";拿钱攀附权贵拉关系,叫做"夤缘"。

某事可以获得巨大利益,称"奇货可居";从过去的事情中吸取教训,叫"覆车当戒"。

　　排斥一方,维护另一方,称"左袒";处理事情,哪样都好,叫"摸棱"。

　　敌人很容易被打败,称"发蒙振落";下决心要取得胜利,叫"破釜沉舟"。

　　建议改弯烟囱并移开柴薪的人,没有得到报答,因为主人意识不到防火的重要性;参与救火被烧得"焦头烂额"的人却被当作贵客,因为主人只知道紧急救火的功劳大。

　　偷东西的窃贼,称"梁上君子";蛮横无理的人,叫"化外顽民"。

　　木屑、竹头,皆为有用之物①;牛溲、马渤,可备药物之资②。

　　五经扫地,祝钦明自亵斯文③;一木撑天,晋王敦未可擅动④。

　　题凤、题午⑤,讥友讥亲之隐词;破麦、破梨⑥,见夫见子之奇梦。

　　毛遂片言九鼎,人重其言⑦;季布一诺千金,人服其信⑧。

　　岳飞背涅尽忠报国⑨,杨震惟以清白传家⑩。

　　下强上弱,曰尾大不掉⑪;上权下夺,曰太阿倒持⑫。

　　当今之世,不但君择臣,臣亦择君⑬;受命之主,不独创业难,守成亦不易⑭。

　　生平所为,皆可对人言,司马光之自信⑮;运用之妙,惟存乎一心,岳武穆之论兵⑯。

　　【注释】

　　①木屑、竹头,皆为有用之物:语本《世说新语·政事》:"陶公性检

厉,勤于事。作荆州时,敕船官悉录锯木屑,不限多少。咸不解此意。后正会,值积雪始晴,听事前除雪后犹湿,于是悉用木屑覆之,都无所妨。官用竹,皆令录厚头,积之如山。后桓宣武伐蜀,装船,悉以作钉。"暨《晋书·陶侃传》:"时造船,木屑及竹头悉令举掌之,咸不解所以。后正会,积雪始晴,听事前余雪犹湿,于是以屑布地。及桓温伐蜀,又以侃所贮竹头作丁装船。其综理微密,皆此类也。"东晋陶侃担任荆州刺史时,把造船用剩的木屑竹头都搜集起来,后来下雪初晴,就用木屑铺地,到桓温伐蜀时,又用竹头作钉装船。由此可见,平日里被人丢弃的东西,也可以变废为宝。

②牛溲(sōu)、马渤,可备药物之资:语本唐·韩愈《进学解》:"玉札丹砂,赤箭青芝,牛溲马勃(渤),败鼓之皮,俱收并蓄,待用无遗者,医师之良也。"牛溲,即牛遗,车前草的别名。马渤,亦作"马勃",一名"屎菰"。生于湿地及腐木的菌类。两者均可入药。清·李渔《闲情偶寄·居室部·房舍》:"收牛溲、马渤入药笼,用之得宜。其价值反在参苓之上。"后遂以"牛溲马勃"借指卑贱而有用之才。《宋史·吴潜传》:"愿陛下笃任元老,以为医师;博采众益,以为医工。使臣辈得以效牛溲马勃之助,以不辱陛下知人之明。"

③五经扫地,祝钦明自亵斯文:语本《新唐书·祝钦明传》:"帝与群臣宴,钦明自言能《八风舞》,帝许之。钦明体肥丑,据地摇头睆目,左右顾眄,帝大笑。吏部侍郎卢藏用叹曰:'是举五经扫地矣。'"祝钦明博通五经,为国子祭酒,而阿附冀用。一日唐中宗与群臣宴,祝钦明作《八风舞》,其体肥丑,据地摇头睆目,左右顾盼,令人不堪。卢藏用叹道:"这是拿五经扫地啊!"后遂以"五经扫地"指丧尽读书人的尊严。五经,是《诗》《书》《礼》《易》《春秋》五部儒家经典的合称。其中《礼》,汉时指《仪礼》,后世指

《礼记》;《春秋》,后世并《左传》而言。东汉·班固《白虎通·五经》:"五经何谓? 谓《易》《尚书》《诗》《礼》《春秋》也。"《新唐书·百官志三》:"《周易》《尚书》《毛诗》《左氏春秋》《礼记》为五经。"祝钦明(? —712?),字文思,唐京兆始平(今陕西兴平)人。明经及第,为东台典仪。武后天授二年(691),又中英才杰出业奥大经科,拜著作郎。长安元年(701)迁太子率更令、太子少保。唐中宗即位,擢拜国子祭酒、同中书门下三品。历刑、礼二部尚书,仍知国事,累封鲁国公。神龙二年(706)贬为申州刺史,入为国子祭酒。景龙三年(709)帝将郊,祝钦明与郭山恽阴迎韦后意,谓韦后有郊天地之理,帝用其言。又尝于群臣宴上据地作《八风舞》,卢藏用有"五经扫地"之叹。唐睿宗景云元年(710)贬饶州刺史,徙洪州都督。唐玄宗先天元年(712),在崇文馆学士任,寻卒。生平详见两《唐书》本传、《元和姓纂》卷十、史崇玄《妙门由起序》。祝钦明通"五经",兼涉众史百家之说。亦善文,曾与修《则天皇后实录》。

④一木撑天,晋王敦未可擅动:语本《太平广记(卷十四)·神仙十四·许真君》:"会王敦作乱。真君乃假为符竹,求谒于敦,盖将欲止敦之暴,以存晋室也。一日,真君与郭璞同候于敦,敦蓄怒以见之,谓真君曰:'孤昨得一梦,拟请先生圆之,可乎?'真君曰:'请大将军具述。'敦曰:'孤梦将一木,上破其天,孤禅帝位,果十全乎?'许君曰:'此梦固非得吉。'敦曰:'请问其说。'真君曰:'木上破天,是"未"字也,明公未可妄动,晋祚固未衰耳。'"他本,或以"木上破天,是'未'字也"乃吴猛真君之语。东晋王敦谋反,梦见手持一木撑破天空,请许真君解梦。许真君说:"一木撑破天,是'未'字啊。不可轻举妄动!"劝王敦不要反。王敦(266—324),字处仲,两晋之际琅邪临沂(今山东临沂)人。是王基之子,晋武帝司马炎之婿,王导从兄。西晋时即已官任扬州刺史。

琅邪王司马睿（元帝）初镇江东，威名未著，王敦与王导同心扶助。镇压杜韬起事，拜镇东大将军。东晋立，迁大将军、荆州牧，手握重兵。晋元帝欲抑制王氏势力，王敦遂于永昌元年（322）举兵反叛。攻入建康，杀刁协、周顗、戴渊等，自为丞相，还屯武昌，遥制朝政。晋明帝太宁二年（324），王导等乘王敦病重，率军讨之。王敦命王含、钱凤等再进兵建康，不久病死，军散。

⑤题凤：典出《世说新语·简傲》："嵇康与吕安善，每一相思，千里命驾。安后来，值康不在。喜出户延之，不入。题门上作'凤'字而去。喜不觉，犹以为欣故作。'凤'字，凡鸟也。"东晋吕安和嵇康是好朋友，有一次吕安来访，正赶上嵇康不在家，嵇康的哥哥嵇喜出门迎接，吕安在门上写了一个"凤"字就走了。嵇喜还以为吕安夸自己是人中凤凰，其实，吕安是讥笑嵇喜为凡鸟（意即平庸之辈）。"凤"字繁体作"鳳"，《说文解字》："从鸟，凡声。"题午：典出宋·曾慥《类说》卷四十七："李安义者谒富人郑生，辞以出，安义于门上大书'午'字而去，或问其故，答曰：'牛不出头耳。'此亦昔人题凤之意。"宋·谢维新《古今合璧事类备要》续集卷四十九亦引之，而云出自《遁斋闲览》。《钦定古今图书集成》卷一百四引此文，亦云出自《遁斋闲览》。"午"字为"牛"字不出头，借以讥笑某人没多大作为。

⑥破麦：旧注："昔宁波一妇，以兵乱与夫及子相失，寄食于尼。梦人使磨麦，又见莲花尽落。尼解之曰：'磨麦，见夫面也。莲花落，莲子见也。'果然。"有一个妇人兵乱中与丈夫、儿子分离，寄宿于尼姑庵中，梦见替人磨麦，莲花落尽。尼姑解梦说："磨麦见麦麸，莲花落而莲子出，不久你就可以见到丈夫和儿子了。"后来妇人果然见到了丈夫和儿子。破梨：旧注："杨进贤任南阳刺史，登舟遇风，失其子。夫妇相念甚切，忽夜梦与儿剖梨。因自解曰：'剖梨，分离也。'明日述于友。友曰：'剖梨则子见。'不旬日果得子。"

南阳刺史杨进贤，乘船遇风暴丢失了儿子，夜里梦见给儿子剖梨，自己解释说："剖梨，就是分离啊。"但朋友却解释说："剖开梨，就能见到子（籽），你很快就能见到儿子了！"果然不到十天就找到了儿子。"破麦""破梨"，出处不详。然旧注言之凿凿，必有所据，故详录旧注。

⑦毛遂片言九鼎，人重其言：语本《史记·平原君虞卿列传》："平原君已定从而归，归至于赵，曰：'胜不敢复相士。胜相士多者千人，寡者百数，自以为不失天下之士，今乃于毛先生而失之也。毛先生一至楚，而使赵重于九鼎大吕。毛先生以三寸之舌，强于百万之师。胜不敢复相士。'遂以为上客。"秦昭王十五年（前292），秦围赵都邯郸，赵使平原君赴楚求救，毛遂自愿同往。经毛遂晓以利害，楚王同意救赵。平原君因而赞扬毛遂说："毛先生一到楚国，就使赵国的地位重于九鼎大吕。"九鼎大吕，是古代国家的宝器。后因以为典实，谓一句话即可产生极大的力量。毛遂，见前《武职》篇"毛遂讥众，碌碌无奇"条注。片言，典出《论语·颜渊》："片言可以折狱者，其由也与？"朱子集注："片言，半言；折，断也。子路忠信明决，故言出而人信服之，不待其辞之毕也。"后遂以"片言"指简短的文字或语言。

⑧季布一诺千金，人服其信：语本《史记·季布栾布列传》："楚人谚曰'得黄金百（斤），不如得季布一诺'。"秦汉之际的季布以任侠著名，重然诺，楚人中间流传"得黄金百斤，不如季布一句诺言"的说法。后遂以"季布一诺"为重然诺而不失信用之典。季布，秦汉之际楚地人。曾为项羽部将，多次让刘邦困窘不堪。刘邦消灭项羽后，悬赏千金捉拿季布。季布潜藏到朱家家里。朱家劝夏侯婴说服刘邦赦免了季布，并召拜为郎中。汉惠帝时为中郎将，汉文帝时转任河东守。季布为人仗义，好打抱不平，以信守诺言、讲信用而著称。

⑨岳飞背涅尽忠报国:语本《宋史·岳飞传》:"初命何铸鞫之,飞裂裳以背示铸,有'尽忠报国'四大字,深入肤理。"南宋名将岳飞背上刺有"尽忠报国"四字,后世演义小说误作"精忠报国"。"尽忠报国",指竭尽忠贞,不惜牺牲一切报效国家。《北史·文苑传·颜之仪》:"之仪厉声谓昉等曰:'……公等备受朝恩,当尽忠报国。'"岳飞(1103—1142),字鹏举,南宋相州汤阴(今河南汤阴)人。宋徽宗宣和四年(1122)从军,以功迁秉义郎,隶宗泽部下。宋高宗建炎元年(1127)上书反对京师南迁,被夺官。改从王彦,与金兵战于太行山。复随宗泽守开封,任统制。宗泽死,随杜充南下。四年(1130),败金兵于常州、镇江,收复建康。后参与平定李成、曹成等割据势力,擢任都统制。绍兴四年(1134),大破金与伪齐兵,收复襄阳等六郡,任清远军节度使。五年(1135),镇压杨么起事。六年(1136),驻兵襄阳,收复洛阳西南部分州县,联络太行山义军。十年(1140),率师北伐,连败金兀术,获郾城大捷,进军朱仙镇。因宋高宗与秦桧力主和议,一日降十二道金牌下令退兵,被迫班师。十一年(1141),受召赴临安,被解兵柄,任枢密副使。旋被诬入狱,以"莫须有"罪名被杀害。宋孝宗淳熙六年(1179)追谥武穆,宋宁宗嘉定四年(1211)追封鄂王。有《岳武穆集》。《宋史》卷三百六十五有传。涅,此指涅墨,即在人身上刺字或刺成图案,再涂以墨。犹今日之文身。涅,染黑。

⑩杨震惟以清白传家:语本《后汉书·杨震传》:"后转涿郡太守。性公廉,不受私谒。子孙常蔬食步行,故旧长者或欲令为开产业,震不肯,曰:'使后世称为清白吏子孙,以此遗之,不亦厚乎!'"东汉杨震任涿郡(今河北涿州)太守期间,不受贿,不受请托。他的子孙们与平民百姓一样,生活十分简朴。亲朋好友劝他为子孙后代置办些产业,杨震坚决不肯,说:"让后世人都称他们为'清白吏'

子孙，这样的遗产，难道不丰厚吗！"杨震，见前《师生》篇"人称
杨震为关西夫子"条注。

⑪下强上弱，曰尾大不掉：语本《左传•昭公十一年》："楚子城陈、
蔡、不羹。使弃疾为蔡公。王问于申无宇曰：'弃疾在蔡，何如？'
对曰：'择子莫如父，择臣莫如君。郑庄公城栎而置子元焉，使昭
公不立。齐桓公城穀而置管仲焉，至于今赖之。臣闻五大不在
边，五细不在廷。亲不在外，羁不在内，今弃疾在外，郑丹在内。
君其少戒。'王曰：'国有大城，何如？'对曰：'郑京、栎实杀曼伯，
宋萧、亳实杀子游，齐渠丘实杀无知，卫蒲、戚实出献公，若由是
观之，则害于国。末大必折，尾大不掉，君所知也。'"春秋时期，
楚国大臣申无宇劝阻楚王任命公子弃疾为蔡公时，说过"尾大不
掉"的话，意思是尾巴太大，掉转不灵；比喻部下的势力很大，无
法指挥调度。后亦用以比喻机构庞大，指挥不灵。本句，李光明
庄本作"上强下弱"，据文义及他本改。

⑫上权下夺，曰太阿倒持：语本《汉书•梅福传》："至秦则不然，张
诽谤之罔，以为汉驱除，倒持泰阿，授楚其柄。"泰阿，即太阿，古
剑名。"太阿倒持"，指倒拿着剑，把剑柄给别人，比喻把大权交给
别人，自己反受其害。

⑬"当今之世"三句：语本《后汉书•马援传》："建武四年冬，嚣使
援奉书洛阳。援至，引见于宣德殿。世祖迎笑谓援曰：'卿遨游二
帝间，今见卿，使人大惭。'援顿首辞谢，因曰：'当今之世，非独君
择臣也，臣亦择君矣。臣与公孙述同县，少相善。臣前至蜀，述陛
戟而后进臣。臣今远来，陛下何知非刺客奸人，而简易若是？'帝
复笑曰：'卿非刺客，顾说客耳。'援曰：'天下反覆，盗名字者不可
胜数。今见陛下，恢廓大度，同符高祖，乃知帝王自有真也。'帝
甚壮之。援从南幸黎丘，转至东海。及还，以为待诏，使太中大夫
来歙持节送援西归陇右。"

⑭"受命之主"三句：语本《贞观政要·君道》："贞观十年，太宗谓侍臣曰：'帝王之业，草创与守成孰难？'尚书左仆射房玄龄对曰：'天地草昧，群雄竞起，攻破乃降，战胜乃克。由此言之，草创为难。'魏徵对曰：'帝王之起，必承衰乱。覆彼昏狡，百姓乐推，四海归命，天授人与，乃不为难。然既得之后，志趣骄逸，百姓欲静而徭役不休，百姓凋残而侈务不息，国之衰弊，恒由此起。以斯而言，守成则难。'太宗曰：'玄龄昔从我定天下，备尝艰苦，出万死而遇一生，所以见草创之难也。魏徵与我安天下，虑生骄逸之端，必践危亡之地，所以见守成之难也。今草创之难，既已往矣，守成之难者，当思与公等慎之。'"

⑮"生平所为"三句：语本《宋史·司马光传》："光孝友忠信，恭俭正直，居处有法，动作有礼，……自少至老，语未尝妄，自言：'吾无过人者，但平生所为，未尝有不可对人言者耳。'诚心自然，天下敬信，陕、洛间皆化其德。"司马光为北宋名臣，其"平生所为，未尝有不可对人言者"之语，宋代即以广为流传。宋人笔记，如苏轼《东坡志林》卷二、释惠洪《冷斋夜话》卷九等；诗文评，如胡仔《苕溪渔隐丛话》卷二十八、蔡正孙《词林广记》后集卷十等；史书，如陈均《九朝编年备要》卷二十二等；理学书，如张镃《仕学规范》卷五、赵善璙《自警编》卷二等，皆载之。更因为朱熹对司马光此语推崇备至，《小学集注》卷六、《宋名臣言行录》后集卷七皆有存录，此语遂为天下读书人所共知。司马光，见前《文臣》篇"司马温公，真是万家生佛"条注。

⑯"运用之妙"三句：语本《宋史·岳飞传》："（飞）迁秉义郎，隶留守宗泽。战开德、曹州皆有功，泽大奇之，曰：'尔勇智才艺，古良将不能过。然好野战，非万全计。'因授以阵图。飞曰：'阵而后战，兵法之常。运用之妙，存乎一心。'泽是其言。"岳武穆，南宋抗金名将岳飞，死后被追谥武穆，后世称之为"岳武穆"。见本篇前注。

【译文】

木屑、竹头，只要善加利用，也都是有用之物；牛溲、马渤，在名医手里，皆可充当药材。

唐朝祝钦明熟读经书，却在宴会上出尽洋相，自侮斯文，被人讥为"五经扫地"；晋朝王敦谋反前曾梦见"一木撑天"，解梦的人告诫他此乃"未"字，不可擅动，想以此消除他的反意。

"题凤""题午"，都是讥讽亲戚朋友的隐语；"破麦""破梨"，是将要见到丈夫和儿子的征兆。

毛遂"片言九鼎"，人们很看重他的言论；季布"一诺千金"，人们都敬佩他守信。

岳飞背上刺了"尽忠报国"四个大字，杨震一心只想将清白的名声留给后世子孙。

下属强势，上司孱弱，叫"尾大不掉"；上司被下属夺权，叫"太阿倒持"。

当今这个时代，不只是君主选择臣子，臣子也在选择君主；禀受天命的君主，并非仅仅创业艰难，守住所开创的基业也不容易。

生平所做的事情，都可以坦荡地对别人说，这是司马光的自信；兵法运用的奥妙，全看个人随机应变，岳飞如此谈论兵法。

不修边幅^①，谓人不饰仪容；不立崖岸，谓人天性和乐^②。

蕞尔、么麽^③，言其甚小；卤莽、灭裂，言其不精^④。

误处皆缘不学^⑤，强作乃成自然^⑥。

求事速成，曰躐等^⑦；过于礼貌，曰足恭^⑧。

假忠厚者，谓之乡愿^⑨；出人群者，谓之巨擘^⑩。

孟浪^⑪，由于轻浮；精详^⑫，出于暇豫^⑬。

为善则流芳百世，为恶则遗臭万年^⑭。

过多，曰稔恶[15]；罪满，曰贯盈[16]。

尝见冶容诲淫，须知慢藏诲盗[17]。

【注释】

①不修边幅：《后汉书·马援传》："公孙不吐哺走迎国士，与图成败，反修饰边幅，如偶人形。此子何足久稽天下士乎？"唐·李贤注："言若布帛修整其边幅也。《左传》曰：如布帛之有幅焉，为之度，使无迁。"后遂以"修饰边幅"为讲究服饰、仪表，《南史·文学传·顾协》："协家虽贫素，而修饰边幅，非车马未尝出游。"以"不修边幅"指不讲究服饰、仪表。《旧唐书·文苑传下·温庭筠》："初至京师，人士翕然推重。然士行尘杂，不修边幅。"边幅，布帛的边缘。借指衣饰、仪表。

②不立崖岸，谓人天性和乐：语本唐·韩愈《唐故朝散大夫尚书库部郎中郑君墓志铭》："君（郑群）天性和乐，居家事人，与待交游，初持一心，未尝变节，有所缓急曲直、薄厚疏数也。不为翕翕热，不为崖岸崭绝之行。"不立崖岸，喻指平易近人。崖岸，即山崖、堤岸。晋·袁宏《后汉纪·献帝纪二》："同郡陈仲举名重当时，乡里后进莫不造谒，邵独不诣。蕃谓人曰：'长幼之序不可废也，许君欲废之乎？'邵曰：'陈侯崖岸高峻，百谷莫得而往。'遂不造焉。"后因以喻人严肃端庄。《北史·崔儦传》："若每谓其子曰：'卢思道、崔儦杳然崖岸，吾所重也，汝其师之。'"

③蕞（zuì）尔：形容极小的样子。《左传·昭公七年》："郑虽无腆，抑谚曰'蕞尔国'。"晋·杜预注："蕞，小貌。"么麽：形容微不足道的样子，多指人。《三国志·吴书·吴主传》："及操子丕，桀逆遗丑，荐作奸回，偷取天位。而叡么麽，寻丕凶迹，阻兵盗土，未伏厥诛。"

④卤莽、灭裂，言其不精：语本《庄子·则阳》："君为政焉勿卤莽，治

民焉勿灭裂。昔予为禾,耕而卤莽之,则其实亦卤莽而报予;芸而灭裂之,其实亦灭裂而报予。"唐·陆德明释文:"郭云:'卤莽灭裂,轻脱末略,不尽其分也。'司马云:'卤莽,犹麤粗也,谓浅耕稀种也;灭裂,断其草也。'"后多用以形容做事草率粗疏。尤指治学不精。明·王廷相《策问》:"陆之学,其弊也卤莽灭裂,而不能尽致知之功。"清·俞樾《古书疑义举例·因误衍而误倒例》:"校古书者卤莽灭裂,有遇衍字不加删削,而以意移易使成文理者。"

⑤误处皆缘不学:旧注:"高祖生平误处甚多。唐仲友断曰:'误处皆缘不学,改处皆由敏悟。'"今未捡得出处。明·叶山《八白易传》:"叶子曰:汉高祖有误有改。人皆曰:'误处皆缘不学,改处皆缘性明达。'非也。误者,资性之蔽。改者,得人之功也。"缘,因为。

⑥强作乃成自然:语本《孔丛子·执节》:"魏安釐王问天下之高士,子顺曰:'世无其人也。抑可以为次,其鲁仲连乎?'王曰:'鲁仲连强作之者,非体自然也。'答曰:'人皆作之。作之不止,乃成君子。文、武欲作尧、舜而至焉。昔我先君夫子欲作文、武而至焉。作之不变,习与体成。习与体成,则自然矣。'"强作,勉强而为,勉力而做。

⑦求事速成,曰躐(liè)等:语本《礼记·学记》:"幼者听而弗问,学不躐等也。"唐·孔颖达疏:"躐,逾越也。言教此学者,令其谦退,不敢逾越等差。"躐等,逾越等级,不按次序。儒家治学,最讲究学不躐等。宋·朱熹《论语集注》《孟子集注》反复言之。

⑧足恭:过度谦敬,以取媚于人。足,语出《论语·公冶长》:"巧言、令色、足恭,左丘明耻之,丘亦耻之。"亦作"足共"。《汉书·赵敬肃王刘彭祖传》:"彭祖为人巧佞,卑谄足共。"唐·颜师古注:"共,读曰'恭'。足恭,谓便辟也。"

⑨乡愿:指乡中貌似谨厚,而实与流俗合污的伪善者。愿,谨厚貌。

《论语·阳货》："子曰：'乡原，德之贼者也。'"朱子集注："乡者，鄙俗之意。原，与'愿'同。《荀子》'原悫'，《注》读作'愿'是也。乡原，乡人之愿者也。盖其同流合污以媚于世，故在乡人之中，独以愿称。夫子以其似德非德，而反乱乎德，故以为德之贼而深恶之。"《孟子·尽心下》："孔子曰：'过我门而不入我室，我不憾焉者，其惟乡原乎！乡原，德之贼也。'"朱子集注："乡人非有识者。原，与'愿'同。《荀子》'原悫'，字皆读作'愿'，谓谨愿之人也。故乡里所谓愿人，谓之'乡原'。孔子以其似德而非德，故以为德之贼。过门不入而不恨之，以其不见亲就为幸，深恶而痛绝之也。"

⑩ 巨擘（bò）：大拇指。比喻杰出的人物。《孟子·滕文公下》："于齐国之士，吾必以仲子为巨擘焉。"东汉·赵岐注："巨擘，大指也。"朱子集注："巨擘，大指也。言齐人中有仲子，如众小指中有大指也。"

⑪ 孟浪：语出《庄子·齐物论》："夫子以为孟浪之言，而我以为妙道之行也。"唐·成玄英疏："孟浪，犹率略也。"本指言行疏阔荒诞，后引申为鲁莽草率、放荡轻浮等义。北魏·郦道元《水经注·濡水》："庾杲之注《扬都赋》，言卢龙山在平冈城北，殊为孟浪，远失事实。"明·范濂《云间据目抄·记风俗》："日费千金，且当历年饥馑，而争举孟浪不经，皆予所不解也。"《初刻拍案惊奇》卷二十九："不敢瞒大人，这事有个委曲，非孟浪男女宣淫也。"

⑫ 精详：精细周详。《后汉书·窦融传》："融小心精详，遂决策东向。"

⑬ 暇豫：语出《国语·晋语二》："优施起舞，谓里克妻曰：'主孟啖我，我教兹暇豫事君。'"三国吴·韦昭注："暇，闲也；豫，乐也。"亦写作"暇誉"。《文选·王融〈三月三日曲水诗序〉》"信可以优游暇豫"，唐·李善注："《孙子兵法》：'人效死而上能用之，虽优

游暇誉,令犹行也。'誉,犹'豫',古字通。"亦指闲暇的时间。三国魏·何晏《景福殿赋》:"鸠经始之黎民,辑农功之暇豫。"

⑭ 为善则流芳百世,为恶则遗臭万年:语本《世说新语·尤悔》:"桓公卧语曰:'作此寂寂,将为文景所笑!'既而屈起坐曰:'既不能流芳后世,亦不足复遗臭万载邪?'"又,《晋书·桓温传》:"温性俭,每谳惟下七奠柈茶果而已。然以雄武专朝,窥觎非望,或卧对亲僚曰:'为尔寂寂,将为文景所笑。'众莫敢对。既而抚枕起曰:'既不能流芳后世,不足复遗臭万载邪!'尝行经王敦墓,望之曰:'可人,可人!'其心迹若是。"《资治通鉴·晋纪·晋简文帝咸安元年》:"大司马温恃其材略位望,阴蓄不臣之志,尝抚枕叹曰:'男子不能流芳百世,亦当遗臭万年!'"流芳百世,谓美名永远流传后世。遗臭万年,死后恶名流传,永远受人唾骂。

⑮ 稔(rěn)恶:积恶太多,罪恶深重。《宋书·孙处传》:"臣更思惟卢循稔恶一纪,据有全域。"唐·柳宗元《箕子碑》:"当其周时未至,殷祀未殄,比干已死,微子已去,向使纣恶未稔而自毙,武庚念乱以图存,国无其人,谁与兴理?"

⑯ 贯盈:语本《尚书·泰誓上》:"商罪贯盈,天命诛之。"唐·孔颖达疏:"纣之为恶,如物在绳索之贯,一以贯之,其恶贯已满矣。"后以"恶贯满盈"形容为恶太多。南朝梁·刘勰《文心雕龙·檄移》:"惩其恶稔之时,显其贯盈之数。"《隋书·炀帝纪下》:"土崩鱼烂,贯盈恶稔,普天之下,莫非仇雠,左右之人,皆为敌国。"

⑰ 尝见冶容诲淫,须知慢藏诲盗:语本《周易·系辞上》:"作《易》者,其知盗乎?《易》曰:'负且乘,致寇至。'负也者,小人之事也。乘也者,君子之器也。小人而乘君子之器,盗思夺之矣。上慢下暴,盗思伐之矣。慢藏诲盗,冶容诲淫。《易》曰:'负且乘,致寇至。'盗之招也。"唐·孔颖达疏:"'慢藏诲盗,冶容诲淫'者,若慢藏财物,守掌不谨,则教诲于盗者,使来取此物;女子妖冶其容,

身不精悫，是教诲淫者，使来淫已也。以此小人而居贵位，骄矜而不谨慎，而致寇至也。"冶容，女子修饰得很妖媚。诲淫，引诱别人产生淫欲。慢藏，指长年累月积累财富。诲盗，引诱别人产生盗窃的念头。

【译文】

"不修边幅"，指人不注意修饰仪表；"不立崖岸"，是说人天性随和。

"蕞尔""么麽"，形容地方微小、人物微不足道；"卤莽""灭裂"，形容做事粗略尤指学问不精。

失误犯错，只因不好好学；努力勉强，久而久之，习惯便成自然。

做事只求速成，称为"躐等"；待人过于礼貌，叫作"足恭"。

貌似忠厚而无原则的人，称为"乡愿"；才华和影响出众的人，叫作"巨擘"。

为人"孟浪"，因为言行举止轻率随便；做事"精详"，由于从容娴静，深思熟虑。

多做善事，自然"流芳百世"；为非作歹，则会"遗臭万年"。

罪过太多，称为"稔恶"；罪恶过多，叫作"贯盈"。

曾经有女子打扮得过于妖艳，引起了坏人的淫欲，这叫"冶容诲淫"；要知道财物收藏不谨慎，等于怂恿盗贼偷窃，这叫"慢藏诲盗"。

管中窥豹，所见不多①；坐井观天，知识不广②。

无势可乘，英雄无用武之地③；有道则见④，君子有展采之思⑤。

求名利达，曰捷足先得⑥；慰士迟滞⑦，曰大器晚成⑧。

不知通变，曰徒读父书⑨；自作聪明⑩，曰徒执己见⑪。

浅见，曰肤见⑫；俗言，曰俚言⑬。

识时务者为俊杰⑭，昧先几者非明哲⑮。

村夫不识一丁^⑯，愚者岂无一得^⑰。

拔去一丁，谓除一害^⑱；又生一秦，是增一仇^⑲。

【注释】

①管中窥豹，所见不多：语本《世说新语·方正》："王子敬数岁时，尝看诸门生樗蒲，见有胜负，因曰：'南风不竞。'门生辈轻其小儿，乃曰：'此郎亦管中窥豹，时见一斑。'"管中窥豹，从管子中看豹，只看到豹身上的一块斑纹。用以比喻只见到事物的一小部分。

②坐井观天，知识不广：语本唐·韩愈《原道》："老子之小仁义，非毁之也，其见者小也。坐井而观天，曰天小者，非天小也。"坐井观天，坐在井底看天，比喻眼界狭小，所见有限。

③无势可乘，英雄无用武之地：语本《三国志·蜀书·诸葛亮传》："先主至于夏口，亮曰：'事急矣，请奉命求救于孙将军。'时权拥军在柴桑，观望成败，亮说权曰：'海内大乱，将军起兵据有江东，刘豫州亦收众汉南，与曹操并争天下。今操芟夷大难，略已平矣，遂破荆州，威震四海。英雄无所用武，故豫州遁逃至此。将军量力而处之：若能以吴、越之众与中国抗衡，不如早与之绝；若不能当，何不案兵束甲，北面而事之！'"《资治通鉴·汉纪·汉献帝建安十三年》引此段，改"英雄无所用武"为"英雄无用武之地"。英雄无用武之地，比喻有才能却没地方或机会施展。

④有道则见：语本《论语·泰伯》："子曰：'笃信好学，守死善道。危邦不入，乱邦不居。天下有道则见，无道则隐。邦有道，贫且贱焉，耻也；邦无道，富且贵焉，耻也。'"君子适逢政治清明的时代，就出来做官。

⑤展采：语本《史记·司马相如列传》："而后因杂荐绅先生之略述，使获耀日月之末光绝炎，以展采错事。"南朝宋·裴骃集解："《汉

书音义》曰:'采,官也。使诸儒记功著业,得睹日月末光殊绝之用,以展其官职,设厝其事业者也。'"指供职做官。

⑥捷足先得:语本《史记·淮阴侯列传》:"秦失其鹿,天下共逐之,于是高材疾足者先得焉。"行动敏捷的先达到目的,或得其所求。清·孔尚任《桃花扇·迎驾》:"自古道:'中原逐鹿,捷足先得。'我们不可落他人之后。"又,《古诗十九首》"何不策高足,先据要路津",说的正是求名求利,捷足先得。

⑦迟滞:取得成就太晚,尤指科名仕途不顺利。

⑧大器晚成:语本《老子》四十一章:"大方无隅,大器晚成。大音希声,大象无形。"贵重器物需要长时间才能完成。常比喻大才之人成就往往较晚。也用做对长期不得志的人的安慰话。《三国志·魏书·崔琰传》:"琰从弟林,少无名望,虽姻族犹多轻之,而琰常曰:'此所谓大器晚成者也,终必远至。'"

⑨不知通变,曰徒读父书:语本《史记·廉颇蔺相如列传》:"赵惠文王卒,子孝成王立。七年,秦与赵兵相距长平,时赵奢已死,而蔺相如病笃,赵使廉颇将攻秦,秦数败赵军,赵军固壁不战。秦数挑战,廉颇不肯。赵王信秦之间。秦之间言曰:'秦之所恶,独畏马服君赵奢之子赵括为将耳。'赵王因以括为将,代廉颇。蔺相如曰:'王以名使括,若胶柱而鼓瑟耳。括徒能读其父书传,不知合变也。'赵王不听,遂将之。"战国时期,赵孝成王任用名将赵奢之子赵括为将,蔺相如劝阻说:"赵括只知道死读他父亲留下的兵书,而不知道变通。"后遂用以比喻只知空谈前人理论而不能领会运用。

⑩自作聪明:语本《尚书·蔡仲之命》:"无作聪明,乱旧章。"意为自以为聪明而擅作主张。

⑪徒执己见:同"固执己见",即只知道坚持自己的意见(往往是错误的意见)。

⑫肤见：浅薄的见解。《南齐书·陆澄传》："澄谬闻肤见，贻挠后昆，上掩皇明，下笔朝议，请以见事免澄所居官。"肤，是皮肤的最表层，故用以比喻见识浅，浮于表面。

⑬俚言：通俗浅显的语言。《新唐书·韦绶传》："方太子幼，绶数为俚言以悦太子。"亦指不高雅的文辞，常用于自谦。唐·韩愈《山南郑相公樊员外酬答为诗……依赋十四韵以献》："缀此岂为训，俚言绍庄屈。"

⑭识时务者为俊杰：语本《三国志·蜀书·诸葛亮传》南朝宋·裴松之注引晋·习凿齿《襄阳记》："刘备访世事于司马德操。德操曰：'儒生俗士，岂识时务？识时务者在乎俊杰。此间自有伏龙、凤雏。'备问为谁，曰：'诸葛孔明、庞士元也。'""识时务者为俊杰"，谓能认清形势、了解时代潮流者，才是杰出人物。后或用作通权达变之意。

⑮昧先几：不能预先洞知细微兆头。昧，不明白。先几，征兆。《周易·系辞下》："子曰：'知几其神乎！君子上交不谄，下交不渎，其知几乎！几者，动之微，吉之先见者也。君子见几而作，不俟终日。《易》曰："介于石，不终日，贞吉。"介如石焉，宁用终日？断可识矣。君子知微知彰，知柔知刚，万夫之望。'"明哲：洞明世事。《尚书·说命上》："知之曰'明哲'。"

⑯不识一丁：一个字也不认识，形容人不识字或文化水平极低。《旧唐书·张弘靖传》："今天下无事，汝辈挽得两石力弓，不如识一'丁'字。"宋·吴曾《能改斋漫录·不识一丁字》："窦苹《唐书音训》云：'丁'恐当作'个'。予尝以窦说虽当，而无所据。偶读孔毅父《续世说》，引宏靖曰：'汝曹能挽两石弓，不若识一"个"字'，乃作此'个'字。因知'个'误为'丁'，无可疑者。"又，明·焦竑《焦氏笔乘·不识一丁》："苻坚宴群臣赋诗，姜平子诗内有'丁'字，直而不屈，坚怪问之，平子对曰：'屈下者，不正之

物，未足以献也。'坚悦，擢上第。夫庄子云：'丁子有尾。'若直下不屈，乃古'下'字也。'下'作'丁'，'上'作'上'。若坚与平子，正不识一'丁'者。"

⑰愚者岂无一得：语本《史记·淮阴侯列传》："智者千虑，必有一失；愚者千虑，必有一得。"秦汉之际，韩信擒获赵将广武君李左车，虚心向其请教，广武君自谦说："愚者千虑，必有一得。"谓愚钝人的许多思虑中总会有一些可取之处。后常以谦指己见。

⑱拔去一丁，谓除一害：语本北宋京师歌谣："欲得天下宁，当拔眼中丁。欲得天下好，莫如召寇老。"奸臣丁渭将寇准排挤出朝，京师百姓恨之如眼中钉。此歌谣在当时流传极广，见载于多种宋人史籍，如陈均《九朝编年备要》卷八、李焘《续资治通鉴长编》卷九十九、徐自明《宋宰辅编年录》卷四、吕中《宋大事记讲义》卷八等。

⑲又生一秦，是增一仇：语本《史记·张耳陈馀列传》："武臣乃听之，遂立为赵王。以陈馀为大将军，张耳为右丞相，邵骚为左丞相。使人报陈王，陈王大怒，欲尽族武臣等家，而发兵击赵。陈王相国房君谏曰：'秦未亡而诛武臣等家，此又生一秦也。不如因而贺之，使急引兵西击秦。'陈王然之，从其计，徙系武臣等家宫中，封张耳子敖为成都君。"秦末陈胜派武臣安抚赵地，武臣自立为王，陈胜想攻打他，相国房君说："秦未亡而攻打武臣，是又生出一个强秦。"意即又增加一个强敌。宋·胡继宗《书言故事·古今喻类》："自增仇敌，曰'又生一秦'。"

【译文】

"管中窥豹"，形容只看见局部而不见全体；"坐井观天"，形容知识有限，眼界不宽。

时机不对，英雄没有机会施展才能，叫"英雄无用武之地"；天下有道，君子才有出来干一番事业的想法，称"君子有展采之思"。

获取功名顺利且早达，叫"捷足先得"；安慰人迟迟未得功名，说"大器晚成"。

像赵括一样不晓得通变，叫作"徒读父书"；自以为聪明，叫作"徒执己见"。

肤浅的见识，叫"肤见"；通俗浅显的语言，叫"俚言"。

能认清形势、顺应潮流的人，堪称俊杰；不明事理、看不到征兆的人，不算明哲。

村夫连一个"丁"字都不识；愚笨的人提出上千条意见，不至于没有一条可取。

"拔去一丁"，是说除掉一个坏蛋；"又生一秦"，是说增加一个强敌。

戒轻言，曰恐属垣有耳①；戒轻敌，曰无谓秦无人②。

同恶相帮，谓之助桀为虐③；贪心无厌，谓之得陇望蜀④。

当知器满则倾，须知物极必反⑤。

喜嬉戏，名为好弄⑥；好笑谑⑦，谓之诙谐⑧。

谗口交加，市中可信有虎⑨；众奸鼓衅，聚蚊可以成雷⑩。

萋菲成锦，谓谮人之酿祸⑪；含沙射影，言鬼蜮之害人⑫。

针砭所以治病⑬，鸩毒必至杀人⑭。

【注释】

①戒轻言，曰恐属垣有耳：语本《诗经·小雅·小弁》："君子无易由言，耳属于垣。"朱子集传："君子不可易于其言，恐耳属于垣者，有所观望左右而生谗谮也。"又，《礼记·曲礼上》："毋侧听。"东汉·郑玄注："嫌探人之私也。侧听，耳属于垣。"轻言，说话轻率、不慎重。属垣，以耳附墙，窃听人言。

②戒轻敌，曰无谓秦无人：语本《左传·文公十三年》："乃使魏寿馀

伪以魏叛者以诱士会,执其帑于晋,使夜逸。请自归于秦,秦伯许之。履士会之足于朝。秦伯师于河西,魏人在东。寿馀曰:'请东人之能与夫二三有司言者,吾与之先。'使士会。士会辞曰:'晋人,虎狼也,若背其言,臣死,妻子为戮,无益于君,不可悔也。'秦伯曰:'若背其言,所不归尔帑者,有如河。'乃行。绕朝赠之以策,曰:'子无谓秦无人,吾谋适不用也。'既济,魏人噪而还。秦人归其帑。其处者为刘氏。"春秋时期,晋人设计使士会从秦国逃回晋国。秦大夫绕朝对晋大夫士会说:"您可不要说我们秦没人才,只不过我的计谋不被采用而已。"

③ 助桀为虐:语出《史记·留侯世家》:"沛公入秦宫,宫室帷帐狗马重宝妇女以千数,意欲留居之。樊哙谏沛公出舍,沛公不听。良曰:'夫秦为无道,故沛公得至此。夫为天下除残贼,宜缟素为资。今始入秦,即安其乐,此所谓"助桀为虐"。且"忠言逆耳利于行,毒药苦口利于病",愿沛公听樊哙言。'沛公乃还军霸上。"秦汉之际,刘邦攻下咸阳,想将宝物美女据为己有,张良说您这是帮助夏桀行暴虐之事。后以"助桀为虐"比喻帮助坏人干坏事。桀,即夏桀,夏朝最后一个君主,相传是暴君。虐,残暴。后世则习用"助纣为虐"。"助纣为虐",语出《孟子·滕文公下》:"周公相武王,诛纣伐奄。"朱子集注:"奄,东方之国,助纣为虐者也。"

④ 贪心无厌,谓之得陇望蜀:语本《东观汉记·隗嚣传》:"西城若下,便可将兵,南击蜀虏。人苦不知足,既平陇,复望蜀。每一发兵,头鬓为白。"《后汉书·岑彭传》亦载此语。两汉之际,刘秀对大将岑彭说:"人心哪儿有知足的。平定陇右之后,就该图谋巴蜀了。"又,《晋书·宣帝纪》:"从讨张鲁,言于魏武曰:'刘备以诈力虏刘璋,蜀人未附而远争江陵,此机不可失也。今若曜威汉中,益州震动,进兵临之,势必瓦解。因此之势,易为功力。圣人不能违时,亦不失时矣。'魏武曰:'人苦无足,既得陇右,复欲得蜀!'言

竟不从。"三国时期，司马懿跟随曹操平定张鲁，建议趁势讨伐巴蜀，曹操说："人心苦于不知足，既已得到陇右，又想据有巴蜀。"陇，指甘肃一带；蜀，指四川一带。后遂以"得陇望蜀"喻贪心不足。唐·李白《古风》之二三："物苦不知足，得陇又望蜀。"

⑤当知器满则倾，须知物极必反：语本唐人苏安恒劝武则天还政太子疏："臣愚以天意人事，还归李家。陛下虽安天位，殊不知物极则反，器满则倾。"《旧唐书·忠义传上》及《资治通鉴·唐纪·武则天长安二年》皆载之。器满则倾，敧器满了就要倾倒，比喻人自满就要犯错误。语本《荀子·宥坐》："孔子观于鲁桓公之庙，有敧器焉。孔子问于守庙者曰：'此为何器？'守庙者曰：'此盖为宥坐之器。'孔子曰：'吾闻宥坐之器者，虚则敧，中则正，满则覆。'孔子顾谓弟子曰：'注水焉！'弟子挹水而注之，中而正，满而覆，虚而敧。孔子喟然而叹曰：'吁！恶有满而不覆者哉！'子路曰：'敢问持满有道乎？'孔子曰：'聪明圣知，守之以愚；功被天下，守之以让；勇力抚世，守之以怯；富有四海，守之以谦。此所谓挹而损之之道也。'"《说苑·敬慎》《孔子家语·三恕》亦载之。古时国君在座右置放敧器。敧器如果注水太浅或太满，都会倾倒；以为不要过或不及之劝诫。物极必反，事物发展到极限时必然向相反的方面转化。

⑥喜嬉戏，名为好弄：语本《左传·僖公九年》："夷吾弱不好弄，能斗不过，长亦不改，不知其他。"杜注："弄，戏也。"弱不好弄，即少年老成，不爱嬉戏。南朝宋·颜延之《陶徵士诔》："弱不好弄，长实素心。"《宋史·文苑传五·黄伯思》："自幼警敏，不好弄，日诵书千余言。"

⑦笑谑（xuè）：嬉笑戏谑。《后汉书·皇后纪上·光烈阴皇后》："后在位恭俭，少嗜玩，不喜笑谑。"

⑧诙谐：谈吐幽默风趣。《汉书·东方朔传》："其言专商鞅、韩非之

语也,指意放荡,颇复诙谐。"

⑨谗口交加,市中可信有虎:语本《韩非子·内储说上七术·倒言》:"庞恭与太子质于邯郸,谓魏王曰:'今一人言市有虎,王信之乎?'曰:'不信。''二人言市有虎,王信之乎?'王曰:'不信。''三人言市有虎,王信之乎?'王曰:'寡人信之矣。'庞恭曰:'夫市之无虎也明矣,然而三人言而成虎。今邯郸去大梁也远于市,而议臣者过于三人,愿王察之也。'王曰:'寡人自为知。'于是辞行,而谗言先至,后太子罢质,果不得见。"亦载于《战国策·魏策二》。闹市本没有老虎,但说的人多了,听者也就相信闹市出现了老虎。后遂以"三人成(市)虎"比喻谣言重复多次,就能使人信以为真。谗口,谗言。交加,同时或交替出现。

⑩众奸鼓衅,聚蚊可以成雷:语本《汉书·景十三王传·中山靖王刘胜》:"建元三年,代王登、长沙王发、中山王胜、济川王明来朝,天子置酒,胜闻乐声而泣。问其故,胜对曰:'臣闻悲者不可为累欷,思者不可为叹息。故高渐离击筑易水之上,荆轲为之低而不食;雍门子壹微吟,孟尝君为之於邑。今臣心结日久,每闻幼眇之声,不知涕泣之横集也。夫众喣漂山,聚蚊成靁,朋党执虎,十夫桡椎,是以文王拘于牖里,孔子厄于陈、蔡,此乃烝庶之成风,增积之生害也。臣身远与寡,莫为之先,众口铄金,积毁销骨,丛轻折轴,羽翮飞肉,纷惊逢罗,潸然出涕。'"唐·颜师古注:"蟁,古'蚊'字。靁,古'雷'字。言众蚊飞声有若雷也。"许多蚊子聚到一起,声音会像雷声那样大。遂用以喻众口诋毁,积小可以成大。鼓衅,煽动挑拨,找碴。

⑪萋菲成锦,谓谮(zèn)人之酿祸:语本《诗经·小雅·巷伯》:"萋兮斐兮,成是贝锦。彼谮人者,亦已大甚。"毛传:"兴也。萋斐,文章相错也。贝锦,锦文也。"郑笺:"锦文者,文如馀泉、馀蚳之贝文也。兴者,喻谮人集作己过,以成于罪,犹女工之集采色,以

成锦文。"孔疏:"《论语》云:'斐然成章。'是斐为文章之貌,'萋'与'斐'同类,而云成锦,故为文章相错也。"朱子集传:"时有遭谗而被宫刑为巷伯者作此诗,言因萋斐之形,而文致之以成贝锦;以比谗人者因人之小过,而饰成大罪也。"奸人收集他人的过错罗织成罪,就好像女工收集彩色的丝织成锦缎一样。后人遂用"萋菲""贝锦"比喻谗言。萋菲,即萋斐,花纹交错的样子。谮人,指无中生有说人坏话的人。

⑫含沙射影,言鬼蜮(yù)之害人:语本《诗经·小雅·何人斯》:"为鬼为蜮,则不可得。"唐·陆德明释文:"蜮,音或。沈,又音域。短狐也。状如鳖,三足。一名射工,俗呼之'水弩'。在水中含沙射人。一云射人影。"唐·孔颖达疏引晋·陆机《疏》云:"一名'射影',江淮水皆有之。人在岸上,影见水中,投人影则杀之,故曰'射影'。南人将入水,先以瓦石投水中,令水浊,然后入。或曰含沙射人皮肌,其疮如疥。"又,晋·干宝《搜神记》卷十二:"汉光武中平年内,有物处于江水,其名曰'蜮',一曰'短狐',能含沙射人。所中者则身体筋急,头痛,发热;剧者至死。"古代传说,水中有一种叫"蜮"的怪物,看到人影就喷沙子,被喷射的人就会害病,严重的甚至死亡。后以"含沙射影"比喻暗中诽谤中伤。鬼和蜮都是暗中害人的精怪。后以"鬼蜮"喻用心险恶、暗中伤人的小人。

⑬针砭:古代治病用的银针和砭石。亦指针灸治病。比喻有益的劝诫。

⑭鸩(zhèn)毒:毒酒,毒药。《左传·闵公元年》:"宴安鸩毒,不可怀也。"晋·杜预注:"以宴安比之鸩毒。"唐·孔颖达疏:"宴安自逸,若鸩毒之药,不可怀恋也。"后遂以"宴安鸩毒"比喻耽于逸乐而杀身。鸩,是传说中的一种鸟,用它的羽毛泡酒,能毒死人。

【译文】

告诫人们说话不要太轻率,以免被人偷听,就说恐怕隔墙有人偷听;

提醒人们不要轻敌，就说不要以为秦国没有能人。

帮坏人做恶事，叫"助桀为虐"；贪心太过，不懂知足，叫"得陇望蜀"。

要明白容器装满了，便会倾倒；应懂得事物发展到极点，必定会转向反面。

喜欢嬉戏玩耍，叫"好弄"；爱开玩笑，叫"诙谐"。

众人一次次进谗言，效果好比谣言一个接一个，人们便相信闹市有老虎；众多奸人拨弄是非，效果好比把蚊子聚在一起，声音和打雷一样。

"萋斐成锦"，形容奸人收集他人过错罗织成罪，就好像女工收集彩色的丝织成锦缎一样；"含沙射影"，比喻暗中诽谤中伤，就像蜮躲在水里喷沙射人的影子一样来害人。

"针砭"，是用来治病的；"鸩毒"，必定是用来杀人的。

李义府阴柔害物，人谓之笑里藏刀^①；李林甫奸诡陷人，世谓之口蜜腹剑^②。

代人作事，曰代庖^③；与人设谋，曰借箸^④。

见事极真，曰明若观火^⑤；对敌易胜，曰势若摧枯^⑥。

汉武内多欲而外施仁义^⑦，廉颇先国难而后私仇^⑧。

卧榻之侧，岂容他人鼾睡，宋太祖之语^⑨；一统之世，真是胡越一家，唐高祖之时^⑩。

至若暴秦以吕易嬴，是嬴亡于庄襄之手；弱晋以牛易马，是马灭于怀愍之时^⑪。

中宗亲为点筹于韦后，秽播千秋^⑫；明皇赐洗儿钱于贵妃，丑遗万代^⑬。

非类相从，不如鹑鹊^⑭；父子同牝，谓之聚麀^⑮。

以下淫上,谓之烝^⑯;野合奸伦^⑰,谓之乱^⑱。

从来淑慝殊途^⑲,惟在后人法戒^⑳;欺世清浊异品,全赖吾辈激扬^㉑。

【注释】

①李义府阴柔害物,人谓之笑里藏刀:语本《旧唐书·李义府传》:"义府貌状温恭,与人语必嬉怡微笑,而褊忌阴贼。既处权要,欲人附己,微忤意者,辄加倾陷,故时人言义府笑中有刀。又以其柔而害物,亦谓之'李猫'。"本句"李义府",李光明庄本作"李义甫",据两《唐书》及他本改。李义府(614—666),唐瀛州饶阳(今河北饶阳)人。自其祖迁居永泰(今四川盐亭东北)。唐太宗贞观八年(634)举进士,授门下省典仪。历监察御史,迁太子舍人,加崇贤馆直学士,与来济俱以文翰见知,时称"来李"。唐高宗立,迁中书舍人,加弘文馆学士。以上表请立武昭仪为后,拜中书侍郎、同中书门下三品。显庆二年(657)迁中书令,进封河间郡公。龙朔三年(663),稍迁右相。坐赃除名,长流嶲州,乾封元年(666)卒。生平见新、旧《唐书》本传。其为人貌似温恭,实则阴险奸佞,当时有"笑中有刀""李猫"之称。笑里藏刀,比喻外表和气而内心阴险。

②李林甫奸诡陷人,世谓之口蜜腹剑:语本《资治通鉴·唐纪·唐玄宗天宝元年》。见前《身体》篇"口有蜜而腹有剑,李林甫之为人"条注。奸诡,伪诈。

③代庖(páo):语出《庄子·逍遥游》:"庖人虽不治庖,尸祝不越樽俎而代之矣。"《淮南子·主术训》:"不正本而反自然,则人主逾劳,人臣逾逸,是犹代庖宰剥牲而为大匠斫也。"代替厨子干活。后多用以比喻代人行事或代理他人职务。

④借箸(zhù):张良见刘邦桌上有筷子,就拿起筷子在桌上比画着

阐述自己的见解,比喻替人谋划。《史记·留侯世家》:"食其未行,张良从外来谒。汉王方食,曰:'子房前!客有为我计桡楚权者。'具以郦生语告,曰:'于子房何如?'良曰:'谁为陛下画此计者?陛下事去矣。'汉王曰:'何哉?'张良对曰:'臣请借前箸为大王筹之。'"南朝宋·裴骃集解引三国魏·张晏曰:"求借所食之箸用指画也。"后因以"借箸"指为人谋划。箸,筷子。

⑤明若观火:明白清楚,好像看火一样,形容观察事物十分清楚。《尚书·盘庚上》:"予若观火。"西汉·孔安国传:"我视汝情如视火。"宋·蔡沈集传:"我视汝情,明若观火。"由此衍生的四字成语有"明若观火""洞若观火""燎若观火""炳若观火"等。

⑥摧枯:语本《汉书·异姓诸侯王表序》:"镂金石者难为功,摧枯朽者易为力,其势然也。"摧折枯朽的草木,形容轻而易举。也比喻摧毁腐朽势力的强大气势。《后汉书·耿弇传》:"我至长安,与国家陈渔阳、上谷兵马之用,还出太原、代郡,反覆数十日,归发突骑以辚乌合之众,如摧枯折腐耳。"《晋书·甘卓传》:"溯流之众,势不可救,将军之举武昌,若摧枯拉朽,何所顾虑乎!"《旧五代史·唐书·庄宗纪一》:"若简练兵甲,倍道兼行,出其不意,以吾愤激之众,击彼骄惰之师,拉朽摧枯,未云其易,解围定霸,在此一役。"《宋史·曹彬传》:"以国家兵甲精锐,翦太原之孤垒,如摧枯拉朽尔,何为而不可。"

⑦汉武内多欲而外施仁义:语本《史记·汲郑列传》:"天子方招文学儒者,上曰吾欲云云,黯对曰:'陛下内多欲而外施仁义,奈何欲效唐虞之治乎!'上默然,怒,变色而罢朝。公卿皆为黯惧。上退,谓左右曰:'甚矣,汲黯之戆也!'"《汉书·汲黯传》亦载。西汉大臣汲黯说汉武帝内心私欲很重而外表装出仁义的样子,是不可能把国家治理成尧、舜盛世的。

⑧廉颇先国难而后私仇:语本《史记·廉颇蔺相如列传》:"相如曰:

'夫以秦王之威，而相如廷叱之，辱其群臣，相如虽驽，独畏廉将军哉？顾吾念之，强秦之所以不敢加兵于赵者，徒以吾两人在也。今两虎共斗，其势不俱生。吾所以为此者，以先国家之急而后私仇也。'"战国时期，赵国蔺相如多次立功，赵王封他为相国，老将廉颇不服气，认为自己的武功盖过他，蔺相如对廉颇多次避让，并说之所以这样做，是把私人恩怨放在国家利益之后。按，据《史记》，"先国家之急而后私仇"的是蔺相如，而非廉颇。

⑨"卧榻之侧"三句：语本宋·曾慥《类说》卷五十三："开宝中王师围金陵，李后主遣徐铉入朝，对于便殿，恳述江南事大之礼甚恭，徒以被病，未任朝谒，非敢拒诏。太祖曰：'不须多言，江南有何罪，但天下一家，卧榻之侧，岂可许他人鼾睡。'"宋·岳珂《桯史》卷一亦载，作"卧榻之侧，岂容他人鼾睡耶"。南唐后主李煜派徐铉向宋请求不要派兵攻灭，宋太祖赵匡胤说："卧榻之侧，岂容他人鼾睡。"后因用以为典，比喻自己的势力范围或利益不容别人侵占。赵匡胤"卧榻之侧，岂容他人鼾睡"之语，当时广为流传。宋人著作，如李焘《续资治通鉴长编》卷十六、陈均《九朝编年备要》卷二、王偁《东都事略》卷二十三、彭百川《太平治迹统类》卷一、吕中《宋大事记讲义》卷二、罗璧《识遗》卷十、岳珂《桯史》卷一等，亦载。

⑩"一统之世"三句：语本《旧唐书·高祖本纪》："（贞观八年）高祖命突厥颉利可汗起舞，又遣南越酋长冯智戴咏诗，既而笑曰：'胡越一家，自古未之有也。'"暨《资治通鉴·唐纪·唐太宗贞观七年》："十二月，甲寅，上幸芙蓉园；丙辰，校猎少陵原。戊午，还宫，从上皇置酒故汉未央宫。上皇命突厥颉利可汗起舞，又命南蛮酋长冯智戴咏诗，既而笑曰：'胡越一家，自古未有也！'帝奉觞上寿曰：'今四夷入臣，皆陛下教诲，非臣智力所及。昔汉高祖亦从太上皇置酒此宫，妄自矜大，臣所不取也。'上皇大悦。殿上

皆呼万岁。"唐太宗在未央宫设宴,太上皇李渊命突厥可汗起舞、南蛮冯智戴咏诗,笑着说:"胡越一家,自古未有也。"胡越一家,胡、越为中国古代少数民族,胡在北而越在南,胡、越一家,喻居地远隔者聚集一堂。犹言四海一家。按,据《旧唐书》及《资治通鉴》,"胡越一家,自古未之有也",是李渊在贞观年间说的话,其时,李渊的身份是太上皇。

⑪"至若暴秦以吕易嬴(yíng)"四句:语本《明史·石天柱传》:"(正德)十一年,都督马昂进其女弟,已有娠,帝嬖之。天柱率同官合词抗论,未报。又上疏曰:'臣等请出孕妇,未蒙进止。窃疑陛下之意将遂立为己子欤?秦以吕易嬴而嬴亡,晋以牛易马而马灭。彼二君者,特出不知,致堕奸计。'"秦以吕易嬴,语本《史记·吕不韦列传》:"吕不韦取邯郸诸姬绝好善舞者与居,知有身。子楚从不韦饮,见而说之,因起为寿,请之。吕不韦怒,念业已破家为子楚,欲以钓奇,乃遂献其姬。姬自匿有身,至大期时,生子政。子楚遂立姬为夫人。"战国时期,秦国公子楚(名异人)在赵国做人质,不为礼待。大商人吕不韦见到他,大呼"奇货可居",帮助他回到秦国。公子楚后被立为国君,史称"庄襄王"。吕不韦把一个怀了自己孩子的姬妾献给公子楚,生下来的孩子叫嬴政,即后来的秦始皇。因此,人们认为秦始皇实际上不是嬴姓子孙,而是吕家血脉。晋以牛易马,指晋元帝司马睿系琅邪王妃与小吏牛金私通所生,实非司马氏血脉。语本《晋书·帝纪》:"初,玄石图有'牛继马后',故宣帝深忌牛氏,遂为二榼,共一口,以贮酒焉,帝先饮佳者,而以毒酒鸩其将牛金。而恭王妃夏侯氏竟通小吏牛氏而生元帝,亦有符云。"暨《魏书·司马睿传》:"僭晋司马睿,字景文,晋将牛金子也。初晋宣帝生大将军、琅邪武王伷,伷生冗从仆射、琅邪恭王觐。觐妃谯国夏侯氏,字铜环,与金奸通,遂生睿,因冒姓司马,仍为觐子。由是自言河内温人。""牛继

马后"之说,后世文人以为谈资。如,宋·罗大经《鹤林玉露》卷五:"司马氏欺人孤寡,而夺之位,不知魏灭未几,而晋亦灭矣。何也?元帝乃牛金之子,则是司马氏为牛氏所灭也。"怀愍之时,指西晋怀帝、愍帝时期,即晋元帝司马睿出生时。

⑫中宗亲为点筹于韦后,秽播千秋:语本《旧唐书·后妃传上·中宗韦庶人》:"帝在房州时,常谓后曰:'一朝见天日,誓不相禁忌。'及得志,受上官昭容邪说,引武三思入宫中,升御床,与后双陆,帝为点筹,以为欢笑,丑声日闻于外。"又,《资治通鉴·唐纪·唐中宗神龙元年》:"上女安乐公主适三思子崇训。上官婉儿,仪之女孙也,仪死,没入掖庭,辩慧善属文,明习吏事。则天爱之,自圣历以后,百司表奏多令参决;及上即位,又使专掌制命,益委任之,拜为婕妤,用事于中。三思通焉,故党于武氏,又荐三思于韦后,引入禁中,上遂与三思图议政事,张柬之等皆受制于三思矣。上使韦后与三思双陆,而自居旁为之点筹;三思遂与后通,由是武氏之势复振。"唐中宗皇后韦氏与武三思私通,韦后与武三思博戏双陆,中宗亲自为他们点筹码。

⑬明皇赐洗儿钱于贵妃,丑遗万代:语本《资治通鉴·唐纪·唐玄宗天宝十载》:"上闻后宫欢笑,问其故,左右以贵妃三日洗禄儿对。上自往观之,喜,赐贵妃洗儿金银钱。"元·白朴《梧桐雨·楔子》:"是贵妃娘娘与安禄山做洗儿会哩。"唐玄宗时,杨贵妃收安禄山为义子,于后宫举行"洗儿"仪式,唐玄宗特为之赐"洗儿钱"。野史小说则附会安禄山与杨贵妃有染。

⑭非类相从,不如鹑(chún)鹊:语本《诗经·鄘风·鹑之奔奔》:"鹑之奔奔,鹊之彊彊。人之无良,我以为兄。鹊之彊彊,鹑之奔奔。人之无良,我以为君。"毛序:"《鹑之奔奔》,刺卫宣姜也。卫人以为宣姜鹑鹊之不若也。刺宣姜者,刺其与公子顽为淫乱行,不如禽鸟。"郑笺:"奔奔、彊彊,言其居有常匹,飞则相随之貌。

刺宣姜与顽非匹偶。"春秋时期,卫国公子顽与主母宣姜私通,卫
人作"鹑之奔奔"之诗,讥刺公子顽、宣姜不如禽鸟。鹑鹊,一种
鸟,据说雌雄相守,非常忠诚。

⑮ 父子同牝(pìn),谓之聚麀(yōu):语本《礼记·曲礼上》:"夫唯
禽兽无礼,故父子聚麀。"东汉·郑玄注:"聚,犹共也。鹿牝曰
'麀'。"禽兽不知父子夫妇之伦,故有父子共牝之事。后以"聚
麀"指两代的乱伦行为。唐·骆宾王《代李敬业传檄天下文》:
"伪临朝武氏者,人非温顺,地实寒微。昔充太宗下陈,尝以更衣
入侍。泊乎晚节,秽乱春宫。密隐先帝之私,阴图后庭之嬖。入
门见嫉,蛾眉不肯让人;掩袖工谗,狐媚偏能惑主。践元后于翚
翟,陷吾君于聚麀。"父子同牝,喻父子共享一女。牝,指雌兽。
聚麀,喻指父子共享一女。麀,母鹿。

⑯ 烝(zhēng):指晚辈和长辈通奸。《左传·桓公十六年》:"初,卫宣
公烝于夷姜,生急子。"晋·杜预注:"夷姜,宣公之庶母也。上淫
曰'烝'。"

⑰ 野合:谓男女私通,不合礼仪。《新五代史·梁家人传·朱友珪》:
"庶人友珪者,太祖初镇宣武,略地宋、亳间,与逆旅妇人野合而生
也。"奸伦:非夫妇关系而通奸。

⑱ 乱:此处特指淫乱。

⑲ 淑慝(tè):善恶。《尚书·毕命》:"旌别淑慝,表厥宅里。"西汉·孔
安国传:"言当识别顽民之善恶,表异其居里。"《旧唐书·懿宗
纪》:"凡合诛锄,审分淑慝,无令胁从横死,元恶偷生。"

⑳ 法戒:楷式和鉴戒。亦可用作动词。《汉书·刘向传》:"数上疏言
得失,陈法戒。"

㉑ 激扬:"激浊扬清"的省称,亦作"扬清激浊"。语出《尸子·君
治》:"水有四德,……扬清激浊,荡去滓秽,义也。"本指冲去污
水,浮起清水,后用以喻斥恶奖善。三国魏·刘劭《人物志·利

害》：“其功足以激浊扬清，师范僚友。”《旧唐书·王珪传》：“至如
激浊扬清，嫉恶好善，臣于数子，亦有一日之长。”

【译文】

李义府表面柔顺却生性阴险，残害别人，人们称他“笑里藏刀”；李
林甫生性奸诈却构陷他人，世人称他“口蜜腹剑”。

代人做事，叫“代庖”；替人策划，叫“借箸”。

形容将事情看得极其真切，说“明若观火”；比喻轻而易举地战胜敌
人，说“势若摧枯”。

汉武帝有太多私欲却偏要做出一副仁义样，蔺相如将国难放在私仇
之前。

“卧榻之侧，岂容他人鼾睡”，这是宋太祖灭南唐说的话；“一统之世，
真是胡越一家”，这是贞观年间太上皇李渊说的话。

至于暴秦，吕姓取代了嬴姓，嬴秦在庄襄王手中就已灭亡；话说弱
晋，牛姓取代了司马氏，司马氏的晋国早在西晋怀帝、愍帝的时候就已经
灭亡。

韦后与武三思玩双陆游戏，唐中宗在一旁点筹码，丑闻千年流传；杨
贵妃给安禄山办洗儿礼，唐明皇赏赐洗儿钱，丑事遗臭万代。

不伦不类，却配在一起，这样的人真是不如“鹁鸪”；父子共享一女
的乱伦行为，称为“聚麀”。

晚辈奸淫上辈，叫作“烝”；男女私通乱伦，称为“乱”。

邪恶与善良从来便不同路，全在于后人去邪从正；世上清浊品性不
同，全靠我辈激浊清扬。

饮食

【题解】

本篇27联，讲的都是和饮食有关的成语典故。

甘脆肥酿,命曰腐肠之药^①;羹藜含糗,难语太牢之滋^②。

御食曰珍馐^③,白米曰玉粒^④。

好酒,曰青州从事;次酒,曰平原督邮^⑤。

鲁酒、茅柴^⑥,皆为薄酒^⑦;龙团、雀舌^⑧,尽是香茗^⑨。

待人礼衰,曰醴酒不设^⑩;款客甚薄^⑪,曰脱粟相留^⑫。

竹叶青、状元红^⑬,俱为美酒;葡萄绿、珍珠红^⑭,悉是香醪^⑮。

【注释】

① 甘脆肥酿(nóng),命曰腐肠之药:语本《文选·枚乘〈七发〉》:"甘脆肥脓,命曰'腐肠之药'。"唐·李善注:"《吕氏春秋》曰:肥肉厚酒,务以相强,命曰'烂肠之食'。东汉·高诱注《老子》云:五味入口爽伤,故谓之'烂肠之食'。《广雅》曰:'脆,弱也。……脓,厚之味也。'"甘脆肥酿,分指甘甜、松脆、肥美、醇厚的饮食。四字合用,泛指各种美酒佳肴,也写作"肥脓甘脆"。语出《淮南子·主术训》:"肥酿甘脆,非不美也。然民有糟糠菽粟不接于口者,则明主弗甘也。"命曰,称为,称作。

② 羹藜含糗(qiǔ),难语太牢之滋:语本《文选·王褒〈圣主得贤臣颂〉》:"羹藜唅糗者,不足与论太牢之滋味。"唐·李周翰注:"藜,野菜;唅,食也。"唐·李善注:"服虔曰:唅,音含。糗,干食也。"羹藜唅糗,亦作"羹藜含糗"。隋·王通《中说·王道》:"越公以《食经》遗子,子不受,曰:'羹藜含糗,无所用也。'"太牢之滋,指世间的至尊美味。古代祭祀,牛、羊、豕三牲具备谓之"太牢"。《庄子·至乐》:"具太牢以为膳。"唐·成玄英疏:"太牢,牛羊豕也。"亦有专指牛为太牢者。《大戴礼记·曾子天圆》:"诸侯之祭,牛曰'太牢'。"

③御食：又称"御膳"，指帝王享用的饮食。《后汉书·灵帝纪》："诏减太官珍羞，御食一肉。"《北齐书·邢邵传》："太昌初，敕令恒直内省，给御食。"珍馐（xiū）：珍奇名贵的食物。馐，美味的食物。亦作"珍羞"。东汉·张衡《南都赋》："珍羞琅玕，充溢圆方。"《周礼·天官·膳夫》："膳夫掌王之食饮、膳羞，以养王及后、世子。凡王之馈，食用六谷，膳用六牲，饮用六清，羞用百有二十品，珍用八物，酱用百有二十瓮。"东汉·郑玄注："羞，出于牲及禽兽，以备滋味，谓之'庶羞'。《公食大夫礼》《内则》下大夫十六，上大夫二十，其物数备焉。天子诸侯有其数，而物未得尽闻。珍谓淳熬、淳母、炮豚、炮牂、捣珍、渍、熬、肝膋也。"明·陶宗仪《辍耕录·续演雅发挥》："所谓八珍，则醍醐、麙沆、野驼蹄、鹿唇、驼乳麋、天鹅炙、紫玉浆、玄玉浆也。"俗以龙肝、凤髓、豹胎、鲤尾、鸮炙、猩唇、熊掌、酥酪蝉为"八珍"。

④玉粒：用以比喻光亮圆润的米、粟颗粒。代指白米。南朝梁·简文帝《〈昭明太子集〉序》："发私藏之铜凫，散垣下之玉粒。……受惠之家、飡恩之士咸谓栎阳之金自空而坠，南阳之粟自野而生。"唐·杜甫《茅堂检校收稻》诗之一："红鲜终日有，玉粒未吾悭。"《初学记（卷二十七）·草部·五谷》引晋·王嘉《拾遗记》曰："东极之东，有琼脂粟。言质白如玉，柔滑如膏，食之尽寿不病。又曰：员峤之山名环丘，上有方湖千里，多大鹤，高一丈，群飞于湖际，衔采不周之粟于环丘之上。粟生穗，高五丈，其粒皎然如玉也。"旧注引《博物志》："归州有米田，屈原耕此，产白米似玉。"按，今检传世本《博物志》，无此条。不知旧注何据。称米为玉粒，典或出于《战国策·楚策三》："苏秦之楚，三月乃得见乎王。谈卒，辞而行。楚王曰：'寡人闻先生，若闻古人。今先生乃不远千里而临寡人，曾不肯留，愿闻其说。'对曰：'楚国之食贵于玉，薪贵于桂，谒者难得见如鬼，王难得见如天帝。今令臣食玉炊桂，

因鬼见帝。'"后以"桂薪玉粒"指柴米昂贵。

⑤"好酒"四句：语本《世说新语·术解》："桓公有主簿善别酒，有酒辄令先尝。好者谓'青州从事'，恶者谓'平原督邮'。青州有齐郡，平原有鬲县。'从事'言'到脐'，'督邮'言在'鬲上住'。"东晋桓温手下有个主簿善于品酒，他把好酒叫作"青州从事"，因为他认为好酒的酒力能直达脐部，而青州有齐郡，前往青州齐郡担任从事（从事为职官名），也即"到齐"，正好谐音"到脐"（古"齐""脐"音同），因以"青州从事"代指好酒。又将劣酒叫作"平原督邮"，因为他认为次酒的酒力只能止于胸腹之间的膈（gé）部，而平原郡有鬲（gé）县，在平原担任督邮（督邮也是职官名），也即"鬲上住"（在鬲县驻留），恰好谐音"膈上住"（酒力仅止于膈上），因以"平原督邮"代指劣酒。

⑥鲁酒：语出《庄子·胠箧》："故曰：唇竭则齿寒，鲁酒薄而邯郸围，圣人生而大盗起。"鲁国出产的酒。味淡薄。后作为薄酒、淡酒的代称。唐·陆德明释文："许慎注《淮南》云：'楚会诸侯，鲁、赵俱献酒于楚王，鲁酒薄而赵酒厚。楚之主酒吏求酒于赵，赵不与。吏怒，乃以赵厚酒易鲁薄酒奏之。楚王以赵酒薄，故围邯郸也。'"《淮南子·缪称训》："鲁酒薄而邯郸围，羊羹不斟而宋国危。"茅柴：劣质酒的代称。明·冯时化《酒史·酒品》："茅柴酒：恶酒曰'茅柴'。"清·赵翼《陔馀丛考·茅柴酒》："酒之劣者，俗谓之'茅柴酒'。此语盖亦起于宋时。东坡诗：'几思压茅柴，禁网日夜急。'《学斋占毕》引李白'金樽美酒斗十千'，杜甫诗'速来相就饮一斗，恰有三百青铜钱'之句，以为酒价何太相悬如此，想是老杜不择饮，而醉村店中压茅柴耳。又苏叔党诗：'茅柴一杯酒，相对奈愁何。'刘后村诗：'茅柴且酌兄。'是'茅柴酒'宋人已用之于诗文矣。然曰'压茅柴'，盖酒之新酿，用茅柴压而榨之耳。"

⑦薄酒：寡淡无味的酒。

⑧龙团：宋代贡茶名。圆饼状，上有龙纹，故称。亦名"小团龙"。
"龙团"之外，另有"凤团"。宋人文献，多有记载。宋·苏轼《荔
支叹》诗"君不见武夷溪边粟粒芽，前丁后蔡相笼加"，自注："大、
小龙茶始于丁晋公，而成于蔡君谟。欧阳永叔闻君谟进小龙团，
惊叹曰：'君谟士人也，何至作此事耶！'"宋·叶梦得《石林燕语》
卷八："仁宗时，蔡君谟……择茶之精者，为小龙团十斤以献。"
宋·张舜民《画墁录》卷一："先丁晋公为福建转运使，始制为凤
团，后又为龙团，贡不过四十饼，专拟上供，虽近臣之家，徒闻之而
未尝见也。"宋·欧阳修《归田录》卷二："茶之品，莫贵于龙凤，
谓之'团茶'，凡八饼重一斤。庆历中蔡君谟为福建路转运使，始
造小片龙茶以进，其品绝精，谓之'小团'，凡二十饼重一斤，其价
直金二两。……宫人往往镂金花于其上，盖其贵重如此。"宋·王
阐之《渑水燕谈录·事志》："建茶盛于江南，近岁制作尤精，龙凤
团茶最为上品，一斤八饼。庆历中，蔡君谟为福建运使，始造小团
以充岁贡，一斤二十饼，所谓上品龙茶者也。仁宗尤所珍惜，虽宰
臣未尝辄赐，惟郊礼致斋之夕，两府各四人，共赐一饼。宫人翦金
为龙凤花贴其上，八人分蓄之，以为奇玩，不敢自试，有嘉客，出而
传玩。"亦省称"龙凤"。宋徽宗《〈大观茶论〉序》："本朝之兴，
岁修建溪之贡，龙团凤饼名冠天下，婺源之品亦自此盛。"清·梁
章钜《归田琐记·品泉》："然所谓龙团凤饼，皆须碾碎，方可入
饮，非惟烦琐弗便，即茶之真味恐亦无存。"雀舌：以尖细如雀舌
的嫩芽焙制的上等茶。唐·刘禹锡《病中一二禅客见问因以谢
之》诗："添炉烹雀舌，洒水净龙须。"宋·沈括《梦溪笔谈·杂志
一》："茶芽，古人谓之'雀舌''麦颗'，言其至嫩也。"明·汪廷讷
《种玉记·拂券》："玉壶烹雀舌，金碗注龙团。"

⑨茗：茶。

⑩待人礼衰，曰醴酒不设：语本《汉书·楚元王传》："初，元王敬礼

申公等,穆生不耆酒,元王每置酒,常为穆生设醴。及王戊即位,常设,后忘设焉。穆生退曰:'可以逝矣!醴酒不设,王之意怠,不去,楚人将钳我于市。'"西汉初年,楚元王刘交礼待大儒,穆生不喜喝酒,特为准备甜酒。到楚元王孙刘戊为王时期,有一次忘了备甜酒,穆生说我可以走了,楚王对我已有怠慢之意。后遂以"醴酒不设"比喻对人的礼敬渐渐减弱。醴酒,甜酒。

⑪款客甚薄:招待客人很不周到。款,款待。薄,疏忽简单。

⑫脱粟:只去谷皮、不加精制的糙米。泛指粗粮。《晏子春秋·内篇杂下》:"晏子相齐,衣十升之布,食脱粟之食。"《史记·平津侯主父列传》:"食一肉脱粟之饭。"唐·司马贞索隐:"脱粟,才脱谷而已,言不精凿也。"

⑬竹叶青:又称"竹叶清",古代酒名。旧注:"苍梧之地,酿酒杂以竹叶,极清洁,故名竹叶青。"其历史可以追溯到南北朝时期。后代诗文常用以代指名酒、美酒。晋·张华《轻薄篇》:"苍梧竹叶清,宜城九酝醴。"宋·苏轼《竹叶酒》:"楚人汲汉水,酿酒古宜城。春风吹酒熟,犹似汉江清。耆旧人何在,丘坟应已平。惟余竹叶在,留此千古情。"宋·邹浩《简君瑞觅竹叶清》:"通道三杯如李白,解酲五斗似刘伶。尔来心渴鸭头绿,应许唇沾竹叶青。"状元红:酒名。主产于浙江绍兴一带的一种糯米酿制的上等黄酒,历史可以追溯到明代。也用以代指各种好酒。明·汤显祖《牡丹亭·如杭》:"这酒便是状元红了。"明·陆人龙《型世言》(第三回):"他积祖在阊门外桥边,开一个大酒坊,做造上京三白、状元红、莲花白,各色酒浆。"

⑭葡萄绿:葡萄可酿酒,味美。古诗文中常以葡萄或以葡萄构词代指美酒。《史记·大宛列传》:"(大宛)去汉可万里,……有蒲陶酒。"晋·张华《博物志》卷五:"西域有蒲萄酒,积年不败。彼俗云:可至十年饮之,醉弥月乃解。"唐·李白《杂歌谣辞·襄阳

歌》："遥看汉水鸭头绿，恰似葡萄初酦醅。此江若变作春酒，垒麴便筑糟丘台。"宋·乐史《访白陂陈处士·其二》："更泻葡萄绿，千杯沃倒愁。"明·王薛《题屿南林遵性学圃轩》："家人解压葡萄绿，寂寂林扉绝四邻。"珍珠红：酒名。历史可以上溯到唐代。在古诗文中多用以泛称各类名酒佳酿。《大宋宣和遗事》（前集）引唐·李贺《将进酒》诗："琉璃钟，琥珀浓，小槽酒滴珍珠红。"（今本李贺诗作"真珠红"。）宋·蔡绦《西清诗话·红曲酒》："李贺云：'酒滴珍珠红。'夏彦刚云：'江南人造红曲酒。'"金·元好问《饮酒》："椰瓢朝倾荔支绿，螺杯暮卷珍珠红。"

⑮香醪（láo）：美酒。唐·杜甫《崔驸马山亭宴集》诗："清秋多宴会，终日困香醪。"醪，本指汁滓混合的浊酒，后亦作为酒的泛称。

【译文】

甘甜酥脆肥美醇浓的美味，应当叫"腐肠之药"；整天吃粗粮野菜裹腹的人，你没法和他形容"太牢"的美味。

皇帝吃的食物，叫"珍馐"；精制白米，又称"玉粒"。

好酒，可以叫作"青州从事"；次等的酒，不妨戏称"平原督邮"。

"鲁酒""茅柴"，都是劣酒的代称；"龙团""雀舌"，全是香茶的美名。

待人礼节逐渐怠慢，称"醴酒不设"；待客饮食十分简单，称"脱粟相留"。

"竹叶青""状元红"，同为美酒；"葡萄绿""珍珠红"，都是佳酿。

五斗解酲，刘伶独溺于酒①；两腋生风，卢仝偏嗜乎茶②。
茶曰酪奴③，又曰瑞草④；米曰白粲⑤，又曰长腰⑥。
太羹、玄酒⑦，亦可荐馨⑧；尘饭、涂羹，焉能充饿⑨。
酒系杜康所造⑩，腐乃淮南所为⑪。
僧谓鱼曰水梭花，僧谓鸡曰穿篱菜⑫。

临渊羡鱼，不如退而结网⑬；扬汤止沸，不如去火抽薪⑭。
羹酒自劳，田家之乐⑮；含哺鼓腹，盛世之风⑯。

【注释】

①五斗解酲（chéng），刘伶独溺于酒：语本《世说新语·任诞》："刘
　伶病酒，渴甚，从妇求酒，妇捐酒毁器，涕泣谏曰：'君饮太过，非
　摄生之道，必宜断之。'伶曰：'甚善！吾不能自禁，唯当祝鬼神自
　誓断之耳。便可具酒肉。'妇曰：'敬闻命。'供酒肉于神前，请伶
　祝誓。伶跪而祝曰：'天生刘伶，以酒为名。一饮一斛，五斗解酲。
　妇人之言，慎不可听。'便引酒进肉，隗然已醉矣。"南朝梁·刘孝
　标注："《毛公注》曰：'酒病曰酲。'"五斗解酲，是刘伶对妻子的
　戏言，谓大量饮酒才能解除酒病。酲，指病酒，酒后神志不清。刘
　伶，字伯伦，生卒年不详，沛国（今安徽淮北）人。魏晋之际名士，
　竹林七贤之一。魏末曾官建威参军。酷爱喝酒，肆意放荡，蔑视
　礼法，崇尚无为。后世常常用他的名字代指嗜酒旷逸之人。《晋
　书·刘伶传》："刘伶，字伯伦，沛国人也。身长六尺，容貌甚陋。
　放情肆志，常以细宇宙齐万物为心。澹默少言，不妄交游，与阮
　籍、嵇康相遇，欣然神解，携手入林。初不以家产有无介意。常乘
　鹿车，携一壶酒，使人荷锸而随之，谓曰：'死便埋我。'其遗形骸
　如此。尝渴甚，求酒于其妻。妻捐酒毁器，涕泣谏曰：'君酒太过，
　非摄生之道，必宜断之。'伶曰：'善！吾不能自禁，惟当祝鬼神自
　誓耳。便可具酒肉。'妻从之。伶跪祝曰：'天生刘伶，以酒为名。
　一饮一斛，五斗解酲。妇儿之言，慎不可听。'仍引酒御肉，隗然
　复醉。"

②两腋生风，卢仝（tóng）偏嗜乎茶：语本唐·卢仝《走笔谢孟谏议
　寄新茶》诗："一碗喉吻润，两碗破孤闷。三碗搜枯肠，唯有文字
　五千卷。四碗发轻汗，平生不平事，尽向毛孔散。五碗肌骨清。

六碗通仙灵。七碗吃不得也，唯觉两腋习习清风生。蓬莱山，在何处？玉川子，乘此清风欲归去。"两腋生风，有清风生于腋下，似乎可以乘风羽化登仙，比喻饮茶到了一种如仙似幻的境界。卢仝（796？—835），唐济源（今属河南）人，祖籍范阳（今河北涿州）。初隐少室山，自号玉川子。元和年间移居洛阳。时韩愈为河南令，厚遇之。卢仝尝作《月蚀诗》以刺时政，为韩愈所称。好饮茶，为《茶歌》，句多奇警。唐文宗大和九年（835），甘露之祸起，宦官追捕宰相王涯，卢仝适与诸客会食王涯馆中，且留宿，被误杀。有《玉川子诗集》。

③酪（lào）奴：语出北魏·杨衒之《洛阳伽蓝记·正觉寺》："肃与高祖殿会，食羊肉酪粥甚多。高祖怪之，谓肃曰：'卿，中国之味也。羊肉何如鱼羹？茗饮何如酪浆？'肃对曰：'羊者，是陆产之最；鱼者，乃水族之长。所好不同，并各称珍。以味言之，甚是优劣。羊比齐、鲁大邦，鱼比邾、莒小国。唯茗不中，与酪作奴。……'彭城王谓肃曰：'卿不重齐、鲁大邦，而爱邾、莒小国。'肃对曰：'乡曲所美，不得不好。'彭城王重谓曰：'卿明日顾我，为卿设邾、莒之食，亦有酪奴。'因此复号茗饮为酪奴。"南齐人王肃（字恭懿）因父兄为齐武帝所杀，乃奔魏，甚得北魏孝文帝元宏器重。孝文帝问王肃南北饮食口味差异，王肃说茶好比酪奴。彭城王元勰宴请王肃，专门准备南方口味的饭菜，还加一句"亦有酪奴"，意即备有茶。后世遂称茶为"酪奴"。酪，奶酪，以牛羊乳汁制成的饮品。

④瑞草："瑞草魁"的省称，亦是茶的别名。语本唐·杜牧《题茶山》诗："山实东吴秀，茶称'瑞草魁'。"宋·孙奕《履斋示儿编·杂记·人物异名》："茗曰'酪奴''瑞草魁'。"

⑤白粲（càn）：本为秦汉时的一种刑罚，令罪人选精米以供祭祀，施于高级官员命妇及其后裔中的女子犯罪者。《汉书·惠帝纪》："上造以上及内外公孙、耳孙有罪当刑及当为城旦舂者，皆耐为

鬼薪白粲。"唐·颜师古注引东汉·应劭曰："坐择米使正白为白粲。"《后汉书·章帝纪》："系囚鬼薪、白粲已上,皆减本罪各一等。"唐·李贤注："男子为鬼薪,取薪以给宗庙。女子为白粲,使择米白粲粲然。"后遂用指白米。《宋书·孝义传·何子平》："扬州辟从事史,月俸得白米,辄货市粟麦。人或问曰:'所利无几,何足为烦?'子平曰:'尊老在东,不办常得生米,何心独飨白粲。'"宋·苏轼《送江公著知吉州》诗："白粲连樯一万艘,红妆执乐三千指。"

⑥长腰:亦称"长腰枪",稻米的品名。宋·苏轼《和文与可洋川园池》之十二:"劝君多拣长腰米,消破亭中万斛泉。"宋·赵次公注:"长腰米,汉上米之绝好者。"唐·李贺《始为奉礼忆昌谷山居》"长枪江米熟",清·姚文燮集注:"汉上呼米为长腰枪。"亦省称"长腰"。宋·范成大《劳畬耕》诗:"吴田黑壤腴,吴米玉粒鲜。长腰瓠犀瘦,齐头珠颗圆。"自注:"长腰米狭长,亦名'箭子',齐头白圆净如珠,……皆吴中米品也。"

⑦太羹:通常写作"大羹"。不和五味的肉汁,用以祭祀。《周礼·天官·亨人》:"祭祀,共大羹、铏羹。"东汉·郑玄注:"大羹,肉湆。郑司农云:'大羹,不致五味也。'"《礼记·乐记》:"大飨之礼,尚玄酒而俎腥鱼,大羹不和,有遗味者矣。"东汉·郑玄注:"大羹,肉湆(qì,肉汁),不调以盐菜。"玄酒:古代祭礼中当酒用的清水。《礼记·礼运》:"故玄酒在室,醴醆在户。"唐·孔颖达疏:"玄酒,谓水也。以其色黑,谓之'玄'。而太古无酒,此水当酒,故谓之'玄酒'。"

⑧荐馨(xīn):献祭。荐,献。馨,祭品的香味。

⑨尘饭、涂羹,焉能充饿:语本《韩非子·外储说左上》:"夫婴儿相与戏也,以尘为饭,以涂为羹,以木为胾,然至日晚必归饷者,尘饭涂羹可以戏而不可食也。"尘饭、涂羹,儿童嬉戏,以土做饭,以泥

做羹,比喻以假当真或无足轻重的事物。涂,烂泥。

⑩杜康:传说中最早造酒的人。《尚书·酒诰》:"惟天降命,肇我民惟元祀。"唐·孔颖达疏引东汉·应劭《世本》:"杜康造酒。"《文选·魏武帝(曹操)〈短歌行〉》:"何以解忧,唯有杜康。"唐·李善注引晋·张华《博物志》:"杜康作酒。"

⑪腐:豆腐。淮南:指西汉淮南王刘安(前179—前122)。相传他是豆腐的发明者。明·李时珍《本草纲目·豆腐》:"豆腐之法,始于汉淮南王刘安。凡黑豆、黄豆及白豆、泥豆、豌豆、绿豆之类,皆可为之。"然,"豆腐"似始见于宋人文献,颇疑唐、五代前并无此物。

⑫僧谓鱼曰水梭花,僧谓鸡曰穿篱菜:语本宋·苏轼《东坡志林》卷二:"僧谓酒为'般若汤',谓鱼为'水梭花',鸡为'钻篱菜',竟无所益,但自欺而已。世常笑之,人有为不义而文之以美名者,与此何异哉!"水梭花,僧人对鱼的隐称。僧人素食,讳言荤腥之名,因鱼往来水中,形似穿梭,故称。穿篱菜,亦作"钻篱菜"。僧人对鸡的隐称。僧人素食,讳言荤腥之名,因鸡善于穿篱而过,故称。

⑬临渊羡鱼,不如退而结网:广为汉人引用,当为古代俗语。比喻空有愿望,而无实际行动。《淮南子·说林训》:"临河而羡鱼,不如归家织网。"东汉·高诱:"羡,愿也。"《汉书·董仲舒传》暨《汉书·礼乐志》载董仲舒对策:"古人有言曰:'临渊羡鱼,不如退而结网。'今临政而愿治七十余岁矣,不如退而更化;更化则可善治,善治则灾害日去,福禄日来。"西汉·扬雄《河东赋》:"雄以为临川羡鱼,不如归而结网。"

⑭扬汤止沸,不如去火抽薪:广为秦汉人引用,当为古代俗语。把烧开的水舀出来再倒回去,是不能使它凉下来不沸腾的;要想让烧开的水不沸腾,只能是抽掉柴火以断绝火源。比喻处理问题,不能只治标而不治本。西汉·枚乘《上书谏吴王》:"欲汤之沧,一

人炊之，百人扬之，无益也；不如绝薪止火而已。"《后汉书·董卓传》："卓得召，即时就道。并上书曰：'中常侍张让等窃幸承宠，浊乱海内。臣闻："扬汤止沸，莫若去薪；溃痈虽痛，胜于内食。"昔赵鞅兴晋阳之甲，以逐君侧之恶人。今臣辄鸣钟鼓如洛阳，请收让等，以清奸秽。'"而在"扬汤止沸"之先，已有"以汤止沸"。《吕氏春秋·季春纪·尽数》："夫以汤止沸，沸愈不止，去其火则止矣。"《淮南子·精神训》："故以汤止沸，沸乃不止，诚知其本，则去火而已矣。"

⑮ 羔酒自劳，田家之乐：语本西汉·杨恽《报孙会宗书》："田家作苦，岁时伏腊，烹羊炰羔，斗酒自劳。"羔酒自劳，宰羊饮酒来慰劳自己。劳，慰劳，犒劳。田家，农户，农民。

⑯ 含哺（bǔ）鼓腹，盛世之风：语本《庄子·马蹄》："夫赫胥氏之时，民居不知所为，行不知所之，含哺而熙，鼓腹而游，民能以此矣。"唐·成玄英疏："赫胥，上古帝王也；亦言有赫然之德，使民胥附，故曰'赫胥'，盖炎帝也。夫行道之时，无为之世，心绝缘虑，安居而无所为；率性而动，游行而无所往。既而含哺而熙戏，与婴儿而不殊；鼓腹而遨游，将童子而无别。此至淳之世，民能如此也。"含哺鼓腹，含着食物，鼓起肚子，形容太平时代无忧无虑的生活。哺，含在口里的食物。

【译文】

声称要再喝五斗才能解酒，刘伶一味沉溺饮酒到如此地步；两腋习习生风，嗜茶的卢仝喝七碗后竟产生这样的幻觉。

茶别称"酪奴"，也叫"瑞草"；米别称"白粲"，又称"长腰"。

"太羹"和"玄酒"，均可用于祭祀；"尘饭""涂羹"，怎能饱肚充饥？

酒是杜康最早酿造，豆腐由淮南王首先发明。

馋嘴和尚戏称鱼为"水梭花"，又把鸡叫作"穿篱菜"。

与其趴在水边看着鱼儿流口水，不如回去编织渔网；舀动开水指望它不再沸腾冒泡,不如直接抽走柴火。

宰羊饮酒,慰劳自己,是农家生活的乐趣;口含食物,拍着肚子四处游逛,是太平盛世的景象。

> 人贪食,曰徒哺啜①;食不敬,曰嗟来食②。
>
> 多食不厌,谓之饕餮之徒③;见食垂涎,谓有欲炙之色④。
>
> 未获同食,曰向隅⑤;谢人赐食,曰饱德⑥。
>
> 安步可以当车,晚食可以当肉⑦。
>
> 饮食贫难,曰半菽不饱⑧;厚恩图报,曰每饭不忘⑨。
>
> 谢扰人,曰兵厨之扰⑩;谦待薄,曰草具之陈⑪。
>
> 白饭青刍,待仆马之厚⑫;炊金馔玉⑬,谢款客之隆。

【注释】

① 徒哺(bǔ)啜(zhuì):语出《孟子·离娄上》:"孟子谓乐正子曰:'子之从于子敖来,徒哺啜也。'"朱子集注:"哺,食也;啜,饮也。言其不择所从,但求食耳。"只图吃喝,犹今言"大吃货"。哺,同"哺",吃。啜,与"啜"同义,饮,喝。

② 食不敬,嗟(jiè)来食:语出《礼记·檀弓下》:"齐大饥,黔敖为食于路,以待饿者而食之。有饿者蒙袂辑屦,贸贸然来。黔敖左奉食,右执饮,曰:'嗟!来食。'扬其目而视之曰:'予唯不食嗟来之食,以至于斯也!'从而谢焉,终不食而死。"原指悯人饥饿,呼其来食,后多指侮辱性的施舍。嗟,不礼貌的招呼声,相当于现在的叹词"喂"。

③ 多食不厌,谓之饕餮(tāo tiè)之徒:语本《左传·文公十八年》:"缙云氏有不才子,贪于饮食,冒于货贿,侵欲崇侈,不可盈厌,聚敛积实,不知纪极,不分孤寡,不恤穷匮,天下之民以比三凶,谓

之'饕餮'。"暨《史记·五帝本纪》:"缙云氏有不才子,贪于饮食,冒于货贿,天下谓之'饕餮'。"不厌,不满足。饕餮之徒,贪婪贪吃的人。

④见食垂涎,谓有欲炙之色:语本《晋书·顾荣传》:"会赵王伦诛淮南王允,收允僚属付廷尉,皆欲诛之,荣平心处当,多所全宥。及伦篡位,伦子虔为大将军,以荣为长史。初,荣与同僚宴饮,见执炙者貌状不凡,有欲炙之色,荣割炙啖之。坐者问其故,荣曰:'岂有终日执之而不知其味!'及伦败,荣被执,将诛,而执炙者为督率,遂救之,得免。"西晋顾荣与同僚宴饮,看见烤肉的人想吃肉,就送了一份他吃。垂涎,流口水。炙,烤肉。

⑤未获同食,日向隅:语本西汉·刘向《说苑·贵德》:"故圣人之于天下也,譬犹一堂之上也。今有满堂饮酒者,有一人独索然向隅而泣,则一堂之人皆不乐矣。"向隅,面壁,对着墙角。后遂以比喻孤独失意或不得机遇而失望。

⑥饱德:饱受德惠。《诗经·大雅·既醉》:"既醉以酒,既饱以德。君子万年,介尔景福。"朱子集传:"此父兄所以答《行苇》之诗。言享其饮食恩意之厚,而愿其受福如此也。"《礼记·坊记》:"子云:'敬则用祭器。故君子不以菲废礼,不以美没礼。故食礼,主人亲馈,则客祭,主人不亲馈,则客不祭。故君子苟无礼,虽美不食焉。《易》曰:"东邻杀牛,不如西邻之禴祭,实受其福。"《诗》云:"既醉以酒,既饱以德。"以此示民,民犹争利而忘义。'"

⑦安步可以当车,晚食可以当肉:语本《战国策·齐策四》:"颜斶辞去,曰:'夫玉生于山,制则破焉;非弗宝贵矣,然夫璞不完。士生乎鄙野,推选则禄焉;非不得尊遂也,然而形神不全。斶愿得归,晚食以当肉,安步以当车,无罪以当贵,清静贞正以自虞。制言者,王也;尽忠直言者,斶也。言要道已备矣,愿得赐归,安行而反臣之邑屋!'则再拜而辞去也。"战国时,齐宣王邀请高士颜斶出

仕做官，颜阗回绝说："我吃饭晚些相当于吃肉（因为胃口更好），从容步行就当是乘车，不犯法相当于身份高贵，内心清静忠贞自娱自安。"

⑧饮食贫难，曰半菽（shū）不饱：语本《汉书·项籍传》："今岁饥民贫，卒食半菽，军无见粮。"唐·颜师古注："孟康曰：'半，五升器名也。'臣瓒曰：'士卒食蔬菜以菽杂半之。'瓒说是也。'菽'谓豆也。"《史记·项羽本纪》作"今岁饥民贫，士卒食芋菽，军无见粮"。南朝宋·裴骃集解引晋·徐广云："芋，一作'半'。"半菽，谓半菜半粮，饭食粗劣。菽，豆。

⑨每饭不忘：语出《史记·张释之冯唐列传》："文帝曰：'吾居代时，吾尚食监高袪数为我言赵将李齐之贤，战于钜鹿下。今吾每饭，意未尝不在钜鹿也。'"吃饭时都没有忘记，形容时刻不忘。

⑩谢扰人，曰兵厨之扰：语本《三国志·魏书·阮籍传》："瑀子籍，才藻艳逸，而倜傥放荡，行己寡欲，以庄周为模则。官至步兵校尉。"南朝宋·裴松之注引《魏氏春秋》曰："籍旷达不羁，不拘礼俗。性至孝，居丧虽不率常检，而毁几至灭性。兖州刺史王昶请与相见，终日不得与言，昶叹赏之，自以不能测也。太尉蒋济闻而辟之，后为尚书郎、曹爽参军，以疾归田里。岁余，爽诛，太傅及大将军乃以为从事中郎。后朝论以其名高，欲显崇之，籍以世多故，禄仕而已，闻步兵校尉缺，厨多美酒，营人善酿酒，求为校尉，遂纵酒昏酣，遗落世事。"暨《世说新语·任诞》："步兵校尉缺，厨中有贮酒数百斛，阮籍乃求为步兵校尉。"晋代阮籍嗜酒，听说步兵校尉厨中藏了很多美酒，就申请做步兵校尉。兵厨，步兵校尉之厨的简称。

⑪草具：指粗劣的饭食。《战国策·齐策四》："左右以君贱之也，食以草具。"《史记·范雎蔡泽列传》："秦王弗信，使舍食草具，待命岁余。"唐·司马贞索隐："谓亦舍之，而食以下客之具，然草具，

谓粗食草莱之馔具。"《史记·陈丞相世家》："汉王为太牢具，举进。见楚使，即佯惊曰：'吾以为亚父使，乃项王使。'复持去，更以恶草具进楚使。"

⑫白饭青刍，待仆马之厚：语本唐·杜甫《入奏行赠西山检察使窦侍御》诗："江花未落还成都，肯访浣花老翁无。为君酤（一作"酤"）酒满眼酤，与奴白饭马青刍。"以白米饭款待仆人，以新鲜青草喂马，比喻待客周到。青刍，新鲜草料。

⑬炊金馔（zhuàn）玉：又作"馔玉炊金"。语本《战国策·楚策三》："楚国之食贵于玉，薪贵于桂。"指食品贵如玉，燃料贵似金。原形容物价昂贵，生活艰难；后形容生活奢华。此处比喻饮食珍贵豪奢，待客热情。唐·骆宾王《帝京篇》："平台戚里带崇墉，炊金馔玉待鸣钟。"清·洪昇《长生殿·献饭》："寻常进御大官，馔玉炊金，食前方丈，珍羞百味，犹兀自嫌他调和无当。"此句，李光明庄本作"炊金爨玉"，据《战国策》及他本改。

【译文】

贪食的人绰号"徒铺馁"；给人东西吃但语气轻蔑侮辱，叫"嗟来食"。

贪食而不知足的人，叫"饕餮之徒"；看见食物流口水，称有"欲炙之色"。

未能同桌吃饭而独自面壁，称为"向隅"；感谢别人馈赠食物，客气说法是"饱德"。

从容步行，可以代替乘车；晚些吃饭，效果如同吃肉。

家境贫困，难得吃饱，称为"半菽不饱"；受人厚恩，常思报答，叫作"每饭不忘"。

表达叨扰饭食的谢意，说"兵厨之扰"；自谦待客不周，说"草具之陈"。

"白饭青刍"，接待来客的仆人和马匹也如此周到；"炊金馔玉"，形容饮食豪奢精致,是感谢主人款待隆重的客气话。

　　家贫待客,但知抹月披风①;冬月邀宾,乃曰敲冰煮茗②。

　　君侧元臣,若作酒醴之曲糵;朝中冢宰,若作和羹之盐梅③。

　　宰肉甚均,陈平见重于父老④;啜羹示尽,丘嫂心厌乎汉高⑤。

　　毕卓为吏部而盗酒,逸兴太豪⑥;越王爱士卒而投醪,战气百倍⑦。

　　惩羹吹齑⑧,谓人惩前警后⑨;酒囊饭袋⑩,谓人少学多餐。

　　隐逸之士,漱石枕流⑪;沉湎之夫,藉糟枕曲⑫。

　　昏庸桀纣,胡为酒池肉林⑬? 苦学仲淹,惟有断齑画粥⑭!

【注释】

①抹月披风:一般写作"抹月批风"。用风月当菜肴。家贫无可待客的戏言。抹,细切。批,薄切。宋·苏轼《和何长官六言次韵》之四:"贫家何以娱客,但知抹月批风。"宋·杨万里《寄题俞叔奇国博郎中园亭咏·亦好亭》:"客来莫道无供给,抹月批风当八珍。"

②冬月邀宾,乃曰敲冰煮茗:语本五代·王仁裕《开元天宝遗事·敲冰煮茗》:"逸人王休,居太白山下,日与僧道异人往还。每至冬时,取溪冰敲其晶莹者煮建茗,共宾客饮之。"又,唐·白居易《晚起》诗:"融雪煎香茗,调酥煮乳糜。"冬月,农历十一月的别称。这里泛指冬季。敲冰煮茗,敲取冰块用以煮茶。

③"君侧元臣"四句:语本《尚书·说命下》:"尔惟训于朕志。若作

酒醴，尔惟曲糵，若作和羹，尔惟盐梅。"西汉•孔安国传："酒醴须曲糵以成，亦言我须汝以成。盐，咸。梅，醋。羹须咸醋以和之。"酿酒不能没有曲糵发酵，做肉羹不能没有盐梅调味。故将君王身边的元老重臣比作曲糵、盐梅。君侧元臣，帝王身边的重臣元老。曲糵（niè），酒曲。冢宰，官名。即太宰。见前《文臣》篇"吏部，天官大冢宰"条注。此指朝廷重臣。和羹，调和羹汤。盐梅，盐和梅子。在古代是重要的调味品。盐味咸，梅味酸，均为调味所需。亦喻指国家所需的贤才。

④宰肉甚均，陈平见重于父老：语本《史记•陈丞相世家》："里中社，平为宰，分肉食甚均。父老曰：'善，陈孺子之为宰！'平曰：'嗟乎，使平得宰天下，亦如是肉矣！'"《汉书•陈平传》亦载。西汉丞相陈平年轻时，乡里祭社时，陈平为宰，分肉均匀，受到父老称赞。陈平说将来我若能做宰相，处理事情也会如此公平。宰肉，主持分肉。陈平（？—前178），西汉阳武（今河南原阳）人。家贫，好学。秦末，陈胜起事，事魏王咎为太仆。后从项羽入关，任都尉。旋归刘邦，任护军中尉。为谋士。献离间项羽、范增，笼络韩信之计，均被采纳。刘邦为匈奴围于平城，以计赂匈奴阏氏，得出。汉高祖七年（前200），封曲逆侯。惠帝、吕后、文帝时，历任丞相。吕后死，陈平与太尉周勃等合谋，诛诸吕，迎立文帝。任丞相。卒谥献。

⑤戛（jiá）羹示尽，丘嫂心厌乎汉高：语本《史记•楚元王世家》："高祖兄弟四人，长兄伯，伯蚤卒。始高祖微时，尝辟事，时时与宾客过巨嫂食。嫂厌叔，叔与客来，嫂详为羹尽，栎釜，宾客以故去。已而视釜中尚有羹，高祖由此怨其嫂。及高祖为帝，封昆弟，而伯子独不得封。太上皇以为言，高祖曰：'某非忘封之也，为其母不长者耳。'于是乃封其子信为羹颉侯。"汉高祖刘邦年轻时带朋友到大嫂家里蹭饭，大嫂不耐烦地刮着锅底假装没有了。刘邦因此

埋怨大嫂,当上皇帝之后,不肯分封大嫂的儿子,后来因为太上皇说情,才封大嫂的儿子刘信为羹颉侯。戛羹示尽,戛戛地刮着锅盆底的残羹,表示吃完了。戛,象声词。拟刮锅声。丘嫂,长嫂,大嫂。汉高,汉高祖刘邦。

⑥毕卓为吏部而盗酒,逸兴太豪:语本《晋书·毕卓传》:"毕卓字茂世,新蔡铜阳人也。父谌,中书郎。卓少希放达,为胡毋辅之所知。太兴末,为吏部郎,常饮酒废职。比舍郎酿熟,卓因醉夜至其瓮间盗饮之,为掌酒者所缚,明旦视之,乃毕吏部也,遽释其缚。卓遂引主人宴于瓮侧,致醉而去。卓尝谓人曰:'得酒满数百斛船,四时甘味置两头,右手持酒杯,左手持蟹螯,拍浮酒船中,便足了一生矣。'及过江,为温峤平南长史,卒官。"晋元帝太兴末年,吏部郎毕卓醉后潜入邻家偷酒喝被抓。毕卓,字茂世,生卒年不详,晋新蔡铜阳(今安徽临泉)人。大兴(按,亦作"太兴"。晋元帝年号,起于318年,讫于321年)末年,任吏部郎,酷爱喝酒。他曾经说:左手擘蟹螯,右手执酒杯,在酒池中拍浮,便可以终此一生。

⑦越王爱士卒而投醪,战气百倍:语本《吕氏春秋·季秋纪·顺民》:"越王苦会稽之耻,欲深得民心,以致必死于吴。身不安枕席,口不甘厚味,目不视靡曼,耳不听钟鼓。三年苦身劳力,焦唇干肺。内亲群臣,下养百姓,以来其心。有甘脆不足分,弗敢食,有酒流之江,与民同之。"东汉·高诱注:"投醪,同味。"越王勾践为报仇雪耻,事事与百姓同甘共苦。有美酒,不敢独自享用,而是倒进江里,和百姓同饮。后遂以"投醪"指与军民同甘苦。投醪,将美酒投入江河之中。战气,士气。

⑧惩羹吹齑(jī):语出《楚辞·九章·惜诵》:"惩于羹者而吹齑兮,何不变此志也。"东汉·王逸章句:"言人有歠羹而中热,心中惩恶,见齑则恐而吹之。"被热汤烫过嘴,吃凉菜也要吹一吹,比喻受到过教训,遇事过分小心。齑,切得细碎的菜。也指咸菜、酱菜

之类。

⑨惩前警后：同"惩前毖（bì）后"。指批判以前所犯的错误，吸取教训，使以后谨慎些，不致再犯。《诗经·周颂·小毖》："予其惩而毖后患。"惩，警戒。毖，谨慎。

⑩酒囊饭袋：语出东汉·王充《论衡·别通》："饱食快饮，虑深求卧，腹为饭坑，肠为酒囊。"比喻只会吃喝而不会做事的无能之辈。《类说》卷二十二引宋·陶岳《荆湖近事》："马氏奢僭，诸院王子仆从烜赫，文武之道，未尝留意。时谓之'酒囊饭袋'。"

⑪隐逸之士，漱石枕流：语本南朝宋·刘义庆《世说新语·排调》："孙子荆年少时，欲隐。语王武子'当枕石漱流'，误曰'漱石枕流'。王曰：'流可枕，石可漱乎？'孙曰：'所以枕流，欲洗其耳；所以漱石，欲砺其齿。'"晋代孙楚（字子荆）年轻时想隐居，称志在"枕石漱流"（以山石为枕，用流水漱口），结果口误说成"枕流漱石"，遂辩称："枕流是为了洗耳，漱石是为了磨砺牙齿。"后以"漱石枕流"形容隐居生活。

⑫沉湎之夫，藉（jiè）糟枕曲：语本《晋书·刘伶传》所载《酒德颂》："先生于是方捧罂承槽，衔杯漱醪，奋髯箕踞，枕曲藉糟，无思无虑，其乐陶陶。"藉糟枕曲，指以酒曲做枕头，以酒糟做垫席。比喻极度嗜酒。藉，垫席。此处活用为动词。

⑬昏庸桀纣，胡为酒池肉林：语本《史记·殷本纪》："大冣乐戏于沙丘，以酒为池，县肉为林，使男女倮相逐其间，为长夜之饮。"后即以"酒池肉林"形容极度奢侈腐朽的生活。桀纣，桀和纣，分别为夏朝和商朝的亡国之君。相传他们很荒淫残暴，后亦用以泛指暴君、昏君。胡，为什么，怎么，怎样。

⑭苦学仲淹，惟有断齑（jī）画粥：语本宋·朱熹《五朝名臣言行录（七之二）·参政范文正公》"公生二岁而孤"条原注引宋·魏泰《东轩笔录》："公（范仲淹）少与刘某同上长白山僧舍修学，惟煮

粟米二升，作粥一器，经宿遂凝，以刀画为四块，早晚取二块，断虀
十数茎，醋汁半盂，入少盐，暖而啖之。如此者三年。"范仲淹小
时候家里很穷，曾寄居寺庙读书，每天煮粥待凝固后划成四块，早
晚各取两块，就着数十根咸菜吃。断虀，将咸菜切成几段。画粥，
用刀将冷粥划成几块。后遂以"断虀画粥"形容贫苦力学。

【译文】

家贫招待客人，只知"抹月批风"；冬天邀请宾朋雅聚，文雅说法是
"敲冰煮茗"。

君王身边的元老，作用如同酿酒的酒曲；朝堂之上的重臣，地位好像
调羹汤的盐梅。

因为分割祭肉十分公平，陈平深受父老乡亲的推重好评；敲锅刮盆
表示羹饭已经吃完，这是大嫂心里厌烦刘邦上门蹭饭的表现。

毕卓官居吏部郎，竟然半夜三更潜入邻家盗酒，他的兴致太豪放；越
王爱惜士卒，在河中倾倒美酒供大家同饮，令将士们斗志百倍。

被羹烫伤后吃冷菜也要吹一吹，是说吸取教训到了谨小慎微的地
步；"酒囊饭袋"，是形容不学无术只知道吃喝。

借山石磨牙，用流水洗耳，这是形容隐士的生活；垫着酒糟，枕着酒
曲，则是描述酒鬼的醉态。

桀、纣这样的昏君，为何"酒池肉林"，奢靡无度？范仲淹求学之时，
只能"断虀画粥"度日，何等刻苦！

宫室

【题解】

宫室，即房屋建筑。本篇24联，讲的都是和房屋建筑有关的成语
典故。

洪荒之世，野处穴居；有巢以后，上栋下宇①。

竹苞松茂②，谓制度之得宜③；鸟革翚飞④，谓创造之尽善。

朝廷，曰紫宸⑤；禁门⑥，曰青琐⑦。

宰相职掌丝纶⑧，内居黄阁⑨；百官具陈章疏⑩，敷奏丹墀⑪。

木天署⑫，学士所居⑬；紫薇省⑭，中书所莅⑮。

金马、玉堂，翰林院宇⑯；柏台、乌府，御史衙门⑰。

布政司⑱，称为藩府⑲；按察司⑳，系是臬司㉑。

潘岳种桃于满县，故称花县㉒；子贱鸣琴以治邑，故曰琴堂㉓。

潭府㉔，是仕宦之家㉕；衡门㉖，乃隐逸之宅。

【注释】

①"洪荒之世"四句：语本《周易·系辞下》："上古穴居而野处，后世圣人易之以宫室，上栋下宇，以待风雨，盖取诸大壮。"洪荒，混沌、蒙昧的状态。借指远古时代。宋·杨万里《汉文帝有圣贤之风论》："洪荒之世，人与禽之未别。"野处穴居，在野外生活，在洞穴居住，形容人类未有房屋前的生活状态。东汉·班固《白虎通·崩薨》："太古之时，穴居野处，衣被带革，故死，衣之以薪，内藏不饰。"有巢，指有巢氏，中国上古传说人物，传说他教会了人们筑巢而居。《韩非子·五蠹》："上古之世，人民少而禽兽众，人民不胜禽兽虫蛇，有圣人作，构木为巢以避群害，而民悦之，使王天下，号之曰'有巢氏'。"上栋下宇，语出《周易·系辞下》。宋·袁文《瓮牖闲评》卷六："今人呼庭宇、院宇、宇下，乃《易》所谓上栋下宇者，宇下，屋檐是也。""上栋"是房屋顶部支撑房瓦的

椽子、檩子及其总称；而"下宇"则是支撑"上栋"的房柱、房梁的总称。

②竹苞松茂：语出《诗经·小雅·斯干》："如竹苞矣，如松茂矣。"毛传："苞，本也。"唐·孔颖达疏："以竹言苞，而松言茂，明各取一喻，以竹笋丛生而本概，松叶隆冬而不凋，故以为喻。"此诗以"竹苞松茂"喻根基稳固，枝叶繁荣，后多用作新屋落成或向人祝寿时的颂词。

③制度：制作。唐·赵元一《奉天录》卷一："臣望奉天有天子气，宜制度为垒，以备非常。"

④鸟革翚（huī）飞：语出《诗经·小雅·斯干》："如鸟斯革，如翚斯飞。"毛传："革，翼也。"孔疏："其斯革、斯飞，言檐阿之势似鸟飞也。翼言其体，飞象其势，各取喻也。"朱子集传："其栋宇峻起，如鸟之警而革也，其檐阿华采而轩翔，如翚之飞而矫其翼也，盖其堂之美如此。"如同鸟儿展翅、野鸡飞翔一般，比喻飞檐斗拱建造华美，形容房屋建造得好。革，鸟翅膀。此处活用为动词，是展翅之义。翚，羽毛五彩的野鸡。

⑤紫宸：宫殿名。紫宸殿，汉代为天子所居，唐宋时期的紫宸殿为接见群臣及外国使者朝见庆贺的内朝正殿。亦泛指宫廷。借指帝王、帝位。参阅《唐六典·尚书工部》、宋·王应麟《玉海·宫室·唐紫宸殿》。唐·杜甫《冬至》诗："杖藜雪后临丹壑，鸣玉朝来散紫宸。"

⑥禁门：宫门。《汉书·霍光传》："皇太后乃车驾幸未央承明殿，诏诸禁门毋内昌邑群臣。"亦借指宫廷。南朝梁·沈约《授李居壬等制》："尽力禁门，诚著夷险。"

⑦青琐：装饰皇宫门窗的青色连环花纹。汉代紫宸殿门窗以青色涂抹。《汉书·元后传》："曲阳侯根骄奢僭上，赤墀青琐。"三国魏·孟康注："以青画户边镂中，天子制也。"唐·颜师古注："孟

说是。青琐者，刻为连环文，而青涂之也。"代指宫门。亦可借指宫廷。本句"青琐"之"琐"，李光明庄本作"锁"，据《汉书》及他本改。"琐""锁"二字，可通。镂玉为连环叫"琐"，后以金属为之，作"锁"。

⑧职掌丝纶：《礼记·缁衣》："王言如丝，其出如纶。"后中书省代皇帝草拟诏旨，称为"掌丝纶"。

⑨黄阁：汉代丞相、太尉和汉以后的三公官署避用朱门，厅门涂黄色，以区别于天子。东汉·卫宏《汉旧仪》卷上："（丞相）听事阁曰'黄阁'。"《宋书·礼志二》："三公黄阁，前史无其义。……三公之与天子，礼秩相亚，故黄其阁，以示谦不敢斥天子，盖是汉来制也。"后因以"黄阁"指宰相官署。唐·韩翃《奉送王相公缙赴幽州巡边》诗："黄阁开帷幄，丹墀侍冕旒。"唐时门下省亦称"黄阁"。唐·杜甫《奉赠严八阁老》诗："扈圣登黄阁，明公独妙年。"宋·王应麟《困学纪闻·评诗》："旧史《严武传》迁给事中，时年三十二。给事中属门下省，开元曰'黄门省'，故云'黄阁'。"亦用以借指宰相。唐·钱起《送张员外出牧岳州》诗："自怜黄阁知音在，不厌彤幨出守频。"

⑩百官：古指公卿以下的众官，后泛指各级官吏。此处指朝臣。具陈：备陈，详述。这里指向皇帝详细呈奏。章疏：旧时臣下向君上进呈的言事文书。

⑪敷奏：陈奏，向君上报告。《尚书·舜典》："敷奏以言，明试以功，车服以庸。"西汉·孔安国传："敷，陈；奏，进也。"丹墀（chí）：指宫中的台阶，用丹朱色涂抹，故称。墀，台阶。

⑫木天署：宋代秘书阁穹窿高敞，称为"木天"。宋·沈括《梦溪笔谈·杂志一》卷二十四："内诸司舍屋，惟秘阁最宏壮。阁下穹窿高敞，谓之'木天'。"宋·陆游《恩除秘书监》诗："扶上木天君莫笑，衰残不似壮游时。"后世亦以"木天署"指翰林院。明·唐

寅《贫士吟》诗:"宫袍着处君恩渥,遥上青云到木天。"

⑬学士:此处指翰林学士。

⑭紫薇省:唐开元元年(713)取天文紫微垣之义,改中书省为紫微省,中书令为紫微令。省中种紫薇花,故亦称"紫薇省"。开元五年(717)复原名。

⑮中书:官名。"中书令"的省称。汉设中书令,掌传宣诏令,以宦者为之,后多任用名望之士。隋唐以中书令、侍中、尚书令共议国政,俱为宰相,后因以"中书"称宰相。亦为"中书舍人"的省称。隋唐时为中书省的属官。明清废中书省,于内阁设中书舍人,掌撰拟、缮写之事。

⑯金马、玉堂,翰林院宇:金马玉堂,金马门与玉堂署。汉时学士待诏之处,后因以称翰林院或翰林学士。宋·欧阳修《会老堂致语》诗:"金马玉堂三学士,清风明月两闲人。"清·梅曾亮《欧氏又一村读书图记》:"而苏文忠直禁内,读书夜分,老兵皆倦卧,彼其视金马玉堂之中,波涛尘堁之内,皆学舍也。"原注:"金马门,汉时学士待诏之地;玉堂署,宋时翰林承旨之所。"汉代宫中有金马门,学士常聚集于此等待皇帝诏书。《史记·滑稽列传》:"金马门者,宦(者)署门也。门傍有铜马,故谓之曰'金马门'。"玉堂为始设于汉代的官署名,汉代玉堂殿为待诏之处。宋以后翰林院亦称"玉堂"。清·王先谦《汉书补注》引何焯:"汉时待诏于玉堂殿,唐时待诏于翰林院,至宋以后,翰林遂并蒙玉堂之号。"宋代苏易简任翰林学士,宋太祖书写"玉堂之署"四字赐给他,故后以"玉堂"指翰林院。

⑰柏台、乌府,御史衙门:语出《汉书·朱博传》:"是时,御史府吏舍百余区井水皆竭;又其府中列柏树,常有野乌数千栖宿其上,晨去暮来,号曰'朝夕乌',乌去不来者数月,长老异之。后二岁余,朱博为大司空,奏言:'帝王之道不必相袭,各由时务。高皇帝以圣

德受命,建立鸿业,置御史大夫,位次丞相,典正法度,以职相参,总领百官,上下相监临,历载二百年,天下安宁。今更为大司空,与丞相同位,未获嘉祐。故事,选郡国守相高第为中二千石,选中二千石为御史大夫,任职者为丞相,位次有序,所以尊圣德,重国相也。今中二千石未更御史大夫而为丞相,权轻,非所以重国政也。臣愚以为大司空官可罢,复置御史大夫,遵奉旧制。臣愿尽力,以御史大夫为百僚率。'哀帝从之,乃更拜博为御史大夫。"柏台、乌府,汉代御史府中有柏树,树上多有乌鸦栖集,故后以"柏台""乌府"称御史衙门。

⑱布政司:即布政使司。官名。明洪武九年(1376)改行中书省为承宣布政使司。宣德后,全国府、州、县等分统于两京和十三布政使司,每司设左、右布政使各一人,为一省最高行政长官。后因军事需要,增设总督、巡抚等官,权位高于布政使。清代始正式定为督、抚属官,专管一省的财赋和人事。康熙六年(1667)后,每省设布政使一员,直隶亦设,江苏则设二员,分驻江宁、苏州。俗称"藩司""藩台"。参阅《续文献通考·职官·布政使司》《清会典事例·吏部·官制》。此处指布政司衙署。

⑲藩府:即藩台,明清两朝布政使的俗称。

⑳按察司:官名。"提刑按察使司"的简称。是明清时期一省的司法和检察机关。主管一省的刑事诉讼事务。同时也是中央监察机关都察院在地方的分支机构,对地方官员行使监察权。主管称为"提刑按察使",简称"提刑按察"或"按察使"。此处指按察司衙署。

㉑臬(niè)司:是宋各路提点刑狱司、元代肃政廉访使司与明清各省提刑按察使司的俗称。

㉒潘岳种桃于满县,故称花县:见前《文臣》篇"河阳遍种桃花,乃潘岳之为县官"条注。

㉓子贱鸣琴以治邑，故曰琴堂：语本《吕氏春秋·察贤》："宓子贱治单父，弹鸣琴，身不下堂而单父治。"孔子的弟子宓子贱担任单父（今山东单县）的地方长官时，常常身不出公堂，抚琴弹曲，结果把县里的事治理得井井有条，受到老百姓的拥戴。后遂称州、府、县署为"琴堂"。唐·韦应物《送唐明府赴溧水》诗："到此安畎俗，琴堂又晏然。"子贱，宓不齐（前521—？），字子贱，春秋末期鲁国人，孔门七十二贤之一。曾为单父宰，弹琴而治，为后世儒家所称道。《汉书·艺文志》载，儒家有《宓子》十六篇，久佚。《史记·仲尼弟子列传》："宓不齐字子贱。少孔子三十岁。孔子谓'子贱君子哉！鲁无君子，斯焉取斯？'子贱为单父宰，反命于孔子，曰：'此国有贤不齐者五人，教不齐所以治者。'孔子曰：'惜哉不齐所治者小，所治者大则庶几矣。'"

㉔潭府：深广如渊潭的府第宅院。唐·韩愈《符读书城南》："一为公与相，潭潭（深邃貌）府中居。"韩诗中形容深宅大院，后因以"潭府"尊称他人的居宅。

㉕仕宦之家：做官的人家。仕宦，出仕，做官。

㉖衡门：语出《诗经·陈风·衡门》："衡门之下，可以栖迟。"毛传："衡门，横木为门，言浅陋也。"朱子集传："衡门，横木为门也。门之深者，有阿塾堂宇，此惟横木为之。"横木为门，指简陋的房屋。借指隐者所居。东汉·蔡邕《郭有道林宗碑文》："尔乃潜隐衡门，收朋勤海，童蒙赖焉，用祛其蔽。"

【译文】

上古洪荒时代，人们在野外生活，在洞穴里居住；有巢氏以后，世人才跟他学会营建梁栋屋宇并居住其中。

房基像竹根一样坚固，椽瓦像松叶一样繁密，这样设计建造的房屋才算合乎规制；檐宇像鸟儿展翅翱翔，像野鸡炫耀羽毛，如此建造落成的宫室可谓完美成功。

朝廷，也称"紫宸"；宫门，又名"青琐"。

宰相处理皇帝诏书，在"黄阁"内办公；百官拟好奏章文疏，登"丹墀"恭呈圣上。

"木天署"，是学士长驻办公的地方；"紫薇省"，是中书前往理事的场所。

"金马""玉堂"，指的都是翰林院；"柏台""乌府"，说的都是御史台。

布政司衙门，又称"藩府"；按察司衙门，就是"臬司"。

潘岳在河阳县辖境内栽满桃树，人称河阳为"花县"；宓子贱以弹琴的方式治理单父县，地方官署因此被称为"琴堂"。

"潭府"，指做官人家的宅第；"衡门"，指高人隐士的居所。

贺人有喜，曰门阑蔼瑞[1]；谢人过访[2]，曰蓬荜生辉[3]。

美奂美轮，《礼》称屋宇之高华[4]；肯构肯堂，《书》言父子之同志[5]。

土木方兴，曰经始[6]；创造已毕，曰落成[7]。

楼高可以摘星[8]，屋小仅堪容膝[9]。

寇莱公庭除之外，只可栽花[10]；李文靖厅事之前，仅容旋马[11]。

躬贺屋成，曰燕贺[12]；自谦屋小，曰蜗庐[13]。

民家，名曰闾阎[14]；贵族，称为阀阅[15]。

朱门[16]，乃富豪之第[17]；白屋[18]，是布衣之家[19]。

【注释】

①门阑蔼瑞：门庭充满吉祥的气息。门阑，亦作"门栏"。门框或门栅栏。东汉·王充《论衡·乱龙》："故今县官斩桃为人，立之户侧，画虎之形，着之门阑。"亦借指家门、门庭。《史记·楚世家》：

"敝邑之王所甚说者,无先大王;虽仪之所甚愿为门阑之厮者,亦无先大王。"唐·杜甫《李监宅》诗(之一):"门阑多喜色,女婿近乘龙。"蔼瑞,犹言瑞霭、吉祥云气,亦以美称烟雾。此处代指喜气。宋·赵长卿《浣溪沙》:"金兽喷香瑞霭氛,夜凉如水酒醺醺。"

②过访:登门拜访。

③蓬荜(bì)生辉:使陋室增加光彩。多用作谦辞。明清以来习用语。明·无名氏《鸣凤记·邹林游学》:"得兄光顾,蓬荜生辉。"蓬荜,"蓬门荜户"的省语。蓬门,用蓬草编的门;荜户,用荆条、竹木之类编成的门户;形容穷苦人家所住的简陋房屋。晋·葛洪《〈抱朴子内篇〉自序》:"藜藿有八珍之甘,而蓬荜有藻棁之乐也。"

④美奂美轮,《礼》称屋宇之高华:语本《礼记·檀弓下》:"晋献文子成室,晋大夫发焉。张老曰:'美哉轮焉,美哉奂焉!'"东汉·郑玄注:"轮,轮囷,言高大。奂,言众多。"后遂用"美轮美奂"形容房屋建筑高大、众多且宏丽。美奂美轮,一般作"美轮美奂"。轮,指轮囷(qūn),古代的一种圆形高大的谷仓。此处指高大,名词作形容词。奂,众多,盛大。《礼》,此处指《礼记》。

⑤肯构肯堂,《书》言父子之同志:语本《尚书·大诰》:"若考作室,既底法,厥子乃弗肯堂,矧肯构?"西汉·孔安国传:"以作室喻治政也,父已致法,子乃不肯为堂基,况肯构立屋乎?"构,盖屋。堂,立堂基。儿子连房屋的地基都不肯做,哪里还谈得上肯盖房子。后反其意而用之,比喻儿子能继承父亲的事业。后因以"肯堂肯构"或"肯构肯堂"比喻子能继承父业。亦省作"肯堂"。《书》,指《尚书》。同志,志同道合。

⑥土木方兴,曰经始:语本《诗经·大雅·灵台》:"经始灵台,经之营之。庶民攻之,不日成之。"毛传:"经,度之也。"土木,指建筑工程。方兴,土木,正在兴起。经始,度使,即计划开始。

⑦落成:建筑完工。落,古代宫室建成时举行的祭礼。后因称建筑

物竣工为"落成"。《左传·昭公七年》:"楚子成章华之台,愿与诸侯落之。"晋·杜预注:"宫室始成,祭之为落。"《诗经·小雅·斯干序》毛传:"《斯干》,宣王考室也。"东汉·郑玄笺:"宣王于是筑宗庙群寝,既成而衅之,歌《斯干》之诗以落之。"

⑧摘星:楼名。传说为商纣王所建,极高峻。元·马致远《汉宫秋》第二折:"俺又不曾彻青霄高盖起摘星楼。"但商纣王建摘星楼,乃元明以来演义小说之语。"摘星楼"当是语出"危楼高百尺,手可摘星辰"一诗。此诗,今人或以为唐代李白所作。但据宋人笔记,当为北宋杨艺所作。宋·江少虞《事实类苑》卷三十四:"杨文公亿数岁未能言。一日,家人抱登楼,误触其首,忽便言。家人惊谓曰:'汝既能言,能吟诗乎?'曰:'能。'遂令吟楼诗。应声吟曰:'危楼高百尺,手可摘星辰。不敢高声语,恐惊天上人。'后为天下文章宗主。"

⑨容膝:仅能容纳双膝。多形容容身之地狭小。亦指狭小之地。《韩诗外传》卷九:"今如结驷列骑,所安不过容膝;食方丈于前,所甘不过一肉。以容膝之安,一肉之味,而殉楚国之忧,其可乎?"晋·陶潜《归去来兮辞》:"倚南窗以寄傲,审容膝之易安。"

⑩寇莱公庭除之外,只可栽花:旧注:"寇莱公为相,庭阶下无广地,仅可栽花而已。"寇莱公,指北宋名臣寇准。寇准(962—1023),字平仲,华州下邽(今陕西渭南)人。赵太宗太平兴国五年(980)进士,授大理评事,知归州巴东县,移大名府成安县。累迁三司度支推官,转盐铁判官。淳化二年(991),拜左谏议大夫,枢密副使,改同知枢密院事。四年(993),罢知青州。五年(994),拜参知政事。至道二年(996),罢知邓州。宋真宗即位,迁工部侍郎,权知开封府。咸平六年(1003),迁兵部侍郎,为三司使。景德元年(1004),授同中书门下平章事,集贤殿大学士。同年冬,契丹攻宋,寇准力谏宋真宗亲征,至澶州(今河南濮阳),迫成

和议,是为"澶渊之盟"。三年罢相,为刑部尚书,知陕州。后迁
兵部尚书,入判都省。大中祥符七年(1014),复拜同平章事、枢
密使。八年(1015)罢。天禧三年(1019),又授同平章事,充景
灵宫使。四年(1020)六月,坐与周怀政谋请太子监国、禁皇后预
政、奉真宗为太上皇事,罢相,封莱国公,寻贬道州司马。乾兴元
年(1022),再贬雷州司户参军。宋仁宗天圣元年(1023),以疾
卒于雷州,年六十二。后十一年,诏复太子太傅,赠中书令、莱国
公,又赐谥忠愍。有《忠愍公诗集》三卷,集前附有孙沔所撰神道
碑。《宋史》卷二百八十一有传。庭除,指庭院。

⑪李文靖厅事之前,仅容旋马:语本《宋史·李沆传》:"沆性直谅,
内行修谨,言无枝叶,识大体。居位慎密,不求声誉,动遵条制,人
莫能干以私。公退,终日危坐,未尝跛倚。治第封丘门内,厅事前
仅容旋马。或言其太隘,沆笑曰:'居第当传子孙,此为宰相厅事
诚隘,为太祝、奉礼厅事已宽矣。'"李沆厅堂前仅容旋马之事,有
宋一代传为美谈,见载于司马光《传家集》卷六十七、赵善璙《自
警编》卷三、郑玉道《琴堂谕俗编》卷下、叶釐《爱日斋丛抄》卷
二等,更因大儒朱子在《宋名臣言行录》(前集卷二)、《小学集注》
(卷六)二书中存录,广为后世所知。李文靖,指北宋名臣李沆。
李沆(947—1004),字太初,洺州肥乡(今河北肥乡)人。李炳子。
宋太宗太平兴国五年(980)进士,为将作监丞、通判潭州,召直史
馆。雍熙三年(986),知制诰。四年(987),迁职方员外郎、翰林
学士,淳化三年(992),拜给事中、参知政事。出知河南府,俄迁
礼部侍郎兼太子宾客。宋真宗咸平初,自户部侍郎、参知政事拜
同书门下平章事,监修国史,改中书侍郎,又累加门下侍郎、尚书
右仆射。景德元年(1004)卒,年五十八。谥文靖。李沆为相,
恪守条制,反对任用浮薄喜事者,常以四方艰难奏闻,戒帝侈心,
时称"圣相"。《宋史》卷二百八十二有传。厅事,官署视事问案

的厅堂。古时又写作"听事"。《三国志·吴书·诸葛恪传》:"出行之后,所坐厅事屋栋中折。"宋·陆游《入蜀记》卷四:"州治陋甚,厅事仅可容数客。"亦指私人住宅的堂屋。《魏书·夏侯夬传》:"忽梦见征虏将军房世宝来至其家,直上厅事。"旋马,一匹马转身。旋,回旋,回转。

⑫躬贺屋成,曰燕贺:语本《淮南子·说林训》:"汤沐具而虮虱相吊,大厦成而燕雀相贺,忧乐别也。"谓燕雀因大厦落成有栖身之所而互相庆贺。后用"燕贺"做贺人新屋落成之语。《北齐书·卢询祖传》:"询祖初袭爵封大夏男,有宿德朝士谓之曰:'大夏初成。'应声答曰:'且得燕雀相贺。'"躬贺,亲自登门祝贺。他本多作"恭贺",或因"躬贺"一词较"恭贺"稀见。然,古人诗文实不乏用"躬贺"者,如宋·王炎午《贺高逢斋讼杀牛者抢夺帽并珠》:"旋报儿辈之破贼,亲朋吐气,闾里揭声。某适阻尘坌,末由躬贺。"宋·姚勉《谭氏孺人墓志铭》:"以伏枕,不能躬贺拜。"且"躬贺"与下文"自谦",对仗极为工稳,自不必改"躬贺"为"恭贺"。

⑬蜗庐:典出《三国志·魏书·管宁传·胡昭(附焦先)》南朝宋·裴松之注引《魏略》曰:"先字孝然。……自作一瓜牛庐,净扫其中。营木为床,布草蓐其上。"裴松之按:"《魏略》云:'焦先及杨沛,并作瓜牛庐,止其中。'以为'瓜'当作'蜗';蜗牛,螺虫之有角者也,俗或呼为'黄犊'。先等作圜舍,形如蜗牛蔽,故谓之'蜗牛庐'。"形圆似蜗牛的简易庐舍。亦泛指简陋的房屋。常用以谦称自己的居处。

⑭闾阎(lú yán):里巷内外的门。后多借指里巷。古代以二十五家为"闾";阎,指里巷的门。《史记·平准书》:"守闾阎者食粱肉,为吏者长子孙,居官者以为姓号。"亦泛指民间,或借指平民。《史记·樗里子甘茂列传》:"甘茂起下蔡闾阎,显名诸侯,重强齐

楚。"《史记·李斯列传》:"李斯以闾阎历诸侯,入事秦。"

⑮阀阅:亦作"伐阅"。本指功绩和经历。《史记·高祖功臣侯者年表》:"太史公曰:古者人臣功有五品,以德立宗庙定社稷曰'勋',以言曰'劳',用力曰'功',明其等曰'伐',积日曰'阅'。封爵之誓曰:'使河如带,泰山若厉。国以永宁,爰及苗裔。'始未尝不欲固其根本,而枝叶稍陵夷衰微也。"后指祖先有功业的世家、巨室。亦泛指门第、家世。后世亦用以称仕宦人家门前题记功业的柱子。

⑯朱门:红漆大门。也代指贵族豪富之家。晋·葛洪《抱朴子·嘉遁》:"背朝华于朱门,保恬寂乎蓬户。"唐·杜甫《自京赴奉先县咏怀五百字》诗:"朱门酒肉臭,路有冻死骨。"

⑰第:宅第,府第。旧时指富豪权贵人家的宅院居所。

⑱白屋:指不施彩色、露出本材的房屋。一说,指以白茅覆盖的房屋。为古代平民所居。《尸子·君治》:"人之言君天下者瑶台九累,而尧白屋。"《汉书·王莽传上》:"开门延士,下及白屋。"唐·颜师古注:"白屋,谓庶人以白茅覆屋者也。"宋·程大昌《演繁露·白屋》:"古者宫室有度,官不及数,则居室皆露本材,不容僭施采画,是为白屋也已。"元·李翀《日闻录》:"白屋者,庶人屋也。《春秋》:'丹桓宫楹,非礼也。'在礼:楹,天子丹,诸侯黝垩,大夫苍士黈黄色也。按此则屋楹循等级用采,庶人则不许,是以谓之'白屋'也。"《汉书·萧望之传》:"今士见者皆先露索挟持,恐非周公相成王躬吐握之礼,致白屋之意。"唐·颜师古注:"白屋,谓白盖之屋以茅覆之,贱人所居。"

⑲布衣:指平民百姓。古代平民不能穿锦绣,故以借称。《荀子·大略》:"古之贤人,贱为布衣,贫为匹夫。"西汉·桓宽《盐铁论·散不足》:"古者庶人耆老而后衣丝,其余则麻枲而已,故命曰'布衣'。"

【译文】

祝贺别人家有喜事,说"门阑蔼瑞";感谢客人登门拜访,说"蓬荜生辉"。

"美奂美轮",出自《礼记》,形容房屋高大华美;"肯构肯堂",出自《尚书》,比喻父子志同道合。

开始破土打桩,称为"经始";房屋建造完工,称为"落成"。

形容楼阁高耸,说可以"摘星";形容房屋窄小,说仅能"容膝"。

寇准台阶下的庭院,只够栽些花草;李沆厅堂前的空地,仅能调转马头。

亲自登门祝贺别人新居落成,说"燕贺";自谦家里房舍窄小,说"蜗庐"。

平民百姓住宅,名为"间阎";达官贵人门第,称作"阀阅"。

"朱门",代指富豪宅第;"白屋",代指平民居所。

客舍①,曰逆旅②;馆驿③,曰邮亭④。

书室,曰芸窗⑤;朝廷,曰魏阙⑥。

成均、辟雍⑦,皆国学之号⑧;黉宫、胶序⑨,乃乡学之称⑩。

笑人善忘,曰徙宅忘妻⑪;讥人不谨,曰开门揖盗⑫。

何楼所市⑬,皆滥恶之物;垄断独登,讥专利之人⑭。

荜门圭窦⑮,系贫士之居;瓮牖绳枢⑯,皆窭人之室⑰。

宋寇准,真是北门锁钥⑱;檀道济,不愧万里长城⑲。

【注释】

①客舍:供旅客投宿的处所。犹今之宾馆、旅店。《管子·轻重乙》:"请以令为诸侯之商贾立客舍,一乘者有食,三乘者有刍菽,五乘者有伍养。"《史记·商君列传》:"商君亡至关下,欲舍客舍。"

②逆旅：客舍，旅店。《左传·僖公二年》："今虢为不道，保于逆旅。"晋·杜预注："逆旅，客舍也。"逆，迎接。旅，众人。

③馆驿：驿站上设的旅舍。驿站是古代供传递官府文书和军事情报的人或来往官员途中食宿、换马的场所。后蜀·何光远《鉴诫录·陪臣谏》："当路州县凋残，所在馆驿隘小。"

④邮亭：驿馆，驿站。递送文书者中途歇脚投宿之处。《汉书·薛宣传》："过其县，桥梁邮亭不修。"唐·颜师古注："邮，行书之舍，亦如今之驿及行道馆舍也。"

⑤芸窗：指书斋、书房。芸，一种香草，置书页内可以避蠹虫，故古时常以"芸编"指书籍，以"芸窗"指书房。《初学记》卷十二引三国魏·鱼豢《典略》："芸台香辟纸鱼蠹，故藏书台称'芸台'。"

⑥魏阙：古代宫门上巍然高出的瞭望楼，其下常悬挂法令。后用作朝廷的代称。《庄子·让王》："身在江海之上，心居乎魏阙之下。"

⑦成均：古之大学。《周礼·春官·大司乐》："大司乐掌成均之法，以治建国之学政，而合国之子弟焉。"《礼记·文王世子》："三而一有焉，乃进其等，以其序，谓之郊人，远之，于成均，以及取爵于上尊也。"东汉·郑玄注："董仲舒曰：五帝名大学曰'成均'。"泛称官设的最高学府。南朝宋·颜延之《宋武帝谥议》："国训成均之学，家沾抚辜之仁。"唐代曾改国子监为成均监。《新唐书·百官志三》："垂拱元年，改国子监曰'成均监'。"辟雍：本为西周天子所设大学，校址圆形，围以水池，前门外有便桥。东汉以后，历代皆有辟雍，除北宋末年为太学之预备学校（亦称"外学"）外，均为行乡饮、大射或祭祀之礼的地方。东汉·班固《白虎通·辟雍》："天子立辟雍何？所以行礼乐宣德化也。辟者，璧也，象璧圆，又以法天，于雍水侧，象教化流行也。"北魏·郦道元《水经注·穀水》："又径明堂北，汉光武中元元年立，寻其基构，上圆下方，九室重隅十二堂，蔡邕《月令章句》同之，故引水于其下，为

辟雝也。"《三辅黄图·辟雍》:"周文王辟雍在长安西北四十里。亦曰'璧雍'。如璧之圆,雝之以水,象教化之流行也。"辟,通"璧"。

⑧国学:国家设立的学校。《周礼·春官·乐师》:"乐师掌国学之政,以教国子小舞。"晋代始设国子学,为国家教育管理机关和最高学府。历代多称"国子监",与太学或并设、或合一。

⑨黉(hóng)官:学官,学校。《后汉书·仇览传》:"农事既毕,乃令子弟群居,还就黉学。"黉,古指学校。胶序:胶与序,泛指学校。殷代学校名"序",周代学校名"胶",后世二词联用作为学校的通称。南朝齐·王融《为竟陵王与隐士刘虬书》:"胶序肇修,经法敷广。"

⑩乡学:古代地方上的官办学校,与"国学"相别。周代特指六乡州党的学校。《汉书·食货志上》:"八岁入小学,学六甲、五方、书计之事,始知室家长幼之节。十五入大学,学先圣礼乐,而知朝廷君臣之礼。其有秀异者,移乡学于庠序;庠序之异者,移国学于少学。"《礼记·乡饮酒义》"主人拜迎宾于庠门之外",东汉·郑玄注:"庠,乡学也。"《孟子·滕文公上》:"设为庠序学校以教之;庠者,养也;校者,教也;序者,射也。夏曰'校',殷曰'序',周曰'庠'。"朱子集注:"'庠'以养老为义,'校'以教民为义,'序'以习射为义,皆乡学也。"

⑪徙宅忘妻:语本西汉·刘向《说苑·敬慎》:"鲁哀公问孔子曰:'予闻忘之甚者,徙而忘其妻,有诸?'孔子对曰:'此非忘之甚者也,忘之甚者忘其身。'"《孔子家语·贤君》亦载。又,《太平御览》卷四百九十引之,而云"《尸子》曰"。则或为先秦俗语。意为搬家时忘记带上妻子。比喻粗心健忘。

⑫开门揖盗:语出《三国志·吴书·吴主传》:"策长史张昭谓权曰:'……况今奸宄竞逐,豺狼满道,乃欲哀亲戚,顾礼制,是犹开门而

揖盗,未可以为仁也。'"打开房门拱手作揖将强盗让进来,比喻昏庸粗心引进坏人,招致祸患。揖,拱手行礼,古代的一种行礼方式。

⑬何楼:宋代都城里有何氏,楼下所卖的东西多是伪劣之物。后遂以"何楼"指粗陋之物或赝品。宋人笔记,颇有述及"何楼"者。曾慥《类说》卷五十六:"世人语虚伪者为何楼。国初京师有何楼,其下所卖物皆滥者。故人以此目之。今楼已废,语犹相传。"江少虞《事实类苑》卷六十一亦载。

⑭垄断独登,讥专利之人:语本《孟子·公孙丑下》:"孟子曰:'然。夫时子恶知其不可也?如使予欲富,辞十万而受万,是为欲富乎?季孙曰:"异哉子叔疑!使己为政,不用,则亦已矣,又使其子弟为卿。人亦孰不欲富贵?而独于富贵之中有私龙断焉。"古之为市也,以其所有易其所无者,有司者治之耳。有贱丈夫焉,必求龙断而登之,以左右望而罔市利。人皆以为贱,故从而征之。征商自此贱丈夫始矣。'"朱子集注:"龙,音垄。龙断,冈垄之断而高也。"垄断,本义为高地。古时候有商人为谋取最大利益,登高顾盼,看什么紧缺就卖什么。后引申指把持、独占。宋·杨万里《送次公子之官安仁监税》诗:"关征岂得已,龙(垄)断欲何为?"专利,语出《左传·僖公七年》:"唯我知女(通"汝"),女专利而不厌,予取予求。"原意为一门心思逐财求利,后指垄断某种生产或流通以掠取厚利。

⑮荜门圭窦:语本《礼记·儒行》:"儒有一亩之宫,环堵之室。荜门圭窬,蓬户瓮牖。易衣而出,并日而食。上荅之,不敢以疑。上不荅,不敢以谄。其仕有如此者。"编竹为门,穿墙作窗,指贫穷人所居之处。东汉·郑玄注:"荜门,荆竹织门也。圭窬,门旁窬也,穿墙为之,如圭矣。"唐·陆德明释文:"荜,徐音毕。杜预云:'柴门也。'圭窬,徐音豆。《说文》云:'穿木户也。'郭璞《玉苍解诂》

云：'门旁小窬也，音更。'《左传》作'窦'。杜预云：'圭窦，小户也，上锐下方，状如圭形也。'"荜，同"筚"，荆条竹木之属。

⑯瓮（wèng）牖（yǒu）绳枢：以陶瓮做窗，以草绳系户枢做门轴，比喻住房简陋，家境贫寒。西汉·贾谊《过秦论》："然陈涉瓮牖绳枢之子，甿隶之人，而迁徙之徒也。"瓮，一种陶制的坛子。牖，窗。枢，门的转轴。

⑰窭（jù）人：穷苦人。窭，贫穷，贫寒。

⑱宋寇准，真是北门锁钥：语本宋·朱熹《宋名臣言行录》前集卷四："公镇大名府。北使道由之，谓公曰：'相公望重，何以不在中书？'公曰：'皇上以朝廷无事，北门锁钥，非准不可。'"寇准外放大名府，辽国使者问他为什么不在朝廷做宰相。寇准说："皇上认为朝廷没什么事情需要处理，而国家北部边疆的安危，非我寇准负责不可。"北门锁钥，北城门上的锁和钥匙。宋代寇准坐镇大名府时，自称"北门锁钥"，意为国家北部边疆的守护者。寇准"北门锁钥"之语，在宋代广为流传。吕中《宋大事记讲义》卷六、黄震《古今纪要》卷十七、曾慥《类说》卷五十二、赵善璙《自警编》卷六、林駉《古今源流至论》后集卷五、谢维新《古今合璧事类备要》后集卷七十三、王君玉《国光谈苑》卷二、孔平仲《谈苑》卷四等皆载。

⑲檀道济，不愧万里长城：语本《宋书·檀道济传》："初，道济见收，脱帻投地曰：'乃复坏汝万里之长城！'"南北朝时期刘宋大将檀道济蒙冤被诛前悲愤地说："你们这是毁坏自己的万里长城！"檀道济（？—436），南朝宋高平金乡（今山东嘉祥南）人。东晋末，从刘裕平京城，参刘裕建武军事，累迁太尉参军。晋安帝义熙十二年（416），从刘裕攻后秦，为前锋，兵进洛阳，所俘皆释，中原感悦，归者甚众。长安平，以为琅邪内史。入宋，转护军将军，封永修县公。宋武帝临终，与徐羡之等同受顾命，亦参与废杀少帝之

事。宋文帝立,仍重用,元嘉八年(431),率众北伐,因粮尽南撤,
全军而返。进司空,镇寻阳。有威名,魏人惮之。朝廷疑忌之,被
杀。被捕时,怒曰:"乃复坏汝万里之长城!"

【译文】

迎客留宿的旅舍,称"逆旅";传送文书的馆驿,叫"邮亭"。

书房,美称"芸窗";朝廷,也称"魏阙"。

"成均""辟雍",都是国学的名号;"黉宫""胶序",则是乡学的
称谓。

搬家时忘了带走妻子,是嘲笑人太健忘;开门作揖,请强盗进屋,讥
讽别人不谨慎。

"何楼"卖的,都是假冒伪劣产品;"垄断"独占,是骂囤积居奇、牟取
暴利的黑心商人。

编竹荆做门,墙上开洞,指贫寒人家的居所;拿破瓮当窗,以草绳系
户枢做门轴,都指穷人的房室。

寇准真称得上宋朝的"北门锁钥",檀道济不愧为南朝刘宋的"万里
长城"。

器用

【题解】

"器用",即各种用途的工具。

本篇34联,讲的都是与器用有关的成语典故。从笔墨纸砚,到衣食
住行,所需的各种用具无不涉及。

　　一人之所需,百工斯为备①。但用则各适其用②,而名
则每异其名。

　　管城子、中书君③,悉为笔号;石虚中、即墨侯④,皆为

砚称。

墨为松使者⑤，纸号楮先生⑥。

纸曰剡藤⑦，又曰玉版⑧；墨曰陈玄⑨，又曰龙剂⑩。

共笔砚⑪，同窗之谓⑫；付衣钵，传道之称⑬。

笃志业儒，曰磨穿铁砚⑭；弃文就武，曰安用毛锥⑮。

剑有干将、镆铘之名⑯，扇有仁风、便面之号⑰。

何谓"箑"⑱？亦扇之名；何谓"籁"⑲？有声之谓。

【注释】

①一人之所需，百工斯为备：语本《孟子·滕文公上》："且一人之身，而百工之所为备，如必自为而后用之，是率天下而路也。"百工斯为备，各类工匠分别制作完成。百工，各种手工业者和手工业行业的总称。

②各适其用：语出《论语·为政》"子曰'君子不器'"朱子集注"器者，各适其用而不能相通"。指各有各的用途。

③管城子、中书君：语本唐·韩愈《毛颖传》："秦始皇时，蒙将军恬南伐楚，次中山，将大猎以惧楚，召左右庶长与军尉，以连山筮之，得天与人文之兆，筮者贺曰：'今日之获，不角不牙，衣褐之徒，阙口而长须，八窍而趺居，独取其髦，简牍是资，天下其同书，秦其遂兼诸侯乎！'遂猎，围毛氏之族，拔其豪，载颖而归献俘于章台宫，聚其族而加束缚焉。秦皇帝使恬赐之汤沐，而封诸管城，号曰'管城子'，日见亲宠任事。……累拜中书令，与上益狎，上尝呼为'中书君'。"唐代韩愈撰寓言《毛颖传》，说毛颖受封于管城，称"管城子"。因受皇帝亲宠而官至中书令，被呼为"中书君"。"毛颖"是寓言中将毛笔拟人化所赋予的姓名，因古时笔以兔毫制成，有峰颖，故称"毛颖"。管城，则暗指笔管、笔筒。

④石虚中、即墨侯：语本唐人所作《即墨侯石虚中传》（按，作者有二说：据宋·苏易简《文房四谱·砚谱》，作者为文嵩；据宋·高似孙《砚笺》，作者为李观。）曰："石虚中，字居默。……上利其器用，嘉其谨默，诏命常侍御案之右，以备濡染，因累勋绩，封之即墨侯。"《即墨侯石虚中传》，以拟人化手法，为砚取名"石虚中"，字居默，爵封即墨侯。后因以"石虚中""即墨侯"为砚的别称。

⑤松使者：墨的别称。唐·冯贽《云仙杂记·黑松使者》："玄宗御案墨曰'龙香剂'。一日见墨上有小道士，如蝇而行，上叱之，即呼万岁，曰：'臣即墨之精黑松使者也。'"

⑥楮先生：语本唐·韩愈《毛颖传》："颖与绛人陈玄、弘农陶泓及会稽楮先生友善，相推致，其出处必偕。"韩愈在其寓言散文《毛颖传》中将笔、墨、纸、砚拟人化，称纸为"楮先生"，因楮树皮为造纸原料，故称。后以为纸的别称。

⑦剡（shàn）藤：剡溪出产的藤可以造纸，负有盛名。后因称名纸为"剡藤"。唐·李肇《唐国史补》卷下："纸则有越之剡藤苔笺。"唐·顾况《剡纸歌》："剡溪剡纸生剡藤，喷水捣后为蕉叶。"宋·苏轼《六观堂老人草书》诗："苍鼠奋鬐饮松腴，剡藤玉版开雪肤。"

⑧玉版：一种光洁坚致的宣纸。后用作好纸的别称。宋·苏轼《孙莘老寄墨四首》诗："溪石琢马肝，剡藤开玉版。"《绍兴府志·物产志二》："玉版纸莹润如玉。"据苏轼诗及《绍兴府志》，唐宋时期似称剡纸为"玉版"。旧注云："成都浣花溪，造纸光滑，故名'玉版'。"不知何据。

⑨陈玄：墨的别称。墨色黑，存放年代越陈越佳，故称。陈玄为唐·韩愈所撰寓言《毛颖传》中的虚拟人物，代表墨。宋·孙奕《履斋示儿编·正误·陈玄》："陈者，久也；玄者，黑也。取其经久胶不败而黑者为最，故墨曰'陈玄'。"

⑩龙剂：墨的别称。唐玄宗用墨名"龙香剂"，简称"龙剂"。出处

见本篇"墨为松使者"条注。

⑪共笔砚：共用毛笔和砚台。谓在一起学习。亦指在一起学习的人。宋·叶适《赵清叔挽词》："昔我共笔砚，知君贤弟昆。"宋·陈亮《与勾熙载提举书》："今之君子，或少同笔砚，或二十年游从之旧，一旦贵贱少异，便如路人。"后世遂以"同砚席""共笔砚"，指在一起研讨诗文或同学。《北史·元晖传》："周文礼之，命与诸子游处，每同砚席，情契甚厚。"唐·刘禹锡《谢柳子厚寄叠石砚》诗："常时同砚席，寄此感离群。"

⑫同窗：在同一间教室的同一扇窗下读书，犹言同学。

⑬付衣钵，传道之称：语本《旧唐书·方伎传·神秀》："昔后魏末，有僧达摩者，本天竺王子，以护国出家，入南海，得禅宗妙法，云自释迦相传，有衣钵为记，世相付授。"中国禅宗初祖至五祖师徒间传授道法，常付衣钵为信。后遂以"付衣钵""传衣钵"指师徒间学艺上的继承。宋·王闢之《渑水燕谈录·贡举》："和鲁公凝，梁贞明三年薛廷珪下第十三人及第，后唐长兴四年知贡举，独爱范鲁公质程文，语范曰：'君文合在第一，暂屈居第十三人；用传老夫衣钵。'时以为荣。其后相继为相。当时有赠诗者曰：'从此庙堂添故事，登庸衣钵尽相传。'"

⑭笃志业儒，曰磨穿铁砚：语本《新五代史·晋臣传·桑维翰》："桑维翰，字国侨，河南人也。为人丑怪，身短而面长，常临鉴以自奇曰：'七尺之身，不如一尺之面。'慨然有志于公辅。初举进士，主司恶其姓，以'桑''丧'同音。人有劝其不必举进士，可以从佗求仕者，维翰慨然，乃著《日出扶桑赋》以见志。又铸铁砚以示人曰：'砚弊则改而佗仕。'卒以进士及第。晋高祖辟为河阳节度掌书记，其后常以自从。"五代时期，桑维翰因姓与"丧"谐音，屡次应试不中，于是铸了一个铁砚，发誓铁砚磨穿才放弃。后因以"磨穿铁砚"形容一心向学，持久不懈。亦用以形容笔墨功夫之

深。笃志，专心致志，立下坚定的志向。业儒，以儒学为志业。

⑮弃文就武，曰安用毛锥：语本《后汉书·班超传》："（班超）家贫，常为官佣书以供养。久劳苦，尝辍业投笔叹曰：'大丈夫无它志略，犹当效傅介子、张骞立功异域，以取封侯，安能久事笔研间乎？'"暨《旧五代史·汉书·史弘肇》："周太祖有镇邺之命，弘肇欲其兼领机枢之任，苏逢吉异其议，弘肇忿之。翌日，因窦贞固饮会，贵臣悉集，弘肇厉色举爵属周太祖曰：'昨晨廷论，一何同异！今日与弟饮此。'杨邠、苏逢吉亦举大爵曰：'此国家之事也，何足介意！'俱饮醯。弘肇又厉声言曰：'安朝廷，定祸乱，直须长枪大剑，至如毛锥子，焉足用哉！'三司使王章曰：'虽有长枪大剑，若无毛锥子，赡军财赋，自何而集？'弘肇默然，少顷而罢。"东汉班超投笔从戎，弃文就武，立功西域，封定远侯。五代时期的后汉大将史弘肇很看不起文人，说："安朝廷，定祸乱，有长枪大剑就足够了，至于什么毛锥子，能顶什么用！"毛锥，指毛笔，因为笔尖像锥子，俗称为"毛锥子""毛锥"。元·徐再思《蟾宫曲·江淹寺》："文藻珠玑，醉墨淋漓。何似班超，投却毛锥。"

⑯剑有干将、镆铘（mò yé）之名：语本《吴越春秋·阖闾内传·阖闾元年》："干将者，吴人也，与欧冶子同师，俱能为剑。越前来献三枚，阖闾得而宝之，以故使剑匠作为二枚：一曰干将，二曰莫耶（邪）。莫耶（邪），干将之妻也。干将作剑，采五山之铁精，六合之金英。候天伺地，阴阳同光，百神临观，天气下降，而金铁之精不销沦流，于是干将不知其由。莫耶（邪）曰：'子以善为剑闻于王，王使子作剑，三月不成，其有意乎？'干将曰：'吾不知其理也。'莫耶（邪）曰：'夫神物之化，须人而成，今夫子作剑，得无得其人而后成乎？'干将曰：'昔吾师作冶，金铁之类不销，夫妻俱入冶炉中，然后成物。至今后世，即山作冶，麻绖葌服，然后敢铸金于山。今吾作剑不变化者，其若斯耶？'莫耶（邪）曰：'师知烁身

以成物，吾何难哉！'于是干将妻乃断发剪爪，投于炉中，使童女童男三百人鼓橐装炭，金铁乃濡。遂以成剑，阳曰'干将'，阴曰'莫耶（邪）'。"干将、镆铘，即干将、莫邪。据《吴越春秋》，吴国有干将、莫邪夫妇善铸剑，曾为吴王阖闾铸阴阳剑，阳曰"干将"，阴曰"莫邪"。另据晋·干宝《搜神记》卷十一、《太平御览》卷三百四十三引《列异志》，楚人干将、莫邪夫妇为楚王铸雌、雄二剑，后遂以"干将""莫邪"代指名剑、宝剑。

⑰仁风：语出《世说新语·言语》："袁彦伯为谢安南司马，都下诸人送至濑乡。将别，既自凄惘，叹曰：'江山辽落，居然有万里之势。'"南朝梁·刘孝标注引《续晋阳秋》曰："袁宏，字彦伯，陈郡人，魏郎中令焕六世孙也。祖猷，侍中。父勖，临汝令。宏起家建威参军，安南司马记室。太傅谢安赏宏机捷辩速，自吏部郎出为东阳郡，乃祖之于冶亭，时贤皆集。安欲卒迫试之，执手将别，顾左右取一扇而赠之。宏应声答曰：'辄当奉扬仁风，慰彼黎庶。'合坐叹其要捷。性直亮，故位不显也。在郡卒。"《晋书·文苑传·袁宏》亦载。仁风，原指仁德之风，是古时美化帝王或地方长官的谀辞，言其恩泽如风之遍布。晋代袁宏出任东阳太守，谢安送他一把扇子，袁宏答谢说："一定会借您送的扇子播扬仁德之风，慰藉当地百姓。"后遂以"仁风"作为扇的雅称。便面：古代用以遮面的扇状物。《汉书·张敞传》："然敞无威仪，时罢朝会，过走马章台街，使御吏驱，自以便面拊马。"唐·颜师古注："便面，所以障面，盖扇之类也。不欲见人，以此自障面则得其便，故曰'便面'，亦曰'屏面'。今之沙门所持竹扇，上衺平而下圜，即古之便面也。"后称团扇、折扇为"便面"。

⑱箑（shà）：扇子。《方言》卷二："扇，自关而东谓之'箑'，自关而西谓之'扇'。"《说文解字》："箑，扇也。"西汉·刘安《淮南子》一书多次用此字。《精神训》："知冬日之箑、夏日之裘无用于己，

则万物之变为尘埃矣。"《说林训》:"中夏用箑,快之,至冬而不知去;褰衣涉水,至陵而不知下;未可以应变。"《人间训》:"小人不知祸福之门户,妄动而绠罗网,虽曲为之备,何足以全其身!譬犹失火而凿池,被裘而用箑也。"

⑲籁:古代的一种管乐器,三孔,似箫。《说文解字》:"籁,三孔籥也。大者谓之'笙',其中谓之'籁',小者谓之'箹'。"《尔雅·释乐》注:"箫,一名'籁'。"《史记·司马相如列传》:"拟金鼓,吹鸣籁。"南朝宋·裴骃集解:"籁,箫也。"引申指各种声音。《庄子·齐物论》:"女(通'汝')闻人籁而未闻地籁,女闻地籁而未闻天籁夫。……地籁则众窍是已,人籁则比竹是已,敢问天籁。"

【译文】

个人生活所需的各种用品,都是由各类工匠制作完成。只是因为各种物品均有其适用之处,所以对它们的称呼各不相同。

"管城子""中书君",都是毛笔的雅号;"石虚中""即墨侯",均为砚台的别称。

墨,又称"松使者";纸,别号"楮先生"。

纸的美称,有"剡藤",还有"玉版";墨的别名,有"陈玄",还有"龙剂"。

"共笔砚",指同学关系;"付衣钵",指师傅传道给弟子。

立定志向,以儒学为业,讲法是"磨穿铁砚";不做文人而从军习武,不妨说"安用毛锥"。

剑有"干将""镆铘"等别名,扇有"仁风""便面"等雅号。

什么是"箑"?答案是扇子的别名;"籁"指什么?原来是声音的泛称。

小舟名舴艋①,巨舰曰艨艟②。

金根,皇后之车③;菱花④,妇人之镜。

银凿落⑤,原是酒器;玉参差⑥,乃是箫名。

刻舟求剑，固而不通⑦；胶柱鼓瑟，拘而不化⑧。

斗筲，言其器小⑨；梁栋⑩，谓是大材。

铅刀无一割之利⑪，强弓有六石之名⑫。

【注释】

①舴艋（zé měng）：小船。《广雅·释水》："舴艋，舟也。"清·王念孙疏证："《玉篇》：'舴艋，小舟也。'小舟谓之'舴艋'，小蝗谓之'蚱蜢'，义相近也。"《南齐书·张敬儿传》："部伍泊沔口，敬儿乘舴艋过江，诣晋熙王燮。"舴艋，亦常写作"蚱蜢"。蚱蜢是一种常见小昆虫，蚱蜢舟是一种呈柳叶状的双仓小渔船。宋·李清照《武陵春》："只恐双溪蚱蜢舟，载不动许多愁。"

②艨艟（méng chōng）：亦作"蒙冲"。古代的一种战船，以生牛皮蒙船覆背，两厢开掣棹孔，左右有弩窗、矛穴。三国魏·曹操《营缮令》："诸私家不得有艨冲等船。"《资治通鉴·后梁纪·后梁均王贞明五年》："（贺瑰）以竹笮联艨艟十余艘，……横于河流，以断晋之救兵，使不得渡。"元·胡三省注："艨艟，即蒙冲，战舰也。"《后汉书·文苑传下·祢衡》："黄祖在蒙冲船上，大会宾客。"唐·李贤注引《释名》："外狭而长曰'蒙冲'，以冲突敌船。"

③金根，皇后之车：语本《后汉书·舆服志上》："太皇太后、皇太后法驾，皆御金根，加交络帐裳。"又，《新唐书·诸帝公主传》："赵国庄懿公主，始封武清。贞元元年，徙封嘉诚。下嫁魏博节度使田绪，德宗幸望春亭临饯。厌翟敝不可乘，以金根代之。公主出降，乘金根车，自主始。"东汉时期，太皇太后、皇太后乘金根车。唐代，自赵国庄懿公主始，公主出嫁亦乘金根车。金根，"金根车"的省称。以黄金为饰的车。帝后所乘。东汉·蔡邕《独断》卷下："上所乘曰'金根车'，驾六马，有五色安车、五色立车各一，皆驾四马，是为五时副车。"《后汉书·舆服志上》："秦并天下，阅三

代之礼，或曰殷瑞山车，金根之色。汉承秦制，御为乘舆，所谓孔子乘殷之路者也。"南朝梁·刘昭注："殷人以为大路，于是始皇作金根之车。殷曰'桑根'，秦改曰'金根'。《乘舆马赋》注曰：'金根，以金为饰。'"《旧唐书·舆服志》："金根车，朱质，紫油通幰，油画络带，朱丝网，常行则供之。"

④菱花：指菱花镜。古代铜镜多为六角形或背面刻有菱花，故名"菱花镜"。亦泛指镜。《赵飞燕外传》："飞燕始加大号婕妤，奏上三十六物以贺，有七尺菱花镜一奁。"唐·杨凌《明妃怨》诗："匣中纵有菱花镜，羞对单于照旧颜。"唐·李白《代美人愁镜》诗（其二）："狂风吹却妾心断，玉箸并堕菱花前。"

⑤凿落：亦作"凿络"。以镂镂金银为饰的酒盏。镂金者为"金凿络"，镂银者为"银凿落"。唐·白居易《送春》诗："银花凿落从君劝，金屑琵琶为我弹。"宋·叶廷珪《海录碎事·饮食器用部·饮器门》："湘楚人以盏斝中镂镂金渡者为金凿络。"

⑥玉参差：镶玉的无底排箫。一说即玉笙。唐·杜牧《望少华》之三："好伴羽人深洞去，月前秋听玉参差。"宋·姜夔《寄田郎》："翦烛屡呼金凿落，倚窗闲品玉参差。"箫长短不齐，故用"参差"指箫。语本《楚辞·九歌·湘君》："望夫君兮未来，吹参差兮谁思。"东汉·王逸章句："参差，洞箫也。"宋·洪兴祖补注："舜作箫，其形参差，像凤翼。"

⑦刻舟求剑，固而不通：典出《吕氏春秋·慎大览·察今》："楚人有涉江者，其剑自舟中坠于水，遽契其舟曰：'是吾剑之所从坠。'舟止，从其所契者入水求之。舟已行矣，而剑不行，求剑若此，不亦惑乎？"楚国有人坐船渡江，剑掉入江中，他在船上刻下记号，说："这是剑掉下去的地方。"船停驶时，他才沿着记号跳入河中找剑。后因以"刻舟求剑"喻拘泥成法，固执不知变通。契，一本作"刻"。

⑧胶柱鼓瑟，拘而不化：语本《史记·廉颇蔺相如列传》："王以名使

括,若胶柱而鼓瑟耳。括徒能读其父书传,不知合变也。"瑟是一种古乐器,柱是瑟上调节声音的短木,用胶把柱粘住以后,柱不能移动,就无法调弦,也就不能调节音的高低,故用"胶柱鼓瑟"比喻固执拘泥,不知变通。

⑨斗筲(shāo),言其器小:语本《论语·子路》:"子贡问曰:'何如斯可谓之士矣?'子曰:'行己有耻,使于四方,不辱君命,可谓士矣。'曰:'敢问其次。'曰:'宗族称孝焉,乡党称弟焉。'曰:'敢问其次。'曰:'言必信,行必果,硁硁然,小人哉!抑亦可以为次矣。'曰:'今之从政者何如?'子曰:'噫!斗筲之人,何足算也。'"朱子集注:"斗,量名,容十升。筲,竹器,容斗二升。斗筲之人,言鄙细也。"斗筲,斗与筲,均为容器。一斗容十升,筲是竹制容器,容一斗二升。因为都是量小的容器,往往比喻气量狭小或才识短浅。

⑩梁栋:通常作"栋梁",指能做房屋大梁的木料。比喻堪当大任的人才。东汉·赵晔《吴越春秋·勾践入臣外传》:"大夫文种者,国之梁栋,君之爪牙。"《晋书·和峤传》:"和峤,字长舆,汝南西平人也。祖洽,魏尚书令。父逌,魏吏部尚书。峤少有风格,慕舅夏侯玄之为人,厚自崇重。有盛名于世,朝野许其能整风俗,理人伦。袭父爵上蔡伯,起家太子舍人。累迁颍川太守,为政清简,甚得百姓欢心。太傅从事中郎庾颙见而叹曰:'峤森森如千丈松,虽磥砢多节目,施之大厦,有栋梁之用。'"

⑪铅刀无一割之利:语本《后汉书·班超传》:"况臣奉大汉之威,而无铅刀一割之用乎?"铅刀因为不锋利,很难割断东西。偶尔运用得当,也能割断东西。比喻钝驽无能,但是还可一用。出于骈文对偶的需要,反用成语"铅刀一割"。

⑫强弓有六石之名:语本《南史·羊侃传》:"侃少雄勇,膂力绝人,所用弓至二十石,马上用六石弓。"南朝梁人羊侃臂力过人,在马

上能用六石弓。六石弓，是一种极强劲的弓。古代以三十斤为钧，四钧为石；"六石弓"即需七百二十斤拉力才能拉开的弓。

【译文】

小舟，又名"蚱蜢"；巨舰，也叫"艨艟"。

"金根"，是皇后出行所乘之车；"菱花"，是女人梳妆所用之镜。

"银凿落"，原是酒杯的别名；"玉参差"，是排箫的雅号。

"刻舟求剑"，形容固执而不知变通；"胶柱鼓瑟"，比喻拘泥而不懂变化。

"斗筲"，形容器量狭小；"梁栋"，比喻才干超群。

铅制刀具，欠缺切割物品所需的锋利，因此"铅刀"指无用之人；古代强弓，号称需六石之力方能拉开，因此有"六石"这一名号。

杖以鸠名，因鸠喉之不噎①；钥同鱼样，取鱼目之常醒②。

兜鍪③，系是头盔；叵罗④，乃为酒器。

短剑名匕首⑤，毡毯曰氍毹⑥。

琴名绿绮、焦桐⑦，弓号乌号、繁弱⑧。

香炉⑨，曰宝鸭⑩；烛台，曰烛奴⑪。

龙涎、鸡舌⑫，悉是香名；鹢首、鸭头⑬，别为船号。

寿光客⑭，是妆台无尘之镜；长明公⑮，是梵堂不灭之灯⑯。

【注释】

①杖以鸠名，因鸠喉之不噎：语本《后汉书·礼仪志中》："仲秋之月，县道皆案户比民。年始七十者，授之以王（玉）杖，铺之糜粥。八十九十，礼有加赐。王（玉）杖长九尺，端以鸠鸟为饰。鸠者，不噎之鸟也。欲老人不噎。是月也，祀老人星于国都南郊老人庙。"又，《艺文类聚（卷九十二）·鸟部下·鸠》："《风俗通》曰：

俗说高祖与项羽战，败于京索，遁丛薄中，羽追求之，时鸠正鸣其上，追者以鸟在无人，遂得脱，及即位，异此鸟，故作鸠杖，以赐老者。按，少皡五鸠，鸠者聚，聚民也。周礼罗氏，献鸠养老。汉无罗氏，故作鸠杖以扶老。”古时尊老，朝廷赐给老人以玉鸠为饰的手杖。据说鸠吃东西不会噎食，杖端以鸠为饰，是希望老人进食时不被噎住。

②钥同鱼样，取鱼目之常醒：语本唐·丁用晦《芝田录》：“门钥必以鱼者，取其不瞑目守夜之义。”丁氏书已逸，但宋人著作多有引用此条者，如曾慥《类书》卷十一、阙名《锦绣万花谷》卷八、史容《山谷外集诗注》卷六、李壁《王荆公诗注》卷二十一。古代的锁仿照鱼的外形，据说是因为鱼常睁着眼，以提醒人们注意。

③兜鍪（móu）：古代战士戴的头盔。秦汉以前称“胄”，后叫“兜鍪”。《东观汉记·马武传》：“（武）身被兜鍪铠甲，持戟奔击。”

④叵罗：西域语音译。当地的一种饮酒器，口敞底浅。亦泛指酒杯。《北齐书·祖珽传》：“神武宴僚属，于坐失金叵罗，窦泰令饮酒者皆脱帽，于珽髻上得之。”唐·李白《对酒》诗：“蒲萄酒，金叵罗，吴姬十五细马驮。”

⑤短剑：短小的剑。匕首之类。《史记·刺客列传》：“桓公与庄公既盟于坛上，曹沫执匕首劫齐桓公。”唐·司马贞索隐：“刘氏云‘短剑也’。《盐铁论》以为长尺八寸，其头类匕，故云‘匕首’也。”《汉书·邹阳传》“匕首窃发”，唐·颜师古注：“匕首，短剑也。其首类匕，便于用也。”

⑥氍毹（qú shū）：一种毛织或毛与其他材料混织的毯子。可用作地毯、壁毯、床毯等。旧时演剧用红氍毹铺地，遂用以为歌舞场、舞台的代称。

⑦绿绮：古琴名。为西汉司马相如所有。后亦泛指好琴。晋·傅玄《琴赋》序：“齐桓公有鸣琴曰‘号钟’，楚庄有鸣琴曰‘绕梁’，中世

司马相如有琴曰'绿绮',蔡邕有琴曰'焦尾',皆名器也。"唐·李白《听蜀僧濬弹琴》诗:"蜀僧抱绿绮,西下峨眉峰。"焦桐:古琴名。相传为东汉蔡邕用烧焦的桐木所制。后亦泛指好琴。《后汉书·蔡邕传》:"吴人有烧桐以爨者,邕闻火烈之声,知其良木,因请而裁为琴,果有美音,而其尾犹焦,故时人名曰'焦尾琴'焉。"唐·张祜《思归引》:"焦桐弹罢丝自绝,漠漠暗魂愁夜月。"

⑧乌号:古代良弓名。屡见于《淮南子》《史记》等汉代文献。一说为黄帝之弓,一说为柘枝弓。前说见《史记·封禅书》:"黄帝采首山铜,铸鼎于荆山下。鼎既成,有龙垂胡髯下迎黄帝。黄帝上骑,群臣后宫从上者七十余人,龙乃上去。余小臣不得上,乃悉持龙髯,龙髯拔,堕,堕黄帝之弓。百姓仰望黄帝既上天,乃抱其弓与胡髯号,故后世因名其处曰'鼎湖',其弓曰'乌号'。"黄帝乘龙上天而堕其弓,百姓抱弓号哭,故名其弓"乌号"。后说见东汉·应劭《风俗通义·正失》:"乌号弓者,柘桑之林,枝条畅茂,乌登其上,下垂着地,乌适飞去,后从拨杀。取以为弓,因名'乌号'耳。"应劭之说,乃专为破司马迁而发。学者多从之。《太平御览(卷九百五十八)·木部七·柘》引《古史考》曰:"柘木枝长而乌集,将飞,柘弹乌,乌乃号呼。以柘为弓,故称'乌号弓'。"又引三国蜀·谯周曰:"野柘枝劲。乌集之,飞起,直辕之,乌乃惊号。伐取为弓,故称'乌号弓'。"《淮南子·原道训》:"射者扞乌号之弓,弯棊卫之箭,重之羿、逢蒙子之巧,以要飞鸟,犹不能与罗者竞多。"东汉·高诱注并引《史记·封禅书》与《风俗通义》二说,而列《风俗通义》之说于前。繁弱:古良弓名。为夏代诸侯封父所造,周灭商而得之,赐予鲁公伯禽。《左传·定公四年》:"分鲁公以大路、大旆,夏后氏之璜,封父之繁弱。"晋·杜预注:"封父,古诸侯也。繁弱,大弓名。"《荀子·性恶》:"繁弱、钜黍,古之良弓也。"《文选·司马相如〈子虚赋〉》:"左乌号之雕弓,右夏服

之劲箭。"唐·李善注引三国魏·张揖曰:"黄帝乘龙上天,小臣
不得上,挽持龙须,须拔堕黄帝弓,臣下抱弓而号,名'乌号'也。"
引东汉·服虔曰:"服,盛箭器也。夏后氏之良弓名'繁弱',其矢
亦良。即繁弱箭服,故曰'夏服'也。"后世遂以"繁弱"为良弓名。

⑨香炉:古代焚香的器具。用陶瓷或金属制作成种种形式。其用
途亦有多种,或熏衣、或陈设、或敬神供佛。东汉·卫宏《汉官旧
仪》卷上:"给尚书郎伯二人,女侍史二人,皆选端正者从直。伯
送至止车门还,女侍史执香炉烧熏,从入台护衣。"

⑩宝鸭:唐宋时期,香炉多仿造鸭型制造,因称香炉为"宝鸭"。
唐·孙鲂《夜坐》诗:"划多灰杂苍虬迹,坐久烟消宝鸭香。"
宋·秦观《沁园春》:"愁绝处,又香销宝鸭,灯晕兰煤。"

⑪烛奴:语出五代·王仁裕《开元天宝遗事·烛奴》:"申王亦务奢
侈,盖时使之然。每夜中与诸王贵戚聚宴,以龙檀木雕成烛发童
子,衣以绿衣袍,系之束带,使执画烛列立于宴席之侧,目为'烛
奴'。诸宫贵戚之家皆效之。"原为雕刻成人形的烛台,后泛指
烛台。

⑫龙涎:"龙涎香"之省称。实为抹香鲸病胃的分泌物(古人不知,
以为龙涎),类似结石,从鲸体内排出,漂浮海面或冲上海岸。为
黄、灰乃至黑色的蜡状物质,香气持久,是极名贵的香料。宋代
上流社会崇尚龙涎香。宋·陈敬《香谱》卷一"龙涎香"条,引
宋·叶廷珪云:"龙涎出大食国,其龙多蟠伏于洋中之大石,卧而
吐涎,涎浮水面,人见乌林上异禽翔集,众鱼游泳争嚼之,则众
取焉。然龙涎本无香,其气近于臊。白者如百药,煎而腻理。黑
者亚之。如五灵脂而光泽,能发众香,故多用之以和香焉。"引
宋·潜斋云:"龙涎如胶,每两与金等。舟人得之则巨富矣。"又
引宋·温子皮云:"真龙涎,烧之,置杯水于侧,则烟入水。假者,
则散。"宋人诗文亦多以"龙涎"代指香。宋·苏轼《过子忽出

新意以山芋作玉糁羹》诗："香似龙涎仍酽白,味如牛乳更全清。"宋·秦观《浣溪沙》："恼人香蓺是龙涎。"鸡舌:"鸡舌香"之省称,即丁香。因丁香结子如丁(钉),故名"丁香"。又因丁香子可剖分为二,状如鸡舌,故又名"鸡舌香"。古代尚书上殿奏事,口含此香。《初学记》卷十一引东汉·应劭《汉官仪》:"尚书郎含鸡舌香,伏奏事,黄门郎对揖跪受,故称尚书郎怀香握兰,趋走丹墀。"《太平御览(卷二百十九)·职官部十七》引应劭《汉官仪》曰:"侍中乃存年耆口臭,上出鸡舌使含之。鸡舌香,颇小,辛螫,不敢咀咽。自嫌有过,得赐毒药,归舍辞诀,欲就便宜。家人哀泣,不知其故。赖僚友诸贤问其愆失,求视其药及口香,共笑之。更为吞食,其意遂解。"鸡舌香(丁香)为传统中药,古医书多载。宋·陈敬《香谱》卷一"鸡舌香"条,引《唐本草》云:"出昆仑国及交广以南。树有雌雄,皮叶并似栗,其花如梅,结实似枣核者,雌树也,不入香用。无子者,雄树也。采花酿以成香。香微温,主心痛恶疮,疗风毒,去恶气。""丁香"条,引《开宝本草注》云:"生广州,树高丈余,凌冬不凋,叶似栎,而花圆细,色黄。子如丁,长四五分,紫色中有粗大长寸许者,俗呼为'母丁香'。击之则顺理拆,味辛,主风毒诸肿。能发诸香,及止心疼、霍乱、呕吐,甚验。"又引宋·叶廷珪云:"丁香,一名'丁子香',以其形似丁子也。鸡舌香,丁香之大者,今所谓'丁香母'是也。"明·周嘉胄《香乘》卷二"鸡舌香即丁香"条,引唐·陈藏器曰:"鸡舌香与丁香同种,花实丛生。其中心最大者为鸡舌,击破有顺理而解为两向如鸡舌,故名。乃是母丁香也。"宋·沈括《梦溪笔谈·药议》:"《予集灵苑方》论鸡舌香以为丁香母,盖出陈氏拾遗。今细考之,尚未然。按《齐民要术》云:'鸡舌香,世以其似丁子,故一名"丁子香"。即今丁香是也。'日华子云:'鸡舌香治口气,所以三省故事:郎官日含鸡舌香,欲其奏事对答,其气芬芳。'此正谓丁香治口气。至今方书为然。又古方五香连翘汤,用鸡舌香。《千金》五香连翘汤,无鸡舌香,却有丁香。此最为明验。《新补本草》又出丁香一条,盖不曾深考也。今世所用鸡舌香,乳香中得之,大如山茱萸,剉开。中如枣核,略无气味。以治疾,殊极乖谬。"沈括考辨鸡舌香即丁香,最为用力。

⑬鹢(yì)首:代指船。古代常画鹢鸟于船头,故称。《淮南子·本经训》:"龙舟鹢首,浮吹以娱。"东汉·高诱注:"鹢,大鸟也,画其象着船首,故曰'鹢首'。"鹢,水鸟名。宋·罗愿《尔雅翼》:"鹢,水鸟也。……善高飞,能风能水,古者天子舟首象鹢,所以厌水神。"鸭头:鸭头船是一种船头如鸭头形的大船,相传为三国时期吴国诸葛恪所创。《初学记(卷二十五)·器物部·舟》引《吴志》曰:"太傅诸葛恪制为鸭头船。"

⑭寿光客:镜子的雅称。唐·司空图仿唐·韩愈《毛颖传》作《容城侯传》,以镜拟人,谓唐蜀郡人金炯以明察,被封为容城侯,奉朝请,进号"寿光先生"。后世因称镜为"寿光先生""寿光客"。司空图《容城侯传》见收于宋·姚铉所编《唐文粹》;宋·谢维新《古今合璧事类备要》亦具录全文。元·任士林仿唐·司空图撰《寿光先生传》,收于《松乡集》。旧注云:"(隋)御史王度有宝镜,时蒲陕间大疫,度令人持镜照之,病者皆愈。度因作《古镜记》,称为'寿光先生'。"按,今传世本王度《古镜记》载大业九年(613)冬,王度"以御史带芮城令,持节河北道,开仓粮赈给陕东。时天下大乱,百姓疾病,蒲陕之间病疫尤甚",有令人持镜照之,病者皆愈事;然通篇无称镜为"寿光先生"文。恐旧注误记。

⑮长明公:佛堂长明灯之雅称。《太平广记(卷三百七十三)·精坚六·杨祯》录唐·李玫著《纂异记》一则,说进士杨祯在昭应县石瓮寺文殊院寺读书,遇见一个红衣女子,善吟诗,自称"西明夫人",述其十四代祖在汉朝因弘扬佛教被封为"长明公"。此红衣

女子原是西边经幢里一盏油灯。后遂以"长明公"指佛堂长明灯。长明灯，指昼夜不息的油灯。旧多用于供佛或敬神。唐·刘𫗧《隋唐嘉话》卷下："江宁县寺有晋长明灯，岁久，火色变青而不热。隋文帝平陈，已讶其古，至今犹存。"

⑯梵堂：佛堂。

【译文】

拐杖取名"鸠杖"，因为斑鸠吃食不噎喉，用以祝福老人平安；锁钥制成鱼形，因为鱼眼睛总是睁着，表明警醒守护之意。

"兜鍪"，就是头盔；"叵罗"，则指酒杯。

短剑，又名"匕首"；毡毯，也叫"氍毹"。

琴的别名，有"绿绮""焦桐"；弓的雅号，有"乌号""繁弱"。

鸭形香炉，称"宝鸭"；人形烛台，叫"烛奴"。

"龙涎""鸡舌"，都是香的名称；"鹢首""鸭头"，均为船的别号。

"寿光客"，是妆台上一尘不染的宝镜；"长明公"，是佛堂里永不熄灭的明灯。

桔槔①，是田家之水车②；袯襫③，是农夫之雨具。

乌金④，炭之美誉；忘归⑤，矢之别名。

夜可击，朝可炊，军中刁斗⑥；《云汉》热，《北风》寒，刘褒画图⑦。

勉人发愤，曰猛着祖鞭⑧；求人宥罪⑨，曰幸开汤网⑩。

拔帜立帜，韩信之计甚奇⑪；楚弓楚得，楚王所见未大⑫。

董安于性缓，常佩弦以自急；西门豹性急，常佩韦以自宽⑬。

汉孟敏尝堕甑不顾，知其无益⑭；宋太祖谓犯法有剑，正欲立威⑮。

【注释】

①桔槔（jié gāo）：古代一种井上汲水工具。在井旁架上设杠杆，一端系汲器，一端悬绑石块等重物，用不大的力量即可将灌满水的汲器提起。《庄子·天运》："且子独不见夫桔槔者乎，引之则俯，舍之则仰。"唐·成玄英疏："桔槔，挈水木也。人牵引之则俯下，舍放之则仰上。"

②水车：旧式灌溉机械。用人或畜力作为动力，通过管、筒、水槽等机件将水上提。宋·陆游《入蜀记》卷一："妇人足踏水车，手犹绩麻不置。"《宋史·河渠志五》："地高则用水车汲引，灌溉甚便。"

③袯襫（bó shì）：指古时农夫穿的蓑衣，可以防雨。《国语·齐语六》："首戴茅蒲，身衣袯襫，沾体涂足，暴其发肤，尽其四支之敏，以从事于田野。"三国吴·韦昭注："茅蒲，簦笠也。袯襫，蓑薜衣也。"

④乌金：煤炭的雅名。旧注引唐·孟郊诗："青山白屋有仁人，赠炭价重双乌金。"按，孟郊《答友人赠炭诗》，不作"乌金"而作"乌银"。乌银，是一种用硫黄熏炙和特殊方法熔铸的黑色的银。明·李时珍《本草纲目·金石一·银》（附录）"乌银"引唐·陈藏器曰："今人用硫黄薰银，再宿泻之，则色黑矣。工人用为器，养生者以器煮药。兼于庭高一二丈处，夜承露醴饮之，长年辟恶。"宋人诗文，惯用"乌银"代指炭。谢逅《复用前韵示内》："仍甘作诗穷，乌银以喻炭。"杨万里《雪晚舟中生火》诗其一："乌银见火生绿雾，便当水沉一浓炷。"其二："乌银玉质金石声，见火忽学爆竹鸣。"明清诗文，则惯用"乌金"代指炭。明·于谦《咏煤炭》诗："凿开混沌得乌金，藏蓄阳和意最深。"明·吴宽《又喜廷式夜访》诗："乌金屡爇销寒气，红蜡频烧避月光。"清·陈维崧《满江红·拥炉》："炙尽乌金、销不了，鬓丝微雪。"明清诗文之"乌金"，即宋人诗文之"乌银"。

⑤忘归，矢之别名：忘归，为良箭名。以一去不复返，故称。《公孙龙子·迹府》：“龙闻楚王张繁弱之弓，载忘归之矢，以射蛟兕于云梦之圃。”《文选·嵇康〈赠秀才入军〉》：“左揽繁弱，右接忘归。”唐·李周翰注：“忘归，矢名。”此句“忘归”，李光明庄本作“亡归”，据语典及他本改。

⑥刁斗：古代的一种军用器具。又名“金柝”“焦斗”。铜质，有柄，能容一斗。军中白天可供一人烧饭，夜间敲击以巡更。《史记·李将军列传》：“不击刁斗以自卫。”南朝宋·裴骃集解：“孟康曰：以铜作镶器，受一斗，昼炊饭食，夜击持行，名曰‘刁斗’。”

⑦《云汉》热，《北风》寒，刘褒画图：语本唐·张彦远《历代名画记》：“刘褒，汉桓帝时人。曾画《云汉图》，人见之觉热。又画《北风图》，人见之觉凉。官至蜀郡太守。（见孙畅之《述画记》及张华《博物志》云）。”张华《博物志》（逸文）记载东汉刘褒画《云汉图》，观者都感到热，又画《北风图》，观者都感到凉意。刘褒，东汉人。汉桓帝时曾任蜀郡太守。善画。画鸟鹊酷似真禽。所绘《云汉图》，见者觉热；所作《北风图》，见者觉寒。云汉，语本《诗经·大雅·云汉》：“倬彼云汉，昭回于天。”东汉·郑玄笺：“时旱渴雨，故宣王夜仰视天河，望其候焉。”后因以“云汉”为炎暑干旱之喻。

⑧祖鞭：即“祖生鞭”。语出《世说新语·赏誉下》：“刘琨称祖车骑为朗诣。”南朝梁·刘孝标注引晋·虞预《晋书》：“刘琨与亲旧书曰：‘吾枕戈待旦，志枭逆虏，常恐祖生先吾着鞭（挥鞭打马使疾驰）耳。’”两晋之际，刘琨志在恢复中原，他在写给朋友的信里说：“我时刻准备战斗，志在剿灭逆贼，唯恐祖逖比我先行动呢。”后因以“祖生鞭”为勉人努力进取的典故。唐·李白《赠宣城宇文太守兼呈崔侍御》诗：“多逢剿绝儿，先着祖生鞭。”

⑨宥（yòu）罪：赦免罪过，饶恕罪行。《周易·解卦》：“象曰：雷雨

作,解,君子以赦过宥罪。"唐·孔颖达疏:"过轻则赦,罪重则宥,皆解缓之义也。"

⑩汤网:典出《吕氏春秋·孟冬纪·异用》:"汤见祝网者置四面。其祝曰:'从天坠者,从地出者,从四方来者,皆离吾网。'汤曰:'嘻,尽之矣,非桀其孰为此也!'汤收其三面,置其一面,更教祝曰:'昔蛛蝥作网罟,今之人学纾。欲左者左,欲右者右,欲高者高,欲下者下,吾取其犯命者。'汉南之国闻之,曰:'汤之德及禽兽矣。'四十国归之。"又,《史记·殷本纪》:"汤出,见野张网四面,祝曰:'自天下四方皆入吾网。'汤曰:'嘻,尽之矣!'乃去其三面,祝曰:'欲左,左。欲右,右。不用命,乃入吾网。'诸侯闻之,曰:'汤德至矣,及禽兽。'"商汤见人捕鸟,四面用网围住,认为太过赶尽杀绝,命其去掉三面,只留一面。天下诸侯听说后,都赞叹商汤仁及禽兽,诚心归附。后因以"汤网"泛言刑政宽大。

⑪拔帜立帜,韩信之计甚奇:语本《史记·淮阴侯列传》:"平旦,信建大将之旗鼓,鼓行出井陉口,赵开壁击之,大战良久。于是信、张耳详弃鼓旗,走水上军。水上军开入之,复疾战。赵果空壁争汉鼓旗,逐韩信、张耳。韩信、张耳已入水上军,军皆殊死战,不可败。信所出奇兵二千骑,共候赵空壁逐利,则驰入赵壁,皆拔赵旗,立汉赤帜二千。赵军已不胜,不能得信等,欲还归壁,壁皆汉赤帜,而大惊,以为汉皆已得赵王将矣,兵遂乱,遁走,赵将虽斩之,不能禁也。于是汉兵夹击,大破虏赵军,斩成安君泜水上,禽赵王歇。"秦汉之际,韩信带兵与赵国交战,命人趁敌军倾巢而出之际冲入敌人阵地,将对方旗帜拔掉,插上己方旗帜,致使敌方以为阵地丢失,军心动摇而大败。韩信,西汉开国功臣,著名军事家。见前《武职》篇"韩信将兵,多多益善"条注。

⑫楚弓楚得,楚王所见未大:语本《公孙龙子·迹府》:"龙闻楚王张繁弱之弓,载忘归之矢,以射蛟兕于云梦之圃,而丧其弓。左右

请求之。王曰：'止。楚人遗弓，楚人得之，又何求乎？'仲尼闻之曰：'楚王仁义而未遂也。亦曰人亡弓，人得之而已，何必楚？'"楚王的弓丢失了，手下人要去找，楚王制止说："楚人丢失了弓，还不是楚人拾到了，何必去找呢？"孔子听后，说任何人捡到都可以，不必一定非得是楚人。楚王虽然有仁义之心，但可惜没有达到很高的境界。《孔子家语·好生》亦载，而文字略有出入。

⑬"董安于性缓"四句：语本《韩非子·观行》："西门豹之性急，故佩韦以自缓；董安于之性缓，故佩弦以自急。"《韩非子》书里说，西门豹因为性子太急，常佩带着牛皮绳以提醒自己要放松；董安于因为性子太缓，常佩着弓弦以提醒自己保持紧张亢奋的精神状态。《文选·任昉〈王文宪集序〉》："夷雅之体，无待韦弦。"唐·李善注："韦，皮绳，喻缓也；弦，弓弦，喻急也。……言王公平雅之性，无待此韦弦以成也。""佩韦"的"韦"，指熟牛皮做的绳子，富有弹性，可以拉伸。"佩弦"的"弦"，指弓弦，绷得很紧。董安于（？—前496），又称"董阏于"，春秋末晋国人，是晋卿赵鞅的心腹家臣，古晋阳城的始创者。西门豹，战国初期魏国人。性急，常佩韦以自戒。魏文侯时为邺令。初，邺人为水患所苦，地方豪吏与巫祝勾结，以河伯娶妇愚弄人民。豹至邺，废之。兴建水利，开凿十二支渠，引漳河水灌田，改良土壤，发展生产。并实行寓兵于农、存粮于民等措施。

⑭汉孟敏尝堕甑（zèng）不顾，知其无益：语本《后汉书·郭太传（附孟敏）》："孟敏字叔达，钜鹿杨氏人也。客居太原。荷甑堕地，不顾而去。林宗见而问其意。对曰：'甑以破矣，视之何益？'林宗以此异之，因劝令游学。十年知名，三公俱辟，并不屈云。"东汉孟敏有一次扛着饭甑走在路上，饭甑掉到地上，他都没回头看一眼就走了。郭太（字林宗）问他这是为什么。他说："饭甑已经摔破了，回头看它有用吗？"孟敏，字叔达，东汉后期钜鹿杨氏

（今河北宁晋）人。性刚直有决断。为名士郭太所赏识。甑，古代炊具。底部有许多透蒸汽的小孔，放在鬲上蒸煮食物。初期或为陶器，后为木器，即饭甑，形似木桶，用以蒸饭。此句"尝"字，李光明庄本作"常"，据语典及他本改。

⑮宋太祖谓犯法有剑，正欲立威：语本宋太祖赵匡胤与内臣李承进论后唐庄宗败亡教训所云"若犯吾法，惟有剑耳"。宋太祖此圣训，为有宋各种文献广为征引，见于李心传《建炎以来系年要录》卷一百二十、陈均《九朝编年备要》卷二、李焘《续资治通鉴长编》卷十二、彭百川《太平治迹统类》卷三十、吕中《宋大事记讲义》卷三、章如愚《群书考索》后集卷四十一、曾巩《元丰类稿》卷四十九、洪咨夔《平斋集》卷八、张方平《乐全集》卷十八等。明·丘濬《大学衍义补》亦引之。兹引《续资治通鉴长编》卷十二（宋太祖开宝四年）："时内臣有左飞龙使李承进者，逮事后唐。上问曰：'庄宗以英武定中原，享国不久，何也？'承进曰：'庄宗好田猎，务姑息将士，每出次近郊，禁兵卫卒必控马首，告曰："儿郎辈寒冷，望与救接。"庄宗即随其所欲给之。如此非一。失于禁戢，因而兆乱。盖威令不行，赏赉无节也。'上抚髀叹曰：'二十年夹河战争，取得天下，不能用军法约束此辈，纵其无厌之求，以兹临御，诚为儿戏。朕今抚养士卒，固不吝惜爵赏；若犯吾法，惟有剑耳！'"

【译文】

"桔橰"，是农夫汲水的工具；"被襆"，是农夫遮雨的蓑衣。

"乌金"，是炭的美誉；"忘归"，是箭的别名。

军队中的"刁斗"，夜晚可用来敲打巡更，白天可用来煮饭烧菜；刘褒擅长作画，《云汉图》让观众觉得热，《北风图》令大家感到冷。

劝勉别人发愤，可用"猛着祖鞭"这一成语；请求别人恕罪，多用"幸开汤网"这一说法。

拔掉敌军旗帜，换上自家旗号，韩信的计谋真是高妙；认为楚人丢弓，终归楚人拾得，楚王的见识不算远大。

董安于性格不温不火，故而经常佩带弓弦让自己精神紧张；西门豹脾气急躁冲动，所以每每佩带牛皮使自己情绪稳定。

汉代孟敏曾失手摔破饭甑却看都不看就走，因为知道看也没用；宋太祖说对待犯法之人应该亮剑严惩，正是为了竖立威信。

王衍清谈，常持麈拂①；横渠讲《易》，每拥皋比②。

尾生抱桥而死，固执不通③；楚妃守符而亡，贞信可录④。

温峤昔燃犀，照见水族之鬼怪⑤；秦政有方镜，照见世人之邪心⑥。

车载斗量之人，不可胜数⑦；南金东箭之品，实是堪奇⑧。

传檄可定⑨，极言敌之易破；迎刃而解⑩，甚言事之易为。

以铜为鉴，可正衣冠；以古为鉴，可知兴替⑪。

【注释】

①王衍清谈，常持麈（zhǔ）拂：语本《世说新语·容止》："王夷甫容貌整丽，妙于谈玄，恒捉玉柄麈尾，与手都无分别。"西晋名士王衍清谈时，喜欢手执玉柄麈尾。王衍（256—311），字夷甫，西晋琅邪临沂（今山东临沂）人。王戎从弟。初为太子舍人。累迁黄门侍郎。妙善玄言，喜谈老庄，义理不安，随即更改，时人称为"口中雌黄"。赵王伦杀贾后，王衍以贾氏戚党被禁锢。及赵王伦篡位，王衍佯狂斫婢以自免。"八王之乱"中累居显职，官至尚书令、司空、太尉。不以经国为念，专谋自保。司马越以为太傅军司。晋怀帝永嘉五年（311），司马越卒，王衍为石勒所俘，因劝石勒称帝，欲求自免，被石勒所杀。清谈，清雅的谈论。特指魏晋时

期崇尚老庄,空谈玄理的风气。亦称"玄谈"。清谈重心集中在有无、本末之辨。始于三国魏何晏、夏侯玄、王弼等,至晋王衍辈而益盛,延及齐梁而不衰。麈拂,用麈的尾毛做的拂尘,古人执以驱虫、掸尘。在细长的木条两边及上端插设兽毛,或直接让兽毛垂露外面,类似马尾松。因古代传说麈迁徙时,以前麈之尾为方向标志,故称。古人清谈时必执麈尾拂尘,相沿成习,为名流雅器,不谈时,亦常执在手。麈,即"麋鹿",俗称"四不像"。

②横渠讲《易》,每拥皋比(pí):语本《宋史·道学传·张载》:"尝坐虎皮讲《易》京师,听从者甚众。一夕,二程至,与论《易》,次日语人曰:'比见二程,深明《易》道,吾所弗及,汝辈可师之。'撤坐辍讲。"宋代大儒张载曾坐虎皮垫主讲《周易》,听众甚多。后来与二程(程颢、程颐)兄弟谈论《周易》,心悦诚服,便撤去讲席,让大家追随二程兄弟学习。张载"勇撤皋比"事,在宋代广为流传。宋·朱熹《六先生画像赞·横渠先生》:"早悦孙吴,晚逃佛老。勇撤皋比,一变至道。精思力践,妙契疾书。订顽之训,示我广居。"宋·谢维新《古今合璧事类备要》卷五十六:"尹彦明云:'横渠昔在京师,坐虎皮说《周易》,听从甚众。一夕,二程先生至,论易。次日,横渠曰:"吾平日为诸公说者,皆乱世耳。二程近至,深明《易》道,吾所弗及,汝辈可师之。"'故朱文公作《横渠赞》云'勇撤皋比'。"横渠,指北宋理学家张载。张载(1020—1078),字子厚,祖籍大梁(今河南开封),后徙家凤翔郿县(今陕西眉县)横渠镇,世称"横渠先生"。少喜谈兵,至欲结客取逃西地。范仲淹劝读《中庸》,乃博览群书,而反求之"六经"。讲《易》京师,遇程颐兄弟,以为不及,于是撤坐辍讲,尽弃异学。登宋仁宗嘉祐二年(1057)进士,授祁州司法参军,调丹州云岩令。迁著作佐郎,签书渭州军事判官。宋神宗熙宁二年(1069),除崇文院校书。次年移疾。十年(1077)春,复召还馆,同知太常

礼院。同年冬告归,十二月乙亥卒于道中,年五十八。门人欲谥明诚,后定谥献。宋宁宗嘉定十三年(1220),赐谥明公。其学以《易》为宗,以《中庸》为体,以孔孟为法。讲学关中,传其学者称为"关学"。代表作有《正蒙》《易说》等。有《崇文集》十卷《郡斋读书志》卷四下,已佚。事见《张子全书》卷十五附宋·吕大临《横渠先生行状》,《宋史》卷四百二十七有传。皋比,虎皮。《左传·庄公十年》:"自雩门窃出,蒙皋比而先犯之。"晋·杜预注:"皋比,虎皮。"唐·孔颖达疏:"《乐记》云:倒载干戈,包之以虎皮,名之曰'建櫜'。郑玄以为兵甲之衣曰'櫜'。櫜,韬也。而其字或作'建皋'。"古人坐虎皮讲学,后因以"皋比"指讲席,以"坐拥皋比"指任教。

③尾生抱桥而死,固执不通:语本《庄子·盗跖》:"尾生与女子期于梁下,女子不来,水至不去,抱梁柱而死。"尾生与女友相约在桥下见面,女友不至而河水暴涨,尾生抱着桥柱苦苦等候而不肯离开,最终被淹死。后以"尾生抱柱"为坚守信约的典故。亦用以比喻死守陈规而不知变通。清·赵翼《瓯北诗话·苏东坡诗》:"若反以新为嫌,是必拾人牙后,人云亦云;否则抱柱守株,不敢逾限一步,是尚得成家哉!""尾生抱柱"的故事,先秦时期即已流传,秦汉之际被各种典籍广泛引用。《庄子》之外,《韩非子》(守道)、《战国策》(燕策·人有恶苏秦于燕王者)、《淮南子》(氾论训、说山训、说林训)、《史记》(苏秦列传)亦言之。尾生,即《汉书·古今人表》中的尾生高。唐·颜师古注云:"即微生高也。"唐·陆德明释文:"尾生,一本作'微生'。"微生高,春秋时鲁国武城(今山东平邑南)人。以正直闻名。但孔子说微生高不正直,有人向其讨点醋,便向邻居索讨给人。《论语·公冶长》:"子曰:'孰谓微生高直?或乞醯焉,乞诸其邻而与之。'"固执不通,坚持己见,而不知灵活变通。

④楚妃守符而亡，贞信可录：语本《列女传·贞顺传·楚昭贞姜》：
"贞姜者，齐侯之女，楚昭王之夫人也。王出游，留夫人渐台之上
而去。王闻江水大至，使使者迎夫人，忘持其符，使者至，请夫人
出。夫人曰：'王与宫人约，令召宫人必以符。今使者不持符，妾
不敢从使者行。'使者曰：'今水方大至，还而取符，则恐后矣。'夫
人曰：'妾闻之：贞女之义不犯约，勇者不畏死，守一节而已。妾
知从使者必生，留必死。然弃约越义而求生，不若留而死耳。'于
是使者取符，则水大至，台崩，夫人流而死。王曰：'嗟夫！守义
死节，不为苟生，处约持信，以成其贞。'乃号之曰'贞姜'。君子
谓贞姜有妇节。诗云：'淑人君子，其仪不忒。'此之谓也。颂曰：
'楚昭出游，留姜渐台。江水大至，无符不来。夫人守节，流死不
疑。君子序焉，上配伯姬。'"楚昭王出游，将夫人留在渐台，赶上
发洪水，楚昭王派使者去接夫人，使者忘带信符，夫人以楚昭王曾
约定召唤后宫一定会有信符凭证为由，拒绝随往，不久大水冲垮
渐台，夫人被水淹死。贞信，正直诚实，信守诺言。

⑤温峤昔燃犀，照见水族之鬼怪：语本南朝宋·刘敬叔《异苑》卷
七："晋温峤至牛渚矶，闻水底有音乐之声，水深不可测。传言下
多怪物。乃燃犀角而照之。须臾，水族覆火，奇形异状。或乘马
车着赤衣帻。其夜，梦人谓曰：'与君幽明道隔，何意相照耶？'峤
甚恶之，未几卒。"《晋书·温峤传》亦载，文字略有异同。相传，
晋人温峤在牛渚矶，曾点燃犀牛角探照江水，见到许多怪物。后
遂以"燃犀"为烛照水下鳞介之怪的典实。亦用为洞察奸邪、明
烛幽微之典。温峤，见前《老寿幼诞》篇"英物称奇，温峤闻声知
桓温之异"条注。温峤之"峤"，今人多读作平声（qiáo），实误。
考以唐人近体诗，温峤之"峤"皆读仄声（jiào）。例如，唐·李
商隐《中元作》诗："羊权须（一作"虽"）得金条脱，温峤终虚玉镜
台。"唐·胡曾《咏史诗·牛渚》："温峤南归辍棹晨，燃犀牛渚照通

津。谁知万丈洪流下，更有朱衣跃马人。"水族，水生动物的统称。

⑥秦政有方镜，照见世人之邪心：语本《西京杂记·咸阳宫异物》：
"高祖初入咸阳宫，周行库府，金玉珍宝，不可称言。……有方镜，
广四尺，高五尺九寸，表里有（一作"洞"）明。人直来照之，影则
倒见；以手扪心而来，即见肠胃五脏。历然无碍。人有疾病在内
者，则掩心而照之，则知病之所在。又女子有邪心，则胆张心动。
秦始皇帝常以照宫人，胆张心动者则杀之也。高祖悉封闭以待项
羽。羽并将以东，后不知所在。"传说秦始皇有一面方镜，能照见
人的五脏六腑和心气正邪。秦政，指秦始皇嬴政。

⑦车载斗量之人，不可胜数：语本《三国志·吴书·吴主传》"遣都
尉赵咨使魏"南朝宋·裴松之注引三国吴·韦昭《吴书》："（魏文
帝）又曰：'吴如大夫者几人？'咨曰：'聪明特达者八九十人，如臣
之比，车载斗量，不可胜数。'"车载斗量，用车来载，用斗来量，形
容数量很多，比喻太过平凡，不足为奇。

⑧南金东箭之品，实是堪奇：语本《晋书·顾荣纪瞻贺循杨方薛
兼列传》："史臣曰：'元帝树基淮海，百度权舆，梦想群材，共康
庶绩。顾、纪、贺、薛等并南金东箭，世胄高门，委质霸朝，豫闻邦
政。'"晋代顾荣、纪瞻等人因为品行端庄，被誉为"南金""东箭"。
南金，南方出产的铜。后亦借指贵重之物。《诗经·鲁颂·泮水》：
"元龟象齿，大赂南金。"毛传："南，谓荆扬也。"东汉·郑玄笺：
"荆扬之州，贡金三品。"唐·孔颖达疏："金，即铜也。"后世以
"南金"比喻南方的优秀人才。《晋书·薛兼传》："兼清素有器
宇，少与同郡纪瞻、广陵闵鸿、吴郡顾荣、会稽贺循齐名，号为'五
俊'。初入洛，司空张华见而奇之，曰：'皆南金也。'"东箭，"东南
竹箭"的省称。《尔雅·释地》："东南之美者，有会稽之竹箭焉。"
后因以"东南竹箭"比喻优秀人才。《晋书·王舒王翼虞潭顾众
张闿传赞》："顾实南金，虞惟东箭。"

⑨传檄（xí）可定：不用出兵，只需传达一纸文书，即可降服敌方。指不战而使对方降服归顺。檄，语出《史记·张耳陈馀列传》："范阳令乃使蒯通见武信君曰：'……诚听臣之计，可不攻而降城，不战而略地，传檄而千里定，可乎？'……武信君从其计，因使蒯通赐范阳令侯印。赵地闻之，不战以城下者三十余城。"为古代官府用以征召或声讨的文书。

⑩迎刃而解：语出《晋书·杜预传》："今兵威已振，譬如破竹，数节之后，皆迎刃而解，无复着手处也。"把竹子劈开口，下面的一段就会迎着刀刃裂开，比喻主要问题解决了，其他的问题就很容易解决。亦比喻处理事情、解决问题很顺利。

⑪"以铜为鉴"四句：语本《新唐书·魏徵传》："帝后临朝叹曰：'以铜为鉴，可正衣冠；以古为鉴，可知兴替；以人为鉴，可明得失。朕尝保此三鉴，内防己过。今魏徵逝，一鉴亡矣。'"《贞观政要·任贤》《旧唐书·魏徵传》亦载，"鉴"作"镜"。唐代名臣魏徵死后，唐太宗感叹说："拿铜做镜子，可以整理衣冠；拿历史做镜子，可以知道兴衰；拿贤人做镜子，可以明白得失。魏徵死后，我就少了一面镜子。"鉴，镜子。兴替，兴盛与衰亡。

【译文】

王衍与人清谈，经常手持麈尾拂尘；张载讲授《易经》，座位上总是垫着虎皮褥子。

尾生紧抱桥柱被洪水淹死，实在固执迂腐，不懂变通；楚昭王夫人贞姜坚守"召宫人必以符"的约定而溺亡，真是忠贞守信，值得大书特书。

温峤当年点燃犀角，顿时照见水中的各种鬼怪；秦始皇嬴政拥有一面方镜，能够照见世人的不良用心。

用车装不下，用斗量不完，形容世上平庸之人多得数不过来；西南的金石，东南的竹箭，人品才干实在是奇特超凡。

传下檄文便将大事轻松搞定，是极力形容敌人容易击破；如同竹子迎着刀刃自行剖解,是形容事情很好解决。

　　"以铜为鉴",可以端正衣冠穿戴;"以古为鉴",能够了解历史兴亡规律。

珍宝

【题解】

珍宝,指各种珍品宝贝,泛指含各种贵金属在内的奢侈品。

本篇24联,所讲的都是和珍宝相关的成语典故,亦涉及金钱。

山川之精英[①],每泄为至宝[②];乾坤之瑞气[③],恒结为奇珍[④]。

故玉足以庇嘉谷,珠可以御火灾[⑤]。

鱼目岂可混珠[⑥],碔砆焉能乱玉[⑦]?

黄金生于丽水[⑧],白银出自朱提[⑨]。

曰孔方,曰家兄,俱为钱号[⑩];曰青蚨[⑪],曰鹅眼[⑫],亦是钱名。

【注释】

①精英:精华。指事物之最精粹、最美好者。

②泄:泄露。古代认为珠玉等宝物是山川精华泄露出来的。至宝:最珍贵的宝物。《后汉书·陈元传》:"至宝不同众好,故卞和泣血。"

③瑞气:瑞应之气。泛指吉祥之气。《晋书·天文志中》:"瑞气:一曰庆云。若烟非烟,若云非云,郁郁纷纷,萧索轮囷,是谓'庆云',亦曰'景云'。此喜气也,太平之应。二曰归邪。如星非星,如云非云。或曰,星有两赤彗上向,有盖,下连星。见,必有归国

者。三曰昌光,赤,如龙状;圣人起,帝受终,则见。"

④恒:常常。奇珍:奇异珍贵之物。《汉书·江都易王刘非传》:"遣人通越繇王闽侯,遗以锦帛奇珍。"

⑤故玉足以庇嘉谷,珠可以御火灾:语本《国语·楚语下》:"圉闻国之宝六而已。明王圣人能制议百物,以辅相国家,则宝之;玉足以庇荫嘉谷,使无水旱之灾,则宝之;龟足以宪臧否,则宝之;珠足以御火灾,则宝之;金足以御兵乱,则宝之;山林薮泽足以备财用,则宝之。若夫哗嚣之美,楚虽蛮夷,不能宝也。"春秋时期,楚国大夫王孙圉和赵简子谈论何为国宝,提到玉足以庇荫嘉谷,珠足以防御火灾,才值得当作宝贝。庇,庇佑。嘉谷,古以粟(小米)为嘉谷,后亦用为五谷的总称。《尚书·吕刑》:"稷降播种,农殖嘉谷。"

⑥鱼目:鱼的眼珠子,似珍珠而非,故有"鱼目混珠"之说。《文选·任昉〈到大司马记室笺〉》:"惟此鱼目,唐突玙璠。"唐·李善注:"鱼目似珠。玙璠,鲁玉也。《雒书》曰:'秦失金镜,鱼目入珠。'《韩诗外传》曰:'白骨类象,鱼目似珠。'"

⑦碔砆(wǔ fū)焉能乱玉:语本《战国策·魏策一》:"西门豹为邺令,而辞乎魏文侯。文侯曰:'子往矣,必就子之功而成子之名。'西门豹曰:'敢问就功成名,亦有术乎?'文侯曰:'有之。夫乡邑老者而先受坐之,士子入而问其贤良之士而师事之,求其好掩人之美而扬人之丑者,而参验之。夫物多相类而非也,幽莠之幼也似禾,骊牛之黄也似虎,白骨疑象,武夫类玉,此皆似之而非者也。'"碔砆,亦作"武夫"。像玉的石头。《文选·司马相如〈子虚赋〉》"碝石、碔砆",唐·李善注引三国魏·张揖:"碝石、碔砆,皆石之次玉者。……碔砆,赤地白采,葱茏白黑不分。"

⑧黄金生于丽水:语本《韩非子·内储说上七术·倒言》:"荆南之地、丽水之中生金,人多窃采金。"又,《千字文》:"金生丽水。"

丽水,金沙江流入云南省丽江纳西族自治县北的一段。自古产金。《旧唐书·贾耽传》:"故泸南贡丽水之金,漠北献余吾之马。"明·宋应星《天工开物·五金·黄金》:"水金多者出云南金沙江(古名"丽水")。此水源出吐蕃,绕流丽江府,至于北胜州,回环五百余里,出金者有数截。"

⑨白银出自朱提:语本《汉书·地理志上》:"(犍为郡)朱提,山出银。"又,《汉书·食货志下》:"朱提银重八两为一流,直一千五百八十,它银一流直千,是为银货二品。"朱提,古地名。汉武帝时置县,治所在今云南昭通境内。后立为郡。南朝梁废。唐武德初置安上县,不久复改为朱提县,天宝中地入南诏,移治今四川宜宾安边镇西南。唐末废。境内山产白银,世称"朱提银"。后世亦用作银的代称。

⑩曰孔方,曰家兄,俱为钱号:语本晋·鲁褒《钱神论》:"钱之为体,有乾坤之象,内则其方,外则其圆。……亲之如兄,字曰'孔方'。失之则贫弱,得之则富昌。"孔方,旧时铜钱外圆,中有方孔,故谑称钱为"孔方兄"。《汉书·食货志下》"钱圜函方",唐·颜师古注引三国魏·孟康曰:"外圆而内孔方也。"家兄,因钱别号"孔方兄",故有此称。晋·鲁褒《钱神论》:"京邑衣冠,疲劳讲肆,厌闻清谈,对之睡寐,见我家兄,莫不惊视,钱之所祐,吉无不利,何必读书,然后富贵。"又曰:"虽有中人,而无家兄,不异无足而欲行,无翼而欲翔。"又,《太平御览》卷八百三十六引晋·成公绥《钱神论》:"路中纷纷,行人悠悠,载驰载驱,唯钱是求。朱衣素带,当涂之士,爱我家兄,皆无能已。"

⑪青蚨(fú):钱的别名。典出晋·干宝《搜神记》卷十三:"南方有虫,名'蟛蜎',一名'蠦蝎',又名'青蚨',形似蝉而稍大,味辛美,可食。生子必依草叶,大如蚕子。取其子,母即飞来,不以远近。虽潜取其子,母必知处。以母血涂钱八十一文,以子血

涂钱八十一文,每市物,或先用母钱,或先用子钱,皆复飞归,轮转无已。故淮南子术以之还钱,名曰'青蚨。'"又,《太平御览》卷九百五十引西汉·刘安《淮南万毕术》:"青蚨还钱:青蚨一名'鱼',或曰'蒲',以其子母各置瓮中,埋东行阴垣下,三日后开之,即相从。以母血涂八十一钱,亦以子血涂八十一钱,以其钱更易市,置子用母,置母用子,钱皆自还。"后因用以指钱。青蚨,传说中的一种虫子,据说捉住母虫,子虫就飞来;捉住子虫,母虫也会飞来。相传淮南子会一种法术,用青蚨母虫的血涂在八十一文铜钱上,用青蚨子虫的血涂在另外八十一文铜钱上,每次去买东西,有时先用母钱,有时先用子钱,用掉的钱都会再飞回来,这样循环往复,钱就永远用不完。后因以"青蚨"代指钱。

⑫鹅眼:古代一种劣质的钱。《宋书·颜竣传》:"景和元年,沈庆之启通私铸,由是钱货乱败,一千钱长不盈三寸,大小称此,谓之'鹅眼钱'。"南朝宋前废帝景和元年(465),朝廷允许私铸铜钱,导致铜钱品质恶劣,一千文串起来还不到三寸长,被称为"鹅眼钱"。后世遂称劣质钱为"鹅眼"。《旧唐书·食货志上》:"京城钱日加碎恶,鹅眼、铁锡、古文、綖环之类,每贯重不过三四斤。"

【译文】

山川中的精萃英华,每每泄露出来化为至宝;天地间的祥瑞之气,经常凝结成为珍奇物品。

所以宝玉可以庇护五谷成熟,明珠可以防御火灾发生。

鱼目怎可混同珍珠,碔砆哪能冒充玉石?

黄金的著名产地是丽水,白银的著名产地是朱提。

"孔方""家兄",均为钱的代称;"青蚨""鹅眼",也是钱的别名。

可贵者,明月、夜光之珠①;可珍者,璠玙、琬琰之玉②。

宋人以燕石为玉,什袭缇巾之中③;楚王以璞玉为石,两刖卞和之足④。

　　惠王之珠，光能照乘⑤；和氏之璧，价重连城⑥。

　　鲛人泣泪成珠⑦，宋人削玉为楮⑧。

　　贤乃国家之宝⑨，儒为席上之珍⑩。

　　王者聘贤，束帛加璧⑪；真儒抱道⑫，怀瑾握瑜⑬。

　　雍伯多缘，种玉于蓝田而得美妇⑭；太公奇遇，钓璜于渭水而遇文王⑮。

【注释】

①明月：指明月珠，因珠光晶莹似月而得名。《楚辞·九章·涉江》："被明月兮佩宝璐。"东汉·王逸注："言己背被明月之珠。"《史记·李斯列传》："垂明月之珠，服太阿之剑。"夜光：指夜明珠。因在夜晚能发光而得名。南朝梁·任昉《述异记》卷上："南海有明珠，即鲸鱼目瞳，鲸死而目皆无精，夜可以鉴，谓之'夜光'。""明月""夜光"，后皆可用以指代明珠。

②璠玙（fán yú）：美玉。春秋时的鲁国国宝。《说文解字》："璠：玙璠。鲁之宝玉。从玉，番声。孔子曰：'美哉玙璠！远而望之，奂若也；近而视之，瑟若也。一则理胜，二则孚胜。'"《初学记》卷二十七、《太平御览》卷八十四亦引之。琬琰（wǎn yǎn）：琬、琰，皆为玉名，亦泛指美玉。《楚辞·远游》："吸飞泉之微液兮，怀琬琰之华英。"洪兴祖补注："琬，音宛；琰，音剡，皆玉名。"《淮南子·说山训》："琬琰之玉，在污泥之中，虽廉者弗释。"周代曾以琬、琰制圭，为礼器，名之"琬圭""琰圭"。《尚书·顾命》："弘璧、琬琰在西序。"西汉·孔安国传："大璧琬琰之圭为二重。"宋·蔡沈集传："琬、琰，圭名。"《周礼·考工记·玉人》："琬圭九寸而缫以象德。"东汉·郑玄注："琬，犹圜也，王使之瑞节也。诸侯有

德，王命赐之，使者执琬圭以致命焉。"《周礼·考工记·玉人》："琰圭九寸，判规，以除慝，以易行。"东汉·郑玄注："琰圭，琰半以上，又半为瑑饰，诸侯有为不义，使者征之，执以为瑞节也。"《周礼·春官·典瑞》："琰圭以易行，以除慝。"东汉·郑玄注引东汉·郑众曰："琰圭有锋芒，伤害、征伐、诛讨之象者。"元·方回《石氏四子名字说》："诸侯有不义者，王命使持琰圭之节执之，今之风宪将帅近之。"琬圭圆形，天子赏赐诸侯，使者持之，以为符信。琰圭上端尖锐，是征讨不义的符信。

③宋人以燕石为玉，什袭缇（tí）巾之中：语本《文选·应璩〈百一诗〉》："宋人遇周客，惭愧靡所如。"唐·李善注引《阙子》曰："宋之愚人，得燕石于梧台之侧，藏之以为大宝，周客闻而观焉。主人斋七日，端冕玄服以发宝，革匮十重，缇巾十袭，客见，俯而掩口卢胡而笑曰：'此特燕石也，其与瓦甓不殊。'主人大怒曰：'商贾之言，医匠之心。'藏之愈固，守之弥谨。"《艺文类聚》卷六、《太平御览》卷五十一亦引之。先秦时期，宋国有一个人把燕石当作宝玉，用十重黄红色的丝巾包裹收藏，被识货的人嘲笑。后以"燕石"喻不足珍贵之物。亦用为自谦凡庸之词。燕石，一种似玉而非玉的石头，产于燕山。《山海经·北山经》："北百二十里，曰燕山，多婴石。"晋·郭璞注："言石似玉，有符彩婴带，所谓燕石者。"什袭，十重，十层。什，十。袭，量词。层、重的意思。缇巾，橘红色的丝巾。

④楚王以璞（pú）玉为石，两刖（yuè）卞和之足：语本《韩非子·和氏》："楚人和氏得玉璞楚山中，奉而献之厉王，厉王使玉人相之，玉人曰：'石也。'王以和为诳，而刖其左足。及厉王薨，武王即位，和又奉其璞而献之武王，武王使玉人相之，又曰'石也'，王又以和为诳，而刖其右足。武王薨，文王即位，和乃抱其璞而哭于楚山之下，三日三夜，泣尽而继之以血。王闻之，使人问其故，曰：

'天下之刖者多矣,子奚哭之悲也?'和曰:'吾非悲刖也,悲夫宝玉而题之以石,贞士而名之以诳,此吾所以悲也。'王乃使玉人理其璞而得宝焉,遂命曰'和氏之璧'。"先秦时期,楚国人卞和得到一块璞玉并献给楚王,结果楚厉王和楚武王都认为他在行骗,先后砍去了他的双足。后来楚文王相信了卞和,剖开璞玉,果真得到一块美玉,起名为"和氏璧"。璞玉,包在石中而尚未雕琢之玉。《韩非子·喻老》:"宋之鄙人得璞玉而献之子罕。"刖,断足,古代的一种酷刑。卞和,春秋时期楚国人。相传他得玉璞,先后献给楚厉王和楚武王,都被认为欺诈,受刑砍去双脚。楚文王即位,他抱璞哭于荆山之下,楚文王使人琢璞,得宝玉,名为"和氏璧"。

⑤惠王之珠,光能照乘(shèng):语本《史记·田敬仲完世家》:"(齐)威王二十三年,与赵王会平陆。二十四年,与魏王会田于郊。魏王问曰:'王亦有宝乎?'威王曰:'无有。'梁王曰:'若寡人国小也,尚有径寸之珠照车前后各十二乘者十枚,奈何以万乘之国而无宝乎?'"唐·司马贞索隐:"韩婴《诗外传》以为齐宣王,其说异也。"战国时期,魏惠王吹嘘自己有玉能照亮前后十二乘车。惠王,指魏惠王(前400—前319),亦称"梁惠王",姬姓魏氏,名䓨,战国时魏国第三任国君。魏武侯子。即位后迁都大梁。与赵、韩构恶,被齐军大败于马陵。又屡败于秦。召集逢泽之会,改侯称王。卑礼厚币以招贤者,邹衍、淳于髡、孟轲等至大梁。孟轲尝劝他行仁义而不能用。国势渐衰。在位三十六年。乘,用于为车辆计数的量词。此指车辆。一车四马,谓之"乘"。

⑥和氏之璧,价重连城:语本《史记·廉颇蔺相如列传》:"赵惠文王时,得楚和氏璧。秦昭王闻之,使人遗赵王书,愿以十五城请易璧。"后用以指极珍贵的东西。战国时期,赵惠文王得到和氏璧,秦昭王派使者送信给赵惠文王,愿以十五座城池换和氏璧。后

遂以"价重连城"或"价值连城",形容物品极为珍贵,价值极高。和氏之璧,见本篇前注。连城,相连的城池。

⑦鲛(jiāo)人泣泪成珠:语本《博物志·异人》:"南海外有鲛人,水居如鱼,不废织绩,其眼能泣珠。"又,《太平御览》卷八百三引《博物志》逸文曰:"鲛人从水出,寓人家,积日卖绢。将去,从主人索一器,泣而成珠满盘,以与主人。"鲛人,神话传说中鱼尾人身的生物。相传鲛人哭泣,泪滴可以变成珍珠。

⑧宋人削玉为楮(chǔ):语本《列子·说符》:"宋人有为其君以玉为楮叶者,三年而成。锋杀茎柯,毫芒繁泽,乱之楮叶中而不可别也。此人遂以巧食宋国。子列子闻之,曰:'使天地之生物,三年而成一叶,则物之有叶者寡矣。故圣人恃道化而不恃智巧。'"《韩非子·喻老》《淮南子·泰族训》亦载之。相传,古代宋国有人用三年时间,将玉刻削成楮树叶,放在真楮叶中难以分辨真假。楮,树名。叶似桑,皮可以造纸。

⑨贤乃国家之宝:语本《新序·杂事》:"秦欲伐楚,使使者往观楚之宝器,楚王闻之,召令尹子西而问焉:'秦欲观楚之宝器,吾和氏之璧,随侯之珠,可以示诸?'令尹子西对曰:'臣不知也。'召昭奚恤问焉,对曰:'此欲观吾国之得失而图之。国之宝器在于贤臣。夫珠宝玩好之物,非国所宝重者。'王遂使昭奚恤应之。……昭奚恤自居西面之坛,称曰:'客欲观楚国之宝器,楚国之所宝者贤臣也。……'"战国时期,楚国大臣昭奚恤对秦国使者说,楚国的宝贝是贤臣。

⑩儒为席上之珍:语本《礼记·儒行》暨《孔子家语·儒行解》:"哀公命席。孔子侍坐曰:'儒有席上之珍以待聘,夙夜强学以待问,怀忠信以待举,力行以待取,其自立有如此者。'"席上之珍,席上的珍宝,比喻儒者美善的才学。南朝梁·刘勰《文心雕龙·原道》:"木铎起而千里应,席珍流而万世响。"

⑪王者聘贤，束帛加璧：语本《史记·儒林列传》：“于是天子使使束帛加璧、安车驷马迎申公，弟子二人乘轺传从。”汉武帝曾以束帛加璧、安车驷马之仪，礼迎大儒申公。又，《史记·孟子荀卿列传》：“后淳于髡见，壹语连三日三夜无倦。惠王欲以卿相位待之，髡因谢去。于是送以安车驾驷，束帛加璧，黄金百镒。终身不仕。”束帛加璧，束帛之上又加玉璧。古代表示贵重的礼物。《仪礼·聘礼》：“受享束帛加璧。”《礼记·礼器》：“束帛加璧，尊德也。”束帛，捆为一束的五匹帛。古代用为聘问、馈赠的礼物。《周易·贲卦》：“束帛戋戋。”《周礼·春官·大宗伯》“孤执皮帛”，东汉·郑玄注：“皮帛者，束帛而表以皮为之。”唐·贾公彦疏：“束者十端，每端丈八尺，皆两端合卷，总为五匹，故云‘束帛’也。”

⑫真儒：真正的儒者。犹大儒。西汉·扬雄《法言·寡见》：“如用真儒，无敌于天下。”唐·韩愈《答殷侍御书》：“每逢学士真儒，叹息踧踖，愧生于中，颜变于外，不复自比于人。”《宋史·道学传·程颢》：“道不行，百世无善治；学不传，千载无真儒。……无真儒，则贸贸焉莫知所之，人欲肆而天理灭矣。”抱道：胸怀理想，持守正道。《三国志·魏书·管宁传》：“宁抱道怀贞，潜翳海隅，比下征书，违命不至。”

⑬怀瑾(jǐn)握瑜(yú)：语出《楚辞·九章·怀沙》：“怀瑾握瑜兮，穷不知所示。”东汉·王逸章句：“在衣为怀，在手为握。瑾、瑜，美玉也。”比喻有高贵的品德和才能。

⑭雍伯多缘，种玉于蓝田而得美妇：见前《婚姻》篇“蓝田种玉，雍伯之缘”条注。

⑮太公奇遇，钓璜(huáng)于渭水而遇文王：语本《尚书大传·西伯戡耆》：“周文王至磻溪，见吕望。文王拜之。尚父云：‘望钓得玉璜，刻曰：“周受命，吕佐检德合，于令昌来提。”’”太公，指姜太公吕尚，史书称“吕尚”“吕望”，俗称“姜太公”“姜子牙”。相传

他垂钓于渭水，得遇周文王，并辅佐周朝灭商，是周朝开国第一功臣，也是春秋战国时齐国的始祖。钓璜，垂钓而得玉璜。喻臣遇明主，君得贤相。文王，指周文王。姬姓，名昌。

【译文】

"明月"和"夜光"，是弥足珍贵的宝珠；"璠玙"和"琬琰"，是最为珍稀的美玉。

宋国有人误把燕石认作宝玉，用十层缇巾精心包裹；两位楚王都将璞玉当成石头，先后砍断卞和的双足。

魏惠王的宝珠，光芒能照亮前后十二辆车；和氏璧的价值，能换取十五座城池。

鲛人哭出的泪滴，能凝结成珍珠；宋人将玉削刻成楮叶，足以乱真。

贤人是国家的宝贝，儒者是席上的珍品。

古代的君王诚聘贤人，用"束帛加璧"之礼，送上捆成一束的五匹丝帛，还加赠美玉；真正的儒者坚持道义，堪比"怀瑾握瑜"。

杨伯雍有良缘，在蓝田种出宝玉，后来娶到美妇人；姜太公遭奇遇，在渭水钓得玉璜，后来遇见周文王。

剖腹藏珠，爱财而不爱命①；缠头作锦②，助舞而更助娇③。

孟尝廉洁，克俾合浦还珠④；相如勇忠，能使秦廷归璧⑤。

玉钗作燕飞，汉宫之异事⑥；金钱成蝶舞，唐库之奇传⑦。

广钱固可以通神⑧，营利乃为鬼所笑⑨。

以小致大，谓之抛砖引玉⑩；不知所贵，谓之买椟还珠⑪。

贤否罹害⑫，如玉石俱焚⑬；贪吝无厌⑭，虽锱铢必算⑮。

【注释】

①剖腹藏珠，爱财而不爱命：语本《资治通鉴·唐纪·唐太宗贞

观元年》：“上谓侍臣曰：‘吾闻西域贾胡得美珠，剖身以藏之，有诸？’侍臣曰：‘有之。’上曰：‘人皆知彼之爱珠而不爱其身也；吏受赇抵法，与帝王徇奢欲而亡国者，何以异于彼胡之可笑邪！’”剖腹藏珠，破开肚子把珍珠藏进去，比喻为物伤身，轻重颠倒。

②缠头：古代歌舞艺人表演完毕，客以罗锦为赠，称“缠头”。唐·杜甫《即事》诗：“笑时花近眼，舞罢锦缠头。”《太平御览》卷八百十五引《唐书》：“大历初，代宗诏许宰臣元载、王缙及左仆射裴冕、户部侍郎判度支第五琦、京兆尹黎幹，各出钱三十万，宴郭子仪于子仪私第，内侍鱼朝恩参其会焉。朝恩出锦三十匹、罗五十匹、绫一百匹，为子仪缠头之费。极欢而罢。旧俗，赏歌舞人以锦彩置之头上，谓之‘缠头’。宴飨加惠，借以为词。”（按，《旧唐书·郭子仪传》：“（大历）二年二月，子仪入朝，宰相元载、王缙、仆射裴冕、京兆尹黎幹、内侍鱼朝恩共出钱三十万，置宴于子仪第，恩出罗锦二百匹，为子仪缠头之费，极欢而罢。”无“旧俗”以下文字。）后来又作为赠送妓女财物的通称。宋·陆游《梅花绝句》：“濯锦江边忆旧游，缠头百万醉青楼。”

③助娇：语出五代·王仁裕《开元天宝遗事·助娇花》：“御苑新有千叶桃花。帝亲折一枝，插于妃子宝冠上，曰：‘此个花尤能助娇态也。’”意指使其更加娇美。

④孟尝廉洁，克俾（bǐ）合浦还珠：语本《后汉书·循吏传·孟尝》：“（合浦）郡不产谷实，而海出珠宝，与交阯比境。……先时宰守并多贪秽，诡人采求，不知纪极，珠遂渐徙于交阯郡界。于是行旅不至，人物无资，贫者饿死于道。尝到官，革易前敝，求民病利。曾未逾岁，去珠复还，百姓皆反其业。”汉代的时候，合浦太守过分贪婪，大肆捕捞珍珠，致使珍珠移往别处。后来孟尝做合浦太守，禁止搜刮百姓，改革以前的错误政策，于是珍珠又回到合浦。后遂以成语“合浦还珠”比喻东西失而复得。孟尝，字伯周，东汉

会稽上虞（今浙江上虞）人。策孝廉，举茂才。任徐县令，迁合浦太守。郡不产谷实，而海出珠宝，前守贪秽，珠渐尽而民生艰。乃革前弊，复珍珠生产，百姓返其业，商货流通。后以病去官，隐处穷泽，身自耕佣。汉桓帝时屡被荐举，终不用。卒于家，年七十。克俾，能使。克，能。俾，使。

⑤相如勇忠，能使秦廷归璧：语本《史记·廉颇蔺相如列传》："赵惠文王时，得楚和氏璧。秦昭王闻之，使人遗赵王书，愿以十五城请易璧。赵王与大将军廉颇诸大臣谋：欲予秦，秦城恐不可得，徒见欺；欲勿予，即患秦兵之来。计未定，求人可使报秦者，未得。宦者令缪贤曰：'臣舍人蔺相如可使。'王问：'何以知之？'对曰：'臣尝有罪，窃计欲亡走燕，臣舍人相如止臣，曰："君何以知燕王？"臣语曰："臣尝从大王与燕王会境上，燕王私握臣手，曰'愿结友'。以此知之，故欲往。"相如谓臣曰："夫赵强而燕弱，而君幸于赵王，故燕王欲结于君。今君乃亡赵走燕，燕畏赵，其势必不敢留君，而束君归赵矣。君不如肉袒伏斧质请罪，则幸得脱矣。"臣从其计，大王亦幸赦臣。臣窃以为其人勇士，有智谋，宜可使。'于是王召见，问蔺相如曰：'秦王以十五城请易寡人之璧，可予不？'相如曰：'秦强而赵弱，不可不许。'王曰：'取吾璧，不予我城，奈何？'相如曰：'秦以城求璧而赵不许，曲在赵。赵予璧而秦不予赵城，曲在秦。均之二策，宁许以负秦曲。'王曰：'谁可使者？'相如曰：'王必无人，臣愿奉璧往使。城入赵而璧留秦；城不入，臣请完璧归赵。'赵王于是遂遣相如奉璧西入秦。秦王坐章台见相如，相如奉璧奏秦王。秦王大喜，传以示美人及左右，左右皆呼万岁。相如视秦王无意偿赵城，乃前曰：'璧有瑕，请指示王。'王授璧，相如因持璧却立，倚柱，怒发上冲冠，谓秦王曰：'大王欲得璧，使人发书至赵王，赵王悉召群臣议，皆曰"秦贪，负其强，以空言求璧，偿城恐不可得"。议不欲予秦璧。臣以为布衣

之交尚不相欺，况大国乎！且以一璧之故逆强秦之欢，不可。于是赵王乃斋戒五日，使臣奉璧，拜送书于庭。何者？严大国之威以修敬也。今臣至，大王见臣列观，礼节甚倨；得璧，传之美人，以戏弄臣。臣观大王无意偿赵王城邑，故臣复取璧。大王必欲急臣，臣头今与璧俱碎于柱矣！'相如持其璧睨柱，欲以击柱。秦王恐其破璧，乃辞谢固请，召有司案图，指从此以往十五都予赵。相如度秦王特以诈详为予赵城，实不可得，乃谓秦王曰：'和氏璧，天下所共传宝也，赵王恐，不敢不献。赵王送璧时，斋戒五日，今大王亦宜斋戒五日，设九宾于廷，臣乃敢上璧。'秦王度之，终不可强夺，遂许斋五日，舍相如广成传。相如度秦王虽斋，决负约不偿城，乃使其从者衣褐，怀其璧，从径道亡，归璧于赵。秦王斋五日后，乃设九宾礼于廷，引赵使者蔺相如。相如至，谓秦王曰：'秦自缪公以来二十余君，未尝有坚明约束者也。臣诚恐见欺于王而负赵，故令人持璧归，间至赵矣。且秦强而赵弱，大王遣一介之使至赵，赵立奉璧来。今以秦之强而先割十五都予赵，赵岂敢留璧而得罪于大王乎？臣知欺大王之罪当诛，臣请就汤镬，唯大王与群臣孰计议之。'秦王与群臣相视而嘻。左右或欲引相如去，秦王因曰：'今杀相如，终不能得璧也，而绝秦赵之欢，不如因而厚遇之，使归赵，赵王岂以一璧之故欺秦邪！'卒廷见相如，毕礼而归之。"战国时，赵国蔺相如受命带和氏璧去秦国换取十五座城池，见秦王没有诚意，在秦廷与秦王斗智斗勇，终凭自己的聪明才智，使玉璧完好回归赵国。本句"勇忠"，他本多作"忠勇"，从联语平仄格律角度而言，"勇忠"优于"忠勇"。

⑥玉钗作燕飞，汉宫之异事：语本东汉·郭宪《汉武帝别国洞冥记》卷二："元鼎元年，起招仙阁于甘泉宫西。……神女留玉钗以赠帝，帝以赐赵婕妤。至昭帝元凤中，宫人犹见此钗。黄诼欲之。明日示之，既发匣，有白燕飞升天。后宫人学作此钗，因名'玉燕钗'，

言吉祥也。"据传,西域神女赠汉武帝玉钗,汉武帝转赐赵婕妤,宫人想打碎玉钗,结果玉钗化为白燕飞天而去。

⑦金钱成蝶舞,唐库之奇传:语本唐·苏鹗《杜阳杂编》卷中:"穆宗皇帝殿前种千叶牡丹,花始开,香气袭人,一朵千叶,大而且红。上每睹芳盛,叹曰人间未有。自是宫中每夜即有黄白蛱蝶万数,飞集于花间,辉光照耀,达晓方去。宫人竞以罗巾扑之,无有获者。上令张网于宫中,遂得数百。于殿内纵嫔御追捉,以为娱乐。迟明视之,则皆金玉也。其状工巧,无以为比。而内人争用绛缕绊其脚,以为首饰,夜则光起于妆奁中。其后开宝厨,睹金钱玉屑之内将有化为蝶者,宫中方觉焉。"传说唐穆宗时,宫中牡丹花开放,有黄色、白色的蝴蝶数万只在花间飞舞,唐穆宗命令张网捕捉,得到数百只,后来发现是府库金钱所化。

⑧广钱固可以通神:语本唐·张固《幽闲鼓吹》:"相国张延赏将判度支。知有一大狱,颇有冤滥,每甚扼腕。及判,使即召狱史严诫之,且曰:'此狱已久,旬日须了。'明旦视事,案上有一小帖子,曰:'钱三万贯,乞不问此狱。'公大怒,更促之。明日帖子复来曰:'钱五万贯。'公益怒,命两日须毕。明日复见帖子曰:'钱十万贯。'公曰:'钱至十万,可通神矣。无不可回之事,吾惧及祸,不得不止。'"后遂以"钱可通神"形容金钱魔力极大,可买通一切。

⑨营利乃为鬼所笑:语本《南史·刘粹传(附刘伯龙)》:"有刘伯龙者,少而贫薄。及长,历位尚书左丞、少府、武陵太守,贫窭尤甚。常在家慨然,召左右将营十一之方,忽见一鬼在傍抚掌大笑。伯龙叹曰:'贫穷固有命,乃复为鬼所笑也。'遂止。"传说南朝刘宋官吏刘伯龙因为家穷,想赚点钱,旁边有一个鬼拍手大笑。刘伯龙叹息说:"贫穷都是因为命啊,今天竟被鬼笑话了。"

⑩抛砖引玉:抛出砖去,引出玉来,比喻用自己不成熟的意见(或作品)引出别人更好的意见(或作品)。旧注:"赵嘏至吴,常建以

其有诗名，必游灵岩寺，建先题二句，及蜍游寺，为续成之。人谓建乃抛砖引玉。"按，此事见清·西厓《谈徵·言部·抛砖引玉》，当为附会。常建为唐玄宗开元时进士，赵蜍于唐武宗会昌二年（842）进士及第，二人相去百年，绝无相见之理。考察语典出处，"抛砖引玉"屡见于《祖堂集》《五灯会元》《景德传灯录》等佛门典籍，当为唐、五代佛教徒习用语。

⑪买椟（dú）还珠：典出《韩非子·外储说左上》："楚人有卖其珠于郑者，为木兰之柜，薰以桂椒，缀以珠玉，饰以玫瑰，辑以羽翠，郑人买其椟而还其珠，此可谓善卖椟矣，未可谓善鬻珠也。"买珠宝而只拿走漂亮的盒子，却不要里面真正值钱的珠宝，常用来比喻没有眼光，取舍不当。后以"买椟还珠"喻舍本逐末，取舍不当。椟，木匣。

⑫贤否（pǐ）罹（lí）害：好人坏人一同遭殃受害。贤，贤德之人。否，不贤之人。罹，遭逢，遭遇。

⑬玉石俱焚：语出《尚书·胤征》："火炎昆岗，玉石俱焚。天吏逸德，烈于猛火。"美玉和石头一同被烧坏，比喻好坏不分，同归于尽。俱，全，都。焚，烧。

⑭贪吝：贪婪吝啬。东汉·王充《论衡·定贤》："使谷食如水火，虽贪吝之人，越境而布施矣。"《周书·达奚武传》："武性贪吝，其为大司寇也，在库有万钉金带，当时宝之，武因入库，乃取以归。"明·屠隆《昙花记·众生业报》："自家晋朝王戎是也，一生贪吝，不舍一个钱儿。"无厌：不满足，没有限止。《左传·襄公三十一年》："大夫多贪，求欲无厌。"厌，满足。此句"贪吝无厌"，他本多作"贪婪无厌"。"贪婪无厌"，语出《左传·昭公二十八年》："昔有仍氏生女，鬒黑而甚美，光可以鉴，名曰'玄妻'。乐正后夔取之，生伯封，实有豕心，贪婪无厌，忿类无期，谓之'封豕'。"贪婪，贪得无厌，不知足。《楚辞·离骚》："众皆竞进以贪婪兮，凭

不猒乎求索。"东汉·王逸注:"爱财曰'贪',爱食曰'婪'。""贪吝"较之"贪婪"偏重吝啬,舍不得花费。"贪吝无厌"语典虽晚于"贪婪无厌",但与下文"锱铢必算"更为契合,不劳改字。"贪吝无厌",语见《北史》《北齐书》。《北齐书·恩幸传·韩宝业》:"一戏之赏,动逾巨万,丘山之积,贪吝无厌。"《北史·恩幸传》同。

⑮ 锱铢(zī zhū)必算:同"锱铢必较"。很少的利益也一定要计较,形容非常小气。锱、铢,都是古代很小的重量单位。《说文解字》:"锱,六铢也。""铢,权十絫黍之重也。"古人以二十四铢为一两。比喻微小的数量。《庄子·达生》:"累丸二而不坠,则失者锱铢。"《淮南子·兵略训》:"能分人之兵,疑人之心,则锱铢有余。不能分人之兵,疑人之心,则数倍不足。"比喻微利,极少的钱。

【译文】

剖开肚皮藏珍珠,爱财到了不惜性命的地步;头盘锦缎起舞,为舞姿添彩更为容貌增色。

孟尝很廉洁,能使珍珠重返合浦郡;蔺相如忠勇,终令秦王完好归还玉璧。

玉钗化作白燕飞去,这是汉代宫廷的异事;金钱变成蝴蝶起舞,此乃唐朝国库的传奇。

钱多固然可以打通神明,谋利却被鬼魅嘲笑。

以微物末技引出超值之物,称为"抛砖引玉";有眼无珠认不出贵重之物,叫作"买椟还珠"。

贤人坏蛋一同遭殃,称为"玉石俱焚";贪财小气永不知足,即使"锱铢"也一定计较。

崔烈以钱买官,人皆恶其铜臭①;秦嫂不敢视叔,自言畏其多金②。

熊衮父亡,天乃雨钱助葬③;仲儒家窘,天乃雨金济贫④。

汉杨震畏四知而辞金⑤,唐太宗因惩贪而赐绢⑥。

晋鲁褒作《钱神论》⑦,尝以钱为孔方兄⑧;王夷甫口不言钱,乃谓钱为阿堵物⑨。

然而床头金尽,壮士无颜⑩;囊内钱空,阮郎羞涩⑪。

但匹夫不可怀璧⑫,人生孰不爱财?

【注释】

①崔烈以钱买官,人皆恶其铜臭(xiù):语本《后汉书·崔骃传(附崔烈)》:"寔从兄烈,有重名于北州,历位郡守、九卿。灵帝时,开鸿都门榜卖官爵,公卿州郡下至黄绶各有差。其富者则先入钱,贫者到官而后倍输,或因常侍、阿保别自通达。是时段颎、樊陵、张温等虽有功勤名誉,然皆先输货财而后登公位。烈时因傅母入钱五百万,得为司徒。及拜日,天子临轩,百僚毕会。帝顾谓亲幸者曰:'悔不小靳,可至千万。'程夫人于傍应曰:'崔公冀州名士,岂肯买官?赖我得是,反不知姝邪!'烈于是声誉衰减。久之不自安,从容问其子钧曰:'吾居三公,于议者何如?'钧曰:'大人少有英称,历位卿守,论者不谓不当为三公;而今登其位,天下失望。'烈曰:'何为然也?'钧曰:'论者嫌其铜臭。'烈怒,举杖击之。"东汉崔烈用五百万钱买了一个司徒的官职,儿子崔均说:"外面的人都说你有铜臭味。"崔烈(?—192),字威考,东汉涿郡安平(今河北安平)人。崔寔从兄。有重名于北州,历位郡守、九卿。汉灵帝时公开卖官,崔烈因入钱五百万,得为司徒,于是声誉衰减,其子崔钧谓"论者嫌其铜臭"。官至太尉。及李傕入长安,为乱兵所杀。铜臭,铜钱的臭气。原用来讥讽用钱买官或豪富者,后常用来讥讽唯利是图的人。

②秦嫂不敢视叔,自言畏其多金:语本《战国策·秦策一》:"苏秦始

将连横，……说秦王书十上而说不行，黑貂之裘弊，黄金百斤尽，资用乏绝，去秦而归。嬴縢履蹻，负书担橐，形容枯槁，面目犁黑，状有归色。归至家，妻不下纴，嫂不为炊，父母不与言。苏秦喟叹曰：'妻不以我为夫，嫂不以我为叔，父母不以我为子，是皆秦之罪也！'……将说楚王，路过洛阳。父母闻之，清宫除道，张乐设饮，郊迎三十里；妻侧目而视，倾耳而听；嫂蛇行匍伏，四拜自跪谢。苏秦曰：'嫂何前倨而后卑也？'嫂曰：'以季子之位尊而多金。'苏秦曰：'嗟乎！贫穷则父母不子，富贵则亲戚畏惧。人生世上，势位富贵，盖可忽乎哉！'"苏秦落魄时，嫂子不给他做饭。后来苏秦发迹，嫂子跪在地上不敢抬头看他。苏秦问她为何，嫂子回答："因为你地位高，钱非常多。"秦，指苏秦。苏秦（？—前284），字季子，东周洛阳（今属河南）人。战国著名纵横家。主张合纵攻秦。先奉燕昭王命入齐，进行反间活动，使齐疲于对外战争。齐湣王末年任齐相。与赵国李兑一起约五国合纵攻秦，迫使秦归还部分侵占的魏、赵之地。齐亦趁机攻灭宋国。后来燕将乐毅联合五国大举攻齐，他的反间活动暴露，被车裂处死。马王堆汉墓出土帛书有苏秦书信和游说辞十六章，与《战国策》及《史记·苏秦列传》所说有异。

③熊衮（gǔn）父亡，天乃雨（yù）钱助葬：语本《建宁府志》（《钦定古今图书集成理学汇编学行典·孝弟部名贤列传》引）："熊衮，建阳人，其先南昌人。昭宗时，为兵部尚书兼御史大夫，性至孝。时当乱，后例无俸给，惟立功时有赏赉，衮悉散之部下。父丧不能葬，昼夜号泣天，忽雨钱三日，始毕葬事。所剩钱尽举入官其邻里，仆隶得者悉化为土。后人称'忠孝雨钱公'。"唐代御史熊衮正直廉洁，家无积蓄。据说他父亲死后因无钱料理丧事，上天降下十万钱帮他安葬。熊衮，唐朝末年建州建阳（今福建建阳）人。唐昭宗时官至兵部尚书兼御史大夫。雨钱，意为钱像雨一样落

下。雨，此处作动词用，念作去声。

④仲儒家窘，天乃雨金济贫：语本南朝梁·任昉《述异记》卷下："汉世翁仲孺，家贫力作，居渭川。一旦，天雨金十斛于其家。"仲儒，指翁仲孺。据任昉《述异记》，汉代翁仲孺，家住渭川，穷困潦倒。一天，上天降下十斛金给他。

⑤汉杨震畏四知而辞金：语本《后汉书·杨震传》："（杨震）当之郡，道经昌邑，故所举荆州茂才王密为昌邑令，谒见，至夜怀金十斤以遗震。震曰：'故人知君，君不知故人，何也？'密曰：'暮夜无知者。'震曰：'天知，神知，我知，子知。何谓无知！'密愧而出。"东汉杨震赴任东莱太守途中，路过昌邑，昌邑县令王密带了十斤金子晚上送他，说没人知道。杨震说天知道、神知道、我知道、你知道，怎么能说没人知道呢？拒绝了王密的贿赂。杨震，见前《师生》篇"人称杨震为关西夫子"条注。

⑥唐太宗因惩贪而赐绢：语本《旧唐书·长孙顺德传》："长孙顺德，文德顺圣皇后之族叔也。……太宗践祚，真食千二百户，特赐以宫女，每宿内省。后，顺德监奴，受人馈绢事发，太宗谓近臣曰：'顺德地居外戚，功即元勋，位高爵厚，足称富贵。若能勤览古今，以自鉴诫，弘益我国家者，朕当与之同有府库耳。何乃不遵名节，而贪冒发闻乎！'然惜其功，不忍加罪，遂于殿庭赐绢数十匹，以愧其心。大理少卿胡演进曰：'顺德枉法受财，罪不可恕，奈何又赐之绢？'太宗曰：'人生性灵，得绢甚于刑戮；如不知愧，一禽兽耳，杀之何益！'"唐代开国功臣长孙顺德受贿，接受别人馈赠的绢，事情被发觉后，唐太宗故意赐给他十匹绢，目的是让他内心羞愧。

⑦鲁褒：字元道，西晋南阳（今属河南）人。晋惠帝元康后，纲纪大坏，货赂公行，鲁褒乃隐姓埋名，著《钱神论》以刺世，后不知所终。事见《晋书·隐逸传》。

⑧孔方兄：见本篇"曰孔方"条注。

⑨王夷甫口不言钱，乃谓钱为阿堵物：语本《世说新语·规箴》："王夷甫雅尚玄远，常嫉其妇贪浊，口未尝言'钱'字。妇欲试之，令婢以钱绕床不得行。夷甫晨起，见钱阂行，呼婢曰：'举却阿堵物。'"西晋名士王夷甫自命清高，从不言"钱"。有一天他妻子故意让人将铜钱堆在床前，他早晨起来发现后，命奴婢"举却阿堵物（搬走这个东西）"，仍不说"钱"字。后世遂以"阿堵物"指钱。王夷甫，即王衍（256—311）。见前《官室》篇"王衍清谈，常持麈拂"条注。阿堵物，"阿堵"为西晋口语，是"这个"的意思。阿堵物，也即"这个东西"。因西晋名士曾呼铜钱为"阿堵物"，后世遂以"阿堵物"称钱，含有讽刺揶揄之意。

⑩然而床头金尽，壮士无颜：语本唐·张籍《行路难》诗："湘东行人长叹息，十年离家归未得。弊裘羸马苦难行，僮仆饥寒（一作"尽饥"）少筋力。君不见床头黄金尽，壮士无颜色。龙蟠泥中未有云，不能生彼升天翼。"张籍《行路难》诗似用苏秦金尽之典。《战国策·秦策一》："苏秦始将连横，……说秦王书十上而说不行，黑貂之裘弊，黄金百斤尽，资用乏绝，去秦而归。羸縢履蹻，负书担橐，形容枯槁，面目犁黑，状有归色。"床头金尽，宋前床榻，可坐可卧，床头指身边极近之处。南朝宋·鲍照《拟行路难》之五："且愿得志数相就，床头恒有沽酒钱。""床头黄金尽"自张籍诗后，为唐宋人诗文习用语，比喻钱财用完了，陷入贫困境地。

⑪囊内钱空，阮郎羞涩：即"阮囊羞涩"之典。相传晋代名士阮孚手拿一个黑包游会稽，别人问他包里有什么，他说就只有一文钱，用来看包，免得包羞涩。后因以"阮囊羞涩"指手头拮据，身无钱财。这一典故，广为流传。但并不见于《世说新语》和《晋书·阮孚传》。宋·潘自牧《记纂渊海》卷五十一载："阮孚日持一皂囊游会稽，客问囊中何物，但一钱看囊，庶免羞涩。"潘自牧

　　该条下注据《晋书》本传,实不见于传世本《晋书》,或另有所本。宋元之际阴时夫《韵府群玉(卷六)•七阳•一钱囊》亦载:"阮孚持一皂囊,游会稽,客问:'囊中何物?'阮曰:'但有一钱看囊,空恐其羞涩。'""阮囊羞涩"之典,虽查不到早期文献出处。但唐代杜甫《空囊》诗就有"囊空恐羞涩,留得一钱看"的句子,绝非宋人所造。

⑫但:只是。匹夫不可怀璧:语本《左传•桓公十年》:"初,虞叔有玉,虞公求旃。弗献,既而悔之,曰:'周谚有之:"匹夫无罪,怀璧其罪。"吾焉用此,其以贾害也?'乃献之。"晋•杜预注:"人利其璧,以璧为罪。"一个人本没有罪,但因为他身藏玉璧,别人贪图他的玉璧,就会找各种借口来谋害他。后因以"怀璧"比喻多财招祸或怀才遭忌。

【译文】

　　崔烈花大钱买官来做,人们都嫌他满身"铜臭"味;苏秦的嫂子不敢看他,自称因他"多金"而感到害怕。

　　熊衮父亲亡故,上天洒下钱雨帮他办丧事;翁仲儒家里穷,天空中落下金雨助其脱贫。

　　汉代杨震因为畏惧天知、地知、你知、我知,而严词拒绝别人赠送黄金;唐太宗为惩戒贪腐,而故意将绢帛赐给败露的贪官。

　　晋代鲁褒作《钱神论》,曾称钱为"孔方兄";王夷甫绝口不提"钱"字,把钱叫作"阿堵物"。

　　然而床头余钱用尽,豪杰壮士也面上无光;口袋里没有钱,阮郎也会羞涩惭愧。

　　只是百姓不能露财炫富,遭来祸端;世人哪个不贪爱钱财?

贫富

【题解】

贫富不均,是自古就有的社会现象。传统中国提倡节俭和安贫乐道精神。

本篇21联,讲的都是和贫富有关的典故。

命之修短有数,人之富贵在天①。

惟君子安贫,达人知命②。

贯朽粟陈,称羡财多之谓③;紫标黄榜,封记钱库之名④。

贪爱钱物,谓之钱愚⑤;好置田宅,谓之地癖⑥。

守钱虏,讥蓄财而不散⑦;落魄夫⑧,谓失业之无依。

贫者地无立锥,富者田连阡陌⑨。

室如县磬⑩,言其甚窘;家无儋石⑪,谓其极贫。

【注释】

①命之修短有数,人之富贵在天:语本《论语·颜渊》:"司马牛忧曰:'人皆有兄弟,我独亡!'子夏曰:'商闻之矣:"死生有命,富贵在天。"君子敬而无失,与人恭而有礼。四海之内皆为兄弟也,君子何患乎无兄弟也?'"又,宋·朱熹《家礼·丧礼·吊奠赙》吊唁宽慰孝子之语曰:"修短有数,病毒奈何,愿抑孝思,俯从礼制。"命,寿命。修短,长短。修,长。有数,命中注定。数,气数,因缘。在天:取决于上天安排。

②惟君子安贫,达人知命:语本唐·王勃《滕王阁序》:"所赖君子安贫,达人知命。"安贫,安于清贫,不追逐名利。《后汉书·蔡邕传》:"安贫乐贱,与世无营。"知命,充分认识并坦然接受天命或

命运。《周易·系辞上》:"乐天知命,故不忧。"唐·孔颖达疏:"顺天道之常数,知性命之始终,任自然之理,故不忧也。"《论语·为政》:"五十而知天命。"三国魏·何晏集解:"孔曰:'知天命之终始。'"

③ 贯朽粟陈,称羡财多之谓:语本《史记·平准书》:"至今上即位数岁,汉兴七十余年之间,国家无事,非遇水旱之灾,民则人给家足,都鄙廪庾皆满,而府库余货财。京师之钱累巨万,贯朽而不可校;太仓之粟陈陈相因,充溢露积于外,至腐败不可食。"贯朽,穿钱的绳子朽断,形容积钱多而经久不用。贯,穿钱的绳子。粟陈,粟谷堆陈腐烂。后因以"贯朽粟陈"比喻国库充盈,钱粮极为充足富有。

④ 紫标黄榜,封记钱库之名:语本《南史·临川静惠王宏传》:"宏性爱钱,百万一聚,黄榜标之,千万一库,悬一紫标,如此三十余间。"南朝梁临川王萧宏贪财爱钱,聚集无数,每百万为一堆,挂上黄榜,每千万为一库,挂上紫标。

⑤ 钱愚:典出《南史·临川静惠王宏传》:"晋时有《钱神论》,豫章王综以宏贪吝,遂为《钱愚论》,其文甚切。帝知以激宏,宣旨与综:'天下文章何限,那忽作此?'虽令急毁,而流布已远,宏深病之,聚敛稍改。"南朝梁临川王萧宏贪财好聚敛,豫章王萧综作《钱愚论》讽刺他。"钱愚"指愚蠢的守财奴,形容嗜钱成痴。

⑥ 好置田宅,谓之地癖:语本《旧唐书·忠义传·李憕》:"憕丰于产业,伊川膏腴,水陆上田,修竹茂树,自城及阙口,别业相望,与吏部侍郎李彭年皆有地癖。郑岩,天宝中仕至绛郡太守,入为少府监,田产亚于憕。"唐代官员李憕和李彭年热衷置办田产,人称"地癖"。又,《新唐书·忠义传上·李憕》:"憕通《左氏春秋》,颇殖产伊川,占膏腴,自都至阙口,畴墅弥望,时谓'地癖'。"

⑦ 守钱虏,讥蓄财而不散:语本《后汉书·马援传》:"因处田牧,至

有牛、马、羊数千头,谷数万斛。既而叹曰:'凡殖货财产,贵其能施赈也,否则守钱虏耳。'乃尽散以班昆弟故旧,身衣羊裘皮绔。"东汉马援财产众多,有牛马数千头,谷数万斛。他说财富的价值在于能赈济施舍,不然的话,聚敛那么多钱财,不就是个守财奴嘛!于是将财物全部赠送给亲戚朋友。守钱虏,犹今言守财奴。

⑧落魄夫:典出《史记·郦生陆贾列传》:"(郦食其)好读书,家贫落魄,无以为衣食业。"指穷困失意之人。落魄,形容失意的样子。

⑨贫者地无立锥,富者田连阡陌:语本《汉书·食货志》引西汉·董仲舒之言:"富者田连阡陌,贫者无立锥之地。"富贵人家拥有连成一大片的田产,贫寒人家连一小片田产都没有。阡陌,指田间小径,多用以区分地界。立锥,插立锥尖,形容地方极小。《汉书·王莽传中》:"强者规田以千数,弱者曾无立锥之居。"《三国志·魏书·仓慈传》:"旧大族田地有余,而小民无立锥之土。"

⑩室如县罄(xuán qìng):亦作"室如悬磬"。典出《左传·僖公二十六年》:"夏,齐孝公伐我北鄙。卫人伐齐,洮之盟故也。公使展喜犒师,使受命于展禽。齐侯未入竟,展喜从之,曰:'寡君闻君亲举玉趾,将辱于敝邑,使下臣犒执事。'齐侯曰:'鲁人恐乎?'对曰:'小人恐矣,君子则否。'齐侯曰:'室如县罄,野无青草,何恃而不恐?'……"晋·杜预注:"时夏四月,今之二月,野物未成,故言居室而资粮县尽,在野则无蔬食之物,所以当恐。"晋·杜预注释"如"为"而",释"罄"为"尽",释"室如县罄"为居室内(资粮)行将用尽。唐·孔颖达疏引刘炫云"如罄在县,下无粟帛",意为室内就像只有罄挂在那里,空空荡荡,再没有其他东西。《国语·鲁语上》亦载展喜犒师之言,作"室如悬磬",形容室中空无所有,比喻一贫如洗,物资极度匮乏。县,同"悬"。罄,通"磬"。三国吴·韦昭注:"悬磬,言鲁府藏空虚,但有榱梁,如悬磬也。"

⑪家无儋(dàn)石:家里连少量的存粮也没有,形容家境极其困

难。《汉书·扬雄传上》：“家产不过十金，乏无儋石之储，晏如也。”
唐·颜师古注：“应劭曰：‘齐人名小罂为儋，受二斛。’晋灼曰：
‘石，斗石也。’……或曰：儋者，一人之所负担也。”儋、石，皆古代
容量单位。十斗为一石。儋，石罂。儋受一石，故称“儋石”。一
说一石为石，二石为儋，谓一人所担。

【译文】

寿命长短早有注定之数，人的贫富贵贱取决于上天安排。

只有君子甘愿安贫乐道，达人懂得乐天顺命。

钱串朽坏、米粮腐烂，是美慕财产太多的说法；贴上紫标，挂上黄榜，
是封存钱库所做的标记。

贪爱金钱财物，称为“钱愚”；热衷置地买房，号称“地癖”。

“守钱虏”，笑的是只知敛财的吝啬抠门之辈；“落魄夫”，指的是穷困
失业而无所依靠的人。

穷人的住房小得难以立下锥尖，富豪的田地阡陌纵横南北相连。

“室如悬磬”，形容家徒四壁非常穷窘；“家无儋石”，是说缺米少粮极
其贫困。

无米，曰在陈^①；守死，曰待毙^②。

富足，曰殷实^③；命蹇^④，曰数奇^⑤。

甦涸鲋，乃济人之急^⑥；呼庚癸，是乞人之粮^⑦。

家徒壁立，司马相如之贫^⑧；炊骨为炊，秦百里奚之苦^⑨。

鹄形菜色^⑩，皆穷民饥饿之形；炊骨爨骸^⑪，谓军中乏粮
之惨。

饿死留君臣之义，伯夷、叔齐^⑫；资财敌王公之富，陶
朱、猗顿^⑬。

石崇杀妓以侑酒，恃富行凶^⑭；何曾一食费万钱，奢侈

过甚^⑮。

【注释】

①无米,曰在陈:语本《论语·卫灵公》:"在陈绝粮,从者病,莫能兴。子路愠见曰:'君子亦有穷乎?'子曰:'君子固穷,小人穷斯滥矣。'"又,《史记·孔子世家》:"孔子迁于蔡三岁,吴伐陈。楚救陈,军于城父。闻孔子在陈、蔡之间,楚使人聘孔子。孔子将往拜礼,陈、蔡大夫谋曰:'孔子贤者,所刺讥皆中诸侯之疾。今者久留陈、蔡之间,诸大夫所设行皆非仲尼之意。今楚,大国也,来聘孔子。孔子用于楚,则陈、蔡用事大夫危矣。'于是乃相与发徒役围孔子于野。不得行,绝粮。从者病,莫能兴。孔子讲诵弦歌不衰。子路愠见曰:'君子亦有穷乎?'孔子曰:'君子固穷,小人穷斯滥矣。'"孔子周游列国期间,楚国派人聘问孔子,孔子欲前往楚国,经过陈、蔡时被围困不能通过,断粮多天。

②守死,曰待毙:守死,典出《论语·泰伯》:"笃信好学,守死善道。"意为坚持到死而不改变。此处仅取"等死"之意。待毙,犹等死。多以四字成语"坐以待毙"(坐而待毙)形式出现。《旧五代史·汉书·隐帝纪下》引《东都事略》:"汉隐帝遣使害太祖,魏仁浦曰:'公有大功于朝廷,握强兵,临重镇,以逸见疑,岂可坐而待毙!'教以易其语,云诛将士,以激怒众心。太祖纳其言。"

③殷实:富裕,充实。《后汉书·寇恂传》:"今河内带河为固,户口殷实。"《晋书·孙恩传》:"时东土殷实,莫不粲丽盈目。"

④命蹇(jiǎn):命运不好。常指仕途不顺。蹇,艰阻,不顺利。唐·杨炯《原州百泉县令李君神道碑》:"数奇命蹇,遂无望于高门。"

⑤数奇(jī):命数单而不偶合,指命运不好,遇事多不利。数,命运,命数。奇,不偶,不好。古代占卜以偶为吉,奇为凶。《汉书·李将军传》:"大将军阴受上指,以为李广数奇,毋令当单于,恐不得

所欲。"唐·颜师古注："言广命只,不耦合也。"

⑥甦(sū)涸鲋(fù),乃济人之急:语本《庄子·外物》:"庄周家贫,故往贷粟于监河侯。监河侯曰:'诺。我将得邑金,将贷子三百金,可乎?'庄周忿然作色曰:'周昨来,有中道而呼者,周顾视车辙中,有鲋鱼焉。周问之曰:"鲋鱼来!子何为者邪?"对曰:"我,东海之波臣也。君岂有斗升之水而活我哉?"周曰:"诺。我且南游吴越之王,激西江之水而迎子,可乎?"鲋鱼忿然作色曰:"吾失我常与,我无所处,吾得斗升之水然活耳,君乃言此,曾不如早索我于枯鱼之肆。"'"《庄子·外物》篇记载,庄子家贫,向监河侯借贷,没想到监河侯却对他说,等我收到税金后,借给你三百金。庄周因此很生气,说,昨天我在来的路上,听到车辙下的小坑洼里有一条鲫鱼在呼救。它说它是从东海而来,希望我能拿斗升之水救救它。我对它说,好吧,我将去游说吴王、越王,让他们引西江的水救你。鲫鱼很生气,说,那你倒不如早点儿到干鱼市场去找我。甦,使之苏醒,死而复生。涸鲋,即"涸辙之鲋",困在干涸的车辙里的鲫鱼。用以比喻处于极度窘困的境地、亟待救援的人。《庄子·外物》中用一条失水将死的鲋鱼渴望"斗升之水"救命的寓言来比喻燃眉之急。涸,水干。鲋,鲫鱼。

⑦呼庚癸,是乞人之粮:语本《左传·哀公十三年》:"吴申叔仪乞粮于公孙有山氏,曰:'佩玉縩兮,余无所系之。旨酒一盛兮,余与褐之父睨之。'对曰:'粱则无矣,粗则有之。若登首山以呼曰:"庚癸乎!"则诺。'"晋·杜预注:"军中不得出粮,故为私隐。庚,西方,主谷;癸,北方,主水。"后遂称向人告贷为"庚癸之呼",又称同意告贷为"庚癸诺"。庚癸,"庚"指西方,主谷;"癸"指北方,主水;故古代军中以"庚癸"为隐语,指代粮食。

⑧家徒壁立,司马相如之贫:语本《史记·司马相如列传》:"文君夜亡奔相如,相如乃与驰归成都。家居徒四壁立。"《汉书·司马相

如传上》作：“文君夜亡奔相如，相如与驰归成都，家徒四壁立。”唐·颜师古注：“徒，空也。但有四壁，更无资产。”家徒壁立，家里就只有四面墙壁，形容家境贫寒，一无所有。司马相如（约前179—前118），字长卿，蜀郡成都（今四川成都）人。汉景帝时为武骑常侍，因病免。依附梁孝王，从枚乘等游。后于临邛遇新寡家居的卓文君，携以私奔。汉武帝读司马相如所作《子虚赋》而善之，召为郎。后为中郎将，奉使通西南夷，有功。拜孝文园令，病免。司马相如是最伟大的汉赋作家，代表作有《子虚赋》《上林赋》等。《史记》《汉书》皆为其立传。

⑨扊扅（yǎn yí）为炊，秦百里奚之苦：语本《颜氏家训·书证》：“《古乐府》歌百里奚词曰：‘百里奚，五羊皮。忆别时，烹伏雌，吹扊扅；今日富贵忘我为！’‘吹’当作‘炊煮’之‘炊’。案：蔡邕《月令章句》曰：‘键，关牡也，所以止扉，或谓之“剡移”。’然则当时贫困，并以门牡木作薪炊耳。《声类》作‘扊’，又或作‘㞘’。”相传百里奚未显之时离家出游，其妻以扊扅烹鸡为之饯行。扊扅，门闩。古代木门的门栅。功能类似于现代的门后插销。百里奚，百里氏，一说百氏，名奚，一作“傒”，字里，或说字井伯，春秋时楚国宛（今河南南阳）人，亦说为虞国（今山西平陆北）人。本为虞国大夫，晋灭虞时被俘，为秦穆公夫人陪嫁之臣，后出逃至宛，被楚人抓获。秦穆公听说他很贤能，于是用五张羊皮将他赎回来，用为大夫，世称“五羖大夫”。与蹇叔、由余等共佐穆公以建霸业。一说，以虞公不可谏而至秦。又一说，本楚之鄙人，闻秦穆公贤，乃自卖于秦，被褐饲牛，为穆公所识拔。

⑩鹄（hú）形：像鹄的样子，形容瘦弱。宋·胡继宗《书言故事·贫乏》：“言饥饿者为鹄形。”《资治通鉴·梁纪·梁简文帝大宝元年》：“死者蔽野。富室无食，皆鸟面鹄形。”鹄，天鹅。菜色：形容营养不良的脸色。《礼记·王制》：“虽有凶旱水溢，民无菜色。”东

汉·郑玄注：“菜色，食菜之色。民无食菜之饥色。”《汉书·翼奉传》：“连年饥馑，加之以疾疫，百姓菜色，或至相食。”唐·颜师古注：“人专食菜，故饥肤青黄，为菜色也。”

⑪炊骨爨（cuàn）骸：（军中没有粮食），拿人马的骨骸来烧火做饭。极言凄惨。爨骸，犹炊骨。“炊骨”为先秦习用语。《战国策·齐策六》：“食人炊骨，士无反北之心，是孙膑、吴起之兵也。”《史记·平原君虞卿列传》：“邯郸之民，炊骨易子而食，可谓急矣。”“爨骸”即“析骸以爨”，典出《左传·宣公十五年》：“宋人惧，使华元夜入楚师，登子反之床，起之曰：‘寡君使元以病告，曰：“敝邑易子而食，析骸以爨。虽然，城下之盟，有以国毙，不能从也。去我三十里，惟命是听。”’”《左传·哀公八年》：“景伯曰：‘楚人围宋，易子而食，析骸而爨，犹无城下之盟。我未及亏，而有城下之盟，是弃国也。吴轻而远，不能久，将归矣，请少待之。’”后以“析骸以爨”极言被围日久、粮尽柴绝的困境。亦以形容战乱或灾荒时期百姓的悲惨生活。爨，炊。

⑫饿死留君臣之义，伯夷、叔齐：语本《史记·伯夷列传》：“伯夷、叔齐，孤竹君之二子也。父欲立叔齐，及父卒，叔齐让伯夷。伯夷曰：‘父命也。’遂逃去。叔齐亦不肯立而逃之。国人立其中子。于是伯夷、叔齐闻西伯昌善养老，盍往归焉。及至，西伯卒，武王载木主，号为文王，东伐纣。伯夷、叔齐叩马而谏曰：‘父死不葬，爰及干戈，可谓孝乎？以臣弑君，可谓仁乎？’左右欲兵之。太公曰：‘此义人也。’扶而去之。武王已平殷乱，天下宗周，而伯夷、叔齐耻之，义不食周粟，隐于首阳山，采薇而食之。及饿且死，作歌。其辞曰：‘登彼西山兮，采其薇矣。以暴易暴兮，不知其非矣。神农、虞、夏忽焉没兮，我安适归矣？于嗟徂兮，命之衰矣！’遂饿死于首阳山。”伯夷、叔齐是商末孤竹君的两个儿子，兄弟互让国君之位而出逃。周武王兴兵伐商，伯夷、叔齐认为以臣弑君不义，

曾加劝阻。周灭商后，他们耻食周粟，采薇而食，饿死于首阳山。

⑬资财敌王公之富，陶朱、猗（yī）顿：语本《史记·货殖列传》："范蠡既雪会稽之耻，乃喟然而叹曰：'计然之策七，越用其五而得意。既已施于国，吾欲用之家。'乃乘扁舟浮于江湖，变名易姓，适齐为鸱夷子皮，之陶为朱公。朱公以为陶天下之中，诸侯四通，货物所交易也。乃治产积居。与时逐而不责于人。故善治生者，能择人而任时。十九年之中三致千金，再分散与贫交疏昆弟。此所谓富好行其德者也。后年衰老而听子孙，子孙修业而息之，遂至巨万。故言富者皆称'陶朱公'。……猗顿用盬（gǔ）盐起。而邯郸郭纵以铁冶成业，与王者埒富。"陶朱、猗顿，是历史上著名的富商，富可敌国，后遂以"陶朱""猗顿"指代富人。陶朱，即陶朱公，春秋时越国大夫范蠡的别称。范蠡辅佐越王勾践灭吴之后，弃官远去，居于陶，称"朱公"，以经商致巨富。猗顿，本为鲁国贫士，曾向陶朱公请教致富之术，后成为一代富豪。《孔丛子·陈士义》："猗顿，鲁之穷士也。耕则常饥，桑则长寒。闻陶朱公富，往而问术焉。朱公告之曰：'子欲速富，当畜五牸。'于是乃适西河，大畜牛羊于猗氏之南，十年之间，其滋息不可计，赀拟王公，驰名天下。以兴富于猗氏，故曰'猗顿'。"《孔丛子》说他以畜牧业致富，《史记·货殖列传》则说他以盐业致富。

⑭石崇杀妓以侑（yòu）酒，恃富行凶：语本《世说新语·汰侈》："石崇每要客燕集，常令美人行酒；客饮酒不尽者，使黄门交斩美人。王丞相与大将军尝共诣崇。丞相素不能饮，辄自勉强，至于沉醉。每至大将军，固不饮以观其变，已斩三人，颜色如故，尚不肯饮。丞相让之，大将军曰：'自杀伊家人，何预卿事！'"据《世说新语》记载，石崇在王导和王敦面前炫耀富贵，让美人行酒，客人饮酒不尽，就马上让人把美人推出去斩首。石崇，见前《衣服》篇"锦帐四十里，富羡石崇"条注。侑酒，劝酒。侑，佐，助。

⑮何曾一食费万钱，奢侈过甚：语本《晋书·何曾传》："然性奢豪，务在华侈。帷帐车服，穷极绮丽，厨膳滋味，过于王者。每燕见，不食太官所设，帝辄命取其食。蒸饼上不坼作十字不食。食日万钱，犹曰无下箸处。人以小纸为书者，敕记室勿报。刘毅等数劾奏曾侈忕无度，帝以其重臣，一无所问。"西晋重臣何曾性喜奢豪，饮食讲究。一顿饭花费万钱，还说无处下筷。何曾（199—278），字颍考，魏晋间陈国阳夏（今河南太康）人。魏明帝为平原侯，曾为文学。魏咸熙中，官至司徒。助司马氏废魏帝。晋武帝受禅，任丞相，拜太尉，封朗陵公，官至太傅。性豪侈，日食万钱，犹云无下箸处。谄附贾充，为时人所非。卒谥元。

【译文】

无米下锅，称为"在陈"；坐而等死，称为"待毙"。

家境富足，叫"殷实"；背运倒霉，称"数奇"。

"苏涸鲋"，指的是帮人解救燃眉之急；"呼庚癸"，说的是向人借讨钱财粮食。

家里空剩四堵墙，司马相如早年竟如此贫穷；拆下门闩当柴烧，秦国百里奚也曾十分困苦。

身体像鹤一样瘦、脸色青黄，都是形容穷人饥饿的模样；人骨当柴、马骨下锅，说的则是军中乏粮的惨状。

伯夷、叔齐宁肯饿死，也要坚守君臣大义；陶朱、猗顿资财殷实，富有程度和王公不相上下。

石崇杀妓劝客人喝酒，分明是自恃钱财，仗势行凶；何曾一顿饭花费万钱，奢侈浪费，实在过分。

二月卖新丝，五月粜新谷，真是剜肉医疮①。

三年耕而有一年之食，九年耕而有三年之食，庶几遇荒有备②。

贫士之肠习藜苋③，富人之口厌膏粱④。

石崇以蜡代薪，王恺以饴沃釜⑤。

范丹土灶生蛙，破甑生尘⑥。

曾子捉襟见肘，纳履决踵，贫不胜言⑦；韦庄数米而炊，称薪而爨，俭有可鄙⑧。

总之：饱德之士，不愿膏粱；闻誉之施，奚图文绣⑨？

【注释】

① "二月卖新丝"三句：语本唐·聂夷中《咏田家》诗："二月卖新丝，五月粜新谷。医得眼前疮，剜却心头肉。我愿君王心，化作光明烛。不照绮罗筵，只照逃亡屋。"清·宋俊《柳亭诗话》卷一："聂夷中诗：'二月卖新丝，五月粜新谷。'或谓：'二月蚕尚未生，新丝乌有？'何燕泉曰：'盖谓贫民预指丝谷作借贷之资耳。至丝谷出时，俱是他人之物，故谓"医得眼前疮，剜却心头肉"也。'……陆宣公奏议曰：'蚕事方毕，已输缣税；农功未艾，遽敛谷租。有者急卖而耗其半直，无者求假而费其倍酬。'夷中盖用其意。"二月蚕种始生，焉有丝卖？五月秋苗始插，哪来谷粜？聂夷中诗"二月卖新丝，五月粜新谷"，乃是旧时"卖青"现象（旧时贫苦农民把未成熟的庄稼预先作价贱卖与人）。粜（tiào），卖米。剜（wān）肉医疮，比喻只顾眼前，用有害的方法来救急。剜，削割。

② "三年耕而有一年之食"三句：语本《礼记·王制》："冢宰制国用，必于岁之杪，五谷皆入，然后制国用。用地小大，视年之丰耗。以三十年之通制国用，量入以为出，祭用数之仂。丧，三年不祭，唯祭天地社稷为越绋而行事。丧用三年之仂，丧祭，用不足曰'暴'，有余曰'浩'。祭，丰年不奢，凶年不俭。国无九年之蓄曰'不足'，无六年之蓄曰'急'，无三年之蓄曰'国非其国'也。三

年耕，必有一年之食，九年耕，必有三年之食。以三十年之通，虽凶旱水溢，民无菜色，然后天子食，日举以乐。"庶几，差不多，或许可以。

③贫士之肠习藜苋(xiàn)：语本唐·韩愈《崔十六少府摄伊阳以诗及书见投因酬三十韵》诗："三年国子师，肠肚习藜苋。"藜苋，泛指贫者所食之粗劣菜蔬。藜，一年生草本植物，茎直立，嫩叶可吃，茎可以做拐杖。亦称"灰条菜"。苋，苋菜。一年生草本植物，茎细长，叶椭圆形，开绿白色或黄绿色小花，茎和叶可食。

④厌：满足。膏粱：肥肉和细粮。泛指精致的食物。《国语·晋语七》："夫膏粱之性难正也。"三国吴·韦昭注："膏，肉之肥者；粱，食之精者。言食肥美者，率多骄放，其性难正。"

⑤石崇以蜡代薪，王恺以饴(yí)沃釜(fǔ)：语本《世说新语·汰侈》："王君夫以饴糒澳釜，石季伦用蜡烛作炊。"晋代石崇与王恺斗富，王恺用糖浆刷锅，石崇用蜡烛当柴烧。王恺，字君夫，西晋东海郡郯县（今山东郯城）人。王肃子。司马昭妻弟。晋惠帝永平初以讨杨骏功，封山都县公。累官龙骧将军、后军将军。性豪侈，尝与石崇斗富。卒谥丑。饴，用米及麦芽为原料而制成的糖浆。沃，洗。釜，锅。

⑥范丹土灶生蛙，破甑生尘：语本《后汉书·独行传·范冉》："遭党人禁锢，遂推鹿车，载妻子，捃拾自资。或寓息客庐，或依宿树荫。如此十余年，乃结草室而居焉。所止单陋，有时粮粒尽，穷居自若，言貌无改。闾里歌之曰：'甑中生尘范史云，釜中生鱼范莱芜。'"他书引用，"范冉"多作"范丹"。范丹，即范冉（112—185)，字史云，东汉陈留外黄（今河南民权）人。曾师事马融，通五经。汉桓帝时为莱芜长，遭母忧，不赴。后辟太尉府，议者欲以为侍御史，遂遁出，卖卜于市，生活贫困。后遭党锢，穷居自若，言貌无改。及党禁解，三府累辟不就。卒谥贞节先生。后人常以

"范丹"指代贫困而有操守的贤士。土灶生蛙,灶长期不用,里面住了青蛙。"土灶生蛙",典出《战国策·赵策一》:"知伯从韩、魏兵以攻赵,围晋阳而水之,城不沉者三板。郗疵谓知伯曰:'韩、魏之君必反矣。'知伯曰:'何以知之?'郗疵曰:'以其人事知之。夫从韩、魏之兵而攻赵,赵亡,难必及韩、魏矣。今约胜赵而三分其地。今城不没者三板,臼灶生蛙,人马相食,城降有日,而韩、魏之君无憙志,而有忧色,是非反如何也?'"甑,蒸食炊器。其底有孔,古用陶制,殷周时期有以青铜制,后多用木制。因多用来煮饭,俗名"饭甑"。《后汉书·独行传》云"甑中生尘范史云,釜中生鱼范莱芜",不云"土灶生蛙"。《幼学琼林》此句多作"土灶生蛙",窃疑此处当为"(某)(某)土灶生蛙,范丹破甑生尘",方与上二句为对。

⑦"曾子捉襟见肘"三句:语本《庄子·让王》:"曾子居卫,缊袍无表,颜色肿哙,手足胼胝。三日不举火,十年不制衣,正冠而缨绝,捉衿而肘见,纳屦而踵决。曳纵而歌《商颂》,声满天地,若出金石。天子不得臣,诸侯不得友。故养志者忘形,养形者忘利,致道者忘心矣。"曾子,见前《地舆》篇"里名胜母,曾子不入"条注。捉襟见肘,整一整衣襟便露出手肘,形容衣衫褴褛。引申为顾此失彼,处境困难。纳屦决踵,穿上鞋子露出脚后跟。纳,穿,戴。屦,鞋。决,裂开。踵,脚后跟。

⑧"韦庄数米而炊"三句:语本《太平广记》卷一百六十五引《朝野佥载》:"韦庄颇读书,数米而炊,称薪而爨。炙少一脔而觉之。一子八岁而卒,妻敛以时服。庄剥取,以故席裹尸。殡讫,擎其席而归。其忆念也,呜咽不自胜,唯悭吝耳。"《朝野佥载》作者张鷟是唐玄宗时人,则此韦庄未必是五代大词人韦庄。数米而饮、称薪而爨,数算米粒煮饭、称量柴火烧火,形容生活极困窘或为人极吝啬。"数米而饮""称薪而爨",早在先秦及汉初典籍中就频繁出

现，或为先秦俗语。《庄子·庚桑楚》："简发而栉，数米而炊，窃窃乎又何足以济世哉！"唐·成玄英疏："譬如择简毛发，梳以为剃，格量米数，炊以供餐，利益盖微，为损更甚。"《淮南子·泰族训》："称薪而爨，数米而炊，可以治小而未可以治大也。"《淮南子·诠言训》："蓼菜成行，瓶瓯有堤，量粟而舂，数米而炊，可以治家，而不可以治国。"早期语境，多用以比喻过分计较琐细的事情，不足以成大事。

⑨"饱德之士"四句：语本《孟子·告子上》："孟子曰：'欲贵者，人之同心也。人人有贵于己者，弗思耳矣。人之所贵者，非良贵也。赵孟之所贵，赵孟能贱之。《诗》云："既醉以酒，既饱以德。"言饱乎仁义也，所以不愿人之膏粱之味也。令闻广誉施于身，所以不愿人之文绣也。'"朱子集注："闻，去声。……饱，充足也。愿，欲也。膏，肥肉。粱，美谷。令，善也。闻，亦誉也。文绣，衣之美者也。仁义充足而闻誉彰著，皆所谓良贵也。"饱德，心中充满仁德。闻誉之施，众人施授的好名声。闻誉，犹"令闻广誉"，指赞誉与好名声。闻，名声。此处作名词用，古念去声。奚（xī）图，哪还在乎。奚，文言疑问词，意为哪里、为什么、何必。图，希冀，希图，企望。文绣，绣画的锦帛。

【译文】

二月蚕刚孵化，就已典卖新丝；五月秧苗插下不久，就已典卖新谷；真是割下心头肉，聊补身上疮。

耕种三年，可以积蓄一年的口粮；劳作九年，可以攒下三年的粮食；这样的话，即便遇上荒年，基本上有备无患。

穷人的肠胃，习惯粗藜野苋；富人的胃口，满足于肥肉细粮。

石崇用白蜡当柴，王恺拿糖浆洗锅。

范丹穷得揭不开锅，青蛙住进炉灶，灰尘落满饭甑。

曾子衣服破旧，扯一下衣襟就露出手肘，鞋子破旧，穿上就露出脚后

跟,真是穷得没法说;韦庄数着米粒下锅,称量柴薪的分量烧火,简直吝
啬得讨人嫌。

总之:高尚的人,不贪图物质享受;有名望的人,哪里稀罕外表光鲜?

疾病死丧

【题解】

疾病死丧,始终伴随人类。《论语·述而》云:"子之所慎:齐,战,
疾。"《论语·学而》载曾子之言:"慎终追远,民德归厚矣。"儒家经典《仪
礼》和《礼记》,有诸多篇目是讲丧葬祭祀之礼的。传统中国,很重视疾
病,对丧葬祭拜之礼格外看重。丧葬祭祀,自先秦时期即有"五服"之礼。
"五服",是根据和死者的亲疏远近关系,制定的五种不同规格的孝服。

本篇41联,讲的都是和疾病死丧有关的成语典故,而尤偏重于"死
丧"之礼。

福寿康宁①,固人之所同欲②;死亡疾病,亦人所不能无③。
惟智者能调④,达人自玉⑤。
问人病,曰贵体违和⑥;自谓疾,曰偶沾微恙⑦。
罹病者,甚为造化小儿所苦⑧;患疾者,岂是实沈、台骀
为灾⑨?
病不可疗,曰膏肓⑩;平安无事,曰无恙⑪。
采薪之忧⑫,谦言抱病;河鱼之患,系是腹灾⑬。
可以勿药,喜其病安⑭;厥疾勿瘳⑮,言其病笃⑯。
疟不病君子,病君子政为疟耳⑰;卜所以决疑,既不疑
复何卜哉⑱?

【注释】

①福寿康宁：语出《尚书·洪范》："五福：一曰寿，二曰富，三曰康宁，四曰攸好德，五曰考终命。"西汉·孔安国传："康宁，无疾病。"

②人之所同欲：语出宋·朱熹《大学》章句："财者，人之所同欲。"

③人所不能无：语出宋·朱熹《大学》章句："盖是四者，皆心之用，而人所不能无者。"

④惟智者能调：语本晋·王叔和《脉经·诊脉入式歌》："智者能调五脏和。"

⑤达人自玉：通达的人懂得自我珍重。也即看破外物，以身为宝，待之如玉。达人，看破升沉、名利之人。晋·葛洪《抱朴子外篇·行品》："顺通塞而一情，任性命而不滞者，达人也。"唐·王勃《滕王阁序》："所赖君子见机，达人知命。"自玉，自行珍重。《颜氏家藏尺牍·于参议觉世信》："当兹溽暑炎歊，惟冀年兄节哀自玉，恢鸿大业，以显前人，则又孝之大者矣。"

⑥违和：身体失于调理而不适。用于称他人患病的婉词。南朝梁·沈约《齐禅林寺尼净秀行状》："又经违和极笃，忽自见大光明，遍于世界。"宋·欧阳修《嘉祐七年与王懿敏公书》："昨日公谨相过，乃云近少违和，岂非追感悲戚使然邪？"

⑦偶沾微恙：偶然感染小病。恙，病。

⑧罹（lí）病者，甚为造化小儿所苦：语本《新唐书·文艺传上·杜审言》："初，审言病甚，宋之问、武平一等省候何如。答曰：'甚为造化小儿相苦，尚何言？然吾在，久压公等，今且死，固大慰，但恨不见替人'云。"罹病者，染病者，患病的人。罹，遭遇。造化小儿，对于命运的一种风趣说法。造化，指命运，司命之神。小儿，即小子，轻蔑的称呼。

⑨患疾者，岂是实沈（chén）、台骀（tái）为灾：语本《左传·昭公元年》："晋侯有疾，郑伯使公孙侨如晋聘，且问疾。叔向问焉，曰：

'寡君之疾病，卜人曰："实沈、台骀为祟。"史莫之知，敢问此何神也？'子产曰：'昔高辛氏有二子，伯曰"阏伯"，季曰"实沈"，居于旷林，不相能也。日寻干戈，以相征讨。后帝不臧，迁阏伯于商丘，主辰。商人是因，故辰为商星。迁实沈于大夏，主参。唐人是因，以服事夏、商。其季世曰"唐叔虞"。当武王邑姜方震大叔，梦帝谓己："余命而子曰虞，将与之唐，属诸参，而蕃育其子孙。"及生，有文在其手曰"虞"，遂以命之。及成王灭唐而封大叔焉，故参为晋星。由是观之，则实沈，参神也。昔金天氏有裔子曰"昧"，为玄冥师，生允格、台骀。台骀能业其官，宣汾、洮，障大泽，以处大原。帝用嘉之，封诸汾川。沈、姒、蓐、黄，实守其祀。今晋主汾而灭之矣。由是观之，则台骀，汾神也。抑此二者，不及君身。山川之神，则水旱疠疫之灾，于是乎禜之。日月星辰之神，则雪霜风雨之不时，于是乎禜之。若君身，则亦出入、饮食、哀乐之事也，山川星辰之神，又何为焉？'侨闻之，君子有四时：朝以听政，昼以访问，夕以修令，夜以安身。于是乎节宣其气，勿使有所壅闭湫底，以露其体。兹心不爽，而昏乱百度。今无乃壹之，则生疾矣。侨又闻之，内官不及同姓，其生不殖，美先尽矣，则相生疾，君子是以恶之。故《志》曰：'买妾不知其姓，则卜之。'违此二者，古之所慎也。男女辨姓，礼之大司也。今君内实有四姬焉，其无乃是也乎？若由是二者，弗可为也已。四姬有省犹可，无则必生疾矣。"晋侯患病，占卜结果是实沈、台骀作祟。实沈，古代神话传说，高辛氏季子名实沈，后为参宿之神。又为星次（中国古代为了量度日、月、行星的位置和运动而进行的天文划分）名。大致相当于二十八宿的觜、参和毕、井的一部分，黄道十二官的双子座。在十二辰为申。古时为晋之分野。台骀，传说中远古时人。为金天氏少暤后代，世为水官之长。台骀修通汾、洮二水，帝颛顼封之于汾川。后世尊为汾水之神。

⑩病不可疗，曰膏肓（huāng）：语本《左传·成公十年》："公疾病，求医于秦。秦伯使医缓为之。未至，公梦疾为二竖子，曰：'彼良医也。惧伤我，焉逃之？'其一曰：'居肓之上，膏之下，若我何？'医至，曰：'疾不可为也。在肓之上，膏之下，攻之不可，达之不及，药不至焉，不可为也。'"晋·杜预注："肓，鬲也。心下为'膏'。"膏肓，"膏"与"肓"是中医人体部位的名称。"膏"指心下部分，"肓"指心脏和横膈膜之间。旧说"膏"与"肓"是药力达不到的地方。后用"病入膏肓"指病情严重，无法医治。

⑪无恙：无忧，没什么毛病。多作问候语。明·陶宗仪《说郛（卷十四上）·无恙》："《战国策》赵威后问齐使：'岁无恙耶？王亦无恙耶？'晋代顾恺之与殷仲堪笺：'行人安稳，布帆无恙。'隋日本遣使称：'日出处天子致书日没处天子无恙。'《风俗通》云：'恙毒虫也，喜伤人。古人草居露宿，相劳问曰"无恙"。'《神异经》：'去北大荒中有兽，咋人则病，名曰"獆"。獆，恙也。常入人室屋，黄帝杀之。北人无忧病，谓"无恙"。'《苏氏演义》亦以无忧病为无恙。'恙'之字同。或以为虫，或以为兽，或谓无忧病。《广干禄书》兼取忧及虫。《事物纪原》兼取忧及兽。予看《广韵》，其义极明。于'恙'字下云：'忧也。病也。又噬虫，善食人心也。'于'獆'字下云：'獆，兽如师子，食虎豹及人。'是'獆'与'恙'为二字。合而一之，《神异经》诞矣。"

⑫采薪之忧：语出《孟子·公孙丑下》："昔者有王命，有采薪之忧，不能造朝。"朱子集注："采薪之忧，言病不能采薪。"后因以"采薪之忧"指患病。采薪，打柴。

⑬河鱼之患，系是腹灾：语本《左传·宣公十二年》："河鱼腹疾奈何？"唐·孔颖达疏："云如似河中之鱼，久在水内，则生腹疾。"河鱼之患，指腹泻一类的病。古人以"河鱼"为腹疾的代称，也称"河鱼腹病""河鱼之疾"。因为鱼腐烂是从内至外，所以用"河

鱼之患"指腹泻等病状。腹灾,犹"腹疾"。他本多作"腹疾",李光明庄本作"腹灾",大约是出于对仗的考虑,"灾"与上句尾字"病"平仄相对,故改"腹疾"为"腹灾"。

⑭ 可以勿药,喜其病安:语本《周易·无妄卦》:"无妄之疾,勿药有喜。"唐·孔颖达疏:"疾当自损,勿须药疗而有喜也。"勿药,不用服药。后遂以指病愈。《旧唐书·裴度传》:"果闻勿药之喜,更俟调鼎之功,而体力未和,音容尚阻。"

⑮ 厥疾勿瘳(chōu):同"厥疾弗瘳"。语出《尚书·说命上》:"若药弗瞑眩,厥疾弗瘳。"唐·孔颖达疏:"若服药不使人瞑眩愦乱,则其疾不得瘳愈。"指重病不愈。瘳,病愈。

⑯ 病笃:病重。笃,沉重,严重。

⑰ 疟不病君子,病君子政为疟耳:语本《世说新语·言语》:"中朝有小儿,父病,行乞药。主人问病,曰:'患疟也。'主人曰:'尊侯明德君子,何以病疟?'答曰:'来病君子,所以为疟耳。'"据《世说新语》载,有个小孩的父亲患了疟疾,有人问他:"不是说君子不会得疟疾么? 你父亲是有德君子,怎么会得疟疾呢?"小儿说:"正因为它让君子患病,所以才叫疟疾啊。"疟,一种按时发冷发烧的急性传染病。病,使生病,感染。政,通"正"。

⑱ 卜所以决疑,既不疑复何卜哉:语本《左传·桓公十一年》:"楚屈瑕将盟贰、轸。郧人军于蒲骚,将与随、绞、州、蓼伐楚师。莫敖患之。斗廉曰:'郧人军其郊,必不诫,且日虞四邑之至也。君次于郊郢,以御四邑。我以锐师宵加于郧,郧有虞心而恃其城,莫有斗志。若败郧师,四邑必离。'莫敖曰:'盍请济师于王?'对曰:'师克在和,不在众。商、周之不敌,君之所闻也。成军以出,又何济焉?'莫敖曰:'卜之?'对曰:'卜以决疑,不疑何卜?'遂败郧师于蒲骚,卒盟而还。"卜所以决疑,占卜是用来解决疑难问题的。卜,占卜。

【译文】

福寿康宁，固然是人人都想要的；死亡疾病，却也是人人都无法避免的。

只有智者才懂得调养身心，通达的人才知道保重自己。

探问病人，说"贵体违和"；自称患病，说"偶沾微恙"。

染病的人，深受"造化小儿"折磨；患上疾病，难道真是"实沈""台骀"作怪？

病重不治，称为"膏肓"；平安无事，叫做"无恙"。

卧病不出，就说有"采薪之忧"；腹泻拉稀，就说有"河鱼之患"。

"可以勿药"，高兴病快好了；"厥疾勿瘳"，是说病情严重。

疟疾不害君子，正因为害君子，才叫"疟"疾啊；占卜可以解决疑惑，既然没有疑惑，又何必占卜？

谢安梦鸡而疾不起，因太岁之在酉①；楚王吞蛭而疾乃瘥，因厚德之及人②。

将属纩③，将易箦④，皆言人之将死；作古人⑤，登鬼箓⑥，皆言人之已亡。

亲死则丁忧⑦，居丧则读礼⑧。

在床谓之尸，在棺谓之柩⑨。

报丧书，曰讣⑩；慰孝子，曰唁⑪。

往吊，曰匍匐⑫；庐墓⑬，曰倚庐⑭。

寝苫枕块⑮，哀父母之在土；节哀顺变⑯，劝孝子之惜身。

男子死，曰寿终正寝⑰；女人死，曰寿终内寝⑱。

【注释】

①谢安梦鸡而疾不起，因太岁之在酉：语本《晋书·谢安传》："怅然

谓所亲曰:'昔桓温在时,吾常惧不全。忽梦乘温舆行十六里,见一白鸡而止。乘温舆者,代其位也。十六里,止今十六年矣。白鸡主酉,今太岁在酉,吾病殆不起乎!'乃上疏逊位,诏遣侍中、尚书谕旨。先是,安发石头,金鼓忽破,又语未尝谬,而忽一误,众亦怪异之。寻薨,时年六十六。"晋代谢安梦见乘坐桓温的车子走了十六里,看见一只白鸡就停了下来。不知何意。后来谢安接替桓温任宰相,过了十六年忽然得病,谢安才悟到:原来十六里意味着十六年,见到白鸡而停止,意味着太岁在酉之年自己将一病不起。不久果然病死。太岁在酉,木星到达酉位。"太岁"指木星,木星是凶星。"酉"指天干地支十二地支中的酉位。旧时民间以太岁所在方为凶方。

②楚王吞蛭(zhì)而疾乃瘥,因厚德之及人:语本《新书·春秋》:"楚惠王食寒菹而得蛭,因遂吞之,腹有疾而不能食。令尹入问,曰:'王安得此疾?'王曰:'我食寒菹而得蛭,念谴之而不行其罪乎,是法废而威不立也,非所闻谴而行其诛,则庖宰、监食者,法皆当死,心又弗忍也。故吾恐蛭之见也,遂吞之。'令尹避席,再拜而贺曰:'臣闻"皇天无亲,惟德是辅"。王有仁德,天之所奉也,病不为伤。'是昔也,惠王之后而蛭出,故其久病心腹之积皆愈。故天之视听,不可谓不察。"《论衡·福虚篇》亦载此事。楚惠王吃饭时从凉菜里吃出一条水蛭来,想吐掉又不忍厨师等人因此获罪,就勉强吞进去而得病。令尹知道其中的缘由,就对楚惠王说:"大王有这样的德行,此病不会有什么伤害。"楚惠王后来果然病愈。蛭,蚂蟥。一种外形扁而长环节动物,生活在淡水或湿润处,能吸人畜的血。

③属纩(zhǔ kuàng):古代丧俗,在病人临终之前,要用新的丝絮(纩)放在其口鼻上,验看是否还有气息。此仪式称为"属纩"。后用为"临终"的代称。《礼记·丧大记》:"属纩以俟绝气。"东

汉·郑玄注:"纩,今之新丝,易动摇,置口鼻之上,以为候。"属,放置。纩,新丝或绵絮。

④易箦(zé):更换寝席。《礼记·檀弓上》:"曾子寝疾,病,乐正子春坐于床下,曾元、曾申坐于足,童子隅坐而执烛。童子曰:'华而睆,大夫之箦与?'……曾子曰:'然。斯季孙之赐也,我未之能易也。元,起易箦!'"按古时礼制,箦只用于大夫,曾参未曾为大夫,不当用,所以临终时要曾元为之更换。后遂以"易箦"代指临终。易,更换。箦,华美的竹席。

⑤作古人:亦称"作古"。已成为古人。对死的委婉叫法。

⑥登鬼箓(lù):名列鬼箓。指人已死去。鬼箓,亦作"鬼录"。迷信者所谓阴间死人的名簿。三国魏·曹丕《与吴质书》:"观其姓名,已为鬼录,追思昔游,犹在心目。"箓,簿籍。

⑦亲:特指父母亲。丁忧:古代的一种丧制。字面意为遭遇忧伤,指遇到父母丧事。旧制,父母死后,子女要守丧,三年内不做官,不婚娶,不赴宴,不应考。《晋书·袁悦之传》:"(悦之)始为谢玄参军,为玄所遇,丁忧去职。"丁,当,遭逢。

⑧居丧:俗称"守孝"。古代为直系亲属(父母或祖父母)服丧,在规定时期内以穿戴孝服等形式对死去的长辈表示哀悼,称之为"居丧"。古代居丧,规矩名目极为繁多。读礼,语本《礼记·曲礼下》:"居丧未葬,读丧礼;既葬,读祭礼。"古人守丧在家,读有关丧祭的礼书,因称居丧为"读礼"。

⑨在床谓之尸,在棺谓之柩(jiù):语本《礼记·曲礼下》:"在床曰'尸',在棺曰'柩'。"东汉·郑玄注:"尸,陈也,言形体在。柩之言究也。"又,《礼记·问丧》:"三日而敛,在床曰'尸',在棺曰'柩',动尸举柩,哭踊无数。"东汉·班固《白虎通·崩薨》:"尸柩者,何谓也?尸之为言失也,陈也,失气亡神,形体独陈;柩之为言究也,久也,不复章也。《曲礼》曰:'在床曰"尸",在棺曰

"柩"。'"柩，盛装尸体的棺材。

⑩讣（fù）：报丧，通告某人逝世的消息。《礼记·杂记》："凡讣于其君，曰：君之臣某死。父、母、妻、长子，曰：君之臣某之某死。"先秦典籍往往写作"赴"。《左传·隐公七年》："凡诸侯同盟，于是称名，故薨则赴以名，告终称嗣也，以继好息民，谓之礼经。"《礼记·檀弓上》："伯高死于卫，赴于孔子。"东汉·郑玄注："赴，告也。凡有旧恩者，则使人告之。"

⑪唁（yàn）：慰问死者家属。

⑫往吊，曰匍匐：语本《诗经·邶风·谷风》："凡民有丧，匍匐救之。"暨《礼记·孔子闲居》："'凡民有丧，匍匐救之'，无服之丧也。"《礼记·问丧》："孝子亲死，悲哀志懑，故匍匐而哭之。"东汉·郑玄注："匍匐，犹颠蹶。"匍匐，谓倒仆伏地，趴伏。

⑬庐墓：古人于父母或师长死后，服丧期间在墓旁搭盖小屋居住，守护坟墓，称为"庐墓"。

⑭倚庐：古人居丧时在墓边搭小屋居住以守墓，称为"倚庐"。亦可用作名词。《左传·襄公十七年》："齐晏桓子卒，晏婴粗缞斩，苴绖、带、杖，菅屦，食鬻，居倚庐，寝苫、枕草。"《仪礼·既夕礼》："居倚庐，寝苫枕块。不说绖带。哭昼夜无时。非丧事不言。"东汉·郑玄注："倚木为庐，在中门外东方，北户。"

⑮寝苫（shān）枕块：睡在草垫上，头枕着土块。古代居父母丧的礼节。《仪礼·既夕礼》："居倚庐，寝苫枕块。不说绖带。哭昼夜无时。非丧事不言。"东汉·郑玄注："苫，编藁。块，墣也。"

⑯节哀顺变：抑制哀伤，顺应变故。用来慰唁死者家属的话。语出《礼记·檀弓下》："丧礼，哀戚之至也；节哀，顺变也。君子念始之者也。"

⑰男子死，曰寿终正寝：寿终，指自然老死，与"死难"相对。《释名·释丧制》："老死曰'寿终'。寿，久也；终，尽也。生已久远，

气终尽也。"《晋书·习协传》："此为一人之身,寿终则蒙赠,死难
则见绝,岂所以明事君之道,厉为臣之节乎!"正寝,即路寝。古
代帝王诸侯治事的宫室。《公羊传·庄公三十二年》："公薨于路
寝。路寝者何? 正寝也。"亦泛指房屋的正厅或正屋。唐·水神
《雪溪夜宴诗·屈大夫歌》："是知贪名徇禄而随世磨灭者,虽正寝
之死乎无得与吾侪。"宋·陆游《老学庵笔记》卷十："鲁直亦习
于近世,谓堂为正寝。"古代男子将要死时,就移到正厅东首,以
候气绝。后以"寿终正寝"泛指人死去,常带有讽刺幽默的意味。

⑱女人死,曰寿终内寝:内寝,谓正妻之居室。《礼记·内则》："子生
三月之末,漱浣夙齐,见于内寝,礼之如始入室。"东汉·郑玄注:
"内寝,适妻寝也。"后以泛指内室。清·周中孚《郑堂札记》卷
一："妇人迎送不出门,内言不出梱。'送之门',谓送之于内寝
之门也。"古代女子将要死时,仍然躺在内室,故以"寿终内寝"
指女子死亡。

【译文】

谢安梦中遇见白鸡而一病不起,因为此时凶星太岁到达酉位;楚王
吃饭吞下蚂蟥却病愈无事,缘于德行深厚施及他人。

吹丝绵验气,更换卧席,都是指人要死了;成为古人,名登鬼簿,也是
说人快完了。

父母死了,需要守丧不仕;居丧期间,还应读礼书。

人死后躺在床上,称为"尸";装进尸体的棺材,称为"柩"。

给他人报丧的文书,称为"讣";前往安慰死者家属,叫作"唁"。

前往吊唁,称为"匍匐";筑庐守墓,叫作"倚庐"。

睡草垫、枕土块,是感伤父母身埋黄土的举动;节哀思、顺天变,是劝
说孝子珍惜身体的话语。

男子死去,称"寿终正寝";女人死去,叫"寿终内寝"。

天子死曰崩，诸侯死曰薨，大夫死曰卒，士人死曰不禄，庶人死曰死，童子死曰殇[①]。

自谦父死曰孤子，母死曰哀子，父母俱死曰孤哀子[②]；自言父死曰失怙，母死曰失恃，父母俱死曰失怙恃[③]。

父死何谓考？考者，成也，已成事业也；母死何谓妣？妣者，媲也，克媲父美也[④]。

百日内，曰泣血[⑤]；百日外，曰稽颡[⑥]。

期年，曰小祥；两期，曰大祥[⑦]。

不缉曰斩衰，缉之曰齐衰，论丧之有轻重[⑧]；九月为大功，五月为小功，言服之有等伦[⑨]。

三月之服，曰缌麻[⑩]；三年将满，曰禫礼[⑪]。

孙承祖服[⑫]，嫡孙杖期[⑬]；长子已死，嫡孙承重[⑭]。

【注释】

①"天子死曰崩"六句：语本《礼记·曲礼下》："天子死曰'崩'，诸侯曰'薨'，大夫曰'卒'，士曰'不禄'，庶人曰'死'。"东汉·郑玄注："异死名者，为人亵其无知，若犹不同然也。自上颠坏曰'崩'。薨，颠坏之声。卒，终也。不禄，不终其禄。死之言澌也，精神斯尽也。"又，《仪礼·丧服（传）》："年十九至十六为长殇，十五至十二为中殇，十一至八岁为下殇，不满八岁以下，皆为无服之殇。"崩，古代把君王的死看得很重，常用山塌下来比喻，由此从周代开始称天子死为"崩"。薨（hōng），古称诸侯或有爵位的大官死去。卒，古指大夫死亡，后用作死亡的通称。不禄，不再享受俸禄，古指士人死亡。殇（shāng），未成年而死。《说文解字》："殇，不成人也。"

②"自谦父死曰孤子"三句：语本宋·朱熹《家礼·丧礼·父母亡

答人疏（嫡孙承重者同）》："月日，孤子（母丧，称"哀子"；俱亡，即称"孤哀子"。承重者称"孤孙""哀孙""孤哀孙"）姓名疏上某位。"孤子，指年少丧父者，或幼无父母者。《礼记·深衣》："如孤子，衣纯以素。"东汉·郑玄注："三十以下无父称'孤'。"后用作古代居父母丧者的自称。《南史·宋文帝诸子传·巴陵哀王休若》："沉居母丧被起，声乐酣饮，不异吉人。衣冠既无殊异，并不知沉居丧。沉尝自称孤子，众乃骇愕。"唐以后，用作丧父者自称。《大唐开元礼》："今仪，父亡称'孤子'。"哀子，古时父母亡故居丧者的自称。《仪礼·士丧礼》："哀子某，为其父某甫筮宅。"《礼记·杂记上》："祭称'孝子''孝孙'，丧称'哀子''哀孙'。"唐·孔颖达疏："丧则痛慕未申，故称'哀'也。故《士虞礼》称'哀子'，而卒哭乃称'孝子'也。"唐以后则专指居母丧者。明·陈继儒《群碎录》："《丧礼》称'哀子'不称'孤子'，今人父丧称'孤'，母丧称'哀'。"孤哀子，父母俱丧者自称"孤哀子"。清·赵翼《陔馀丛考·孤哀子》："今人父亡称孤子，母亡称哀子。……孤哀之分称，实始于唐。"

③"自言父死曰失怙（hù）"三句：语本《诗经·小雅·蓼莪》："无父何怙？无母何恃？"后遂称父亲死去为"失怙"，称母亲死去为"失恃"，称父母双亡为"失怙恃"。失怙，失去倚仗。指父亲死去。怙，仰仗。失恃，失去依靠。指母亲死去。恃，依靠。

④"父死何谓考"八句：语本《礼记·曲礼下》："祭王父曰'皇祖考'，王母曰'皇祖妣'，父曰'皇考'，母曰'皇妣'，夫曰'皇辟'。"东汉·郑玄注："皇，君也。考，成也，言其德行之成也。妣之言媲也。媲于考也。辟，法也，妻所取法也。"考，原指父亲，后多指死去的父亲。《礼记·曲礼下》："生曰父……死曰考。"妣（bǐ），原指母亲，后称已经死去的母亲。《说文解字》："妣，殁母也。"克媲（pì）父美，可以和父亲媲美。克，能。媲，并，比，匹敌。

⑤泣血：作为守孝语典，出自《礼记·檀弓上》："高子皋之执亲之丧
也。泣血三年。未尝见齿。君子以为难。"东汉·郑玄注："言泣
无声，如血出。"意为无声痛哭，泪如血涌。一说，泪尽血出。均
形容极度悲伤。

⑥稽颡（qǐ sǎng）：叩头。是旧时父母死后，行丧礼时跪拜宾客，以
额触地的一种礼节。《仪礼·士丧礼》："吊者致命，主人哭拜，稽
颡成踊。"东汉·郑玄注："稽颡，头触地。"唐·贾公彦疏："《礼
记·檀弓》曰：'稽颡而后拜，顺乎其致也。'为稽首之拜，但触地
无容即名'稽颡'。"颡，额头。

⑦"期（jī）年"四句：语本《仪礼·士虞礼》："期而小祥，曰荐此常
事。又期而大祥，曰荐此祥事。"东汉·郑玄注："小祥，祭名。
祥，吉也。《檀弓》曰：'归祥肉。'古文'期'皆作'基'。"唐·贾
公彦疏："自袝以后，至十三月小祥，故云'期而小祥'。引《檀
弓》者，彼谓颜回之丧，馈祥肉于孔子而言。彼云'馈'，今云
'归'者，'馈'即'归'也，故变文言之。引之者，证小祥是祭，故
有肉也。"东汉·郑玄注："又，复也。"唐·贾公彦疏："此谓二十
五月大祥祭，故云'复期'也。"期年，亦作"朞年"。一周年。小
祥，古代父母死后一周年的祭礼，称为"小祥"。"小祥"是葬后服
丧期的一次较大的祭礼，祭后可稍改善生活及解除丧服的一部
分。《礼记·间传》："父母之丧，既虞卒哭，疏食水饮，不食菜果。
期而小祥，食菜果。"两期，两度经过期年，也即两周年。大祥，古
代两周年举行的祭礼叫"大祥"。古制，卒哭（百日）祭后，孝子
只能食粗饭饮水，小祥祭后才可以吃菜与果，至大祥祭后，饭食中
才可用酱醋等调味品。《礼记·间传》："又期而大祥，有醯酱。"汉
魏以来时君行丧皆以日易月，皇帝、皇太后、皇后死后，二十五日
或二十四日即举行大祥祭礼。唐·韩愈《顺宗实录五》："以日易
月，抑惟旧章，皇帝宜三日而听政，十三日小祥，二十五日大祥，二

十七日释服。"宋皇室行丧,小祥、大祥之礼皆举行两次。既以日为之,又以月为之。《续资治通鉴·宋纪·宋神宗元丰八年》:"今群臣虽易月而人主实行丧,故十二日而小祥,期而又小祥;二十四日而大祥,再期而又大祥。"

⑧"不缉曰斩衰(cuī)"三句:语本《仪礼·丧服》:"传曰:斩者何?不缉也。""传曰:齐者何? 缉也。"不缉,指衣不缝边。辑,缝。斩衰,亦作"斩缞"。指不缝边的丧服。是旧时五种丧服中最重的一种。用粗麻布制成,左右和下边不缝。服制三年。子及未嫁女为父母、媳为公婆,承重孙为祖父母,妻妾为夫,均服斩衰。先秦诸侯为天子、臣为君亦服斩衰。齐衰(zī cuī),亦作"齐缞"。指缝边的丧服。在丧服"五服"中列位二等,次于斩衰。以粗疏的麻布制成,缘边部分缝缉整齐,有别于斩衰的开口毛边,故名。具体服制及穿着时间视与死者关系亲疏而定。共分四等:一、父卒为母,为继母,母为长子,服期三年;二、父在为母,夫为妻,服期一年。又称"杖期"。服丧时手中执杖,即哭丧棒;三、男子为伯叔父母、为兄弟,已嫁女子为父母,孙辈为祖父母,服期一年,不执杖,亦称"不杖期";四、为曾祖父母,服期三月。

⑨"九月为大功"三句:语本宋·朱熹《家礼·丧礼·成服》:"三曰大功九月,四曰小功五月。"大功,旧时丧服名。为丧服"五服"之第三等。服期九个月。用熟麻布做成,较齐衰稍细,较小功为粗,故称"大功"。旧时堂兄弟,未婚的堂姊妹,已婚的姑、姊妹、侄女及众孙、众子妇、侄妇等之丧,都服大功;已婚女为伯父、叔父、兄弟、侄、未婚姑姊妹侄女等服丧,也服大功。小功,旧时丧服名。五服之第四等。其服以熟麻布制成,视大功为细,较缌麻为粗。凡本宗为曾祖父母、伯叔祖父母、堂伯叔祖父母,未嫁祖姑、堂姑,已嫁堂姊妹,兄弟之妻,从堂兄弟及未嫁从堂姊妹;外亲为外祖父母、母舅、母姨等,均服小功。等伦,等级规格。

⑩三月之服，曰缌（sī）麻：语本《仪礼·丧服》："缌麻三月者。"暨宋·朱熹《家礼·丧礼·成服》："五曰缌麻三月。"缌麻，旧时丧服名。是次于"小功"的丧服。"五服"中最轻的一种。用较细熟麻布制成，做工也较"小功"为细。服期三月。凡本宗为高祖父母，曾伯叔祖父母，族伯叔父母，族兄弟及未嫁族姊妹，外姓中为表兄弟，岳父母等，均服之。缌，制作丧服的细麻布。

⑪禫（dàn）礼：指除去丧服的祭礼。禫，古时丧家除服的祭祀。《说文解字》："禫，除服祭也。"《仪礼·士虞礼》："期而小祥，曰荐此常事。又期而大祥，曰荐此祥事。中月而禫。是月也。吉祭，犹未配。"东汉·郑玄注："中，犹间也。禫，祭名也。与大祥间一月。自丧至此，凡二十七月。禫之言，澹澹然平安意也。"

⑫孙承祖服：孙辈穿丧服为祖父或祖母守丧。承，穿。

⑬杖期：旧时一种服丧礼制。杖，是居丧时拿的棒。期，是一年之丧。期服用杖的称"杖期"；不用杖的则称"不杖期"。如嫡子、众子为庶母丧，服杖期。夫为妻丧，如父母不在，服杖期；若父母在，则服不杖期。

⑭长子已死，嫡孙承重：语本《仪礼·丧服》"適孙"唐·贾公彦疏："此谓適（嫡）子死，其適（嫡）孙承重者，祖为之期。"嫡孙，古代一夫多妻制时，正室生的第一个儿子是嫡长子，嫡长孙就是嫡长子的嫡长子。承重，指承受宗庙与丧祭的重任。封建宗法制度，其人及父俱系嫡长，而父先死，则祖父母丧亡时，其人称"承重孙"。如祖父及父均先死，于曾祖父母丧亡时，称"承重曾孙"。遇有这类丧事都称"承重"。

【译文】

天子死，称"崩"；诸侯死，称"薨"；大夫死，称"卒"；士人死，称"不禄"；平民百姓死，叫"死"；孩童死，叫"殇"。

父亲去世，自己谦称"孤子"；母亲去世，自称"哀子"；父母双亡，自称"孤哀子";自言父亲去世为"失怙",母亲去世为"失恃",父母双亡为"失怙恃"。

为什么称亡父为"考"？因为"考"有成就之意,是说亡父功业完成,安心离去;为什么称亡母为"妣"？因为"妣"有媲美之意,赞扬亡母德行,能与父亲媲美。

父母去世,百日以内自言"泣血";百日以后称"稽颡"。

父母去世的周年祭礼称"小祥",两周年祭礼称"大祥"。

孝服不缝边叫"斩衰",缝边的叫"齐衰",用不同的款式体现丧礼的轻重等级;穿九个月的丧服叫"大功",穿五个月的叫"小功",穿戴期限的长短体现亲疏远近不同。

穿三个月的丧服,称"缌麻";三年将满脱去丧服时举行的祭祀仪式,称"禫礼"。

孙辈为祖辈服丧,嫡孙手持丧杖,为期一年,称"杖期";如果嫡长子已死,则嫡长孙要代为履行服丧的郑重仪式,称"承重"。

死者之器曰明器,待以神明之道①;孝子之杖曰哀杖,为扶哀痛之躯②。

父之节在外,故杖取乎竹;母之节在内,故杖取乎桐③。

以财物助丧家,谓之赙;以车马助丧家,谓之赗。以衣敛死者之身,谓之禭;以玉实死者之口,谓之琀④。

送丧,曰执绋⑤;出柩⑥,曰驾輀⑦。

吉地,曰牛眠地⑧;筑坟,曰马鬣封⑨。

墓前石人,原名翁仲⑩;柩前功布⑪,今曰铭旌⑫。

【注释】

①死者之器曰明器,待以神明之道:《礼记·檀弓下》:"孔子谓:为

明器者,知丧道矣,备物而不可用也。哀哉! 死者而用生者之器也。不殆于用殉乎哉? 其曰'明器',神明之也。涂车、刍灵,自古有之,明器之道也。"明器,即冥器。专为随葬而制作的器物。一般用竹、木或陶土制成。从宋代起,纸明器逐渐流行,陶、木等制的渐少。

②孝子之杖曰哀杖,为扶哀痛之躯:语本《礼记·问丧》:"或问曰:杖者以何为也? 曰:孝子丧亲,哭泣无数,服勤三年,身病体羸,以杖扶病也。"东汉·郑玄注:"言得杖乃能起也。"暨东汉·班固《白虎通·丧服》:"所以必杖者,孝子失亲,悲哀哭泣,三日不食,身体羸病,故杖以扶身,明不以死伤生也。"哀杖,俗称"哭丧棒",出殡时孝子们拿在手中的仪仗,以表示悲痛难支。

③"父之节在外"四句:语本《礼记·问丧》:"或问曰:杖者何也? 曰:竹桐一也。故为父苴杖,苴杖,竹也;为母削杖,削杖,桐也。"唐·孔颖达疏:"或解云:竹节在外。外,阳之象,故为父矣。桐节在内。内,阴之类也,故为母也。"又,东汉·班固《白虎通·丧服》:"父以竹,母以桐何? 竹者阳也,桐者阴也。竹何以为阳? 竹断而用之,质,故为阳;桐削而用之,加人功,文,故为阴也。故《礼》曰:'苴杖,竹也。削杖,桐也。'"

④"以财物助丧家"八句:语本《公羊传·隐公元年》:"赗者何? 丧事有赗。赗者,盖以马,以乘马束帛,车马曰'赗',货财曰'赙',衣被曰'襚'。"暨《穀梁传·隐公元年》:"赗者何也? 乘马曰'赗',衣衾曰'襚',贝玉曰'含',钱财曰'赙'。"《荀子·大略》:"货财曰'赙',舆马曰'赗',衣服曰'襚',玩好曰'赠',玉贝曰'唅'。'赙''赗'所以佐生也,'赠''襚'所以送死也。"《说苑·修文》:"《春秋》曰:'天王使宰咺来归惠公、仲子之赗。'赗者何? 丧事有赗者,盖以乘马束帛。舆马曰'赗',货财曰'赙',衣被曰'襚',口实曰'唅',玩好曰赠。知生者赙、赗,知死者赠、

襚；赠、襚所以送死也，赙、赗所以佐生也。"赙（fù），拿钱财帮助别人办理丧事，如赙金、赙仪、赙赠。《玉篇》："赙，以财助丧也。"赗（fèng），以车马等物助丧家送葬。《仪礼·既夕礼》："公赗，玄纁束，马两。"东汉·郑玄注："赗，所以助主人送葬也。"敛，通"殓（liàn）"，给尸体穿衣下棺，称"入殓"。入殓有"大殓"和"小殓"之分。"小殓"是指为死者穿衣服，即"衣殓"；"大殓"是指收尸入棺，即"棺殓"。襚（suì），古代祭祀名。是衣殓时的祭祀仪式。实，塞入，填充。琀（hán），古代塞在死者嘴里的珠玉。《说文解字》："琀，送死口中玉也。"

⑤执绋（fú）：谓丧葬时手执牵引灵柩的大绳以助行进。《礼记·曲礼上》："助葬必执绋。"东汉·郑玄注："葬，丧之大事。绋，引车索。"《礼记·檀弓下》："吊于葬者必执引，若从柩及圹，皆执绋。"《左传·昭公三十年》："先君有所助执绋矣。"晋·杜预注："绋，挽索也。"绋，牵引灵柩的绳索。又名"引车索"。

⑥出柩：即出殡、送葬。将灵柩运到埋葬或寄放的地点。泛称为人送殡。

⑦驾轜（ér）：出殡，送葬。轜，古代的丧车，用来载运灵柩。《说文解字》："轜，丧车也。"《释名·释丧制》："舆棺之车，曰'轜（同"轜"）'。"

⑧吉地，曰牛眠地：语本《晋书·周仲孙传》："初，陶侃微时，丁艰，将葬，家中忽失牛而不知所在。遇一老父，谓曰：'前岗见一牛眠山污中，其地若葬，位极人臣矣。'又指一山云：'此亦其次，当世出二千石。'言讫不见。侃寻牛得之，因葬其处，以所指别山与访。访父死，葬焉，果为刺史，著称宁、益，自访以下，三世为益州四十一年，如其所言云。"晋代陶侃因葬其父在牛眠之地，后官至大司马。后世遂以"牛眠地"指卜葬的吉地。吉地，墓地的婉称。

⑨筑坟，曰马鬣（liè）封：语本《礼记·檀弓上》："昔者夫子言之曰：

'吾见封之若堂者矣，见若坊者矣，见若覆夏屋者矣，见若斧者矣。'从若斧者焉，马鬣封之谓也。"东汉·郑玄注："马鬣封，俗间名。"唐·孔颖达疏："马鬣鬣之上，其肉薄，封形似之。"马鬣封，坟墓封土的一种形状，外观像马脖子上的鬣毛。亦指坟墓。宋·胡继宗《书言故事·坟墓》："称坟曰'马鬣封'。"

⑩翁仲：古代帝王或大臣陵墓前石雕的人像。《淮南子·氾论训》："秦之时，高为台榭，大为苑囿，远为驰道，铸金人。"东汉·高诱注曰："秦皇帝二十六年，初兼天下，有长人见于临洮，其高五丈，足迹六尺。放写其形，铸金人以象之。翁仲君何是也。"据《淮南子》东汉·高诱注，则其前身为秦始皇宫苑中金人（青铜人像）。《三国志·魏书·明帝纪》南朝宋·裴松之注引《魏略》："是岁（景初元年），徙长安诸钟虡、骆驼、铜人、承露盘。盘折，铜人重不可致，留于霸城。大发铜铸作铜人二，号曰'翁仲'，列坐于司马门外。"

⑪功布：古代丧礼中用以迎神之布。其制，用三尺长的白布悬于竿首，略似旗幡。因丧服斩衰、齐衰用粗麻布，此布则经过加工，比较细白，故称"功布"。

⑫铭旌（jīng）：竖在灵柩前标志死者官职和姓名的旗幡。多用绛帛粉书。品官则借衔题写曰某官某公之柩，士或平民则称显考显妣。另纸书题者姓名粘于旌下。大殓后，以竹杠悬之依灵右。葬时取下加于柩上。《周礼·春官·司常》："大丧，共铭旌。"

【译文】

死者的随葬物品称为"明器"，表明将死者当作神明对待；孝子手持的丧杖称为"哀杖"，用于支撑因哀痛而孱弱的躯体。

男主外，父亲的阳刚外显，所以哀杖用竹制作；女主内，母亲的柔顺内敛，所以哀杖用桐制作。

用财物资助丧家办丧事，称为"赙"；用车马帮助丧家办丧事，称为

"赗"。给死者穿衣并将尸身放入棺材，称为"襚"；把玉放进死者口中，称为"琀"。

送葬又叫"执绋"，出殡也称"驾辆"。

吉祥的葬地，叫"牛眠地"；封土筑坟，叫"马鬣封"。

立在坟前的石像，原名"翁仲"；灵柩前的功布，今称"铭旌"。

挽歌始于田横^①，墓志创于傅奕^②。

生坟^③，为寿藏^④；死墓，曰佳城^⑤。

坟曰夜台^⑥，圹曰窀穸^⑦。

已葬，曰瘗玉^⑧；致祭，曰束刍^⑨。

春祭曰禴，夏祭曰禘；秋祭曰尝，冬祭曰烝^⑩。

饮杯棬而抱痛，母之口泽如存；读父书以增伤，父之手泽未泯^⑪。

子羔悲亲而泣血^⑫，子夏哭子而丧明^⑬。

王裒哀父之死，门人因废《蓼莪》诗^⑭；王修哭母之亡，邻里遂停桑柘社^⑮。

树欲静而风不息，子欲养而亲不在，皋鱼增感^⑯。

与其椎牛而祭墓，不如鸡豚之逮存，曾子兴思^⑰。

故为人子者，当思木本水源^⑱，须重慎终追远^⑲。

【注释】

①挽歌始于田横：语本晋·崔豹《古今注·音乐》云："《薤露》《蒿里》，并丧歌也。出田横门人。横自杀，门人伤之，为之悲歌。……李延年乃分为二曲。《薤露》送王公贵人，《蒿里》送士大夫庶人。使挽柩者歌之，世呼为'挽歌'。"挽歌，古人送葬时所唱的歌，由

乐曲和歌词两部分组成。关于挽歌的起源，三国时期谯周以为出于汉初田横的门人。田横（？—前202），秦末狄县（今山东高青）人。原为齐国贵族，秦末与其兄田儋、田荣反秦自立，兄弟三人先后占据齐地为王。后汉高祖刘邦统一天下，田横不肯称臣于汉，率五百门客逃往海岛，刘邦派人招抚，田横在见到刘邦之前自杀。海岛五百部属闻田横死，亦全部自杀。

②墓志创于傅奕：语本《旧唐书·傅奕传》："奕生平遇患，未尝请医服药，虽究阴阳数术之书，而并不之信。又尝醉卧，蹶然起曰：'吾其死矣！'因自为墓志曰：'傅奕，青山白云人也。因酒醉死，呜呼哀哉！'"唐初，傅奕临终前曾自为墓志，后世遂有墓志创于傅奕之说。墓志铭，是放在墓里刻有死者事迹的石刻。一般包括"志"和"铭"两部分。"志"多用散文，叙述死者姓氏、生平等；"铭"是韵文，用于对死者的赞扬、悼念。

③生坟：风水学术语。指人未死而预筑的坟墓。

④寿藏：生前预筑的坟墓。亦称"生圹"。《后汉书·赵岐传》："年九十余，建安六年卒，先自为寿藏。"唐·李贤注："寿藏，谓冢圹也。"

⑤佳城：古指墓地。《西京杂记·滕公葬地》："滕公驾至东都门，马鸣，踞不肯前，以足跑地久之。滕公使士卒掘马所跑地，入三尺所，得石椁。滕公以烛照之，有铭焉。乃以水洗写其文，文字皆古异，左右莫能知。以问叔孙通，通曰：'科斗书也。以今文写之，曰"佳城郁郁，三千年见白日。吁嗟滕公居此室！"'滕公曰：'嗟乎，天也！吾死其即安此乎？'死遂葬焉。"《文选·沈约〈冬节后至丞相第诣世子车中作〉》："谁当九原上，郁郁望佳城。"唐·李周翰注："佳城，墓之茔域也。"

⑥夜台：指坟墓。因坟墓内不见光明，昏暗如夜，故称"长夜台"，省称"夜台"。《文选·陆机〈挽歌诗〉（之一）》："按辔遵长薄，送子

长夜台。呼子子不闻,泣子子不知。"唐·李周翰注:"坟墓一闭,无复见明,故云长夜台。"唐·李善注引东汉·阮瑀《七哀诗》曰:"冥冥九泉室,漫漫长夜台。"

⑦圹(kuàng):墓穴,坟墓。窀穸(zhūn xī):意即长夜,引申为长眠之地、墓穴。《左传·襄公十三年》:"若以大夫之灵,获保首领以殁于地,惟是春秋窀穸之事,所以从先君于祢庙者,请为'灵'若'厉',大夫择焉。"晋·杜预注:"窀,厚也;穸,夜也。厚夜犹长夜。春秋谓祭祀,长夜谓葬埋。"窀穸,有时写作"窀夕"。《隶释·汉泰山都尉孔宙碑》:"窀夕不华,明器不设。"窀,厚。穸,夜。

⑧瘗(yì)玉:原为古代祭山礼仪,礼毕埋玉于坑,故称。《汉书·武帝纪》:"(天汉三年)三月,(武帝)行幸泰山,修封,祀明堂,因受计。还幸北地,祠常山,瘗玄玉。"唐·颜师古引三国魏·邓展注:"瘗,埋也。"埋玉,后指埋葬死者。《晋书·庾亮传》:"亮将葬,何充会之,叹曰:'埋玉树于土中,使人情何能已!'"后以"瘗玉""埋香"连用,代指埋葬美人。宋·吴文英《莺啼序》:"别后访、六桥无信,事往花委,瘗玉埋香,几番风雨。"

⑨束刍(chú):将青草捆成束作为祭品放在灵前。后代指致祭。《后汉书·徐稺传》:"及林宗有母忧,稺往吊之,置生刍一束于庐前而去。众怪,不知其故。林宗曰:'此必南州高士徐孺子也。诗不云乎:"生刍一束,其人如玉。"吾无德以堪之。'"东汉末年,郭泰(字林宗)母死守丧,徐稺(字孺子)前往吊唁,在郭泰庐墓的小屋前放置一捆生刍(青草)就离开了。众人不解其故。郭泰说:"这个人一定是徐孺子啊。他用生刍一束慰问我乃是取《诗经》'生刍一束,其人如玉'之意赞许我,我哪儿有这样的德行啊,真是担当不起。"后因以"生刍一束"称祭品,以"束刍"称致祭。

⑩"春祭曰礿(yuè)"四句:语本《礼记·王制》:"天子诸侯宗庙之祭,春曰'礿',夏曰'禘',秋曰'尝',冬曰'烝'。"东汉·郑玄

注："此盖夏殷之祭名。周则改之，春曰'祠'，夏曰'礿'，以'禘'为殷祭。"唐·孔颖达疏："'春曰礿'者，皇氏云：'礿，薄也。春物未成，其祭品鲜薄也。'孙炎云：'礿者，新菜可礿。''夏曰禘'者，皇氏云：'禘者，次第也。夏时物虽未成，宜依时次第而祭之。''秋日尝'者，《白虎通》云：'尝者，新谷熟而尝之。''冬日烝'者，烝者众也。冬之时物成者众。孙炎云：'烝，进也。进品物也。'"禴，同"礿（yuè）"，古代天子或诸侯在宗庙进行的四季祭祀之一。在春天举行。禘（dì），古代宗庙四季祭祀之一。在夏季举行。尝，古代宗庙四季祭祀之一。在秋季举行。烝，古代宗庙四季祭祀之一。在冬季举行。

⑪"饮杯棬（quān）而抱痛"四句：语本《礼记·玉藻》："父没而不能读父之书，手泽存焉尔。母没而杯圈不能饮焉，口泽之气存焉尔。"东汉·郑玄注："孝子见亲之器物，哀恻不忍用也。圈，屈木所为，谓卮、匜之属。"唐·孔颖达疏："父没之后，而不忍读父之书，谓其书有父平生所持手之润泽存在焉，故不忍读也。……母没之后，母之杯圈，不忍用之饮焉，谓母平生口饮润泽之气存在焉，故不忍用之。经云'不能'者，谓不能忍为此事。书是男子之所有，故父言'书'。杯圈是妇人所用，故母言'杯圈'也。"北齐·颜之推《颜氏家训·风操》："父之遗书，母之杯圈，感其手口之泽，不忍读用。"杯棬，亦作"杯圈"。一种木质饮器。《孟子·告子上》："性，犹杞柳也；义，犹杯棬也。以人性为仁义，犹以杞柳为杯棬。"清·焦循正义引《大戴礼记·曾子事父母》卢辩注："杯，盘盎盆盏之总名也。盖杯为总名，其未雕未饰时，名其质为棬，因而杯器之不雕不饰者，即通名为棬也。"口泽，饮水因口接触杯子而留下的气息。手泽，犹手汗，手上的汗迹、温度。后多用以称先人或前辈的遗墨、遗物等。泯，消失。

⑫子羔悲亲而泣血：语本《礼记·檀弓上》："高子羔之执亲之丧也，

泣血三年，未尝见齿，君子以为难。"东汉·郑玄注："子皋，孔子弟子，名柴。"高柴（前521—前393？），字子羔（一作"子皋"），孔子弟子，七十二贤之一。他生性至孝，曾因亲丧泣血三年不露齿。孔子曾评论他"柴也愚"，大约性情过于憨厚，不知变通。子路很看重他，曾让他做费邑宰。

⑬子夏哭子而丧明：语本《史记·仲尼弟子列传》："孔子既没，子夏居西河教授，为魏文侯师。其子死，哭之失明。"子夏，卜商（前507—？），字子夏，春秋末年卫国人，一说晋国温人。孔子著名弟子，位列"十哲"，以文学见称。曾官鲁国莒父宰。孔子死后，讲学于西河，李克、吴起、田子方、段干木皆从受业，魏文侯曾师事之，受经艺。相传作《诗序》。晚年因丧子而哭之失明。丧明，眼睛失明。

⑭王裒（póu）哀父之死，门人因废《蓼（lù）莪》诗：语本《晋书·孝友传·王裒》："王裒，字伟元，城阳营陵人也。祖脩，有名魏世。父仪，高亮雅直，为文帝司马。东关之役，帝问于众曰：'近日之事，谁任其咎？'仪对曰：'责在元帅。'帝怒曰：'司马欲委罪于孤邪！'遂引出斩之。裒少立操尚，行己以礼，身长八尺四寸，容貌绝异，音声清亮，辞气雅正，博学多能，痛父非命，未尝西向而坐。示不臣朝廷也。于是隐居教授，三征七辟皆不就。庐于墓侧，旦夕常至墓所拜跪，攀柏悲号，涕泪着树，树为之枯。母性畏雷，母没，每雷，辄到墓曰：'裒在此。'及读《诗》至'哀哀父母，生我劬劳'，未尝不三复流涕，门人受业者并废《蓼莪》之篇。"西晋学者王裒生性至孝，只要读到《诗经·小雅·蓼莪》中的"哀哀父母，生我劬劳"两句，便会思念已故的父母，痛哭流泪，不能自已。他的学生因此废弃不学《蓼莪》这一篇。王裒（？—311），字伟元，西晋城阳营陵（今山东昌乐）人。因其父为司马昭所杀，不臣西晋，隐居教授，屡次谢绝朝廷征辟。家贫躬耕，庐于墓侧，旦夕跪

拜。洛阳倾覆，亲族移居江东，王哀恋坟垄不去，遂死非命。事见
《晋书·孝友传》。门人，门生，弟子。废，此指放弃学习与研读。
《蓼莪》,《诗经·小雅》篇名。毛序："《蓼莪》,刺幽王也。民人劳
苦，孝子不得终养尔。"音义："蓼莪，上音六，下五河反。"其诗首
章："蓼蓼者莪，匪莪伊蒿。哀哀父母，生我劬劳。"毛传："兴也。
蓼蓼，长大貌。"郑笺："莪已蓼蓼长大，貌视之以为非莪，反谓之
'蒿'。兴者，喻忧思虽在役中，心不精识其事。""哀哀者，恨不得
终养父母，报其生长己之苦。"

⑮王修哭母之亡，邻里遂停桑柘(zhè)社:语本《三国志·魏书·王
　　修传》:"王修，字叔治，北海营陵人也。年七岁丧母。母以社日
　　亡，来岁邻里社，修感念母，哀甚。邻里闻之，为之罢社。"三国时
　　期，王修的母亲在社日去世。次年社日，邻里祭祀社神，王修因思
　　念母亲而极度悲伤痛哭，邻里为此停止社日活动。王修，字叔治，
　　汉末三国之际北海营陵(今山东昌乐)人。初为孔融主簿，迁高
　　密令，移胶东，有治绩。后为袁谭别驾。劝谭、尚兄弟勿相攻。袁
　　谭死，归曹操，为司空掾，迁魏郡太守，抑强扶弱，赏罚严明。魏国
　　既建，为大司农郎中令，徙奉常。桑柘社，此指春社。社日，是古
　　时祭祀土地神的日子，一般在立春、立秋后第五个戊日。桑柘，即
　　桑树与柘树。《礼记·月令》:"(季春之月)命野虞无伐桑柘。"东
　　汉·郑玄注:"爱蚕食也。"桑树与柘树的叶子，可以喂蚕，故亦以
　　"桑柘"指农桑之事。

⑯"树欲静而风不息"三句:语本《韩诗外传》卷九:"孔子行，闻哭
　　声甚悲。孔子曰:'驱驱! 前有贤者。'至则皋鱼也。被褐拥镰，
　　哭于道傍。孔子辟车与之言，曰:'子非有丧，何哭之悲也?'皋鱼
　　曰:'吾失之三矣:少而学，游诸侯，以后吾亲，失之一也。高尚吾
　　志，间吾事君，失之二也。与友厚而小绝之，失之三矣。树欲静而
　　风不止，子欲养而亲不待。往而不可得见者亲也。吾请从此辞

矣。'立槁而死。孔子曰:'弟子诚之,足以识矣。'于是门人辞归而养亲者十有三人。"皋鱼,春秋时期人。他曾对孔子说:"树欲静而风不止,儿子想赡养双亲而双亲却等不到。"后来痛哭而死。后遂以"皋鱼""树欲静而风不息"用作人子不及养亲的典故。增感,大发感伤、悲痛之情。

⑰"与其椎牛而祭墓"三句:语本《韩诗外传》卷七:"曾子曰:'往而不可还者,亲也。至而不可加者,年也。是故孝子欲养而亲不待也,木欲直而时不使也。是故椎牛而祭墓,不如鸡豚逮亲存也。故吾尝仕齐为吏,禄不过钟釜,尚犹欣欣而喜者,非以为多也,乐其逮亲也。既没之后,吾尝南游于楚,得尊官焉,堂高九仞,榱题三围,转毂百乘,犹北乡而泣涕者,非为贱也。悲不逮吾亲也。故家贫亲老,不择官而仕。若夫信其志约其亲者,非孝也。'"曾子曾说:"与其杀牛去祭祀亡人,不如在亲人活着的时候杀猪烹鸡好好供养。"椎牛,杀牛。椎,用椎击打,引申为宰杀。逮存,趁(父母)还健在。兴思,生发感慨、感想。兴,产生。

⑱木本水源:语出《左传·昭公九年》:"我在伯父,犹衣服之有冠冕,木水之有本原,民人之有谋主也。"树的根本与水的源头,比喻事物的根本或事情的原因。此指父母的生养之恩。

⑲慎终追远:旧指慎重地办理父母丧事,虔诚地祭祀远代祖先。后也指重视安葬、追念逝者或谨慎行事、追念前贤。《论语·学而》:"曾子曰:'慎终追远,民德归厚矣。'"慎,谨慎从事。终,人死。追,追念,追怀。远,远祖,祖先。

【译文】

唱挽歌的习俗始于田横之死,墓志铭由傅奕始创。

生前预筑的坟墓,称为"寿藏";死后安葬的墓地,叫作"佳城"。

坟墓,也称"夜台";墓穴,又名"窀穸"。

下葬,又称"瘗玉";摆放祭品,进行祭祀,称"束刍"。

天子诸侯在宗庙举行的祭祀,四季名称各不相同:春祭称"礿",夏祭称"禘",秋祭称"尝",冬祭称"烝"。

举杯喝水而满心悲痛,因为感觉母亲的唇齿温泽仿佛还留存在杯口;翻阅父亲的旧书而平添忧伤,因为父亲的指掌留下的汗渍仿佛尚未消失。

子羔悲悼双亲去世,哭得眼中流血;子夏哀哭儿子早亡,以致双目失明。

王裒哀痛父亲之死,每次读到感念父母的《蓼莪》一诗便悲伤不已,他的学生因此不再研习此诗;王修哭悼母亲亡故,左邻右舍念及他母亲死于社日,于是在这一天停止了祭拜土地神的活动。

树欲静默而悲风不止,子欲奉养而父母亡故,皋鱼一提起此事便倍增伤感。

与其杀牛往祭坟茔,不如趁父母健在之时杀猪烹鸡尽孝,这是曾子的感言。

因此:身为子女的,应当时时念及养育自己的父母如同树之根、水之源,因而慎重地办理父母的丧事,虔诚地祭祀祖先。

卷四

文事

【题解】

所谓文事，即文学、文化之事。中国自古为文化之邦，历代多文学之士。传统讲文学、文化，必以"五经"为宗。

本篇40联，讲的都是与文学、文化相关的成语典故。篇首所讲，即儒家"五经"。

多才之士，才储八斗①；博学之儒，学富五车②。

《三坟》《五典》，乃三皇五帝之书；《八索》《九丘》，是八泽九州之志③。

《书经》载上古唐虞、三代之事，故曰《尚书》④；《易经》乃姬周文王、周公所系，故曰《周易》⑤。

二戴曾删《礼记》，故曰《戴礼》⑥；二毛曾注《诗经》，故曰《毛诗》⑦。

孔子作《春秋》，因获麟而绝笔，故曰《麟经》⑧。

荣于华衮，乃《春秋》一字之褒；严于斧钺，乃《春秋》

一字之贬⑨。

【注释】

①八斗：又称"八斗才"或"才高八斗"。形容人才华横溢，文章出众。宋·无名氏《释常谈·八斗之才》："文章多，谓之'八斗之才'。谢灵运尝曰：'天下才有一石，曹子建独占八斗，我得一斗，天下共分一斗。'"

②学富五车：语本《庄子·天下》："惠施多方，其书五车。"形容人学问渊博。

③"《三坟》《五典》"四句：语本《左传·昭公十二年》："左史倚相趋过。王曰：'是良史也，子善视之。是能读《三坟》《五典》《八索》《九丘》。'"晋·杜预注："皆古书名。"唐·孔颖达疏引西汉·孔安国《尚书序》云："伏牺、神农、黄帝之书，谓之《三坟》，言大道也。少昊、颛顼、高辛、唐、虞之书，谓之《五典》，言常道也。……八卦之说，谓之《八索》，求其义也。九州之志，谓之《九丘》。丘，聚也。言九州所有，土地所生，风气所宜，皆聚此书也。"引东汉·贾逵云："《三坟》，三王之书。《五典》，五帝之典。《八索》，八王之法。《九丘》，九州亡国之戒。"引东汉·马融云："《三坟》，三气，阴阳始生，天、地、人之气也。《五典》，五行也。《八索》，八卦。《九丘》，九州之数也。"据孔疏可知，古人对《三坟》《五典》《八索》《九丘》究竟是何书，意见并不统一。旧注："《淮南子》：八泽之志为《八索》，九州之志为《九丘》。"传世本《淮南子》并无斯语。《三坟》《五典》，传说中的古书名。一般认为《三坟》是三皇之书，《五典》是五帝之书。三皇五帝，见前《朝廷》篇"三皇为皇，五帝为帝"条注。《八索》《九丘》，传说中的古书名。一般认为《八索》是八卦之书，《九丘》是九州之书。《幼学琼林》则以《八索》乃讲八泽地理之书。八泽，《淮南子·地形训》："九州

之大，纯方千里，九州之外，乃有八殥，亦方千里。自东北方曰大泽，曰无通；东方曰大渚，曰少海；东南方曰具区，曰元泽；南方曰大梦，曰浩泽；西南方曰渚资，曰丹泽；西方曰九区，曰泉泽；西北方曰大夏，曰海泽；北方曰大冥，曰寒泽。凡八殥。八泽之云，是雨九州。"据《淮南子》，"八泽"指大泽、大渚、元泽、浩泽、丹泽、泉泽、海泽、寒泽。九州，古代中国分为九州。说法不一。《尚书·禹贡》作"冀、兖、青、徐、扬、荆、豫、梁、雍"；《尔雅·释地》有幽州、营州而无青州、梁州；《周礼·夏官·职方》有幽州、并州而无徐州、梁州。后以"九州"泛指天下，全中国。另有大九州之说，中国仅为其中之一州。战国邹衍称中国为赤县神州，谓"中国外如赤县神州者九，乃所谓九州也"。见《史记·孟子荀卿列传》。《淮南子·地形训》："何谓九州？东南神州曰农土，正南次州曰沃土，西南戎州曰滔土，正西弇州曰并土，正中冀州曰中土，西北台州曰肥土，正北泲州曰成土，东北薄州曰隐土，正东阳州曰申土。"杨树达以为所举九州，自正中冀州与《禹贡》九州之冀州偶同外，余皆名号差异；其称东南神州，与邹衍所称中国名曰"赤县神州"者相合；疑该篇乃取自邹衍之书，所举九州之名即邹衍所称之"九州"。见《积微居小学述林·邹衍九州考》。

④《书经》载上古唐虞、三代之事，故曰《尚书》：因《尚书》内容为记载上古唐尧、虞舜时期及夏、商、周三代之事，故名《尚书》。西汉·孔安国《尚书序》："讨论《坟》《典》，断自唐、虞以下，讫于周。芟夷烦乱，翦截浮辞，举其宏纲，撮其机要，足以垂世立教，典、谟、训、诰、誓、命之文凡百篇。……以其上古之书，谓之《尚书》。"唐虞，指唐尧、虞舜时期。三代，指夏、商、周三个朝代。尚，通"上"。

⑤《易经》乃姬周文王、周公所系，故曰《周易》：相传《周易》彖辞为周文王所作，爻辞为周公所作，故称《周易》。《朱子语类》卷

六十六：“《易》本卜筮之书，后人以为止于卜筮。至王弼用老、庄解，后人便只以为理，而不以为卜筮，亦非。想当初伏羲画卦之时，只是阳为吉，阴为凶，无文字。某不敢说，窃意如此。后文王见其不可晓，故为之作彖辞；或占得爻处不可晓，故周公为之作爻辞；又不可晓，故孔子为之作《十翼》，皆解当初之意。”《汉书·艺文志》：“《易》曰：‘宓戏氏仰观象于天，俯观法于地，观鸟兽之文，与地之宜，近取诸身，远取诸物，于是始作八卦，以通神明之德，以类万物之情。’至于殷、周之际，纣在上位，逆天暴物，文王以诸侯顺命而行道，天人之占可得而效，于是重《易》六爻，作上下篇。孔氏为之《彖》《象》《系辞》《文言》《序卦》之属十篇。”《汉书·艺文志》不言周公与《周易》有关。而《论衡·正说》：“伏羲氏之王得河图，周人曰《周易》。其经卦皆六十四，文王、周公因象十八章究六爻。”

⑥二戴曾删《礼记》，故曰《戴礼》：二戴，指西汉今文经学家戴德与其侄戴圣。二人同受《礼》于后苍，戴德传《礼》八十五篇，称《大戴礼》；戴圣传《礼》四十九篇，称《小戴礼》。《十三经》之一的《礼记》，即《小戴礼》。《汉书·儒林传》：“仓说《礼》数万言，号曰《后氏曲台记》，授沛闻人通汉子方、梁戴德延君、戴圣次君、沛庆普孝公。孝公为东平太傅。德号大戴，为信都太傅；圣号小戴，以博士论石渠，至九江太守。由是《礼》有大戴、小戴、庆氏之学。”

⑦二毛曾注《诗经》，故曰《毛诗》：二毛，指西汉传授古文《诗经》的儒家学者毛亨、毛苌（亦作“长”）。《汉书·艺文志》载《毛诗》二十九卷，《毛诗故训传》三十卷。然但称毛公，不著其名。《后汉书·儒林传》始云：“赵人毛长传《诗》，是为《毛诗》。”东汉·郑玄《诗谱》：“鲁人大毛公为训诂，传于其家，河间献王得而献之，以小毛公为博士。”三国吴·陆玑《毛诗草木虫鱼疏》：“孔子删

《诗》授卜商,商为之序,以授鲁人曾申,申授魏人李克,克授鲁人
孟仲子,仲子授根牟子,根牟子授赵人荀卿,荀卿授鲁国毛亨,毛
亨作《训诂传》以授赵国毛苌。时人谓亨为‘大毛公’,苌为‘小
毛公’。"《毛诗》,即今本《诗经》。因为西汉毛亨、毛苌所传,故
称《毛诗》。《汉书·艺文志》著录有《毛诗》二十九卷、《毛诗故
训传》三十卷。《毛诗》在西汉未立学官,属经古文学派。东汉时
著名学者郑众、贾逵、马融、郑玄等皆治《毛诗》。郑玄作《毛诗
传笺》,流传最广。魏晋以后,今文齐、鲁、韩三家《诗》散亡或无
传者,唯《毛诗》独盛。至唐·孔颖达定《五经正义》,于《诗》取
毛传与郑笺,乃更为后世所崇尚。

⑧"孔子作《春秋》"三句:语本《春秋·哀公十四年》:"春,西狩获
麟。"晋·杜预注:"麟者,仁兽,圣王之嘉瑞也。时无明王,出而
遇获。仲尼伤周道之不兴,感嘉瑞之无应,故因《鲁春秋》而修中
兴之教。绝笔于‘获麟’之一句,所感而作,固所以为终也。"孔
子作《春秋》,至"西狩获麟"一句而辍笔。获麟,指春秋鲁哀公
十四年(前481)猎获麒麟事。《左传·哀公十四年》:"十四年春,
西狩于大野,叔孙氏之车子鉏商获麟,以为不祥,以赐虞人。仲
尼观之,曰:‘麟也。’然后取之。"《孔子家语·辩物》:"叔孙氏之
车士曰子鉏商,采薪于大野,获麟焉,折其前左足,载以归,叔孙
以为不祥,弃之于郭外。使人告孔子曰:‘有麕而角者,何也?’孔
子往观之,曰:‘麟也。胡为来哉?胡为来哉?’反袂拭面,涕泣沾
衿。叔孙闻之,然后取之。子贡问曰:‘夫子何泣尔?’孔子曰:
‘麟之至,为明王也。出非其时而害,吾是以伤焉。’"《史记·孔
子世家》:"及西狩见麟,(孔子)曰:‘吾道穷矣!’"南朝宋·裴骃
集解:"麟者,太平之兽,圣人之类也。时得而死,此天亦告夫子将
殁之证,故云尔。"麒麟是祥瑞之兽,出现在人世,却被杀死,象征
着大道不行。孔子作《春秋》,至此而辍笔。绝笔,停笔不写。《麟

经》，孔子作《春秋》，以"十有四年，春，西狩获麟"一句结束全书，故称《麟经》。《公羊传·哀公十四年》："春，西狩获麟。何以书？记异也。何异尔？非中国之兽也。然则孰狩之？薪采者也。薪采者则微者也，曷为以狩言之？大之也。曷为大之？为获麟大之也。曷为为获麟大之？麟者，仁兽也。有王者则至，无王者则不至。有以告者曰：'有麇而角者。'孔子曰：'孰为来哉！孰为来哉！'反袂拭面，涕沾袍。颜渊死，子曰：'噫！天丧予。'子路死，子曰：'噫！天祝予。'西狩获麟，孔子曰：'吾道穷矣。'《春秋》何以始乎隐？祖之所逮闻也，所见异辞，所闻异辞，所传闻异辞。何以终乎哀十四年？曰：'备矣！'君子曷为为《春秋》？拨乱世，反诸正，莫近诸《春秋》。则未知其为是与？其诸君子乐道尧、舜之道与？末不亦乐乎尧、舜之知君子也？制《春秋》之义，以俟后圣，以君子之为，亦有乐乎此也。"

⑨ "荣于华衮（gǔn）"四句：语本《穀梁传序》："一字之褒，宠逾华衮之赠。片言之贬，辱过市朝之挞。德之所助，虽贱必申；义之所抑，虽贵必屈。故附势匿非者无所逃其罪，潜德独运者无所隐其名，信不易之宏轨，百王之通典也。"晋·范宁注："衮冕，上公之服。"华衮，古代王公贵族所穿的华丽多彩的礼服，常以卷龙为图案，用于表示极高的荣誉。一字之褒，一字之贬，合称"一字褒贬"，本指《春秋》笔法严谨，一个字的使用就蕴含了或褒或贬之意。后亦泛指论人议事用词严谨而有分寸。斧钺（yuè），斧与钺，泛指兵器，主要用于刑罚、杀戮。

【译文】

有才的文人，号称"才储八斗"；博学的儒者，号称"学富五车"。

《三坟》《五典》，是三皇五帝的历史书；《八索》《九丘》，是八泽九州的地理志。

《尚书》记载上古唐尧、虞舜及夏、商、周三代的政事，因此名为《尚书》;《易经》彖辞为周文王所作,爻辞为周公所作,所以称作《周易》。

戴德、戴圣曾删定《礼记》,所以《礼记》又叫《戴礼》;毛亨、毛苌曾注释《诗经》,因此《诗经》又称《毛诗》。

孔子作《春秋》,因麒麟被猎杀而停笔不再继续,因而《春秋》又叫《麟经》。

得到《春秋》一个字的褒扬,比身着华服还要荣耀;遭受《春秋》一个字的贬斥,比斧钺加身还要严厉。

缣缃、黄卷①,总谓经书②;雁帛、鸾笺③,通称简札④。

锦心绣口,李太白之文章⑤;铁画银钩⑥,王羲之之字法⑦。

雕虫小技,自谦文学之卑⑧;倚马可待⑨,羡人作文之速。

称人近来进德,曰士别三日,当刮目相看⑩;羡人学业精通,曰面壁九年⑪,始有此神悟。

五凤楼手⑫,称文字之精奇;七步奇才,羡天才之敏捷⑬。

誉才高,曰今之班马⑭;羡诗工,曰压倒元白⑮。

【注释】

①缣缃(jiān xiāng):浅黄色的细绢。古人用于书写。唐·颜真卿《送辛子序》:"惜乎困于缣缃,不获缮写。"亦代指书册典籍。唐·骆宾王《上兖州刺史启》:"颇游简素,少阅缣缃。"黄卷:古人用黄药汁染纸防蠹,故称书籍为"黄卷"。宋·陈正敏《遁斋闲览》:"古人写书,皆用黄纸,以檗染之,所以辟蠹也,故谓之'黄卷'。"《晋书·文苑传·褚陶》:"陶尝谓所亲曰:'圣贤备在黄卷中,舍此何求!'"

②总谓:总括地说,都是说。

③雁帛:语出《汉书·苏武传》:"昭帝即位数年,匈奴与汉和亲。汉求武等,匈奴诡言武死。后汉使复至匈奴,常惠请其守者与俱,得

夜见汉使,具自陈道。教使者谓单于,言天子射上林中,得雁,足
有系帛书,言武等在某泽中。使者大喜,如惠语以让单于。单于
视左右而惊,谢汉使曰:'武等实在。'"西汉昭帝时,使者对匈奴
单于说,大汉天子在上林苑射中一只大雁,雁足系有帛书,是苏武
写的书信。后遂以"雁帛"代指书信。鸾笺:印有鸾凤图案的彩
色信纸。宋·苏易简《文房四谱·纸谱》:"蜀人造十色笺,凡十
幅为一榻。……然逐幅于方版之上研之,则隐起花木麟鸾,千状
万态。"后人因称彩笺为"鸾笺"。宋·张镃《池上木芙蓉欲开述
兴》诗之二:"岸巾三酌便酣眠,堕地鸾笺写未全。"古人在信笺上
印鸾凤图案,或许与青鸟传书的传说有关。《艺文类聚》卷九十一
引(旧题)东汉·班固《汉武故事》:"七月七日,上(汉武帝)于
承华殿斋,正中,忽有一青鸟从西方来,集殿前。上问东方朔,朔
曰:'此西王母欲来也。'有顷,王母至,有二青鸟如乌,夹侍王母
旁。"后遂以"青鸟"为信使的代称。

④简札:用以书写的竹简木札。亦指功用与简札相同的书写用品。
代指文书、书信。

⑤锦心绣口,李太白之文章:语本唐·李白《冬日于龙门送从弟京
兆参军令问之淮南觐省序》:"常醉目吾曰:'兄心肝五藏,皆锦
绣耶? 不然,何开口成文,挥翰雾散?'"李白的族弟曾夸他锦绣
心肝,出口成章。后遂以"锦心绣口"比喻文思优美,辞藻华丽。
唐·柳宗元《乞巧文》:"骈四俪六,锦心绣口。"

⑥铁画银钩:语出唐·欧阳询《用笔论》:"徘徊俯仰,容与风流,刚
则铁画,媚若银钩。"后用"铁画银钩"谓书法家运笔,其点画既
刚劲,又柔媚。以"银钩"喻书法生动柔媚,语出索靖《草书状》:
"盖草书之为状也,婉若银钩,漂若惊鸾。"(见《晋书·索靖传》)
唐·张彦远《法书要录·论书》:"索靖字幼安,燉煌人,散骑常
侍张芝姊之孙也,传芝草而形异,甚矜其书,名其字势曰'银钩虿

尾'。"唐宋诗文每以"银钩"代指书法。

⑦王羲之：晋代大书法家，后世称为"书圣"。见前《祖孙父子》篇"分甘以娱目，王羲之弄孙自乐"条注。《晋书·王羲之传》："尤善隶书，为古今之冠，论者称其笔势，以为飘若浮云，矫若惊龙。"

⑧雕虫小技，自谦文学之卑：语本西汉·扬雄《法言·吾子》："或问：'吾子少而好赋。'曰：'然。童子雕虫篆刻。'俄而，曰：'壮夫不为也。'或曰：'赋可以讽乎？'曰：'讽乎！讽则已，不已，吾恐不免于劝也。'"西汉扬雄曾说作赋是"童子雕虫篆刻"，"壮夫不为"。虫书、刻符分别为秦书八体之一，西汉时蒙童所习。后遂以"雕虫"比喻从事不足道的小技艺，常指写作诗文辞赋。《隋书·李德林传》："经国大体，是贾生、晁错之俦；雕虫小技，殆相如、子云之辈。"多用以自谦。

⑨倚马可待：典出《世说新语·文学》："桓宣武北征，袁虎时从，被责免官。会须露布文，唤袁倚马前令作。手不辍笔，俄得七纸，殊可观。"后遂以"倚马可待"形容才思敏捷，为文顷刻而成。唐·李白《与韩荆州朝宗书》："必若接之以高宴，纵之以清谈，请日试万言，倚马可待。"

⑩"称人近来进德"三句：语本《三国志·吴书·吕蒙传》"遂拜蒙母，结友而别"，南朝宋·裴松之注引《江表传》："初，权谓蒙及蒋钦曰：'卿今并当涂掌事，宜学问以自开益。'蒙曰：'在军中常苦多务，恐不容复读书。'权曰：'孤岂欲卿治经为博士邪？但当令涉猎见往事耳。卿言多务孰若孤，孤少时历《诗》《书》《礼记》《左传》《国语》，惟不读《易》。至统事以来，省三史、诸家兵书，自以为大有所益。如卿二人，意性朗悟，学必得之，宁当不为乎？宜急读《孙子》《六韬》《左传》《国语》及"三史"。孔子言"终日不食，终夜不寝以思，无益，不如学也"。光武当兵马之务，手不释卷。孟德亦自谓老而好学。卿何独不自勉勖邪？'蒙始就学，

笃志不倦,其所览见,旧儒不胜。后鲁肃上代周瑜,过蒙言议,常欲受屈。肃拊蒙背曰:'吾谓大弟但有武略耳,至于今者,学识英博,非复吴下阿蒙。'蒙曰:'士别三日,即更刮目相待。大兄今论,何一称穰侯乎。兄今代公瑾,既难为继,且与关羽为邻。斯人长而好学,读《左传》略皆上口,梗亮有雄气,然性颇自负,好陵人。今与为对,当有单复以乡待之。'密为肃陈三策,肃敬受之,秘而不宣。权常叹曰:'人长而进益,如吕蒙、蒋钦,盖不可及也。富贵荣显,更能折节好学,耽悦书传,轻财尚义,所行可迹,并作国士,不亦休乎!'"三国东吴吕蒙年轻时读书少,被人讥笑为"吴下阿蒙",后在孙权勉励下,努力读书,学问大进。连鲁肃都佩服他,说"你再也不是'吴下阿蒙'了"。吕蒙说:"有志之士,分别三日,就要刮目相看哦。"后遂以"士别三日,当刮目相看"夸人新近品德学问进步神速。进德,道德增进,学业加深。《周易·乾卦》:"忠信,所以进德也。"

⑪面壁九年:达摩祖师曾终日面壁而坐,专心修行,不问外事。宋·普济《五灯会元》卷十四:"达摩祖师,以一乘法直指单传,面壁九年,不立文字,被人唤作'壁观婆罗门'。"《神僧传·达摩》:"帝不省玄旨,师知机不契,十九日遂去梁,折芦一枝渡江,二十三日北趋魏境,寻至雒邑,初止嵩山少林寺,终日面壁而坐,九年遂逝焉。"

⑫五凤楼手:即"造五凤楼手",夸耀文章华美。语出宋·杨亿《(杨文公)谈苑·造五凤楼手》:"韩浦、韩洎,晋公滉之后,咸有辞学。浦善声律,洎为古文,意常轻浦,语人曰:'吾兄为文,譬如绳枢草舍,聊庇风雨。予之为文,是造五凤楼手。'浦性滑稽,窃闻其言,因有亲知遗蜀笺,浦题作一篇,以其笺贻洎曰:'十样蛮笺出益州,寄来新自浣溪头。老兄得此全无用,助尔添修五凤楼。'"杨亿《谈苑》一书虽已散逸,但"造五凤楼手"一条为宋代笔记及类书

广泛引用。见曾慥《类说》卷五十三、潘自牧《记纂渊海》卷四十五、朱胜非《绀珠集》卷十一、孔传《白孔六帖》卷十四、阙名《锦绣万花谷》卷二十、《翰苑新书》卷六十八。五凤楼位于洛阳，初建于唐朝，唐玄宗曾在此聚饮。梁太祖重建五凤楼，楼高百丈，以五凤翘尾作为装饰。后来周翰写有《五凤楼赋》，文辞华丽，故韩洎以"造五凤楼手"喻文章华美。

⑬七步奇才，羡天才之敏捷：语本《世说新语·文学》："文帝尝令东阿王七步中作诗，不成者行大法。应声便为诗曰：'煮豆持作羹，漉菽以为汁。萁在釜下然，豆在釜中泣。本自同根生，相煎何太急！'帝深有惭色。"曹植曾在其兄曹丕逼迫下，七步成诗，后遂以"七步奇才"形容文思敏捷。

⑭班马：共有三说。一说指班固和司马迁，着眼于史学，《晋书·陈寿等传论》："丘明既没，班马迭兴。"二说指班固和司马相如，唐·清昼《讲古文联句》："屈宋接武，班马继作。"三说指班固和马融，《文心雕龙·程器》："况班马之贱职，潘岳之下位哉。"后二说着眼于作赋。无论"班马"指班固、司马迁，还是班固、司马相如，抑或班固、马融，都以长于文章驰名。"今之班马"，指当代的班固、司马迁（或司马相如、马融）。明·凌迪知《万姓统谱》卷三十四："何去非：字正通，浦城人，学问该博，有识度。元丰中对策论用兵之要，擢优等，除武学教谕，使校兵法七书。奏，复见褒赏。未几，擢博士。苏轼见其文，惊曰：'此今班马也。'力荐于朝，诏加承奉郎。岁余，出为徐州教授。"

⑮压倒元白：才华超过元稹和白居易。五代·王定保《唐摭言》卷三："宝历年中，杨嗣复相公具庆下继放两榜。时先仆射自东洛入觐，嗣复率生徒迎于潼关。既而大宴于新昌里第，仆射与所执坐于正寝，公领诸生翼坐于两序。时元、白俱在，皆赋诗于席上。惟刑部杨汝士侍郎诗后成。元、白览之失色。诗曰：'隔坐应须

赐御屏,尽将仙翰入高冥。文章旧价留鸾掖,桃李新阴在鲤庭。再岁生徒陈贺宴,一时良史尽传馨。当年疏傅虽云盛,讵有兹筵醉酴醿。'汝士其日大醉,归谓子弟曰:'我今日压倒元、白。'"有一次,唐代诗人杨汝士和元稹、白居易一起参加宴会,都作诗。杨汝士所作诗,令元稹、白居易折服。杨汝士十分得意,说:"我今日压倒了元、白。"

【译文】

"缣缃"和"黄卷",都是说经籍;"雁帛"和"鸾笺",都是指书信。

"锦心绣口",形容李太白文思优美,辞藻华丽;"铁画银钩",形容王羲之书法点画刚劲,姿态柔媚。

用"雕虫小技"来自谦文采卑下,用"倚马可待"来称美他人才思敏捷,文章写得快。

赞扬别人近来学业长进,可以说"士别三日,当刮目相看";称美他人学业精通,可以说"面壁九年,始有此神悟"。

"五凤楼手",用来赞扬文字构思精奇;"七步奇才",用来称美天才文思敏捷。

夸人才学高超,便说他是当今的"班马";赞人诗词精通,便说他足以"压倒元白"。

汉晁错多智,景帝号为智囊[①];高仁裕多诗,时人谓之诗窖[②]。

骚客[③],即是诗人;誉髦[④],乃称美士。

自古诗称李杜[⑤],至今字仰钟王[⑥]。

白雪阳春,是难和难赓之韵[⑦];青钱万选,乃屡试屡中之文[⑧]。

惊神泣鬼,皆言词赋之雄豪[⑨];遏云绕梁,原是歌音之嘹亮⑩。

涉猎不精⑪，是多学之弊；咿唔咕毕⑫，皆读书之声。

连篇累牍⑬，总说多文；寸楮尺素⑭，通称简札。

以物求文，谓之润笔之赀⑮；因文得钱，乃曰稽古之力⑯。

【注释】

①汉晁错多智，景帝号为智囊：语本《史记·袁盎晁错列传》："错为人峭直刻深。孝文帝时，天下无治《尚书》者，独闻济南伏生故秦博士，治《尚书》，年九十余，老不可征，乃诏太常使人往受之。太常遣错受《尚书》伏生所。还，因上便宜事，以书称说。诏以为太子舍人、门大夫、家令。以其辩得幸太子，太子家号曰'智囊'。"汉景帝还是太子的时候，晁错任太子舍人，因足智多谋，被称作"智囊"。晁错（前200—前154），西汉颍川（治今河南禹州）人。习申不害、商鞅刑名之术。汉文帝时，以文学为太常掌故。奉命受今文《尚书》于伏生。累迁太子家令，为太子（景帝）信用，号为"智囊"。迁中大夫。上书言事，主张徙民备边，抵御匈奴侵扰，削诸侯王权，以固朝廷。汉景帝立，任内史，迁御史大夫。汉景帝采纳其意见，更定法令，削诸侯支郡。前元三年（前154），吴楚七国以诛晁错"清君侧"为名，起兵反。为袁盎所谮，披朝衣斩于市。

②高仁裕多诗，时人谓之诗窖：语本五代·高若拙《后史补》："高仁裕著诗万首，号诗窖。"《后史补》记唐末五代逸闻，已佚。但"诗窖"一条广为宋人笔记及类书征引。谢维新《古今合璧事类备要》卷四十四"诗窖"条下注："高仁裕著诗万首，号——《后史补》'诗窖'。"阙名《锦绣万花谷》卷二十一："高仁裕著诗万首，号诗窖。"二书皆注明据《后史补》。此二书引《后史补》，作"高仁裕"。他书则作"王仁裕"。叶廷珪《海录碎事·文学部·诗

门》:"高若拙《后史补》云:'王仁裕著诗一万首,朝中谓之"诗窖子"。'"潘自牧《记纂渊海》卷七十五:"王仁裕著诗万首,谓之'诗窖子',亦曰'千篇集'。"曾慥《类说》卷二十六:"王仁裕著诗万首,谓之'诗窖子',亦曰'千篇集'。"高仁裕,无考。王仁裕为唐末五代名人,以文学见称。新、旧《五代史》皆为之立传。《新五代史》本传云王仁裕"喜为诗。其少也,尝梦剖其肠胃,以西江水涤之,顾见江中沙石皆为篆籀之文,由是文思益进。乃集其平生所作诗万余首为百卷,号《西江集》"。以生平事迹考之,则"诗窖"应为王仁裕之号,故清·吴任臣《十国春秋·王仁裕传》径云:"生平作诗满万首,蜀人呼曰'诗窖子'。""高仁裕"疑当作"王仁裕"。然《幼学琼林》诸本多作"高仁裕",又有谢维新《古今合璧事类备要》、阙名《锦绣万花谷》为佐证,故存而不改。王仁裕(880—956),字德辇,唐末五代天水(今属甘肃)人。唐末为秦州节度判官,后入蜀事后主为中书舍人、翰林学士。前蜀亡,又事后唐。以都官郎中充翰林学士。后晋时,历司封、左司郎中、右谏议大夫、给事中等职。开运二年(945),迁左散骑常侍。后汉天福十二年(947),改授户部侍郎,充翰林学士承旨。后历户、兵二部尚书。后周广顺元年(951),为太子少保。显德三年(956)卒。生平见新、旧《旧五代史》及《十国春秋》本传。

③骚客:诗人,文人。战国时期屈原以满腔悲愤创作《离骚》,对后世文人及文学创作影响太大,遂用"骚人""骚客"等指诗人。唐·刘知几《史通·叙事》:"昔文章既作,比兴由生。鸟兽以媲贤愚,草木以方男女,诗人骚客,言之备矣。"

④誉髦(máo):语出《诗经·大雅·思齐》:"古之人无致,誉髦斯士。"毛传:"古之人无厌于有名誉之俊士。"朱子集传:"誉,名。髦,俊也。"指有名望的英杰之士。髦,本义为毛发中的长毫,故用以比喻英俊杰出的人才。《尔雅·释言》:"髦,选也。髦,俊

也。"晋·郭璞注:"俊士之选。士中之俊,如毛中之氅。"宋·邢
昺疏:"毛中之长毫曰'氅',士之俊选者借譬为名焉。"

⑤李杜:唐代大诗人李白、杜甫并称"李杜"。《新唐书·文艺传
上·杜甫》:"(杜)甫旷放不自检,好论天下大事,高而不切。少
与李白齐名,时号'李杜'。""李杜"在中唐即已被尊为诗歌的典
范。唐·韩愈《调张籍》诗:"李杜文章在,光焰万丈长。"

⑥钟王:三国魏书法家钟繇和晋书法家王羲之的并称。《晋书·王
羲之传》:"(羲之)每自称'我书比钟繇,当抗行;比张芝草,犹当
雁行也'。"后世每以"钟王"并称。唐·皎然《张伯英草书歌》
诗:"先贤草律我草狂,风云阵发愁钟王。"宋·欧阳修《试笔·李
邕书》:"因见邕书,追求钟王以来字法,皆可以通。"宋·秦观《沁
园春》:"忆淮海当年,英豪满座,词翻鲍谢,字压钟王。"

⑦白雪阳春,是难和难赓(gēng)之韵:语本《文选·宋玉〈对楚王
问〉》:"客有歌于郢中者,其始曰下里巴人,国中属而和者数千
人;其为阳阿薤露,国中属而和者数百人;其为阳春白雪,国中属
而和者不过数十人;引商刻羽,杂以流徵,国中属而和者不过数人
而已。是其曲弥高,其和弥寡。"唐·李周翰注:"《阳春》《白雪》,
高曲名也。"后因以"白雪阳春"泛指高雅的曲子,或喻指高深典
雅、不够通俗易懂的文艺作品。赓,续。《尚书·益稷》:"乃赓载
歌曰:'元首明哉,股肱良哉,庶事康哉。'"

⑧青钱万选,乃屡试屡中之文:语本《新唐书·张荐传》:"张荐,字
孝举,深州陆泽人。祖鷟,字文成,早惠绝伦。为儿时,梦紫文大
鸟,五色成文,止其廷。大父曰:'吾闻五色赤文,凤也;紫文,鸑
鷟也。若壮,殆以文章瑞朝廷乎?'遂命以名。调露初,登进士
第。考功员外郎骞味道见所对,称天下无双。授岐王府参军。八
以制举皆甲科,再调长安尉,迁鸿胪丞。四参选,判策为铨府最。
员外郎员半千数为公卿称'鷟文辞犹青铜钱,万选万中',时号鷟

'青钱学士'。"《旧唐书·张荐传》亦载此,文字略有出入。青钱万选,唐代张鷟(zhuó)才华出众,参加八次科举考试,全都高中,当时人们称他为"青钱学士",夸他文章好,就像青铜钱一样,无论怎么选都不会被淘汰。青钱,青色的铜钱,是铜钱中的上品。明·胡我琨《钱通》卷二十八:"青钱,文之美者比青铜钱。唐张鷟文词犹青钱,万选万中。"

⑨惊神泣鬼,皆言词赋之雄豪:语本唐·杜甫《寄李十二白十二韵》诗:"笔落惊风雨,诗成泣鬼神。"而杜甫诗似本之《淮南子·本经训》:"昔者苍颉作书,而天雨粟,鬼夜哭。"惊神泣鬼,让神吃惊,令鬼哭泣,多形容文学作品太过感人,震撼过大。

⑩遏云绕梁,原是歌音之嘹亮:语本《列子·汤问》:"薛谭学讴于秦青,未穷青之技,自谓尽之,遂辞归。秦青弗止。饯于郊衢,抚节悲歌,声振林木,响遏行云。薛谭乃谢求反,终身不敢言归。秦青顾谓其友曰:'昔韩娥东之齐,匮粮,过雍门,鬻歌假食。既去而余音绕梁栌,三日不绝,左右以其人弗去。……'"遏云,使云停止不前,形容歌声响亮动听。《列子·汤问》说秦青"抚节悲歌,声振林木,响遏行云",意思是说秦青悲歌嘹亮,树木为之振动,流云为之停滞。绕梁,形容歌声高亢回旋,久久不息。《列子·汤问》说韩娥唱歌,"既去而余音绕梁栌,三日不绝,左右以其人弗去",意思是韩娥走后三天,她的歌声还在房屋的梁栋间回旋,仿佛正在此处歌唱。

⑪涉猎:语出《汉书·贾山传》:"山受学祛,所言涉猎书记,不能为醇儒。"唐·颜师古注:"涉若涉水,猎若猎兽,言历览之不专精也。"涉水和狩猎,比喻读书只是粗粗浏览而不精细研究。宋·范祖禹《右侍禁墓志铭》:"幼不好弄。及长,静默寡言笑。喜学《论语》《孟子》、扬雄《法言》,皆略成诵。治《尚书》,通大义。读史传,必反复详洽然后进,不贪多务得而涉猎不精。"

⑫咿唔（yī wú）：象声词。含混的语声，多形容读书声或吟诗声。宋末元初·卫宗武《和丹岩·其三》："绛帷深密障严霜，衿佩芬芳聚一堂。竹外琅琅听春诵，咿唔声里带诗香。"咿唔，亦作"伊吾"，或作"吾伊"。宋·黄庭坚《考试局与孙元忠博士竹间对窗戏作竹枝歌三章和之》诗："南窗读书声吾伊（一作"伊吾"），北窗见月歌《竹枝》。"呫（tiè）毕：亦写作"呫哔"，或"佔毕""占毕"，象声词。形容低语声，泛指诵读。《礼记·学记》："今之教者，呻其佔毕，多其讯。"东汉·郑玄注："呻，吟也。佔，视也。简，谓之'毕'。讯，犹'问'也。言今之师自不晓经之义，但吟诵其所视简之文，多其难问也。"唐宋以还诗文用例，不从郑说，而以"呫毕（佔毕）"为象声词，象诵读之声。王引之《经义述闻·呻其佔毕》则读为"笘"，谓"亦简之类"。

⑬连篇累牍：语出《隋书·李谔传》："谔又以属文之家，体尚轻薄，递相师效，流宕忘反，于是上书曰：'……降及后代，风教渐落。魏之三祖，更尚文词，忽君人之大道，好雕虫之小艺。下之从上，有同影响，竞骋文华，遂成风俗。江左齐、梁，其弊弥甚，贵贱贤愚，唯务吟咏。遂复遗理存异，寻虚逐微，竞一韵之奇，争一字之巧。连篇累牍，不出月露之形，积案盈箱，唯是风云之状。'……"《北史·李谔传》亦载。

⑭寸楮（chǔ）：即寸纸，小张的纸，代指书信。楮，即穀（gǔ），一种南方出产的落叶乔木，树皮可做造纸原料。《农政全书（卷三十八）·种植·木部》："陶弘景曰：南人呼'穀纸'亦为'楮纸'。"尺素：小幅的绢帛。古人多用以写信或文章。亦代指书信。《文选·古乐府〈饮马长城窟行〉》："客从远方来，遗我双鲤鱼。呼儿烹鲤鱼，中有尺素书。"唐·吕向注："尺素，绢也。古人为书，多书于绢。"《文选·陆机〈文赋〉》："函绵邈于尺素，吐滂沛乎寸心。"唐·刘良注："素，帛也。古人用以书也。"

⑮以物求文，谓之润笔之赀（zī）：语本《隋书·郑译传》："上令内史令李德林立作诏书，高颎戏谓译曰：'笔干。'译答曰：'出为方岳，杖策言归，不得一钱，何以润笔？'"润笔，唐宋翰苑官草制除官公文，例奉润笔物。后泛指付给作诗文书画之人的报酬。赀，同"资"，指财物。

⑯因文得钱，乃曰稽古之力：语本《后汉书·桓荣传》："以荣为少傅，赐以辎车、乘马。荣大会诸生，陈其车马、印绶，曰：'今日所蒙，稽古之力也，可不勉哉！'"东汉儒生桓荣被任命为太子少傅，得到车马赏赐，他和学生说："我得到这些赏赐，靠的是钻研古代学问啊，你们怎么可以不努力呢？"稽古之力，指靠学问得到钱财官位。稽古，语出《尚书·尧典》："曰若稽古。帝尧曰放勋。"即考察古事。

【译文】

汉代晁错足智多谋，景帝称他为"智囊"；五代高仁裕作诗太多，当时人叫他"诗窖"。

"骚客"，就是诗人；"誉髦"，乃是称赞杰出人士。

自古谈论诗歌，都会提到"李杜"；至今说起书法，人人仰慕"钟王"。

"白雪阳春"，是难以唱和追随的韵律；"青钱万选"，是百试百中的文章。

"惊神""泣鬼"，都是比喻诗赋文辞雄壮豪放；"过云""绕梁"，本是形容歌声高亢响亮。

"涉猎不精"，形容读书贪多，难免有一知半解的毛病；"咿唔""咕毕"，都是形容诵读诗书的朗朗之声。

文案繁杂，称为"连篇累牍"；往来书信，也叫"寸楮""尺素"。

用财物求人作文，叫作付"润笔"费；凭借文字得到钱财，就说"稽古之力"。

文章全美，曰文不加点①；文章奇异，曰机杼一家②。

应试无文，谓之曳白③；书成绣梓④，谓之杀青⑤。

袜线之才⑥，自谦才短；记问之学⑦，自愧学肤⑧。

裁诗，曰敲推⑨；旷学⑩，曰作辍⑪。

文章浮薄，何殊月露风云⑫？典籍储藏，皆在兰台、石室⑬。

秦始皇无道，焚书坑儒⑭；唐太宗好文，开科取士⑮。

花样不同，乃谓文章之异⑯；潦草塞责⑰，不求辞语之精。

【注释】

①文不加点：文章挥笔立就，不用半点儿修改。《初学记》卷十七引东汉·张衡《文士传》："吴郡张纯，少有令名，尝谒骠骑将军朱据，据令赋一物然后坐，纯应声便成，文不加点。"亦作"文无加点"。《后汉书·文苑传下·祢衡》："衡揽笔而作，文无加点，辞采甚丽。"

②机杼（zhù）一家：语出《魏书·祖莹传》："莹以文学见重，常语人云：'文章须自出机杼，成一家风骨，何能共人同生活也。'"后以"机杼一家"比喻文章独出心裁，自成一体。机杼，指织机和梭子，比喻文章的构思和布局。

③曳（yè）白：卷纸空白，只字未写。谓考试交白卷。《旧唐书·苗晋卿传》："二十九年，拜吏部侍郎。前后典选五年，政既宽弛，胥吏多因缘为奸，贿赂大行。时天下承平，每年赴选常万余人。李林甫为尚书，专任庙堂，铨事唯委晋卿及同列侍郎宋遥主之。选人既多，每年兼命他官有识者同考定书判，务求其实。天宝二年春，御史中丞张倚男奭参选，晋卿与遥以倚初承恩，欲悦附之，考选人判等凡六十四人，分甲乙丙科，奭在其首。众知奭不读书，论议纷然。有苏孝愠者，尝为范阳蓟令，事安禄山，具其事告之。禄

山恩宠特异,谒见不常,因而奏之。玄宗大集登科人,御花萼楼亲试,登第者十无一二;而奭手持试纸,竟日不下一字,时谓之'曳白'。上怒,晋卿贬为安康郡太守,遥为武当郡太守,张倚为淮阳太守。敕曰:'门庭之间,不能训子;选调之际,仍以托人。'时士子皆以为戏笑。"事又见唐·姚汝能《安禄山事迹》、前蜀·马鉴《续事始》。唐玄宗天宝二年(743),吏部侍郎苗晋卿和宋遥主持考试,为巴结御史中丞张倚,特将张倚的儿子张奭录取在前列。安禄山告发,唐玄宗在花萼楼亲试,张奭手拿试卷,半天也写不出一个字,当时说他是在"曳白"。

④绣梓(zǐ):雕版付印。绣,刺绣。古代书版以梓木为上,故称雕版(付印)为"绣梓"。元·史弼《景行录》:"予寸怀如春风,愿与天下共,故绣梓以广其传。"旧时书籍,卷首往往有"绣梓以广其传"数字。

⑤杀青:古代制作竹简的一道程序,用小火烤干竹简,刮去青色的外皮,以便书写和防蛀。《太平御览》卷六百六引西汉·刘向《别录》:"杀青者,宜治竹作简书之耳。新竹有汁,善朽蠹。凡作简者,皆于火上炙干之。"《后汉书·吴祐传》:"恢欲杀青简以写经书。"唐·李贤注:"杀青者,以火炙简令汗,取其青易书,复不蠹,谓之'杀青',亦谓'汗简'。"后来"杀青"也指书籍校对修订后付印。南朝梁·武帝《撰〈孔子正言〉竟述怀诗》:"删次起实沈,杀青在建酉。"一说,古人著书,初稿书于青竹皮上,取其易于改抹,改定后再削去青皮,书于竹白,谓之"杀青"。参阅明·姚福《青溪暇笔》。

⑥袜线:语本宋·孙光宪《北梦琐言》卷五:"韩昭,仕王氏,至礼部尚书、文思殿大学士。粗有文章,至于琴棋书算射法,悉皆涉猎。以此承恩于后主。时有朝士李台嘏曰:'韩八座事艺,如拆袜线,无一条长。'"后因谓艺多而无一精者为"袜线"之才。亦比喻才

学疏浅。

⑦记问之学：指浮于表面的学问。为应付他人问难而预为之记诵，并无真知。《礼记·学记》："记问之学不足以为人师，必也其听语乎？"东汉·郑玄注："记问，谓豫诵杂难杂说，至讲时为学者论之。此或时师之不心解，或学者所未能问。"

⑧学肤："末学肤受"的简称。指做学问只得皮毛，不求根本。《文选·张衡〈东京赋〉》："若客所谓末学肤受，贵耳而贱目者也。"三国吴·薛综注："末学，谓不经根本；肤受，谓皮肤之不经于心胸。"

⑨裁诗，曰敲推：语本后蜀·何光远《鉴诫录·贾忤旨》："（贾岛）忽一日于驴上吟得：'鸟宿池中树，僧敲月下门。'初欲著'推'字，或欲著'敲'字，炼之未定，遂于驴上作'推'字手势，又作'敲'字手势。不觉行半坊。观者讶之，岛似不见。时韩吏部愈权京尹，意气清严，威振紫陌。经第三对呵唱，岛但手势未已。俄为官者推下驴，拥至尹前，岛方觉悟。顾问欲责之。岛具对：'偶得一联，吟安一字未定，神游诗府，致冲大官，非敢取尤，希垂至鉴。'韩立马良久思之，谓岛曰：'作"敲"字佳矣。'"后因以"推敲"指斟酌字句。亦泛谓对事情的反复考虑。敲推，犹推敲。

⑩旷学：废学，辍学。

⑪作辍：语出西汉·扬雄《法言·孝至》："或曰：'何以处伪？'曰：'有人则作、无人则辍之谓伪。观人者，审其作辍而已矣。'"意为中断、中途停止。后因称时作时歇、不能持久为"作辍无常"。

⑫殊：不同，区别。月露风云：语本《隋书·李谔传》："连篇累牍，不出月露之形；积案盈箱，唯是风云之状。"是李谔批评六朝文学浮华不实之语。后遂以"月露风云"比喻没有现实价值的文章。

⑬兰台：汉代宫中收藏典籍的地方。后泛指官廷藏书楼。《汉书·百官公卿表上》："御史大夫……有两丞，秩千石。一曰中丞，在殿中兰台，掌图籍秘书。"西汉·焦赣《易林·巽之明夷》："典策法书，

藏阁兰台，虽遭溃乱，独不逢灾。"石室：收藏经文档案的地方。后泛指藏书楼。《汉书·高帝纪》："又与功臣剖符作誓，丹书铁契，金匮石室，藏之宗庙。""兰台""石室"，泛指藏书处。《魏书·佛老志》："帝遣郎中蔡愔、博士弟子秦景等使于天竺，写浮屠遗范。愔仍与沙门摄摩腾、竺法兰东还洛阳。中国有沙门及跪拜之法，自此始也。愔又得佛经《四十二章》及释迦立像。明帝令画工图佛像，置清凉台及显节陵上，经缄于兰台石室。愔之还也，以白马负经而至，汉因立白马寺于洛城雍关西。"《南史·徐勉传》："方领矩步之容，事灭于旌鼓；兰台、石室之典（一作"文"），用尽于帷盖。"

⑭秦始皇无道，焚书坑儒：语本《史记·秦始皇本纪》："丞相李斯曰：'五帝不相复，三代不相袭，各以治，非其相反，时变异也。今陛下创大业，建万世之功，固非愚儒所知。且越言乃三代之事，何足法也？异时诸侯并争，厚招游学。今天下已定，法令出一，百姓当家则力农工，士则学习法令辟禁。今诸生不师今而学古，以非当世，惑乱黔首。丞相臣斯昧死言：古者天下散乱，莫之能一，是以诸侯并作，语皆道古以害今，饰虚言以乱实，人善其所私学，以非上之所建立。今皇帝并有天下，别黑白而定一尊。私学而相与非法教，人闻令下，则各以其学议之，入则心非，出则巷议，夸主以为名，异取以为高，率群下以造谤。如此弗禁，则主势降乎上，党与成乎下。禁之便。臣请史官非秦记皆烧之。非博士官所职，天下敢有藏诗、书、百家语者，悉诣守、尉杂烧之。有敢偶语《诗》《书》者弃市。以古非今者族。吏见知不举者与同罪。令下三十日不烧，黥为城旦。所不去者，医药卜筮种树之书。若欲有学法令，以吏为师。'制曰：'可。'……侯生卢生相与谋，……于是乃亡去。始皇闻亡，乃大怒。……于是使御史悉案问诸生，诸生传相告引，乃自除犯禁者四百六十余人，皆坑之咸阳，使天下知之，以惩后。"《史记》记载秦始皇三十四年（前213）听取丞相李斯的

建议，下令除医药、卜筮、种树之书外，禁止并烧毁秦国之外的史书和诸子百家的典籍。第二年，又因替他求仙药的卢生等人逃亡而迁怒诸生，在咸阳坑杀了四百六十余人。后世把这两件事并称"焚书坑儒"。《史记·太史公自序》："周道废，秦拨去古文，焚灭诗书，故明堂石室，金匮玉版，图籍散乱。"《尚书序》："秦始皇灭先代典籍，焚书坑儒，天下学士逃难解散。"

⑮唐太宗好文，开科取士：语本《新唐书·选举志》："自高祖初入长安，开大丞相府，下令置生员，自京师至于州县皆有数。既即位，又诏秘书外省别立小学，以教宗室子孙及功臣子弟。其后又诏诸州明经、秀才、俊士、进士明于理体为乡里称者，县考试，州长重覆，岁随方物入贡；吏民子弟学艺者，皆送于京学，为设考课之法。州、县、乡皆置学焉。及太宗即位，益崇儒术。乃于门下别置弘文馆，又增置书、律学，进士加读经、史一部。十三年，东宫置崇文馆。自天下初定，增筑学舍至千二百区，虽七营飞骑，亦置生，遣博士为授经。四夷若高丽、百济、新罗、高昌、吐蕃，相继遣子弟入学，遂至八千余人。"唐代科举，沿袭隋代，并非创自唐太宗。但唐太宗崇尚儒术，设崇文馆，增筑学舍，规模空前。五代·王定保《唐摭言》卷十五描述当时取士盛况："贞观初，放榜日，上私幸端门，见进士于榜下缀行而出，喜谓侍臣曰：'天下英雄，入吾彀中矣！'"唐代科举考试，名目繁多。《新唐书·选举志》："唐制，取士之科，多因隋旧，然其大要有三。由学馆者曰'生徒'，由州县者曰'乡贡'，皆升于有司而进退之。其科之目，有秀才，有明经，有俊士，有进士，有明法，有明字，有明算，有一史，有三史，有开元礼，有道举，有童子。而明经之别，有五经，有三经，有二经，有学究一经，有三礼，有三传，有史科。此岁举之常选也。其天子自诏者曰'制举'，所以待非常之才焉。"开科取士，举行科举考试，选拔人才。

⑯花样不同,乃谓文章之异:语本《太平广记(卷二百五十七)·嘲诮五·织锦人》引《卢氏杂说》:"唐卢氏子不中第,徒步及都城门东。其日风寒甚,且投逆旅。俄有一人续至,附火良久,忽吟诗曰:'学织缭绫功未多,乱投机杼错抛梭。莫教官锦行家见,把此文章笑杀他。'又云:'如今不重文章事,莫把文章夸向人。'卢愕然,忆是白居易诗,因问姓名。曰:'姓李,世织绫锦,离乱前,属东都官锦坊织官锦巧儿,以薄艺投本行。皆云:"如今花样,与前不同。"不谓伎俩儿以文采求售者,不重于世,且东归去。'"《卢氏杂说》一书散佚,但此条颇见于宋人笔记及类书,如曾慥《类说》卷四十九、潘自牧《记纂渊海》卷三十七、谢维新《古今合璧事类备要》卷三十八、阙名《锦绣万花谷》卷二十二。以上诸书,除曾慥《类说》未注出处之外,它书皆注明出自《卢氏杂记》。《崇文总目》小说类著录卢言《杂说》一卷。《直斋书录解题》小说类著录为《卢氏杂记》,署撰者作"卢言"。可知《卢氏杂说》,又名《卢氏杂记》。宋·俞琰《书斋夜话》卷四:"予笑曰:'何代无美锦绣,但恐从来花样不同,翻誊别有新置。有如我辈,陈人之陈言决不复用矣。'"花样不同,"花样"指绣花用的底本,比喻文章的行文格局体裁等。"花样不同"喻文风变化,也常有人用"花样翻新"来比喻新创意。

⑰潦草:写字、作文以及做事草率,不负责任。塞责:做事随便,敷衍了事。"潦草塞责"四字连用,乃明代以来用语习惯。

【译文】

　　文章一气呵成,完美无瑕,不需修改,叫"文不加点";文思新颖奇妙,自成一格,与众不同,叫"机杼一家"。

　　考试交白卷,称为"曳白";书写完了付印,叫作"杀青"。

　　"袜线之才",是自谦才能不足;"记问之学",是自惭学问肤浅。

　　修改诗句,叫"推敲";荒废学业,叫"作辍"。

浮华空洞的文章,与"月露风云"有什么不同?收藏的典籍,都在"兰台石室"。

秦始皇残暴无道,焚毁经书,坑杀儒生;唐太宗热爱文化,科举考试,选拔人才。

"花样不同",比喻文章文体翻新变异;"潦草塞责",形容说话作文草率随意。

邪说,曰异端①,又曰左道②;读书,曰肄业③,又曰藏修④。

作文,曰染翰操觚⑤;从师,曰执经问难⑥。

求作文,曰乞挥如椽笔⑦;羡高文,曰才是大方家⑧。

竞尚佳章⑨,曰洛阳纸贵⑩;不嫌问难,曰明镜不疲⑪。

称人书架,曰邺架⑫,称人嗜学⑬,曰书淫⑭。

【注释】

①异端:古代儒家把别的学说称为"异端"。《论语·为政》:"子曰:'攻乎异端,斯害也已。'"朱子集注:"异端,非圣人之道,而别为一端,如杨、墨是也。"

②左道:歪门邪道,先秦时多指巫蛊、方术等。《礼记·王制》:"执左道以乱政,杀。"东汉·郑玄注:"左道,若巫蛊及俗禁。"唐·孔颖达疏:"卢云左道谓邪道。地道尊右,右为贵,……故正道为右,不正道为左。"

③肄(yì)业:古代师授生曰"授业",生受之于师曰"受业",习之曰"肄业"。《左传·文公四年》:"卫宁武子来聘,公与之宴,为赋《湛露》及《彤弓》。不辞,又不答赋。使行人私焉。对曰:'臣以为肄业及之也。'"肄,学习、练习。《礼记·曲礼下》:"君命,大夫

与士肄。"东汉·郑玄注:"肄,习也。"业,学业,课业。

④藏修:语本《礼记·学记》:"君子之于学也,藏焉,修焉,息焉,游焉。"东汉·郑玄注:"藏,谓怀抱之;修,习也。"后以"藏修"指专心学习。

⑤染翰:即用笔蘸墨,指写作。晋·潘岳《秋兴赋序》:"于是染翰操纸,慨然而赋。"翰,笔。操觚(gū):即执简,代指写作。晋·陆机《文赋》:"或操觚以率尔,或含毫而邈然。"《文心雕龙》序跋:"方今海内,文教盛隆。操觚之士,争崇古雅。"觚,古人书写记事的木简。

⑥执经问难:手持经书,诘问驳辩,以求解惑。《后汉书·儒林传序》:"飨射礼毕,帝(明帝)正坐自讲,诸儒执经问难于前,冠带缙绅之人,圜桥门而观听者盖亿万计。"执经,手持经书。谓从师受业。《汉书·于定国传》:"定国乃迎师学《春秋》,身执经,北面备弟子礼。"问难,诘问驳辩。古人切磋学业的常用手段。《东观汉记·贾宗传》:"上美宗既有武节,又兼经术,每宴会,令与当世大儒司徒丁鸿问难经传。"

⑦如椽(chuán)笔:典出《晋书·王珣传》:"珣梦人以大笔如椽与之,既觉,语人云:'此当有大手笔事。'俄而帝崩,哀册谥议,皆珣所草。"后遂以"如椽笔"比喻笔力雄健。犹言大手笔。椽,屋顶上承受灰瓦的木条。

⑧大方家:语出《庄子·秋水》:"吾长见笑于大方之家。"唐·成玄英疏:"方,犹道也。"原指深明大道的人,后指精通某种学问或艺术的人。

⑨尚:推崇,喜好。

⑩洛阳纸贵:形容文章极受人欢迎。《晋书·文苑传·左思》:"(左思)造齐都赋,一年乃成。复欲赋三都,会妹芬入宫,移家京师,乃诣著作郎张载访岷邛之事。遂构思十年,门庭藩溷皆着笔纸,

遇得一句，即便疏之。自以所见不博，求为秘书郎。及赋成，时人未之重。思自以其作不谢班张，恐以人废言，安定皇甫谧有高誉，思造而示之。……司空张华见而叹曰：'班张之流也。使读之者尽而有余，久而更新。'于是豪贵之家竞相传写，洛阳为之纸贵。"晋代左思作《三都赋》，构思十年，赋成，不为时人所重。及皇甫谧为作序，张载、刘逵为作注，张华见之，叹为"班张之流也"，于是豪富之家争相传写，洛阳纸价因之昂贵。后以"洛阳纸贵"称誉别人的著作受人欢迎，广为流传。

⑪不嫌问难，曰明镜不疲：语本《世说新语·言语》："孝武将讲《孝经》，谢公兄弟与诸人私庭讲习。车武子难苦问谢，谓袁羊曰：'不问则德音有遗，多问则重劳二谢。'袁曰：'必无此嫌。'车曰：'何以知尔？'袁曰：'何尝见明镜疲于屡照，清流惮于惠风！'"明镜不疲，指有学问的人不会厌烦别人的请教。

⑫邺（yè）架：唐邺侯李泌嗜好藏书，后人于是把书架称为"邺架"。唐·韩愈《送诸葛觉往随州读书》诗："邺侯家多书，插架三万轴。一一悬牙签，新若手未触。为人强记览，过眼不再读。伟哉群圣文，磊落载其腹。"

⑬嗜（shì）：十分喜好。

⑭书淫：旧时称嗜书成癖、好学不倦的人为"书淫"。晋代皇甫谧、南朝刘峻，都曾被人称作"书淫"。《晋书·皇甫谧传》："耽玩典籍，忘寝与食，时人谓之'书淫'。"《梁书·刘峻传》："自谓所见不博，更求异书，闻京师有者，必往祈借，清河崔慰祖谓之'书淫'。"

【译文】

歪理邪说，称"异端"，又叫"左道"；钻研读书，称"肆业"，又叫"藏修"。

执笔作文，称"染翰操觚"；拜师求学，叫"执经问难"。

　　求人写文章，说请挥"如椽笔"；称美别人文章高明，说这才是"大方家"。

　　竞相追捧好文章，争相传抄，叫"洛阳纸贵"；不厌烦别人请教，诲人不倦，叫"明镜不疲"。

　　夸人家藏书满架，说"邺架"；赞他人嗜学成癖，可说"书淫"。

　　白居易生七月，便识"之""无"二字①；唐李贺才七岁，作《高轩过》一篇②。

　　开卷有益，宋太宗之要语③；不学无术，汉霍光之为人④。

　　汉刘向校书于天禄，太乙燃藜⑤；赵匡胤代位于后周，陶谷出诏⑥。

　　江淹梦笔生花，文思大进⑦；扬雄梦吐白凤，词赋愈奇⑧。

　　李守素通姓氏之学，世南名为人物志⑨；虞世南晰古今之理，太宗号为行秘书⑩。

　　茹古含今⑪，皆言学博；咀英嚼华⑫，总曰文新。

　　文望尊隆，韩退之若泰山北斗⑬；涵养纯粹，程明道如良玉精金⑭。

　　李白才高，咳唾随风生珠玉⑮；孙绰词丽，诗赋掷地作金声⑯。

【注释】

①白居易生七月，便识"之""无"二字：语本唐·白居易《与元九书》："仆始生六七月时，乳母抱弄于书屏下，有指'无'字'之'字示仆者，仆虽口未能言，心已默识。"白居易自述生下来六七个月时，就认得"之""无"两个字。后遂以"之""无"借指简单易识

之字,称稍为认得几个字,读过几天书为"略识之无"。以"不识之无"形容人不识字,文化水平很低。

②唐李贺才七岁,作《高轩过》一篇:语本《新唐书·文艺传下·李贺》:"李贺字长吉,系出郑王后。七岁能辞章,韩愈、皇甫湜始闻未信,过其家,使贺赋诗,援笔辄就如素构,自目曰《高轩过》,二人大惊,自是有名。"李贺七岁作《高轩过》诗,唐代即已流传。《唐摭言》卷五、卷十皆记。《太平广记》卷二百六十五记之,云"出《剧谈录》"。《剧谈录》乃唐代康骈所著。

③开卷有益,宋太宗之要语:语本《续资治通鉴·宋纪·宋太宗太平兴国八年》:"帝性喜读书,诏史馆所修《太平总类》,日进三卷。宋琪等言:'日阅三卷,恐圣躬疲倦。'帝曰:'开卷有益,不为劳也。此书千卷,朕欲一年遍读。'寻改名《太平御览》。"宋太宗"开卷有益"一语,广见于宋代文献。钱若水《太宗皇帝实录(残)》卷二、彭百川《太平治迹统类》卷二十六、陈均《九朝编年备要》卷三、范祖禹《帝学》卷三、江少虞《事实类苑》卷二、王应麟《玉海》卷五十四、章如愚《群书考索》卷十七、王闢之《渑水燕谈录》卷六等皆载。

④不学无术,汉霍光之为人:语本《汉书·霍光金日磾传赞》:"然光不学亡(通"无")术,暗于大理。"本谓霍光不能学古,故所行不合于道术。后以"不学无术"泛指缺乏学问、本领。

⑤汉刘向校书于天禄,太乙燃藜:语本晋·王嘉《拾遗记》卷六:"刘向于成帝之末,校书天禄阁,专精覃思,夜有老人着黑衣,植青藜杖,登阁而进,见向暗中独坐诵书。老父乃吹杖端,烟燃,因以见向,说开辟以前。向因受《五行洪范》之文,恐辞说繁广忘之,乃裂裳及绅,以记其言。至曙而去,向请问姓名。云:'我是太一之精,天帝闻金卯之子有博学者,下而观焉。'乃出怀中竹牒,有天文地图之书。"《三辅黄图》卷六、《太平广记》卷二百九十一、《太

平御览》卷八百八十六皆引。相传汉成帝末年刘向校书于天禄阁，有黑衣老人植青藜杖夜访，燃藜杖照明，授向《五行洪范》。天禄，天禄阁，汉代藏典籍之所。《汉宫殿疏》云："天禄麒麟阁，萧何造，以藏秘书、处贤才也。"太乙，即太一。先秦时指太一神，有东皇太一的说法；星相中指帝星，拟人化为太乙星君。燃藜，因太乙星君点燃藜杖为刘向照明的传说，后常指夜间读书或勤学苦练。

⑥赵匡胤代位于后周，陶谷出诏：语本《宋史·太祖纪》："翰林承旨陶谷出周恭帝禅位制书于袖中。"宋太祖赵匡胤发动陈桥兵变，夺了后周的皇位，翰林承旨陶谷从袖中取出预先拟定的周恭帝禅位假诏书，使政变合法化。陶谷（903—970），字秀实，五代、宋初邠州新平（今陕西彬县）人。本姓唐，乃诗人唐彦谦之孙。后晋时避石敬瑭讳改姓陶。后晋时任知制诰，兼掌内外制，参与机要，又拜中书舍人。仕后汉，授给事中。后周世宗朝为翰林学士，与王朴等提出先南后北之统一大计。显德中，历兵部及吏部侍郎。陈桥兵变，参与拟定周恭帝禅位制书，以为赵匡胤受禅之用。宋初转礼部尚书，为翰林学士承旨。博学多识，当时法物制度，多所裁定。附宰相赵普，排斥窦仪，诬告李昉。奔竞务进，多忌好名。累加刑部、户部尚书。有《清异录》。

⑦江淹梦笔生花，文思大进：误合江淹梦笔与李白梦笔生花二事为一。《诗品》卷中："初，淹罢宣城郡，遂宿冶亭，梦一美丈夫，自称郭璞，谓淹曰：'我有笔在卿处多年矣，可以见还。'淹探怀中，得五色笔以授之。尔后为诗，不复成语，故世传'江淹才尽'。"《南史·江淹传》："淹少以文章显，晚节才思微退。云为宣城太守时罢归，始泊禅灵寺渚，夜梦一人自称张景阳，谓曰：'前以一匹锦相寄，今可见还。'淹探怀中得数尺与之，此人大恚曰：'那得割截都尽。'顾见丘迟谓曰：'余此数尺既无所用，以遗君。'自尔淹文章踬矣。又尝宿于冶亭，梦一丈夫自称郭璞，谓淹曰：'吾有笔在

卿处多年，可以见还。'淹乃探怀中得五色笔一以授之。尔后为诗绝无美句，时人谓之才尽。"相传，江淹晚年梦见郭璞索还五色笔，从此文采尽失。江淹梦笔故事，流传甚广。但皆只说梦笔，不言"生花"。"梦笔生花"，乃李白故事。五代·王仁裕《开元天宝遗事·梦笔头生花》："李太白少时，梦所用之笔头上生花，后天才赡逸。名闻天下。"江淹（444—505），字文通，南朝济阴考城（今河南民权）人。少孤贫好学。起家宋南徐州从事。尝坐罪入狱，上书力辩得释。寻举秀才，对策上第。萧道成（齐高帝）辅政，闻其才，召为尚书驾部郎。入齐，官御史中丞。弹劾不避权贵。累迁秘书监、侍中、卫尉卿。后附萧衍（梁武帝）。入梁，封醴陵侯，累官金紫光禄大夫。少以文章显。作诗善拟古。晚节才思微退，时称"江郎才尽"。传世名篇有《恨赋》《别赋》，今存《江文通集》辑本。另撰《齐史》十志，已佚。梦笔生花，比喻才情横溢，富有文思。

⑧扬雄梦吐白凤，词赋愈奇：语本《西京杂记·扬雄著太玄》："雄（扬雄）著《太玄经》，梦吐凤凰，集《玄》之上，顷而灭。"后因以"吐凤"称颂文才或文字之美。《太平广记》卷一百六十一、《太平御览》卷六百二、《白孔六帖》卷二十三等类书引《西京杂记》此条，作"梦吐白凤（凰）"。

⑨李守素通姓氏之学，世南名为人物志：语本《新唐书·李守素传》："李守素者，赵州人。王世充平，召署天策府仓曹参军，通氏姓学，世号'肉谱'。虞世南与论人物，始言江左、山东，尚相酬对；至北地，则笑而不答，叹曰：'肉谱定可畏。'许敬宗曰：'仓曹此名，岂雅目邪？宜有以更之。'世南曰：'昔任彦升通经，时称"五经笥"，今以仓曹为"人物志"，可乎？'时渭州刺史李淹亦明谱学，守素所论，惟淹能抗之。"《旧唐书》本传亦载，文字小异，而其号作"行谱"。早在新、旧《唐书》之前，唐人笔记已有记载。

唐·刘𫗧《隋唐嘉话》卷上:"秦王府仓曹李守素尤精谱学,人号为'肉谱'。虞秘书世南曰:'昔任彦升善谈经籍,时称为"五经笥",宜改仓曹为"人物志"。'"唐·刘肃《大唐新语·聪敏》亦载,文字小异。二刘笔记所载,较两《唐书》本传为简,仅云虞世南改号,未及许敬宗讨论。李守素(?—约628),隋唐之际赵州(治今河北赵县)人。唐太宗平王世充,征为文学馆学士,署天策府仓曹参军。精研士族家谱,当时被称为"肉谱"(又称"行谱"),许敬宗和虞世南认为这个绰号不雅,改称"人物志"。世南,即虞世南,详见下句注。此句"世南名为人物志"之"世南",他本多作"敬宗"。敬宗,即许敬宗。许敬宗(592—672),字延族,隋唐之际杭州新城(今浙江嘉兴西北)人。隋炀帝大业中举秀才。旋依李密为记室。唐初为秦王府十八学士之一。唐太宗贞观时由著作郎官至中书舍人,专掌诰命。唐高宗时为礼部尚书,与李义府等助唐高宗立武则天为后,擢侍中。又助武则天逐褚遂良,逼杀长孙无忌、上官仪等。唐高宗显庆中为中书令,与李义府同掌朝政。曾监修国史,多虚美隐恶,为世所讥。有集。

⑩虞世南晰古今之理,太宗号为行秘书:语本唐·刘𫗧《隋唐嘉话》卷中:"太宗尝出行,有司请载副书以从,上曰:'不须。虞世南在,此行秘书也。'"唐·刘肃《大唐新语·聪敏》亦载,文字小异。唐初虞世南博闻强识,唐太宗夸他是随行的图书馆。虞世南(558—638),字伯施,越州馀姚(今浙江馀姚)人。历仕南朝陈、隋、唐三朝。虞世基弟,排行七。受学顾野王十余年,精思不懈。文章婉缛,得徐陵之意。又从王羲之七世孙僧智永学书法,成就颇高,与欧阳询、褚遂良、薛稷并称"唐初四大书家"。仕陈为建安王法曹参军。入隋,任秘书郎、起居舍人等职。入唐,历官秦府参军、弘文馆学士、太子中舍人、著作郎、秘书监等职,封永兴县子,人称"虞永兴"。唐太宗重其博识,每机务之隙,引之谈论,虞

世南必存规讽，多所补益。唐太宗尝称他有五绝：德行、忠直、博学、文辞、书翰。卒谥文懿。有《北堂书钞》及文集。生平见新、旧《唐书》本传。行秘书，犹今言"行走的图书馆"。秘书，指官禁秘藏之书。《汉书·刘歆传》："及歆校秘书，见古文《春秋左氏传》，歆大好之。"唐太宗夸奖虞世南为"行秘书"，后遂用以泛称博闻强记的人。

⑪茹古含今：亦作"茹古涵今"。犹言博古通今。语出唐·皇甫湜《韩文公墓志铭》："茹古涵今，无有端涯。"

⑫咀英嚼华：语出唐·韩愈《进学解》："沉浸酝郁，含英咀华。作为文章，其书满家。"即"含英咀华"，比喻欣赏、体味或领会诗文的精华。亦作"含菁咀华"。明·张居正《赠霁翁尊师吴老先生督学山东序》："今世学者，含菁咀华，选词吐艳，盖人人能矣。"韩愈"含英咀华"一词，或本于晋·郭璞《蜜蜂赋》："咀嚼华滋，酿以为蜜。"英、华，皆指草木之花。

⑬文望尊隆，韩退之若泰山北斗：语本《新唐书·韩愈传赞》："自愈没，其言大行，学者仰之如泰山、北斗云。"文望尊隆，形容文学声望尊崇高贵。韩退之，即韩愈，字退之。见前《武职》篇"韩柳欧苏，固文人之最著"条注。泰山北斗，简称"泰斗"，比喻德高望重或有卓越成就而为人们所尊重敬仰的人。

⑭涵养纯粹，程明道如良玉精金：语本宋·程颐《明道先生行状》："先生资禀既异，而充养有道；纯粹如精金，温润如良玉。"涵养，修养。程明道，宋代理学家程颢，世称"明道先生"。程颢（1032—1085），字伯淳，北宋洛阳（今属河南）人。宋仁宗嘉祐二年（1057）进士。历鄠县、上元主簿，泽州晋城令。宋神宗熙宁二年（1069），以吕公著荐，授太子中允权监察御史里行。三年（1070），因与新法不合，恳求外任，除权发遣京西路提点刑狱，固辞，改差签书镇宁军节度判官。七年（1074），监西京洛河抽税

竹木务。元丰元年（1078），知扶沟县。三年（1080），罢归居洛讲学。六年（1083），监汝州酒税。八年（1085），宋哲宗立，召为宗正寺丞，未行而卒，年五十四。程颢与其弟程颐同为理学奠基人，早年从周敦颐学，世并称"二程"。著有《明道先生文集》，由门人整理其日常讲录、经说等，后人与程颐著作同编入《二程全书》。《宋史》卷四百二十七、《东都事略》卷一百十四、《名臣碑传琬琰集》下集卷二十一有传。

⑮李白才高，咳唾随风生珠玉：语本唐·李白《杂曲歌辞·妾薄命》诗："咳唾落九天，随风生珠玉。"此处引文形容文人才高，随手就能写出华美文章。李白诗句本于《庄子·渔父》及东汉·赵壹《刺世疾邪赋》。《庄子·渔父》："窃待于下风，幸闻咳唾之音，以卒相丘也。"后以"咳唾"称美他人的言语、诗文等。赵壹《刺世疾邪赋》："势家多所宜，咳唾自成珠。"

⑯孙绰词丽，诗赋掷地作金声：语本《世说新语·文学》："孙兴公作《天台赋》成，以示范荣期，云：'卿试掷地，要作金石声。'范曰：'恐子之金石，非宫商中声。'然每至佳句，辄云：'应是我辈语。'"《晋书》本传亦载，文字小异。晋·孙绰写成《天台山赋》，对友人范荣期说："你扔地上试试，定会发出钟磬一样的声音！"范荣期起初不信，打开来一读，果然赞不绝口。孙绰（314—371），字兴公，东晋太原中都（今山西平遥）人，徙居会稽（今浙江绍兴）。文名冠于一时。历任征西将军（庾亮）参军、太学博士、尚书郎、建威长史、右军长史、永嘉太守、散骑常侍，官至廷尉卿、领著作郎。年五十八，卒。

【译文】

白居易刚出生七个月，就认识"之"和"无"两个字；李贺才七岁，就写了《高轩过》这首诗。

"开卷有益"，是宋太宗的至理名言；"不学无术"，是说汉代霍光的为人处事。

汉代刘向在天禄阁校书，太乙真君点燃藜杖为他照明；赵匡胤取代后周称帝，翰林陶谷出示提前拟好的周恭帝禅位诏书。

江淹梦见笔头生花，突然文思大进；扬雄梦到口吐白凤，词赋更加雄奇。

李守平素精通士族家谱的学问，虞世南称他为"人物志"；虞世南明晓古今的道理，唐太宗称他作"行秘书"。

"茹古含今"，都说学问渊博；"咀英嚼华"，形容人文章新颖。

文学声望崇高，韩愈好比"泰山北斗"；道德修养纯粹，程颢犹如"良玉精金"。

李白才华横溢，出口成章，仿佛他的唾沫随风便可变成珠玉；孙绰辞藻华丽，字句铿锵，仿佛掷地能有金石之声。

科第

【题解】

科第，指科举考试。科举，是隋唐以来封建王朝分科目考试选拔文武官吏后备人员的制度。于国家而言，是选拔人才的手段；于读书人而言，是进身必由之阶。

本篇16联，讲的都是和科举考试有关的成语典故。

士人入学①，曰游泮②，又曰采芹③；士人登科④，曰释褐⑤，又曰得隽⑥。

宾兴⑦，即大比之年⑧；贤书⑨，即试录之号⑩。

鹿鸣宴⑪，款文榜之贤；鹰扬宴⑫，待武科之士。

文章入式，有朱衣以点头⑬；经术既明，取青紫如拾芥⑭。

其家初中,谓之破天荒⑮;士人超拔,谓之出头地⑯。

【注释】

①入学:旧指生徒或童生经考试录取后进府、州、县学读书。宋·曾巩《上齐工部书》:"进学之制,凡入学者不三百日,则不得举于有司。"清·袁枚《随园诗话补遗》卷七:"直隶迁安县定例,入学八名,而应试者不过六七人。"

②游泮(pàn):泮宫,为西周诸侯所设立的大学名称。因学宫前有泮水,故称"泮宫"。《礼记·王制》:"小学在公宫南之左,大学在郊。天子曰'辟雍',诸侯曰'泮宫'。"《艺文类聚》卷三十八引《五经通义》:"诸侯不得观四方,故缺东以南,半天子之学,故曰'泮宫'。"宋后州县皆置学宫,沿用此称。明清时,儒生经考试取入府、州、县学为生员,谓之"游泮"。

③采芹:语出《诗经·鲁颂·泮水》:"思乐泮水,薄采其芹。"毛传:"泮水,泮宫之水也。天子辟雍,诸侯泮宫。言水则采取其芹,宫则采取其化。"郑笺:"芹,水菜也。言己思乐僖公之修泮宫之水,复伯禽之法,而往观之,采其芹也。辟雍者,筑土雍水之外,圆如璧,四方来观者均也。泮之言半也。半水者,盖东西门以南通水,北无也。天子诸侯宫异制,因形然。"古时学宫有泮水,入学则可采水中之芹以为菜,故称入学为"采芹""入泮"。后亦指考中秀才,成了县学生员。

④登科:科举时期应考人被录取,称"登科"。唐·裴说《见王贞白》诗:"共贺登科后,明宣入紫宸。"五代·王仁裕《开元天宝遗事·泥金帖子》:"新进士才及第,以泥金书帖子附家书中,用报登科之喜。"

⑤释褐:脱去平民的衣服,比喻担任官职。褐,为粗布或粗布做成的衣服。古时贫贱者的穿着。《诗经·豳风·七月》:"无衣无褐,何

以卒岁?"东汉·郑玄笺:"褐,毛布也。"西汉·扬雄《解嘲》:"夫上世之士,或解缚而相,或释褐而傅。"宋·高承《事物纪原·旗旄采章部·释褐》:"太平兴国二年正月十二日,赐新及第进士诸科吕蒙正以下绿袍靴笏,非常例也。御前释褐,盖自是始。"宋太宗太平兴国二年(977)正月十二日,赐新及第进士吕蒙正等人绿袍靴笏。从此,殿试之后,新科进士入太学释褐,成为惯例。后遂以"释褐"指进士及第授官。

⑥得隽:也作"得俊"。原指在战场上俘获敌方的猛将勇士。《左传·庄公十一年》:"大崩曰'败绩',得俊曰'克'。"唐·孔颖达疏:"战胜其师,获得其军内之雄俊者。"后比喻登科及第。唐·元稹《和王侍郎酬广宣上人观放榜后相贺》诗:"竞走墙前希得俊,高悬日下表无私。"

⑦宾兴:原为周代举荐贤才之法。谓乡大夫自乡小学荐举贤能而宾礼之,以升入国学。《周礼·地官·大司徒》:"以乡三物教万民而宾兴之。"东汉·郑玄注:"兴,犹举也。民三事教成,乡大夫举其贤者能者,以饮酒之礼宾客之。既则献其书于王矣。"科举时期,地方官设宴招待应举之士,亦称"宾兴",遂以"宾兴"指乡试。

⑧大比:原为周代制度。每三年对乡吏进行考核,选择贤能,称"大比"。《周礼·地官·乡大夫》:"三年则大比,考其德行、道艺,而兴贤者、能者。"东汉·郑玄注引东汉·郑众曰:"兴贤者,谓若今举孝廉。兴能者,谓若今举茂才。"隋唐以后泛指科举考试。明清时期特指乡试。《明史·选举志二》:"三年大比,以诸生试之直省,曰'乡试'。中式者为举人。"

⑨贤书:语出《周礼·地官·乡大夫》:"乡老及乡大夫群吏献贤能之书于王。"贤能之书,指举荐贤能的名录。明清时期,称乡试中式为"登贤书"。

⑩试录:明清时,将乡试、会试中试的举子姓名、籍贯、名次及其文

章汇集刊刻成册,名曰"试录"。明·叶盛《水东日记·试录》:"试录自宋崇宁中霍端友榜始。"明·李诩《戒庵老人漫笔·试录原始》:"国家科场揭晓后,有试录颁行天下,其制始于唐宋,唐称'进士登科记',宋称'进士小录',其实一也。"清·翟灏《通俗编·仕进》:"试录:《黄佐翰林记》:'洪武甲子乡试,乙丑会试,初为小录,惟刻董事之官,试士之题,及中选者之名第、籍贯、经书而已,未录士子之文为程式也。次科戊辰,始录程文,自是以为定式。'按,《唐会要》:'大中十年,礼部侍郎郑显进诸家科目十二卷,敕自今以后,放榜讫,写及第人姓名,付所司编次。'则宋以前,非不为此录,特其名目殊耳。"

⑪鹿鸣宴:科举时期,乡试放榜之后,州县长官宴请主考、执事人员及新举人,歌《诗经·小雅·鹿鸣》,称"鹿鸣宴"。明·丘濬《大学衍义补》卷四十八:"本朝三年大比一开科,两京十三藩皆有乡试,撤棘之日,有司设席以待考试官及中式举子,谓之'鹿鸣宴'。"《小雅·鹿鸣》:"呦呦鹿鸣,食野之苹。我有嘉宾,鼓瑟吹笙。"乃周代行乡饮酒礼所歌乐章。唐以后,用于乡举宴会。宋徽宗政和二年(1112)九月二十五,曾颁《鹿鸣宴》乐章五曲,政和三年诏州郡"鹿鸣宴"改为"乡饮酒"(见宋·王应麟《玉海》卷七十三)。明清仍惯称"鹿鸣宴"。《新唐书·选举志上》:"每岁仲冬……试已,长吏以乡饮酒礼,会属僚,设宾主,陈俎豆,备管弦,牲用少牢,歌《鹿鸣》之诗,因与耆艾叙长少焉。"《宋史·礼志十七》:"后世腊蜡百神、春秋习射、序宾饮酒之仪,不行于郡国,唯贡士日设鹿鸣宴,犹古者宾兴贤能,行乡饮之遗礼也。"(按,据宋·郑居中《政和五礼新仪·提要》)宋·吴自牧《梦粱录·解闱》:"诸路州郡供设鹿鸣宴待贡士。"

⑫鹰扬宴:招待武科举人的宴会。鹰扬,语出《诗经·大雅·大明》:"维师尚父,时维鹰扬。"形容威武的样子如鹰之飞扬。

清·高宗弘历《钦定皇朝通志》卷六十三："文进士恩荣宴，乐奏《启天门》之章；武进士鹰扬宴，乐奏《和气洽》之章。……乾隆五十一年定：乡试鹿鸣宴，歌《鹿鸣》之诗；会试恩荣宴，歌《棫朴》之诗；鹰扬宴，歌《兔罝》之诗。"

⑬文章入式，有朱衣以点头：语本明·陈耀文《天中记》卷三十八引宋·赵令畤《侯鲭录》中有："欧阳修知贡举日，每遇考试卷，坐后常觉一朱衣人时复点头，然后其文入格。不尔，则无复与考。始疑侍吏，及回顾之，一无所见。因语其事于同列，为之三叹。尝有句云'唯愿朱衣一点头'。"后遂以"朱衣点头"指科考时文章中式。传世本《侯鲭录》八卷未见记载"朱衣点头"，但宋·潘自牧《记纂渊海》卷三十七已载此事，并注明出自《侯鲭录》。阙名《翰苑新书》卷六十三亦载此事。入式，合乎程式，合乎要求。

⑭经术既明，取青紫如拾芥：语本《汉书·夏侯胜传》："胜每讲授，常谓诸生曰：'士病不明经术，经术苟明，其取青紫如俯拾地芥耳。学经不明，不如归耕。'"唐·颜师古注："地芥，谓草芥之横在地上者。俯而拾之，言其易而必得也。青紫，卿大夫之服也。"西汉经师夏侯胜常对弟子说："如果真能搞明白儒家经书学术，那么，取得高官厚禄，就像从地上拾取草芥一样容易。"经术，经学，以儒家经典为研究对象的学问。青紫，原为古时公卿绶带的颜色，借指高官显爵。清·王先谦注《汉书》引宋·叶梦得："汉丞相大尉，皆金印紫绶，御史大夫，银印青绶。"拾芥，也作"拾地芥"。"芥"为地上小草，比喻获得某物极其容易。

⑮破天荒：比喻前所未有，第一次出现。唐代时荆南地区（今湖北省荆州一带）从未出过进士，号称"天荒"，直至唐宣宗时才有刘蜕及第，称"破天荒"。事见五代·王定保《唐摭言》卷二："荆南解比，号天荒。大中四年，刘蜕舍人以是府解及第。时崔魏公作镇，以破天荒钱七十万资蜕。蜕谢书略曰：'五十年来，自是人废；

一千里外,岂曰天荒?'"宋·孙光宪《北梦琐言》卷四:"唐荆州
衣冠薮泽,每岁解送举人,多不成名,号曰'天荒解'。刘蜕舍人
以荆解及第,号为'破天荒'。"

⑯士人超拔,谓之出头地:语本宋·欧阳修《与梅圣俞书》(嘉祐二
年):"取读轼书,不觉汗出。快哉快哉!老夫当避路放他出一头
地也。"欧阳修极其欣赏苏轼的文章,在写给梅尧臣(字圣俞)的
信里说:"我要给他让路(以免挡住他),让他出人头地,超过世
人。"欧阳修欣赏苏轼,说欲"放他出一头地",有宋一代传为美
谈,广为征引,举不胜举。连宋·晁公武《郡斋读书志》卷十九在
苏轼别集下都专门写道:"嘉祐中,欧阳永叔考试礼部进士,梅圣
俞与其事,得其《论刑赏》以示,永叔至惊喜,以为异人,欲以冠多
士,疑曾子固所为,乃寘之第二等。后以书谢,永叔见之,语客曰:
'老夫当避此人放出一头地。'又以直言荐之,答策入上等。"元人
修《宋史》,于苏轼本传亦载之。出头地,原作"出一头地",指避
开某人使其超出同辈。后比喻高人一等、超出一般人。

【译文】

生徒经考试录取后进府、州、县学读书,称"游泮",又叫"采芹";书
生参加科举考试被录取,称"释褐",又叫"得隽"。

三年一次的大比,为"宾兴";乡试新中举者名单,叫"贤书"。

"鹿鸣宴",宴请中文举的新人;"鹰扬宴",款待中武举的新人。

文章合格,可以入选,会有"朱衣"人在旁点头称许;经学若能明晓,
佩青绶紫绶,取高官厚禄,将如拾草芥一样容易。

某个家族第一次有人考中科举,称"破天荒";学子出类拔萃,称"出
头地"。

中状元,曰独占鳌头①;中解元②,曰名魁虎榜③。
琼林赐宴,宋太宗之伊始④;临轩问策,宋神宗之开端⑤。

同榜之人,皆是同年;取中之官,谓之座主⑥。

应试见遗⑦,谓之龙门点额⑧;进士及第⑨,谓之雁塔题名⑩。

贺登科⑪,曰荣膺鹗荐⑫;入贡院⑬,曰鏖战棘闱⑭。

金殿唱名⑮,曰传胪⑯;乡会放榜,曰彻棘⑰。

【注释】

①独占鳌头:科举时期称中状元为"独占鳌头"。鳌,为传说里海中的巨鳌或巨龟,皇宫殿前陛石上刻有大鳌,相传状元及第时站此迎榜。后来比喻占首位或居第一名。元·无名氏《陈州粜米》楔子:"殿前曾献升平策,独占鳌头第一名。"清·洪亮吉《北江诗话》卷三:"又俗语谓状元'独占鳌头',语非尽无稽。胪传毕,赞礼官引东班状元、西班榜眼二人前趋至殿陛下,迎殿试榜。抵陛,则状元稍前进,立中陛石上,石正中镌升龙及巨鳌,盖鳌蹲出入所由,即古所谓螭头矣。俗语所本以此。"

②解(jiè)元:金元时始称乡试第一名为"乡元",又称"解元"。《明史·选举志》:"三年大比,以诸生试之直省,曰'乡试'。中式者为举人。次年,以举人试之京师,曰'会试'。……士大夫又通以乡试第一为解元,会试第一为会元。"

③名魁虎榜:这里指科举中选。魁,北斗第一星、头部,引申为名列第一。虎榜,即"龙虎榜"之简称。语出《新唐书·文艺传下·欧阳詹》:"欧阳詹字行周,泉州晋江人。其先皆为本州州佐、县令。闽越地肥衍,有山泉禽鱼,虽能通文书吏事,不肯北宦。及常衮罢宰相为观察使,始择县乡秀民能文辞者,与为宾主钩礼,观游燕集必与,里人矜耀,故其俗稍相劝仕。初,詹与罗山甫同隐潘湖,往见衮,衮奇之。辞归,泛舟饮饯。举进士,与韩愈、李观、李绛、崔群、王涯、冯宿、庾承宣联第,皆天下选,时称'龙虎榜'。闽人第进士,自詹始。"后遂以"登龙虎榜"指进士及第,明清时期则指

会试中选。

④琼林赐宴，宋太宗之伊始：宋太平兴国九年（984）至政和二年（1112），天子均于琼林苑赐宴新进士，故称。后世赐宴虽非其地，然仍袭用其名。《宋史·选举志一》："（太平兴国九年）进士始分三甲。自是锡宴就琼林苑。"宋·叶梦得《石林燕语》卷一："琼林苑，乾德中置，太平兴国中，复凿金明池于苑北。……岁以二月开，命士庶纵观，谓之'开池'。至上巳，车驾临幸毕，即闭。岁赐二府从官燕及进士闻喜燕，皆在其间。"清·王士禛《分甘餘话》卷二："今新进士赐宴，谓之'琼林宴'。琼林，宋京城四御苑之一。《石林燕语》：'琼林苑、金明池，每二月命士庶纵观，谓之"开池"。岁赐二府从官宴于此。进士闻喜宴亦在焉。'自明代相沿至今。犹唐之题名雁塔也。"

⑤临轩问策，宋神宗之开端：语本《宋史·选举志》："熙宁三年，亲试进士，始专以策，定著限以千字。旧特奏名人试论一道，至是亦制策焉。帝谓执政曰：'对策亦何足以实尽人材，然愈于以诗赋取人尔。'"宋神宗熙宁三年（1070）始，皇帝殿试贡士，专考对策。临轩问策，皇帝亲自出题考试士人，题目大多为经义或政事等。宋神宗之前，殿试题目也包括诗赋，吕公著上疏建议专用策论。宋·朱熹《宋名臣言行录》后集卷八："公知贡举，在贡院密上奏曰：'天子临轩策士，而用诗赋，非举贤求治之意。'"临轩，天子不居正殿而坐于前殿。皇宫殿前的厅堂与台阶间有横木似车轩，因而得名。《后汉书·党锢传·李膺》："让诉冤于帝，诏膺入殿，御亲临轩，诘以不先请便加诛辟之意。"

⑥"同榜之人"四句：语本唐·李肇《唐国史补》卷下："进士为时所尚久矣。是故俊乂实集其中，由此出者，终身为闻人。故争名常切，而为俗亦弊。其都会谓之'举场'，通称谓之'秀才'，投刺谓之'乡贡'，得第谓之'前进士'，互相推敬谓之'先辈'，俱捷谓

之'同年'，有司谓之'座主'。"清·顾炎武《生员论中》："生员
之在天下，近或数百千里，远或万里，语言不同，姓名不通，而一
登科第，则有所谓主考官者，谓之'座师'；有所谓同考官者，谓之
'房师'；同榜之士，谓之'同年'；同年之子，谓之'年侄'；座师、
房师之子，谓之'世兄'；座师、房师之谓我，谓之'门生'；而门生
之所取中者，谓之'门孙'；门孙之谓其师之师，谓之'太老师'。"
同年，古代科举考试同科中式者，互称"同年"。唐代同榜进士称
"同年"，明清乡试、会试同榜登科者亦皆称"同年"。清·赵翼
《陔馀丛考·同年》："余庚午乡举，宛平黄叔琳开府系前庚午举
人，曾为先后同年之会；大学士史铁崖并及见先后进士同年，真为
盛事。"取中，录取。座主，唐宋时进士对主试官的称呼，明清时
举人亦称主考官或总裁官为"座主"，也称"座师"。

⑦见遗：被遗漏。

⑧龙门点额：语本北魏·郦道元《水经注·河水》："《尔雅》曰：'鳣，
鲔也。'出巩穴三月，则上渡龙门，得渡为龙矣，否则点额而还。"
故以"龙门点额"喻仕路失意或科场落第。唐·白居易《醉别程
秀才》诗："五度龙门点额回，却缘多艺复多才。"

⑨进士：科举时期称殿试考取的人。明清时，举人经会试及格后即
可称为"进士"。及第：科举应试中选，榜上题名有甲乙次第，因
而得名。隋唐时仅用于考中进士，明清时殿试一甲三名赐进士
及第，也简称"及第"。宋·高承《事物纪原·学校贡举部·及
第》："汉之取士，其射策中者，谓之'高第'，隋唐以来，进士诸科，
遂有及第之目。"

⑩雁塔题名：唐代新科进士在曲江会宴后，常题名于雁塔。唐·李
肇《唐国史补》卷下："既捷，列书其姓名于慈恩寺塔，谓之'题
名'。"唐·韦绚《刘宾客嘉话录》："慈恩题名，起自张莒，本于寺
中闲游而题同年，人因为故事。"五代·王定保《唐摭言》卷三：

"神龙以来,杏园宴后,皆于慈恩寺塔下题名,同年中推一善书者纪之。"后因以"雁塔题名"指进士及第。进士题名,后来传为习俗。宋代时进士题名,在相国、兴国二寺;元代时开始刻石于国子监。雁塔,即大雁塔,也称"大慈恩寺塔",在今陕西西安南的慈恩寺中。宋·王溥《唐会要(卷四十八)·寺》:"慈恩寺。晋昌坊。隋无漏废寺。贞观二十二年十二月二十四日,高宗在春宫为文德皇后立为寺,故以'慈恩'为名。寺内浮图,永徽三年,沙门玄奘所立。"名字来源有二:一为《天竺记》中达嚫国有伽叶佛伽蓝,穿石山作五层塔,底层成雁形。二为《大唐西域记》中记载的古印度故事,菩萨为引导寺僧,化身为雁,坠死僧前,"于是建窣(sū)堵波(梵语"佛塔"的音译),式照遗烈,以彼死雁,瘞(yì)其下焉"。

⑪登科:科举考试中被录取。五代·王仁裕《开元天宝遗事·泥金帖子》:"新进士才及第,以泥金书帖子,附于家书中,用报登科之喜。"

⑫荣膺(yīng)鹗荐:《后汉书·文苑传下·祢衡》载,孔融与祢衡友善,曾上疏荐祢衡曰:"鸷鸟累百,不如一鹗。使衡立朝,必有可观。"后人以"荣膺鹗荐"为贺人登科之颂辞。"鸷鸟累百,不如一鹗",或为汉代俗语。《汉书·邹阳传》载邹阳上书谏吴王云:"臣闻'鸷鸟累百,不如一鹗'。"三国魏·孟康注:"鹗,大雕也。"鹗为猛禽,稀见,故以喻才能出众者。

⑬贡院:科举考场。唐·李肇《唐国史补》卷下:"开元二十四年,考功郎中李昂,为士子所轻诋。天子以郎署权轻,移职礼部,始置贡院。"《明史·选举志二》:"试士之所,谓之'贡院'。"

⑭鏖(áo)战:激烈地战斗,苦战。亦比喻考场激烈竞争。棘闱(wéi):即"棘围"。"棘"原指野生的酸枣树,后泛指一切有芒刺的草木。唐、五代科考时,以棘木围绕试院,防止舞弊。唐·杜佑

《通典·选举三》：“（礼部）阅试之日，皆严设兵卫，荐棘围之，搜索衣服，讥诃出入，以防假滥焉。”清·赵翼《陔馀丛考·棘闱》："贡院四围重墙皆插棘，所以杜传递出入之弊，古制则非为此也。《五代史·和凝传》：是时进士多浮薄，喜为喧哗，以动主司。主司每放榜，则围之以棘，闭省门。凝知贡举，撤棘开门，而士皆肃然无哗，所取称为得人。然则设棘乃放榜时以防士子喧噪耳。"

⑮唱名：科举时期殿试后，皇帝呼名召见登第进士，叫“唱名”。宋·高承《事物纪原·学校贡举部·唱名》：“《宋朝会要》曰：‘雍熙二年三月十五日，太宗御崇政殿试进士，梁颢首以程试上进，帝嘉其敏速，以首科处焉。十六日，帝按名一一呼之，面赐及第。’唱名赐第，盖自是为始。”

⑯传胪（lú）：科举时期，殿试揭晓唱名的一种仪式。殿试公布名次之日，皇帝至殿宣布，由阁门承接，传于阶下，卫士齐声传名高呼，谓之“传胪”。也作“胪唱”“胪传”。清制，四月二十一日殿试，二十五日传胪。殿试后，阅卷大臣列甲第名次，进呈钦定，于二十四日先拆前十卷，按名引见，叫“小传胪”。另，明代称科举第二、三甲第一名为“传胪”。至清则专称二甲第一名为“传胪”。《明史·选举志二》：“而士大夫又通以乡试第一为解元，会试第一为会元，二、三甲第一为传胪云。”胪，陈述告知。

⑰彻棘：即“撤棘”，撤去棘围。因放榜日关闭贡院，并于门口设置荆棘，以防落第者闯入喧闹，放榜后始撤去，故称。《旧五代史·周书·和凝传》：“贡院旧例，放榜之日，设棘于门及闭院门，以防下第不逞者。凝令彻棘启门，是日寂无喧者。”清·赵翼《陔馀丛考·棘闱》亦载。见本篇“入贡院，曰鏖战棘闱”条注。

【译文】

高中状元，叫“独占鳌头”；高中解元，叫“名魁虎榜”。

天子在琼林苑赐宴新进士，从宋太宗开始；皇帝在前殿亲自考新进士策论,由宋神宗初创。

同榜考中的人,都叫"同年";负责录取的主考官,称为"座主"。

考试落榜,称"龙门点额";考中进士,称"雁塔题名"。

祝人考中,说"荣膺鹗荐";进入科举考场,叫"鏖战棘闱"。

金殿唱名,叫"传胪";乡试、会试发榜,叫"撤棘"。

攀仙桂[①],步青云[②],皆言荣发[③];孙山外[④],红勒帛[⑤],总是无名。

英雄入吾彀,唐太宗喜得佳士[⑥];桃李属春官,刘禹锡贺得门生[⑦]。

薪,采也,槱,积也,美文王作人之诗,故考士谓之薪槱之典[⑧];汇,类也,征,进也,是连类同进之象,故进贤谓之汇征之途[⑨]。

赚了英雄[⑩],慰人下第;傍人门户[⑪],怜士无依。

虽然,有志者事竟成[⑫],伫看荣华之日[⑬];成丹者火候到[⑭],何惜烹炼之功[⑮]?

【注释】

①攀仙桂:也作"折桂"。攀折桂枝,比喻科举登第。《晋书·郤诜传》:"累迁雍州刺史。武帝于东堂会送,问诜曰:'卿自以为何如?'诜对曰:'臣举贤良对策,为天下第一,犹桂林之一枝,昆山之片玉。'"后因以"折桂"谓科举高中。北宋·陈元老《登科》诗:"桃花直透(一作"稳过")三层浪,桂子(一作"月桂")高攀第一枝。"

②步青云:"平步青云"的省称,亦作"平地青云"。指从平地一步踏入青云,比喻境遇突然变好,一般指科举及第后顺利无阻地一

下子达到很高的地位。唐·曹邺《杏园宴呈同年》诗："一旦公道开，青云在平地。"宋·袁文《瓮牖闲评》卷三："廉宣仲高才，幼年及第，宰相张邦昌纳为婿，当徽宗时，自谓平步青云。"青云，早在先秦、秦汉时期就被用来比喻高官显爵。《史记·范雎蔡泽列传》："须贾顿首言死罪，曰：'贾不意君能自致于青云之上。'"西汉·扬雄《解嘲》："当途者升青云，失路者委沟渠。"旧注："梁灏八十二岁状元及第，谢表云：'皓首穷经，青云得路。'"按，梁灏状元及第谢启："白首穷经，少伏生之八岁；青云得路，多太公之二年。"见于宋·陈正敏《遁斋闲览》，在宋代广为流传。但实为附会。梁灏卒时，年四十二。宋·洪迈《容斋四笔》考之甚详。

③荣发：荣耀发达。

④孙山外：指未考中、未被录取。宋·范公偁《过庭录》："吴人孙山，滑稽才子也。赴举他郡，乡人托以子偕往。乡人子失意，山缀榜末。先归，乡人问其子得失。山曰：'解名尽处是孙山，贤郎更在孙山外。'"后有成语"名落孙山""孙山之外"，都是未考中的意思。

⑤红勒帛：指考官用朱笔涂抹文字（斥为不合格）。宋·沈括《梦溪笔谈·人事一》："嘉祐中，士人刘几累为国学第一人，骤为怪险之语，学者翕然效之，遂成风俗，欧阳公深恶之，会公主文，决意痛惩，凡为新文者一切弃黜，时体为之一变，欧阳之功也。有一举人论曰：'天地轧，万物茁，圣人发。'公曰：'此必刘几也。'戏续之曰：'秀才剌，试官刷。'乃以大朱笔横抹之，自首至尾，谓之'红勒帛'，判'大纰缪（意为错误）'字榜之，既而果几也。"

⑥英雄入吾彀（gòu），唐太宗喜得佳士：语本五代·王定保《唐摭言》卷一："若列之于科目，则俊秀盛于汉魏；而进士，隋大业中所置也。如侯君素、孙伏伽，皆隋之进士也明矣。然彰于武德而甲于贞观。盖文皇帝修文偃武，天赞神授，尝私幸端门，见新进士缀

行而出,喜曰:'天下英雄入吾彀中矣!'"彀中,语出《庄子·德充
符》:"游于羿之彀中。"唐·成玄英疏:"其矢所及,谓之'彀中'。"
指弓箭射程之内。后因以"入彀"比喻人才入其掌握,被笼络
网罗。

⑦桃李属春官,刘禹锡贺得门生:语本唐·刘禹锡《宣上人远寄和
礼部王侍郎放榜后诗,因而继和》:"礼闱新榜动长安,九陌人人走
马看。一日声名遍天下,满城桃李属春官。"桃李,比喻培养的门
生后辈。春官,古官名。《周礼》"六官"之一。掌管礼法、祭祀。
唐代时曾改礼部为春官,后来便成为礼部的别称。

⑧"薪,采也"六句:语本《诗经·大雅·棫朴》。毛序:"《棫朴》,文
王能官人也。"其诗云:"芃芃棫朴,薪之槱之。"毛传:"兴也。芃
芃,木盛貌。棫,白桵也。朴,枹木也。槱,积也。山木茂盛,万
民得而薪之。贤人众多,国家得用蕃兴。"郑笺:"白桵相朴属而
生者,枝条芃芃然,豫斫以为薪。至祭皇天上帝及三辰,则聚积以
燎之。"歌颂周文王能任用贤能,治理四方。后以"薪槱(yǒu)"
喻贤良的人才或选拔贤良的人才。《棫朴》诗又云:"周王寿考,
遐不作人。"郑笺:"周王,文王也。文王是时九十余矣,故云'寿
考'。"孔疏:"作人者,变旧造新之辞。"后遂以"作人"指提拔并
造就人才。

⑨"汇,类也"六句:语本《周易·泰卦》:"初九,拔茅茹,以其汇。
征吉。"三国魏·王弼注:"茅之为物,拔其根而相牵引者也。茹,
相牵引之貌也。三阳同志,俱志在外,初为类首,己举则从,若茅
茹也。上顺而应,不为违距,进皆得志,故以其类征吉。"唐·孔
颖达疏:"'拔茅茹'者:初九欲往于上,九二、九三,皆欲上行,已
去则从,而似拔茅举其根相牵茹也。'以其汇'者:汇,类也,以类
相从。'征吉'者:征,行也。上坤而顺下,应于乾,已去则纳,故
征行而吉。"后遂以"汇征"指进用贤才。《旧唐书·陆贽传》:"广

求才之路，使贤者各以汇征。"进贤，谓进荐贤能之士。《周礼·夏官·大司马》："进贤兴功，以作邦国。"唐·贾公彦疏："进贤，诸臣旧在位有德行者并草莱有德行未遇爵命者，进之使称才仕用。"晋·葛洪《抱朴子外篇·臣节》："上蔽人主之明，下杜进贤之路。"

⑩赚了英雄：语本五代·王定保《唐摭言》卷一："进士科始于隋大业中，盛于贞观、永徽之际；缙绅虽位极人臣，不由进士者，终不为美，以至岁贡常不减八九百人。其推重谓之'白衣公卿'，又曰'一品白衫'；其艰难谓之'三十老明经，五十少进士'；其负倜傥之才，变通之术，苏、张之辨说，荆、聂之胆气，仲由之武勇，子房之筹画，弘羊之书计，方朔之诙谐，咸以是而晦之。修身慎行，虽处子之不若；其有老死于文场者，亦所无恨。故有诗云：'太宗皇帝真长策，赚得英雄尽白头！'"唐代进士地位尊荣，但极为难考，有人由少至老，仍未考中。当时人有诗云："太宗皇帝真长策，赚得英雄尽白头！"故以"赚了英雄"为安慰人落第之语。

⑪傍人门户：语本唐·章孝标《归燕词辞工部侍郎》（一作《下第后献主司》）："旧垒危（一作"泥"）巢泥已落，今年故（一作"固"）向社前归。连云大厦无栖处，更望（一作"绕"，一作"傍"）谁家门户飞。"《太平广记（卷一百八十一）·贡举四·章孝标》："章孝标元和十三年下第。时辈多为诗以刺主司，独章为《归燕诗》，留献侍郎庾承宣。承宣得时，展转吟讽，诚恨遗才，仍候秋期，必当荐引。庾果重典礼曹，孝标来年擢第。群议以为二十八字而致大科，则名路可遵，递相砥砺也。诗曰：'旧累危巢泥已落，今年故向社前归。连云大厦无栖处，更望谁家门户飞。'"章孝标《归燕诗》广为后世诗话笔记类著作征引，文字略有出入。傍人门户，依赖他人，不能自立。宋·苏轼《东坡志林》卷十二："桃符仰视艾人而骂曰：'汝何等草芥，辄居我上！'艾人俯而应曰：'汝已半截入

土，犹争高下乎？'桃符怒，往复纷然不已。门神解之曰：'吾辈不肖，方傍人门户，何暇争闲气耶！'"别本作"傍谁门户"。

⑫有志者事竟成：语出《后汉书·耿弇传》："将军前在南阳建此大策，常以为落落难合，有志者事竟成也！"东汉光武帝刘秀表彰将军耿弇（yǎn）军功时所说，意为只要有志气，事情终究会成功。

⑬伫（zhù）看：行将看到。

⑭成丹者火候到：方士炼丹须注意火候的成分、强弱、时间等，比喻欲成功者不可操之过急。唐·白居易《天坛峰下赠杜录事》诗："河车九转宜精炼，火候三年在好看。"宋·张君房《云笈七签·金丹部》："高上贤明之士先拣其砂，次调火候，在意消息，而成七返七还。"

⑮烹炼：本指冶炼。《朱子语类》卷五十九："且如银坑有矿，谓矿非银不可，然必谓之银不可，须用烹炼，然后成银。"引申为提炼、锤炼。清·袁枚《随园诗话》卷三："东坡近体诗，少蕴酿烹炼之功，故言尽而意亦止。"

【译文】

"攀仙桂"，"步青云"，都是讲高中发达；"孙山外"，"红勒帛"，全是说榜上无名。

"天下英雄入吾彀中"，是唐太宗看到优秀人才都参加科举的由衷感慨；"满城桃李属春官"，是刘禹锡祝贺礼部侍郎又得新门生的诗句。

"薪"指采樵，"槱"指堆积，"芃芃棫朴，薪之槱之"是《诗经·大雅·棫朴》颂扬周文王提拔贤能的诗句，因此后世用"薪槱"之典指科举考试；"汇"指以类相从，"征"指进用得志，《周易·泰卦》"初九，拔茅茹，以其汇。征吉"，是连同其类一起拔出的象征，因此后世用"汇征之途"指进用贤才。

"赚了英雄"，是安慰别人落榜的话；"傍人门户"，是可怜贫士无依无靠。

即便如此,"有志者,事竟成",终归能看到荣华富贵的那一天;"成丹者,火候到",又何必吝惜千锤百炼的功夫?

制作

【题解】

制作,是发明创造之意。传统中国所讲的"制作",不仅仅指具体器具,还包括文化制度。

本篇20联,所讲的都是和各种器具制度发明创作相关的成语典故。

上古结绳记事①,苍颉制字代绳②。

龙马负图,伏羲因画八卦③;洛龟呈瑞,大禹因列九畴④。

历日是神农所为⑤,甲子乃大挠所作⑥。

算数作于隶首⑦,律吕造自伶伦⑧。

甲胄舟车,系轩辕之创始⑨;权量衡度⑩,亦轩辕之立规⑪。

伏羲氏造网罟,教佃渔以赡民用⑫;唐太宗造册籍⑬,编里甲以税田粮⑭。

【注释】

①上古结绳记事:语本《周易·系辞下》:"上古结绳而治,后世圣人易之以书契。"唐·孔颖达疏:"结绳者,郑康成注云'事大大结其绳,事小小结其绳',义或然也。"结绳记事,上古时候没有文字,先民用打绳结的方式来记录重要的事情。

②苍颉(jié):也作"仓颉"。相传是黄帝的史官,传说他是汉字的创造者。《荀子·解蔽》:"好书者众矣,而仓颉独传者,一也。"《吕氏春秋·审分览·君守》:"奚仲作车,苍颉作书。"《淮南子·本经

训》："昔者仓颉作书而天雨粟，鬼夜哭。"《说文解字叙》："黄帝之史仓颉，见鸟兽蹄远之迹，知分理之可相别异也，初造书契。"

③龙马负图，伏羲因画八卦：语本《尚书·顾命》："大玉、夷玉、天球、河图，在东序。"西汉·孔安国传："伏羲王天下，龙马出河，遂则其文以画八卦，谓之'河图'。"龙马，是古代传说中龙头马身的神兽。相传，龙马背负图文浮出黄河，伏羲仿照上边的图案画出八卦。伏羲，上古传说中的帝皇。相传在他治理期间，发明了文字、卦象，教导男女嫁娶之礼和饲养家畜的方法。

④洛龟呈瑞，大禹因列九畴（chóu）：语本《尚书·洪范》："天乃锡禹洪范九畴，彝伦攸叙。"西汉·孔安国传："天与禹，洛出书。神龟负文而出，列于背，有数至于九。禹遂因而第之，以成九类。"传说上天眷顾大禹，有神龟背负书文浮出洛水，大禹受到启发，制定了安邦治国的九类规范（洪范九畴）。洛龟呈瑞，指洛水神龟献出洛书。禹，传说中尧、舜之后的上古圣王，原为尧的臣子，治理水患有功，被尊为"大禹"。九畴，传说中天帝赐给禹治理天下的九类大法。《尚书·洪范》："初一曰五行，次二曰敬用五事，次三曰农用八政，次四曰协用五纪，次五曰建用皇极，次六曰乂用三德，次七曰明用稽疑，次八曰念用庶征，次九曰享用五福、威用六极。"东汉·马融注："从'五行'已下至'六极'，《洛书》文也。"

⑤历日是神农所为：语本《艺文类聚（卷五）·岁时部下》暨《太平御览（卷十六）·时序部一》引三国吴·杨泉《物理论》："畴昔神农始治农功，正节气，审寒温，以为早晚之期，故立历日。"历日，日历，历法。神农，上古传说中的帝王，耕种、医药等事的始祖。

⑥甲子乃大挠所作：语本《吕氏春秋·审分览·勿躬》："大桡作甲子。"甲子，用甲、乙、丙、丁等十天干和子、丑、寅、卯等十二地支循环搭配来记录年月日时的方法，相传是黄帝时名为"大桡（后世亦写作"大挠"）"的臣子所创制。

⑦算数作于隶首：语本《史记·历书》："黄帝考定星历。"唐·司马贞索隐："《系本》及《律历志》：黄帝使羲和占日，常仪占月，臾区占星气，伶伦造律吕，大桡作甲子，隶首作算数，容成综此六术而著调历也。"算数，计算的方法。《汉书·律历志上》："数者，一、十、百、千、万也，所以算数事物，顺性命之理也。"隶首，传说中黄帝的史官，始作算数。后来也指擅长算数的人。晋·葛洪《抱朴子内篇·道意》："隶首不能计其多少，离朱不能察其仿佛。"

⑧律吕造自伶伦：语本《吕氏春秋·仲夏纪·古乐》："昔黄帝令伶伦作为律。伶伦自大夏之西，乃之阮隃之阴，取竹于嶰溪之谷，以生空窍厚钧者，断两节间，其长三寸九分而吹之，以为黄钟之宫，吹曰舍少。次制十二筒，以之阮隃之下，听凤皇之鸣，以别十二律。其雄鸣为六，雌鸣亦六，以比黄钟之宫，适合。黄钟之宫皆可以生之，故曰：黄钟之宫，律吕之本。"又，《汉书·律历志上》："律十有二，阳六为律，阴六为吕。律以统气类物，一曰黄钟，二曰太族，三曰姑洗，四曰蕤宾，五曰夷则，六曰亡射。吕以旅阳宣气，一曰林钟，二曰南吕，三曰应钟，四曰大吕，五曰夹钟，六曰中吕。有三统之义焉。其传曰，黄帝之所作也。黄帝使泠纶自大夏之西，昆仑之阴，取竹之解谷生，其窍厚均者，断两节间而吹之，以为黄钟之宫。制十二筒以听凤之鸣，其雄鸣为六，雌鸣亦六，比黄钟之宫，而皆可以生之，是为律本。"律吕，古代校正乐律的器具。用竹管或金属管制成，共十二管，管径相等，以管的长短来确定音的不同高度。从低音管算起，成奇数的六个管叫作"律"；成偶数的六个管叫作"吕"，合称"律吕"。后亦用以指乐律或音律。伶伦，传说中黄帝的乐官。《汉书·律历志上》写作"泠纶"。

⑨甲胄（zhòu）舟车，系轩辕之创始：旧注："蚩尤无道，黄帝伐之，天遣玄女，请帝制为甲胄以防身，大战于涿鹿之野而杀之。"按，旧注不知何本。《世本》及《墨子·非儒》皆云"杼（少康子）作甲"。

黄帝(轩辕氏)造舟车之说,流传甚广。东汉·班固《东都赋》:"作舟舆,造器械,斯乃轩辕氏之所以开帝功也。"旧注:"《淮南子》:黄帝见窍木浮而知为舟。舟成,帝见鸢飞尾转而知为舵。见飞蓬转,而知为车。"当本于《淮南子·说山训》:"见窾木浮而知为舟,见飞蓬转而知为车,见鸟迹而知著书,以类取之。"但《淮南子·说山训》未云"黄帝"。甲胄,铠甲和头盔。《尚书·说命中》:"惟甲胄起戎。"西汉·孔安国传:"甲,铠;胄,兜鍪(móu)也。"

⑩权量衡度:计量长短、大小、容积、轻重等的标准。《礼记·大传》:"(圣人)立权度量,考文章,改正朔,易服色,殊徽号,异器械,别衣服,此其所得与民变革者也。"

⑪轩辕:传说中古代帝王黄帝之号,因居于轩辕之丘而得名,战胜炎帝、蚩尤,被尊为天子,后世以他为中华民族的始祖。

⑫伏羲氏造网罟(gǔ),教佃渔以赡民用:语本《周易·系辞下》:"古者包牺氏之王天下也,仰则观象于天,俯则观法于地,观鸟兽之文与地之宜,近取诸身,远取诸物,于是始作八卦,以通神明之德,以类万物之情。作结绳而为网罟,以佃以渔,盖取诸《离》。"包牺氏,即伏羲氏。网罟,指捕猎鸟兽鱼的网。佃,通"畋(tián)",指捕猎。渔,捕鱼。《周易·系辞下》:"作结绳而为网罟,以佃以渔。"

⑬册籍:名册。此处相当于今天的户口簿。

⑭里甲:明州县统治的基层单位(相当于后来的乡村),后转为明三大徭役(里甲、均徭、杂泛)名称之一。《明史·食货志一》:"洪武十四年,诏天下编赋役黄册,以一百十户为一里,推丁粮多者十户为长,余百户为十甲,甲凡十人。岁役里长一人,甲首一人,董一里一甲之事。先后以丁粮多寡为序,凡十年一周,曰'排年'。……每十年有司更定其册,以丁粮增减而升降之。"起初里

长、甲首负责传达公事、催征税粮；以后官府聚敛繁苛，凡祭祀、宴飨、营造、馈送等费，都要里甲供应。按，"编里甲以税田粮"的赋税制度，实始于明太祖洪武十四年（1381）。唐代实行的是租庸调制。租庸调，是唐代对受田课丁征派的三种赋役的并称。导源于北魏到隋代的租、调、力役制度。凡丁男授田一顷，岁输粟二斛、稻三斛，谓之"租"；岁输绢二匹，绫、绝二丈，布加五之一，绵三两，麻三斤，非蚕乡则输银十四两，谓之"调"；役人力，岁二十日，闰加二日，不役者日纳绢三尺，谓之"庸"，有事而加役二十五日者免调，三十日租、调皆免。唐开元末年均田制破坏，这种承袭北魏的赋役制度渐不适用；安史之乱后，为两税法所代替。唐代租庸调制，始于唐高祖武德二年（619）。《新唐书·高祖纪》："（武德二年）二月乙酉，初定租庸调法。"

【译文】

上古时代，先民用打绳结的方式来记录重要的事情；直到苍颉创造汉字，取代结绳记事。

龙马驮着"河图"在黄河出水，伏羲借鉴"河图"，画出了八卦；神龟背负"洛书"在洛水献瑞，大禹参考"洛书"创制了九畴。

日历，由神农创始；甲子，由大挠制定。

隶首发明算数，伶伦编制音律。

盔甲船车，都是轩辕黄帝创造；度量衡，也是轩辕黄帝订立标准。

伏羲氏发明网罟，教百姓打猎捕鱼，以改善生活；唐太宗设立户籍本，编制里甲村社基层组织，来征收税赋。

　　兴贸易，制耒耜，皆由炎帝①；造琴瑟，教嫁娶，乃是伏羲②。
　　冠冕衣裳，至黄帝而始备③；桑麻蚕绩，自元妃而始兴④。
　　神农尝百草，医药有方⑤；后稷播百谷，粒食攸赖⑥。
　　燧人氏钻木取火，烹饪初兴；有巢氏构木为巢，宫室始创⑦。

　　夏禹欲通神祇，因铸镛钟于郊庙^⑧；汉明尊崇佛教，始立寺观于中朝^⑨。

【注释】

①兴贸易，制耒（lěi）耜（sì），皆由炎帝：语本《周易·系辞下》："包牺氏没，神农氏作，斫木为耜，揉木为耒，耒耨之利，以教天下，盖取诸《益》。日中为市，致天下之民，聚天下之货，交易而退，各得其所，盖取诸《噬嗑》。"神农氏教民耕种和贸易。耒耜，泛指农具。炎帝，此处炎帝即指神农氏。《史记·五帝本纪》："炎帝欲侵陵诸侯，诸侯咸归轩辕。"唐·张守节正义引《帝王世纪》："神农氏，姜姓也。……以火德王，故号炎帝。"

②造琴瑟，教嫁娶，乃是伏羲：语本《礼记·曲礼上》注引三国蜀·谯周《古史考》云："有圣人以火德王，造作钻燧出火，教民熟食，人民大悦，号曰'遂人'。次有三姓，乃至伏牺，制嫁娶，以俪皮为礼，作琴瑟以为乐。"又，宋·邢昺《孝经（广要道章）》疏引《世本》曰："伏羲造琴瑟。"《太平御览》卷五百六十六引《乐书》："谨案：《礼记》疏云：'伏羲乐曰《立基》。'言伏羲之代五运成立，甲历始基，画八卦以定阴阳，造琴瑟以谐律吕，继德之乐，故曰《立基》也。"《初学记》卷九引《帝王世纪》："庖牺氏，风姓也。蛇身人首，有圣德。燧人氏没，庖牺代之，继天而王。首德于木，为百王先。帝出于震，未有所因，故位在东方。主春，象日之明，是称'太昊'。都陈，制嫁娶之礼，取牺牲以充庖厨，故号'庖牺氏'，是为牺皇。后世音谬，故谓之'伏牺'，或谓之'密牺'。（一解云：虑，古"伏"字。后误以"虑"为"密"，故曰"密牺"。）"《太平御览》卷七十八亦引此，文字小有出入，而谓其书为《皇王世纪》。

③冠冕衣裳，至黄帝而始备：语本《尚书大传》："黄帝始制冠冕，垂衣裳，上栋下宇，以避风雨。"《风俗通义》卷一引之。冠冕，古代

帝王、官员所戴的帽子。亦泛指帽子。衣裳,衣服。古时"衣"指上衣,"裳"指下裙。后亦泛指衣服。《诗经·齐风·东方未明》:"东方未明,颠倒衣裳。"毛传:"上曰'衣',下曰'裳'。"

④元妃:即嫘(léi)祖,黄帝正妻,传说中的蚕桑之神。南朝刘宋以来,历代帝王均设先农坛来祭祀她。《史记·五帝本纪》:"黄帝居轩辕之丘,而娶于西陵之女,是为嫘祖。"明确记载嫘祖教民养蚕缫丝的可考文献,以宋代为主。宋·罗泌《路史》卷十四:"命西陵氏劝蚕稼。……《皇图要览》云:'伏羲化蚕,西陵氏始养蚕。'故淮南王《蚕经》云:'西陵氏劝蚕稼。'亲蚕始此。"元·陈桱《通鉴续编》卷一:"命元妃西陵氏教民蚕。西陵氏之女嫘祖,为帝元妃,始教民育蚕,治丝茧,以共衣服,而天下无皴瘃之患。后世祀为先蚕。"(《钦定古今图书集成》多次征引。)

⑤神农尝百草,医药有方:语本《淮南子·修务训》:"时多疾病毒伤之害,于是神农乃始教民播种五谷,相土地宜,燥湿肥硗(qiāo)高下,尝百草之滋味,水泉之甘苦,令民知所辟就。当此之时,一日而遇七十毒。"又,西汉·陆贾《新语·道基》:"至于神农,以为行虫走兽,难以养民,乃求可食之物,尝百草之实,察酸苦之味,教人食五谷。"相传,神农氏遍尝百草,辨别滋味功用,为中医中药之祖。

⑥后稷(jì)播百谷,粒食攸(yōu)赖:语本《尚书·虞书·舜典》:"帝曰:'弃! 黎民阻饥,汝后稷,播时百谷。'"暨《尚书·虞书·益稷》:"暨稷播,奏庶艰食鲜食。懋迁有无,化居。烝民乃粒,万邦作乂。"又,《诗经·周颂·思文》:"思文后稷,克配彼天。立我烝民,莫匪尔极。"东汉·郑玄笺:"立,当作'粒'。烝,众也。周公思先祖有文德者,后稷之功能配天。昔尧遭洪水,黎民阻饥,后稷播殖百谷,烝民乃粒,万邦作乂,天下之人无不于女时得其中者,言反其性。"相传,后稷教民播种百谷,人民从此得

以饱食。后稷，周朝的先祖。传说姜嫄（yuán）踩到了天帝的脚印而怀孕生子，遗弃没有抚养，因此名叫"弃"。尧、舜时任命弃做掌管农业的官员，教百姓耕种收获，称为"后稷"。《诗经·大雅·生民》："厥初生民，时维姜嫄，……载生载育，时维后稷。"攸赖，依赖，凭借。攸，语助词，无义。

⑦"燧人氏钻木取火"四句：语本《韩非子·五蠹》："上古之世，人民少而禽兽众，人民不胜禽兽虫蛇，有圣人作，构木为巢，以避群害，而民悦之，使王天下，号之曰'有巢氏'。民食果蓏蚌蛤，腥臊恶臭而伤害腹胃，民多疾病，有圣人作，钻燧取火以化腥臊，而民说之，使王天下，号之曰'燧人氏'。"又，《庄子·盗跖》："古者禽兽多而人少，于是民皆巢居以避之，昼拾橡栗，暮栖木上，故命曰有巢氏之民。"燧人氏，传说中的上古帝王之一，发明钻木取火。有巢氏，传说中的上古帝王之一，发明在树木之上建巢屋。

⑧夏禹欲通神祇（qí），因铸镛（yōng）钟于郊庙：出处未明。或本之于《鬻子·上禹政》："禹之治天下也，以五声听。门悬钟鼓铎磬而置鞀，以待四海之士。"宗庙有大钟，有文献可征。唐·虞世南《北堂书钞》卷一百八："《汉旧仪》云：高祖庙有钟十枚，受千石。撞之，声闻百里。"夏禹，大禹在舜死后继位，传位于子，建立夏朝，因此又称"夏禹"。神祇，天神和地神。泛指神灵。《史记·宋微子世家》："今殷民乃陋淫神祇之祀。"南朝宋·裴骃集解引东汉·马融曰："天曰'神'，地曰'祇'。"镛钟，大钟。《尔雅·释乐》："大钟谓之'镛'，其中谓之'剽（piáo）'，小者谓之'栈'。"

⑨汉明尊崇佛教，始立寺观于中朝：语本《后汉书·西域传》："世传明帝梦见金人，长大，顶有光明，以问群臣。或曰：'西方有神，名曰"佛"，其形长丈六尺而黄金色。'帝于是遣使天竺，问佛道法，遂于中国图画形象焉。"暨北魏·杨衒之《洛阳伽蓝记》卷四："白

马寺,汉明帝所立也。(佛入中国之始)。寺在西阳门外三里,御道南。帝梦金神,长丈六,项背日月光明。胡人号曰'佛'。遣使向西域求之,乃得经像焉。(时白马负经而来,因以为名。)明帝崩,起祇洹于陵上。自此以后,百姓冢上,或作浮图焉。(寺上经函,至今犹存。常烧香供养之,经函时放光明,耀于堂宇。是以道俗礼敬之,如仰真容)。"又,南朝梁·慧皎《高僧传·译经上》:"摄摩腾,本中天竺人,善风仪,解大小乘经,常游化为任。昔经往天竺附庸小国讲《金光明经》。会敌国侵境,腾惟曰:经云'能说此经法,为地神所护,使所居安乐'。今锋镝方始,曾是为益乎?乃誓以忘身,躬往和劝,遂二国交欢。由是显达。汉永平中,明皇帝夜梦金人飞空而至,乃大集群臣,以占所梦。通人傅毅奉答:'臣闻西域有神,其名曰"佛"。陛下所梦,将必是乎。'帝以为然。即遣郎中蔡愔、博士弟子秦景等,使往天竺寻访佛法。愔等于彼遇见摩腾,乃要还汉地。腾誓志弘通,不惮疲苦,冒涉流沙,至乎雒邑。明帝甚加赏接,于城西门外立精舍以处之。汉地有沙门之始也。"白马寺,古寺名。在河南洛阳东郊。东汉明帝永平十一年(68)建,为佛教在中国最早的寺院。汉明,指汉明帝刘庄(28—75),乃东海第二位皇帝,汉光武帝第四子。在位十八年(57—75)。庙号显宗,谥孝明皇帝,葬于显节陵。在位期间,谨遵父制,尊崇儒术,法令严切;曾遣郎中蔡愔等赴天竺求佛法,在洛阳立白马寺,令沙门摄摩腾、竺法兰编译《四十二章经》,开佛教在中国流传之始。中朝,指中国。

【译文】

兴起贸易,制作农具,都从炎帝开始;制成琴瑟乐器,教习婚嫁礼仪,正是伏羲时期。

冠帽衣裳,到黄帝时期才完备;种桑养蚕,纺丝织布,从黄帝元妃嫘祖开始兴起。

神农品尝百草,开创医药,治病才有良方;后稷播种百谷,发展农业,粮食才有保障。

燧人氏钻木取火,才开始兴起烹饪;有巢氏架木为巢,才开始建造房屋。

夏禹为跟神灵沟通,铸造大钟,置于宗庙;汉明帝尊崇佛教,中国开始兴建佛寺庙宇。

周公作指南车,罗盘是其遗制①;钱乐作浑天仪,历家始有所宗②。

育王得疾,因造无量宝塔③;秦政防胡,特筑万里长城④。

叔孙通制立朝仪⑤,魏曹丕秩序官品⑥。

周公独制礼乐⑦,萧何造立律条⑧。

尧帝作围棋,以教丹朱⑨;武王作象棋,以象战斗⑩。

【注释】

①周公作指南车,罗盘是其遗制:语本晋·崔豹《古今注·大驾指南车》:"起于黄帝,与蚩尤战于涿鹿之野,蚩尤作大雾,皆迷四方,于是乃作指南车,以示四方,遂擒蚩尤而即位,故后汉恒建。旧说云周公所作也。周公治致太平,越常氏重译来献白雉一、黑雉二、象牙一,使者迷其归路,周公锡以文锦二疋、辂车五乘,皆为司南之制,使越常氏载之以南,缘扶南林邑海际,期年而至其国,使大夫窦将送至国而还至。始制车,辖辕皆以铁,还至,铁亦销尽。以属巾车氏收而载之,常为先导,示服远人而正四方也。车法在《尚方故事》,汉末丧乱,其法中绝,马先生钩绍而作焉。今指南车,马先生之遗法也。"周公,西周初期政治家姬旦,周文王之子,周武王之弟。辅佐周武王灭商,周成王年幼时辅政,制定规

范典章制度,天下大治,后人以其为圣贤的典范。见前《兄弟》篇"东征破斧,周公大义灭亲"条注。指南车,我国古代用来指示方向的车,配有司南(指南针的原型),在野外不会迷失方向。相传黄帝与蚩尤战于涿鹿之野,蚩尤作大雾,兵士皆迷。黄帝作指南车以示四方,遂擒蚩尤。又,周初越裳氏来贡,使者迷其归路,周公赐以辁车,皆为司南之制。后东汉张衡、三国魏马钧、南朝齐祖冲之皆有造指南车之事。唐元和中,典作官金公立曾上指南车、记里鼓。宋天圣五年(1027),燕肃又创意造车,大观元年(1107),吴德隆亦献制车之法。自晋代以后,皇帝车驾卤簿多用指南车为前导。宋·岳珂《愧郯录·指南记里鼓车》记其形制甚详。参阅晋·崔豹《古今注·舆服》及《晋书·舆服志》《宋书·礼志五》《宋史·舆服志一》。罗盘,测定方向的仪器,由刻有方位标志的圆盘和装在其中的指南针构成。

② 钱乐作浑天仪,历家始有所宗:语本《宋书·天文志》:"文帝元嘉十三年,诏太史令钱乐之更铸浑仪。径六尺八分少,周一丈八尺二寸六分少,地在天内,立黄、赤二道,南、北二极规二十八宿,北斗极星,五分为一度,置日月五星于黄道之上,置立漏刻,以水转仪,昏明中星,与天相应。十七年,又作小浑天,径二尺二寸,周六尺六寸,以分为一度,安二十八宿中外官,以白黑珠及黄三色为三家星,日月五星,悉居黄道。"钱乐,史书作"钱乐之",南朝宋文帝时太史令。浑天仪,即浑仪,观察星相的仪器,最早记载为东汉张衡所制作。《后汉书·张衡传》:"遂乃研核阴阳,妙尽璇机之正,作浑天仪。"

③ 育王得疾,因造无量宝塔:语本《魏书·释老志》:"佛既谢世,香木焚尸。灵骨分碎,大小如粒,击之不坏,焚亦不燋,或有光明神验,胡言谓之'舍利'。弟子收奉,置之宝瓶,竭香花,致敬慕,建宫宇,谓为'塔'。'塔'亦胡言,犹宗庙也,故世称'塔庙'。于后

百年，有王阿育，以神力分佛舍利，役诸鬼神，造八万四千塔，布于世界，皆同日而就。今洛阳、彭城、姑臧、临淄皆有阿育王寺，盖承其遗迹焉。"《阿育王经》："乃至阿育王，起八万四千塔已，守护佛法，时诸人民谓为阿育法王。"刘宋时期求那跋陀罗所译《杂阿含经》言阿育王起八万四千塔事，尤详。育王，即阿育王，古印度孔雀王朝的君主，治国崇尚慈悲和平，是佛教史上著名的护法国王。无量宝塔，传说阿育王生了重病，为祈福，借助神力，一日一夜造出八万四千座宝塔。

④秦政防胡，特筑万里长城：语本《史记·蒙恬列传》："秦已并天下，乃使蒙恬将三十万众北逐戎狄，收河南。筑长城，因地形，用制险塞，起临洮，至辽东，延袤万余里。于是渡河，据阳山，逶蛇而北。暴师于外十余年，居上郡。"西汉·贾谊《过秦论》："乃使蒙恬，北筑长城而守藩篱。"胡，指北方游牧民族。

⑤叔孙通制立朝仪：语本《史记·刘敬叔孙通列传》："汉五年，已并天下，诸侯共尊汉王为皇帝于定陶，叔孙通就其仪号。高帝悉去秦苛仪法，为简易。群臣饮酒争功，醉或妄呼，拔剑击柱，高帝患之。叔孙通知上益厌之也，说上曰：'夫儒者难与进取，可与守成。臣愿征鲁诸生，与臣弟子共起朝仪。'……遂与所征三十人西，及上左右为学者与其弟子百余人为绵蕞野外。习之月余，叔孙通曰：'上可试观。'上既观，使行礼，曰：'吾能为此。'乃令群臣习肄，会十月。汉七年，长乐宫成，诸侯群臣皆朝十月。仪：先平明，谒者治礼，引以次入殿门，廷中陈车骑步卒卫官，设兵张旗志。传言'趋'。殿下郎中侠陛，陛数百人。功臣列侯诸将军军吏以次陈西方，东乡；文官丞相以下陈东方，西乡。大行设九宾，胪传。于是皇帝辇出房，百官执职传警，引诸侯王以下至吏六百石以次奉贺。自诸侯王以下莫不振恐肃敬。至礼毕，复置法酒。诸侍坐殿上皆伏抑首，以尊卑次起上寿。觞九行，谒者言'罢酒'。御史

执法举不如仪者辄引去。竟朝置酒，无敢欢哗失礼者。于是高帝曰：'吾乃今日知为皇帝之贵也。'乃拜叔孙通为太常，赐金五百斤。……高帝崩，孝惠即位，乃谓叔孙生曰：'先帝园陵寝庙，群臣莫习。'徙为太常，定宗庙仪法。及稍定汉诸仪法，皆叔孙生为太常所论箸也。"暨《汉书·礼乐志二》："汉兴，拨乱反正，日不暇给，犹命叔孙通制礼仪，以正君臣之位。高祖说而叹曰：'吾乃今日知为天子之贵也！'以通为奉常，遂定仪法，未尽备而通终。"叔孙通，秦汉时博士，秦亡后曾追随项羽，后降汉，征召儒生，为草创期的西汉制定朝堂宗庙仪礼。朝仪，朝廷礼仪。

⑥魏曹丕秩序官品：语本《三国志·魏书·陈群传》："文帝在东宫，深敬器焉，待以交友之礼，常叹曰：'自吾有回，门人日以亲。'及即王位，封群昌武亭侯，徙为尚书。制九品官人之法，群所建也。"魏文帝曹丕采纳尚书陈群的意见，制定选拔官吏的九品中正制（将人才分为九等：上上、上中、上下、中上、中中、中下、下上、下中、下下）。清·赵翼《廿二史札记·九品中正》："魏文帝初定九品中正之法，郡邑设小中正，州设大中正，由小中正品第人才，以上大中正；大中正核实，以上司徒；司徒再核，然后付尚书选用。"

⑦周公独制礼乐：语本《礼记·明堂位》："武王崩，成王幼弱，周公践天子之位，以治天下。六年，朝诸侯于明堂，制礼作乐，颁度量，而天下大服。"《史记·周本纪》："兴正礼乐，度制于是改，而民和睦，颂声兴。"东汉·王充《论衡·书解》："周公制礼乐，名垂而不灭。"

⑧萧何造立律条：语本《汉书·刑法志》："汉兴，高祖初入关，约法三章曰：'杀人者死，伤人及盗抵罪。'蠲（juān）削烦苛，兆民大说。其后四夷未附，兵革未息，三章之法不足以御奸，于是相国萧何攈（jùn）摭秦法，取其宜于时者，作律九章。"萧何，东汉开国功臣，官居丞相。见前《文臣》篇"萧曹相汉高"条注。

⑨尧帝作围棋，以教丹朱：语本《艺文类聚》卷七十四引《博物志》："尧造围棋，丹朱善棋。"尧，传说中上古圣王，陶唐氏，号放勋，后禅让天下于舜。丹朱，帝尧的儿子，传说他性情凶顽，尧于是发明了围棋来教导他。

⑩武王作象棋，以象战斗：语本《艺文类聚（卷七十四）·巧艺部·象戏》："周武帝造象戏。王褒为《象经序》曰：一曰天文，以观其象，天日月星是也。……"《太平御览（卷七百五十五）·工艺部十二·象戏》亦载。然此周武帝当为南北朝时北周武帝宇文邕，而非周武王姬发。"象棋"之名，战国时期即有。《楚辞·招魂》："菎蔽象棋，有六簙（bó）些。"东汉·王逸注："投六箸，行六棋，故为六簙也。言宴乐既毕，乃设六簙，以菎蔽作箸，象牙为棋，丽而且好也。"此"象棋"乃象牙所制棋，指质地而言。周武帝所造"象戏"亦非明清时期流行之中国象棋。明·郎瑛《七修类稿（卷二十五）·辩证类》辩之甚明："棋有三焉：围棋，《博物志》虽曰始于尧之授子，而皮日休《原弈》，则辩明始于战国无疑。象棋，虽见于《太平御览》，为周武王所创，然其名曰'象戏'，其字又有日月星辰之名，非今之象棋明矣。《幽怪录》载：'唐岑顺于陕州夜见车马步卒之移，掘地得古冢，有金象局并子。'或者始于此乎？故唐以后方显。又《说苑》：'雍门周谓孟尝君下燕，则斗象棋。'是以象为棋势而分阵斗，则象棋之名，亦或始于战国之末乎？弹棋始于刘向，因汉成帝恶蹴鞠之劳，作以献之，其制义则备于柳子厚《序棋》，今不传矣。所传者，前之二种。"

【译文】

周公造指南车，是今天罗盘的原型；钱乐之重铸浑天仪，历法家研究天象才有所依据。

阿育王生了重病，因忏悔修筑了无量宝塔；秦始皇防备匈奴南下，特地修建万里长城。

叔孙通制订了汉朝朝廷礼仪,魏文帝曹丕创立九品中正制,用以选拔官员。

周公创建礼乐制度,萧何编订汉代律法。

尧帝发明围棋,用来教诲儿子丹朱;武王发明象棋,用来模拟战斗。

文章取士,兴于赵宋[1];应制以诗,起于李唐[2]。

梨园子弟,乃唐明皇作始[3];《资治通鉴》,乃司马光所编[4]。

笔乃蒙恬所造[5],纸乃蔡伦所为[6]。

凡今人之利用[7],皆古圣之前民[8]。

【注释】

①文章取士,兴于赵宋:语本《宋史·选举志一》:"神宗始罢诸科,而分经义、诗赋以取士,其后遵行,未之有改。""于是改法,罢诗赋、帖经、墨义,士各占治《易》《诗》《书》《周礼》《礼记》一经,兼《论语》《孟子》。每试四场,初大经,次兼经,大义凡十道,(后改《论语》《孟子》义各三道。)次论一首,次策三道,礼部试即增二道。中书撰大义式颁行。试义者须通经、有文采乃为中格,不但如明经墨义粗解章句而已。""熙宁三年,亲试进士,始专以策,定著限以千字。"文章取士,指科举考试中注重策论。清·顾炎武《日知录·程文》:"唐之取士以赋,⋯⋯宋之取士以论策。"宋神宗从王安石之议,改科举之法,罢诗赋、帖经、墨义,专以经义论策取士,且讲究文采。赵宋,指赵匡胤建立的宋朝。

②应制以诗,起于李唐:语本《旧唐书·玄宗纪》:"上御勤政楼试四科制举人,策外加诗赋各一首。制举加诗赋,自此始也。"《新唐书·选举志上》:"先是,进士试诗、赋及时务策五道,明经策三

道。建中二年，中书舍人赵赞权知贡举，乃以箴、论、表、赞代诗、赋，而皆试策三道。大和八年，礼部复罢进士议论，而试诗、赋。”应制以诗，指科举考试中注重诗赋。李唐，指李渊建立的唐朝。

③梨园子弟，乃唐明皇作始：语本《旧唐书·音乐志一》：“玄宗又于听政之暇，教太常乐工子弟三百人为丝竹之戏，音响齐发，有一声误，玄宗必觉而正之。号为‘皇帝弟子’，又云‘梨园弟子’，以置院近于禁苑之梨园。”暨《新唐书·礼乐志》：“玄宗既知音律，又酷爱法曲，选坐部伎子弟三百教于梨园，声有误者，帝必觉而正之，号‘皇帝梨园弟子’。宫女数百，亦为梨园弟子，居宜春北院。”梨园子弟，唐明皇爱好音乐戏曲，在皇宫的梨园教习乐工，称他们为“皇帝弟子”，又叫“梨园弟子”。后亦泛指戏曲演员。

④《资治通鉴》，乃司马光所编：《资治通鉴》，为宋代司马光主编的多卷本编年体史书，书名意思是以史为鉴，以资治理。司马光进《资治通鉴》时上表称：“欲删削冗长，举撮机要，专取关国家兴衰，系生民休戚，善可为法，恶可为戒者，为编年一书。”

⑤笔乃蒙恬所造：语本《艺文类聚》卷五十八引《博物志》曰：“蒙恬造笔。”晋·崔豹《古今注·问答释义》：“牛亨问曰：‘自古有书契已来便应有笔，世称蒙恬造笔，何也？’答曰：‘蒙恬始造，即秦笔耳。以柘木为管，以鹿毛为柱，以羊毛为被，所谓苍毫，非为兔毫竹管笔也。’”相传秦将蒙恬造笔，据崔豹《古今注》，当是蒙恬改良了毛笔。

⑥纸乃蔡伦所为：语本《后汉书·宦者传·蔡伦》：“自古书契多编以竹简，其用缣帛者谓之‘为纸’。缣贵而简重，并不便于人。伦乃造意，用树肤、麻头及敝布、鱼网以为纸。元兴元年奏上之，帝善其能，自是莫不从用焉，故天下咸称‘蔡侯纸’。”蔡伦，东汉宦官。发明造纸术。

⑦利用：这里指各种有用有效的工具。《荀子·王霸》：“国者，天下

之利用也。"梁启雄注："利用，即'利器'。"

⑧前民：指古代圣贤引导今人。《周易·系辞上》："是以明于天之道，而察于民之故，是兴神物以前民用。"三国魏·王弼注："定吉凶于始也。"唐·孔颖达疏："'是兴神物以前民用'者，谓易道兴起神理事物，豫为法象，以示于人，以前民之所用。定吉凶于前，民乃法之所用，故云'以前民用'也。"高亨注："前，先导也。此句言圣人取此神物蓍草以占事，作人民用以占事之先导。"前，引导。

【译文】

宋代科举，侧重文章（策论）；唐朝取士，侧重诗赋。

"梨园子弟"，由唐明皇兴起；《资治通鉴》，是司马光编撰。

蒙恬造笔，蔡伦造纸。

凡是现在我们使用的工具，都来自古圣先民的发明创造。

技艺

【题解】

技艺，泛指各种技能手艺，尤指技术含量高的手艺。医术、书画、占卜、驾驶、木工，皆包含在内。

本篇14联，讲的都是和技艺相关的成语典故。

医士业岐轩之术①，称曰国手②；地师习青乌之书③，号曰堪舆④。

卢医扁鹊⑤，古之名医；郑虔、崔白⑥，古之名画。

晋郭璞得《青囊经》，故善卜筮地理⑦；孙思邈得《龙宫方》⑧，能医虎口龙鳞⑨。

善卜者，是君平、詹尹之流⑩；善相者，即唐举、子卿之亚^⑪。

推命之人^⑫，即星士^⑬；绘画之士^⑭，曰丹青^⑮。

大风鉴^⑯，相士之称；大工师^⑰，木匠之誉。

若王良^⑱，若造父^⑲，皆善御之人^⑳；东方朔，淳于髡，系滑稽之辈^㉑。

【注释】

①岐（qí）轩：也作"轩岐"，黄帝轩辕和大臣岐伯的合称，中医药的始祖。《初学记》卷二十、《太平御览》卷七十九引晋·皇甫谧《帝王世纪》："黄帝使岐伯尝味草木，典医疗疾。今《经方》《本草》之书咸出焉。"相传轩辕黄帝令岐伯掌管医药，因此"岐轩之术"即指中国传统医术。后人伪托黄帝著有《黄帝内经》，分《灵枢》《素问》两部，是中医学经典著作之一。更常见的用法，是"岐黄"。清·梁章钜《称谓录·医》："黄帝命岐伯论经脉旁通，问难为《难经》，后世习其业者，故谓之'岐黄'。"

②国手："医国手"的省称。语出《国语·晋语八》："平公有疾，秦景公使医和视之，出曰：'不可为也。是谓远男而近女，惑以生蛊；非鬼非食，惑以丧志。良臣不生，天命不祐。若君不死，必失诸侯。'赵文子闻之曰：'武从二三子以佐君为诸侯盟主，于今八年矣，内无苛慝，诸侯不二，子胡曰"良臣不生，天命不祐"？'对曰：'自今之谓。和闻之曰："直不辅曲，明不规暗，拱木不生危，松柏不生埤。"吾子不能谏惑，使至于生疾，又不自退而宠其政，八年之谓多矣，何以能久！'文子曰：'医及国家乎？'对曰：'上医医国，其次疾人，固医官也。'文子曰：'子称蛊，何实生之？'对曰：'蛊之慝，谷之飞实生之。物莫伏于蛊，莫嘉于谷，谷兴蛊伏而章明者也。故食谷者，昼选男德以象谷明，宵静女德以伏蛊慝，今君一

之，是不飨谷而食蛊也，是不昭谷明而皿蛊也。夫文，"虫"、"皿"为"蛊"，吾是以云。'文子曰：'君其几何？'对曰：'若诸侯服不过三年，不服不过十年，过是，晋之殃也。'是岁也，赵文子卒，诸侯叛晋。十年，平公薨。"三国吴·韦昭注："止其淫惑，是为医国。"意为一国中某项技艺顶尖的人物，常用来指医术出众者。

③地师：即堪舆家，俗称"风水先生"。青乌之书：泛指风水书。青乌子，是传说中的风水大师，或说黄帝时人，或说秦汉时人。宋·张君房《云笈七签》引《轩辕本纪》："有青乌子能相地理，帝问之以制经。"晋·葛洪《抱朴子内篇·极言》："（黄帝）相地理则书青乌之说。"《后汉书·循吏传·王景》"乃参纪众家数术文书，冢宅禁忌，堪舆日相之属"，唐·李贤注："葬送造宅之法，若黄帝、青乌之书也。"东汉·应劭《风俗通义·姓氏》："汉有青乌子，善数术。"

④堪舆：即风水，指住宅基地或墓地的形势。亦指相宅相墓之法，即看风水。"堪"为高处，"舆"为下处。《汉书·扬雄传上》："属堪舆以壁垒兮，梢夔魖而抶獝狂。"唐·颜师古注："张晏曰：'堪舆，天地总名也。'孟康曰：'堪舆，神名。造图宅书者。'……堪舆，张说是也。"《文选·扬雄〈甘泉赋〉》唐·李善注引东汉·许慎曰："堪，天道也；舆，地道也。"后因以"堪舆"指称天地。"堪舆家"，为古时为占候卜筮者之一种。后专称以相地看风水为职业者，俗称"风水先生"。《史记·日者列传》："孝武帝时，聚会占家问之，某日可取妇乎？五行家曰可，堪舆家曰不可。"明·宋濂《〈葬书新注〉序》："堪舆家之术，古有之乎？《周礼》墓大夫之职，其法制甚详也，而无所谓堪舆家祸福之说，然则果起于何时乎？盖秦汉之间也。"清·钱泳《履园丛话·形家言》："堪舆家每视地，辄曰某形某像，以定吉凶。"

⑤卢医扁鹊：本是传说中黄帝时期的医生，此处指春秋战国时名医

秦越人。《史记·扁鹊仓公列传》："扁鹊者,勃海郡郑人也,姓秦氏,名越人。……为医或在齐,或在赵。在赵者名扁鹊。"唐·张守节正义:"《黄帝八十一难序》云:秦越人与轩辕时扁鹊相类,仍号之为'扁鹊';又家于卢国,因命之曰'卢医'。"

⑥郑虔(705?—764):字若齐,一作"弱齐",排行十八,郑州荥阳(今河南荥阳)人。唐玄宗开元中任左监门录事参军,开元末任协律郎,坐私修国史,被贬十年。天宝九载(750)授广文馆博士,人称"郑广文"。天宝末迁著作郎。安史之乱中,伪授水部郎中,称疾不就,并以密章潜通灵武。乱平,贬台州司户参军,后卒于贬所。《新唐书》有传。郑虔博学多才艺,工书画,尝自写其诗、画献玄宗,御题"郑虔三绝"。《新唐书·文艺传·郑虔》:"善图山水,好书,常苦无纸,于是慈恩寺贮柿叶数屋,遂往日取叶肄书,岁久殆遍。尝自写其诗并画以献,帝大署其尾曰:'郑虔三绝(指诗、书、画)。'"崔白:字子西,濠州(今安徽凤阳)人。北宋著名画家。初为图画院艺学,迁待诏,官至左班殿直。工花竹禽鸟,体制清赡,生动自然,尤以败荷凫雁为佳,一改黄筌浓艳画风。亦善画佛道鬼神等。宋图画院较艺,本必以黄筌父子笔法为程式,自白及吴元瑜出,其格遂变。宋·佚名《宣和画谱》卷十八:"崔白,字子西,濠梁人。善画花竹、羽毛、芰(jì)荷、凫雁、道释、鬼神、山林飞走之类,尤长于写生,极工于鹅。所画无不精绝,落笔运思即成,不假于绳尺,曲直方圆,皆中法度。"

⑦晋郭璞得《青囊经》,故善卜筮地理:语本《晋书·郭璞传》:"有郭公者,客居河东,精于卜筮,璞从之受业。公以《青囊中书》九卷与之,由是遂洞五行、天文、卜筮之术,攘灾转祸,通致无方。……璞门人赵载尝窃《青囊书》,未及读,而为火所焚。"郭璞(276—324),字景纯,晋代河东闻喜(今山西闻喜)人。博学,好古文奇字,精天文、历算、卜筮,擅长诗赋。西晋末过江,为宣城太守殷

祐参军，为王导所重。晋元帝拜著作佐郎，与王隐共撰《晋史》，迁尚书郎。后为王敦记室参军。以卜筮不吉谏阻王敦谋反，为王敦所杀。后追赠弘农太守。为《尔雅》《方言》《山海经》《穆天子传》作注，传于世。《青囊经》，古代术数家以青囊盛书和卜具。《晋书·郭璞传》载郭璞从郭公学卜筮之学，从郭公处得《青囊中书》九卷。后遂以"青囊经"指卜筮风水之书。卜筮，占卦算命。古时预测吉凶，用龟甲称卜，用蓍草称筮，合称"卜筮"。《礼记·曲礼上》："龟为卜，策为筮。卜筮者，先圣王之所以使民信时日、敬鬼神、畏法令也；所以使民决嫌疑，定犹与也。"地理，指风水。宋·王闢之《渑水燕谈录·高逸》："（僧）文幼薄能为诗，精阴阳地理。"清·顾炎武《先生昌平山水记》卷上："皇后徐氏崩，上命礼部尚书赵羾等往择地，得吉壤于昌平县东黄土山。"

⑧孙思邈（581—682）：唐代京兆华原（今陕西铜川耀州区）人。自称生于隋文帝开皇元年（581），新、旧《唐书》又说他北周时已隐居太白山，杨坚辅政时曾以国子博士召，则生年更早，然恐不足信。唐太宗时召至京师，不受官。唐高宗显庆间，复召见，拜谏议大夫，仍固辞。上元元年（674）称疾请还山，诏假鄱阳公主邑司让其居住。新、旧《唐书》有传。孙思邈通老庄百家之说，兼好佛典，工阴阳推步之术，尤以医学著称于世。著有《备急千金要方》三十卷、《千金翼方》三十卷。医德高尚，对病人不分贵贱贫富，一心救治。被后人尊为"药王"。《龙官方》：据《酉阳杂俎》《续仙传》等唐代笔记小说所载，孙思邈曾获得龙宫药方三十篇，分散记载于《千金方》。宋·张君房《云笈七签》卷一百十三下引《续仙传》，说孙思邈曾经救过一条小青蛇，乃是泾阳之子。泾阳龙王赠孙思邈龙宫药方三十首以表感谢。《酉阳杂俎》则说昆明池老龙求孙思邈救命，孙思邈要求对方转赠昆明龙宫有仙方三十首。

⑨医虎口龙鳞：传说孙思邈曾为老虎拔去口中金钗，替龙族点鳞治病。后用以比喻医书高明。旧注："杂俎云：思邈隐终南山，有病龙求其点鳞，虎吞金钗，求其取出，著有《千金方》三十卷传世。"按，《酉阳杂俎》并无医虎口龙鳞之记载。旧注不知何据。

⑩君平：严遵，字君平，西汉蜀郡（治今四川成都）人。汉成帝时，卖卜于成都，得百钱足自养，则闭肆下帘读《老子》，一生不仕。年九十余卒。著有《道德真经指归》（《隋书·经籍志》作《老子指归》），现仅存七卷。严君平本姓庄，班固著《汉书》时，因避汉明帝刘庄讳，改"庄"为"严"。詹尹：即郑詹尹，战国时楚国太卜（卜官之长）。屈原被逐后忧思难解，曾往见詹尹，问卜决疑。《楚辞·卜居》："屈原既放，三年，不得复见。竭智尽忠，蔽鄣（zhàng）于谗，心烦虑乱，不知所从。乃往见太卜郑詹尹，曰：'余有所疑，原因先生决之。'"

⑪善相者，即唐举、子卿之亚：语本《荀子·非相》："古者有姑布子卿，今之世，梁有唐举，相人之形状颜色而知其吉凶妖祥，世俗称之。"唐举，名或作"莒"，战国时人，善相面。尝相李兑百日之内当秉政治国，又言燕人蔡泽年寿，后皆应验。子卿，即姑布子卿，复姓姑布，春秋时晋国人，著名相士。《史记·赵世家》载姑布子卿曾相赵鞅诸子，认为其贱妾所生子毋恤可为将军，必贵。后赵鞅试之，毋恤最贤，立为太子。《韩诗外传》卷九载其相孔子面，说孔子"得尧之志，舜之目，禹之颈，皋陶之喙，从前视之，盎盎乎似有王者；从后视之，高肩弱脊，循循固得之，转广一尺四寸，比惟不及四圣者也"；又说孔子"污面而不恶，葭喙而不藉。远而望之，羸乎若丧家之狗"。

⑫推命：用生辰八字来算命。相传此法，始于唐人李虚中。清·纪昀《阅微草堂笔记·槐西杂志二》："世传推命始于李虚中，其法用年月日而不用时，盖据昌黎所作虚中墓志也。"唐·韩愈《殿中

侍御史李君墓志铭》："学无所不通,最深于五行书。以人之始生年月日所直日辰支干,相生胜衰死王相,斟酌推人寿夭、贵贱、利不利,辄先处其年时,百不失一二。"

⑬星士:用观星术来替人推算命运的术士。

⑭绘画:他本作"绘图"。以对仗格律论,"图"字佳。

⑮丹青:指红色的丹砂和蓝色的石青等作画的颜料。《周礼·秋官·职金》："掌凡金玉锡石丹青之戒令。"后指称画工。三国魏·曹丕《与孟达书》："故丹青画其形容,良史载其功勋。"

⑯风鉴:古代的一种相面术。也用来指称以算命相面为业的人。宋·吴处厚《青箱杂记》卷四:"余尝谓风鉴一事,乃昔贤甄识人物拔擢贤才之所急,非市井卜相之流用以贾鬻取赀者。"

⑰工师:上古官名。百工之长,负责工程建造和工匠管理。此处专指木匠。《荀子·王制》："论百工,审时事,辨功苦,尚完利,便备用,使雕琢文采不敢专造于家,工师之事也。"《礼记·月令》："(孟冬之月)是月也,命工师效功,陈祭器,按度程,毋或作为淫巧,以荡上心,必功致为上。"东汉·郑玄注:"工师,工官之长也。"《史记·五帝本纪》："讙兜进言共工,尧曰不可而试之工师,共工果淫辟。"唐·张守节正义:"工师,若今大匠卿也。"

⑱王良:春秋末年人。擅长驾车。《孟子·滕文公下》："昔者赵简子使王良与嬖奚乘,终日而不获一禽,嬖奚反命曰:'天下之贱工也。'或以告王良,良曰:'请复之。'强而后可,一朝而获十禽,嬖奚反命曰:'天下之良工也。'"《韩非子·难势》："夫良马固车,使臧获御之则为人笑,王良御之而日取千里。"

⑲造父:西周穆王时人。擅长驾车。《史记·秦本纪》："造父以善御幸于周缪(通"穆")王,得骥、温骊、骅骝、騄耳之驷,西巡狩,乐而忘归。徐偃王作乱,造父为缪王御,长驱归周,一日千里以救乱。缪王以赵城封造父,造父族由此为赵氏。"

⑳御：驾驭车马。也指驾驭车马的人。

㉑东方朔，淳于髡（kūn），系滑（gǔ）稽之辈：本于《史记·滑稽列传》。《史记·滑稽列传》记述淳于髡、东方朔等人滑稽之事、诙谐之语。东方朔（前154—前93），字曼倩，西汉平原厌次（今山东惠民）人。汉武帝时，入长安，自荐，待诏金马门。后为常侍郎、太中大夫。滑稽有急智，善观察颜色，直言切谏。曾以辞赋戒武帝奢侈，又陈农战强国之策，终不见用。辞赋以《答客难》《非有先生论》为著。有《东方朔》二十篇，今佚。淳于髡，战国时人。齐人赘婿。学问渊博，多辩。齐威王于稷下招徕学者，被任为大夫。时百官荒乱，乃以隐语屡谏威王及相邹忌，改革内政。后楚攻齐急，使至赵求救，说赵王，得兵十万，楚军乃罢退。后至魏，魏惠王欲任之卿相，辞不受而去。滑稽，本指能言善辩，言辞流利。后指言语、动作或事态令人发笑。唐·司马贞《史记·滑稽列传》索隐："滑，乱也；稽，同也。言辨捷之人，言非若是，说是若非，言能乱异同也。"

【译文】

医生传承黄帝和岐伯的技术，号称"国手"；风水先生修习青乌子的书，叫"堪舆师"。

卢医扁鹊，是古代名医；郑虔、崔白，是古代著名画家。

晋朝郭璞从师父手里得到《青囊经》，因而擅长占卜算卦和看风水；孙思邈从龙神那里得到《龙宫方》，能够医治虎口和龙鳞的病痛。

善于占卜的，和严君平、郑詹尹是同一类人；长于看相的，便是唐举和子卿的同行。

推算命运的人，叫"星士"；精于绘画的人，称"丹青手"。

"大风鉴"，是相士的称谓；"大工师"，是木匠的美名。

至于王良和造父，那都是擅长驾车的人；东方朔和淳于髡，那都是滑稽善辩的人。

称善卜卦者，曰今之鬼谷①；称善记怪者，曰古之董狐②。

称诹日之人③，曰太史④；称书算之人⑤，曰掌文⑥。

掷骰者⑦，喝雉呼卢⑧；善射者，穿杨贯虱⑨。

樗蒱之戏⑩，乃云双陆⑪；橘中之乐，是说围棋⑫。

陈平作傀儡，解汉高白登之围⑬；孔明造木牛，辅刘备运粮之计⑭。

公输子削木鸢，飞天至三日而不下⑮；张僧繇画壁龙，点睛则雷电而飞腾⑯。

然奇技似无益于人，而百艺则有济于用⑰。

【注释】

①鬼谷：指鬼谷子，战国时楚人。隐居鬼谷，相传为纵横家和兵家的祖师。传世《鬼谷子》一书，为后人伪托。《史记·苏秦列传》："苏秦者，东周雒阳人也。东事师于齐，而习之于鬼谷先生。"南朝宋·裴骃集解："徐广曰：'颍川阳城有鬼谷，盖是其人所居，因为号。'骃案：《风俗通义》曰'鬼谷先生，六国时从横家'。"

②称善记怪者，曰古之董狐：语本《晋书·干宝传》："宝以此遂撰集古今神祇灵异人物变化。名为《搜神记》，凡三十卷。以示刘惔，惔曰：'卿可谓鬼之董狐。'"干宝撰《搜神记》一书，刘惔夸他是为鬼怪立传写史的董狐。董狐，春秋时晋国著名史官。周人辛有后裔，世袭太史，亦称"史狐"。晋灵公十四年（前607），公欲杀正卿赵盾，赵盾出奔未越境，盾族弟赵穿袭杀晋灵公，迎盾还。董狐书于史策曰："赵盾弑其君。"以示于朝。赵盾不以为然。董狐以盾身为正卿，出走未越境，归不讨贼，杀君者非盾而谁。孔子闻之，称其为古之良史。此句"古之董狐"，他本作"鬼之董狐"。以文义和语典论，"鬼"字胜；以对仗论，"古"字佳。

③诹（zōu）日：俗称"看日子"，即择日，为重要事情选择合适的日子。《仪礼·特牲馈食礼》："特牲馈食之礼，不诹日。"东汉·郑玄注："诹，谋也。"

④太史：官名。周代太史掌记载史事、编写史书、起草文书，兼管国家典籍和天文历法等。秦汉曰"太史令"，汉属太常，掌天时星历。魏晋以后，修史之职归著作郎，太史专掌历法。隋改称"太史监"，唐改为"太史局"，宋有"太史局""司天监""天文院"等名称。元改称"太史院"。明清称"钦天监"。《大戴礼记·保傅》："号呼歌谣声音不中律，宴乐雅诵逆乐序，不知日月之时节，不知先王之讳与大国之忌，不知风雨雷电之眚，凡此其属太史之任也。"

⑤书算：掌管文书、账簿的人员，后世俗称"账房先生"。

⑥掌文：执掌文翰。宋·宋敏求《春明退朝录》卷上："按唐旧说，礼部郎中掌省中文翰，谓之'南宫舍人'。"后泛指掌管公文信札的人员，犹今之文秘。

⑦骰（tóu）：即骰子，也叫"色（shǎi）子"，博彩器具。今之色子为六面体，分刻一到六点，一点和四点涂成红色，其他点数为黑色。相传由三国时曹植首制，而原型可能是传说中乌曹氏发明的博戏。宋·高承《事物纪原·博弈嬉戏部·陆博》引《说文》："古乌曹氏始作博，盖夏后之臣也。"

⑧喝雉（zhì）呼卢：一般说"呼卢喝雉"。古时博戏，用木制骰子五枚，每枚两面，一面涂黑，画牛犊；一面涂白，画雉。一掷五子皆黑者为卢，为最胜采；五子四黑一白者为雉，是次胜采。赌徒们常常边喊边投，因此把赌博称为"呼卢喝雉"。宋·陆游《风顺舟行甚疾戏书》诗："呼卢喝雉连暮夜，击兔伐狐穷岁年。"宋·程大昌《演繁露·投》："方其用木也，五子之形，两头尖锐，中间平广状，似今之杏仁。惟其尖锐，故可转跃。惟其平广，故可以镂采也。凡一子悉为两面。其一面涂黑，黑之上画牛犊以为之章。犊者，

牛子也。一面涂白，白之上即画雉。雉者，野鸡也。凡投子者，五皆现黑，则其名卢。卢者，黑也，言五子皆黑也。五黑皆现，则五犊随现，从可知矣。此在摴蒱，为最高之采。捩木而掷，往往叱喝，使致其极，故亦名'呼卢'也。其次五子四黑而一白，则是四犊一雉，则其采名雉。用以比卢降一等矣。"

⑨穿杨贯虱：古时养由基射箭能百步穿杨，纪昌射箭能正中虱心。后因以"穿杨贯虱"形容射箭技艺高超。穿杨，语本《战国策·西周策》："楚有养由基者，善射。去柳叶者百步而射之，百发百中。"贯虱，语本《列子·汤问》："纪昌者，又学射于飞卫。飞卫曰：'尔先学不瞬，而后可言射矣。'纪昌归，偃卧其妻之机下，以目承牵挺。二年之后，虽锥末倒眦，而不瞬也。以告飞卫。飞卫曰：'未也。必学视而后可。视小如大，视微如著，而后告我。'昌以氂悬虱于牖，南面而望之。旬日之间，浸大也；三年之后，如车轮焉。以睹余物，皆丘山也。及以燕角之弧、朔蓬之簳射之，贯虱之心，而悬不绝。以告飞卫。飞卫高蹈拊膺曰：'汝得之矣！'"

⑩摴（chū）蒱：即摴蒲，一种赌博游戏，相传由老子出关后发明。《艺文类聚》卷七十四引晋·张华《博物志》曰："老子入胡，作摴蒲。"《太平御览》卷七百二十六引《博物志》："老子入西戎，造摴蒲。摴蒲，五木也。"东汉·马融《摴蒲赋》："昔玄通先生游于京都，道德既备，好此摴蒲。"

⑪双陆：亦名"双鹿"。一种由掷骰子决定步数的棋戏，下铺棋盘，双方各用十六枚棒槌形的"马"立于自己一方，掷骰子的点数各占步数，先走到对方者为胜。据说传自印度，又名"波罗塞戏"，南北朝、隋唐时盛行，明清时亦流行。明·谢肇淛《五杂俎·人部二》："双陆，一名'握槊'。……曰'双陆'者，子随骰行，若得双六，则无不胜也。又名'长行'，又名'波罗塞戏'。其法以先归官为胜，亦有任人打子，布满他官，使之无所归者，谓之'无

梁',不成则反负矣。其胜负全在骰子,而行止之间,贵善用之。其制有北双陆、广州双陆、南番、东夷之异。《事始》以为陈思王制,不知何据。"

⑫橘中之乐,是说围棋:语本唐·牛僧孺《玄怪录·巴邛人》:"有巴邛人,不知姓名,家有橘园。因霜后,诸橘尽收,余有两大橘,如三四斗盎。巴人异之,即令攀摘,轻重亦如常橘。剖开,每橘有二老叟,鬓眉皤然,肌体红润,皆相对象戏,身仅尺余。谈笑自若,剖开后亦不惊怖,但相与决赌。赌讫,一叟曰:'君输我海龙神第七女发十两,智琼额黄十二枚,紫绢帔一副,绛台山霞宝散二庾,瀛洲玉尘九斛,阿母疗髓凝酒四钟,阿母女态盈娘子跻虚龙缟袜八纲,后日于王先生青城草堂还我耳。'又有一叟曰:'王先生许来,竟待不得,橘中之乐,不减商山,但不得深根固蒂,为愚人摘下耳。'又一叟曰:'仆饥矣,当取龙根脯食之。'即于袖中抽出一草根,方圆径寸,形状宛转如龙,毫厘罔不周悉,因削食之,随削随满。食讫,以水噀之,化为一龙,四叟共乘之,足下泄泄云起。须臾,风雨晦冥,不知所在。巴人相传云:百五十年来如此,似在陈、隋之间,但不知的年号耳。"后遂称象棋类游戏为"橘中戏""橘中之乐"。围棋,此处犹言下棋。

⑬陈平作傀儡(kuǐ lěi),解汉高白登之围:语本《史记·陈丞相世家》:"卒至平城,为匈奴所围,七日不得食。高帝用陈平奇计,使单于阏氏,围以得开。高帝既出,其计秘,世莫得闻。"《史记》记载汉高祖刘邦率兵征讨匈奴,被匈奴大军围困在平城白登山一带,陈平献计派使者游说单于妻子而解围。《史记》未载陈平所用何计,后世附会,陈平利用了单于妻子(阏氏)的妒忌之心,用美女木偶(傀儡)让她劝说单于退兵。唐·段安节《乐府杂录·傀儡子》:"自昔传云:'起于汉祖,在平城,为冒顿所围,其城一面即冒顿妻阏氏,兵强于三面。垒中绝食。陈平访知阏氏妒忌,即造

木偶人，运机关，舞于陣间。阏氏望见，谓是生人，虑下其城，冒顿必纳妓女，遂退军。史家但云陈平以秘计免，盖鄙其策下尔。'后乐家翻为戏。其引歌舞有郭郎者，发正秃，善优笑，闾里呼为'郭郎'，凡戏场必在俳儿之首也。"宋·高承《事物纪原·博弈嬉戏部·傀儡》："世传傀儡起于汉高祖平城之围，用陈平计，刻木为美人，立之城上，以诈冒顿阏氏，后人因此为傀儡。"陈平，西汉开国功臣。见前《饮食》篇"宰肉甚均，陈平见重于父老"条注。傀儡，用土、木制成的人偶。亦指偶戏。傀儡在汉代用于丧乐及嘉会，隋唐已用于表演故事，宋代更加盛行。白登，地名。即白登山。今人多认为白登山即山西大同东北马铺山。《汉书·匈奴传》："是时，汉初定，徙韩王信于代，都马邑。匈奴大攻围马邑，韩信降匈奴。匈奴得信，因引兵南逾句注，攻太原，至晋阳下。高帝自将兵往击之。会冬大寒雨雪，卒之堕指者十二三，于是冒顿阳败走，诱汉兵。汉兵逐击冒顿，冒顿匿其精兵，见其羸弱，于是汉悉兵，多步兵，三十二万，北逐之。高帝先至平城，步兵未尽到，冒顿纵精兵三十余万骑围高帝于白登，七日，汉兵中外不得相救饷。"唐·颜师古注："白登在平城东南，去平城十余里。"汉平城地当今山西大同。

⑭孔明造木牛，辅刘备运粮之计：语本《三国志·蜀书·后主传》："（建兴）九年春二月，亮复出军围祁山，始以木牛运。……十年，亮休士劝农于黄沙，作流马木牛毕，教兵讲武。"暨《三国志·蜀书·诸葛亮传》："亮性长于巧思，损益连弩。木牛流马，皆出其意。推演兵法，作八陈（阵）图，咸得其要。"三国时蜀国丞相诸葛亮六出祁山北伐时，制作木牛流马等工具协助山区中的物资运输，保障了部队的粮草供给。孔明，即三国时期蜀汉丞相诸葛亮，字孔明。木牛，有人说即后世的独轮车。《三国志·蜀书·诸葛亮传》南朝宋·裴松之注引《魏氏春秋》曰："亮集载作木牛流

马法曰:'木牛者,方腹曲头,一脚四足,头入领中,舌着于腹。载
多而行少,宜可大用,不可小使;特行者数十里,群行者二十里也。
曲者为牛头,双者为牛脚,横者为牛领,转者为牛足,覆者为牛背,
方者为牛腹,垂者为牛舌,曲者为牛肋,刻者为牛齿,立者为牛角,
细者为牛鞅,摄者为牛鞦轴。牛仰双辕,人行六尺,牛行四步。载
一岁粮,日行二十里,而人不大劳。'"宋·陈师道《后山谈丛》卷
五:"蜀中有小车,独推,载八石,前如牛头。又有大车,用四人
推,载十石,盖木牛流马也。"按,诸葛亮造木牛运粮,在刘禅为帝
时,非刘备在世之时。

⑮公输子削木鸢,飞天至三日而不下:语本《墨子·鲁问》:"公输子
削竹木以为鹊,成而飞之,三日不下。公输子自以为至巧。子墨
子谓公输子曰:'子之为鹊也,不如匠之为车辖,须臾斫三寸之木,
而任五十石之重。故所为巧,利于人谓之"巧",不利于人谓之
"拙"。'"暨《韩非子·外储说左上》:"墨子为木鸢,三年而成,蜚
一日而败。"后人将《墨子》《韩非子》二书所载混而为一,乃有公
输盘造木鸢之说。《太平广记(卷二百二十五)·伎巧一·鲁般》:
"六国时,公输班亦为木鸢,以窥宋城。"宋·潘自牧《记纂渊海》
卷八十四亦有斯语。二书皆云据《酉阳杂俎》。公输子,即鲁班,
春秋战国时的能工巧匠,后世木匠的祖师。木鸢,古代木制的形
状像鸢的飞行器。相传为墨子(一说鲁班)发明。

⑯张僧繇(yóu)画壁龙,点睛则雷电而飞腾:语本唐·张彦远《历
代名画记·张僧繇》:"武帝崇饰佛寺,多命僧繇画之。……金陵
安乐寺四白龙不点眼睛,每云:'点睛即飞去。'人以为妄诞,固请
点之。须臾,雷电破壁,两龙乘云腾去上天,二龙未点眼者见在。"
南朝梁武帝时画家张僧繇画龙栩栩如生,传说他为所画的龙点上
眼睛后,龙就活过来,破壁而去。后遂以"画龙点睛"比喻写作或
说话时在关键处用精辟的词句点明要旨,使内容更加生动有力。

张僧繇（? —约519），南朝梁大画家。曾于宫廷秘阁掌画事。历官右军将军、吴兴太守。擅画人物及宗教画，亦工肖像与风俗画，兼工画龙。梁武帝崇饰佛寺，多命之作画。所绘佛像栩栩如生，有立体感，世称"张家样"。又工雕塑，为后人奉为楷模。乃有张僧繇画龙点睛，破壁飞去之传说。

⑰然奇技似无益于人，而百艺则有济于用：此句语义，本于《墨子·鲁问》："公输子削竹木以为鹊，成而飞之，三日不下。公输子自以为至巧。子墨子谓公输子曰：'子之为鹊也，不如匠之为车辖，须臾斫三寸之木，而任五十石之重。故所为巧，利于人谓之"巧"，不利于人谓之"拙"。'"意为奇技淫巧无益于世，不如百工技艺有用于人。奇技，通常"奇技""淫巧"连用，指特别奇异的技能和过度工巧的物品。《尚书·泰誓下》："（商王）作奇技淫巧，以悦妇人。"唐·孔颖达疏："奇技，谓奇异技能；淫巧，谓过度工巧。二者大同，但技据人身、巧指器物为异耳。"济，本义为渡河，引申为救助、帮助等。

【译文】

　　称赞擅长占卜的人，叫他当今的鬼谷先生；称赞擅写记怪类文字的人，叫他替鬼怪立传写史的董狐。

　　称占卜吉日的人叫"太史"，称书写记账的人叫"掌文"。

　　掷骰子的赌徒，经常"喝雉呼卢"；神射手，能够百步穿杨，贯穿虱心。

　　"樗蒲"这种博戏，就是"双陆"；"橘中之乐"，指的是下象棋。

　　陈平制作木偶，解了汉高祖的白登山之围；孔明打造木牛，帮助刘备运送军粮。

　　鲁班用木头做了一个飞鸢，飞上天，三天不下来；张僧繇在墙壁上画龙，点上眼睛，雷电大作，龙破壁飞走。

　　但是，奇技淫巧貌似对人无益；然而，各种技艺却大有功用。

讼狱

【题解】

讼狱，指打官司。传统中国价值观，在追求公平的同时，提倡"无讼"和慎刑。

本篇18联，讲的都是和打官司及监狱有关的成语典故。

世人惟不平则鸣①，圣人以无讼为贵②。

上有恤刑之主③，桁杨雨润④；下无冤枉之民，肺石风清⑤。

虽囹圄便是福堂⑥，而画地亦可为狱⑦。

与人构讼，曰鼠牙雀角之争⑧；罪人诉冤，有抢地吁天之惨⑨。

狴犴猛犬而能守，故狱门画狴犴之形⑩；棘木外刺而里直，故听讼在棘木之下⑪。

乡亭之系有岸，朝廷之系有狱⑫，谁敢作奸犯科⑬？死者不可复生，刑者不可复续⑭，上当原情定罪⑮。

【注释】

①世人惟不平则鸣：语本唐·韩愈《送孟东野序》："大凡物不得其平则鸣。"不平则鸣，遇到不公正的待遇，就要发出不满的呼声。

②圣人以无讼为贵：语本《论语·颜渊》："子曰：'听讼，吾犹人也，必也使无讼乎。'"无讼，不起纷争，没有诉讼。

③恤刑：不轻易动用刑罚。《尚书·舜典》："钦哉钦哉！惟刑之恤哉。"

④桁（háng）杨雨润：指不轻易使用刑具。桁杨，木制的脚械或颈枷。泛指刑具。《庄子·在宥》："今世殊死者相枕也，桁杨者相推

也，刑戮者相望也，而儒墨乃始离跂攘臂乎桎梏之间。"唐·成玄英疏："桁杨者，械也。夹脚及颈，皆名'桁杨'。"雨润，被甘雨润泽。可喻德政。《周易·说卦》："雨以润之。"

⑤肺石：古代放置在朝廷门外的红色石头，形状像肺，有冤屈的人可以站在肺石上诉说冤情。《周礼·秋官·大司寇》："以肺石达穷民，凡远近茕独、老幼之欲有复于上，而其长弗达者，立于肺石三日，士听其辞，以告于上，而罪其长。"风清：比喻社会清平。

⑥虽囹圄（líng yǔ）便是福堂：语本《魏书·刑罚志》："显祖末年，尤重刑罚，言及常用恻怆。每于狱案，必令覆鞫，诸有囚系，或积年不断。群臣颇以为言。帝曰：'狱滞虽非治体，不犹愈乎仓卒而滥也。夫人幽苦则思善，故囹圄与福堂同居。朕欲其改悔，而加以轻恕耳。'由是囚系虽淹滞，而刑罚多得其所。"北魏献文帝拓跋弘（庙号显祖）慎用死刑，跟臣下说："牢里关久了虽然不是好事，总比仓促处决好吧。人被关在牢里，往往会悔过自新。从这个意义讲，牢狱未尝不是福堂。"囹圄，监狱。《礼记·月令》："（仲春之月）命有司，省囹圄，去桎梏。"唐·孔颖达疏："囹，牢也；圄，止也，所以止出入，皆罪人所舍也。"福堂，积聚福气的处所。因北魏献文帝拓跋弘曾说："夫人幽苦则思善，故囹圄与福堂同居。"后遂以指监狱或别的囚禁犯人的地方。暗指改过自新、弃恶从善。

⑦画地亦可为狱：即画地为牢。相传上古德政，人民淳朴，有罪的人站在地上画的圈子中就等同于坐牢，不会逃跑。西汉·司马迁《报任少卿书》："故有画地为牢，势不可入，削木为吏，议不可对。"后用此成语形容固执死板，不懂得变通。

⑧与人构讼，曰鼠牙雀角之争：语本《诗经·召南·行露》："谁谓雀无角？何以穿我屋？谁谓女无家？何以速我狱？……谁谓鼠无牙？何以穿我墉？谁谓女无家？何以速我讼？"唐·孔颖达疏："此强暴之男，侵陵贞女；女不肯从，为男所讼，故贞女与对，

此陈其辞也。"构讼，（造成）诉讼，打官司。"构"，李光明庄本作
"拘"，字讹，据他本改。鼠牙雀角，又作"雀角鼠牙"，本谓无良男
子强逼女子成婚而兴狱讼，后泛指狱讼。

⑨抢（qiāng）地吁天：同"抢地呼天"。用头撞地，大声喊天，形容
极为悲痛，或蒙受极大冤屈。抢地，以头触地。抢，碰，撞。《战国
策·魏策四》："布衣之怒，亦免冠徒跣，以头抢地尔。"吁天，向天
呼喊。《尚书·周书·泰誓中》："无辜吁天。"西汉·孔安国传：
"吁，呼也。民皆呼天告冤无辜。"

⑩狴犴（bì'àn）猛犬而能守，故狱门画狴犴之形：狴犴，传说中龙生
九子中的一子，似虎，也有说似恶狗，古人常画形塑像用来守护监
狱大门。明·杨慎《龙生九子》："俗传龙生九子，不成龙，各有所
好。……四曰狴犴，形似虎，有威力，故立于狱门。"明·胡侍《真
珠船·龙九子》："龙生九子，不成龙，各有所好。……狴犴好讼，
今狱门上兽吞口，是其遗像。"明·彭大翼《山堂肆考》："有曰狴
犴，平生好讼，今狱门上所刻如狮子头者是也。一说犴能捍守，故
狱用之。"古人惯用"狴犴"指牢狱。西汉·扬雄《法言·吾子》：
"剑客论曰：'剑可以爱身。'曰：'狴犴使人多礼乎？'"无名氏音
义："犴，音岸，狱也。"因一说狴犴似狗，故亦以"狴犴"指恶狗。
唐·柳宗元《乞巧文》："王侯之门，狂吠狴犴。"

⑪棘木外刺而里直，故听讼在棘木之下：语本《礼记·王制》："成狱
辞，史以狱成告于正，正听之，正以狱成告于大司寇，大司寇听之
棘木之下。大司寇以狱之成告于王，王命三公参听之。"棘，原指
酸枣树，枝上有刺，后泛指有芒刺的草木。古代审判，在棘木之下
听讼，象征着法律的惩戒色彩和平直原则。

⑫乡亭之系有岸，朝廷之系有狱：语本宋·朱熹《诗集传·小雅·小
宛》："岸，亦狱也。《韩诗》作'犴'。乡亭之系曰'犴'，朝廷曰
'狱'。"乡亭，旧时县以下的基层单位，相当于现在的乡和村。

《汉书·百官公卿表》："大率十里一亭,亭有长;十亭一乡,乡有三老、有秩、啬夫、游徼。三老掌教化;啬夫职听讼,收赋税;游徼徼循禁贼盗。"岸,同"犴",古代指位于乡村的牢狱。《诗经·小雅·小宛》:"哀我填寡,宜岸宜狱。"毛传:"岸,讼也。"

⑬ 作奸犯科:为非作歹,触犯法律。奸,罪恶。科,法规。《三国志·蜀书·诸葛亮传》载诸葛亮《(前)出师表》:"若有作奸犯科及为忠善者,宜付有司论其刑赏,以昭陛下平明之理,不宜偏私,使内外异法也。"

⑭ 死者不可复生,刑者不可复续:语本《史记·扁鹊仓公列传》:"文帝四年中,人上书言意,以刑罪当传西之长安。意有五女,随而泣。意怒,骂曰:'生子不生男,缓急无可使者!'于是少女缇萦伤父之言,乃随父西。上书曰:'妾父为吏,齐中称其廉平,今坐法当刑。妾切痛死者不可复生而刑者不可复续,虽欲改过自新,其道莫由,终不可得。妾愿入身为官婢,以赎父刑罪,使得改行自新也。'书闻,上悲其意,此岁中亦除肉刑法。"汉文帝时,太仓令淳于意犯法,其女缇萦上书,愿入为官婢,以赎父罪。缇萦上书里说"死者不可复生而刑者不可复续",意思是死了的人不能复活,遭受肉刑者断肢无法接续。汉文帝为之废止了黥(刺面涂墨)、劓(割鼻)、刖(断足)等肉刑。此句,李光明庄本作"刑者不可复赎","赎"当为"续"之讹,据他本改。《汉书·刑法志》引缇萦上书,作"刑者不可复属"。"属",亦为接续肢体之意。又,《汉书·路温舒传》载路温舒《尚德缓刑疏》:"夫狱者,天下之大命也,死者不可复生,绝者不可复属。"仅四库全书本《前汉记》卷八引缇萦上书,作"刑者不可复赎"。

⑮ 原情定罪:根据犯人的动机和情节来判罪。类似的说法,有"原情定过""原心定罪",见《汉书》《后汉书》。《后汉书·霍谞传》:"谞闻《春秋》之义,原情定过,赦事诛意,故许止虽弑君而不罪,

赵盾以纵贼而见书。"唐·李贤注："何休注云：'原止欲愈父之病，无害父之意，故赦之。'是原情定过也。"《汉书·王嘉传》："永信少府猛等十人以为：圣王断狱，必先原心定罪，探意立情，故死者不抱恨而入地，生者不衔怨而受罪。"《后汉书·应劭传》："若乃小大以情，原心定罪，此为求生，非谓代死可以生也。"

【译文】

世人只要面对不公平便会发声，圣人以不打官司为贵。

在上若有慎用刑罚的明君，桁杨等刑具便不会频繁使用，人民广受恩泽如同草木被细雨滋润；在下若无蒙受冤枉的小民，就不会有人站在肺石上喊冤，天下便是一片风和日丽的太平景象。

即便关进牢里，只要能悔过自新，牢狱未尝不是福堂；如果犯人真心悔改，在地上画个圈，也可以当牢房用。

跟人打官司，叫"鼠牙雀角"之争；犯人喊冤，惨状可用"抢地吁天"形容。

狴犴形似猛犬善于看守，因此监狱大门会画狴犴的形象；棘木外部多刺内在正直，所以法官在棘木之下判案。

乡村关押犯人的牢房叫"岸"，朝廷关押犯人的牢房叫"狱"，哪个敢为非作歹，触犯法律？人死了不能复活，受刑被砍断的肢体不能接回去，在位者判案时应当根据实际情况慎重定罪。

图圄是周狱，羑里是商牢①。

桎梏之设②，乃拘罪人之具；缧绁之中，岂无贤者之冤③？

两争不放，谓之鹬蚌相持④；无辜牵连，谓之池鱼受害⑤。

请公入瓮，周兴自作其孽⑥；下车泣罪，夏禹深痛其民⑦。

好讼，曰健讼⑧；挂告⑨，曰株连⑩。

为人解讼⑪，谓之释纷⑫；被人栽冤⑬，谓之嫁祸⑭。

徒配^⑮，曰城旦^⑯；遣戍^⑰，是问军^⑱。

三尺，乃朝廷之法^⑲；三木^⑳，是罪人之刑。

【注释】

①囹圄是周狱，羑（yǒu）里是商牢：语本《广雅·释官》："狱，犴也。夏曰'夏台'，殷曰'羑里'，周曰'囹圄'。"夏、商、周三代，监狱有着不同的名称。夏代的监狱叫"夏台"，商代的叫"羑里"，周代的叫"囹圄"。羑里，商代监狱名。《庄子·盗跖》："文王拘羑里。"唐·成玄英疏："羑里，殷狱名。"《史记·殷本纪》："纣囚西伯羑里。"

②桎梏（zhì gù）：脚镣、手铐等禁锢身体的器具，引申为对人身自由或思想自由的限制和约束。《周易·蒙卦》："初六，发蒙，利用刑人，用说桎梏，以往吝。"唐·孔颖达疏："在足曰'桎'，在手曰'梏'。"

③缧绁（léi xiè）之中，岂无贤者之冤：语本《论语·公冶长》："子谓公冶长：'可妻也，虽在缧绁之中，非其罪也！'以其子妻之。"三国魏·何晏集解："缧，黑索。绁，挛也。所以拘罪人。"朱子集注："缧，黑索也。绁，挛也。古者狱中以黑索拘挛罪人。长之为人无所考，而夫子称其可妻，其必有以取之矣。"春秋时期，贤人公冶长无辜而陷牢狱，孔子不以为嫌，将女儿嫁给他。缧绁，捆绑犯人的黑色绳索。指代监牢、囚禁。

④两争不放，谓之鹬（yù）蚌相持：语本《战国策·燕策二》："赵且伐燕，苏代为燕谓惠王曰：'今者臣来，过易水，蚌方出曝，而鹬啄其肉，蚌合而拑其喙。鹬曰："今日不雨，明日不雨，即有死蚌。"蚌亦谓鹬曰："今日不出，明日不出，即有死鹬。"两者不肯相舍，渔者得而并禽之。今赵且伐燕，燕赵久相支，以弊大众，臣恐强秦之为渔父也。'"鹬是一种水鸟。战国苏代为劝阻赵国攻打燕国，

给赵王讲了鹬蚌相争、渔翁得利的寓言故事。后遂以"鹬蚌相争"比喻争执双方互不退让，一起受损，让第三方白白得利。

⑤无辜牵连，谓之池鱼受害：语本古谚语"城门失火，殃及池鱼"，比喻无辜遭受牵连。清·顾炎武《日知录·池鱼》："东魏杜弼檄梁文曰：'楚国亡猿，祸延林木。城门失火，殃及池鱼。'后人每用此事，《清波杂志》云：'不知所出，以意推之，当是城门失火，以池水救之，池竭而鱼死也。'《广韵》：'古有池仲鱼者。城门失火，仲鱼烧死，故谚云：城门失火，殃及池鱼。'据此，则池鱼是人姓名。按，《淮南子》云：'楚王亡其猿，而林木为之残。宋君亡其珠，池中鱼为之殚。故泽失火而林忧。'则失火与池鱼自是两事，后人误合为一耳。考池鱼事本于《吕氏春秋·必己篇》，曰：'宋桓司马有宝珠，抵罪出亡。王使人问珠之所在，曰："投之池中。"于是竭池而求之，无得，鱼死焉。'此言祸福之相及也。此后人用池鱼事之祖。""城门失火，殃及池鱼"，语典可考最早文献出处为东魏军司杜弼《檄梁文》（见《资治通鉴·梁纪·梁武帝太清元年》）。当为古谚语。更早提及这一故事的是东汉·应劭《风俗通义》。《艺文类聚》卷八十、卷九十六，《太平御览》卷八百六十九、卷九百三十五，《太平广记》卷四百六十六俱引《风俗通义》。《太平广记》卷四百六十六引东汉·应劭《风俗通义》："旧说，池仲鱼人姓字也，居宋城门，城门失火，延及其家，仲鱼烧死。又云，宋城门失火，人汲取池中水，以沃灌之，池中空竭，鱼悉露死。喻恶之滋，并伤良谨也。"

⑥请公入瓮，周兴自作其孽：语本《新唐书·酷吏传·周兴》："兴未知被告，方对俊臣食，俊臣曰：'囚多不服，奈何？'兴曰：'易耳，内之大瓮，炽炭周之，何事不承！'俊臣曰：'善。'命取瓮且炽火，徐谓兴曰：'有诏按君，请尝之。'兴骇汗，叩头服罪。"唐代酷吏周兴被告谋反，武则天派来俊臣审理。来俊臣用计，拿周兴自己发

明的酷刑（用火将瓮烤热，将犯人置于其中）来对付他。后遂以"请君入瓮"谓以其人之道还治其人之身。来俊臣、周兴"请君入瓮"故事流传甚广，《太平广记》卷一百二十一引唐·张鷟《朝野佥载》已载之。周兴（？—691），唐雍州长安（今陕西西安）人。少习法律，自尚书省都事，累迁司刑少卿、秋官侍郎。屡决制狱，深文周纳，妄杀数千人。武则天称帝，任尚书左丞，上疏请除李家宗正属籍。天授二年（691），或告兴谋反，诏来俊臣按狱，服罪。谪岭南，在道为仇人所杀。

⑦下车泣罪，夏禹深痛其民：语本西汉·刘向《说苑·君道》："禹出见罪人，下车问而泣之。左右曰：'夫罪人不顺道，故使然焉，君王何为痛之至于此也？'禹曰：'尧、舜之人皆以尧、舜之心为心，今寡人为君也，百姓各自以其心为心，是以痛之也。'"大禹出门看见犯人，下车询问，为之哭泣。后遂以"下车泣罪"比喻君王心存仁爱。

⑧健讼：语出《周易·讼卦》："上刚下险，险而健，讼。"唐·孔颖达疏："犹人意怀险恶，性又刚健，所以讼也。"后人习惯将"健""讼"连读，用以称好打官司的讼棍。宋人洪迈已指出"健""讼"连读为断句之误，见《容斋随笔（卷五十二）·健讼之误》："破句读书之误，根着于人，殆不可复正。在《易·象》之下，先释卦义，然后承以本名者，凡八卦。《蒙卦》曰：'蒙，山下有险，险而止。蒙。'以'止'字为句绝，乃及于'蒙'，始系以'蒙亨，以亨行'。《讼卦》曰：'讼，上刚下险，险而健。讼。'以'健'字为句绝，乃及于'讼'，始系以'讼有孚'。豫卦刚应，……皆是卦名之上为句绝。而童蒙入学之初，其师点句，辄混于上，遂以'健''讼'相连。"

⑨挂告：因牵连而成被告。此句"挂告"，他本或作"累及"。

⑩株连：一人犯法，牵连亲友。战国时，秦国商鞅变法最早引入连坐条令，后来"株连九族"等残酷刑罚都来源于此。《史记·商君列传》："令民为什伍，而相牧司连坐。不告奸者腰斩，告奸者与斩敌

首同赏，匿奸者与降敌同罚。"

⑪解讼：解除争讼。此句"解讼"，他本多作"息讼"。"息讼"较"解讼"常见，但明清人文章，也有用"解讼"的。不必改"解讼"为"息讼"。

⑫释纷：即解纷，排解纠纷。《史记·鲁仲连邹阳列传》："所贵于天下之士者，为人排患释难解纷乱而无取也。即有取者，是商贾之事也。"

⑬栽冤：即栽赃。

⑭嫁祸：语出《战国策·魏策一》："且夫秦之所欲弱者莫如楚，而能弱楚者莫如魏。楚虽有富大之名，其实空虚；其卒虽众多，然而轻走易北，不敢坚战。悉魏之兵南面而伐，胜楚必矣。夫亏楚而益魏，攻楚而适秦，内嫁祸安国，此善事也。大王不听臣，秦甲出而东，虽欲事秦而不可得也。"《史记·张仪列传》亦载。

⑮徒配：也作"徒流"，"徒刑"和"流刑"的合称。拘禁强迫劳役或流放至边远地区。

⑯城旦：古代的一种刑罚，筑城四年的徒刑。《墨子·号令》："以令为除死罪二人，城旦四人。"清·孙诒让间诂引东汉·应劭曰："城旦者，旦起行治城，四岁刑也。"《史记·秦始皇本纪》："黥为城旦。"南朝宋·裴骃集解引三国魏·如淳注："律说'论决为髡（kūn）钳（古刑罚，剃发后用铁圈束颈），输边筑长城，昼日伺寇虏，夜暮筑长城'。城旦，四岁刑。"《白孔六帖》卷四十六："城旦，谓旦旦起治城。"

⑰遣戍：旧时谓放逐罪人至边地、军台戍守。《史记·秦始皇本纪》："三十三年，发诸尝逋亡人、赘婿、贾人，略取陆梁地，为桂林、象郡、南海，以适遣戍。"

⑱问军：即充军，古代刑罚之一。将罪犯发配到边远地区服役。《宋史·刑法志》："刺配之法二百余条，其间情理轻者，亦可复古徒流

移乡之法，俟其再犯，然后决刺充军。""问军"一词，明清时期常用。《白雪遗音·马头调·雷峰塔》："问军发配在镇江府，成其恩爱，夫妻二人开药店。"清·褚人穫《坚瓠八集·大光禄牌坊》："时有口号曰：'大中丞完子就问军，大光禄烧街光秃秃。'问军之谣已验。"

⑲三尺，乃朝廷之法：三尺，古代法律条文常刻写在三尺竹简上，所以用"三尺"指代法律。《史记·酷吏列传》："客有让周曰：'君为天子决平，不循三尺法，专以人主意指为狱。狱者固如是乎？'周曰：'三尺安出哉？前主所是著为律，后主所是疏为令，当时为是，何古之法乎！'"南朝宋·裴骃集解引《汉书音义》："以三尺竹简书法律也。"《汉书·杜周传》亦载。

⑳三木：三种刑具，分别施加在手、脚和脖颈上。《文选·司马迁〈报任少卿书〉》："魏其，大将也，衣赭衣，关三木。"唐·李善注："三木，在项及手足也。……《周礼》曰：'上罪梏拲而桎。'应劭《汉书注》曰：'在手曰"梏"，两手同械曰"拲"，在足曰"桎"。'韦昭曰：'桎，两手合也。梏，音告。拲，音拱。'"《汉书·司马迁传》："魏其，大将也，衣赭，关三木。"唐·颜师古注："三木，在颈及手足。"《后汉书·马援传》："可有子抱三木，而跳梁妄作，自同分羹之事乎？"唐·李贤注："三木者，谓桎、梏及械也。"

【译文】

"囹圄"是周代的监狱，"羑里"是商代的牢房。

"桎梏"装置，是拘禁犯人的刑具；但牢房关押、绳索捆绑的犯人中，难道就没有被冤屈的好人？

双方争执不休，叫作"鹬蚌相持"；无辜却遭受牵连，叫作"池鱼受害"。

"请公入瓮"，说的是酷吏周兴自己作孽，自己受罪；"下车泣罪"，说的是夏王大禹爱民深厚。

喜欢打官司，叫"健讼"；被牵连成被告，叫"株连"。

帮人平息诉讼，叫"释纷"；被人有意陷害，叫"嫁祸"。

犯罪被罚服劳役，称"城旦"；犯罪被流放充军，叫"问军"。

"三尺"，指朝廷的法律；"三木"，指罪人戴的刑具。

古之五刑，墨、劓、刖、宫、大辟①；今之律例，笞、杖、死罪、徒、流②。

上古时削木为吏③，今日之淳风安在④？唐太宗纵囚归狱，古人之诚信可嘉⑤。

花落讼庭闲，草生图圄静，歌何易治民之简⑥；吏从冰上立，人在镜中行，颂卢奂折狱之清⑦。

可见治乱之药石，刑罚为重；兴平之粱肉，德教为先⑧。

【注释】

①古之五刑，墨、劓（yì）、刖（fèi）、宫、大辟：语本《尚书·舜典》："五刑有服。"西汉·孔安国传："五刑：墨、劓、刖、宫、大辟。"五刑，五种轻重不同的刑法。秦代以前为墨、劓、刖、宫、大辟，分别是面上刺字并染黑、割鼻、断足、阉割、处死。

②今之律例，笞、杖、死罪、徒、流：语本《旧唐书·刑法志》："笞、杖、徒、流、死，为五刑。"《清史稿·刑法志二》："《明律》渊源唐代，以笞、杖、徒、流、死为五刑。"隋唐以后，"五刑"分别为笞刑、杖刑、徒刑、流放、死刑。明清沿袭。此句，变换"五刑"次序"笞、杖、徒、流、死"为"笞、杖、死罪、徒、流"，是为了在声律方面对仗。上句尾字"辟"是仄声字，下句尾字宜用平声字（"流"是平声字，而"罪"是仄声字）。

③削木为吏：削木头当作监狱看守。西汉·司马迁《报任少卿书》：

"故有画地为牢,势不可入;削木为吏,议不可对。"

④淳风:敦厚古朴的风俗。晋·葛洪《抱朴子外篇·逸民》:"淳风足以濯百代之秽,高操足以激将来之浊。"《资治通鉴·梁纪·梁武帝天监元年》:"今与古异,不可以淳风期物。"元·胡三省注:"淳风,谓淳古之风也。"

⑤唐太宗纵囚归狱,古人之诚信可嘉:语本《旧唐书·太宗纪》:"(贞观六年)十二月辛未,亲录囚徒,归死罪者二百九十人于家,令明年秋末就刑。其后应期毕至,诏悉原之。"暨《新唐书·太宗纪》:"(贞观六年)十二月辛未,虑囚,纵死罪者归其家。……(七年)九月,纵囚来归,皆赦之。"唐太宗贞观六年(632)十二月曾放死刑犯回家探亲,让他们次年秋末回来行刑处死。次年秋末,罪犯们都回来认罪伏法。唐太宗赦免了他们。

⑥"花落讼庭闲"三句:旧注:"(唐)何易为益昌令,有异政,人皆息讼。民歌曰:'花落讼庭闲,草生囹圄静。'"不知所据何书。何易,当即《新唐书·循吏传》之"何易于",唐代人,生卒年、家乡不详,担任益昌县令时,爱民恤刑,监狱中三年没有犯人。唐·岑参《初至犍为作》诗:"草生公府静,花落讼庭闲。""花落讼庭闲,草生囹圄静"当为化用岑参之诗。

⑦"吏从冰上立"三句:旧注:"(唐)卢奂为南郡太守,先是郡率以赃败,奂至,墨吏敛手,中官领市舶者,亦不敢干以私。民颂曰:'报案吏从冰上立,诉冤人在镜中行。'"不知所据何书。吏从冰上立,人在镜中行,意为如同在冰上行走,战战兢兢;如同被明镜照察,毫无秘密。形容官员明察秋毫,下属不敢作恶。北宋哲宗时,官员王觌(dí)知苏州,将弄权的奸吏绳之以法。《宋史·王觌传》:"民歌咏其政,有'吏行水上,人在镜心'之语。"《姑苏志》引之,"水"字作"冰"。或即此二句所本。卢奂,唐滑州灵昌(今河南滑县)人,祖籍范阳(今河北涿州)。卢怀慎子。为吏以清

白闻。唐玄宗开元中，为中书舍人、陕州刺史。开元二十四年
（736），唐玄宗幸京师，审其能政，赞为"斯为国宝，不坠家风"。
寻迁兵部侍郎。天宝初，为南海太守，贪吏敛迹，人颇安之。开
元以来四十年，广府节度清白者仅四人，卢奂为其一。加银青光
禄大夫。入为尚书右丞，卒。卢奂以为官清廉著称。五代·王
仁裕《开元天宝遗事·记恶碑》："卢奂累任大郡，皆显治声，所
至之处，畏如神明。或有无良恶迹之人，必行严断，仍以所犯之
罪，刻石立本人门首，再犯处于极刑。民间畏惧，绝无犯法者。
明皇知其能官，赐中金五十两，玺诏褒谕焉。故民间呼其石为
'记恶碑'。"

⑧"可见治乱之药石"四句：语本《后汉书·崔骃传（附崔寔）》载
崔寔《政论》："夫刑罚者，治乱之药石也；德教者，兴平之粱肉也。
夫以德教除残，是以粱肉理疾也；以刑罚理平，是以药石供养也。"
药石，指药剂和石针。泛指药物。粱肉，指精米和肉食。泛指精
美的膳食。

【译文】

古代的五刑，分别是墨、劓、剕、宫、大辟；如今的刑律，分别是笞刑、
杖刑、死刑、徒刑、流放。

上古时刻木头充作监狱看守，如今这种淳朴的风气又在何处？唐太
宗放囚犯回家探亲，他们都在约定的时间内回到监狱，古人的诚信值得
嘉许。

"花落讼庭闲，草生图圄静"，这是歌颂唐朝县令何易治民刑轻政简；
"吏从冰上立，人在镜中行"，这是歌颂唐朝太守卢奂判案明察清廉。

可见：重视刑罚，是治理乱世的"药石"；道德教化先行，是振兴太平
盛世的"粱肉"。

释道鬼神

【题解】

传统中国，释、道与儒并称"三教"。佛、道二教，在民间流行较广。佛、道二教，多神异鬼怪故事。

本篇30联，讲的都是和鬼神相关的成语典故。这些典故，大多出自《高僧传》《神仙传》《搜神记》诸书。

如来释迦，即是牟尼，原系成佛之祖[①]；老聃李耳，即是道君，乃为道教之宗[②]。

鹫岭、祇园[③]，皆属佛国；交梨、火枣[④]，尽是仙丹[⑤]。

沙门称释，始于晋道安[⑥]；中国有佛，始于汉明帝[⑦]。

篯铿即是彭祖，八百高年[⑧]，许逊原宰旌阳，一家超举[⑨]。

波罗，犹云彼岸[⑩]；紫府，即是仙宫[⑪]。

曰上方[⑫]，曰梵刹[⑬]，总是佛场；曰真宇[⑭]，曰蕊珠[⑮]，皆称仙境。

【注释】

①"如来释迦"三句：如来释迦，即佛祖释迦牟尼。如来，是梵语意译，佛陀有十大称号，"如来"为其中之一。梵语译为"真如"，为佛学世界观中永恒存在的本体，"如来"一词与此概念相关，或可理解为真如在世间的现身。《长阿含（卷十二）•清净经》："佛于初夜成最正觉及末后夜，于其中间有所言说尽皆如实，故名'如来'。复次，如来所说如事，事如所说，故名'如来'。"《大智度论》卷五十五："行六波罗蜜，得成佛道，……故名'如来'；……智知诸法如，从如中来，故名'如来'。"《金刚经•威仪寂静分》：

"如来者，无所从来，亦无所去，故名如来。"释迦，本为古印度种姓名，佛祖释迦牟尼即出生于此族。常用作"释迦牟尼"的简称。牟尼，梵语音译。寂静之意，多指佛祖释迦牟尼。南朝梁·简文帝《六根忏文》："牟尼鹫岳之光，弥勒龙华之始。"

②"老聃（dān）李耳"三句：语本《史记·老子韩非列传》："老子者，楚苦县厉乡曲仁里人也，姓李氏，名耳，字聃，周守藏室之史也。"老聃李耳，即诸子百家中的老子，后被尊为道教始祖。道君，道教中尊称地位最高的人。多指道教始祖老子。也可用作对道士的敬称。《太平御览》卷六百六十二引南朝梁·陶弘景《登真隐诀》："三清九宫并有僚属，例左胜于右，其高总称曰'道君'，次真人、真公、真君。"

③鹫（jiù）岭：又称"鹫山"，即灵鹫山，传说释迦牟尼曾多年居住于此传道说法。位于古印度摩揭陀国王舍城东北，因山中多鹫鸟或山形像鹫鸟而得名。北周·庾信《陕州弘农郡五张寺经藏碑》："雪山罗汉之论，鹫岭菩提之法，本无极际，何可胜言。"清·倪璠注："鹫岭在王舍城，梵云耆阇崛山是也。"亦借指佛寺。宋·苏轼《海会殿上梁文》："庶几鹫岭之雄，岂特鹅湖之冠。"祇园：全称"祇树给孤独园"，也称"祇陀太子园"，古印度佛教圣地之一。相传释迦牟尼成道后，憍萨罗国的给孤独长者用大量黄金购置舍卫城南祇陀太子园地，建筑精舍，请释迦说法。祇陀太子也奉献了园内的树木，故以二人名字命名。玄奘去印度时，祇园已毁。后用为佛寺的代称。李光明庄本作"祇园"，因形近而讹。

④交梨、火枣：道家传说中能让人飞升的仙果，二词常对举，有五行生克方面的类比。南朝梁·陶弘景《真诰·运象二》："玉醴金浆，交梨火枣，此则腾飞之药，不比于金丹也。"明·王逵《蠡海集·鬼神》："老氏之言交梨火枣者，盖梨乃春花秋熟，外苍内白，虽雪梨亦微苍，故曰'交梨'，有金木交互之义。枣，味甘而色赤

为阳,有阳土生物之义,故曰'火枣'。"

⑤仙丹:道教为追求长生不死和成仙所炼制的丹药。

⑥沙门称释,始于晋道安:语本南朝梁·慧皎《高僧传(卷五)·道安传》:"初,魏晋沙门依师为姓,故姓各不同。安以为大师之本莫尊释迦,乃以释命氏。后获《增一阿含》,果称'四河入海,无复河名'。四姓为沙门,皆称释种。既悬与经符,遂为永式。"《太平御览(卷六百五十五)·释部三·僧》引之。清·赵翼《陔馀丛考·僧称》:"僧之称'释家',从释道安始。道安谓:佛氏释迦,今为佛子,宜从释氏帛尸,因请学佛者皆姓释氏。此僧家称'释氏'之始。"汉族佛教僧尼统一姓"释",又称"释子"。始自释道安,此前僧人依师为姓,各不统一,如其师来自天竺则姓"竺",来自月支则姓"支"。沙门,梵语的音译。或译为"娑门""桑门""丧门"等。一说,"沙门"等非直接译自梵语,而是吐火罗语的音译。原为古印度反婆罗门教思潮各个派别出家者的通称,佛教盛行后专指佛教僧侣。晋·袁宏《后汉纪·明帝纪下》:"浮屠者,佛也。……其精者,号为'沙门'。沙门者,汉言息也,盖息意去欲而归于无为也。"《魏书·释老志》:"诸服其道者,则剃落须发,释累辞家,结师资,遵律度,相与和居,治心修净,行乞以自给。谓之'沙门',或曰'桑门',亦声相近,总谓之'僧',皆胡言也。"道安,即释道安(314—385),十六国时常山扶柳(今河北冀州)人。俗姓卫。十二岁出家,后从佛图澄受业。晋武帝宁康元年(373),避石氏乱,率弟子慧远等四百余人至襄阳,立檀溪寺。太元四年(379),秦主苻坚取襄阳,得安。安至长安,僧徒数千人,大弘法化。前秦建元二十一年(385)圆寂,寿七十二。释道安是著名高僧,生而左臂有肉隆起如印,时称"印手菩萨"。晚年在襄阳、长安等地以性空为宗宣扬佛教,并组织参与佛经翻译。对前期佛教主要贡献如下:注疏佛经如《般若经》等;整理新、旧译经,创制

众经目录；制定僧尼轨范；主张僧侣以"释"为氏，不随师姓等等。弟子中以创立净土宗之慧远为最著。

⑦中国有佛，始于汉明帝：语本《魏书·释老志》："孝明帝夜梦金人，项有日光，飞行殿庭，乃访群臣，傅毅始以佛对。帝遣郎中蔡愔、博士弟子秦景等使于天竺，写浮屠遗范。愔仍与沙门摄摩腾、竺法兰东还洛阳。中国有沙门及跪拜之法，自此始也。"汉明帝，东汉第二位皇帝。传说他梦见光芒四射的金人在殿堂上飞行，大臣傅毅用佛来解说。汉明帝于是派遣使者出使天竺。相传白马寺便是纪念白马负经书回洛阳而修建。

⑧籛（jiān）铿即是彭祖，八百高年：语本《楚辞·天问》："彭铿斟雉，帝何飨？受寿永多，夫何久长？"东汉·王逸注："彭铿，彭祖也。好和滋味，善斟雉羹，能事帝尧，尧美而飨食之。……言彭祖进雉羹于尧，尧飨食之以寿考。彭祖至八百岁，犹自悔不寿。"又，晋·干宝《搜神记》卷一："彭祖者，殷时大夫也，姓钱，名铿。帝颛顼之孙，陆终氏之中子。历夏而至商末，号七百岁。"晋·葛洪《神仙传·彭祖》："彭祖者，姓籛名铿，帝颛顼之玄孙。至殷末世，年七百六十岁而不衰老。"《庄子·逍遥游》"而彭祖乃今以久特闻"，唐·成玄英疏："尧封于彭城，其道可祖，故谓之'彭祖'。"唐·陆德明释文引《世本》云："姓籛，名铿，在商为守藏史，在周为柱下史，年八百岁。"晋·葛洪《抱朴子内篇·释滞》："彭祖为大夫八百年，然后西适流沙。"《极言》篇："彭祖八百，安期三千，斯寿之过人矣。"籛铿，人名，即彭祖。相传古之长寿者，尧时封于彭城，故又称"老彭"。传说寿长七八百岁，历经尧、舜、禹时期，直至商朝。

⑨许逊原宰旌阳，一家超举：语本《太平广记》卷十四引唐·无名氏《十二真君传·许真君》："许真君名逊，字敬之，本汝南人也。……乡举孝廉，拜蜀旌阳令，寻以晋室棼乱，弃官东归。……

真君以东晋孝武帝太康（按，当作"宁康"）二年八月一日，于洪州西山，举家四十二口，拔宅上升而去，唯有石函、药臼各一所，车毂一具，与真君所御锦帐，复自云中堕于故宅，乡人因于其地置游帷观焉。"许逊（239？—374），字敬之，东晋南昌（今属江西）人，祖籍汝南（今属河南）。即道教十二真君中的许真君。学道于吴猛。后举孝廉，为旌阳（今四川德阳旌阳区）令，有政绩。见晋室紊乱，弃官东归，周行江湖。相传于东晋孝武帝宁康二年（374）在南昌西山，举家飞升。宋徽宗政和二年（1112）封为神功妙济真君。世称"许真君""许旌阳"，为道教净明道派所尊奉。

⑩波罗，犹云彼岸：波罗，即"波罗密"，意为由生死苦恼的此岸，度到涅槃安乐的彼岸。《大智度论》卷十二："此六波罗蜜，能令人渡悭贪等烦恼染着大海，到于彼岸，以是故名'波罗蜜'。"南朝宋·刘义庆《世说新语·文学》："（殷中军）初视《维摩诘》，疑'般若波罗密（蜜）'太多，后见《小品》，恨此语少。"南朝梁·刘孝标注："波罗密，此言到彼岸也。"《六祖坛经》（敦煌写本）："何名波罗蜜？此是西国梵音，唐言'到彼岸'。解义'离生灭'。着境生灭起，如水有波浪，即是于此岸；离境无生灭，如水永长流，故即名到彼岸。故名'波罗蜜'。"

⑪紫府，即是仙宫：紫府，传说中道家神仙所居之地。晋·葛洪《抱朴子内篇·祛惑》："又河东蒲阪有项曼都者，与一子入山学仙，十年而归家，家人问其故。曼都曰：在山中三年精思，有仙人来迎我，共乘龙而升天。良久，低头视地，窈窈冥冥，上未有所至，而去地已绝远。龙行甚疾，头昂尾低，令人在其脊上，危怖嶮巇。及到天上，先过紫府，金床玉几，晃晃昱昱，真贵处也。仙人但以流霞一杯与我，饮之辄不饥渴。忽然思家，到天帝前，谒拜失仪，见斥来还，令当更自修积，乃可得更复矣。"托名东方朔所著的汉代道家经典《海内十洲三岛记》中有"长洲一名青丘，在南海辰巳之

地，地方五千里，去岸二十五万里。……有紫府宫，天真仙女游于此地"。

⑫上方：佛教徒称住持僧居住的内室为"上方"。亦借指佛寺。

⑬梵刹：梵语音译。意为清净的地方，指佛土佛国，后转为寺院的美称。梵者，清净之义；刹者，"刹摩"或"掣多罗"之略，土田之义。

⑭真宇：语出晋·左思《吴都赋》："增冈重阻，列真之宇。"道教称仙人为"真人"，"列真之宇"即众仙居住的地方。后遂以"真宇"指道观。

⑮蕊珠：即蕊珠宫，道教传说中的仙宫。《黄庭内景经》："太上大道玉晨君，闲居蕊珠作七言。"清·蒋国祚注："蕊珠者，天上宫名。"

【译文】

如来释迦，就是释迦牟尼，原是佛教的始祖；老聃李耳，就是道君，是道教的祖师。

鹫岭、祇园，都是佛国的圣地；交梨、火枣，都是道家的仙丹。

佛门弟子以"释"为姓，从东晋释道安开始；佛法在中国传播，始于东汉明帝时期。

篯铿即是彭祖，活了八百年；许逊原是旌阳县令，带全家人飞升成仙。

梵语"波罗"，就好比说"彼岸"；道教"紫府"，说的就是仙宫。

"上方""梵刹"，都指佛教场所；"真宇""蕊珠宫"，都指道家仙境。

伊蒲馔①，可以斋僧；青精饭②，亦堪供佛。

香积厨③，僧家所备；仙麟脯④，仙子所餐。

佛图澄显神通，咒莲生钵⑤；葛仙翁作戏术，吐饭成蜂⑥。

达摩一苇渡江⑦，栾巴噀酒灭火⑧。

吴猛画江成路⑨，麻姑掷米成珠⑩。

【注释】

①伊蒲馔（zhuàn）：指施舍给僧人的饭食。泛指素食。《后汉书·光武十王传·楚王英》："英少时好游侠，交通宾客，晚节更喜黄老，学为浮屠斋戒祭祀。八年，诏令天下死罪入缣赎。英遣郎中令奉黄缣白纨三十四诣国相曰：'托在蕃辅，过恶累积，欢喜大恩，奉送缣帛，以赎愆罪。'国相以闻，诏报曰：'楚王诵黄老之微言，尚浮屠之仁祠，洁斋三月，与神为誓，何嫌何疑，当有悔吝？其还赎，以助伊蒲塞桑门之盛馔。'"汉明帝永平八年（65），楚王刘英以黄缣白纨三十四赎罪，汉明帝赐还缣帛，称"以助伊蒲塞桑门之盛馔"。伊蒲塞，即优婆塞，指在家受戒修行的居士。桑门，即沙门，出家修道者。

②青精饭：道教传说中的仙方，服之延年益寿。实即乌米饭，用南烛木汁浸米蒸饭晒干而成。唐·杜甫《赠李白》诗："岂无青精饭，使我颜色好。"宋·王观国《学林》卷八："子美诗盖用道书中陶隐居《登真诀》有干石青精饩饭法。饩，音迅，谓飨也。其法用南烛草木浸米蒸饭暴干。其色青如鷖珠。食之，可以延年却老。此子美所谓'青精饭'也。《神农本草·木部》有：'南烛枝叶，久服轻身长年，令人不饥，益颜色。取汁炊饭，又名"黑饭草"。在道书谓之"南烛草木"，在《本草》谓之"南烛枝叶"，盖一物也。'"宋代典籍言及南烛草木与青精饭者，甚众。《太平御览（卷六百七十一）·道部十三·服饵下》引南朝齐梁·陶弘景《登真隐诀》，宋·张君房《云笈七签（卷七十四）·方药》，言之甚详。宋·林洪《山家清供》卷上："青精饭，首以此，重谷也。按《本草》：'南烛木，今名黑饭草，又名旱莲草。'即青精也。采枝、叶，捣叶，浸上白好粳米，不拘多少，候一二时，蒸饭。曝干，坚而碧色，收贮。如用时，先用滚水量以米数，煮一滚，即成饭矣。……久服，延年益颜。"宋·沈括《梦溪笔谈·药议》："南烛草木，记传、《本草》

所说多端，今少有识者。为其作青精饭，色黑，乃误用乌桕为之，全非也。此木类也，又似草类，故谓之'南烛草木'，今人谓之'南天烛'者是也。南人多植于庭槛之间，茎如荫蘆，有节，高三四尺，庐山有盈丈者。叶微似楝而小。至秋则实赤如丹。南方至多。"

③香积厨：指寺院的厨房。香积，本为佛号。旧注："维摩居士遣八菩萨往众香国礼佛，言愿得世尊所食之余，欲以婆娑世界，施作佛事。香积如来以众香国之钵，盛饭与之。故僧家斋厨曰'香积厨'。"语本《维摩诘经·香积佛品》："上方界分，过四十二恒河沙佛土，有国名众香，佛号'香积'。……其食香气，周流十方无量世界。""于是香积如来，以众香钵，盛满香饭，与化菩萨。"后遂以"香积"指僧道的饭食。

④仙麟脯：语出晋·葛洪《神仙传·王远》："（麻姑）入拜方平。方平为之起立。坐定，召进行厨，皆金玉杯盘，无限也，肴膳多是诸花果，而香气达于内外。擘脯而行之，如松柏炙，云是'麟脯'也。"干麒麟肉，道教传说中仙人的食品。

⑤佛图澄显神通，咒莲生钵：语本南朝梁·僧慧皎《高僧传》卷九："（石勒）召澄问曰：'佛道有何灵验？'澄知勒不达深理，正可以道术为征，因而言曰：'至道虽远，亦可以近事为证。'即取应器盛水，烧香咒之，须臾生青莲花，光色曜目，勒由此信服。"《晋书·艺术传·佛图澄》亦载。高僧佛图澄曾以容器盛水，烧香念咒，水中生出青莲花，令后赵君主石勒信服。佛图澄（232—348），西晋、后赵时高僧，天竺人，一说龟兹人。"佛图澄"为音译，本姓帛。西晋怀帝时抵达洛阳传法。洛阳为后赵占领后，佛图澄深受后赵君主石勒、石虎的敬重，号"大和尚"，门徒众多，释道安即是其一。据《高僧传》记载："受业追游常有数百，前后门徒几且一万，所历州郡兴立佛寺八百九十三所，弘法之盛莫与先矣。"

⑥葛仙翁作戏术，吐饭成蜂：语本晋·干宝《搜神记》卷一："葛玄，字孝先，从左元放受《九丹液仙经》。与客对食，言及变化之事。客曰：'事毕，先生作一事。'特戏者。玄曰：'君得无即欲有所见乎？'乃嗽口中饭，尽变大蜂数百，皆集客身，亦不螫人。久之，玄乃张口，蜂皆飞入。玄嚼食之，是故饭也。"葛仙翁，即葛玄，字孝先，三国吴丹阳句容（今江苏句容）人。葛洪从祖父。师从左慈，受太清、九鼎、金液等丹经，曾入天台赤城山学道，常隐马迹山修炼，自称"葛仙翁"。相传孙权曾召见之。

⑦达摩（？—536）：即菩提达摩，或作"达磨"。南北朝时高僧。本为南天竺国王子。姓刹帝利，本名菩提多罗。师从般若多罗尊者，为西土禅宗二十八世传人。南朝梁武帝大通元年（527）泛海至广州。普通中迎至金陵与谈佛理。谈不契合，乃渡江入魏传布佛教。在洛阳、嵩山等地传授禅教，在少林寺中面壁九年（一说十年），世称"壁观婆罗门"。传《楞伽经》及其心法于慧可，于是禅宗得以流传中国。世称中土禅宗初祖。一苇渡江：即禅宗达摩祖师离开南梁，渡过长江到达北魏的故事。一苇，语出《诗经·卫风·河广》："谁谓河广，一苇杭之。"唐·孔颖达疏："言一苇者，谓一束也，可以浮之水上而渡，若桴栰（fá）然，非一根苇也。"佛教徒为神话达摩祖师，言其折芦苇一枝，乘以过江。明·朱棣编《神僧传·达摩》："帝不省玄旨，师知机不契，十九日遂去梁，折芦一枝渡江，二十三日北趋魏境，寻至雒邑，初止嵩山少林寺，终日面壁而坐，九年遂逝焉。"宋代禅师语录已有达摩一苇渡江之说。蕴闻《慧通大慧普觉禅师普说·方敷文请普说》："达磨祖师欲裂其爱网，直截向渠道无功德。梁武帝因缘时节未至，遂不领略。当时若使会个无功德，祖师岂肯一苇渡江？"《愚菴智及禅师语录·颂古》："证不灭受，达诸法空。当朝触讳，有理难容。一苇渡江，九年面壁。前无释迦，后无弥勒。分皮擘髓，大

振玄风。千峰到岳,万派朝宗。"

⑧栾巴噀(xùn)酒灭火:语本晋·葛洪《神仙传·栾巴》:"正旦会
群臣饮酒,巴乃含酒,起望西南噀之。奏云:'臣本乡成都市失火,
故为救之。'帝驰驿往问之,云:'正旦失火,时有雨自东北来灭
火,雨皆作酒气也。'"东汉成都人栾巴,精于道术,一次在朝廷宴
会上,他将嘴里的酒喷向西南,说:"我家乡成都市失火,我特意相
救。"栾巴,蜀郡成都(今四川成都)人。《神仙传》记载他的事迹,
但未写明年代。东汉中期,也有名为栾巴的官员,好道术。噀酒
灭火,相传栾巴含酒喷向西南,扑灭了成都的大火。噀,含在口中
而喷出。

⑨吴猛画江成路:语本晋·干宝《搜神记》卷一:"后将弟子回豫
章,江水大急,人不得渡。猛乃以手中白羽扇画江,水横流,遂成
陆路,徐行而过。过讫,水复,观者骇异。"相传吴猛曾用手中的
扇子在江上画出一条大路。吴猛,道教徒称作"吴真君"。《搜神
记》及《晋书·艺术传》有传。《搜神记》说他"濮阳人,仕吴,为
西安令,因家分宁。性至孝。遇至人丁义,授以神方。又得秘法
神符,道术大行"。《晋书·艺术传》说他是豫章人。分宁,即今
江西修水,晋代属豫章郡。《太平广记·吴真君》则称吴猛让干宝
的兄长干庆死而复生,干宝深受触动,因而编撰了记载神怪事迹
的《搜神记》。

⑩麻姑掷米成珠:语本晋·葛洪《神仙传·王远》:"麻姑欲见蔡经
母及妇侄,时经弟妇新产数十日,麻姑望见乃知之,曰:'噫,且止
勿前!'即求少许米,至得米,便以撒地,谓以米祛其秽也。视米,
皆成真珠。"麻姑,传说中的女仙。东汉桓帝时曾应仙人王远(字
方平)召,降于蔡经家,为一美丽女子,年可十八九岁,手纤长似
鸟爪。蔡经见之,心中念曰:"若背大痒时,得此爪以爬背,当佳。"
方平知蔡经心中所念,使人鞭之,且曰:"麻姑,神人也。汝何思谓

其爪可以爬背耶?"麻姑自云:"接待以来,已见东海三为桑田。"

又能掷米成珠,为种种变化之术。其事见晋·葛洪《神仙传》。

【译文】

"伊蒲馔",可以用来施舍僧人;"青精饭",也能用来供奉神佛。

"香积厨",指寺院的厨房;"仙麟脯",是神仙的食品。

佛图澄大显神通,念完咒语,青莲就从钵中长出;葛仙翁妙变戏法,吐出饭粒,变成一群蜜蜂。

达摩祖师脚踏一根芦苇,渡过大江;栾巴含酒喷向西南,扑灭成都大火。

吴猛挥扇,在江水中划出一条大路;麻姑撒米在地,变成无数珍珠。

飞锡、挂锡,谓僧人之行止①;导引、胎息②,谓道士之修持③。

和尚拜礼④,曰和南⑤;道士拜礼,曰稽首⑥。

曰圆寂⑦,曰荼毗⑧,皆言和尚之死;曰羽化⑨,曰尸解⑩,悉言道士之亡。

女道曰巫,男道曰觋,自古攸分⑪;男僧曰僧,女僧曰尼⑫,从来有别。

羽客、黄冠⑬,皆称道士;上人、比丘⑭,并美僧人。

【注释】

①飞锡、挂锡,谓僧人之行止:飞锡、挂锡,僧人手持锡杖,出游称为"飞锡",安住称为"挂锡"。宋·释道诚《释氏要览》卷下:"今僧游行,嘉称'飞锡',此因高僧隐峰游五台,出淮西,掷锡飞空而往也。若西天得道僧,往来多是飞锡。""今僧止所住处,名'挂锡'者。凡西天比丘,行必持锡杖。持锡有二十五威仪。凡至室中,

不得着地，必挂于壁牙上，故云'挂锡'。"

②导引：导气引体，古时医家、道家的养生术。《后汉书·方术传·华佗》："古之仙者，为导引之事，熊经鸱顾，引挽腰体，动诸关节，以求难老。"近年出土的西汉帛画有治疾的《导引图》。《素问·异法方宜论》："其民食杂而不劳，故其病多痿厥寒热，其治宜导引按跷。"唐·慧琳《一切经音义》卷十八："凡人自摩自捏，申缩手足，除劳去烦，名为'导引'。若使别人握搦身体，或摩或捏，即名'按摩'也。"胎息：道家的一种修炼方法。《后汉书·方术传·王真》："年且百岁，视之面有光泽，似未五十者。自云：'周流登五岳名山，悉能行胎息、胎食之方，嗽舌下泉咽之。'"唐·李贤注引《汉武内传》："习闭气而吞之，名曰'胎息'；习嗽舌下泉而咽之，名曰'胎食'。"

③修持：修行，保养。

④和尚：梵语在古代西域语中不确切的音译，原意为"吾师"，印度佛教徒对亲教师的尊称。在中国泛指出家修行的佛教徒，主要用于男性。

⑤和南：又称"婆南"，梵语 Vandana 的讹音，译为"稽首""敬礼""度我"。僧侣对长上致敬时，口中称"和南"。《萨婆多部十诵律》卷三十九："称'和南'者，是口语。"唐·释窥基《大乘法苑义林章·归敬章》："古云'南牟'，即是敬礼。应言'纳慕'或'纳莫'。……若云'伴谈'。或云'伴题'。此云'稽首'。亦云'礼拜'。亦非敬礼。讹名'和南'。"

⑥稽首：此指道士举一手向人行礼。元·马致远《陈抟高卧》第三折："只打个稽首，权充拜礼。"《水浒传》第十四回："那先生看了道：'保正休怪，贫道稽首。'"又作"起手"。明·吴承恩《西游记》第一回："猴王近前叫道：'老神仙，弟子起手！'"元明以来，道士行礼之"稽首"，与先秦跪拜礼"稽首"，名同而实异。

⑦圆寂：佛教语。梵语的意译。也译作"灭度""入灭"。梵语音译为"般涅槃"或"涅槃"。意为圆满诸德、寂灭诸恶。后世以此称僧人之死。

⑧茶毗（tú pí）：亦作"阇（dū）毗"。意为燃烧、焚烧，即火葬。火葬法于佛陀以前即行于印度，原为僧人死后处理尸体之法，佛教东渐后，中国、日本亦多用之。行茶毗之火葬场即称为"茶毗所"。

⑨羽化：飞升成仙。《晋书·许迈传》："玄自后莫测所终，好道者皆谓之'羽化'矣。"宋·苏轼《前赤壁赋》："飘飘乎如遗世独立，羽化而登仙。"亦用作道教徒死亡的婉辞。

⑩尸解：指修道者遗弃形骸而仙去。晋·葛洪《抱朴子内篇·论仙》："按仙经云，上士举形升虚，谓之'天仙'。中士游于名山，谓之'地仙'。下士先死后蜕，谓之'尸解仙'。"《晋书·葛洪传》："而洪坐至日中，兀然若睡而卒。……视其颜色如生，体亦柔软，举尸入棺，甚轻，如空衣，世以为尸解得仙云。"

⑪"女道曰巫"三句：语本《国语·楚语下》："如是则明神降之，在男曰'觋'，在女曰'巫'。"古代称女巫为"巫"，男巫为"觋（xí）"，合称"巫觋"。《荀子·正论》："出户而巫觋有事。"唐·杨倞注："女曰'巫'，男曰'觋'。"攸，所。

⑫僧："僧伽"的简称，梵语音译。意为大众。原指出家佛教徒三人或四人以上组成的团体，后来也用于称呼单个和尚。尼："比丘尼"的简称。指出家受具足戒的女性。男僧为"比丘"。《魏书·释老志》："诸服其道者，则剃落须发，释累辞家，结师资，遵律度，相与和居，治心修净，行乞以自给。谓之'沙门'，或曰'桑门'，亦声相近，总谓之'僧'，皆胡言也。僧，译为和命众，桑门为息心，比丘为行乞。俗人之信凭道法者，男曰'优婆塞'，女曰'优婆夷'。其为沙门者，初修十诫，曰'沙弥'，而终于二百五十，则具足成大僧。妇入道者曰'比丘尼'。"

⑬羽客：本指神仙、方士。北周·庾信《邛竹杖赋》："和轮人之不重，待羽客以相贻。"清·倪璠注："羽客，羽人。《山海经》有羽人之国，不死之民。"五代时期，紫霄真人谭峭被南唐中主赐号"金门羽客"。北宋徽宗宣和年间，道士林灵素亦号称"金门羽客"。后遂以"羽客"称道士。宋·陈舜俞《庐山记·叙山南》："保大中，道士谭紫霄来自闽中，赐号'金门羽客'。"宋·周辉《清波杂志》卷三："宣和崇尚道教，黄冠出入禁闼，号金门羽客，气焰赫然，林灵素为之宗主。"宋·陆游《老学庵笔记》卷五："林灵素为金门羽客，用闽王时谭紫霄故事。"黄冠：道士的帽子，借指道士。唐代李淳风父李播隐居为道士，曾自号黄冠子。《旧唐书·李淳风传》："李淳风，岐州雍人也。其先自太原徙焉。父播，隋高唐尉，以秩卑不得志，弃官而为道士。颇有文学，自号黄冠子。"《新唐书·方技传·李淳风》亦载，文字略有小异。《北史·李先传》："景儒子昭徽，博涉稽古，脱略不羁，时人称其为'播郎'。因以字行于燕、赵焉。善谈论，有宏辩，属文任气，不拘常则。志好隐逸，慕葛洪之为人。寻师访道，不远千里。遇高尚则倾盖如旧，见庸识虽王公蔑如。初为道士，中年应诏举，为高唐尉。大业中，将妻子隐于嵩山，号黄冠子。有文集十卷，为学者所称。"《北史》所记李昭徽，与两《唐书》所记李播，当为同一人。

⑭上人：上德之人。指智德兼备，可为众人师的高僧。宋·释道诚《释氏要览》卷上"上人"条："《摩诃般若经》云：何名'上人'？佛言：若菩萨一心行阿耨菩提心不散乱，是名'上人'。……古师云：内有智德，外有胜行，在人之上，名'上人'。"也用作对僧人的尊称，宋·吴曾《能改斋漫录·僧为上人》："唐诗多以僧为上人。"比丘：梵语音译。指出家受具足戒的男性。《大智度论》卷三解释"比丘"五义："比丘名乞士，清净活命故，名为乞士。""比名破，丘名烦恼，能破烦恼，故名比丘。""出家人名比丘，譬如胡、

汉、羌、虏，各有名字。""受戒时自言：'我是某甲比丘，尽形寿持戒。'""比名怖，丘名能，怖魔王及魔人民。"

【译文】

"飞锡"和"挂锡"，分别指僧人云游和歇息；"导引"和"胎息"，都是说道士修身持道的法门。

和尚合十敬礼，称为"和南"；道士举手敬礼，叫作"稽首"。

"圆寂""荼毗"，都指和尚去世；"羽化""尸解"，都指道士去世。

女道士称为"巫"，男道士称为"觋"，自古以来就有区分；男僧人称为"僧"，女僧人称为"尼"，一直以来就有分别。

"羽客"和"黄冠"，都是对道士的尊称；"上人"和"比丘"，都是对僧人的尊称。

檀越、檀那①，僧家称施主②；烧丹、炼汞③，道士学神仙。

和尚自谦，谓之空桑子④；道士诵经，谓之步虚声⑤。

菩者普也，萨者济也，尊称神祇⑥，故有菩萨之誉⑦；水行龙力大，陆行象力大，负荷佛法，故有龙象之称⑧。

儒家谓之世，释家谓之劫，道家谓之尘，俱谓俗缘之未脱⑨；儒家曰精一⑩，释家曰三昧⑪，道家曰贞一⑫，总言奥义之无穷⑬。

达摩死后，手携只履西归⑭；王乔朝君，舄化双凫下降⑮。

辟谷绝粒⑯，神仙能服气炼形⑰；不灭不生，释氏惟明心见性⑱。

梁高僧谈经入妙，可使岩石点头，天花坠地⑲；张虚靖炼丹既成，能令龙虎并伏，鸡犬俱升⑳。

【注释】

①檀越：梵语义译。意为施主。唐·义净《南海寄归内法传》卷一：
　　"梵云陀那钵底，译为'施主'。'陀那'是'施'，'钵底'是'主'。
　　而云'檀越'者，本非正译。略去'那'字，取上'陀'音，转名为
　　'檀'，更加'越'字。意道由行檀舍，自可越渡贫穷。妙释虽然，
　　终乖正本。"檀那：又作"陀那"，梵语"施"的音译。意为施主或
　　布施。

②施主：佛教徒对布施者的敬称。施予僧众衣食，或出资举行法会
　　的人。

③烧丹：炼丹。源于古代方术，置丹砂于炉中炼制。后有内丹、外
　　丹之分。以气功修炼人体精、气、神谓之"内丹"，以炉火烧炼药
　　石谓之"外丹"。南朝梁·庾肩吾《东宫玉帐山铭》："煮石初烂，
　　烧丹欲成。"炼汞：道家烧炼金石药物，制成丹药。特指外丹。
　　唐·高骈《闻河中王铎加都统》诗："炼汞烧铅四十年，至今犹在
　　药炉前。"

④空桑子：相传商代大臣伊尹生于空桑。《吕氏春秋·孝行览·本
　　味》："有侁氏女子采桑，得婴儿于空桑之中，献之其君。其君令烰
　　人养之，察其所以然。曰：'其母居伊水之上，孕，梦有神告之曰：
　　"臼出水而东走，毋顾！"明日，视臼出水，告其邻，东走十里而顾，
　　其邑尽为水，身因化为空桑。故命之曰"伊尹"。'此伊尹生空桑
　　之故也。"后遂以"空桑子"比喻无父母之人，或指僧人。

⑤道士诵经，谓之步虚声：语本南朝宋·刘敬叔《异苑》卷五："陈思
　　王游山，忽闻空里诵经声，清远道亮，解音者则而写之，为神仙声。
　　道士效之，作步虚声也。"后遂以"步虚声"指道士唱经礼赞之声。
　　步虚，道家传说中神仙的凌空步行。

⑥神祇（qí）：天神和地神。泛指一切神灵。

⑦菩萨：梵语音译"菩提萨埵"的简称。意为自觉佛性、下化众生。

菩提，意为觉、智慧。萨埵，有情，或称众生，泛指一切有生命者。宋·释道诚《释氏要览》卷中："菩萨者，具足应云'菩提萨埵'。唐言'觉有情'。觉者，所求果也。有情者，所度境也。"

⑧"水行龙力大"四句：语本后秦·龙树菩萨《大智度论》卷三："那伽，或名龙，或名象。是五千阿罗汉、诸无数阿罗汉中最大力，以是故言如龙如象。水行中龙力大，陆行中象力大。"后遂以"龙象"比喻修行勇猛，有最大力者。一说，象之大者为龙象，非龙、象二物。也用于对僧人的敬称。负荷，背负肩担。《左传·昭公七年》："子产曰：'古人有言曰，其父析薪，其子弗克负荷。'"晋·杜预注："荷，担也。"引申为担负重则、承担使命。《后汉书·公孙瓒传》："臣虽阘茸，名非先贤，蒙被朝恩，负荷重任。"

⑨"儒家谓之世"四句：语本唐·高彦休《唐阙史（卷上）·丁约剑解》："大历初，韦行式为西川采访使，有侄曰'子威'，年及弱冠，聪敏温克，常耽玩道书或神仙修炼之术。有步卒丁约者执役于部下，周旋勤恪，未尝少惰，子威颇私之。……因褫衣带得药类粟以奉子威。又谓曰：'郎君道情深厚，不欺暗室。终当弃俗，尚隔两尘。'子威曰：'何谓两尘？'对曰：'儒谓之"世"，释谓之"劫"，道谓之"尘"。'"丁约"儒谓之'世'，释谓之'劫'，道谓之'尘'"之语，流传甚广。宋人引之者众。道家书李昌龄《太上感应篇》卷一、陈葆光《三洞群仙录》卷九引之，佛家书慧霞《曹洞五位显诀》引之，曾慥《类说》卷三、朱胜非《绀珠集》卷二、谢维新《古今合璧事类备要》卷五十、叶廷珪《海录碎事》卷十三上、孔传《白孔六帖》卷三、杨伯岩《六帖补》卷十八、李昉《太平广记》卷四十五引之。《白孔六帖》《六帖补》云出自《续仙传》，《太平广记》云出自《广异记》。俗缘，佛教以因缘解释人事，因称尘世之事为俗缘。唐·许浑《记梦》诗："尘心未尽俗缘在，十里下山空月明。"

⑩精一：语出《尚书·大禹谟》："人心惟危，道心惟微，惟精惟一，允执厥中。"西汉·孔安国传："危则难安，微则难明，故戒以精一，信执其中。"指道德修养的精粹纯一。

⑪三昧：佛教语。梵文音译。又译"三摩地"。意译为"正定"。谓屏除杂念，心不散乱，专注一境。《大智度论》卷七："何等为'三昧'？善心一处住不动，是名'三昧'。"晋·慧远《念佛三昧诗集序》："夫三昧者何？专思、寂想之谓也。"隋·智𫖮（yǐ）《法界次第初门·三三昧初门》："通言三昧者，三摩提。秦言正心行处。是心从无始已来，常曲不端，得是直故，故名'三昧'。"

⑫贞一：守正专一。晋·王珣《祭徐聘士文》："贞一足以制群动，纯本足以息浮末。"

⑬奥义：精深的义理，深奥的含义。《尚书序》："至于夏、商、周之《书》，虽设教不伦，《雅》《诰》奥义，其归一揆。"

⑭达摩死后，手携只履西归：语本南唐·静、筠二禅僧《祖堂集·达摩》："灭度后三年，魏使时有宋云西岭为使却回，逢见达摩手携只履，语宋云曰：'汝国天子已崩。'宋云到魏，果王已崩。遂闻奏后魏第九主孝庄帝，及开塔唯见一只履，却取归少林寺供养。"《五灯会元》卷一、《景德传灯录》卷三亦载之。相传达摩老祖死后三年，后魏使者宋云还在路上见到他，手里提着一只鞋，对宋云说"你国天子驾崩了。"

⑮王乔朝君，舄（xì）化双凫下降：语本《后汉书·方术传·王乔》："王乔者，河东人也。显宗世，为叶令。乔有神术，每月朔望，常自县诣台朝。帝怪其来数（shuò），而不见车骑，密令太史伺望之。言其临至，辄有双凫从东南飞来。于是候凫至，举罗张之，但得一只舄焉。乃诏尚方诊视，则四年中所赐尚书官属履也。……或云此即古仙人王子乔也。"汉明帝（庙号显宗）时，叶县县令王乔会仙术，上朝不用车马，能把鞋子变成野鸭在天上飞。有人说他其

实就是周代的仙人王子乔。舄，鞋。

⑯辟（bì）谷绝粒：不吃五谷的意思，是道家的一种修炼术。辟谷时，仍食药物，并须兼做导引等功夫。《史记·留侯世家》："乃学辟谷，道引轻身。"《文选·游天台山赋》："非夫遗世玩道，绝粒茹芝者，乌能轻举而宅之？"唐·李善注："《列仙传》曰：'赤松子好食松实，绝谷。'孔安国《尚书传》曰：'米食曰粒。'"东汉·王充《论衡·祭意》："好道学仙者，绝谷不食。"道家认为五谷杂粮会在体内产生秽气，对于修仙有碍。《庄子·逍遥游》："藐姑射之山，有神人居焉，肌肤若冰雪，淖约若处子。不食五谷，吸风饮露，乘云气，御飞龙，而游乎四海之外。"

⑰服气：即吐纳，道家养生术。旧注："服气，仙家饮沆瀣，飧赤霞，采日精，吸月华。"《晋书·隐逸传·张忠》："恬静寡欲，清虚服气，餐芝饵石，修导养之法。"炼形：方士修炼形体，以求超脱成仙。《文选·左思〈吴都赋〉》："桂父练形而易色，赤须蝉蜕而附丽。"晋·刘逵注引《列仙传》："桂父，象林人也。常服桂叶，以龟脑和之，颜色如童，时黑时白时赤，南海人尊事之累世。"晋·张华《博物志》卷四："《神农经》曰：上药养命，谓五石之练形，六芝之延年也。"南朝宋·颜延之《清者人之正路诰》："为道者盖流出于仙法，故以练形为上。……练形之家，必就深旷，反飞灵，糇丹石，粒芝精，所以还年却老，延华驻彩。"

⑱不灭不生，释氏惟明心见性：语本宋·道原《景德传灯录》卷四载保唐无住禅师答唐相国杜鸿渐之语："公又问：'云何不生，云何不灭，如何得解说？'师曰：'见境心不起名不生。不生即不灭。既无生灭，即不被前尘所缚，当处解脱。不生名无念。无念即无灭。无念即无缚。无念即无脱。举要而言，识心即离念。见性即解脱。离识心见性外。更有法门证无上菩提者。无有是处。'"宋·普济《五灯会元》卷二亦载之。不灭不生，佛教术语。通常

作"不生不灭"。形容涅槃境界。不生未来五蕴,亦无未来五欲可灭,故称"不灭"。《楞严经》卷四:"我以妙明,不灭不生。"《般若波罗蜜多心经》:"不生不灭,不垢不净。"明心见性,佛教语。指发现自性清净之心,彻见自心佛性。《元史·仁宗本纪》:"仁宗天性慈孝,聪明恭俭,通达儒术,妙悟释典,尝曰:'明心见性,佛教为深;修身治国,儒道为切。'"《明史·儒林列传·罗钦顺》:"释氏之明心见性,与吾儒之尽心知性,相似而实不同。"

⑲"梁高僧谈经入妙"三句:语本宋·延寿《宗镜录》卷九十八:"设或说得天华坠,石点头,事若不真,总成妖幻。所以志公见云光法师讲《法华经》感天华坠,云是蟣蝨之义。"实则,仅"天华(花)坠"是梁代高僧云光法师事迹;"石点头"乃晋代竺道生事迹。《东林十八高贤传(莲社高贤传)·道生法师》:"师被摈,南还,入虎丘山,聚石为徒。讲《涅槃经》,至阐提处,则说有佛性,且曰:'如我所说,契佛心否?'群石皆为点头,旬日学众云集。"入妙,达到神妙的境地。岩石点头,乃《东林十八高贤传(莲社高贤传)》所载东晋高僧竺道生的故事。相传道生法师在虎丘山讲《涅槃经》,说到一阐提有佛性,群石皆为点头。后因以"顽石点头"比喻道理讲得透彻,说服力强,足以使人信服。天花坠地,也作"天花乱坠"。佛祖讲经,感动天神,各色香花纷纷从天空下坠。《法华经·序品》:"尔时世尊,四众围绕,供养、恭敬、尊重、赞叹。为诸菩萨说大乘经,……是时天雨曼陀罗华、摩诃曼陀罗华、曼殊沙华、摩诃曼殊沙华,而散佛上、及诸大众。普佛世界,六种震动。"又,传说梁武帝普通二年(521),云光法师讲经感动上天,香花从空中纷纷落下,后世名其讲经之地为"雨花台"。南宋·志磐《佛祖统纪·法运通塞志》:"普通二年,诏云光法师于内殿讲法华经,天雨宝华。"

⑳"张虚靖炼丹既成"三句:旧注:"《列仙传》:张道陵七世孙张虚

靖,学长生之术,遍游名山,炼丹既成,龙降虎伏,白日升天。临去,药器置于庭,鸡犬舐之,皆得升天。"按,传世本西汉·刘向《列仙传》、南唐·沈汾《续仙传》皆无此文字。张虚靖,或写作"张虚静",当为张继先,字嘉闻,北宋信州贵溪(今属江西)人。住信州龙虎山上清观,嗣汉三十代天师。宋徽宗崇宁四年(1105)召至京,赐号虚靖先生。北宋末卒。相传在龙虎山(今江西鹰潭西南)有张天师,自汉代张道陵起,世代相传,至张继先为第三十代。这一天师谱系,大约确定于宋代。《大宋宣和遗事·元集》:"夏,解州有蛟在盐池作祟。……诏命嗣汉三十代天师张继先治之。不旬日间,蛟祟已平。……帝遂褒加封赠,仍赐张继先为视秩大夫虚靖真人。"明洪武中嗣孙四十三代天师宇初编成《三十代天师虚靖真君语录》七卷。龙虎并伏,形容道法高明,能够降龙伏虎。佛教与道教中都有相关故事。南唐·静、筠二禅僧《祖堂集·肥田伏禅师》:"道高龙虎伏,德重鬼神钦。"另,"龙虎"也指道教炼丹时的水火之力。唐·李咸用《送李尊师归临川》:"尘外烟霞吟不尽,鼎中龙虎伏初驯。"鸡犬俱升,也作"鸡犬升天"。相传汉代淮南王刘安得道成仙,家中鸡犬吃了剩下的丹药,也一同升天。《艺文类聚(卷七十八)·灵异部上·仙道》引《列仙传》曰:"汉淮南王刘安,言神仙黄白之事,名为《鸿宝万毕》三卷,论变化之道,于是八公乃诣王,授丹经及三十六水方。俗传安之临仙去,余药器在庭中,鸡犬舐之,皆得飞升。"

【译文】

"檀越"和"檀那",是僧人对施主的尊称;"烧丹"和"炼汞",是道士修仙的方术。

"空桑子",是和尚自谦的说法;"步虚声",指道士诵经的声音。

"菩"的意思是普世,"萨"的意思是救济,因此"菩萨"这一美誉可用来尊称天神地祇;水中的动物,龙的力量最大,陆上的动物,象的力量最大，因此"龙象"一词用作弘扬佛法的高僧称号。

儒家说"世"，释家说"劫"，道家说"尘"，都是指没有摆脱世俗的因缘；儒家说"精一"，释家说"三昧"，道家说"贞一"，都是讲无穷的奥妙。

达摩死后，手提一只鞋向西归去；王乔朝见君王，鞋子变成两只野鸭飞下来。

"辟谷绝粒"，神仙可以不吃五谷杂粮来吐纳修炼；"不灭不生"，佛家靠的则是澄明内心直见性灵。

梁代高僧谈论经文到达妙处，可以让岩石点头、天花坠地；张虚靖修炼丹药成功，能够让龙虎拜服、鸡犬升天。

藏世界于一粟，佛法何其大①；贮乾坤于一壶，道法何其玄②。

妄诞之言，载鬼一车③；高明之家，鬼阚其室④。

无鬼论，作于晋之阮瞻⑤；《搜神记》，撰于晋之干宝⑥。

颜子渊、卜子夏，死为地下修文郎⑦；韩擒虎、寇莱公，死作阴司阎罗王⑧。

至若：土谷之神曰社稷⑨，干旱之鬼曰旱魃⑩。

魑魅魍魉⑪，山川之祟⑫；神荼、郁垒，啖鬼之神⑬。

仕途偃蹇，鬼神亦为之揶揄⑭；心地光明，吉神自为之呵护⑮。

【注释】

①藏世界于一粟，佛法何其大：语本唐·吕岩（字洞宾）诗："铁牛耕地种金钱，刻石时童把贯穿。一粒粟中藏世界，二升铛内煮山川。白头老子眉垂地，碧眼胡儿手指天。若向此中玄会得，此玄玄外更无玄。"原为道家语，意为一粒谷子内有大千世界。元·辛文

房《唐才子传》卷六载韩湘诗"一瓢藏世界",与此类似。形容内涵深厚,妙义无穷,极小可容纳极大。后被佛教徒广泛引用,遂为著名偈语。宋·普济《五灯会元·吕岩洞宾真人》:"道经黄龙山,睹紫云成盖,疑有异人。乃入谒,值龙击鼓升堂。龙见,意必吕公也,欲诱而进。厉声曰:'座旁有窃法者。'吕毅然出,问:'一粒粟中藏世界,半升铛内煮山川。且道此意如何?'龙指曰:'这守尸鬼。'吕曰:'争奈囊有长生不死药。'龙曰:'饶经八万劫,终是落空亡。'吕薄讶,飞剑胁之,剑不能入。遂再拜,求指归。龙诘曰:'半升铛内煮山川即不问,如何是一粒粟中藏世界?'吕于言下顿契。作偈曰:'弃却瓢囊摵碎琴,如今不恋水中金。自从一见黄龙后,始觉从前错用心。'龙嘱令加护。"

② 贮乾坤于一壶,道法何其玄:语本晋·葛洪《神仙传·壶公》:"壶公者,不知其姓名。今世所有召军符、召鬼神治病玉斧符凡二十余卷,皆出于壶公,故总名为'壶公符'。汝南费长房为市掾时,忽见公从远方来,入市卖药,人莫识之。其卖药,口不二价。治病皆愈。语买药者曰:'服此药,必吐出某物,某日当愈。'皆如其言。得钱日收数万,而随施与市道贫乏饥冻者,所留者甚少。常悬一空壶于坐上,日入之后,公辄转足跳入壶中。人莫知所在,唯长房于楼上见之,知其非常人也。长房乃日日自扫除公座前地,及供馔物,公受而不谢。如此积久,长房不懈,亦不敢有所求。公知长房笃信,语长房曰:'至暮无人时更来。'长房如其言而往。公语长房曰:'卿见我跳入壶中时,卿便随我跳,自当得入。'长房承公言为试,展足,不觉已入。既入之后,不复见壶,但见楼观五色,重门阁道。见公左右侍者数十人。公语长房曰:'我仙人也。……'"神仙壶公在市上卖药,摊前常悬挂着一个壶,天晚了便跳进壶里。费长房跟进去看,只见壶中世界无限大,内有日月、山川、楼阁、人物。

③载鬼一车：语出《周易·睽卦》："上九，睽孤。见豕负涂，载鬼一车，先张之弧，后说之弧。匪寇，婚媾。往，遇雨则吉。"三国魏·王弼注："处睽之极，睽道未通，故曰'睽孤'。已居炎极，三处泽盛，睽之极也。以文明之极，而观至秽之物，'睽'之甚也。豕失负涂，秽莫过焉。至'睽'将合，至殊将通，恢诡谲怪，道将为一。未至于洽，先见殊怪，故'见豕负涂'，甚可秽也。见鬼盈车，吁可怪也。"唐·孔颖达疏："鬼魅盈车，怪异之甚也。"意为混淆是非，无中生有。宋·朱熹《周易本义》："载鬼一车，以无为有也。"

④高明之家，鬼阚（kàn）其室：语本《文选·扬雄〈解嘲〉》："高明之家，鬼瞰其室。"唐·李善注引东汉·李奇曰："鬼神害盈而福谦。"唐·刘良注："是知高明富贵之家，鬼神窥望其室，将害其满盈之志矣。"谓鬼神窥望显达富贵人家，将祸害其满盈之志。高明，高爽敞亮。可指楼观。亦指显贵者。《尚书·洪范》："无虐茕独，而畏高明。"西汉·孔安国传："单独者不侵虐之，宠贵者不枉法畏之。"唐·孔颖达疏："高明，谓贵宠之人。"阚，望。

⑤无鬼论，作于晋之阮瞻：语本《世说新语·方正》："阮宣子论鬼神有无者，或以人死有鬼，宣子独以为无。曰：'今见鬼者，云着生时衣服，若人死有鬼，衣服复有鬼邪？'"暨《晋书·阮籍传（附阮瞻）》："瞻素执无鬼论，物莫能难，每自谓此理足可以辩正幽明。忽有一客通名诣瞻，寒温毕，聊谈名理。客甚有才辩，瞻与之言，良久及鬼神之事，反复甚苦。客遂屈，乃作色曰：'鬼神，古今圣贤所共传，君何得独言无！即仆便是鬼。'于是变为异形，须臾消灭。"阮瞻（约281—约310），字千里，西晋陈留尉氏（今河南尉氏）人。阮咸子。清虚寡欲，善清言。王戎曾问老庄明自然，圣人贵名教，其旨同异，瞻曰"将无同"。王戎即命辟之，时人谓之"三语掾"。东海王司马越以为记室参军。晋怀帝永嘉中，为太子舍人。素执无鬼论，人莫能难。以疾卒。《晋书》称其清虚寡

欲，为人谦退。

⑥《搜神记》，撰于晋之干宝：语本《晋书·干宝传》"（宝）性好阴阳术数，留思京房、夏侯胜等传。宝父先有所宠侍婢，母甚妒忌，及父亡，母乃生推婢于墓中。宝兄弟年小，不之审也。后十余年，母丧，开墓，而婢伏棺如生，载还，经日乃苏。言其父常取饮食与之，恩情如生，在家中吉凶辄语之，考校悉验，地中亦不觉为恶。既而嫁之，生子。又宝兄尝病气绝，积日不冷，后遂悟，云见天地间鬼神事，如梦觉，不自知死。宝以此遂撰集古今神祇灵异人物变化，名为《搜神记》，凡三十卷。以示刘惔，惔曰：'卿可谓鬼之董狐。'"《搜神记》，东晋干宝编撰的志怪小说集，共三十卷，收录了大量鬼神仙怪的故事，目的是"明神道之不诬"（《搜神记》自序）。原作已散失，现在版本是由后人增缀补辑而来。干宝，字令升，两晋之际汝阴新蔡（今河南新蔡）人。以才器召为著作郎。平杜韬有功，赐爵关内侯。入东晋，领国史，累迁散骑常侍。著《晋纪》，直而能婉，称良史。好阴阳术数，因其兄长、母婢死而复生，有感而作《搜神记》，刘惔誉为"鬼之董狐"。又注《周官》《周易》。

⑦颜子渊、卜子夏，死为地下修文郎：语本《太平广记（卷三百十九）·鬼四》引晋·王隐《晋书》："苏韶，字孝先，安平人也，仕至中牟令。卒，韶伯父承，为南中郎军司而亡。诸子迎丧还，到襄城，第九子节，夜梦见卤簿，行列甚肃，见韶。……韶曰：'言天上及地下事，亦不能悉知也。颜渊、卜商，今见在为修文郎。'"《太平御览》卷八百八十三亦载。又，唐·许嵩《建康实录》卷七："案《三十国春秋》：是年天台令苏韶卒。卒后，韶从弟节见韶乘马昼日而行，着黑介帻黄彩单衣。节问曰：'兄何由来？'韶曰：'欲改葬。'节因问幽冥之事。韶曰：'死者为鬼，俱行天地之中。在人间而不与生者接。颜回、卜商，今见为修文郎。死之与生，略无有异。'"颜子

渊，即颜回（前521—前490？），字子渊，春秋末期鲁国人。贫而好学，以德行著称。比孔子小三十岁，是孔子最器重的弟子。《史记·仲尼弟子列传》说他"年二十九，发尽白，蚤（早）死。孔子哭之恸"。后世尊之为"复圣"。卜子夏，卜商，字子夏，孔子弟子。见前《衣服》篇"卜子夏甚贫，鹑衣百结"条注。修文郎，传说中阴司里掌管著作的官吏。

⑧韩擒虎、寇莱公，死作阴司阎罗王：语本《隋书·韩擒虎传》："无何，其邻母见擒门下仪卫甚盛，有同王者，母异而问之。其中人曰：'我来迎王。'忽然不见。又有人疾笃，忽惊走至擒家曰：'我欲谒王。'左右问曰：'何王也？'答曰：'阎罗王。'擒子弟欲挞之，擒止之曰：'生为上柱国，死作阎罗王，斯亦足矣。'因寝疾，数日竟卒，时年五十五。"宋·阙名《锦绣万花谷·前集》卷二十六："寇莱公有妾蒨桃，随南迁，再移光州。蒨桃泣曰：'妾前世师事仙人，为侠。今将别去，敢有所托，愿葬杭州天竺寺。'莱公诺曰：'吾去非久也，何之？'桃曰：'吾向不言，恐泄阴理。今欲去，言亦无害。公当为地下主者，浮提王也。'公不久亦亡。有王克勤，见公于曹州境上，拥驴北去，克勤询后骑曰：'公何往？'曰：'阎浮提王交政也。'果为阎罗王矣。"韩擒虎（538—592），一名豹，字子通，本籍东垣（在今河北石家庄东北），后家新安（治在今河南义马）。隋初名将。韩雄子。容仪魁伟，有胆略，好读书，经史诸子略知其旨。仕北周，袭父爵，以军功迁和州刺史。入隋，文帝欲图江南，特拜擒虎为庐州总管，委以平陈之任。伐陈为先锋，直捣金陵，执陈后主。进位上柱国，封寿光县公，终凉州总管。传说韩擒虎去世前，有鬼神来迎他上任做阎罗王。寇莱公，北宋宰相寇准，字平仲，封莱国公。见前《宫室》篇"寇莱公庭除之外，只可栽花"条注。阎罗王，也称"阎王""阎罗天子"等。佛教传说中掌管地狱的神王之一。明·李诩《戒庵老人漫笔·论十王荐亡之

诞》：“一云，佛言琰魔罗，盖主捺落迦者，止一琰魔罗王耳。阎罗盖琰魔罗之讹也。余十八王见于阿含等经，名皆梵语。……十王（传说地狱十王）之说，不知起于何时。”

⑨社稷：土神和谷神。《周礼·春官·大宗伯》：“以血祭祭社稷、五祀、五岳。”东汉·郑玄注：“社稷，土谷之神，有德者配食焉。共工氏之子曰‘句龙’，食于社。有厉山氏之子曰‘柱’，食于稷。汤迁之而祀弃。”古代中国以农业立国，最重祭祀土地和谷物。以共工氏之子句龙为后土（土神）。商汤之前，以厉山氏之子柱为后稷（谷神）；商汤之后，以弃为后稷。

⑩旱魃（bá）：神话传说中能引起干旱的鬼怪。《诗经·大雅·云汉》：“旱魃为虐，如惔如焚。”唐·孔颖达疏：“《神异经》曰：‘南方有人，长二三尺，袒身，而目在顶上，走行如风，名曰“魃”，所见之国大旱，赤地千里，一名“旱母”。’”又，《山海经·大荒北经》：“蚩尤请风伯雨师，纵大风雨。黄帝乃下天女曰‘魃’，雨止，遂杀蚩尤。魃不得复上，所居不雨。”

⑪魑魅魍魉（chī mèi wǎng liǎng）：害人的鬼怪的统称。《文选·张衡〈西京赋〉》：“魑魅魍魉，莫能逢旃。”唐·李善注：“杜预曰：‘螭，山神，兽形。’‘魅，怪物。’魍魉，水神。”一说“魍魉”为木石之怪或疫神。

⑫祟（suì）：鬼神带来的祸害。《庄子·天道》：“一心定而王天下，其鬼不祟。”

⑬神荼（shēn shū）、郁垒（lǜ），啖（dàn）鬼之神：语本东汉·王充《论衡·订鬼》：“《山海经》又曰：沧海之中，有度朔之山。上有大桃木，其屈蟠三千里，其枝间东北曰‘鬼门’，万鬼所出入也。上有二神人，一曰神荼，一曰郁垒，主阅领万鬼。恶害之鬼，执以苇索，而以食虎。于是黄帝乃作礼以时驱之，立大桃人，门户画神荼、郁垒与虎，悬苇索以御凶魅。”又，《论衡·乱龙》：“上古之人，

有神荼、郁垒者，昆弟二人，性能执鬼，居东海度朔山上，立桃树下，简阅百鬼。鬼无道理，妄为人祸，荼与郁垒缚以卢索，执以食虎。故今县官斩桃为人，立之户侧；画虎之形，着之门阑。夫桃人，非荼、郁垒也；画虎，非食鬼之虎也，刻画效象，冀以御凶。"神荼、郁垒，传说中能制伏恶鬼的两位神人。啖，吃。

⑭仕途偃蹇（jiǎn），鬼神亦为之揶揄：语本《世说新语·任诞》"襄阳罗友有大韵"南朝梁·刘孝标注引《晋阳秋》曰："友字它仁，襄阳人。少好学，不持节检。性嗜酒，当其所遇，不择士庶。又好伺人祠，往乞余食，虽复营署庐肆，不以为羞。桓温常责之云：'君太不逮！须食，何不就身求？乃至于此！'友傲然不屑，答曰：'就公乞食，今乃可得，明日已复无。'温大笑之。始仕荆州，后在温府，以家贫乞禄。温虽以才学遇之，而谓其诞肆，非治民才，许而不用。后同府人有得郡者，温为席起别，友至尤晚。问之，友答曰：'民性饮道嗜味，昨奉教旨，乃是首旦出门，于中路逢一鬼，大见揶揄，云："我只见汝送人作郡，何以不见人送汝作郡？"民始怖终惭，回还以解，不觉成淹缓之罪。'温虽笑其滑稽，而心颇愧焉。后以为襄阳太守，累迁广、益二州刺史。在藩举其宏纲，不存小察，甚为吏民所安说。薨于益州。"东晋罗友仕途坎坷，说曾在路上遇见一个鬼，鬼嘲笑他说："只看见你送别人做郡守，为什么就不见别人送你做郡守呢？"偃蹇，困苦艰难，人生不顺利。揶揄，嘲笑，戏弄。

⑮心地光明，吉神自为之呵护：语本宋·李昌龄《太上感应篇》："夫心起于善，善虽未为，而吉神已随之。"吉神，掌吉善之神。《山海经·中山经》："九水出焉，合而北流注于河。其中多苍玉，吉神泰逢司之。"晋·郭璞注："吉，犹善也。"呵护，指神灵庇护、保佑。

【译文】

把世界藏到一粒粟米之中，佛法是多么宏大；将乾坤藏在一把壶之内，道法是多么玄妙。

　　只要是荒诞胡说的言论，便可以用"载鬼一车"来形容；无论多么显赫的权贵人家，都有鬼神在上监视窥探。

　　"无鬼论"，由晋朝阮瞻始创；《搜神记》，是晋朝干宝所写。

　　颜回、子夏，死后成为阴曹地府的修文郎；韩擒虎、寇准，死后成为阴曹地府的阎罗王。

　　此外：土神和谷神，合称"社稷"；带来旱灾的鬼神，叫"旱魃"。

　　"魑魅魍魉"，指带来祸害的各种山神水怪；"神荼""郁垒"，是能吃恶鬼的门神。

　　仕途坎坷、做官不顺，连鬼神都会揶揄嘲笑；心地善良、光明磊落，吉神自然会关怀庇护。

鸟兽

【题解】

本篇70联，讲的都是和鸟兽有关的成语典故。

　　麟为毛虫之长①，虎乃兽中之王②。

　　麟凤龟龙，谓之四灵③；犬、豕与鸡，谓之三物④。

　　骕骦、骅骝⑤，良马之号；太牢、大武⑥，乃牛之称。

　　羊曰柔毛，又曰长髯主簿⑦；豕名刚鬣，又名乌喙将军⑧。

　　鹅名舒雁⑨，鸭号家凫⑩。

　　鸡有五德，故称之为德禽⑪；雁性随阳，因名之曰阳鸟⑫。

　　家豹、乌圆⑬，乃猫之誉；韩卢、楚犷⑭，皆犬之名。

　　麒麟、驺虞⑮，皆好仁之兽；螟螣、蟊贼，皆害苗之虫⑯。

【注释】

① 麟为毛虫之长：语本《大戴礼记·易本命》："有羽之虫三百六十，而凤皇为之长；有毛之虫三百六十，而麒麟为之长；有甲之虫三百六十，而神龟为之长；有鳞之虫三百六十，而蛟龙为之长；倮之虫三百六十，而圣人为之长，此乾坤之美类，禽兽万物之数也。"又，《孔子家语·执辔》："羽虫三百有六十，而凤为之长；毛虫三百有六十，而麟为之长；甲虫三百有六十，而龟为之长；鳞虫三百有六十，而龙为之长；倮虫三百有六十，而人为之长。此乾坤之美也，殊形异类之数。"麟，麒麟，古代传说中的一种动物。形状像鹿，头上有角，全身有鳞甲，尾像牛尾。古人以为仁兽、瑞兽，象征祥瑞。《诗经·周南·麟之趾》篇，唐·孔颖达疏："《释兽》云：'麟，麕身，牛尾，一角。'京房《易》传曰：'麟，麕身，牛尾，马蹄，有五彩，腹下黄，高丈二。'陆机《疏》：'麟，麕身，牛尾，马足，黄色，员蹄，一角，角端有肉。音中钟吕，行中规矩，游必择地，详而后处。不履生虫，不践生草，不群居，不侣行，不入陷阱，不罹罗网。王者至仁则出。今并州界有麟，大小如鹿，非瑞应麟也。故司马相如赋曰"射麇脚麟"，谓此麟也。'"毛虫，指兽类。东汉·王充《论衡·遭虎》："夫虎，毛虫；人，倮虫。"

② 虎乃兽中之王：语本东汉·应劭《风俗通义·祀典》："虎者，阳物，百兽之长也，能执搏挫锐，噬食鬼魅。"又，《说文解字》："虎，山兽之君。"

③ 麟凤龟龙，谓之四灵：语本《礼记·礼运》："何谓四灵？麟、凤、龟、龙，谓之'四灵'。"唐·孔颖达疏："谓之'灵'者，谓神灵。以此四兽皆有神灵，异于他物，故谓之'灵'。"

④ 三物：指豕（shǐ）、犬、鸡三种动物，古时祭祀、证盟所用。《诗经·小雅·何人斯》："出此三物，以诅尔斯。"毛传："三物，豕、犬、鸡也。"豕，猪。

⑤騄駬（lù ěr）、骅骝（huá liú）：都是传说中的良马。后来也以此泛指骏马。《史记·秦本纪》："造父以善御幸于周缪王，得骥、温骊、骅骝、騄耳之驷，西巡狩，乐而忘归。"

⑥太牢、大武：都指祭祀用的牛。《大戴礼记·曾子天圆》："诸侯之祭，牲牛，曰'太牢'；大夫之祭，牲羊，曰'少牢'；士之祭，牲特豕，曰'馈食'。"《礼记·曲礼下》："凡祭宗庙之礼，牛曰'一元大武'。"东汉·郑玄注："元，头也。武，迹也。"唐·孔颖达疏："'牛曰一元大武'者，元，头也；武，迹也。牛若肥则脚大，脚大则迹痕大，故云'一元大武'也。"

⑦羊曰柔毛，又曰长髯主簿：柔毛，祭祀所用的羊。《礼记·曲礼下》："凡祭宗庙之礼。……羊曰'柔毛'。"唐·孔颖达疏："'羊曰柔毛'者，若羊肥则毛细而柔弱，故王云：'柔毛，言肥泽也。'"长髯主簿，羊的别称。《初学记（卷二十九）·兽部·羊》引晋·崔豹《古今注》："羊一名'长髯主簿'。"按，今本《古今注·鸟兽》作"髯须主簿"。

⑧豕名刚鬣（liè），又名乌喙（huì）将军：《礼记·曲礼下》："凡祭宗庙之礼，……豕曰'刚鬣'。"唐·孔颖达疏："'豕曰刚鬣'者，豕肥则毛鬣刚大也。王云：'刚鬣，言肥大也。'"刚鬣，祭祀所用的猪。鬣，指长而粗硬的毛。乌喙将军，猪的别称。似为"长喙参军"之讹。《太平御览（卷九百三）·兽部十五·豕》："崔豹《古今注》曰：'猪一名（长）喙，一名参军。'"乌喙，形容嘴巴（像乌鸟一样）又尖又长。"乌喙"为成词，但古人似无以"乌喙"称猪之例。

⑨舒雁：鹅的别称。《尔雅·释鸟》："舒雁，鹅。"《礼记·内则》："舒雁翠，鹌鹑胖。"东汉·郑玄注："舒雁，鹅也。"舒，形容其行走迟缓。

⑩家凫（fú）：家鸭的别称。凫，野鸭。《尔雅·释鸟》："舒凫，鹜也。"晋·郭璞注："鸭也。"郝懿行疏："谓之舒者，以其行步舒迟也。"《诗经·郑风·女曰鸡鸣》："将翱将翔，弋凫与雁。"朱子集传：

"凫,水鸟,如鸭,青色,背上有文。"

⑪鸡有五德,故称之为德禽:语本《韩诗外传》卷二:"君独不见夫鸡乎? 首戴冠者,文也。足傅距者,武也。敌在前敢斗者,勇也。得食相告,仁也。守夜不失时,信也。鸡有此五德。……"文亦见于《新序·杂事》,而小有异同。鸡有五德,鸡有文、武、勇、仁、信五种美德。

⑫雁性随阳,因名之曰阳鸟:语本《尚书·禹贡》:"淮海惟扬州。彭蠡既猪(潴),阳鸟攸居。"西汉·孔安国传:"彭蠡,泽名。随阳之鸟,鸿雁之属,冬月所居于此泽。"唐·孔颖达疏:"日之行也,夏至渐南,冬至渐北,鸿雁之属,九月而南,正月而北,左思《蜀都赋》所云'木落南翔,冰泮北徂'是也。日,阳也,此鸟南北与日进退,随阳之鸟,故称'阳鸟',冬月所居于此彭蠡之泽也。"雁性随阳,雁为候鸟,随季节迁徙至温暖的地区,因而古人称其个性"随阳",为"阳鸟"。

⑬家豹:猫的别称。古人称猫为"家狸""家豹"。明·李时珍《本草纲目》卷五十一上"猫"条释名:"家狸。"称猫为"家狸"较常见。称猫为"家豹"者,见《古宿尊禅师语录(卷五)·杂偈·家豹》:"毛虫之类许多般。寝食同人得几然。有问何缘当若是,诗书无恙赖渠眠。"因"家豹"一词不常见,他本《幼学琼林》或改"家豹"为"家狸",大可不必。乌圆:猫的别称。唐·段成式《酉阳杂俎·支动》:"猫,目睛暮圆,及午,竖敛如綖,其鼻端常冷,惟夏至一日暖。其毛不容蚤虱。黑者,暗中逆循其毛,即若火星。俗言猫洗面过耳则客至。楚州射阳出猫有褐花者,灵武有红叱拨及青骢色者,猫,一名蒙贵,一名乌员。"乌员,同"乌圆",或指其目睛暮圆。

⑭韩卢:亦作"韩子卢"。良犬的别称。《战国策·齐策三》:"齐欲伐魏。淳于髡谓齐王曰:'韩子卢者,天下之疾犬也。东郭逡者,

海内之狡兔也。韩子卢逐东郭逡,环山者三,腾山者五,兔极于前,犬废于后,犬兔俱罢,各死其处。田父见之,无劳倦之苦,而擅其功。今齐、魏久相持,以顿其兵,弊其众,臣恐强秦、大楚承其后,有田父之功。'齐王惧,谢将休士也。"《战国策·秦策三》:"以秦卒之勇,车骑之多,以当诸侯,譬若驰韩卢而逐蹇兔也。"韩卢,宋·鲍彪注:"俊犬名。《博物志》:'韩有黑犬,名卢。'"楚犷(guǎng):也作"楚黄"。楚国有良犬名"茹黄"。《吕氏春秋·贵直论·直谏》:"荆文王得茹黄之狗,宛路之矰,以畋于云梦,三月不反。"犷,形容兽类凶猛。《说文解字》:"犷,犬犷犷不可附也。"清·段玉裁注:"《吕氏春秋》'荆文王得茹黄之狗',《说苑》作'如黄'。《广雅》犬属有'楚黄',《广韵》作'楚獷',《经典释文》作'楚犷',实一字也。引伸为凡粗恶貌之称。《汉书》曰:'犷犷亡秦。'"《经典释文(卷三十)·尔雅音义·释畜·獒》:"《广雅》云'殷虞''晋獒''楚犷''韩狯''宋狋',皆良犬也。"

⑮驺(zōu)虞:传说中的义兽名。不吃活物,不踏生草。《诗经·召南·驺虞》:"彼茁者葭,壹发五豝,于嗟乎驺虞!"毛传:"驺虞,义兽也。白虎黑文,不食生物,有至信之德则应之。"

⑯螟(míng)螣(tè)、蟊(máo)贼,皆害苗之虫:语本《诗经·小雅·大田》:"去其螟螣,及其蟊贼,无害我田稚。"毛传:"食心曰'螟',食叶曰'螣'。食根曰'蟊',食节曰'贼'。"郑笺:"此四虫者,恒害我田中之稚禾。"螟、螣、蟊、贼,都是吃庄稼的害虫。螣,同"蟘"。

【译文】

麒麟是兽族领袖,虎是百兽之王。

麒麟、凤凰、乌龟和龙,并称"四灵";狗、猪和鸡,并称"三物"。

"骙骃""骅骝",是骏马的名号;"太牢""大武",是牛的别称。

羊,称为"柔毛",又叫"长髯主簿";猪,名叫"刚鬣",又称"乌喙将军"。

鹅又称"舒雁",鸭也叫"家凫"。

鸡有五种德行,因而叫它"德禽";大雁性喜温暖,逐阳气而迁徙,因而叫它"阳鸟"。

"家豹"和"乌圆",都是猫的美称;"韩卢"和"楚犷",都是狗的别名。

麒麟和驺虞,都是仁义的神兽;螟、螣、蟊、贼,都是吃庄稼的害虫。

无肠公子,螃蟹之名①;绿衣使者,鹦鹉之号②。

狐假虎威,谓借势而为恶③;养虎贻患,谓留祸之在身④。

犹豫多疑⑤,喻人之不决;狼狈相倚⑥,比人之颠连⑦。

胜负未分,不知鹿死谁手⑧;基业易主,正如燕入他家⑨。

雁到南方,先至为主,后至为宾⑩;雉名陈宝,得雄则王,得雌则霸⑪。

刻鹄类鹜,为学初成;画虎类犬,弄巧反拙⑫。

美恶不称,谓之狗尾续貂⑬;贪图不足,谓之蛇欲吞象⑭。

祸去祸又至,曰前门拒虎,后门进狼⑮;除凶不畏凶,曰不入虎穴,焉得虎子⑯。

【注释】

①无肠公子,螃蟹之名:语本晋·葛洪《抱朴子内篇·登涉》:"山中寅日,有自称虞吏者,虎也;称当路君者,狼也;称令长者,老狸也。卯日,称丈人者,兔也;称东王父者,麋也;称西王母者,鹿也。辰日,称雨师者,龙也;称河伯者,鱼也;称无肠公子者,蟹也。"后遂以"无肠公子"为螃蟹的别称。宋·高似孙《蟹略》卷一:"外甚刚果,若奋矛甲。中实柔脆,殊无他肠。人皆爱之,称其为'无肠公子'。"

②绿衣使者,鹦鹉之号:语本五代·王仁裕《开元天宝遗事·鹦鹉
告事》:"长安城中有豪民杨崇义者,家富数世,服玩之属,僭于王
公。崇义妻刘氏有国色,与邻舍儿李弇私通,情甚于夫,遂有意欲
害崇义。忽一日,醉归寝于室中,刘氏与李弇同谋而害之,埋于枯
井中。其时仆妾辈并无所觉,惟有鹦鹉一只在堂前架上。洎杀崇
义之后,其妻却令童仆四散出寻觅其夫,遂经府陈词,言其夫不
归,窃恐为人所害。府县官吏日夜捕贼,涉疑之人及童仆辈经拷
捶者百数人,莫究其弊。后来县官等再诣崇义家检校,其架上鹦
鹉忽然声屈。县官遂取于臂上,因问其故。鹦鹉曰:'杀家主者,
刘氏、李弇也。'官吏等遂执缚刘氏,及捕李弇下狱,备招情款。
府尹具事案奏闻,明皇叹讶久之。其刘氏、李弇依刑处死,封鹦鹉
为'绿衣使者',付后官养喂。张说后为《绿衣使者传》,好事者传
之。"唐代长安富豪杨崇义妻刘氏和邻人李弇私通,谋杀杨崇义。
官府到杨家勘察,架上鹦鹉忽作人言,说杀害家主的是刘氏和李
弇,案情于是大白。唐玄宗因封鹦鹉为"绿衣使者",交付后官喂
养,张说为之作《绿衣使者传》。后因以"绿衣使者"为鹦鹉之
别名。

③狐假虎威,谓借势而为恶:语本《战国策·楚策一》:"虎求百兽而
食之,得狐,狐曰:'子无敢食我也。天帝使我长百兽,今子食我,
是逆天帝命也。子以我为不信,吾为子先行,子随我后,观百兽之
见我而敢不走乎?'虎以为然,故遂与之行。兽见之皆走。虎不
知兽畏己而走也,以为畏狐也。"后因以"狐假虎威"喻仰仗别人
的威势或倚仗别人威势来欺压人。

④养虎贻(yí)患,谓留祸之在身:语本《史记·项羽本纪》:"项王乃
与汉约,中分天下,割鸿沟以西者为汉,鸿沟而东者为楚。……项
王已约,乃引兵解而东归。汉欲西归,张良、陈平说曰:'汉有天下
太半,而诸侯皆附。楚兵罢食尽,此天亡楚之时也,不如因其机

而遂取之。今释弗击，此所谓"养虎自遗患"也。'汉王听之。"养虎贻患，也作"养虎自遗患"，比喻纵容敌人，自留后患。贻，遗留。

⑤犹豫多疑：形容迟疑不决、疑心过重的样子。《离骚》："心犹豫而狐疑。"南北朝·颜之推《颜氏家训·书证》："《礼》云：'定犹豫，决嫌疑。'《离骚》曰：'心犹豫而狐疑。'先儒未有释者。案：《尸子》曰：'五尺犬为"犹"。'《说文》云：'陇西谓犬子为"犹"。'吾以为人将犬行，犬好豫在人前，待人不得，又来迎候，如此往还，至于终日，斯乃豫之所以为未定也，故称'犹豫'。或以《尔雅》曰：'犹如麂，善登木。'犹，兽名也。既闻人声，乃豫缘木，如此上下，故称'犹豫'。狐之为兽，又多猜疑，故听河冰无流水声，然后敢渡。今俗云：'狐疑，虎卜。'则其义也。"按，"犹豫"为双声字，以声取义，本无定字，故亦作"犹与""由与""尤与""犹夷"等。旧说以"犹""豫"为二兽名，性皆多疑，非是。参阅清·黄生《义府·犹豫》。

⑥狼狈：狈是传说中的一种似狼动物，前足很短，必须依靠狼来行动。唐·段成式《酉阳杂俎·广动植·毛篇》："或言狼、狈是两物。狈前足绝短，每行常驾两狼，失狼则不能动。故世言事乖者称'狼狈'。"狼狈，常喻境况艰难窘迫。《后汉书·任光传》："更始二年春，世祖自蓟还，狼狈不知所向，传闻信都独为汉拒邯郸，即驰赴之。"《三国志·蜀书·马超传》："康故吏民杨阜、姜叙、梁宽、赵衢等，合谋击超。……（超）进退狼狈，乃奔汉中依张鲁。"

⑦颠连：形容陷入困境，诸事不顺的样子。宋·张载《西铭》："凡天下疲癃残疾，茕独鳏寡，皆吾兄弟之颠连而无告者也。"

⑧胜负未分，不知鹿死谁手：语本《晋书·载记·石勒》："勒因飨高句丽、宇文屋孤使，酒酣，谓徐光曰：'朕方自古开基何等主也？'对曰：'陛下神武筹略迈于高皇，雄艺卓荦超绝魏祖，自三王已来

无可比也，其轩辕之亚乎！'勒笑曰：'人岂不自知，卿言亦以太过。朕若逢高皇，当北面而事之，与韩彭竞鞭而争先耳。脱遇光武，当并驱于中原，未知鹿死谁手。大丈夫行事当磊磊落落，如日月皎然，终不能如曹孟德、司马仲达父子，欺他孤儿寡妇，狐媚以取天下也。朕当在二刘之间耳，轩辕岂所拟乎！'其群臣皆顿首称万岁。"南北朝时期后赵开国皇帝石勒说，如果让自己和汉光武帝刘秀争夺天下，不好说谁输谁赢。因《史记》中有"秦失其鹿，天下共逐之"之语，后来常以"逐鹿"比喻对权力的争夺。未知鹿死谁手，意即胜负输赢难定，不知道天下当为何人所得。

⑨基业易主，正如燕入他家：语本唐•刘禹锡《乌衣巷》："朱雀桥边野草花，乌衣巷口夕阳斜。旧时王谢堂前燕，飞入寻常百姓家。"乌衣巷，在今江苏南京秦淮河南。东晋时王、谢等望族居此，因著闻。唐代刘禹锡过乌衣巷时，东晋王、谢世家早已败落，故以"燕入他家"比喻门阀世族败落，基业易主。

⑩"雁到南方"三句：语本元•陈澔《礼记集说•月令》"鸿雁来宾"句下注："雁以仲秋先至者为主，季秋后至者为宾。如先登者为主人，从之以登者为客也。"《礼记•月令》："季秋之月，……鸿雁来宾，爵入大水为蛤。"历代经师，意见分歧甚大。清•李汝珍《镜花缘》第十七回"因字声粗谈切韵，闻雁唉细问来宾"，借唐敖之口，述之甚详：正在谈论，忽听天边雁声嘹亮。唐敖道："此时才交初夏，鸿雁从何而来？可见各处时令自有不同。"只见红衣女子道："婢子因这雁声，偶然想起《礼记》'鸿雁来宾'，郑康成注解及《吕览》《淮南》诸注，各有意见。请教大贤，应从某说为是？"多九公见问，虽略略晓得，因记不清楚，难以回答。唐敖道："老夫记得郑康成注《礼记》，谓'季秋鸿雁来宾'者，言其客止未去，有似宾客，故曰'来宾'。而许慎注《淮南子》，谓先至为主，后至为宾。迨高诱注《吕氏春秋》，谓'鸿雁来'为一句，'宾爵入大

水为蛤'为一句，盖以仲秋来的是其父母，其子羽翼稚弱，不能随从，故于九月方来；所谓'宾爵'者，就是老雀，常栖人堂宇，有似宾客，故谓之'宾爵'。鄙意'宾爵'二字，见之《古今注》，虽亦可连；但按《月令》，仲秋已有'鸿雁来'之句，若将'宾'字截入下句，季秋又是'鸿雁来'，未免重复。如谓仲秋来的是其父母，季秋来的是其子孙，此又谁得而知？况《夏小正》于'雀入于海为蛤'之句上无'宾'字，以此更见高氏之误。据老夫愚见，似以郑注为当。才女以为何如？"两个女子一齐点头道："大贤高论极是。可见读书人见解自有不同，敢不佩服！"

⑪"雉名陈宝"三句：语本晋·干宝《搜神记》卷八："秦穆公时，陈仓人掘地得物，若羊非羊，若猪非猪。牵以献穆公，道逢二童子。童子曰：'此名为"媪"，常在地食死人脑。若欲杀之，以柏插其首。'媪曰：'彼二童子名为"陈宝"，得雄者王，得雌者伯。'陈仓人舍媪，逐二童子。童子化为雉，飞入平林。陈仓人告穆公。穆公发徒大猎，果得其雌。又化为石，置之汧、渭之间。至文公时，为立祠陈宝。其雄者飞至南阳，今南阳雉县是其地也。秦欲表其符，故以名县。每陈仓祠时，有赤光长十余丈，从雉县来，入陈仓祠中，有声殷殷如雄雉。其后光武起于南阳。"《艺文类聚》卷九十、《太平御览》卷九百十七、《太平广记》卷四百六十一亦载，皆云出自《列异传》。《搜神记》或亦本之《列异传》。相传春秋秦穆公时。神物"陈宝"变化成两个童子，被另一种神怪"媪"揭穿身份，说得到雄的可以成王，得到雌的可以成霸。真身被揭穿后，陈宝变成雉（野鸡）飞走了。秦穆公派人大肆追捕，捉住了雌的，但变成了石头。到秦文公时，为之立祠。雄的飞到了南阳雉县，后来此地出了汉光武帝刘秀。雉，鸟名。俗称"野鸡"。陈宝，古代传说中的神名。本体为雉。"陈宝"一词，见于《史记·秦本纪》："（文公）十九年，得陈宝。"唐·司马贞索隐："按，《汉书·郊

祀志》云：文公获若石云，于陈仓北阪城祠之，其神来，若雄雉，其声殷殷云，野鸡夜鸣，以一牢祠之，号曰‘陈宝’。”唐·张守节正义：“《括地志》云：‘宝鸡祠在岐州陈仓县东二十里故陈仓城中。’《晋太康地志》云：‘秦文公时，陈仓人猎得兽，若彘，不知名，牵以献之。逢二童子，童子曰："此名为媚，常在地中，食死人脑。即欲杀之，拍捶其首。"媚亦语曰："二童子名陈宝，得雄者王，得雌者霸。"陈仓人乃逐二童子，化为雉，雌上陈仓北阪，为石，秦祠之。《搜神记》云：‘其雄者飞至南阳，其后光武起于南阳。’皆如其言也。《史记·封禅书》：“作鄜畤后九年，（秦）文公获若石云，于陈仓北阪城祠之。其神或岁不至，或岁数来，来也常以夜，光辉若流星，从东南来集于祠城，则若雄鸡，其声殷云，野鸡夜雊。以一牢祠，命曰‘陈宝’。”唐·司马贞索隐引《列异传》云：“陈仓人得异物以献之，道遇二童子，云：‘此名为媚，在地下食死人脑。’媚乃言云：‘彼二童子名陈宝，得雄者王，得雌者伯。’乃逐童子，化为雉。秦穆公大猎，果获其雌，为立祠。”东汉·张衡《西京赋》：“岐梁汧雍，陈宝鸣鸡在焉。”北魏·郦道元《水经注·渭水》：“县有陈仓山，山上有陈宝鸡鸣祠。昔秦文公感伯阳之言，游猎于陈仓，遇之于此坂，得若石焉，其色如肝，归而宝祠之，故曰‘陈宝’。其来也，自东南晖晖声若雷，野鸡皆鸣，故曰‘鸡鸣神’也。”

⑫ “刻鹄（hú）类鹜（wù）”四句：语本《后汉书·马援传》：“初，兄子严、敦并喜讥议，而通轻侠客。援前在交阯，还书诫之曰：‘吾欲汝曹闻人过失，如闻父母之名，耳可得闻，口不可得言也。好论议人长短，妄是非正法，此吾所大恶也，宁死不愿闻子孙有此行也。汝曹知吾恶之甚矣，所以复言者，施衿结褵，申父母之戒，欲使汝曹不忘之耳。龙伯高敦厚周慎，口无择言，谦约节俭，廉公有威，吾爱之重之，愿汝曹效之。杜季良豪侠好义，忧人之忧，乐人

之乐,清浊无所失,父丧致客,数郡毕至,吾爱之重之,不愿汝曹效也。效伯高不得,犹为谨敕之士,所谓刻鹄不成尚类鹜者也。效季良不得,陷为天下轻薄子,所谓画虎不成反类狗者也。讫今季良尚未可知,郡将下车辄切齿,州郡以为言,吾常为寒心,是以不愿子孙效也。'"刻鹄类鹜,"刻鹄不成尚类鹜"之简称。天鹅雕得虽然不太成功,但好歹像是野鸭,比喻仿效虽不逼真,但还相似。画虎类犬,"画虎不成反类狗"之简称。老虎画得太不成功,像是狗,比喻仿效失真,适得其反。弄巧成拙,本欲取巧,结果反而坏了事。

⑬狗尾续貂:典出《晋书·赵王伦传》:"伦从兵五千人,入自端门,登太极殿,满奋、崔随、乐广进玺绶于伦,乃僭即帝位,大赦,改元建始。是岁,贤良方正、直言、秀才、孝廉、良将皆不试;计吏及四方使命之在京邑者,太学生年十六以上及在学二十年,皆署吏;郡县二千石令长赦日在职者,皆封侯;郡纲纪并为孝廉,县纲纪为廉吏。以世子荂为太子,馥为侍中、大司农、领护军、京兆王,虔为侍中、大将军领军、广平王,诩为侍中、抚军将军、霸城王,孙秀为侍中、中书监、骠骑将军、仪同三司,张林等诸党皆登卿将,并列大封。其余同谋者咸超阶越次,不可胜纪,至于奴卒厮役亦加以爵位。每朝会,貂蝉盈坐,时人为之谚曰:'貂不足,狗尾续。'"古代近侍官员以貂尾为冠饰,西晋赵王伦篡位时,滥封官爵,貂尾不足,便用狗尾替代。后来以此讽刺以次充好,前后不相称。多指文学艺术作品。

⑭蛇欲吞象:语本《山海经·海内南经》:"巴蛇食象,三岁而出其骨,君子服之,无心腹之疾。其为蛇,青黄赤黑。一曰黑蛇青首,在犀牛西。"《山海经》记载,有一种大蛇名为"巴蛇",能吞下大象,三年后才排出象骨。后来以此讽刺过分贪婪。谚语称:"人心不足蛇吞象。"

⑮前门拒虎，后门进狼：亦作"前门去虎，后门进狼"，省作"拒虎进狼"。当是古谚语，比喻一害刚去，又来一害。旧注："汉和帝年方十四，乃能收窦氏，足继孝昭之烈。惜其与宦官郑众谋之，以启中常侍亡汉之阶。胡致堂曰：'窦氏虽除，而寺人之权，从兹盛矣。谚曰："前门拒虎，后门进狼"，此之谓欤。'"按，今传本宋·胡寅《致堂读史管见》卷三论汉和帝与郑众诛窦宪事甚详，而无"前门拒虎，后门进狼"之谚。《钦定古今图书集成（第三百七十九卷）·理学汇编经籍典》引明·顾充《历朝捷录》（东汉总论），有"所可恨者，诛宪之举，谋于郑众，而勾盾令封侯，以梯十常侍亡汉之阶，似乎拒虎而进狼耳"之语。"前门拒虎，后门进狼"，常被明人引用。明·李贽《史纲评要·周纪·显王》："前门拒虎，后门进狼，未知是祸是福。"

⑯不入虎穴，焉得虎子：语本《后汉书·班超传》："超曰：'不入虎穴，不得虎子。当今之计，独有因夜以火攻虏，使彼不知我多少，必大震怖，可殄尽也。灭此虏，则鄯善破胆，功成事立矣。'"老虎的洞穴非常危险，但不进去就不能抓到小老虎，比喻不冒风险就不能获得巨大的成功。东汉班超出使西域时，曾以此语激励随从氏族，在鄯善剿灭匈奴使者及随从。

【译文】

"无肠公子"，是螃蟹的别名；"绿衣使者"，是鹦鹉的称号。

"狐假虎威"，是说借他人权势作恶；"养虎贻患"，是指把祸患留在身边。

"犹豫多疑"，形容人难以抉择；"狼狈相倚"，比喻人处境艰难。

胜负还未分出，不知道"鹿死谁手"；基业换了主人，正好比"燕入他家"。

大雁飞向南方，先到的是主，后到的是客；神雉野鸡名叫"陈宝"，得到雄雉可以称王，得到雌雉可以称霸。

　　把天鹅刻得像野鸭，比喻初学者技能不够娴熟；把老虎画得像狗，比喻弄巧成拙。

　　前好后坏、美丑不相称，叫作"狗尾续貂"；贪得无厌，称为"蛇欲吞象"。

　　一祸才去，一祸又来，叫"前门拒虎，后门进狼"；志在铲除凶恶的敌人，不畏凶险，称"不入虎穴，焉得虎子"。

　　鄙众趋利，曰群蚁附膻①；谦己爱儿，曰老牛舐犊②。

　　无中生有，曰画蛇添足③；进退两难，曰羝羊触藩④。

　　杯中蛇影，自起猜疑⑤；塞翁失马，难分祸福⑥。

　　龙驹凤雏，晋闵鸿夸吴中陆士龙之异⑦；伏龙凤雏，司马徽称孔明、庞士元之奇⑧。

　　吕后断戚夫人手足，号曰人彘⑨；胡人腌契丹王尸骸，谓之帝羓⑩。

　　人之狠恶，同于梼杌；人之凶暴，类于穷奇⑪。

【注释】

①鄙众趋利，曰群蚁附膻（shān）：语本唐·卢坦《与李渤拾遗书》："大凡今之人，奔分寸之禄，走丝毫之利，如群蚁之附腥膻，聚蛾之投爝火。取不为丑，贪不避死。得以为荣，失以为辱。不由道以进退，不量能以授受。"群蚁附膻，像虫蚁一样被腥膻的气味吸引，比喻趋附于邪恶、低级的势力。蚁附膻，语本《庄子·徐无鬼》："羊肉不慕蚁，蚁慕羊肉。羊肉，膻也。"

②谦己爱儿，曰老牛舐（shì）犊：语本《后汉书·杨彪传》："彪见汉祚将终，遂称脚挛不复行，积十年。后子修为曹操所杀，操见彪问曰：'公何瘦之甚？'对曰：'愧无日磾先见之明，犹怀老牛舐犊之

爱。'操为之改容。"东汉末年,杨彪的儿子杨修被曹操处死,杨彪为之形体消瘦,说老牛尚有舐犊之爱。舐犊,老牛用舌头舔小牛。比喻对子女的慈爱。舐,以舌舔物。

③无中生有,曰画蛇添足:语本《战国策·齐策二》:"昭阳为楚伐魏,覆军杀将,得八城,移兵而攻齐。陈轸为齐王使,见昭阳,再拜贺战胜。起而问:'楚之法,覆军杀将,其官爵何也?'昭阳曰:'官为上柱国,爵为上执圭。'陈轸曰:'异贵于此者何也?'曰:'唯令尹耳。'陈轸曰:'令尹贵矣,王非置两令尹也。臣窃为公譬,可也?楚有祠者,赐其舍人卮酒。舍人相谓曰:"数人饮之不足,一人饮之有余。请画地为蛇,先成者饮酒。"一人蛇先成,引酒且饮之,乃左手持卮,右手画蛇,曰:"吾能为之足。"未成。一人之蛇成,夺其卮曰:"蛇固无足,子安能为之足?"遂饮其酒。为蛇足者终亡其酒。今君相楚而攻魏,破军杀将,得八城,不弱兵,欲攻齐,齐畏公甚,公以是为名居足矣,官之上非可重也。战无不胜而不知止者,身且死,爵且后归,犹为蛇足也。'昭阳以为然,解军而去。"后以"画蛇添足"比喻做多余的事,反而有害无益。亦用以比喻虚构事实,无中生有。

④进退两难,曰羝(dī)羊触藩:语本《周易·大壮卦》:"九三,小人用壮,君子用罔,贞厉,羝羊触藩,羸其角。……上六,羝羊触藩,不能退,不能遂,无攸利。"公羊的角钩在篱笆上,前进和后退,都非常困难。后遂以"羝羊触藩"比喻进退两难的处境。羝,公羊。藩,篱笆。

⑤杯中蛇影,自起猜疑:语本东汉·应劭《风俗通义·怪神》:"予之祖父郴,为汲令,以夏至日诣见主簿杜宣,赐酒,时北壁上有悬赤弩,照于杯,形如蛇,宣畏恶之,然不敢不饮,其日,便得胸腹痛切,妨损饮食,大用羸露,攻治万端,不为愈。后郴因事过至宣家,窥视,问其变故,云:'畏此蛇,蛇入腹中。'郴还听事,思惟良久,

顾见悬弩，必是也。则使门下史将铃下侍徐扶辇载宣，于故处设酒，杯中故复有蛇，因谓宣：'此壁上弩影耳，非有他怪。'宣遂解，甚夷怿，由是瘳平，官至尚书，历四郡，有威名焉。"杜宣因将投射到酒杯里的弓影看成蛇而得病，后遂以"杯弓蛇影"比喻疑神疑鬼，自己吓唬自己。又，《晋书·乐广列传》："尝有亲客，久阔不复来，广问其故，答曰：'前在坐，蒙赐酒，方欲饮，见杯中有蛇，意甚恶之，既饮而疾。'于时河南听事壁上有角，漆画作蛇，广意杯中蛇即角影也。复置酒于前处，谓客曰：'酒中复有所见不？'答曰：'所见如初。'广乃告其所以，客豁然意解，沈痾顿愈。"乐广屋里墙壁上挂有号角，号角上画有蛇，蛇影映在酒杯里，客人饮酒后得病。后遂以"杯中蛇影"比喻胡乱猜疑。

⑥塞翁失马，难分祸福：语本《淮南子·人间训》："近塞上之人有善术者，马无故亡而入胡。人皆吊之。其父曰：'此何遽不为福乎？'居数月，其马将胡骏马而归。人皆贺之。其父曰：'此何遽不能为祸乎？'家富良马，其子好骑，堕而折其髀。人皆吊之。其父曰：'此何遽不为福乎？'居一年，胡人大入塞，丁壮者引弦而战，近塞之人，死者十九，此独以跛之故，父子相保。"后遂以"塞翁失马"比喻祸福相倚相生，不能仅看表面。后来多指坏事也可以变成好事。

⑦龙驹凤雏，晋闵鸿夸吴中陆士龙之异：语本《晋书·陆机传》："云字士龙，六岁能属文，性清正，有才理。少与兄机齐名，虽文章不及机，而持论过之，号曰'二陆'。幼时吴尚书广陵闵鸿见而奇之，曰：'此儿若非龙驹，当是凤雏。'"后遂以"龙驹凤雏"比喻英俊聪颖的杰出少年。闵鸿，三国吴末广陵（今江苏扬州）人。初仕吴为尚书。见陆云而奇之，荐为贤良。与纪瞻、顾荣、贺循、薛兼号为"五俊"。吴亡，入洛，张华见而叹曰："皆南金也。"入晋后不仕。原有集，已佚。今存赋四篇。吴中，泛指吴地，即今江苏

南部和浙江北部一带。陆士龙,陆云(262—303),字士龙,三国东吴后期至西晋初年吴郡华亭(今上海松江)人。陆逊孙,陆抗子,陆机弟。少与兄齐名,号曰"二陆"。年十六,举贤良。晋武帝太康末,随兄陆机入洛。仕晋,历官尚书郎、侍御史、中书侍郎、清河内史等职,世称"陆清河"。晋惠帝太安二年(303),与兄陆机同时遇害。今存《陆士龙集》辑本。

⑧伏龙凤雏,司马徽称孔明、庞士元之奇:语本《三国志·蜀书·诸葛亮传》:"时先主屯新野。徐庶见先主,先主器之,谓先主曰:'诸葛孔明者,卧龙也,将军岂愿见之乎?'"南朝宋·裴松之注引《襄阳记》曰:"刘备访世事于司马德操。德操曰:'儒生俗士,岂识时务?识时务者在乎俊杰。此间自有伏龙、凤雏。'备问为谁,曰:'诸葛孔明、庞士元也。'"三国时,诸葛亮、庞统被称为"伏龙""凤雏"。后遂以"伏龙""凤雏"指隐居待时的贤者。孔明,三国时蜀国丞相诸葛亮,字孔明。见前《文臣》篇"孔明有王佐之才"条注。庞士元,庞统(179—214),字士元,汉末襄阳(今属湖北)人。与诸葛亮齐名,号为"凤雏"。刘备得荆州,任命他为耒阳令,因政绩差而免官。诸葛亮、鲁肃盛赞其才,刘备升他做治中从事,与诸葛亮并为军师中郎将。后从备入蜀,取刘璋,围攻雒城时,中流矢而卒。

⑨吕后断戚夫人手足,号曰人彘(zhì):语本《史记·吕太后本纪》:"太后遂断戚夫人手足,去眼,煇耳,饮喑药,使居厕中,命曰'人彘'。"汉高祖刘邦宠幸戚夫人,刘邦死,吕后命人砍断戚夫人手足,挖眼灼耳,灌下哑药,置于厕所,称作"人彘"。吕后,亦称"高后",指汉高祖刘邦正妻吕雉(前241—前180)。刘邦称帝,立为皇后。有谋略,助汉高祖杀韩信、彭越等异姓王。子惠帝即位,又虐杀戚夫人,毒死赵王如意。汉惠帝卒,临朝称制,排斥刘邦旧臣,立诸吕为王,使掌南北军。死后,诸吕欲作乱,为周勃、

陈平诛灭。称制九年，掌握汉政权十六年。戚夫人（？—约前194），即戚姬，西汉济阴定陶（今山东菏泽定陶区）人。汉高祖宠姬。生赵王如意。高祖欲废太子，立赵王为太子。吕后用张良计召商山四皓为太子客，竟不易太子。高祖卒，吕后鸩杀赵王，囚戚夫人，断其手足，去眼熏耳，饮以哑药，置于厕所，名曰"人彘"。彘，猪。

⑩胡人腌契丹王尸骸，谓之帝羓（bā）：语本《新五代史·四夷附录·契丹》："德光行至栾城，得疾，卒于杀胡林。契丹破其腹，去其肠胃，实之以盐，载而北，晋人谓之'帝羓'焉。"契丹王，此指辽太宗耶律德光。耶律德光（902—947），字德谨，契丹名"尧骨"。太祖阿保机次子。天赞初，授天下兵马大元帅。太祖死后，为述律太后所立。仍用天显年号。天显十一年（936），破后唐军，立原后唐河东节度使石敬瑭为晋帝，得其所献幽云十六州。遂于十三年（938）十一月改元"会同"，以皇都为上京，升幽州为南京，原南京为东京。会同六年（943），因后晋嗣君石重贵拒不称臣，出兵南下。九年（946），灭后晋。次年正月入汴，改会同十年为大同元年（947），改国号为辽。旋以中原军民纷起反抗，北归，行至栾城病卒。在位二十一年。帝羓，指辽太宗耶律德光的干尸。耶律德光死后，依契丹旧俗制成干尸，人称之为"帝羓"。《旧五代史·外国列传·契丹》："契丹人破其（耶律德光）尸，摘去肠胃，以盐沃之，载而北去，汉人目为'帝羓'焉。"《说郛》卷八引宋·文惟简《虏廷事实》："（契丹）富贵之家，人有亡者，以刃破腹，取其肠胃，涤之，实以香药盐矾，五彩缝之，又以尖苇筒刺于皮肤，沥其膏血且尽，用金银为面具，铜丝络其手足。耶律德光之死，盖用此法，时人目为'帝羓'，信有之也。"清·赵翼《土城怀古》诗："不闻宫掖悲人彘，肯使兵尘丧帝羓。"羓，经过加工的大块干肉。

⑪梼杌（táo wù）、穷奇：传说中的凶兽名。又，帝尧时有"四凶"，被舜流放，"四凶"乃浑敦、穷奇、梼杌、饕餮之并称。《左传·文公十八年》："昔帝鸿氏有不才子，掩义隐贼，好行凶德，丑类恶物，顽嚚不友，是与比周，天下之民谓之'浑敦'。少皞氏有不才子，毁信废忠，崇饰恶言，靖谮庸回，服谗蒐慝，以诬盛德，天下之民谓之'穷奇'。颛顼有不才子，不可教训，不知话言，告之则顽，舍之则嚚，傲很明德，以乱天常，天下之民谓之'梼杌'。此三族也，世济其凶，增其恶名，以至于尧，尧不能去。缙云氏有不才子，贪于饮食，冒于货贿，侵欲崇侈，不可盈厌，聚敛积实，不知纪极，不分孤寡，不恤穷匮，天下之民以比三凶，谓之'饕餮'。舜臣尧，宾于四门，流四凶族浑敦、穷奇、梼杌、饕餮，投诸四裔，以御魑魅。"梼杌，晋·杜预注："谓鲧梼杌。顽凶无俦匹之貌。"《神异经·西荒经》："西方荒中有兽焉，其状如虎而犬毛，长二尺，人面虎足，猪口牙，尾长一丈八尺，搅乱荒中，名梼杌，一名傲狠，一名难训。《春秋》云颛顼氏有不才子名梼杌是也。"穷奇，晋·杜预注："谓共工。其行穷，其好奇。"唐·孔颖达疏："行恶终必穷，故云其行穷也。好恶，言好谗慝，是所好奇异于人也。"《山海经·西山经》："又西二百六十里，曰'邽山'。其上有兽焉，其状如牛，猬毛，名曰'穷奇'，音如獆狗，是食人。"晋·郭璞注："或云似虎，猬毛，有翼。……一名号'神狗'。"《山海经·海内北经》："穷奇状如虎，有翼，食人从首始，所食被发，在蜪（táo）犬北。"

【译文】

瞧不起俗众追名逐利，可说"群蚁附膻"；自谦爱护小儿，可称"老牛舐犊"。

比喻无中生有，可说"画蛇添足"；形容进退两难，可说"羝羊触藩"。

"杯中蛇影"，指人无端自起疑心；"塞翁失马"，很难说是祸还是福。

　　"龙驹凤雏",晋朝闵鸿用这话夸奖吴中陆士龙与众不同;"伏龙"
"凤雏",司马徽用这话称赞诸葛孔明和庞士元不同凡响。

　　吕后斩断戚夫人的手脚,称她"人彘";胡人腌制契丹王耶律德光的
尸体,称之为"帝羓"。

　　狠毒凶恶的人,好比"梼杌";凶恶残暴的人,如同"穷奇"。

　　王猛见桓温,扪虱而谈当世之务[①];宁戚遇齐桓,扣角
而取卿相之荣[②]。

　　楚王式怒蛙,以昆虫之敢死[③];丙吉问牛喘,恐阴阳之
失时[④]。

　　以十人而制千虎[⑤],比言事之难胜;走韩卢而搏蹇兔[⑥],
喻言敌之易摧。

　　兄弟似鹡鸰之相亲[⑦],夫妇如鸾凤之配偶[⑧]。

　　有势莫能为,曰虽鞭之长,不及马腹[⑨];制小不用大,曰
割鸡之小,焉用牛刀[⑩]。

　　鸟食母者曰枭[⑪],兽食父者曰獍[⑫]。

　　苛政猛于虎[⑬],壮士气如虹[⑭]。

【注释】

①王猛见桓温,扪虱而谈当世之务:语本《晋书·苻坚载记·王
　猛》:"(王猛)遂隐于华阴山。怀佐世之志,希龙颜之主,敛翼待
　时,候风云而后动。桓温入关,猛被褐而诣之,一面谈当世之事,
　扪虱而言,旁若无人。温察而异之,问曰:'吾奉天子之命,率锐师
　十万,杖义讨逆,为百姓除残贼,而三秦豪杰未有至者何也?'猛
　曰:'公不远数千里,深入寇境,长安咫尺而不渡灞水,百姓未见公
　心故也,所以不至。'温默然无以酬之。"王猛早年隐居华阴山时,

东晋大将桓温北征，王猛前去拜访，一边捉虱，一边纵谈天下大事。后即以"扪虱而谈"形容放达从容、侃侃而谈的样子。王猛（325—375），字景略，北海剧（今山东寿光）人。十六国时期前秦名臣。少贫贱，博学，好兵书。隐居华山，东晋桓温入关，王猛被褐诣温，扪虱而谈当世之事，旁若无人。后苻坚用之，云"如玄德之遇孔明"。累迁司徒、录尚书事。整顿吏治，勒禁豪强，注重农业，国用日富，前秦日益强盛。苻坚建元六年（370），统兵灭前燕，留镇邺。旋入为丞相。临终告坚不宜图晋，应逐渐除鲜卑及羌，坚不能用，后有淝水之败。

②宁戚遇齐桓，扣角而取卿相之荣：语本《吕氏春秋·离俗览·举难》："宁戚欲干齐桓公，穷困无以自进，于是为商旅将任车以至齐，暮宿于郭门之外。桓公郊迎客，夜开门，辟任车，爝火甚盛，从者甚众。宁戚饭牛居车下，望桓公而悲，击牛角疾歌。桓公闻之，抚其仆之手曰：'异哉！之歌者非常人也！'命后车载之。桓公反，至，从者以请。桓公赐之衣冠，将见之。宁戚见，说桓公以治境内。明日复见，说桓公以为天下。桓公大说，将任之。"又，《楚辞·离骚》："宁戚之讴歌兮，齐桓闻以该辅。"东汉·王逸注："宁戚，卫人。该，备也。宁戚修德不用，退而商贾，宿齐东门外。桓公夜出，宁戚方饭牛，叩角而商歌。桓公闻之，知其贤，举用为客卿，备辅佐也。"春秋时期，宁戚叩牛角而歌，齐桓公闻而知其贤，用为卿大夫。宁戚，春秋时卫国人。贫困无资，为商旅挽车至齐，宿于城门外，待齐桓公夜出迎客，击牛角，发悲歌，桓公闻而异之，与见。遂说桓公以治理天下之道，桓公大悦，用为辅佐。扣角，敲牛角。扣，同"叩"。

③楚王式怒蛙，以昆虫之敢死：语本《韩非子·内储说上》："越王虑伐吴，欲人之轻死也，出见怒蛙，乃为之式。从者曰：'奚敬于此？'王曰：'为其有气故也。'明年之请以头献王者岁十余人。由

此观之，誉之足以杀人矣。一日，越王勾践见怒蛙而式之，御者曰：'何为式?'王曰：'蛙有气如此，可无为式乎?'士人闻之曰：'蛙有气，王犹为式，况士人之有勇者乎!'是岁，人有自到死以其头献者。故越王将复吴而试其教，燔台而鼓之，使民赴火者，赏在火也；临江而鼓之，使人赴水者，赏在水也；临战而使人绝头刳腹而无顾心者，赏在兵也；又况据法而进贤，其劝甚此矣。"又，东汉·赵晔《吴越春秋·勾践伐吴外传》："（勾践）恐军士畏法不使，自谓未能得士之死力，道见蛙张腹而怒，将有战争之气，即为之轼。其士卒有问于王曰：'君何为敬蛙虫而为之轼?'勾践曰：'吾思士卒之怒久矣，而未有称吾意者。今蛙虫无知之物，见敌而有怒气，故为之轼。'于是军士闻之，莫不怀心乐死，人致其命。"春秋时期，越王勾践为鼓舞士气，曾向路上鼓腹而怒的青蛙扶轼致敬。楚王，似为"越王"之讹。式，通"轼"，是古时设在车厢前供乘者凭扶的横木。亦指以手抚轼以致尊敬。《汉书·石奋传》："过宫门阙必下车趋，见路马必轼焉。"唐·颜师古注："轼，谓抚轼，盖为敬也。"怒蛙，鼓起肚皮，瞋目怒视的青蛙。敢死，勇敢不怕死。

④丙吉问牛喘，恐阴阳之失时：语本《汉书·丙吉传》："吉又尝出，逢清道群斗者，死伤横道，吉过之不问，掾史独怪之。吉前行，逢人逐牛，牛喘吐舌，吉止驻，使骑吏问：'逐牛行几里矣?'掾史独谓丞相前后失问，或以讥吉，吉曰：'民斗相杀伤，长安令、京兆尹职所当禁备逐捕，岁竟丞相课其殿最，奏行赏罚而已。宰相不亲小事，非所当于道路问也。方春少阳用事，未可大热，恐牛近行，用暑故喘，此时气失节，恐有所伤害也。三公典调和阴阳，职当忧，是以问之。'掾史乃服，以吉知大体。"西汉宣帝时，丞相丙吉在路上见人群殴，置之不理；见到牛被驱赶得气喘吁吁，反而派人过问。属吏不解，丙吉说："处理百姓斗殴，是长安令、京兆尹的职

责；眼下是春天，牛走得气喘吁吁，恐怕是因为春行暑气的缘故。阴阳不调，影响岁时，是三公该过问的事。"丙吉（？—前55），姓或作"邴"，字少卿，西汉鲁国（今山东曲阜）人。治律令，本为鲁狱史，累迁廷尉监。汉武帝末，诏治巫蛊郡邸狱。皇曾孙（汉宣帝）生数月，以卫太子事系狱，赖丙吉得全。后任大将军霍光长史，建议迎立汉宣帝。地节三年（前67）为太子太傅，迁御史大夫。元康三年（前63）封博阳侯。神爵三年（前59）任丞相。政尚宽大，不问小事。掾史有罪赃，不称职，辄给长假以去，无所案治。卒谥定。阴阳失时，古时认为阴、阳二气调和则风调雨顺，否则有水旱等灾害，违误农时。东汉·王充《论衡·非韩》："使礼义废，纲纪败，上下乱而阴阳缪，水旱失时，五谷不登，万民饥死，农不得耕，士不得战也。"

⑤以十人而制千虎：语本《宋史·常安民传》载宋·常安民《贻吕公著书》："善观天下之势，犹良医之视疾，方安宁无事之时，语人曰：'其后必将有大忧'，则众必骇笑。惟识微见几之士，然后能逆知其渐。故不忧于可忧，而忧之于无足忧者，至忧也。今日天下之势，可为大忧。虽登进忠良，而不能搜致海内之英才，使皆萃于朝，以胜小人，恐端人正士，未得安枕而卧也。故去小人不为难，而胜小人为难。陈蕃、窦武协心同力，选用名贤，天下想望太平，然卒死曹节之手，遂成党锢之祸。张柬之五王中兴唐室，以谓庆流万世，及武三思一得志，至于窜移沦没。凡此者皆前世已然之祸也。今用贤如倚孤栋，拔士如转巨石，虽有奇特瑰卓之才，不得一行其志，甚可叹也。猛虎负嵎，莫之敢撄，而卒为人所胜者，人众而虎寡也。故以十人而制一虎则人胜，以一人而制十虎则虎胜，奈何以数十人而制千虎乎？今怨忿已积，一发其害必大，可不谓大忧乎。"北宋时鸿胪丞常安民见朝廷内外小人势力大张，而贤士英才寥落，忧心时事，而出此语。"以十人而制千虎"，比喻非

常困难。

⑥走韩卢而搏蹇兔：语本《史记·范雎蔡泽列传》："夫以秦卒之勇，车骑之众，以治诸侯，譬若施韩卢而搏蹇兔也，霸王之业可致也，而群臣莫当其位。"韩卢，是古时良犬。放良犬去搏击跛兔，比喻力量远超对手，非常容易获胜。蹇，跛行。

⑦兄弟似鹡鸰（jí líng）之相亲：语本《诗经·小雅·常棣》："脊令在原，兄弟急难。每有良朋，况也永叹。兄弟阋于墙，外御其务。每有良朋，烝也无戎。"毛传："脊令，雍渠也。飞则鸣，行则摇，不能自舍耳。急难，言兄弟之相救于急难。"郑笺："雍渠，水鸟，而今在原，失其常处，则飞则鸣求其类，天性也，犹兄弟之于急难。"后遂以"鹡鸰"（脊令）比喻兄弟间的友爱之情。鹡鸰，鸟类的一属。最常见的一种，身体小，头顶黑色，前额纯白色，嘴细长，尾和翅膀都很长，黑色，有白斑，腹部白色。吃昆虫和小鱼等。

⑧夫妇如鸾凤之配偶：语本《左传·庄公二十二年》："初，懿氏卜妻敬仲。其妻占之，曰：'吉。是谓凤皇于飞，和鸣锵锵。'"晋·杜预注："雄曰'凤'，雌曰'皇'。雄雌俱飞，相和而鸣锵锵然，犹敬仲夫妻相随适齐，有声誉。"后遂以"鸾凤和鸣"比喻夫妻和美。鸾凤，"鸾""凤"对举，"鸾"为雄，"凤"为雌，鸾凤和鸣，悦耳动听，常用来指代夫妻和谐。

⑨"有势莫能为"三句：语本《左传·宣公十五年》："宋人使乐婴齐告急于晋。晋侯欲救之。伯宗曰：'不可。古人有言曰：虽鞭之长，不及马腹。'天方授楚，未可与争。虽晋之强，能违天乎？'"晋·杜预注："言非所击。"春秋时期，楚攻宋，晋欲救之，晋国大夫伯宗劝阻晋侯说："即使鞭子再长，也打不到马的肚腹啊。"后遂以"鞭长莫及"比喻力所不能及。

⑩"制小不用大"三句：语本《论语·阳货》："子之武城，闻弦歌之声。夫子莞尔而笑，曰：'割鸡焉用牛刀？'"朱子集注："言其治小

邑，何必用此大道也。"孔子的学生子游为武城宰，以礼乐为教，邑人皆弦歌。孔子说："宰鸡何必用杀牛的刀啊？"后遂以"割鸡焉用牛刀"比喻做小事情不值得用太大的力量。

⑪枭（xiāo）：鸟名。猫头鹰一类的鸟，亦为鸟纲鸱鸮科各种鸟的泛称。相传枭长大以后食母，因此常用以比喻恶人或不孝之子。《刘子·贪爱》："炎州有鸟，其名曰'枭'，妪伏其子，百日而长，羽翼既成，食母而飞。"

⑫獍（jìng）：又称"破镜"，传说中的恶兽名。《汉书·郊祀志》："祠黄帝用一枭、破镜。"《太平御览》卷九百十三引三国魏·孟康《汉书音义》：破镜，"兽名。食父。黄帝欲绝其类，使祠皆用之。破镜如貙而虎眼"。《史记·孝武本纪》："古者天子常以春秋解祠，祠黄帝用一枭、破镜。"南朝宋·裴骃集解引孟康曰："枭，鸟名。食母。破镜，兽名。食父。黄帝欲绝其类，使百物祠皆用之。破镜如貙而虎眼。"北齐·颜之推《颜氏家训·文章》："破镜乃凶逆之兽。"清·纪昀《阅微草堂笔记·如是我闻一》："枭鸟食母，破獍食父，均不孝之物也。"

⑬苛政猛于虎：语本《礼记·檀弓》："孔子过泰山侧，有妇人哭于墓者而哀，夫子式而听之。使子路问之曰：'子之哭也，一似重有忧者。'而曰：'然，昔者吾舅死于虎，吾夫又死焉，今吾子又死焉。'夫子曰：'何为不去也？'曰：'无苛政。'夫子曰：'小子识之，苛政猛于虎也。'"意为残酷的统治比老虎还要凶猛。

⑭壮士气如虹：形容勇士意气豪壮，有惊天动地的气势。"虹"即"白虹"，日月周围的白色晕圈，是一种特殊的天象，古人常认为是"兵象"。《战国策·魏策四》："聂政之刺韩傀也，白虹贯日。"《史记·鲁仲连邹阳列传》："昔者荆轲慕燕丹之义，白虹贯日，太子畏之。"南朝宋·裴骃集解引东汉·应劭曰："精诚感天，白虹为之贯日也。"《礼记·聘义》："气如白虹，天也。精神见于山川，地

也。"东汉·郑玄注："精神，亦谓精气也。虹，天气也。山川，地所以通气也。"晋·郭璞《山海经图赞》："壮士挺剑，气激白虹。"

【译文】

王猛谒见桓温，边捉虱子边谈论天下大事；宁戚路遇齐桓公，敲牛角而歌，博得了位居卿相的荣誉。

楚王在车上凭轼向愤怒的青蛙致敬，是因为敬畏它勇不惧死；丙吉询问牛喘的原因，是担心阴阳不调气候反常。

仅靠十来个人就想制服上千头老虎，比喻办事难以胜任；放出好猎犬去捕捉跛脚的兔子，比喻敌人容易摧毁。

兄弟相亲，如同"鹡鸰"在原；夫妻相配，好比"鸾凤"和鸣。

有力使不上，可以说"虽鞭之长，不及马腹"；对付小玩意不用大力气，可以说"割鸡之小，焉用牛刀"。

吃母亲的鸟，是"枭"；吃父亲的兽，是"獍"。

"苛政猛于虎"，是说苛捐杂税害人，比老虎还要凶猛；"壮士气如虹"，是说壮士气概冲天，如同白虹贯穿日月。

腰缠十万贯，骑鹤上扬州，谓仙人而兼富贵^①；盲人骑瞎马，夜半临深池，是险语之逼人^②。

黔驴之技，技止此耳^③；鼫鼠之技，技亦穷乎^④。

强兼并者，曰鲸吞^⑤；为小贼者，曰狗盗^⑥。

养恶人如养虎，当饱其肉，不饱则噬；养恶人如养鹰，饥之则附，饱之则飏^⑦。

隋珠弹雀，谓得少而失多^⑧；投鼠忌器，恐因甲而害乙^⑨。

事多，曰猬务^⑩；利小，曰蝇头^⑪。

心惑似狐疑^⑫，人喜如雀跃^⑬。

【注释】

①"腰缠十万贯"三句：语本《说郛》卷四十六上引南朝梁·殷芸《小说》："有客相从，各言所志，或愿为扬州刺史，或愿多资财，或愿骑鹤上升。其一人曰：'腰缠十万贯，骑鹤上扬州。'"欲兼三者。后因以比喻欲集做官、发财、成仙于一身。或形容贪婪、妄想。骑鹤，指仙人骑鹤云游。

②"盲人骑瞎马"三句：语本《世说新语·排调》："桓南郡与殷荆州语次，因共作了语。顾恺之曰：'火烧平原无遗燎。'桓曰：'白布缠棺竖旒旐。'殷曰：'投鱼深渊放飞鸟。'次作危语。桓曰：'矛头淅米剑头炊。'殷曰：'百岁老翁攀枯枝。'顾曰：'井上辘轳卧婴儿。'殷有一参军在坐，云：'盲人骑瞎马，夜半临深池。'殷曰：'咄咄逼人！'仲堪眇目故也。""盲人骑瞎马，夜半临深池"，形容极度危险。

③黔驴之技，技止此耳：语本唐·柳宗元《黔之驴》："黔无驴，有好事者船载以入。至则无可用，放之山下。虎见之，庞然大物也，以为神。蔽林间窥之，稍出近之，慭慭（yìn）然莫相知。他日，驴一鸣，虎大骇，远遁，以为且噬己也，甚恐。然往来视之，觉无异能者。益习其声，又近出前后，终不敢搏。稍近，益狎，荡倚冲冒，驴不胜怒，蹄之。虎因喜，计之曰：'技止此耳！'因跳踉大𠺕，断其喉，尽其肉，乃去。"黔驴之技，也作"黔驴技穷"。比喻外表看来惊人，实际能力却不过如此。

④鼯（wú）鼠之技，技亦穷乎：语本《荀子·劝学》："螣蛇无足而飞，梧鼠五技而穷。"唐·杨倞注："梧鼠，当为'鼫鼠'，盖本误为'鼯'字，传写又误为'梧'耳。技，才能也。言技能虽多，而不能如螣蛇专一，故穷。五技，谓能飞不能上屋，能缘不能穷木，能游不能渡谷，能穴不能掩身，能走不能先人。"后遂以"鼯技"比喻浅薄的才能。北齐·颜之推《颜氏家训·省事》："鼯鼠五能，

不成伎术。"王利器集解引清·赵曦明曰:"鼺,当作'鼯'。……
《说文》:'鼯,五伎鼠也,能飞不能过屋,能缘不能穷木,能游不能
度谷,能穴不能掩身,能走不能先人。'"鼯鼠,鼠名。别名"夷由"。
俗称"大飞鼠"。外形像松鼠,生活在高山树林中。尾长,背部褐色
或灰黑色,前后肢之间有宽大的薄膜,能借此在树间滑翔,吃植物
的皮、果实和昆虫等。古人误以为鸟类。《尔雅·释鸟》:"鼯鼠,夷
由。"晋·郭璞注:"状如小狐,似蝙蝠,肉翅。翅尾项胁,毛紫赤色,
背上苍艾色,腹下黄,喙颔杂白。脚短爪长,尾三尺许。飞且乳,亦
谓之'飞生'。声如人呼,食火烟,能从高赴下,不能从下上高。"

⑤鲸吞:像鲸鱼一般吞食。喻指兼并。语本《左传·宣公十二年》:
"古者明王伐不敬,取其鲸鲵而封之,以为大戮,于是乎有京观,
以惩淫慝。"晋·杜预注:"鲸鲵,大鱼名。以喻不义之人吞食小
国。"《旧唐书·萧铣杜伏威等传论》:"自隋朝维绝,宇县瓜分;小
则鼠窃狗偷,大则鲸吞虎据。"

⑥狗盗:从狗窦(方便狗出入的墙洞)钻进室内偷窃的盗贼。《史
记·孟尝君列传》:"最下坐有能为狗盗者,曰:'臣能得狐白裘。'
乃夜为狗,以入秦宫臧中,取所献狐白裘至,以献秦王幸姬。"

⑦"养恶人如养虎"六句:语本《三国志·魏书·吕布(张邈)臧洪
传》:"始,布因登求徐州牧,登还,布怒,拔戟斫几曰:'卿父劝吾
协同曹公,绝婚公路。今吾所求无一获,而卿父子并显重,为卿所
卖耳!卿为吾言,其说云何?'登不为动容,徐喻之曰:'登见曹公
言"待将军譬如养虎,当饱其肉,不饱则将噬人。"公曰:"不如卿
言也。譬如养鹰,饥则为用,饱则扬去。"其言如此。'布意乃解。"
《后汉书·吕布传》亦载。《太平御览》卷三百五十二引陈登此言,
而云出自《英雄记》。飏(yáng),飞走,遁去。

⑧隋珠弹雀,谓得少而失多:语本《庄子·让王》:"今且有人于此,
以隋侯之珠弹千仞之雀,世必笑之。是何也?则其所用者重而所

要者轻也。"隋珠弹雀，用珍贵的明珠弹击鸟雀，比喻处理事情轻重失当，得不偿失。隋珠，也作"隋侯之珠"。传说春秋时隋侯救了一条大蛇，蛇就衔明珠来报答他。晋•干宝《搜神记》卷二十："隋县溠水侧，有断蛇丘。隋侯出行，见大蛇，被伤中断，疑其灵异，使人以药封之。蛇乃能走。因号其处'断蛇丘'。岁余，蛇衔明珠以报之。珠盈径寸，纯白，而夜有光明，如月之照，可以烛室。故谓之'隋侯珠'，亦曰'灵蛇珠'，又曰'明月珠'。"

⑨投鼠忌器，恐因甲而害乙：语本《汉书•贾谊传》载西汉•贾谊《治安策》："里谚曰：'欲投鼠而忌器。'此善谕也。鼠近于器，尚惮不投，恐伤其器，况于贵臣之近主乎！"投鼠忌器，想投出东西击打老鼠，但又怕打坏了旁边的器具。比喻欲除祸害而有所顾忌。

⑩猬务：形容事务繁多。旧注："猬，兽类。似豪猪，遍身有刺如栗房。事多似之，故曰'猬务'。"此句，他本多改"猬务"为"猬集"。"猬集"一词，虽较常见。但"猬务"与下句"蝇头"对仗工整；改为"猬集"，则属对不工。不必改字。

⑪蝇头：如青蝇头一般微小。常用以比喻微小的名利。"蝇利""蝇头利"为唐宋诗文习用语。唐•詹琲《追和秦隐君辞荐之韵，上陈侯乞归凤山》："蝇利薄于青纸扇，羊裘暖甚紫罗衣。"宋•柳永《凤归云》："蝇头利禄，蜗角功名，毕竟成何事。"宋•苏轼《满庭芳》词："蜗角虚名，蝇头微利，算来着甚干忙。"

⑫狐疑：狐性多疑，故称"狐疑"。《汉书•文帝纪》："方大臣诛诸吕迎朕，朕狐疑，皆止朕，唯中尉宋昌劝朕。"唐•颜师古注："狐之为兽，其性多疑，每渡冰河，且听且渡。故言疑者，而称'狐疑'。"

⑬雀跃：如雀跳跃，形容欣喜之极。《庄子•在宥》："鸿蒙方将拊脾雀跃而游。"唐•成玄英疏："雀跃，跳跃也。"

【译文】

"腰缠十万贯，骑鹤上扬州"，是形容像神仙一样逍遥，还大富大贵；

"盲人骑瞎马，夜半临深池"，是形容身临险境，真是咄咄逼人。

"黔驴之技"，形容只有这点儿不顶用的本事；"鼯鼠之技"，比喻会的虽多却不精通，解决不了实际问题。

恃强兼并，叫"鲸吞"；小偷小摸，称"狗盗"。

养恶人如同养虎，必须喂饱，喂不饱，它就反噬主人；养恶人如同养鹰，饥饿时趋附过来，一旦吃饱，它就飞走了。

"随珠弹雀"，形容得到的少而失去的多；"投鼠忌器"，指担心因为甲而损害乙。

事情繁杂，称"猬务"；利益微小，叫"蝇头"。

内心疑惑不已，像是"狐疑"；人们开心蹦跳，如同"雀跃"。

爱屋及乌①，谓因此而惜彼；轻鸡爱鹜，谓舍此而图他②。

唆恶为非，曰教猱升木③；受恩不报，曰得鱼忘筌④。

倚势害人，真似城狐社鼠⑤；空存无用，何殊陶犬瓦鸡⑥。

势弱难敌，谓之螳臂当辕⑦；人生易死，乃曰蜉蝣在世⑧。

小难制大，如越鸡难伏鹄卵⑨；贱反轻贵，似鸢鸠反笑大鹏⑩。

小人不知君子之心，曰燕雀岂知鸿鹄志⑪；君子不受小人之侮，曰虎豹岂受犬羊欺⑫。

【注释】

①爱屋及乌：爱其人，而推爱至与之相关的人或物。汉代经学著作，颇及"爱人者兼其屋上之乌"，以为姜太公答周武王之语。《尚书大传·牧誓·大战》："纣死，武王皇皇若天下之未定。召太公而问曰：'入殷奈何？'太公曰：'臣闻之也，爱人者兼其屋上之乌，不爱人者及其胥馀，何如？'"又，《韩诗外传》卷三："武王伐纣，到于

邢丘，轵折为三，天雨三日不休。武王心惧，召太公而问，曰：'意者纣未可伐乎？'太公对曰：'不然。轵折为三者，军当分为三也。天雨三日不休，欲洒吾兵也。'武王曰：'然何若矣？'太公曰：'爱其人及屋上乌，恶其人者，憎其胥馀。咸刘厥敌，靡使有余。'"《说苑·贵德》："武王克殷，召太公而问曰：'将奈其士众何？'太公对曰：'臣闻爱其人者，兼屋上之乌；憎其人者，恶其馀胥；咸刘厥敌，靡使有余，何如？'"

②轻鸡爱鹜（wù），谓舍此而图他：语本《南齐书·王僧虔传》载南朝宋齐·王僧虔《论书》："庾征西翼书，少时与右军齐名，右军后进，庾犹不分，在荆州与都下人书云'小儿辈贱家鸡，皆学逸少书，须吾下，当比之'。"《南史·王昙首传（附王僧虔）》亦载之。《南齐书》《南史》载王僧虔引晋·庾翼语，皆作"小儿辈贱家鸡"，下无"爱野鹜"三字。宋人文献，如朱长文《墨池编》卷二、郑樵《通志》卷一百三十七、谢维新《古今合璧事类备要》卷四十四、阙名《锦绣万花谷》卷三十一引之，皆有"爱野鹜"三字；陈思《书小史》卷五、吴淑《事类赋》卷十八、潘自牧《记纂渊海》卷六十一、《太平御览》卷九百十八引之，作"爱野雉"。《事类赋》《记纂渊海》《太平御览》云出自《晋书》，或未详考。轻鸡爱鹜，东晋征西将军庾翼因不满王羲之书法暴得大名，说后辈学王羲之是"贱家鸡、爱野鹜"，后遂以比喻贱近爱远。

③教猱（náo）升木：语本《诗经·小雅·角弓》："毋教猱升木，如涂涂附。"毛传："猱，猨属。涂，泥。附，着也。"郑笺："猱之性善登木，若教使，其为之必也。"后遂以"教猱升木"比喻教唆坏人为恶。猱，兽名。猿属。身体便捷，善攀缘。又名"狨"或"猕猴"。

④得鱼忘筌：语本《庄子·外物》："筌者所以在鱼，得鱼而忘筌。"唐·成玄英疏："筌，鱼笱也，以竹为之，故字从竹。亦有从草者，荪荃也，香草也，可以饵鱼，置香于柴木芦苇之中以取鱼也。"得

鱼忘筌，"筌"是捕鱼器。得到鱼就忘记了渔具，比喻已达到目的便忘记了所依靠的东西。也用来形容文学等技艺达到了超越技巧本身的高超境界。三国魏·嵇康《兄秀才公穆入军赠诗》："嘉彼钓叟，得鱼忘筌。"

⑤城狐社鼠：城墙洞中的狐狸，社坛里的老鼠，比喻有所凭依而为非作歹的人。《晏子春秋·内篇问上三》："景公问于晏子曰：'治国何患？'晏子对曰：'患夫社鼠。'公曰：'何谓也？'对曰：'夫社，束木而涂之，鼠因往托焉，熏之则恐烧其木，灌之则恐败其涂，此鼠所以不可得杀者，以社故也。'"《韩诗外传》卷七亦载晏子对齐景公问。《晋书·谢鲲传》："及敦将为逆，谓鲲曰：'刘隗奸邪，将危社稷。吾欲除君侧之恶，匡主济时，何如？'对曰：'隗诚始祸，然城狐社鼠也。'"宋·洪迈《容斋四笔·城狐社鼠》："城狐不灌，社鼠不熏。谓其所栖穴者得所凭依，此古语也。故议论者率指人君左右近习为城狐社鼠。"

⑥陶犬瓦鸡：陶制的鸡犬，形容只具形式而无实用。南朝梁·元帝《金楼子·立言上》："夫陶犬无守夜之警，瓦鸡无司晨之益。"瓦，即陶，是古代陶制器物的总称。

⑦螳臂当辕：语本《庄子·人间世》："汝不知夫螳螂乎？怒其臂以当车辙，不知其不胜任也。"又，《韩诗外传》卷八："齐庄公出猎，有螳螂举足将搏其轮。问其御曰：'此何虫也？'御曰：'此是螳螂也。其为虫、知进而不知退，不量力而轻就敌。'庄公曰：'以为人，必为天下勇士矣。'于是回车避之。"螳臂当辕，同"螳臂挡车"，比喻不自量力而招致失败。此句，《幼学琼林》他本或作"螳臂当辙"，虽与《庄子》原文相合，但"辕"与下文"世"字在声调上是平对仄，属对工稳，若改作"辙"，则属对不工。

⑧蜉蝣（fú yóu）：虫名。幼虫生活在水中，成虫褐绿色，有四翅，生存期极短，故以喻短暂的生命。《诗经·曹风·蜉蝣》："蜉蝣之

羽,衣裳楚楚。"毛传:"蜉蝣,渠略也,朝生夕死。"唐•孔颖达疏引晋•陆机疏云:"蜉蝣,方土语也。通谓之'渠略',似甲虫,有角,大如指,长三四寸,甲下有翅,能飞。夏月阴雨时,地中出。今人烧炙啖之,美如蝉也。"《尔雅•释虫》:"蜉蝣,渠略。"晋•郭璞注:"似蛣蜣,身狭而长,有角,黄黑色。丛生粪土中,朝生暮死。猪好啖之。"

⑨越鸡难伏鹄卵:语本《庄子•庚桑楚》:"庚桑子曰:'辞尽矣。日奔蜂不能化藿蠋,越鸡不能伏鹄卵,鲁鸡固能矣。鸡之与鸡,其德非不同也,有能与不能者,其才固有巨小也。今吾才小,不足以化子。子胡不南见老子!'"又,北齐•刘昼《刘子•均任》:"为有宽隘,量有巨细,材有大小,则任其轻重所处之分,未可乖也。……故奔蜂不能化藿蠋,而能化螟蛉;越鸡不能伏鹄卵,鲁鸡能伏之。藿蠋与螟蛉,俱虫也;鲁鸡与越鸡,同禽也。然化与不化,伏与不伏者,藿蠋大,越鸡小也。"南越所产的鸡,形体较小,不能孵化天鹅的卵,比喻才小不堪大任。伏,禽鸟孵卵。鹄,通称天鹅。

⑩鷽(xué)鸠反笑大鹏:语本《庄子•逍遥游》:"鹏之徙于南冥也,水击三千里,抟扶摇而上者九万里,去以六月息者也。……风之积也不厚,则其负大翼也无力。故九万里,则风斯在下矣,而后乃今培风;背负青天而莫之夭阏者,而后乃今将图南。……蜩与鷽鸠笑之曰:'我决起而飞,抢榆枋,时则不至而控于地而已矣,奚以之九万里而南为?'"蝉和斑鸠自以为是,嘲笑在九万里高空飞翔的大鹏,比喻俗人不能理解高明之士的境界。鷽鸠,亦作"学鸠",鸟名。即斑鸠。也称"鸣鸠"。多用以比喻小人。

⑪小人不知君子之心,曰燕雀岂知鸿鹄志:语本《史记•陈涉世家》:"陈涉少时,尝与人佣耕,辍耕之垄上,怅恨久之,曰:'苟富贵,无相忘。'庸者笑而应曰:'若为庸耕,何富贵也?'陈涉太息曰:'嗟乎,燕雀安知鸿鹄之志哉!'"秦末陈涉(陈胜)起义,建国

张楚。他早年贫困时曾替人耕地，感慨乡里其他人如燕雀等小鸟安于窝巢，不能理解高飞的鸿鹄。比喻眼界短浅者不明白高远的志向。

⑫君子不受小人之侮，曰虎豹岂受犬羊欺：见于《增广贤文》，亦见于《西游记》（第二十八回），或为明清时期俗语。

【译文】

“爱屋及乌”，是说喜欢一物因而推及他物；“轻鸡爱鹜”，是说轻视身边而贪图远处。

教唆恶人为非作歹，叫作“教猱升木”；受到恩惠不思回报，叫作“得鱼忘筌”。

倚仗权势欺害他人，真同“城狐社鼠”一般；空有形式却不实用，与“陶犬瓦鸡”何异？

形容力量弱小难抗强敌，称“螳臂当辕”；形容人生很短容易死去，便说“蜉蝣在世”。

弱小难以控制强大，如同“越鸡难伏鹄卵”；低贱反而看不起高者，好似“鸒鸠反笑大鹏”。

小人不理解君子的志向，好比“燕雀岂知鸿鹄志”；君子不受小人的侮辱，如同“虎豹岂受犬羊之欺”。

跖犬吠尧，吠非其主①；鸠居鹊巢②，安享其成。

缘木求鱼③，极言难得；按图索骥④，甚言失真。

恶人藉势，曰如虎负嵎⑤；穷人无归，曰如鱼失水⑥。

九尾狐，讥陈彭年素性诐而又奸⑦；独眼龙，夸李克用一目眇而有勇⑧。

指鹿为马，秦赵高之欺主⑨；叱石成羊，黄初平之得仙⑩。

卞庄勇能擒两虎⑪，高骈一矢贯双雕⑫。

司马懿畏蜀如虎^⑬,诸葛亮辅汉如龙^⑭。

【注释】

①跖(zhí)犬吠尧,吠非其主:语本《战国策·齐策六》:"貂勃常恶
田单曰:'安平君小人也。'安平君闻之,故为酒而召貂勃曰:'单
何以得罪于先生,故常见誉于朝?'貂勃曰:'跖之狗吠尧,非贵跖
而贱尧也,狗固吠非其主也。且今使公孙子贤而徐子不肖。然而
使公孙子与徐子斗,徐子之狗犹时攫公孙子腓而噬之也。若乃得
去不肖者而为贤者狗,岂特攫其腓而噬之耳哉?'安平君曰:'敬
闻命。'明日,任之于王。"又,《史记·淮阴侯列传》:"高祖已从
豨军来,至,见信死,且喜且怜之,问:'信死亦何言?'吕后曰:'信
言恨不用蒯通计。'高祖曰:'是齐辩士也。'乃诏齐捕蒯通。蒯通
至,上曰:'若教淮阴侯反乎?'对曰:'然,臣固教之。竖子不用臣
之策,故令自夷于此。如彼竖子用臣之计,陛下安得而夷之乎!'
上怒曰:'亨之。'通曰:'嗟乎,冤哉亨也!'上曰:'若教韩信反,
何冤?'对曰:'秦之纲绝而维弛,山东大扰,异姓并起,英俊乌集。
秦失其鹿,天下共逐之,于是高材疾足者先得焉。蹠之狗吠尧,
尧非不仁,狗因吠非其主。当是时,臣唯独知韩信,非知陛下也。
且天下锐精持锋欲为陛下所为者甚众,顾力不能耳。又可尽亨
之邪?'高帝曰:'置之。'乃释通之罪。"跖犬吠尧,也作"跖犬噬
尧"。尧为明君,而盗跖的狗却对着他怒吠,比喻各为其主。跖,
即盗跖。春秋时人,名"跖",相传他是大盗,故称"盗跖"。先秦
著作中多次出现此人,多称其"重利"。《韩非子·忠孝》:"毁廉
求财,犯刑趋利,忘身之死者,盗跖是也。"《庄子》则称其聚众为
盗。《庄子·盗跖》:"孔子与柳下季为友,柳下季之弟,名曰'盗
跖'。盗跖从卒九千人,横行天下,侵暴诸侯。穴室枢户,驱人牛
马,取人妇女,贪得忘亲,不顾父母兄弟,不祭先祖。所过之邑,大

国守城，小国入保，万民苦之。"跎，或作"蹍"。

②鸠居鹊巢：语本《诗经·召南·鹊巢》："维鹊有巢，维鸠居之。"毛传："鸤鸠不自为巢，居鹊之成巢。"郑笺："鸤鸠因鹊成巢而居有之，而有均壹之德；犹国君夫人来嫁，居君子之室，德亦然。"鸠居鹊巢，也作"鸠占鹊巢"。斑鸠不会做巢，常常抢占喜鹊做的巢，比喻自己不付出相应的努力，却强占别人的住屋或成果。

③缘木求鱼：语本《孟子·梁惠王上》："（孟子）曰：'然则王之所大欲可知已。欲辟土地，朝秦、楚，莅中国而抚四夷也。以若所为求若所欲，犹缘木而求鱼也。'王曰：'若是其甚与？'曰：'殆有甚焉。缘木求鱼，虽不得鱼，无后灾。以若所为，求若所欲，尽心力而为之，后必有灾。'"爬上树去捉鱼，比喻行动和目的相反，劳苦而无所得。

④按图索骥（jì）：也作"按图索骏"。语本《汉书·梅福传》载梅福上书："今不循伯者之道，乃欲以三代选举之法取当时之士，犹察伯乐之图，求骐骥于市，而不可得，亦已明矣。"按照良马的画像去寻找真马，比喻做事拘泥成法。唐·欧阳询《艺文类聚》卷九十三引《符子》曰："齐景公好马，命使善画者图之，访似者，期年不得，今人君考古籍以求贤，亦不可得也。"明·杨慎《艺林伐山》卷七："伯乐《相马经》有'隆颡蚨日，蹄如累曲'之语，其子执《马经》以求马，出见大蟾蜍，谓其父曰：'得一马，略与相同；但蹄不如累曲尔。'伯乐知其子之愚，但转怒为笑曰：'此马好跳，不堪御也。'所谓'按图索骏'也。"

⑤虎负嵎（yú）：《孟子·尽心下》："有众逐虎，虎负嵎，莫之敢撄。"东汉·赵岐注："撄，迫也。虎依陬而怒，无敢迫近者也。"朱子集注："负，依也。山曲曰'嵎'。撄，触也。"老虎占据地势之险，无人敢近。后以喻人凭险顽抗。山势曲折险峻处为"嵎"，负嵎，指依靠有利的地形。

⑥鱼失水：语本《庄子·庚桑楚》："吞舟之鱼，砀而失水，则蚁能苦之。"又，《韩诗外传》卷八："夫吞舟之鱼大矣，荡而失水，则为蝼蚁所制，失其辅也。"鱼离开水则不能生存，故用以喻指失去凭依。

⑦九尾狐，讥陈彭年素性谄而又奸：语本宋·陈均《九朝编年备要》卷八："陈彭年薨，临其丧，涕泗良久。时为参知政事。彭年敏给强记，好仪制刑名之学，素奸谄，号'九尾狐'。"又，宋·田况《儒林公议》："陈彭年被章圣（宋真宗）深遇。每圣文述作，或俾彭年润色之。彭年竭精尽思，以固恩宠。赞佞符瑞，急希进用。……时人目为'九尾狐'，言其才可谓国祥，而媚惑多岐也。"九尾狐，传说中的奇兽。《山海经·南山经》："（青丘之山）有兽焉，其状如狐而九尾，其音如婴儿，能食人，食者不蛊。"晋·郭璞注："即九尾狐。"古人认为是祥瑞的征兆。《艺文类聚（卷九十九）·祥瑞部下》引《瑞应图》曰："九尾狐者，六合一同则见，文王时，东夷归之。一本曰：王者不倾于色则至。"后来因为民间传说野狐狡诈多智，善于变化，乃以"九尾狐"指道行最为高深的狐仙、狐怪。陈彭年（961—1017），字永年，宋建昌军南城（今江西南城）人。幼好学，年十三著《皇纲论》万余言。南唐李煜召入官与幼子游。金陵平，师事徐铉。宋太宗雍熙二年（985）进士。宋真宗景德初命直史馆兼崇文院检讨，预修《册府元龟》。附王钦若、丁谓，预东封、西祀。大中祥符元年（1008）与丘雍同修《广韵》。六年（1013）为翰林学士兼龙图阁学士，因修国史。九年（1016）拜刑部侍郎、参知政事。天禧大礼，为天书仪卫副使、参详仪制奉宝册使。卒谥文僖。性敏给，博闻强记，详练仪制沿革、刑名之学。有《唐纪》《江南别录》及文集。

⑧独眼龙，夸李克用一目眇（miǎo）而有勇：语本《旧五代史·唐书一·武皇纪上》："武皇既收长安，军势甚雄，诸侯之师皆畏之。武皇一目微眇，故其时号为'独眼龙'。"《新五代史·唐本纪·庄

宗》："克用少骁勇，军中号曰'李鸦儿'。其一目眇，及其贵也，又号'独眼龙'，其威名盖于代北。"宋·陶岳《五代史补》卷二："太祖武皇，本朱耶赤心之后，沙陀部人也。其先生于雕窠中，酋长以其异生，诸族传养之，遂以诸爷为氏，言非一父所养也。其后言讹，以诸为朱，以爷为耶。至太祖生，眇一目，长而骁勇，善骑射，所向无敌，时谓之'独眼龙'，大为部落所疾。太祖恐祸及，遂举族归唐，授云州刺史，赐姓李，名克用。黄巢犯长安，自北引兵赴难。功成，遂拜太原节度使，封晋王。"李克用（856—908），唐末沙陀部人，本姓朱邪，其父李国昌因军功被赐姓"李"。李克用少骁勇，据云州，自称留后。为唐军所败，逃往鞑靼。黄巢陷京师，李克用受诏入援，授代州刺史，大破黄巢军，任河东节度使，封晋王。朱温灭唐称帝，李克用仍奉唐正朔。其子李存勖建后唐，追谥武，庙号太祖。眇，一目失明。

⑨指鹿为马，秦赵高之欺主：语本《史记·秦始皇本纪》："赵高欲为乱，恐群臣不听，乃先设验，持鹿献于二世，曰：'马也。'二世笑曰：'丞相误邪？谓鹿为马。'问左右，左右或默，或言马以阿顺赵高，或言鹿。高因阴中诸言鹿者以法。后群臣皆畏高。"秦代丞相赵高专权，称鹿为马，群臣畏惧，不敢有异议。意思是故意混淆黑白、颠倒是非。赵高（？—前207），秦人，先世为赵国贵族，父母有罪，没入秦宫，为宦官。通狱法，任中车府令，兼行符玺令事。秦始皇卒，唆使胡亥与丞相李斯矫诏赐始皇长子扶苏死，立胡亥为二世皇帝。任郎中令，居中用事，诛戮宗室大臣。陈胜、吴广起义后，又诬杀李斯，为中丞相，封武安侯。阴谋作乱，于朝指鹿为马，凡不阿从者皆借故诛除之。二世三年（前207），刘邦率军入关，赵高杀二世，立子婴。卒为子婴所杀。作《爰历篇》，今佚。

⑩叱石成羊，黄初平之得仙：语本晋·葛洪《神仙传·皇初平》："皇初平者，丹溪人也。年十五，家使牧羊。有道士见其良谨，使将

至金华山石室中。四十余年，忽然不复念家。其兄初起入山索初平，历年不能得见。后在市中有道士善卜，乃问之曰：'吾有弟名初平，因令牧羊失之。今四十余年，不知死生所在。愿道君为占之。'道士曰：'金华山中有一牧羊儿姓皇名初平，是卿弟非耶？'初起闻之惊喜，即随道士去寻求，果得相见。兄弟悲喜。因问弟曰：'羊皆何在？'初平曰：'羊近在山东。'初起往视，了不见羊，但见白石无数。还谓初平曰：'山东无羊也。'初平曰：'羊在耳。但兄自不见之。'初平便乃俱往看之，乃叱曰：'羊起！'于是白石皆变为羊数万头。"黄初平，亦作"皇初平"。传说中的仙人，与兄长皇初起共修仙道，后改名为"赤松子"，初起改名为"赤鲁班"。晋代葛洪《神仙传》说皇初平是丹溪（今浙江金华兰溪）人，因牧羊遇仙人，在金华山得道。

⑪卞庄勇能擒两虎：语本《史记·张仪列传（附陈轸）》："韩、魏相攻，期年不解。秦惠王欲救之，……惠王曰：'善。今韩、魏相攻，期年不解，或谓寡人救之便，或曰勿救便，寡人不能决，愿子为子主计之余，为寡人计之。'陈轸对曰：'亦尝有以夫卞庄子刺虎闻于王者乎？庄子欲刺虎，馆竖子止之，曰："两虎方且食牛，食甘必争，争则必斗，斗则大者伤，小者死，从伤而刺之，一举必有双虎之名。"卞庄子以为然，立须之。有顷，两虎果斗，大者伤，小者死。庄子从伤者而刺之，一举果有双虎之功。今韩、魏相攻，期年不解，是必大国伤，小国亡，从伤而伐之，一举必有两实。此犹庄子刺虎之类也。臣主与王何异也。'惠王曰：'善。'卒弗救。大国果伤，小国亡，秦兴兵而伐，大克之。此陈轸之计也。"卞庄欲搏击猛虎，有人劝说他，两虎相争必有一伤，到时自可一举两得。后用以指趁两个敌人互相争斗而两败俱伤之机打击敌人，将双方一齐消灭。卞庄，春秋时期鲁国大夫，著名勇士。力能博虎，食邑于卞，谥庄，因称"卞庄子"。《论语·宪问》："卞庄子之勇，冉求之

艺。"《荀子·大略》:"齐人欲伐鲁,忌卞庄子,不敢过卞。"

⑫高骈一矢贯双雕:语本《新唐书·叛臣传·高骈》:"有二雕并飞,骈曰:'我且贵,当中之。'一发贯二雕焉,众大惊,号'落雕侍御'。"唐代高骈未显贵前,曾以射雕来占卜前程,果然一箭贯穿二雕。高骈之前,北周长孙晟已有"一箭双雕"传说。《北史·长孙晟传》:"尝有二雕飞而争肉,因以箭两支与晟,请射取之。晟驰往,遇雕相攫,遂一发双贯焉。"成语"一箭双雕",本指射箭技术高超,喻指一举两得。高骈(821—887),字千里,唐末幽州(今北京西南一带)人,祖籍渤海蓚县(今河北景县)。南平郡王高崇文孙,其家世代为禁军将领。少娴弓马,且好文学,与儒者游。初为长武城使朱叔明司马,因一箭射落双雕,有"落雕侍御"之号。历神策军都虞候、秦州刺史等职。咸通五年(864),为安南都护。因从南诏手中收复安南有功,七年(866)诏以都护府为静海军,授骈节度使。后改天平军(治所在今山东东平北)节度使。咸通十四年(873),唐懿宗驾崩,唐僖宗即位,加授同中书门下平章事。乾符二年(875),改任剑南西川节度,任上大败南诏。五年(878),改任荆南(治所在今湖北江陵)节度,进封燕国公。六年(879),进位扬州大都督府长史、兵马都统,又擢检校太尉,同平章事,移镇淮南,负责全面指挥镇压黄巢军。广明元年(880),黄巢领军北上,高骈坐守扬州,拥兵自保,致使长安失陷,唐僖宗逃亡。因不肯勤王,高骈兵权被削,后为部将毕师铎囚杀。高骈虽平安南、讨南诏有功,然晚节不保,《新唐书》以之入《叛臣传》。高骈晚年属意神仙,信用方士与狂人,卒起祸乱,唐·罗隐《广陵妖乱志》即记其事。

⑬司马懿畏蜀如虎:语本《三国志·蜀书·诸葛亮传》南朝宋·裴松之注引《汉晋春秋》曰:"亮围祁山,招鲜卑轲比能,比能等至,故北地石城以应亮。于是魏大司马曹真有疾,司马宣王自荆州

入朝，魏明帝曰：'西方事重，非君莫可付者。'乃使西屯长安，督张郃、费曜、戴陵、郭淮等。宣王使曜、陵留精兵四千守上邽，余众悉出，西救祁山。郃欲分兵驻雍、郿，宣王曰：'料前军能独当之者，将军言是也；若不能当而分为前后，此楚之三军所以为黥布禽也。'遂进。亮分兵留攻，自逆宣王于上邽。郭淮、费曜等徼亮，亮破之，因大芟刈其麦，与宣王遇于上邽之东，敛兵依险，军不得交，亮引而还。宣王寻亮至于卤城。张郃曰：'彼远来逆我，请战不得，谓我利在不战，欲以长计制之也。且祁山知大军以在近，人情自固，可止屯于此，分为奇兵，示出其后，不宜进前而不敢偪，坐失民望也。今亮县军食少，亦行去矣。'宣王不从，故寻亮。既至，又登山掘营，不肯战。贾栩、魏平数请战，因曰：'公畏蜀如虎，奈天下笑何！'宣王病之。"司马懿与第六次率军出祁山的诸葛亮对峙时非常谨慎，不肯出战，被部下讥讽"畏蜀如虎"。司马懿（179—251），字仲达，三国魏河内温县（今河南温县西南）人。出身士族。东汉末曹操为丞相，辟为文学掾，迁黄门侍郎，转主簿。从讨张鲁、孙权。每与大谋，辄有奇策。曹丕为太子时，任太子中庶子。曹丕即帝位，封河津亭侯，转丞相长史。魏明帝即位，改封舞阳侯，任大将军，镇宛，平孟达之叛，三次率军与蜀国诸葛亮对抗。齐王曹芳即位，与曹爽同受遗诏辅政，迁侍中、持节、都督中外诸军、录尚书事。嘉平元年（249），乘爽从帝谒高平陵之际，杀之，为丞相，专擅朝政。死后，其子司马师、司马昭相继专权。其孙司马炎代魏称帝，建晋朝，追尊为宣帝。

⑭诸葛亮辅汉如龙：语本元·潘荣《通鉴总论》："鞠躬尽瘁，死而后已，亮之所以如龙也。"《道部·清代道教文献·汉丞相诸葛忠武侯集》卷七："阳节潘氏荣曰：'观人才之吉凶，知邦家之休戚。汉儒有言曰："正其谊不谋其利，明其道不计其功。"'盖人品不同，而事业亦异。是不可以成败论英雄也。诸葛亮辅汉于蜀，狄仁杰反

周为唐，其心一也。……鞠躬尽瘁，死而后已，亮之所以如龙也。"

【译文】

盗跖的狗冲着尧吠叫，因为尧不是它的主人；鸠居鹊巢，比喻占有他人劳动成果。

"缘木求鱼"，形容绝对不可能达成目标；"按图索骥"，形容完全失真。

形容恶人仗势欺人，可说"如虎负嵎"；比喻穷人无家可归，可说"如鱼失水"。

"九尾狐"，是用来讥讽陈彭年生性谄媚而又奸诈；"独眼龙"，是用来夸赞李克用瞎了一眼依旧威武勇猛。

"指鹿为马"，典出秦朝赵高蒙骗主上；"叱石成羊"，源自黄初平成仙得道。

卞庄勇猛，一人擒杀两虎；高骈神射，一箭贯穿双雕。

司马懿怯战，像怕老虎一样怕蜀国；诸葛亮忠勇，辅佐蜀汉，神勇如龙。

鹪鹩巢林，不过一枝；鼹鼠饮河，不过满腹①。

弃人甚易，曰孤雏腐鼠②；文名共仰，曰起凤腾蛟③。

为公乎，为私乎，惠帝问虾蟆④；欲左左，欲右右，汤德及禽兽⑤。

鱼游于釜中，虽生不久⑥；燕巢于幕上，栖身不安⑦。

妄自称奇，谓之辽东豕⑧；其见甚小，譬如井底蛙⑨。

父恶子贤，谓是犁牛之子⑩；父谦子拙，谓是豚犬之儿⑪。

出人群而独异，如鹤立鸡群⑫；非配偶以相从，如雉求牡匹⑬。

天上石麟，夸小儿之迈众⑭；人中骐骥，比君子之超凡⑮。

【注释】

①"鹪鹩（jiāo liáo）巢林"四句：语本《庄子·逍遥游》："尧让天下于许由，曰：'日月出矣而爝火不息，其于光也，不亦难乎！时雨降矣而犹浸灌，其于泽也，不亦劳乎！夫子立而天下治，而我犹尸之，吾自视缺然。请致天下。'许由曰：'子治天下，天下既已治也。而我犹代子，吾将为名乎？名者，实之宾也。吾将为宾乎？鹪鹩巢于深林，不过一枝；偃鼠饮河，不过满腹。归休乎君，予无所用天下为！庖人虽不治庖，尸祝不越樽俎而代之矣。'"唐·成玄英疏："鹪鹩，巧妇鸟也。一名'工雀'，一名'女匠'，亦名'桃虫'，好深处而巧为巢也。偃鼠，形大小如牛，赤黑色，獐脚，脚有三甲，耳似象耳，尾端白，好入河饮水。而鸟巢一枝之外，不假茂林；兽饮满腹之余，无劳浩汗。况许由安兹蓬荜，不顾金闱，乐彼疏食，讵劳玉食也！"鹪鹩在深林里筑巢，只不过占一根树枝；偃鼠喝河里的水，只求喝饱肚子而已。比喻欲望有限，容易满足。鹪鹩，鸟名。形小，体长约三寸。羽毛赤褐色，略有黑褐色斑点。尾羽短，略向上翘。以昆虫为主要食物。常取茅苇毛毳为巢，大如鸡卵，系以麻发，于一侧开孔出入，甚精巧，故俗称"巧妇鸟"。又名"黄脰鸟""桃雀""桑飞"等。因《庄子·逍遥游》典，后世遂以"鹪鹩心"比喻欲望不高，易于自足的心愿。鼹鼠，《庄子·逍遥游》作"偃鼠"。传说中的一种大兽，体大如牛，好入河饮水。说见前引《庄子》唐·成玄英疏。《太平广记》卷四百四十引前蜀·杜光庭《录异记·鼠》："鼹鼠首尾如鼠，色青黑，短足有指，形大，重千余斤。出零陵郡界，不知所来。民有灾及为恶者，鼠辄入其田中，振落毛衣，皆成小鼠，食其苗稼而去。"明·李时珍《本草纲目·兽三·隐鼠》集解引宋·苏颂曰："（鼹）鼠出沧州及胡中，似牛而鼠首黑足，大者千斤，多伏于水。"一说即田鼠。

②弃人甚易，曰孤雏腐鼠：语本《后汉书·窦融传》："宪恃宫掖声

势，遂以贱直请夺沁水公主园田，主逼畏，不敢计。后肃宗驾出过园，指以问宪，宪阴喝不得对。后发觉，帝大怒，召宪切责曰：'深思前过，夺主田园时，何用愈赵高指鹿为马？久念使人惊怖。昔永平中，常令阴党、阴博、邓叠三人更相纠察，故诸豪戚莫敢犯法者，而诏书切切，犹以舅氏田宅为言。今贵主尚见枉夺，何况小人哉！国家弃宪如孤雏腐鼠耳。'宪大震惧，皇后为毁服深谢，良久乃得解，使以田还主。"东汉开国名将窦融的后人窦宪倚仗妹妹当了皇后，便强夺沁水公主的田产，被汉章帝斥责说："国家抛弃你窦宪，就像抛弃孤雏腐鼠一样。"孤雏腐鼠，失去母鸟的幼鸟，腐烂的死鼠，都是轻贱易损之物，用以比喻微不足道随时可以放弃的人或物。

③起凤腾蛟：语本唐·王勃《滕王阁序》："腾蛟起凤，孟学士之词宗。"起飞的凤凰，腾空的蛟龙，矫健异常，用以形容文士才华优异。

④"为公乎"三句：语本《晋书·惠帝纪》："帝又尝在华林园，闻虾蟆声，谓左右曰：'此鸣者为官乎，私乎？'或对曰：'在官地为官，在私地为私。'及天下荒乱，百姓饿死，帝曰：'何不食肉糜？'其蒙蔽皆此类也。"晋惠帝昏庸弱智，在华林园听见蛤蟆叫，问身边的人说："它是为官家叫呢，还是为私家叫？"

⑤"欲左左"三句：语本《吕氏春秋·孟冬纪·异用》暨《史记·殷本纪》。见前《器用》篇"求人宥罪，曰幸开汤网"条注。

⑥鱼游于釜中，虽生不久：语本《后汉书·张纲传》："婴闻，泣下，曰：'荒裔愚人，不能自通朝廷，不堪侵枉，遂复相聚偷生，若鱼游釜中，喘息须臾间耳。今闻明府之言，乃婴等更生之辰也。既陷不义，实恐投兵之日，不免孥戮。'纲约之以天地，誓之以日月，婴深感悟，乃辞还营。明日，将所部万余人与妻子面缚归降。"东汉顺帝汉安元年（142），广陵张婴聚众造反，广陵太守张纲晓之以理，动之以情，劝降张婴。张婴说自己一群人谋反，就像鱼游釜

中,随时丧命。后遂以"鱼游釜中"比喻处境十分危险,有行将灭亡之虞。

⑦燕巢于幕上,栖身不安:语本《左传·襄公二十九年》:"吴公子札来聘,……自卫如晋,将宿于戚。闻钟声焉,曰:'异哉!吾闻之也:"辩而不德,必加于戮。"夫子获罪于君以在此,惧犹不足,而又何乐?夫子之在此也,犹燕之巢于幕上。君又在殡,而可以乐乎?'文子闻之,终身不听琴瑟。"晋·杜预注:"言至危。"春秋时期,吴公子季札对卫国大夫孙文子说:"您现在的处境,好比燕子将巢筑在帐幕之上。"又,《刘子·托附》:"夫燕之巢幕,衔泥补缀,烂若绶纹,虽陶匠逞妙,不能为之,可谓固矣。然凯旋剔幌,则巢破子裂,是所托危也。"帐幕随时可能撤换,燕子在帐幕上筑巢,危在旦夕,遂以"燕巢于幕"喻处境危险。

⑧妄自称奇,谓之辽东豕:语本《后汉书·朱浮传》载《朱浮与彭宠书》:"伯通与耿侠游俱起佐命,同被国恩。侠游廉让,屡有降挹之言;而伯通自伐,以为功高天下。往时辽东有豕,生子白头,异而献之,行至河东,见群豕皆白,怀惭而还。若以子之功论于朝廷,则为辽东豕也。"《东观汉记》卷十五亦载。东汉初年,渔阳太守彭宠自恃功高,专横跋扈,幽州牧朱浮寄信彭宠,批评他居功自傲,好比"辽东豕"。辽河以东(今辽宁东部和南部)的猪都是黑色的,白猪极为稀奇,但出了辽东,外地到处都是白猪,毫不稀奇。后以"辽东豕"指知识浅薄,少见多怪。

⑨其见甚小,譬如井底蛙:语本《庄子·秋水》:"井蛙不可以语于海者,拘于虚也。"又,《后汉书·马援传》:"是时公孙述称帝于蜀,嚣使援往观之。援素与述同里闬,相善,以为既至当握手欢如平生,而述盛陈陛卫,以延援入,交拜礼毕,使出就馆,更为援制都布单衣、交让冠,会百官于宗庙中,立旧交之位。述鸾旗旄骑,警跸就车,磬折而入,礼飨官属甚盛,欲授援以封侯大将军位。宾

客皆乐留，援晓之曰：'天下雄雌未定，公孙不吐哺走迎国士，与图成败，反修饰边幅，如偶人形。此子何足久稽天下士乎？'因辞归，谓嚣曰：'子阳井底蛙耳，而妄自尊大，不如专意东方。'"两汉之际，马援对隗嚣说，公孙述妄自尊大，好比井底之蛙，劝隗嚣不如依附刘秀。井底蛙，犹成语"井底之蛙"，意为眼界只有井口般大，不知天地之宽。形容见识浅薄却自以为是。

⑩父恶子贤，谓是犁牛之子：语本《论语·雍也》："子谓仲弓曰：'犁牛之子骍且角。虽欲勿用，山川其舍诸？'"朱子集注："犁，杂文。骍，赤色。周人尚赤，牲用骍。角，角周正，中牺牲也。用，用以祭也。山川，山川之神也。言人虽不用，神必不舍也。仲弓父贱而行恶，故夫子以此譬之。言父之恶，不能废其子之善，如仲弓之贤，自当见用于世也。然此论仲弓云尔，非与仲弓言也。范氏曰：'以瞽瞍为父而有舜，以鲧为父而有禹。古之圣贤，不系于世类，尚矣。子能改父之过，变恶以为美，则可谓孝矣。'"后遂以"犁牛之子"喻父虽不善却无损于子之贤明。犁牛，颜色驳杂的牛。周代祭祀尚赤，犁牛没有作为祭品的资格；但它所生的小牛却可能是赤色、牛角周正的祭祀上品。一说，"犁牛"即耕牛。

⑪豚犬之儿：三国时期，曹操曾说"生子当如孙仲谋，刘景升儿子若豚犬耳！"见前《祖孙父子》篇"生子当如孙仲谋"条注。后世多用以谦称自己的儿子。《旧五代史·唐书·庄宗纪一》："梁祖闻其败也，既惧而叹曰：'生子当如是，李氏不亡矣！吾家诸子乃豚犬尔。'"清·蒲松龄《代王次公与颜山赵启》："令嫒绮罗之质，自宜字夫崔卢；小儿豚犬之才，敢云娶于高国！"豚犬，猪和狗。

⑫出人群而独异，如鹤立鸡群：语本《世说新语·容止》："有人语王戎曰：'嵇延祖卓卓如野鹤之在鸡群。'答曰：'君未见其父耳！'"暨《晋书·忠义传·嵇绍》："嵇绍，字延祖，魏中散大夫康之子也。十岁而孤，事母孝谨。以父得罪，靖居私门。山涛领选，启武

帝曰：'康诰有言："父子罪不相及。"嵇绍贤侔郤缺，宜加旌命，请
为秘书郎。'帝谓涛曰：'如卿所言，乃堪为丞，何但郎也。'乃发诏
征之，起家为秘书丞。绍始入洛，或谓王戎曰：'昨于稠人中始见
嵇绍，昂昂然如野鹤之在鸡群。'戎曰：'君复未见其父耳。'"嵇康
之子嵇绍仪表出众，时人夸他在人群中好比野鹤之在鸡群，卓然
不凡，一眼即见。后遂以"鹤立鸡群"比喻人的才能或仪表卓然
出众。又，《艺文类聚》卷九十引《竹林七贤论》："嵇绍入洛，或谓
王戎曰：'昨于稠人中始见嵇绍，昂昂然野鹤之在鸡群。'"《竹林
七贤论》乃晋人戴逵所作，若《艺文类聚》不讹，则"如野鹤之在
鸡群"之语出处更早于《世说新语》。

⑬非配偶以相从，如雉求牡匹：语本《诗经·邶风·匏有苦叶》："济
盈不濡轨，雉鸣求其牡。"毛传："违礼义，不由其道，犹雉鸣而求
其牡矣。飞曰'雌雄'，走曰'牝牡'。"郑笺："雉鸣反求其牡，喻
夫人所求非所求。"孔疏："夫人违礼淫乱，不由其道，犹雉鸣求其
牡也。今雌雉鸣也，乃鸣求其走兽之牡，非其道。以兴夷姜母也，
乃媚悦为子之公，非所求也。夫人非所当求而求之，是犯礼不自
知也。"朱子集传："夫济盈必濡其辙，雉鸣当求其雄，此常理也。
今济盈而曰不濡轨，雉鸣而反求其牡，以比淫乱之人不度礼义，非
其配耦而犯礼以相求也。"雉求牡匹，飞鸟称"雌雄"，走兽称"牝
牡"。雉为鸟名，求牡则不能匹配。清·顾炎武《日知录》卷三
十二："雉鸣求其牡，诗人以为不伦之刺。"

⑭天上石麟，夸小儿之迈众：语本《陈书·徐陵传》："徐陵字孝穆，
东海郯人也。……母臧氏，尝梦五色云化而为凤，集左肩上，已而
诞陵焉。时宝志上人者，世称其有道，陵年数岁，家人携以候之，
宝志手摩其顶，曰：'天上石麒麟也。'光宅惠云法师每嗟陵早成
就，谓之颜回。八岁，能属文。十二，通庄老义。既长，博涉史籍，
纵横有口辩。"石麒麟，指古代帝王陵前石雕的麒麟。因南朝宝

志上人称赞幼龄徐陵是"天上石麒麟",后遂用作天赋过人的幼儿之美称。

⑮人中骐骥(qí jì),比君子之超凡:语本《南史·徐勉传》:"及长好学,宗人孝嗣见之叹曰:'此所谓人中之骐骥,必能致千里。'"南朝齐徐孝嗣夸赞族人徐勉是人中之骐骥,将来必有大成就。骐骥,骏马。《庄子·秋水》:"骐骥、骅骝,一日而驰千里。"亦用以比喻贤才。《世说新语·雅量》"许侍中、顾司空俱作丞相从事"条,南朝梁·刘孝标注:"顾和字君孝,少知名。族人顾荣曰:'此吾家骐骥也,必兴吾宗!'"

【译文】

鹪鹩在树林中筑巢,只不过占据一枝;鼹鼠在河流中饮水,顶多就喝满一肚。

很轻易被人抛弃,好比"孤雏腐鼠";文学名声为世人们仰慕,可称"起凤腾蛟"。

"是为公呢,还是为私",晋惠帝问手下人虾蟆为啥而叫;"想往左飞的往左飞,想往右飞的往右飞",商汤王的恩德惠及禽兽。

鱼儿在热锅中游走,即便活着也活不长久;燕子在帘幕上筑巢,暂能安身也无法平安。

少见多怪、妄自尊大的人,叫作"辽东豕";见识短浅、眼界太窄的人,好比"井底蛙"。

父亲不好而儿子优秀,称作"犁牛之子";父亲谦称自己的儿子笨拙,说是"豚犬之儿"。

在人群中过于出众,一眼就能分辨,如同"鹤立鸡群";明明不是配偶,却非要搞在一起,好比"雉求牡匹"。

"天上石麟",用来夸奖小儿出类拔萃;"人中骐骥",用来比喻君子超凡出世。

怡堂燕雀，不知后灾①；瓮里醯鸡，安有广见②？

马牛襟裾，骂人不识礼仪③；沐猴而冠④，笑人见不恢弘⑤。

羊质虎皮⑥，讥其有文无实；守株待兔⑦，言其守拙无能。

恶人如虎生翼，势必择人而食⑧；志士如鹰在笼，自是凌霄有志⑨。

鲋鱼困涸辙，难待西江水，比人之甚窘⑩；蛟龙得云雨，终非池中物，比人有大为⑪。

执牛耳，为人主盟⑫；附骥尾⑬，望人引带。

鸿雁哀鸣，比小民之失所⑭；狡兔三穴⑮，诮贪人之巧营⑯。

风马牛，势不相及⑰；常山蛇，首尾相应⑱。

【注释】

①怡堂燕雀，不知后灾：语本《吕氏春秋·有始览·谕大》："季子曰：'燕雀争善处于一屋之下，子母相哺也，姁姁焉相乐也，自以为安矣。灶突决，则火上焚栋，燕雀颜色不变，是何也？乃不知祸之将及己也。'"《吕氏春秋·务大》亦载斯语，而云"孔子曰"。又，《孔丛子·论势》："秦兵攻赵，魏大夫以为于魏便。子顺曰：'何谓？'曰：'胜赵，则吾因而服焉。不胜赵，则可承弊而击之。'子顺曰：'不然。秦自孝公以来，战未尝屈。今皆良将，何弊之承？'大夫曰：'纵其胜赵，于我何损？邻之不修，国之福也。'子顺曰：'秦，贪暴之国也。胜赵，必复他求。吾恐于时受其师也。先人有言："燕雀处屋，子母相哺，煦煦然其相乐也，自以为安矣。灶突炎上，栋宇将焚，燕雀颜不变，不知祸之将及己也。"今子不悟赵破患将及己，可以人而同于燕雀乎！"燕雀在屋堂之上筑巢安居，自以为安全，却不知房屋失火，自己也会被波及。比喻缺乏远见，不能预料即将发生的危险。怡，舒适安乐。

②瓮里醯（xī）鸡，安有广见：语本《庄子·田子方》："孔子见老聃，……孔子出，以告颜回曰：'丘之于道也，其犹醯鸡与！微夫子之发吾覆也，吾不知天地之大全也。'"晋·郭象注："醯鸡者，瓮中之蠛蠓。"唐·成玄英疏："醯鸡，醋瓮中之蠛蠓，每遭物盖瓮头，故不见二仪也。亦犹仲尼遭圣迹蔽覆，不见事理，若无老子为发覆盖，则终身不知天地之大全，虚通之妙道也。"后遂以"瓮里醯鸡"比喻见识浅陋的人。醯鸡，即蠛蠓，一种群聚的微小飞虫。古人以为是酒醋上的白霉所变。《列子·天瑞》："醯鸡生乎酒。"

③马牛襟裾（jū），骂人不识礼仪：语本唐·韩愈《符读书城南》诗："人不通古今，马牛而襟裾。行身陷不义，况望多名誉。"本是韩愈训诫其子韩符读书之言。马牛襟裾，牛马穿着人的衣服。讥人不明道理、不识礼仪。衣前幅为"襟"，后幅为"裾"，"襟裾"泛指衣服。

④沐猴而冠：语本《史记·项羽本纪》："人或说项王曰：'关中阻山河四塞，地肥饶，可都以霸。'项王见秦宫室皆以烧残破，又心怀思欲东归，曰：'富贵不归故乡，如衣绣夜行，谁知之者！'说者曰：'人言楚人沐猴而冠耳，果然。'项王闻之，烹说者。"南朝宋·裴骃集解引三国魏·张晏曰："沐猴，猕猴也。"猕猴戴着人的帽子，比喻徒具外表，却无法掩盖本质。常用来讽刺依附权势、窃据名位之人。沐猴，即猕猴。

⑤恢弘：博大，宽宏。

⑥羊质虎皮：语本西汉·扬雄《法言·吾子》："或曰：'有人焉自云姓孔而字仲尼，入其门，升其堂，伏其几，袭其裳，则可谓仲尼乎？'曰：'其文是也，其质非也。''敢问质。'曰：'羊质而虎皮，见草而说，见豺而战，忘其皮之虎矣。'"晋·李轨注："羊假虎皮，见豺则战；人假伪名，考实则穷。"羊披着虎皮，仍然是羊，比喻徒有其表，而无其实。

⑦守株待兔:语本《韩非子·五蠹》:"宋人有耕田者,田中有株,兔走,触柱折颈而死,因释其耒而守株,冀复得兔,兔不可复得,而身为宋国笑。今欲以先王之政,治当世之民,皆守株之类也。"后因以"守株待兔"比喻死守狭隘经验,不知变通。

⑧恶人如虎生翼,势必择人而食:语本《逸周书·寤敬》:"监戒善败,护守勿失。无(为)虎傅翼,将飞入宫,择人而食。"清·朱右曾校释:"为虎傅翼,喻助凶暴。'为'字旧脱。"《韩非子·难势》:"故《周书》曰:'毋为虎傅翼,将飞入邑,择人而食之。'夫乘不肖人于势,是为虎傅翼也。"老虎一旦添上翅膀,就会飞到城里吃人。

⑨志士如鹰在笯,自是凌霄有志:语本《晋书·慕容垂载记》:"坚至渑池,垂请至邺展拜陵墓,因张国威刑,以安戎狄。坚许之,权翼谏曰:'垂爪牙名将,所谓今之韩、白,世豪东夏,志不为人用。顷以避祸归诚,非慕德而至,列土干城未可以满其志,冠军之号岂足以称其心!且垂犹鹰也,饥则附人,饱便高飏,遇风尘之会,必有陵霄之志。惟宜急其羁绁,不可任其所欲。'"十六国时期,权翼劝谏苻坚不要放走慕容垂,说慕容垂好比鹰,饿的时候依附人,饱了就会高飞,只要遇到机会,一定会展现凌霄之志。《太平御览》卷一百二十五引北魏·崔鸿《十六国春秋·后燕录》,亦载权翼谏苻坚之语,或即《晋书》所本。凌霄,或作"陵霄"。直上云霄,形容飞得极高。《淮南子·原道训》:"乘云陵霄,与造化者俱。"

⑩"鲋(fù)鱼困涸辙"三句:语本《庄子·外物》。见前《贫富》篇"甦涸鲋,乃济人之急"条注。

⑪"蛟龙得云雨"三句:语本《三国志·吴书·周瑜传》:"权拜瑜偏将军,领南郡太守。以下隽、汉昌、刘阳、州陵为奉邑,屯据江陵。刘备以左将军领荆州牧,治公安。备诣京见权,瑜上疏曰:'刘备以枭雄之姿,而有关羽、张飞熊虎之将,必非久屈为人用者。愚谓大计宜徙备置吴,盛为筑宫室,多其美女玩好,以娱其耳目,分此

二人，各置一方，使如瑜者得挟与攻战，大事可定也。今猥割土地以资业之，聚此三人，俱在疆场，恐蛟龙得云雨，终非池中物也。'权以曹公在北方，当广揽英雄，又恐备难卒制，故不纳。"三国时期，赤壁之战后，周瑜上疏劝说孙权将刘备留在东吴，不要让刘、关、张三人聚在一起。说让他们三人聚在一起，只怕一有机会，就会大有作为，好比蛟龙终究不是养在水池中的宠物，得云雨之助，必将腾飞。有大为，即有很大的作为。

⑫执牛耳，为人主盟：语本《左传·哀公十七年》："公会齐侯，盟于蒙，孟武伯相。齐侯稽首，公拜。齐人怒，武伯曰：'非天子，寡君无所稽首。'武伯问于高柴曰：'诸侯盟，谁执牛耳？'季羔曰：'鄫衍之役，吴公子姑曹。发阳之役，卫石魋。'武伯曰：'然则彘也。'"晋·杜预注："执牛耳，尸盟者。"执牛耳，指主持盟会的人。古代诸侯会盟时割下牛耳，主盟者持盘捧牛耳，参与者以血涂口（歃血），以示诚信不渝。《周礼·天官·玉府》："若合诸侯，则共珠槃玉敦。"东汉·郑玄注："合诸侯者，必割牛耳，取其血，歃之以盟。珠槃以盛牛耳，尸盟者执之。"

⑬附骥尾：语出《史记·伯夷列传》："颜渊虽笃学，附骥尾而行益显。"骥，即马。蚊蝇附在马的尾巴上，可以远行千里，比喻依附先辈或名人而成名。唐·司马贞索隐："苍蝇附骥尾而致千里，以譬颜回因孔子而名彰也。"

⑭鸿雁哀鸣，比小民之失所：语本《诗经·小雅·鸿雁》："鸿雁于飞，哀鸣嗷嗷。"毛传："未得所安集，则嗷嗷。"朱子集传："比也。流民以鸿雁哀鸣自比，而作此歌也。"后遂以"鸿雁哀鸣"比喻流离失所。

⑮狡兔三穴：同"狡兔三窟"。语本《战国策·齐策四》："冯谖曰：'狡兔有三窟，仅得免其死耳。今君有一窟，未得高枕而卧也。请为君复凿二窟。'"狡猾的兔子有三处巢穴，后以"狡兔三窟"（或

"狡兔三穴")喻藏身处多,便于避祸。

⑯诮(qiào):讥诮。

⑰风马牛,势不相及:语本《左传·僖公四年》:"齐侯以诸侯之师侵蔡。蔡溃。遂伐楚。楚子使与师言曰:'君处北海,寡人处南海,唯是风马牛不相及也。不虞君之涉吾地也,何故?'"唐·孔颖达疏:"服虔云:'风,放也。牝牡相诱谓之"风"。'《尚书》称:'马牛其风。'此言'风马牛',谓马牛风逸,牝牡相诱,盖是末界之微事,言此事不相及,故以取喻不相干也。"兽类牝牡相诱为风,马、牛不可匹配,因此说"不相及"。一说,风为放逸,是走失之意,形容齐、楚两地相隔遥远,马牛互不越境。后来用以比喻彼此毫不相干。

⑱常山蛇,首尾相应:语本《孙子兵法·九地》:"故善用兵者,譬如率然。率然者,常山之蛇也。击其首则尾至,击其尾则首至,击其中则首尾俱至。"常山蛇,传说中一种能首尾互相救应的蛇,故用以形容排兵布阵能首尾相顾,并被兵家用作阵法名。《晋书·桓温传》:"初,诸葛亮造八阵图于鱼复平沙之上,垒石为八行,行相去二丈。温见之,谓'此常山蛇势也'。"

【译文】

"怡堂燕雀",比喻缺乏远见的人,不知灾难将临;"瓮里醯鸡",比喻见识浅陋的人,怎能有广阔见闻?

牛马穿人衣,是骂人不懂礼仪;猕猴戴帽子,是笑人见识短浅。

本质是羊却披上虎皮,讥讽人空有其名而无其实;守着木桩等撞死的兔子,嘲笑人蠢笨无能,死板不知变通。

恶人倘若有所倚仗,便像老虎长了翅膀,一定会吃人;志士即便不得势,也如雄鹰困在笼子里,肯定有一飞冲天的雄心壮志。

鲋鱼困在干涸的车辙中,难以等到西江水来救命,比喻人深陷窘境,急需援助;蛟龙一旦得到云雨,终究不是池中之物,比喻人一旦有机会,将大有作为。

"执牛耳",指主持会盟做老大;"附骥尾",比喻盼望有人提携引荐。

"鸿雁哀鸣",比喻老百姓流离失所;"狡兔三穴",讥诮贪婪者善于钻营。

"风马牛",比喻彼此毫不相干;"常山蛇",形容排兵布阵能首尾相顾。

百足之虫,死而不僵,以其扶之者众①;千岁之龟,死而留甲,因其卜之则灵②。

大丈夫宁为鸡口,毋为牛后③;士君子岂甘雌伏,定要雄飞④。

毋局促如辕下驹⑤,毋委靡如牛马走⑥。

猩猩能言,不离走兽;鹦鹉能言,不离飞鸟⑦。

人惟有礼,庶可免相鼠之刺⑧;若徒能言,夫何异禽兽之心⑨?

【注释】

①"百足之虫"三句:语本《三国志·魏书·武文世王公传》篇末"评曰:魏氏王公,既徒有国土之名,而无社稷之实,又禁防壅隔,同于囹圄。位号靡定,大小岁易。骨肉之恩乖,常棣之义废。为法之弊,一至于此乎!"南朝宋·裴松之注引《魏氏春秋》载宗室曹冏上书曰:"……夫泉竭则流涸,根朽则叶枯;枝繁者荫根,条落者本孤。故语曰'百足之虫,至死不僵',以扶之者众也。此言虽小,可以譬大。"曹魏抑制王公太过,宗室曹冏上书,冀望以"'百足之虫,至死不僵',以扶之者众也"之语打动朝廷,改变政策,扶植王公。《文选·论二》载曹冏《六代论》,即其上书核心内容。

百足之虫，马陆的别名。体长而稍扁，长寸余，由许多环节构成，各节有足一至二对。中断成两截，头、尾仍能各自行走。多用以比喻故国、旧家或势位富厚的人。

②"千岁之龟"三句：语本《庄子·秋水》："庄子钓于濮水，楚王使大夫二人往先焉，曰：'愿以境内累矣！'庄子持竿不顾，曰：'吾闻楚有神龟，死已三千岁矣，王巾笥而藏之庙堂之上。此龟者，宁其死为留骨而贵乎？宁其生而曳尾于涂中乎？'"唐·成玄英疏："龟有神异，故刳之而卜，可以决吉凶也。盛之以笥，覆之以巾，藏之庙堂，用占国事，珍贵之也。"又，三国魏·曹植《神龟赋·序》："龟号千岁。时有遗余龟者，数日而死，肌肉消尽，唯甲存焉。余感而赋之。"龟以长寿著称，相传以千岁之龟的龟甲占卜，格外灵验。《史记·龟策列传》："神龟出于江水中，庐江郡常岁时生龟长尺二寸者二十枚输太卜官，太卜官因以吉日剔取其腹下甲。龟千岁乃满尺二寸。王者发军行将，必钻龟庙堂之上，以决吉凶。今高庙中有龟室，藏内以为神宝。"《初学记》卷三十引《柳氏龟经》曰："龟一千二百岁，可卜天地之终始。"

③大丈夫宁为鸡口，毋为牛后：语本《战国策·韩策一》："苏秦为楚合从说韩王曰：'……臣闻鄙语曰："宁为鸡口，无为牛后。"今大王西面交臂而臣事秦，何以异于牛后乎？夫以大王之贤，挟强韩之兵，而有牛后之名，臣窃为大王羞之。'"《史记·苏秦列传》亦载。唐·张守节正义："鸡口虽小，犹进食；牛后虽大，乃出粪也。""宁为鸡口，无为牛后"，意为宁做鸡嘴，不做牛肛门。鸡嘴虽小，是用来进食的；牛肛门再大，也只配拉屎。比喻小国独立，胜过做强国的附属。亦喻宁居小者之首，不为大者之后。

④士君子岂甘雌伏，定要雄飞：语本《东观汉记·赵温传》："赵典兄子温，初为京兆郡丞，叹曰：'大丈夫生当雄飞，安能雌伏！'遂弃官而去，后官至三公。"又，《后汉书·赵典传（附赵温）》："典兄子

谦，谦弟温，相继为三公。……温字子柔，初为京兆丞，叹曰：'大
丈夫当雄飞，安能雌伏！'遂弃官去。"雌伏，以柔弱退藏的态度处
世，亦喻屈居下位而无所作为。雄飞，奋发有为，展翅高飞。

⑤毋局促如辕下驹：语本《史记·魏其武安侯列传》："魏其之东朝，
盛推灌夫之善，言其醉饱得过，乃丞相以他事诬罪之。武安又盛
毁灌夫所为横恣，罪逆不道。魏其度不可奈何，因言丞相短。武
安曰：'天下幸而安乐无事，蚡得为肺腑，所好音乐狗马田宅。蚡
所爱倡优巧匠之属，不如魏其、灌夫日夜招聚天下豪桀壮士与论
议，腹诽而心谤，不仰视天而俯画地，辟倪两宫间，幸天下有变，而
欲有大功。臣乃不知魏其等所为。'于是上问朝臣：'两人孰是？'
御史大夫韩安国曰：'魏其言灌夫父死事，身荷戟驰入不测之吴
军，身被数十创，名冠三军，此天下壮士，非有大恶，争杯酒，不足
引他过以诛也。魏其言是也。丞相亦言灌夫通奸猾，侵细民，家
累巨万，横恣颍川，凌轹宗室，侵犯骨肉，此所谓"枝大于本，胫大
于股，不折必披"，丞相言亦是。唯明主裁之。'主爵都尉汲黯是
魏其。内史郑当时是魏其，后不敢坚对。余皆莫敢对。上怒内史
曰：'公平生数言魏其、武安长短，今日廷论，局趣效辕下驹，吾并
斩若属矣。'"汉武帝时，魏其侯窦婴与武安侯田蚡因灌夫交恶，
互相攻讦。汉武帝问朝臣二人谁是谁非，内史郑当时先说窦婴
对，后来不敢坚持。汉武帝大骂他像辕下驹一般局促拘束，顾虑
重重，不敢发表意见。局促，形容受束缚而不得舒展。辕下驹，指
车辕下尚未习惯驾车的幼马。亦比喻见世面少、器局不大之人。
亦用以自谦。

⑥牛马走：旧时自谦之辞。西汉·司马迁《报任少卿书》篇首曰：
"太史公牛马走司马迁再拜言。"《文选·司马迁〈报任少卿书〉》
唐·李善注："太史公，迁父谈也。走，犹仆也。言己为太史公掌
牛马之仆，自谦之辞也。"清·钱大昕《十驾斋养新录·下走》：

"应劭曰:'下走,仆也。'……司马迁与任安书称'太史公牛马走','牛马走'即下走也,上称官名,下则自谦之词。或解为太史公之牛马走,则迁而凿矣。"李善认为"牛马走"意为"掌牛马之仆",钱大昕认为"牛马走"相当于"下走",虽有分歧,但同为自谦之辞。"牛马走",亦可理解成像牛马一样卑贱劳碌的仆役。本篇似取此义。

⑦"猩猩能言"四句:语本《礼记·曲礼上》:"鹦鹉能言,不离飞鸟。猩猩能言,不离禽兽。今人而无礼,虽能言,不亦禽兽之心乎?"鹦鹉和猩猩,能学人说话,但本质上还是禽兽,因为它们不懂礼。

⑧相(xiàng)鼠之刺:语本《诗经·鄘风·相鼠》:"相鼠有皮,人而无仪!人而无仪,不死何为?相鼠有齿,人而无止!人而无止,不死何俟?相鼠有体,人而无礼,人而无礼!胡不遄死?"《诗》序谓:"《相鼠》,刺无礼也。"古人常赋之以刺无礼。《左传·襄公二十七年》:"叔孙与庆封食,不敬。为赋《相鼠》,亦不知也。"

⑨若徒能言,夫何异禽兽之心:语本《礼记·曲礼上》:"鹦鹉能言,不离飞鸟。猩猩能言,不离禽兽。今人而无礼,虽能言,不亦禽兽之心乎?"

【译文】

"百足之虫,死而不僵",是因为豪族帮扶之众甚多;"千岁之龟,死而留甲",是因为这种龟甲用来占卜非常灵验。

大丈夫当独立自强,"宁为鸡口,毋为牛后";君子当发奋有为,怎么可以屈居人下,定要展翅高飞。

不要拘谨局促如同刚驾车的小马;不要堕落萎靡如同像牛马一样为人驱使,终日辛苦,毫无主见。

猩猩虽能说话,终究还是走兽;鹦鹉虽能说话,毕竟仍是飞鸟。

人只有知书达理,才能免遭"相鼠有皮,人而无仪"的讥讽;如果仅仅只会说话,那他的心灵与禽兽又有何不同?

花木

【题解】

本篇35联,讲的都是和花草树木有关的成语典故。

植物非一,故有万卉之称^①;谷种甚多,故有百谷之号^②。

如茨如梁,谓禾稼之蕃^③;惟夭惟乔,谓草木之茂^④。

莲乃花中君子^⑤,海棠花内神仙^⑥。

国色天香,乃牡丹之富贵^⑦;冰肌玉骨,乃梅萼之清奇^⑧。

兰为王者之香^⑨,菊同隐逸之士^⑩。

竹称君子^⑪,松号大夫^⑫。

萱草可忘忧^⑬,屈轶能指佞^⑭。

【注释】

①万卉:极言其种类之多。泛指各种植物。唐·吴融《蔷薇》诗:"万卉春风度,繁花夏景长。"卉,原为草的总称。《说文解字》:"卉,草之总名也。"后亦泛指草木。

②百谷:谷类的总称。《尚书·舜典》:"帝曰:弃,黎民阻饥,汝后稷,播时百谷。"《诗经·豳风·七月》:"亟其乘屋,其始播百谷。""百谷",在先秦时期已是成词。"百",举成数而言,泛指谷物种类繁多。后亦有坐实百种之论。如《初学记》卷二十七引晋·杨泉《物理论》曰:"谷气胜元气,其人肥而不寿。养性之术,常使谷气少,则病不生矣。粱者,黍稷之总名;稻者,溉种之总名;菽者,众豆之总名。三谷各二十,种为六十,疏果之实助谷各二十,凡为百谷,故《诗》曰'播厥百谷'者,谷种众种之大名也。"

③如茨(cí)如梁,谓禾稼之蕃:语本《诗经·小雅·甫田》:"曾孙

之稼,如茨如梁。"毛传:"茨,积也。梁,车梁也。"郑笺:"茨,屋盖也。"孔疏:"曾孙成王所税得禾谷之稼,其积聚高大如屋茨,如车梁也。"朱子集传:"茨,屋盖,言其密比也。梁,车梁,言其穹隆也。"《诗经·小雅·甫田》篇形容收成之后,禾稼堆积,高大如屋顶、车梁。茨,盖屋所用的茅草。梁,车梁。蕃,繁茂丰收。

④惟夭惟乔,谓草木之茂:语本《尚书·禹贡》:"厥草惟夭,厥木惟乔。"西汉·孔安国传:"少长曰'夭';乔,高也。"惟,用在词头,起补足音节之作用,无实义。夭,草木茂盛的样子。乔,高耸之状。

⑤莲乃花中君子:语本宋·周敦颐《爱莲说》:"水陆草木之花,可爱者甚蕃。晋陶渊明独爱菊。自李唐来,世人甚爱牡丹。予独爱莲之出淤泥而不染,濯清涟而不妖,中通外直,不蔓不枝,香远益清,亭亭净植,可远观而不可亵玩焉。予谓菊,花之隐逸者也;牡丹,花之富贵者也;莲,花之君子者也。"周敦颐因莲花出淤泥而不染,品性高洁,誉为"花中君子"。

⑥海棠花内神仙:语本宋·陈思《海棠谱》卷上:"贾元靖耽著《百花谱》,以海棠为花中神仙。"唐·贾耽著《百花谱》以海棠为花中神仙之说,广见于宋代文献,如曾慥《类说》卷七、潘自牧《记纂渊海》卷九十三、谢维新《古今合璧事类备要》卷二十九、阙名《锦绣万花谷》卷七。

⑦国色天香,乃牡丹之富贵:语本唐·李濬《松窗杂录》:"大和、开成中,有程修己者,以善画得进谒。修己始以孝廉召入籍,故上不甚以画者流视之。会春暮内殿赏牡丹花,上颇好诗,因问修己曰:'今京邑传唱牡丹花诗,谁为首出?'修己对曰:'臣尝闻公卿间多吟赏中书舍人李正封诗曰:"天香夜染衣,国色朝酣酒。"(一本作"国色朝酣酒,天香夜染衣。")'上闻之,嗟赏移时。"后遂以"国色天香"形容牡丹花,亦多用以形容女子之美。国色,原指极美的女子,姿容冠绝全国。《公羊传·僖公十年》:"骊姬者,国

色也。"东汉·何休注:"其颜色,一国之选。"天香,芳香的美称。极言其香,非人间所有。天,亦有天然之意。"天香",为古诗文习用语。北周·庾信《奉和同泰寺浮图》:"天香下桂殿,仙梵入伊笙。"

⑧冰肌玉骨,乃梅萼之清奇:语本唐·冯贽《云仙杂记》卷二引《桂林志》曰:"袁丰居宅后有六株梅,开时为邻屋烟气所烁。屋乃贫人所寄,丰即涂泥塞灶,张幕蔽风,久之拆去其屋。叹曰:'烟姿玉骨,世外佳人,但恨无倾城笑耳。即使妓秋蟾出比之,乃云可与比驱争先。然脂粉之徒,正当在后。'"袁丰评梅之语,颇见于宋代文献,如潘自牧《记纂渊海》卷九十三、阙名《锦绣万花谷·后集》卷三十八、孔传《白孔六帖》卷九十九。以上三书所引袁丰之语,皆作"冰姿玉骨",出处皆注明为《桂林志》。宋·苏轼《西江月·梅花》词云:"玉骨那愁瘴雾,冰姿自有仙风",当据袁丰语典。冰肌玉骨,语典出自后蜀孟昶。其《避暑摩诃池上作》(一作《木兰花》)篇首云:"冰肌玉骨清无汗,水殿风来暗香暖(一作"满")。"《洞仙歌》篇首云:"冰肌玉骨,自清凉无汗。"苏轼《洞仙歌》"冰肌玉骨,自清凉无汗。水殿风来暗香满",实即檃括孟昶作。"冰肌玉骨",孟昶本用以形容人;宋人诗文,则不独形容人,亦形容梅花及其他花卉之美。宋·毛滂《蔡天逸以诗寄梅诗至梅不至》诗:"冰肌玉骨终安在,赖有清诗为写真。""冰肌"语典,出自《庄子·逍遥游》:"藐姑射之山,有神人居焉,肌肤若冰雪,淖约若处子。"梅萼,也写作"梅蕚",指梅花的花骨朵。亦可指梅花。宋·欧阳修《玉楼春·题上林后亭》:"池塘隐隐惊雷晓,柳眼未开梅蕚小。"

⑨兰为王者之香:语本东汉·蔡邕《琴操》:"《猗兰操》者,孔子所作也。孔子聘诸侯,诸侯莫能任,自卫返鲁,过隐谷之中,见芗兰独茂,喟然叹曰:'夫兰当为王者香,今乃独茂,与众草为伍,譬犹贤

者不逢时,与鄙夫为伦也。'乃止车,援琴鼓之。"后因称兰花为"王者香"。传世本《琴操》是否蔡邕原作,或有争议;然《琴操》述《猗兰操》乃孔子作,以兰为王者香,流传甚广。《艺文类聚》卷八十一引之。唐·韩愈《琴操十首·其二·猗兰操》(一作《琴曲歌辞·猗兰操》)序云:"一曰《幽兰操》,孔子伤不逢时作。"

⑩菊同隐逸之士:语本宋·周敦颐《爱莲说》,见本篇"莲乃花中君子"条注。

⑪竹称君子:语本明·王阳明《君子亭记》:"阳明子既为何陋轩,复因轩之前荣,驾楹为亭,环植以竹,而名之曰'君子'。曰:'竹有君子之道四焉:中虚而静,通而有间,有君子之德。外节而直,贯四时而柯叶无所改,有君子之操。应蛰而出,遇伏而隐,雨雪晦明,无所不宜,有君子之时。清风时至,玉声珊然,中《采齐》而协《肆夏》,揖逊俯仰,若洙泗群贤之交集;风止籁静,挺然特立,不挠不屈,若虞廷群后,端冕正笏而列于堂陛之侧,有君子之容。竹有是四者,而以"君子"名,不愧于其名。吾亭有竹焉,而因以竹名,名不愧于吾亭。'"

⑫松号大夫:语本《史记·秦始皇本纪》:"二十八年,始皇东行郡县,上邹峄山。立石,与鲁诸儒生议,刻石颂秦德,议封禅望祭山川之事。乃遂上泰山,立石,封,祠祀。下,风雨暴至,休于树下,因封其树为五大夫。"《太平御览》卷九百五十三引东汉·应劭《汉官仪》:"秦始皇上封泰山,逢疾风暴雨,赖得松树,因覆其下,封为大夫松。"秦始皇封禅泰山,曾避风雨于松树之下,于是封其爵位为"五大夫"。五大夫,乃爵位名。是秦汉二十等爵的第九级。

⑬萱(xuān)草可忘忧:语本《诗经·卫风·伯兮》:"焉得谖草?言树之背。"毛传:"谖草令人善忘。"朱子集传:"谖,忘也。谖草,合欢,食之令人忘忧者。"萱草,植物名。俗称"金针菜""黄花菜"。古人认为萱草可使人忘忧,因此又称"忘忧草"。"萱草"之

"萱",乃"谖"之通假。《尔雅·释训》:"萲、谖,忘也。"

⑭屈轶能指佞(nìng):语本东汉·王充《论衡·是应》:"儒者又言:太平之时,屈轶生于庭之末,若草之状,主指佞人,佞人入朝,屈轶庭末以指之,圣王则知佞人所在。"晋·张华《博物志》卷三:"尧时有屈轶草,生于庭,佞人入朝,则屈而指之,又名指佞草。"又,《文选·王元长〈三月三日曲水诗序〉》:"天瑞降,地符升,泽马来,器车出,紫脱华,朱英秀,佞枝植,历草孳。"唐·李善注引《田俟子》曰:"黄帝时有草生于帝庭阶,若佞臣入朝,则草指之,名曰'屈轶',是以佞人不敢进也。"屈轶,亦称"屈草"。是古代传说中的一种草。据说能指识佞人,故又名"指佞草"。佞,佞人,指花言巧语、阿谀奉承的人。

【译文】

植物种类众多,不止一类,因而有"万卉"的名称;谷物品种繁多,因而有"百谷"的说法。

"如茨如梁",形容庄稼繁茂;"惟天惟乔",形容草木茂盛。

莲花是"花中君子",海棠号称"花内神仙"。

"国色天香",形容牡丹花开富贵;"冰肌玉骨",形容梅花芬芳清奇。

兰花号称"王者之香",菊花被誉为"隐逸之士"。

竹被誉为君子,松有"五大夫"封号。

萱草能让人忘忧,屈轶草能在朝廷指出佞臣。

箖箊①,竹之别号;木樨②,桂之别名。

明日黄花,过时之物③;岁寒松柏,有节之称④。

樗栎乃无用之散材⑤,楩楠胜大任之良木⑥。

玉版⑦,笋之异号;蹲鸱⑧,芋之别名。

瓜田李下,事避嫌疑⑨;秋菊春桃,时来迟早⑩。

南枝先，北枝后，庾岭之梅[11]；朔而生，望而落，尧阶蓂荚[12]。

芯刍背阴向阳，比僧人之有德[13]；木槿朝开暮落，比荣华之不长[14]。

【注释】

①笼笁（yún dāng）：一种皮薄、节长而竿高的竹子。东汉·杨孚《异物志》："笼笁生水边，长数丈，围一尺五六寸，一节相去六七尺，或相去一丈，庐陵界有之。"晋·戴凯之《竹谱》："笼笁竹最大，大者中甑，笋亦中射筒，薄肌而最长，节中贮箭，因以为名。"亦用作竹的别名。宋·陆游《农事休小葺东园十韵》："霜霰笼笁碧，风烟薛荔苍。"

②木樨（xī）：也作"木犀"。开花有浓郁的香味，通称"桂花"。明·李时珍《本草纲目·箘桂》："今人所栽岩桂，亦是箘桂之类而稍异。其叶不似柿叶，亦有锯齿如枇杷叶而粗涩者，有无锯齿如栀子叶而光洁者，丛生岩岭间谓之'岩桂'，俗呼为'木犀'。其花有白者名'银桂'，黄者名'金桂'，红者名'丹桂'，有秋花者、春花者、四季花者、逐月花者。"现代植物学有木犀科，所属植物包括桂花、丁香等。

③明日黄花，过时之物：明日黄花，指重九过后第二天的菊花。古人多在重阳节赏菊，"明日黄花"寓迟暮不遇之意。后用以比喻过时的事物。宋·苏轼《九日次韵王巩》诗："相逢不用忙归去，明日黄花蝶也愁。"宋·罗大经《鹤林玉露》卷十三："徐渊子九日诗云：'衰容不似秋容好，坐上谁怜老孟嘉？牢裹乌纱莫吹却，免教白发见黄花。'时一朝士和云：'呼儿为我整乌纱，不是无心学孟嘉。要摘金英满头插，明朝还是过时花。'二诗兴致皆佳，未易优劣。"明日，指重阳节后一日。黄花，指菊花。

④岁寒松柏，有节之称：语本《论语·子罕》：“子曰：‘岁寒，然后知松柏之后凋也。’”三国魏·何晏集解：“大寒之岁，众木皆死，然后知松柏小凋伤，平岁则众木亦有不死者，故须岁寒而后别之。喻凡人处治世亦能自修整，与君子同在浊世，然后知君子之正不苟容。”宋·朱熹集注引宋·谢良佐曰：“士穷见节义，世乱识忠臣。欲学者必周于德。”松柏为常绿乔木，不会像落叶乔木一样在冬天显得凋散，比喻君子有节义，不随时世转变。

⑤樗（chū）栎（lì）乃无用之散材：语本《庄子·逍遥游》：“吾有大树，人谓之‘樗’。其大本拥肿而不中绳墨，其小枝卷曲而不中规矩。立之涂，匠者不顾。”暨《庄子·人间世》：“匠石之齐，至于曲辕，见栎社树。其大蔽数千牛，絜之百围，其高临山十仞而后有枝，其可以为舟者旁十数。观者如市，匠伯不顾，遂行不辍。弟子厌观之，走及匠石，曰：‘自吾执斧斤以随夫子，未尝见材如此其美也。先生不肯视，行不辍，何邪？’曰：‘已矣，勿言之矣！散木也。以为舟则沉，以为棺椁则速腐，以为器则速毁，以为门户则液樠，以为柱则蠹。是不材之木也，无所可用，故能若是之寿。’”“樗”即臭椿，木材粗硬；“栎”为麻栎，木理斜曲。古人多以这两种木材烧火，称为“不材之木”。散材，无用的木头。比喻不为世间所用之人。

⑥楩（pián）楠胜大任之良木：语本《初学记》卷三十引《任子》曰：“凤为羽族之美，麟为毛类之俊，龟龙为介虫之长，楩楠为众材之最。是物之贵也。”《太平御览》卷九百十五亦引之。楩楠，黄楩木与楠木，都是粗大的树木，质地坚密，是上品建材。《墨子·公输》：“荆有长松、文梓、楩柟（同“楠”）、豫章。”《淮南子·齐俗训》：“伐楩柟豫章而剖梨之，或为棺椁，或为柱梁。”

⑦玉版：也作“玉板”，笋的别名。本是宋代苏轼的玩笑之语，事见宋·惠洪《冷斋夜话·东坡作偈戏慈云长老》：“（苏轼）尝要刘

器之同参玉版和尚，……至廉泉寺烧笋而食，器之觉笋味胜，问此笋何名，东坡曰：'即玉版也。此老师善说法，要能令人得禅悦之味。'于是器之乃悟其戏。"宋·陆游《村舍小酌》诗："玉版烹雪笋，金苞擘双柑。"

⑧蹲鸱（chī）：即芋芳，植物名。地下块茎肥大可食用，形似蹲伏的鸱鸟，因而得名。《史记·项羽本纪》："今岁饥民贫，士卒食芋菽。"唐·司马贞索隐："芋，蹲鸱也。"《史记·货殖列传》："吾闻汶山之下，沃野，下有蹲鸱，至死不饥。"唐·张守节正义："蹲鸱，芋也。"晋·左思《蜀都赋》："坰野草昧，林麓黝倏，交让所植，蹲鸱所伏。"晋·刘逵注："蹲鸱，大芋也。"

⑨瓜田李下，事避嫌疑：语本古乐府诗《君子行》："君子防未然，不处嫌疑间。瓜田不纳履，李下不正冠。嫂叔不亲授，长幼不比肩。劳谦得其柄，和光甚独难。周公下白屋，吐哺不及餐。一沐三握发，后世称圣贤。"此诗，或云曹植所作。瓜田李下，比喻容易招致怀疑、需要避嫌的地方。因在瓜田里弯腰提鞋、李树下举手扶正帽子，有被怀疑偷瓜摘李的可能。晋·干宝《搜神记》卷十五："惧获瓜田李下之讥。"《北齐书·袁聿修传》："瓜田李下，古人所慎。"

⑩秋菊春桃，时来迟早：语本《珞琭子三命指迷赋》"月凶衰兮早岁寒儒，胎贵旺兮生于世胄"句下注："月建凶衰者，不遇时也。桃花三月放，菊花九月开。两花皆秀发，各要待时来。然虽有镃基，不如待时。故主早岁寒儒，桑榆晚景得时荣发矣。"桃花春天开放，菊花秋季盛开，开放各有时节，比喻人生际遇不同，发达或早或晚，各有定数。此句当为相士算命习用语。

⑪"南枝先"三句：语本唐·白居易《白氏六帖》卷九十九："大庾岭上梅，南枝落，北枝开。"大庾岭南北温差较大，岭南梅花败了，岭北的梅花才开。庾岭，即大庾岭，在今江西大余南。岭上多植梅

树,因此又名"梅岭"。

⑫"朔而生"三句:语本《竹书纪年·帝尧陶唐氏》:"有草夹阶而
生,月朔始生一荚,月半而生十五荚;十六日以后,日落一荚,及晦
而尽;月小,则一荚焦而不落。名曰'蓂荚',一曰'历荚'。"又,
《论衡·是应》:"儒者又言:古者蓂荚夹阶而生,月朔日一荚生,
至十五日而十五荚;于十六日,日一荚落,至月晦,荚尽,来月朔,
一荚复生。王者南面视荚生落,则知日数多少,不须烦扰案日历
以知之也。"蓂(míng)荚,相传帝尧时,阶边生长的一种名为"蓂
荚"的瑞草,上半月每天长出一荚,下半月每天落下一荚,可以占
定时日,故一名"历荚"。

⑬苾刍(chú)背阴向阳,比僧人之有德:语本宋·释道诚《释氏要
览》卷上"苾刍"条:"梵语也,是西天草名。具五德,故将喻出家
人。古师云:'苾刍所以不译者,盖含五义故:一者体性柔软,喻出
家人能折伏身语粗犷故。二引蔓旁布,喻出家人传法度人,连延
不绝故。三馨香远闻,喻出家人戒德芬馥,为众所闻。四能疗疼
痛,喻出家人能断烦恼毒害故。五不背日光,喻出家人常向佛日
故。'"苾刍,本西域草名。梵语中用以称呼出家的僧侣。唐·玄
奘《大唐西域记·僧诃补罗国》:"大者谓'苾刍',小者称'沙
弥'。"宋·朱胜非《绀珠集》卷十一:"《尊胜经》号僧曰'苾刍',
比物本草,有五义:一,生不背日;二,冬夏常青;三,体性柔软;四,
香气远胜;五,引蔓傍布。为佛之徒弟理亦宜然,故以为之名也。"

⑭木槿朝开暮落,比荣华之不长:木槿,亦作"木堇"。落叶灌木或
小乔木。叶卵形,互生;夏秋开花,花钟形,单生,有白、红、紫等
色,朝开暮落。栽培供观赏兼作绿篱。树皮和花可入药,茎的纤
维可造纸。《礼记·月令》"仲夏之月……木堇荣。"东汉·郑玄
注:"堇,音谨,一名舜华。"《吕氏春秋·仲夏纪》:"仲夏之月……
木堇荣。"东汉·高诱注:"木堇,朝荣暮落。是月,荣华可用。"

《淮南子·时则训》:"仲夏之月……木堇荣。"东汉·高诱注:"木堇,朝荣暮落,树高五六尺,其叶与安石榴相似也。"《艺文类聚》卷八十九引晋·潘尼《朝菌赋》序曰:"朝菌者,盖朝华而暮落,世谓之'木槿',或谓之'日及',诗人以为'舜华',宣尼以为'朝菌',其物向晨而结,逮明而布,见阳而盛,终日而殒,不以其异乎,何名之多也。"

【译文】

"笃篃",是竹子的别号;"木樨",是桂花的别名。

"明日黄花",比喻过时的东西;"岁寒松柏",形容有节操的人。

"樗栎",指没啥用的杂木;"楩楠",指能派上大用场的栋梁之材。

"玉版",是笋的别称;"蹲鸱",是芋的别名。

"瓜田李下",比喻做事要避开嫌疑;"秋菊春桃",形容时机各有早晚。

大庾岭的梅树,南枝先开花,北枝后开花;帝尧阶下的蓂荚,上半月每天长一荚,下半月每天落一荚。

苤䒷草背阴向阳,好比有道高僧心向光明;木槿花朝开暮落,如同荣华富贵不能长久。

芒刺在背①,言恐惧不安;薰莸异器,犹贤否有别②。

桃李不言,下自成蹊③;道旁苦李,为人所弃④。

老人娶少妇,曰枯杨生稊⑤;国家进多贤,曰拔茅连茹⑥。

蒲柳之姿,未秋先槁⑦;姜桂之性,愈老愈辛⑧。

王者之兵,势如破竹⑨;七雄之国,地若瓜分⑩。

苻坚望阵,疑草木皆是晋兵⑪;索靖知亡,叹铜驼会在荆棘⑫。

【注释】

①芒刺在背：语本《汉书·霍光传》："宣帝始立，谒见高庙，大将军光从骖乘，上内严惮之，若有芒刺在背。"意为好像背上扎了草木的小刺一样，形容极度不安。

②薰（xūn）莸（yóu）异器，犹贤否（pǐ）有别：语本《孔子家语·致思》："回闻薰莸不同器而藏，尧、桀不共国而治，以其类异也。"薰莸，"薰"为香草，常比喻贤人；"莸"有恶臭，常比喻恶人。《左传·僖公四年》："一薰一莸，十年尚犹有臭。"晋·杜预注："薰，香草；莸，臭草。十年有臭，言善易消，恶难除。"后遂以"薰莸异器"喻善恶好坏不能共处。贤否，贤人和恶人。否，恶。

③桃李不言，下自成蹊（xī）：语本《史记·李将军列传》："太史公曰：'传曰"其身正，不令而行；其身不正，虽令不从。"其李将军之谓也？余睹李将军悛悛如鄙人，口不能道辞。及死之日，天下知与不知，皆为尽哀。彼其忠实心诚信于士大夫也？谚曰"桃李不言，下自成蹊"，此言虽小，可以谕大也。'"唐·司马贞索隐："姚氏云：'桃李本不能言，但以华实感物，故人不期而往，其下自成蹊径也。'"桃树、李树虽然不会说话，但因为花朵美丽、果实甜美，树下自然会被人们踩出一条路来。古谚语"桃李不言，下自成蹊"，比喻实至名归，美德善行，自然而然地会被人了解、尊敬。蹊，小路。

④道旁苦李，为人所弃：语本《世说新语·雅量》："王戎七岁，尝与诸小儿游。看道边李树多子折枝，诸儿竞走取之，唯戎不动。人问之，答曰：'树在道边而多子，此必苦李。'取之，信然。"《晋书·王戎传》亦载。西晋名士王戎年幼时聪慧，看见路边李树上果实很多，就判断李子一定是苦的。

⑤老人娶少妇，曰枯杨生稊（tí）：语本《周易·大过卦》："九二，枯杨生稊，老夫得其女妻。"三国魏·王弼注："稊者，杨之秀也。以

阳处阴,能过其本而救其弱者也。上无其应,心无持吝处过以此,无衰不济也。故能令枯杨更生稊,老夫更得少妻,拯弱兴衰,莫盛斯爻,故无不利也。"唐·孔颖达疏:"故衰者更盛,犹若枯槁之杨,更生少壮之稊;枯老之夫,得其少女为妻也。"枯杨生稊,枯老的杨树复生嫩芽,比喻老夫娶少妻。稊,通"荑(tí)",指杨柳新长出的嫩芽。

⑥拔茅连茹:语本《周易·泰卦》:"初九,拔茅茹,以其汇。征吉。"三国魏·王弼注:"茅之为物,拔其根而相牵引者也。茹,相牵引之貌也。三阳同志,俱志在外,初为类首,已举则从,若茅茹也。上顺而应,不为违距,进皆得志,故以其类征吉。"朱子本义:"三阳在下,相连而进拔茅连茹之象。"拔茅草,其纠缠牵扯的根部也被拔起。比喻递相推荐引进人才。《汉书·楚元王传》载西汉·刘向《条灾异封事》:"故贤人在上位,则引其类而聚之于朝,《易》曰'飞龙在天,大人聚也';在下位,则思与其类俱进,《易》曰'拔茅茹,以其汇,征吉'。在上则引其类,在下则推其类,故汤用伊尹,不仁者远,而众贤至,类相致也。"茹,指茅草纠缠牵扯的根部。

⑦蒲柳之姿,未秋先槁:语本《世说新语·言语》:"顾悦与简文同年,而发蚤白。简文曰:'卿何以先白?'对曰:'蒲柳之姿,望秋而落;松柏之质,经霜弥茂。'"蒲柳,水杨树。一入秋,叶子就凋零。故以"蒲柳之姿"比喻未老先衰,亦喻出身轻贱。

⑧姜桂之性,愈老愈辛:语本宋·李心传《建炎以来系年要录》卷一百五十四:"方议和之初,敦复力诋屈己之非。秦桧患其不附己,使腹心之人唲敦复以利,曰:'公若曲从,两地旦夕可至。'敦复曰:'吾终不以身计而误国家,况吾姜桂之性,到老愈辣,请勿复言!'桧卒不能屈。"南宋大臣晏敦复力拒屈己议和,秦桧派心腹以利游说敦复附己,被他严词拒绝。晏敦复说自己是"姜桂之

性,越老越辛辣",绝不可能违心附和秦桧。因李幼武《宋名臣言行录》别集下卷九载之,晏敦复之语流传深广。亦见载于《宋史》本传。姜桂,生姜和肉桂。西汉·刘向《新序·杂事五》:"夫姜桂因地而生,不因地而辛。"南朝梁·刘勰《文心雕龙·事类》:"夫姜桂同地,辛在本性。"后常以"姜桂"比喻人的本性刚直。

⑨势如破竹:语出《晋书·杜预传》:"时众军会议,或曰:'百年之寇,未可尽克。今向暑,水潦方降,疾疫将起,宜俟来冬,更为大举。'预曰:'昔乐毅藉济西一战以并强齐,今兵威已振,譬如破竹,数节之后,皆迎刃而解,无复着手处也。'遂指授群帅,径造秣陵。所过城邑,莫不束手。议者乃以书谢之。"后因以"势如破竹"比喻作战或工作节节胜利,毫无阻碍。

⑩瓜分:如同切瓜一样地分割或分配。常指分割国土。《战国策·赵策三》:"天下将因秦之怒,乘赵之敝而瓜分之。"

⑪符坚望阵,疑草木皆是晋兵:语本《晋书·符坚载记》:"坚与符融登城而望王师,见部阵齐整,将士精锐,又北望八公山上草木,皆类人形,顾谓融曰:'此亦勍敌也,何谓少乎!'怃然有惧色。"前秦符坚在淝水战败后,怀疑八公山上的一草一木都是东晋的兵卒。后因以"草木皆兵"形容惊恐万状,疑虑重重。符坚,十六国时期前秦皇帝。见前《武职》篇"符坚自夸将广"条注。

⑫索靖知亡,叹铜驼会在荆棘:语本《晋书·索靖传》:"靖有先识远量,知天下将乱,指洛阳宫门铜驼,叹曰:'会见汝在荆棘中耳!'"西晋索靖预判天下将会大乱,感慨道,宫门外的铜驼有朝一日将淹没在荆棘乱草之中。索靖(239—303),字幼安,西晋敦煌(今属甘肃)人。与乡人泛衷等俱入太学,称"敦煌五龙"。州辟别驾,郡举贤良方正。晋武帝擢为尚书郎。在尚书台积年,除雁门太守,迁鲁相,又拜酒泉太守。晋惠帝立,赐爵关内侯。有先识,知天下将乱,指洛阳宫门铜驼,叹曰"会见汝在荆棘中耳"。赵王

司马伦篡,以左卫将军讨孙秀有功,加散骑常侍,迁后将军。河间王司马颙攻洛阳,拜靖监洛城诸军事、游击将军。与战,被伤而卒。善书法,与卫瓘俱以草书知名,并称"二妙"。著有《草书状》等。铜驼,铜铸的骆驼。多置于宫门寝殿之前。晋·陆翙《邺中记》:"二铜驼如马形,长一丈,高一丈,足如牛,尾长三尺,脊如马鞍,在中阳门外,夹道相向。"会,应当,将要。

【译文】

"芒刺在背",形容人因内心恐惧而坐立不安;"薰莸异器",比喻好坏贤恶有别。

桃树、李树虽然不会说话,但因为花朵美丽、果实甜美,树下自然会被人们踩出一条路来;路边的苦李树上果实很多,但因味道苦而被人厌弃。

老人娶年轻女子为妻,可以说"枯杨生稊";国家选拔众多优秀人才,可以说"拔茅连茹"。

"蒲柳之姿",比喻未老先衰;"姜桂之性",形容越老越辣。

王者之师,克敌制胜,"势如破竹";战国七雄,割据兼并,"瓜分"天下。

苻坚遥望战阵,怀疑八公山上的草木都是晋兵;索靖预知西晋败亡,感慨洛阳宫门外的铜驼将埋没在荆棘之中。

王祜知子必贵,手植三槐[①];窦钧五子齐荣,人称五桂[②]。

钼𪊽触槐,不忍贼民之主[③];越王尝蓼,必欲复吴之仇[④]。

修母画荻以教子,谁不称贤[⑤];廉颇负荆以请罪,善能悔过[⑥]。

弥子瑕常恃宠,将余桃以啖君[⑦];秦商鞅欲行令,使徙木以立信[⑧]。

王戎卖李钻核,不胜鄙吝⑨;成王剪桐封弟,因无戏言⑩。
齐景公以二桃杀三士⑪,杨再思谓莲花似六郎⑫。

【注释】

①王祐知子必贵,手植三槐:语本宋·苏轼《三槐堂铭叙》:"故兵部
　侍郎晋国王公显于汉、周之际,历事太祖、太宗,文武忠孝,天下望
　以为相,而公卒以直道不容于时。盖尝手植三槐于庭,曰:'吾子
　孙必有为三公者。'已而,其子魏国文正公相真宗皇帝于景德、祥
　符之间。"宋·邵伯温《邵氏闻见录》卷六:"王晋公祐,事太祖为
　知制诰。……直贬护国军行军司马,华州安置,七年不召。……初,
　祐赴贬时,亲宾送于都门外,谓祐曰:'意公作王溥官职矣。'祐笑
　曰:'某不做,儿子二郎必做。'二郎者,文正公旦也,祐素知其必
　贵,手植三槐于庭曰:'吾子孙必有为三公者。'已而果然。天下
　谓之'三槐王氏'。"宋初,兵部侍郎王祐预言其子(王旦)将来
　贵为"三公",专门在庭院栽种三棵槐树。王旦为宋代名相,王祐
　预言被有宋一代文人传为美谈,苏文、邵录之外,亦见载于司马光
　《涑水记闻》卷七、叶梦得《石林燕语》卷七、曾巩《隆平集》卷四、
　王偁《东都事略》卷四十、赵善璙《自警编》卷二、张镃《仕学规
　范》卷三十、朱熹《宋名臣言行录》前集卷三等宋代文献,不胜枚
　举。《宋史·王旦传》亦载。王祐(923—986),字景叔,五代、北
　宋之际大名府(今河北大名东北)人。历仕五代后汉、后周和北
　宋。宋太祖时,曾任知制诰,后被贬护国军行军司马。宋太宗以
　兵部侍郎召,未及见而卒。王祐被贬时,预言其子王旦必为"三
　公",后王旦在宋真宗时果为宰相,有宋一代传为美谈。

②窦钧五子齐荣,人称五桂:语本五代·冯道《赠窦十》诗:"燕山
　窦十郎,教子以义方。灵椿一树老,丹桂五枝芳。"暨北宋·王信
　《题椿桂堂》诗:"世言燕山窦十郎,一枝椿老五桂芳。"宋·潘自

牧《记纂渊海》卷二十二："窦禹钧，范阳人。有阴德。事周，累官谏议大夫。五子皆登进士，时号为燕山五桂。"五代·窦禹钧教育有方，五子皆登进士，有宋一代传为美谈。《宋史·窦仪传》亦载冯道赠窦禹钧诗"灵椿一株老，丹桂五枝芳"之句。窦氏"五桂"，宋代已作为语典使用。如，刘克庄《承奉郎林公墓志铭》云："窦氏五桂义方力，王氏三槐由阴骘。"蔡戡《为赵氏题三桂堂》诗云："郗氏一枝犹可贵，燕山五桂未能过。"陈傅良《挽林致贤提举》诗云："一经韦氏学，五桂窦仪家。"无名氏《沁园春·贺生孙》词："应不数，那窦家五桂，王氏三槐。"窦钧，即窦禹钧，五代时后周渔阳（今北京）人。以词学闻名。唐昭宗天祐末起家幽州掾，后周显德中官至右谏议大夫。持家克俭，乐善好施，高义笃行，家法为一时表式。尝建书院四十间，聚书数千卷，延名儒执教，并供给衣食。五子窦仪、窦俨、窦侃、窦称、窦僖相继登科，时号"燕山窦氏五龙"。卒年八十有二。

③钼麑（chú ní）触槐，不忍贼民之主：语本《左传·宣公二年》："宣子骤谏，公患之，使钼麑贼之。晨往，寝门辟矣，盛服将朝，尚早，坐而假寐。麑退，叹而言曰：'不忘恭敬，民之主也。贼民之主，不忠。弃君之命，不信。有一于此，不如死也。'触槐而死。"《国语·晋语》《史记·晋世家》亦载此事，文字有出入。晋灵公暴虐无道，执政赵盾数次劝谏，晋灵公不听，反而命勇士钼麑刺杀赵盾。钼麑凌晨前往行刺，看见赵盾身着盛服，准备上朝，因时间尚早，坐在那里闭目养神。钼麑感叹赵盾在家尚能不忘恭敬，是人民的好领导，不忍杀他，便自己撞槐树自杀而死。钼麑，或作"锄麑""锄之弥"。春秋时晋国勇士，受晋灵公之命刺杀赵盾，但不忍下手，撞槐树自尽。贼，伤害，杀害。

④越王尝蓼（liǎo），必欲复吴之仇：语本《吴越春秋·勾践归国外传》："越王念复吴仇非一旦也，苦身劳心，夜以接日。目卧，则攻

之以蓼；足寒，则渍之以水。冬常抱冰，夏还握火。愁心苦志，悬胆于户，出入尝之，不绝于口。"春秋时越国被吴国打败，越王勾践为复国日夜辛劳，疲倦了就用辛辣和苦味来提神。越王，指勾践（？—前465），亦作"句践"，春秋末期越国国君。其父允常为吴王阖闾所败。勾践即位与吴战，败吴师于檇李，吴王阖闾受伤，旋死。吴王夫差报仇，败越于夫椒。勾践以余部五千屯会稽，使文种因吴太宰伯嚭求和。后二年，使文种守国，与范蠡入臣于吴。返国后，苦身焦思，卧薪尝胆，用范蠡、文种等策，十年生聚，十年教训，转弱为强。勾践十五年，乘吴王夫差北上黄池与晋争霸，攻入吴都，迫吴求和。后终灭吴。继又北渡淮，会诸侯于徐州，贡于周，受方伯之命，成霸主。在位三十二年。蓼，蓼属植物的泛称。一年生或多年生草本植物，花小，白色或浅红色，生长在水边或水中。叶味辛，可用以调味。《说文解字》："蓼，辛菜。"

⑤修母画荻（dí）以教子，谁不称贤：语本宋·苏辙《欧阳文忠公神道碑》："妣郑氏追封韩国太夫人。公讳修，字永叔。生四岁而孤，韩国守节自誓，亲教公读书。家贫，至以荻画地学书。"北宋欧阳修四岁的时候死了父亲，因为家里穷，没钱买纸笔，母亲郑氏便用荻杆在地上写字教他。此事在宋代传为美谈，朱熹《宋名臣言行录》后集卷二即载之。《宋史·欧阳修传》亦载。荻，多年生草本植物，生在水边，叶子长形，似芦苇，秋天开紫花。明·李时珍《本草纲目·芦》："芦有数种：其长丈许中空、皮薄、色白者，葭也，芦也，苇也。短小于苇而中空、皮厚、色青苍者，菼也，薍（wàn）也，荻也，萑（huán）也。其最短小而中实者，蒹也，廉（lián）也。"

⑥廉颇负荆以请罪，善能悔过：语本《史记·廉颇蔺相如列传》："以相如功大，拜为上卿，位在廉颇之右。廉颇曰：'我为赵将，有攻城野战之大功，而蔺相如徒以口舌为劳，而位居我上，且相如素贱

人,吾羞,不忍为之下。'宣言曰:'我见相如,必辱之。'相如闻,不肯与会。相如每朝时,常称病,不欲与廉颇争列。已而相如出,望见廉颇,相如引车避匿。于是舍人相与谏曰:'臣所以去亲戚而事君者,徒慕君之高义也。今君与廉颇同列,廉君宣恶言而君畏匿之,恐惧殊甚,且庸人尚羞之,况于将相乎!臣等不肖,请辞去。'蔺相如固止之,曰:'公之视廉将军孰与秦王?'曰:'不若也。'相如曰:'夫以秦王之威,而相如廷叱之,辱其群臣,相如虽驽,独畏廉将军哉?顾吾念之,强秦之所以不敢加兵于赵者,徒以吾两人在也。今两虎共斗,其势不俱生。吾所以为此者,以先国家之急而后私仇也。'廉颇闻之,肉袒负荆,因宾客至蔺相如门谢罪。曰:'鄙贱之人,不知将军宽之至此也。'卒相与欢,为刎颈之交。"唐·司马贞索隐:"肉袒者,谓袒衣而露肉也。负荆者,荆,楚也,可以为鞭。"战国时,赵国名将廉颇嫉恨上卿蔺相如位在己上,讥讽蔺相如只有口舌之功,蔺相如却处处退让,说两虎相争,对国家没有好处。廉颇听说之后,便背着荆条前去请罪。后以"负荆请罪"为承认错误,向人赔礼道歉之典。负荆,背负荆条。指愿受杖责鞭挞。

⑦弥子瑕常恃宠,将余桃以啖(dàn)君:语本《韩非子·说难》:"昔者弥子瑕见爱于卫君。卫国之法,窃驾君车者罪至刖。既而弥子之母病,人闻,往夜告之,弥子矫驾君车而出。君闻之而贤之曰:'孝哉,为母之故而犯刖罪!'与君游果园,弥子食桃而甘,不尽而奉君。君曰:'爱我哉,忘其口而念我!'及弥子色衰而爱弛,得罪于君。君曰:'是尝矫驾吾车,又尝食我以其余桃。'"弥子瑕,春秋时卫国人。卫灵公时大夫。有殊宠。母病,矫驾君车以出。按法当刖,而公以为孝。又尝从公游果园,以食余之桃啖君,公以为爱。及宠衰爱弛,前二事皆成罪状,被黜。啖,吃。

⑧秦商鞅欲行令,使徙木以立信:语本《史记·商君列传》:"令既

具,未布,恐民之不信,已乃立三丈之木于国都市南门,募民有能徙置北门者予十金。民怪之,莫敢徙。复曰'能徙者予五十金'。有一人徙之,辄予五十金,以明不欺。卒下令。"商鞅变法之初,为取信于民,在都市南门立一根三丈长的大木头,说谁能搬到北门,赏赐十金,没人搬;赏金增到五十时,有人搬了,果然得赏五十金。"徙木",后用为取信于民之典。

⑨王戎卖李钻核,不胜鄙吝:语本《世说新语·俭啬》:"王戎有好李,卖之,恐人得其种,恒钻其核。"《晋书·王戎传》亦载。西晋王戎为人吝啬,他家产上好的李子,不愿别人得到种子,售卖时一律钻坏李核。王戎(234—305),字濬冲,西晋琅邪临沂(今山东临沂)人。王浑子。"竹林七贤"之一。善清言,不务政事。袭父爵,辟相国掾。历任河东太守、荆州刺史、豫州刺史。晋武帝咸宁五年(279)受诏伐吴。吴平,封安丰县侯。晋惠帝时,与贾氏联姻,为贾后所用,累迁司徒。孙秀为琅邪郡吏,求品于乡议,王戎劝从弟王衍品之,及孙秀得志,朝士有宿怨者皆被诛,而王戎、王衍得保全。在职无殊能,苟媚取容。性贪吝,广收田园,常昼夜算计。家有好李,出货,恐人得种,恒钻其核,为时人所讥。

⑩成王剪桐封弟,因无戏言:语本《吕氏春秋·审应览·重言》:"成王与唐叔虞燕居,援梧叶以为圭,而授唐叔虞曰:'余以此封女。'叔虞喜,以告周公。周公以请曰:'天子其封虞邪?'成王曰:'余一人与虞戏也。'周公对曰:'臣闻之,天子无戏言。天子言,则史书之,工诵之,士称之。'于是遂封叔虞于晋。"《史记·晋世家》《说苑·君道》亦载之,而《史记》云与成王言者为史佚。周成王和弟弟叔虞做游戏,将桐叶剪成圭状,说要分封弟弟。周公(一说史佚)以"天子无戏言"为由,促成之。

⑪齐景公以二桃杀三士:语本《晏子春秋·内篇谏下》:"公孙接、田开疆、古冶子事景公,以勇力搏虎闻。晏子过而趋,三子者不起。

晏子入见公曰：'臣闻明君之蓄勇力之士也，上有君臣之义，下有长率之伦，内可以禁暴，外可以威敌，上利其功，下服其勇，故尊其位，重其禄。今君之蓄勇力之士也，上无君臣之义，下无长率之伦，内不可以禁暴，外不可以威敌，此危国之器也，不若去之。'公曰：'三子者，搏之恐不得，刺之恐不中也。'晏子曰：'此皆力攻勍敌之人也，无长幼之礼。'因请公使人少馈之二桃，曰：'三子何不计功而食桃。'公孙接仰天而叹曰：'晏子，智人也。夫使公之计吾功者，不受桃，是无勇也。士众而桃寡，何不计功而食桃矣。接一搏特猏，再搏乳虎，若接之功，可以食桃，而无与人同矣。'援桃而起。田开疆曰：'吾仗兵而却三军者再，若开疆之功，亦可以食桃，而无与人同矣。'援桃而起。古冶子曰：'吾尝从君济于河，鼋衔左骖，以入砥柱之中流。当是时也，冶少不能游，潜行逆流百步，顺流九里，得鼋而杀之，左操骖尾，右挈鼋头，鹤跃而出，津人皆曰河伯也，视之则大鼋之首也。若冶之功，亦可以食桃，而无与人同矣，二子何不反桃？'抽剑而起。公孙接、田开疆曰：'吾勇不子若，功不子逮，取桃不让，是贪也，然而不死，无勇也。'皆反其桃，挈领而死。古冶子曰：'二子死之，冶独生之，不仁。耻人以言，而夸其声，不义。恨乎所行，不死，无勇。虽然，二子同桃而节，冶专桃而宜。'亦反其桃，挈领而死。"春秋时，齐相晏婴痛恨公孙接、田开疆、古冶子三位勇士无礼，请齐景公以二桃赐予三人，论功而食，结果三人弃桃而自杀。后因以"二桃杀三士"比喻施用阴谋杀人。齐景公（？—前490），春秋时齐国国君，姜姓，名杵臼。齐庄公异母弟。大夫崔杼杀庄公，立以为君。即位后，以崔杼为右相，庆封为左相。在位期间，大臣互相杀害，朝政昏乱。好治宫室，聚狗马，厚赋重刑，奢侈无度，百姓苦怨。后任晏婴为正卿，稍有抑敛。曾与鲁定公会于夹谷。在位五十八年。谥景。

⑫杨再思谓莲花似六郎：语本唐·刘肃《大唐新语·谀佞》："张易

之兄同休，尝请公卿宴于司礼寺，因请御史大夫杨再思曰：'公面似高丽，请作高丽舞。'再思欣然，帖纸旗巾子，反披紫袍，作高丽舞，略无惭色。再思又见易之弟昌宗以貌美被宠，因诶之曰：'人言六郎似莲花。再思以为不然，只是莲花似六郎耳。'有识咸笑之。"《旧唐书·杨再思传》："易之弟昌宗以姿貌见宠幸，再思又诶之曰：'人言六郎面似莲花；再思以为莲花似六郎，非六郎似莲花也。'其倾巧取媚也如此。"唐代大臣杨再思为人谄媚，张昌宗（行六，称"六郎"）受武则天宠爱，杨再思极力巴结他说："人家都说六郎面似莲花，依我看，不是六郎似莲花，是莲花似六郎呢！"杨再思（？—709），唐郑州原武（今河南原阳）人。少举明经。累历左右肃政台御史大夫。武周延载初，守鸾台侍郎、同凤阁鸾台平章事，寻迁内史。居宰相十余年，未尝有所荐达。为人巧佞邪媚，能得人主微旨，未尝忤物。唐中宗即位，拜户部尚书，转侍中，封郑国公。再迁中书令、吏部尚书、尚书右仆射。卒谥恭。六郎，指张昌宗（？—705），唐定州义丰（今河北安国）人。排行六。美姿容。由太平公主引荐入侍禁中，颇为武则天所宠信。宫中呼为"六郎"。累官春官侍郎，封邺国公。曾奉命与李峤、张说等二十六人撰《三教珠英》。武则天晚年，与兄易之专权，败坏政事。神龙元年（705），中宗复位，与易之俱为张柬之等所杀。

【译文】

王祐预知儿子定会贵为三公，亲手在庭院栽种三棵槐树；窦禹钧的五个儿子都高中进士，人们称之为"五桂"。

鉏麑触槐自尽，不忍杀害人民的好领导赵盾；越王勾践用辛辣的蓼草熏眼提神，决心要灭吴报仇。

欧阳修的母亲"画荻教子"，谁不夸她贤惠；廉颇"负荆请罪"，是真能承认错误并勇于改正。

弥子瑕常恃宠而骄，将吃剩下的桃子给君主卫灵公吃；秦国商鞅为推行法令,曾悬赏搬走大木以建立威信。

王戎卖李子先钻破李核,太过吝啬小气;周成王戏剪桐叶而不得不分封唐叔虞,因为君无戏言。

齐景公听晏子之言,曾用两个桃杀了三个勇士;杨再思说:"不是六郎像莲花一样好看,是莲花像六郎一样好看啊!"

　　倒啖蔗,渐入佳境①;蒸哀梨,大失本真②。

　　煮豆燃萁,比兄残弟③;砍竹遮笋,弃旧怜新④。

　　元素致江陵之柑⑤,吴刚伐月中之桂⑥。

　　捐资济贫,当效尧夫之助麦⑦;以物申敬⑧,聊效野人之献芹⑨。

　　冒雨剪韭,郭林宗款友情殷⑩;踏雪寻梅,孟浩然自娱兴雅⑪。

【注释】

①倒啖蔗,渐入佳境:见前《人事》篇"渐入佳境"条注。倒啖蔗,东晋画家顾恺之吃甘蔗时,总是从不甜的蔗尾开始吃,说这样是"渐入佳境"。宋·王之望《食橄榄有感》诗:"古人倒啖蔗,佳境贵渐取。"

②蒸哀梨,大失本真:语本《世说新语·轻诋》:"桓南郡每见人不快,辄嗔云:'君得哀家梨,当复不蒸食不?'"南朝梁·刘孝标注:"旧语:秣陵有哀仲家梨甚美,大如升,入口消释。言愚人不别味,得好梨,烝食之也。"哀仲家所产梨,个大味美,入口即融,有人不识货,却要蒸熟了吃,便失去了它本来的味道。

③煮豆燃萁,比兄残弟:见前《兄弟》篇"煮豆燃萁"条注。

④砍竹遮笋,弃旧怜新:砍伐竹子,编篱遮护新笋。因笋是竹的嫩

芽，故用以比喻爱新弃旧。"砍竹""遮笋"，均为古诗文习用语。
李光明庄本作"破竹"，据他本改。

⑤元素致江陵之柑：语本五代·尉迟偓《中朝故事》卷下："宣皇朝
　有术士董元素自江南来，人言能役使鬼神。上闻之，召见。状貌
　甚异。帝谓左右曰：'斯人不可测也。'留于翰林中宿泊。夜召与
　语曰：'闻公颇有神术，今南中柑橘正熟，卿能致之否？'元素对
　曰：'此小事。请安一合于御榻前。'数刻间，有微风入幕，元素乃
　启其合，柑子满其中。奏曰：'此江陵枝江县柑子也。远处取，恐
　迟。'上尝之，甚惊叹。"宋代文献，陈景沂《全芳备祖集》后集卷
　三、谢维新《古今合璧事类备要》别集卷四十六皆载，云出自《异
　闻录》；《白孔六帖》卷九十九亦载，云出自《开元记》。唐宣宗
　时，术士董元素道法高明，曾在御榻前凭空变出江陵的柑橘。江
　陵之柑，江陵（在今湖北）自古盛产柑橘。唐·白居易《和思归
　乐》诗："江陵橘似珠，宜城酒如饧。"

⑥吴刚伐月中之桂：语本唐·段成式《酉阳杂俎·天咫》："旧言月
　中有桂，有蟾蜍，故异书言月桂高五百丈，下有一人常斫之，树创
　随合。人姓吴名刚，西河人，学仙有过，谪令伐树。"此句李光明
　庄本作"吴纲"，今改。

⑦捐资济贫，当效尧夫之助麦：语本《冷斋夜话》卷十："范文正公在
　睢阳，遣尧夫于姑苏取麦五百斛。尧夫时尚少，既还，舟次丹阳。
　见石曼卿，问：'寄此久近？'曼卿曰：'两月矣。三丧在浅土，欲举
　之西北归，无可与谋者。'尧夫以所载舟付之，单骑自长芦捷径而
　去。到家拜起，侍立良久。文正曰：'东吴见故旧乎？'曰：'曼卿
　为三丧未举，留滞丹阳。时无郭元振，莫可告者。'文正曰：'何不
　以麦舟付之？'尧夫曰：'已付之矣。'"范仲淹之子范纯仁（字尧
　夫）年少时奉父命去南方取麦，在路上遇到朋友石曼卿，将麦子
　和船只送他，接济他办丧事。宋代文献记尧夫麦舟助丧事者颇

多。如，朱熹《宋名臣言行录》前集卷七、谢维新《古今合璧事类备要》卷六十五、周煇《清波杂志》卷八、赵善璙《自警编》卷四、阙名《翰苑新书》卷六十二等。前二者明言据《冷斋夜话》。尧夫，范纯仁（1027—1101），字尧夫，北宋苏州吴县（今江苏苏州）人。范仲淹次子。宋仁宗皇祐元年（1049）进士。尝从胡瑗、孙复学。父没始出仕，知襄城县。宋英宗治平元年（1064）擢江东转运判官，召为殿中侍御史。因"濮议"事出通判安州，改知蕲州。宋神宗即位，召为起居舍人，同知谏院，因忤王安石，出知河中府，移知庆州、信阳军、齐州。请罢，提举西京留司御史台。宋哲宗元祐元年（1086），复知庆州，未几，召为给事中，同知枢密院事。三年（1088），拜尚书右仆射兼中书侍郎。宋哲宗亲政，用章惇为相，遂坚辞执政，出知颍昌府。后因元祐党籍，连贬武安军节度副使、永州安置。宋徽宗即位，分司南京、邓州居住。建中靖国元年（1101）卒，年七十五。谥忠宣。有《范忠宣公集》。

⑧申敬：表示敬意。

⑨聊：暂且。野人：乡民村夫。献芹：见前《人事》篇"谦送礼，曰献芹"条注。唐·杜甫《赤甲》诗："炙背可以献天子，美芹由来知野人。"

⑩冒雨剪韭，郭林宗款友情殷：语本唐·杜甫诗"夜雨剪春韭"（伪）苏注："郭林宗见友人，夜冒雨剪韭作炊饼。今洛沦人皆效之。"杜诗苏轼注，虽系伪托。然此注，广为宋人引用。《补注杜诗》（宋·黄希原本，清·黄鹤补注）卷一、《集千家注杜工部诗集》卷十七，皆有斯语。陈景沂《全芳备祖集》（后集卷二十五）引之，虽未注明"苏曰"，然亦注明出自《杜诗注》。伪苏注未言郭林宗冒雨剪韭文献出处，清·张远《杜诗会稡》卷六始云出自《郭林宗别传》，未必可信。隋·杜公瞻《编珠》卷四云："《后汉书》曰：郭林宗见友来，夜冒雨剪韭作炊饼。"然《编珠》原书散佚，传世本乃清·高士奇辑录，亦未必可信。郭林宗乃汉末大名士，夜冒雨

剪韭又乃风雅之事，唐代文献未有任何反映，此说或即源于宋人。

⑪踏雪寻梅，孟浩然自娱兴雅：语本明·张岱《夜航船》卷一："孟浩然情怀旷达，常冒雪骑驴寻梅，曰'吾诗思在灞桥风雪中驴背上'。"宋·孙光宪《北梦琐言》卷七："唐相国郑綮虽有诗名，本无廊庙之望。……或曰：'相国近有新诗否？'对曰：'诗思在灞桥风雪中驴子上，此处何以得之？'盖言平生苦心也。""诗思在灞桥风雪中驴子上"，本为唐人郑綮语，但历代文人风传雪后骑驴寻诗是孟浩然的风雅之事。唐·唐彦谦《忆孟浩然》诗："郊外凌兢西复东，雪晴驴背兴无穷。句搜明月梨花内，趣入春风柳絮中。"宋·王庭珪《赠写真徐涛》诗："会貌诗人孟浩然，便觉灞桥风雪起。"宋·韩淲《孟襄阳灞桥风雪》诗："玉堂伴直我何如，想见归来不作诗。今日秦川灞桥语，蹇驴吹帽也相宜。"元·费唐臣《贬黄州》第二折："为不学乘桴浮海鸥夷子，生扭做踏雪寻梅孟浩然。"已有孟浩然踏雪寻梅之说。宋人有孟浩然灞桥风雪图（宋·家铉翁《跋浩然〈风雪图〉》："此灞桥风雪中诗人也。四僮追随后先，苦寒欲号；而此翁据鞍顾盼，收拾诗料，喜色津然，贯眉睫间，其胸次洒落，殆可想矣。虽然，傍梅读易，雪水烹茶，点校孟子，名教中自有乐地，无以冲寒早行也。"）明人有孟浩然踏雪寻梅图，于谦、李昌祺皆有《题孟浩然踏雪寻梅（图）》诗。元明时期，"踏雪寻梅"乃成为孟浩然标志性符号。

【译文】

从蔗尾开始倒着吃甘蔗，越吃越甜，形容人生"渐入佳境"；将哀家产的脆梨蒸熟了吃，便失去了它本来的味道，比喻为人做事丢失本真。

"煮豆燃萁"，比喻兄弟相残；"砍竹遮笋"，形容喜新厌旧。

董元素施法，招来千里之外江陵的柑橘；吴刚受罚，在月宫不停砍伐桂树。

捐资周济贫困，应当效法范尧夫将一船麦子送给朋友石曼卿，助其安葬亲人；赠礼表达敬意，可以效仿乡下人送人芹菜。

"冒雨剪韭"，郭林宗款待友人，情深意切；"踏雪寻梅"，孟浩然骑驴自娱，兴致高雅。

商太戊能修德，祥桑自死^①；寇莱公有深仁，枯竹复生^②。

王母蟠桃，三千年开花，三千年结子，故人借以祝寿诞^③；上古大椿，八千岁为春，八千岁为秋，故人托以比严君^④。

去稂莠，正以植嘉禾^⑤；沃枝叶，不如培根本^⑥。

世路之蓁芜当剔^⑦，人心之茅塞须开^⑧。

【注释】

①商太戊能修德，祥桑自死：语本《尚书序》："伊陟相大戊，亳有祥，桑穀共生于朝。伊陟赞于巫咸，作《咸乂》四篇。"《竹书纪年》卷上："太戊遇祥桑，侧身修行。三年之后远方慕明德重译而至者七十六国。"《史记·殷本纪》："帝太戊立伊陟为相。亳有祥，桑穀共生于朝，一暮大拱。帝太戊惧，问伊陟。伊陟曰：'臣闻妖不胜德，帝之政其有阙与？帝其修德。'太戊从之，而祥桑枯死而去。"《汉书·五行志中》："《书序》曰：'伊陟相太戊，亳有祥，桑穀共生。'传曰：'俱生乎朝，七日而大拱。伊陟戒以修德，而木枯。'刘向以为殷道既衰，高宗承敝而起，尽凉阴之哀，天下应之，既获显荣，怠于政事，国将危亡，故桑穀之异见。桑犹丧也，穀犹生也，杀生之秉失而在下，近草妖也。一曰，野木生朝而暴长，小人将暴在大臣之位，危亡国家，象朝将为虚之应也。"太戊，或作"大戊""天戊"。商代国君。太庚之子，雍己之弟。在位时任用伊陟、巫咸等人治理国政，使渐趋衰败的商朝重新复兴。称中宗（《史记·殷本纪》："殷复兴，诸侯归之，故称'中宗'。"）。在位

七十五年。祥桑，妖桑，不吉祥的植物。祥，妖异。

② 寇莱公有深仁，枯竹复生：语本《宋史·寇准传》：“在雷州逾年。既卒，衡州之命乃至，遂归葬西京。道出荆南公安，县人皆设祭哭于路，折竹植地，挂纸钱，逾月视之，枯竹尽生笋。众因为立庙，岁时享之。无子，以从子随为嗣。”宋代名相寇准晚年被贬，死在雷州（今广东雷州半岛），归葬途中，路过公安县，百姓路祭，折竹枝插在地上挂纸钱，没多久，这些枯死的竹枝都发了新笋。人们觉得这是寇准仁德所致，为之在此地立祠。此事，有宋一代传为美谈。彭百川《太平治迹统类》卷五、陈均《九朝编年备要》卷九、吕中《宋大事记讲义》卷八、李焘《续资治通鉴长编》卷一百一等皆载。寇莱公，即寇准。见前《宫室》篇“寇莱公庭除之外，只可栽花”条注。

③ “王母蟠桃”四句：语本《艺文类聚（卷八十六）·果部上·桃》引《汉武故事》：“东郡献短人，呼东方朔，朔至，短人因指朔谓上曰：西王母种桃，三千岁一为子，此儿不良也，已三过偷之矣，后西王母下，出桃七枚，母因啖二，以五枚与帝，帝留核着前，母问曰：用此何，上曰：此桃美，欲种之，母笑曰：此桃三千年一着子，非下土所植也。”《初学记》卷二十八《果木部·桃》《木部·桃》两引之，《太平御览》卷九百六十七《果部·桃》亦引之。相传西王母有蟠桃树，三千年开花，三千年结实。西王母曾赠送汉武帝五枚蟠桃。又传西王母在瑶池举行蟠桃盛会，后遂以借指庆祝宴会，多用于祝寿。

④ “上古大椿”四句：语本《庄子·逍遥游》：“上古有大椿者，以八千岁为春，八千岁为秋。”后世常以“椿”比喻长寿，也借指父亲。严君，原指父母。《周易·家人卦》：“家人有严君焉，父母之谓也。”后来也专指父亲。

⑤ 去稂莠（láng yǒu），正以植嘉禾：近本明·王阳明《绥柔流贼》：

"若彼贼果有相引来投者,亦就实心抚安招来之,量给盐米,为之经纪生业,亦就为之选立酋长,使有统率,毋令涣散。一面清查侵占田土,开立里甲,以息日后之争。禁约良民,毋使乘机报复,以激其变。如农夫之植嘉禾而去稂莠,深耕易耨,芸菑灌溉,专心一事,勤诚无惰,必有秋获。夫善者益知所劝,则助恶者日衰。恶者益知所惩,则向善者益众。此抚柔之道,而非专有恃于兵甲者也。"暨《处置八寨断藤峡以图永安疏》(嘉靖七年七月十二日):"参将兵备各官,又不时亲至其地,经理而振作之,或案行其村寨,或劝督其农耕,或召其顽梗而曲示训惩,或进其善良而优加奖赐,或救恤其灾患,或听断其是非,如农夫之去稂莠而养嘉禾,渐次耕耨而耘锄之。"远本《左传·隐公六年》:"周任有言曰:'为国家者,见恶如农夫之务去草焉,芟夷蕴崇之,绝其本根,勿使能殖,则善者信矣。'"宋·胡寅《斐然集·左氏传故事》"隐公六年周任有言曰……"条下曰:"臣谓人君之德当如天地无不覆载,何独于恶人而欲去之? 如此臣请以农圃者喻之:去稂莠者,以其伤禾稼也。除蒿蔓者,为其蔽卉木也。若推兼容之量,使稂莠禾稼并生于畎亩,卉木蒿蔓杂毓于园圃,人必指为农圃之病矣。况为国家者乎?"因稂莠妨碍禾苗,务农必先去之。后遂以喻为政须除暴安良,去恶养善。《后汉书·王符传》:"夫养稂莠者伤禾稼,惠奸轨者贼良民。"《资治通鉴·唐纪·唐太宗贞观二年》:"上(唐太宗)谓侍臣曰:'古语有之:"赦者,小人之幸;君子之不幸。""一岁再赦,善人喑哑。"夫养稂莠者害嘉谷,赦有罪者贼良民。故朕即位以来,不欲数赦。恐小人恃之轻犯宪章故也。'"去稂莠,至明代乃习用语。明成祖永乐十六年"冬十二月戊子,谕法司:'朕屡敕中外官洁己爱民,而不肖官吏恣肆自若,百姓苦之。夫良农必去稂莠者,为害苗也。继今,犯赃必论如法。'"(见《明史·成祖本纪》)稂莠,田地间的杂草,常比喻不成材或害群之人。《诗

经·小雅·大田》："既方既皂,既坚既好,不稂不莠。"毛传："稂,
童梁也。莠,似苗也。"唐·陆德明释文："稂,音郎,又音梁,童梁
草也。《说文》作'蓈',云'稂',或字也。禾粟之莠,生而不成者,
谓之'童蓈'也。"《孟子·尽心下》:"恶莠,恐其乱苗也。"朱子
集注:"莠,似苗之草也。"

⑥沃枝叶,不如培根本:语本《贞观政要·议安边》:"自突厥颉利破
后,诸部落首领来降者,皆拜将军中郎将,布列朝廷,五品已上百
余人,殆与朝士相半,唯拓拔不至,又遣招慰之,使者相望于道。
凉州都督李大亮,以为于事无益,徒费中国,上疏曰:'臣闻欲绥
远者必先安近,中国百姓,天下根本,四夷之人,犹于枝叶,扰其
根本以厚枝叶,而求久安,未之有也。自古明王,化中国以信,驭
夷狄以权。故《春秋》云:'戎狄豺狼,不可厌也;诸夏亲昵,不可
弃也。'自陛下君临区宇,深根固本,人逸兵强,九州殷富,四夷自
服。今者招致突厥,虽入提封,臣愚稍觉劳费,未悟其有益也。然
河西民庶,镇御藩夷,州县萧条,户口鲜少,加因隋乱,减耗尤多。
突厥未平之前,尚不安业,匈奴微弱以来,始就农亩,若即劳役,恐
致妨损。以臣愚惑,请停招慰。且谓之荒服者,故臣而不纳。是
以周室爱民攘狄,竟延八百之龄;秦王轻战事胡,故四十载而绝
灭;汉文养兵静守,天下安丰;孝武扬威远略,海内虚耗,虽悔轮
台,追已不及。至于隋室,早得伊吾,兼统鄯善、且末,既得之后,
劳费日甚,虚内致外,竟损无益。远寻秦汉,近观隋室,动静安危,
昭然备矣。伊吾虽已臣附,远在藩碛,民非夏人,地多沙卤。其自
竖立称藩附庸者,请羁縻受之,使居塞外,必畏威怀德,永为藩臣,
盖行虚惠而收实福矣。近日突厥,倾国入朝,既不能俘之江淮,
以变其俗,乃置于内地,去京不远,虽则宽仁之义,亦非久安之计
也。每见一人初降,赐物五匹、袍一领,酋帅悉授大官,禄厚位尊,
理多糜费,以中国之租赋,供积恶之凶虏,其众益多,非中国之利

也。'"《资治通鉴·唐纪·唐太宗贞观四年》亦载李大亮上疏,而稍略。贞观初,凉州都督李大亮对唐太宗说,中国是根本,夷狄是枝叶,不能为了枝叶而损坏根本。自古就有以"根本"和"枝叶"对举的习惯,《淮南子·缪称训》:"君,根本也;臣,枝叶也。根本不美,枝叶茂者,未之闻也。"根本,是植物的根干,比喻事物的基础、最主要的部分。中国文化,从来重视"根本"。宋明理学将"根本"当作修身问学要义,盖因"枝叶之枯,必在根本"(明·叶子奇《草木子·杂俎》语)之故。《论语·学而》:"君子务本,本立而道生。"朱子集注:"言君子凡事专用力于根本,根本既立,则其道自生。"《朱子语类》卷八:"刮落枝叶,栽培根本。"元·陈栎《程仲本字说》:"按,朱子于'本立道生'注曰:'本,犹根也。'凡植木,未有不培根本而能生,生而遂其枝叶华实者。"

⑦世路之蓁(zhēn)芜当剗:语本宋·程颐撰《明道先生行状》所载程颢语"道之不明,异端害之也。昔之害近而易知,今之害深而难辨。昔之惑人也,乘其迷暗;今之入人也,因其高明。自谓之穷神知化,而不足以开物成务。言为无不周遍,实则外于伦理。穷深极微,而不可以入尧、舜之道。天下之学,非浅陋固滞,则必入于此。自道之不明也,邪诞妖异之说竞起,涂生民之耳目,溺天下于污浊。虽高才明智,胶于见闻,醉生梦死,不自觉也。是皆正路之蓁芜,圣门之蔽塞,辟之而后可以入道。"(《近思录》卷十四)程颢说佛老学说是"正路之蓁芜,圣门之蔽塞,辟之而后可以入道。"蓁芜,草木杂乱丛生貌。道路蓁芜,则碍于通行。

⑧人心之茅塞须开:语本《孟子·尽心下》:"孟子谓高子曰:'山径之蹊间,介然用之而成路,为间不用,则茅塞之矣。今茅塞子之心矣。'"朱子集注:"为间,少顷也。茅塞,茅草生而塞之也。言理义之心,不可少有间断也。"茅塞,指道路为茅草所堵塞,比喻思路不畅。

【译文】

商王太戊勤政修德，妖桑自己枯死；宋相寇准宅心仁厚，枯竹死而复生。

西王母的蟠桃，三千年开一回花，三千年结一回果，因此人们用它来庆贺寿诞；上古的大椿树，八千年才相当一个春季，八千年才相当一个秋季，因此人们用它来喻指父亲。

除去稂、莠等杂草，正是为了让禾苗茁壮成长；精心浇灌枝叶，不如培植根部。

路上的荆棘杂草应当铲除，铲除之后才是坦途正道；阻塞人心的茅草必须拔去，拔去之后心灵才能豁然开朗。

中华经典名著
全本全注全译丛书
（已出书目）